내일은

임소현, 조수현,
천지은 지음

정보처리기사

필기 1권 (1~3과목)

비전공자도 2주 만에 초단기 합격!

**2001~2023
23개년 기출**
분석 및 수록

**2023 CBT
기출복원
3회**

**기출변형
모의고사
3회**

비전공자 & 입문자를 위한 1:1 과외

– 1주(전공)/2주(비전공) 맞춤 학습 커리큘럼
– **쉬운 이해**를 위한 **도식화 & 표**
– 저자의 **노하우**가 담긴 **족집게 실전 Tip**
– 대표 **기출 유형** 중심의 **필수 핵심 이론**

영상강의 제공 | **핵심요약집**(pdf) 제공

김앤북
KIM & BOOK

더 멋진 내일 Tomorrow 을 위한 내일 My Career

내일은

2024

임소현, 조수현,
천지은 지음

정보처리기사

필기 1권 (1~3과목)

김앤북
KIM&BOOK

내일은 2024
정보처리기사 필기

초판1쇄 인쇄 2023년 10월 11일
초판1쇄 발행 2023년 10월 18일
지은이 임소현, 조수현, 천지은
기획 김응태, 정다운
디자인 서제호, 서진희, 조아현
판매영업 조재훈, 김승규, 문지영

발행처 ㈜아이비김영
펴낸이 김석철
등록번호 제22-3190호
주소 (06728) 서울 서초구 서운로 32, 우진빌딩 5층
전화 (대표전화) 1661-7022
팩스 02)3456-8073

ISBN 978-89-6512-791-8 13000
정가 30,000원

잘못된 책은 바꿔드립니다.

정보처리기사 자격증을 따려고 마음을 먹고, 서점에 갔을 때 두꺼운 수험서를 보고 놀라지 않았나요? 그리고 인터넷으로 며칠 만에 합격할 수 있는지 합격 후기를 찾아보면서 짧고 효율적으로 공부할 방법이 없을지 고민하신 적은 없나요? 특히 비전공자분들은 처음 접하는 개념이 많다 보니 개념을 이해하기 어렵거나, 긴 시간 오래 공부하는 경우가 있었습니다. 한편 전공자분들은 모의고사부터 풀면서도 본인이 모르는 개념만 유형화 지어서 공부하고 싶다는 갈증을 느끼셨던 적이 있을 것입니다. 비전공자들이 겪는 어려움과 전공자들이 느끼는 갈증을 해소해 드리고 싶어 이 책을 집필하게 되었습니다.

'내일은 정보처리기사'는 정보처리기사 시험을 오랜 기간 분석하여 합격을 위한 가장 빠른 지름길로 여러분들에게 안내해 드리고자 합니다. 첫째, 2023년 출제 기준과 23년간 기출 문제를 분석해 핵심 이론 110개를 선별했습니다. 대표유형을 통해 실제 시험문제가 어떻게 출제되는지 보고, 이에 맞게 핵심 이론을 공부한 후 연습문제로 연습하다 보면 자연스럽게 자주 묻는 이론이 무엇인지 체화되는 경험을 하게 될 것입니다. 둘째, 2023년 CBT 기출 3회를 복원해 수록하였습니다. 가장 최신 출제된 문제와 보기를 복원하여 수험생 여러분들이 실제 시험을 경험해 볼 수 있도록 하였습니다. 셋째, 기출 변형 모의고사 3회를 수록하여 새로운 문제를 연습해 볼 수 있도록 하였습니다. 최근 특정 개념에 대한 설명을 묻는 등 보기가 좀 더 복잡해지고 있는데, 이러한 어려운 문제들을 더 연습해 보고 싶은 수험생들은 기출 변형 모의고사까지 풀어 본다면 많은 도움이 될 것입니다.

'저자들이 5바퀴를 뛰면 수험생은 1바퀴만 뛰어도 된다.' 책을 쓰면서 저자들끼리 했던 다짐입니다. 눈길에 앞 사람이 먼저 길을 만들어 놓으면 뒷사람이 편하듯, 수험생들이 더 편하고 재밌게 시험 준비를 할 수 있도록 저자들이 5번 더 기출문제를 분석하고 집필했습니다. 이 책이 여러분의 시험을 보다 쉽고 빠르게 준비하도록 빛이 되어 줄 것이라 확신합니다.

마지막으로 '내일은 정보처리기사'를 집필하기 위해 도와주신 김앤북 출판사 관계자 분, 검수 및 교정에 힘써 주신 30년차 백엔드 개발자 daal님, 베타테스트를 도와주신 모든 분께 감사의 말씀 올립니다.

2023년 10월

저자 일동

도서 활용법 소개

정보처리기사 자격증 취득 효율적으로 시험에 나오는 내용과 문제를 집중적으로 공부하도록 해 합격을 위한 지름길을 제시합니다. 모든 시험 응시자가 이 책을 통해서 쉽고 빠르게 합격할 수 있도록 오랜 시간 기출(CBT 포함) 분석 및 연구를 통해, 어떤 개념이 주로 출제되는가, 해당 개념이 어떠한 형태로 출제되는가, 해당 개념에서 파생되는 개념은 무엇인가 등의 노력을 책에 담았습니다.

첫째, 전공자뿐만 아니라 비전공자도 이해할 수 있도록 기본적인 정보처리기사에 대한 개념을 기출문제 바탕으로 상세하게 설명합니다.

둘째, 시험에 나오는 주요 내용과 문제에 집중적으로 공부하도록 구성되어 있어, 합격을 위한 최적의 학습 방법으로 지름길을 제시합니다.

셋째, 정보처리기사 필기의 실제 시험 문제들에 대해 자세한 설명을 바탕으로, 6회의 기출 + 모의고사를 제공합니다.

이 책은 정보처리기사 시험을 준비하는 데 필요한 지식만을 압축적으로 담았습니다. 시험 합격을 위해 효율적인 학습 전략부터 시험에 대한 체계적인 이해를 갖고 좋은 성적을 낼 수 있는 가이드가 될 것입니다.

2020년도 이후 출제 비중을 면밀히 분석하여 세부 유형에 따라 별 0개에서 3개로 구분하여 표기하였습니다.

별표 개수	설명
★★★	매 시험마다 꼭 나오는 부분 (20년도 이후 50% 이상 출제)
★★	두 번 시험 보면 1번은 꼭 나오는 부분 (20년도 이후 30~50% 출제)
★	세 번 시험 보면 1번은 꼭 나오는 부분 (20년도 이후 2번 이상 ~ 30% 미만 출제, 즉 2~3년에 걸쳐 출제되는 문제)
	4번 이상 시험 봐야 1번 나오는 부분(20년도 이후 1번 출제)

* ( )는 상세 산출 방식

선생님의 노하우가 담긴 필승 합격 전략

1. 기본 개념의 이해

기출문제와 시험 예상 출제 문제를 바탕으로, 시험에서 요구하는 다양한 개념들을 학습하는 것이 중요합니다. 개념을 단순하게 암기하는 게 아니라 문제와 함께 공부하며 다양한 변형 문제도 풀 수 있도록 공부하는 것이 중요합니다.

2. 포기하지 않는 주도적 일정 관리

정보처리기사 시험은 넓은 범위의 개념을 다룹니다. 책에서 제시하는 "전공자/비전공자(입문자 포함)별 맞춤 학습 플랜"으로 효율적인 시간 관리와 전체 학습 계획을 도와줍니다.

3. 모의고사

실제 시험과 가까운 모의고사 문제를 통해 문제 풀이 해결전략을 학습해야 합니다. 부족한 학습을 모의고사를 통해 확인하고 자세한 해설을 통해 학습할 수 있습니다.

"내일은 정보처리기사"는 시간 관리와 개념 공부 그리고 모의고사를 통해 마지막 부족한 부분까지 잡아 여러분의 합격을 앞당겨 드리겠습니다.

전공자/비전공자(입문자 포함)별 맞춤 학습 플랜

● 전공자 학습 플랜(7일)

1일	2일	3일	4일	5일	6일	7일
1. 5과목	2과목	3과목	4과목	기출	모의고사	복습 및 정리

– 전공자의 경우 모의고사 1회를 풀어보고 약한 과목 순으로 1~4일에 걸쳐서 학습해도 됩니다.
– 6일 동안 1회독을 완료한 후, 마지막날에 틀린 문제를 다시 한 번 확인하고 대표유형을 복습합니다.

● 비전공자(입문자 포함) 학습 플랜(14일)

1일	2일	3일	4일	5일	6일	7일
1회독					기출	복습 및 정리
1과목	2과목	3과목	4과목	5과목		
8일	9일	10일	11일	12일	13일	14일
2회독					모의고사	복습 및 정리
1과목	2과목	3과목	4과목	5과목		

– 비전공자의 경우 각 과목을 2회독 하시길 권장합니다. 5일에 걸쳐 각 과목을 1회독 하고 기출 3회분을 푼 후, 오답 확인 및 대표유형을 복습하는 순으로 학습합니다.
– 1회독 때는 이론을 가볍게 읽으며 별 2~3개짜리 대표유형 중심으로 이해한 후 연습문제를 풀도록 하고, 2회독 때는 이론을 꼼꼼하게 읽으며 별 0~1개짜리까지 학습을 권장합니다. 또, 2주차 때는 1주차 때 틀린 문제들을 다시 복습하며 헷갈리는 개념이나 선지를 정리합니다.

시험 안내

1. 시험 소개

정보처리기사 시험은 컴퓨터를 효과적으로 활용하기 위해서 하드웨어뿐만 아니라 정교한 소프트웨어가 필요해, 우수한 프로그램을 개발하여 업무의 효율성을 높이고, 궁극적으로 국가발전에 이바지하기 위해서 컴퓨터에 관한 전문적인 지식과 기술을 갖춘 사람을 양성할 목적으로 제정되었습니다.

2. 기본 정보

① 시행처 : 한국산업인력공단

② 관련 학과 : 모든 학과 응시 가능

③ 시험 과목

- 필기 1. 소프트웨어 설계 2. 소프트웨어 개발 3. 데이터베이스 구축 4. 프로그래밍 언어 활용 5. 정보시스템 구축 관리
- 실기 : 정보처리 실무

④ 검정 방법

- 필기 : 객관식 4지 택일형, 과목당 20문항(과목당 30분) 수험료 19,400원
- 실기 : 필답형(2시간 30분), 수험료 22,600원

⑤ 합격 기준

- 필기 : 100점을 만점으로 하여 과목당 40점 이상, 전과목 평균 60점 이상
- 실기 : 100점을 만점으로 하여 60점 이상

3. 준비물

- CBT 시험방식은 문제은행방식으로 진행됨에 따라 개인별 문제제공 및 사후 열람 불가
- 개인 지참 연습장 등은 사용이 불가하며, 별도 문제풀이용 연습지 제공

4. 정보처리 기사 필기 CBT시험 운영시간(소속기관, 시험장별 상이)

부	입실시간	시험 시작 시간	시험종료 (2시간 이하)	시험종료 (2시간 초과)
1부	08:40	09:00	11:00	12:00
2부	09:40	10:00	12:00	13:00
3부	11:10	11:30	13:30	14:30
4부	12:40	13:00	15:00	16:00
5부	14:10	14:30	16:30	17:30
6부	15:10	15:30	17:30	18:30

5. 응시자격서류 제출 및 심사

응시자격서류심사 기준일은 수험자가 응시한 실제 필기시험일이므로, 시험일당일까지 응시자격요건을 완성한 자에 한해 필기 합격처리

출제 비중

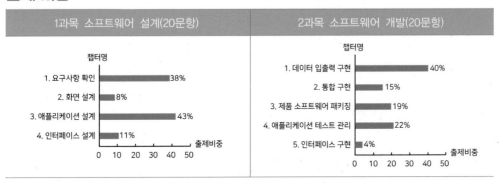

1과목 소프트웨어 설계(20문항)

챕터명
- 1. 요구사항 확인 38%
- 2. 화면 설계 8%
- 3. 애플리케이션 설계 43%
- 4. 인터페이스 설계 11%

출제비중

2과목 소프트웨어 개발(20문항)

챕터명
- 1. 데이터 입출력 구현 40%
- 2. 통합 구현 15%
- 3. 제품 소프트웨어 패키징 19%
- 4. 애플리케이션 테스트 관리 22%
- 5. 인터페이스 구현 4%

출제비중

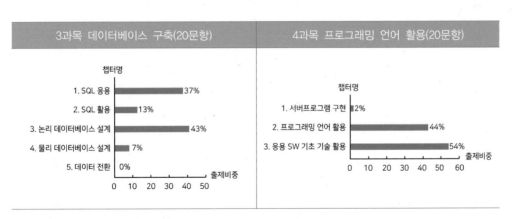

3과목 데이터베이스 구축(20문항)

챕터명
- 1. SQL 응용 37%
- 2. SQL 활용 13%
- 3. 논리 데이터베이스 설계 43%
- 4. 물리 데이터베이스 설계 7%
- 5. 데이터 전환 0%

출제비중

4과목 프로그래밍 언어 활용(20문항)

챕터명
- 1. 서버프로그램 구현 2%
- 2. 프로그래밍 언어 활용 44%
- 3. 응용 SW 기초 기술 활용 54%

출제비중

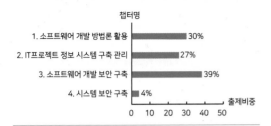

5과목 정보시스템 구축관리(20문항)

챕터명
- 1. 소프트웨어 개발 방법론 활용 30%
- 2. IT프로젝트 정보 시스템 구축 관리 27%
- 3. 소프트웨어 개발 보안 구축 39%
- 4. 시스템 보안 구축 4%

출제비중

도서 구성

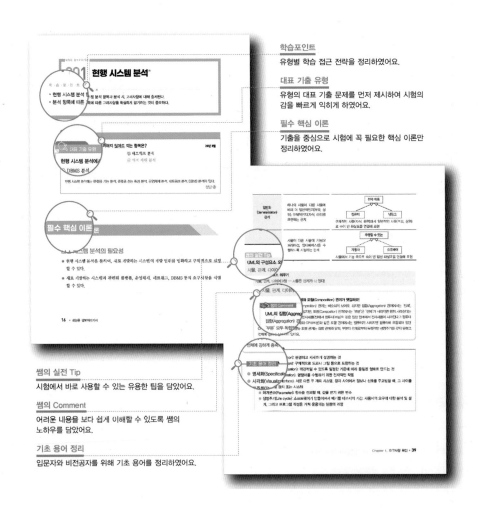

학습포인트
유형별 학습 접근 전략을 정리하였어요.

대표 기출 유형
유형의 대표 기출 문제를 먼저 제시하여 시험의
감을 빠르게 익히게 하였어요.

필수 핵심 이론
기출을 중심으로 시험에 꼭 필요한 핵심 이론만
정리하였어요.

쌤의 실전 Tip
시험에서 바로 사용할 수 있는 유용한 팁을 담았어요.

쌤의 Comment
어려운 내용을 보다 쉽게 이해할 수 있도록 쌤의
노하우를 담았어요.

기초 용어 정리
입문자와 비전공자를 위해 기초 용어를 정리하였어요.

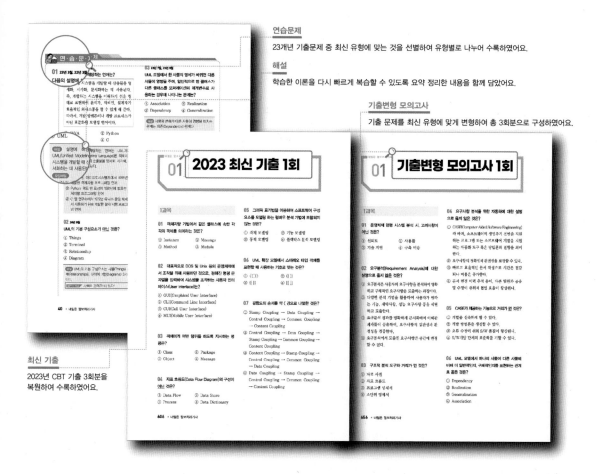

연습문제

23개년 기출문제 중 최신 유형에 맞는 것을 선별하여 유형별로 나누어 수록하였어요.

해설

학습한 이론을 다시 빠르게 복습할 수 있도록 요약 정리한 내용을 함께 담았어요.

기출변형 모의고사

기출 문제를 최신 유형에 맞게 변형하여 총 3회분으로 구성하였어요.

최신 기출

2023년 CBT 기출 3회분을 복원하여 수록하였어요.

CONTENTS

1과목
소프트웨어
설계

2과목
소프트웨어 개발

CONTENTS

1 과목

소프트웨어 설계

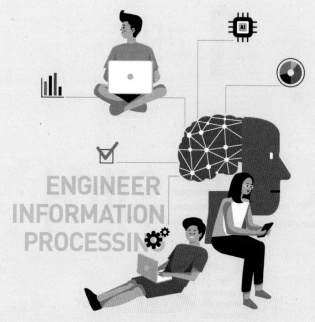

ENGINEER
INFORMATION
PROCESSING

더 멋진 내일(Tomorrow)을 위한 내일(My Career)

내 일 은 정 보 처 리 기 사

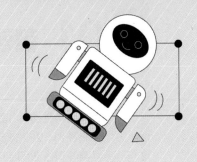

CHAPTER

01

요구사항 확인

001 현행 시스템 분석

학 · 습 · 포 · 인 · 트

- 새로 바뀐 출제기준에는 한 항목으로 들어가 있으나, 출제비중이 낮은 편이다.
- 현행 시스템 분석 안에 기술된 세부 용어들은 뒤에서도 나오니, 현행 시스템 분석 시 고려해야 하는 항목에 어떤 것이 있는지만 알고 넘어가면 된다.

대표 기출 유형

현행 시스템 분석에서 고려하지 <u>않아도</u> 되는 항목은?   **21년 3월**

① DBMS 분석   ② 네트워크 분석

③ 운영체제 분석   ④ 인적 자원 분석

···

현행 시스템 분석에는 플랫폼 기능 분석, 플랫폼 성능 특성 분석, 운영체제 분석, 네트워크 분석, DBMS 분석이 있다.

정답 ④

필수 핵심 이론

현행 시스템 분석의 필요성

- 현행 시스템 분석을 통하여, 새로 개발하는 시스템의 개발 범위를 명확하고 구체적으로 설정할 수 있다.

- 새로 개발하는 시스템과 관련된 플랫폼, 운영체제, 네트워크, DBMS 등의 요구사항을 식별할 수 있다.

플랫폼(Platform) 기능 분석

플랫폼(Platform)의 개념

Plat(구획된 땅) + Form(형태) = Platform(구획된 지면의 형태)

'용도에 따라 다양한 형태로 활용될 수 있는 공간'이라는 의미이다. 이 과목에서 설명하는 플랫폼은 **소프트웨어 플랫폼**으로, **다양한 소프트웨어의 기능 개발과 구동이 가능한 실행환경**을 의미한다.

플랫폼 기능

소프트웨어의 개발과 운영비용 감소, 생산성 향상

플랫폼 기능 분석 산출물

현행 플랫폼 구성, 기능 분석도

플랫폼 성능 특성 분석

측정 항목	설명
가용성(Availability)	서버와 네트워크 또는 프로그램 등의 다양한 정보 시스템을 정상적으로 사용할 수 있는 정도
경과 시간(Turnaround Time)	사용자가 작업을 요청한 시간부터 작업이 완료될 때까지의 시간
응답 시간(Response Time)	사용자가 작업을 요청한 시간부터 응답이 돌아올 때까지의 시간
사용률(Utilization)	사용자의 요청을 처리하는 동안 CPU, 메모리와 같은 자원의 사용률

쌤의 실전 Tip

플랫폼 성능 특성 분석 측정 항목 외우기
플랫폼 성능 가용성, 응답 시간, 경과 시간, 사용률 → 성능을 높여서 가능(응)하면, 경사 내자!

운영체제 분석

운영체제(OS; Operating System)의 개념

컴퓨터 시스템의 하드웨어(CPU, 주기억장치, 보조기억장치 등)와 소프트웨어를 효율적으로 관리하며, 사용자가 컴퓨터를 좀 더 쉽게 사용할 수 있는 환경을 제공하는 소프트웨어이다.

운영체제의 종류 및 특징

구분	종류	특징
컴퓨터	Windows	• Microsoft 개발 • 세계적으로 가장 많이 쓰임 • 고객지원 뛰어남
	UNIX	• 뛰어난 이식성 • 높은 안정성 • 업계 표준의 보안 기능 탑재 • 사용자 명령 기반의 대화식 운영체제
	Linux	• 오픈소스의 운영체제 • 적은 비용으로 네트워크 서버 구축 가능
	Mac OS	• Apple 개발 • 높은 안정성, 직관성
모바일	Android	• Google 운영 • 모바일 스마트기기, 태블릿 전용 운영체제
	iOS	• Apple 개발 • 아이폰 및 아이패드 전용 운영체제

운영체제 현행 시스템 분석 고려 사항

고려사항	설명
신뢰도	장기간 시스템 운영으로 발생할 수 있는 운영체제 고유의 장애 발생 가능성
성능	• 동시 사용자의 요청에 대한 처리 • 대규모 및 대량 작업 처리 • 지원할 수 있는 메모리 크기(32bit, 64bit)
기술 지원	• 제작사의 지속적인 기술 지원 • 사용자들 간의 정보 공유
주변 기기	• 설치할 수 있는 하드웨어 • 주변 기기의 지원 여부
구축 비용	• 지원할 수 있는 하드웨어 비용 • 설치할 응용 프로그램의 라이선스 정책 및 비용 • 유지관리 비용

쌤의 실전 Tip

운영체제 분석 고려사항 외우기

운영체제: 주변 기기, 신뢰성, 성능, 기술 지원, 구축 비용 → 운영을 하기 위해 주변에 신뢰를 얻어 성능 좋은 기구가 생겼다.

네트워크(Network) 분석

네트워크(Network)의 개념

네트워크는 컴퓨터들이 통신 기술을 이용하여 그물망처럼 연결된 통신 형태를 의미한다. 데이터 및 리소스를 송신, 교환 또는 공유하기 위한 목적으로 유선(케이블) 또는 무선(WiFi)로 연결된 2개 이상의 컴퓨터로 구성된다.

네트워크 현행 시스템 분석

현행 시스템상의 네트워크 구성을 파악할 수 있도록 네트워크 구성도를 작성하여 분석한다. 네트워크 구성도를 통해 서버의 위치, 서버 간 연결 방식을 파악할 수 있다. 또한 서버 간의 물리적 위치 관계, 보안 취약성 분석이 가능하다. 네트워크 장애 발생 시, 발생 원인 탐색 및 복구에 활용할 수 있다.

DBMS(DataBase Management System) 분석

DBMS(DataBase Management System)의 개념

사용자와 응용 프로그램들이 데이터베이스를 공유할 수 있도록 관리를 해 주는 범용 목적의 소프트웨어이다. DBMS는 데이터베이스의 추가, 수정, 삭제, 접근, 유지관리에 대한 모든 책임을 진다.

DBMS 현행 시스템 분석 고려사항

고려사항	설명
가용성	• 장기간 시스템 운영 시 장애 발생 가능성 • 백업/복구 편의성 • DBMS 이중화 및 복제 지원
성능	• 대규모 데이터 처리 성능 • 대용량 트랜잭션 처리 성능 • 다양한 튜닝 옵션 지원 여부 • 비용 기반 최적화 지원 • 설정 최소화
상호 호환성	• 설치할 수 있는 운영체제의 종류 • JDBC와 ODBC와 지원 여부

기술 지원	• 제작사의 지속적인 기술 지원 • 사용자들 간의 정보 공유
구축 비용	• 라이선스 정책 및 비용 • 유지관리 비용

기초 용어 정리

- 트랜잭션(Transaction): 데이터베이스의 상태를 변화시키기 위해 수행하는 작업의 단위 또는 한꺼번에 수행되어야 할 일련의 연산
- JDBC(Java Database Connectivity): 자바 프로그램이 데이터베이스와 연결되어 데이터를 주고받을 수 있게 해 주는 프로그래밍 인터페이스
- ODBC(Open Database Connectivity): 언어와 무관하게 모든 응용 프로그램에서 데이터베이스에 접근할 수 있는 표준 개방형 인터페이스

연·습·문·제

01 20년 6월

소프트웨어 설계 시 구축된 플랫폼의 성능 특성 분석에 사용되는 측정 항목이 <u>아닌</u> 것은?

① 응답 시간(Response Time)
② 가용성(Availability)
③ 사용률(Utilization)
④ 서버 튜닝(Server Tuning)

> **해설** 플랫폼의 성능 특성 분석에는 가용성, 경과 시간, 응답 시간, 사용률 4가지이다.
> **외우기 Tip!** 성능을 높여서 가능(응)하면, 경사 내자!

02 20년 6월

DBMS 분석 시, 고려사항으로 거리가 <u>먼</u> 것은?

① 가용성   ② 성능
③ 네트워크 구성도   ④ 상호 호환성

> **해설** DBMS 분석 시 고려해야 할 사항은 가용성, 성능, 상호 호환성, 기술 지원, 구축 비용이다.

03 21년 3월

현행 시스템 분석에서 고려하지 <u>않아도</u> 되는 항목은?

① DBMS 분석
② 네트워크 분석
③ 운영체제 분석
④ 인적 자원 분석

> **해설** 현행 시스템 분석에는 플랫폼 기능 분석, 플랫폼 성능 특성 분석, 운영체제 분석, 네트워크 분석, DBMS 분석이 있다.

01 | ④   02 | ③   03 | ④

002 | 요구사항 정의***

대표 기출 유형

소프트웨어 설계에서 요구사항 분석에 대한 설명으로 틀린 것은?　　　23년 7월, 22년 3월

① 소프트웨어가 무엇을 해야 하는가를 추적하여 요구사항 명세를 작성하는 작업이다.
② 사용자의 요구를 추출하여 목표를 정하고 어떤 방식으로 해결할 것인지 결정하는 단계이다.
③ 소프트웨어 시스템이 사용되는 동안 발견되는 오류를 정리하는 단계이다.
④ 소프트웨어 개발의 출발점이면서 실질적인 첫 번째 단계이다.

....

요구사항 분석은 소프트웨어 개발 과정에서 가장 중요한 단계 중 하나이자 첫 번째 단계이다. 요구사항 분석은 사용자 요구사항을 이해하고, 소프트웨어 시스템이 어떻게 작동해야 하는지에 대한 명확한 이해를 바탕으로 설계 및 개발 작업을 수행하는 것이다. 소프트웨어 시스템이 사용되는 동안 발견되는 오류를 정리하는 단계는 소프트웨어 유지보수 및 테스트 단계에서 수행된다.

정답 ③

필수 핵심 이론

요구사항(Requirement)의 개념 및 특징

● 일반적인 요구사항은 어떠한 것을 요구하는 권리, 권한을 의미한다. 소프트웨어 공학에서 요구사항은 특정 목적을 위해 사용자가 필요로 하는 조건 또는 기능을 명시하는 것이다.

● 요구사항은 계획서, 제안요청서, 명세서 등 제시된 문서에 의하여 소프트웨어가 제공하는 서비스, 기능, 조건을 기술한 것이다.

● 요구사항은 비즈니스 요구사항을 바탕으로 개발에 참여하는 이해관계자와 사용자 요구사항, 기능 요구사항을 거쳐 명시된다.

요구사항(Requirement)의 유형

기능/비기능에 따른 분류

요구사항 분류		설명
기능 요구사항 (Functional Requirement)	기능 요구사항	목표 시스템이 반드시 수행해야 하거나, 목표 시스템을 이용하여 사용자가 반드시 수행할 수 있어야 하는 기능(동작)에 대한 요구사항
비기능 요구사항 (Nonfunctional Requirement)	성능 요구사항	목표 시스템의 처리 속도 및 시간, 처리량, 동적/정적 용량, 가용성과 같은 성능에 대한 요구사항
	시스템 장비 구성 요구사항	하드웨어, 소프트웨어, 네트워크 등의 도입 장비 내역과 같은 시스템 장비 구성에 대한 요구사항
	인터페이스 요구사항	• 목표 시스템과 외부를 연결하는 시스템 인터페이스와 사용자 인터페이스에 대한 요구사항(타 소프트웨어, 하드웨어, 통신 인터페이스, 타 시스템과의 정보교환에 이용되는 프로토콜 연계 포함) • 사용자 편의성, 사용자 경험 등 사용자 중심의 요구사항
	데이터 요구사항	목표 시스템의 서비스에 필요한 초기자료 구축 및 데이터 변환을 위한 대상, 방법, 보안이 필요한 데이터 등 데이터를 구축하기 위해 필요한 요구사항
	테스트 요구사항	구축된 시스템이 목표 대비 제대로 운영되는지 테스트하고 점검하기 위한 요구사항
	보안 요구사항	정보 자산의 기밀성과 무결성을 확보하기 위해 목표 시스템의 데이터 및 기능, 운영 접근을 통제하기 위한 요구사항
	품질 요구사항	• 관리가 필요한 품질 항목, 품질 평가 대상 및 목표에 대한 요구사항 • 신뢰성, 사용성, 유지보수성, 이식성, 보안성을 구분하여 작성
	제약사항	시스템 설계, 구축, 운영과 관련하여 사전에 파악된 기술, 표준, 업무, 법 제도와 같은 제약사항
	프로젝트 관리 요구사항	프로젝트의 원활한 수행을 위한 관리 방법 및 추진 단계별 수행 방안에 대한 요구사항
	프로젝트 지원 요구사항	• 프로젝트의 원활한 수행을 위해 필요한 지원 사항 및 방안에 대한 요구사항 • 시스템/서비스 안정화 및 운영, 교육훈련 및 기술 지원, 하자보수 또는 유지관리 요구사항

기술 관점과 대상의 범위에 따른 분류

요구사항 분류	설명
사용자 요구사항 (User Requirement)	• 기능 요구사항과 비기능 요구사항의 조합으로 기술 지식이 없는 사용자도 쉽게 이해할 수 있도록 설계된 요구사항 • 간단한 표, 형식, 다이어그램을 사용하여 자연어로 작성
시스템 요구사항 (System Requirement)	• 소프트웨어 시스템의 기능, 서비스와 제약사항에 대한 상세한 설명으로 사용자 요구사항의 확장 • 전문 기술 용어로 작성

요구사항(Requirement)의 개발 프로세스

① 도출(Elicitation)

● 소프트웨어가 제공해야 할 기능 이해

● 사용자와 이해관계자의 추상적 요구에 대한 정보를 식별하는 단계

● 청취, 인터뷰, 설문조사, 워크숍, 프로토타이핑(Prototyping), 유스케이스(Use Case) 등을 활용

② 분석(Analysis)

● 도출된 요구사항을 바탕으로 소프트웨어 개발 범위 이해

● 도출된 요구사항에 대한 충돌, 중복, 누락 등의 분석을 통하여 완전성과 일관성을 확보하는 단계

● 자료 흐름도(DFD), 자료 사전(DD), Mini-Spec, ERD, UML 등을 활용

③ 명세(Specification)

● 도출과 분석을 통해 나온 요구사항 문서화

● 요구사항에 대하여 이해하기 쉽게, 체계적으로 검토, 평가, 승인될 수 있는 문서를 작성하는 단계

기법	정형 명세 기법	비정형 명세 기법
특징	• 사용자의 요구사항을 수학적 기호와 정형화된 표기법으로 작성 • 요구사항을 정확하고 간결하게 표현 • 작성자와 관계없이 일관성 있으며, 완전성 검증 가능	• 사용자의 요구사항을 자연어를 기반으로 서술 • 사용자와 개발자의 이해가 쉬움 • 작성자의 표현 방법, 이해도에 따라 일관성이 떨어지고, 다양한 해석 발생
종류	VDM, Z-스키마, Petri-net, CSP	FSM, Decision Table, E-R모델링, State Chart(SADT)

④ 확인(Validation)

- 요구사항 명세서에 작성된 내용이 정확하게 작성되었는지 확인

- 모든 이해관계자가 참여하며, 요구사항 명세서의 내용이 이해하기 쉬운지, 일관성 있고, 완전한지, 회사의 기준에 적합한지를 검증하는 단계

쌤의 실전 Tip

요구사항(Requirement)의 개발 프로세스 외우기

도출 → 분석 → 명세 → 확인 → 도둑을 분명히 확인했다.

기초 용어 정리

- 이해관계자: 소프트웨어 개발 프로젝트의 결과물 또는 완료에 긍정적이거나 부정적인 영향을 끼칠 수 있는 개인 또는 조직
- VDM(Vienna Development Method): 시스템의 비기능적인 요구사항을 제외한 기능적인 요구사항에만 한정되며 이와 관련한 기능 요구 명세와 검증 설계에 관해 적절한 표기법인 검증 방법을 제공함
- Z-스키마: 수학적 체계를 이용하여 시스템의 상태를 정의하는 모델 기반의 정형적 명세언어로 여러 특성을 VDM보다 함축적으로 표현, 모든 특성을 스키마 안에 순서대로 기술하며 모듈화와 재사용성이 우수함
- Petri-net: 장소/전이 네트워크라고도 하는 Petri 네트워크는 분산 시스템을 설명하기 위한 수학적 모델링 언어
- CSP(Communicating Sequence Processes): 현행 시스템에서 상호작용의 패턴을 기술하기 위해 고안된 형식 언어
- FSM(Finite State Machine): 컴퓨터 프로그램과 전자 논리 회로를 설계하는 데에 쓰이는 수학적 모델
- Decision Table: 복잡한 의사결정 논리를 기술하는 데 사용되며, 의사결정 로직을 매트릭스 형태로 표현
- E-R모델링: 요구사항으로부터 얻어낸 정보들을 개체(Entity), 속성(Attribute), 관계(Relation)로 기술하는 데이터 모델
- State Chart(SADT: Structured Analysis and Design Techniques): 그래픽언어를 사용하여 시스템 모델을 구축, S/W 요구사항 분석과 설계를 위한 구조적 분석과 설계 기법 또는 도구

연·습·문·제

01 23년 7월, 22년 3월

소프트웨어 설계에서 요구사항 분석에 대한 설명으로 틀린 것은?

① 소프트웨어가 무엇을 해야 하는가를 추적하여 요구사항 명세를 작성하는 작업이다.

② 사용자의 요구를 추출하여 목표를 정하고 어떤 방식으로 해결할 것인지 결정하는 단계이다.

③ 소프트웨어 시스템이 사용되는 동안 발견되는 오류를 정리하는 단계이다.

④ 소프트웨어 개발의 출발점이면서 실질적인 첫 번째 단계이다.

해설 요구사항 분석은 소프트웨어 개발 과정에서 가장 중요한 단계 중 하나이자 첫 번째 단계이다. 요구사항 분석은 사용자 요구사항을 이해하고, 소프트웨어 시스템이 어떻게 작동해야 하는지에 대한 명확한 이해를 바탕으로 설계 및 개발 작업을 수행하는 것이다. 소프트웨어 시스템이 사용되는 동안 발견되는 오류를 정리하는 단계는 소프트웨어 유지보수 및 테스트 단계에서 수행된다.

02 22년 4월

요구사항 분석에서 비기능적(Nonfunctional) 요구에 대한 설명으로 옳은 것은?

① 시스템의 처리량(Throughput), 반응 시간 등의 성능 요구나 품질 요구는 비기능적 요구에 해당하지 않는다.

② '차량 대여 시스템이 제공하는 모든 화면이 3초 이내에 사용자에게 보여야 한다'는 비기능적 요구이다.

③ 시스템 구축과 관련된 안전, 보안에 대한 요구사항들은 비기능적 요구에 해당하지 않는다.

④ '금융 시스템은 조회, 인출, 입금, 송금의 기능이 있어야 한다'는 비기능적 요구이다.

해설 비기능적 요구사항은 시스템의 품질, 성능과 관련된 요구사항으로, 시스템이 어떻게 수행해야 하는지를 명세화한다. 따라서 ②가 이에 해당한다.

오답해설
① 성능, 품질 요구를 포함하며, 이는 비기능적 요구사항에 포함된다.
③ 안전과 보안은 시스템의 품질과 관련된 요구사항으로 비기능적 요구사항에 포함된다.
④ 시스템이 수행해야 하는 일을 정의하는 것으로, 이는 기능적 요구사항에 포함된다.

03 23년 7월, 20년 9월

요구사항 명세 기법에 대한 설명으로 틀린 것은?

① 비정형 명세 기법은 사용자의 요구를 표현할 때 자연어를 기반으로 서술한다.

② 비정형 명세 기법은 사용자의 요구를 표현할 때 Z 비정형 명세 기법을 사용한다.

③ 정형 명세 기법은 사용자의 요구를 표현할 때 수학적인 원리와 표기법을 이용한다.

④ 정형 명세 기법은 비정형 명세 기법에 비해 표현이 간결하다.

해설 요구사항 명세 기법은 소프트웨어 요구사항을 문서화하는 방법을 의미한다.
비정형 명세 기법은 자연어를 사용하여 자유로운 표현으로 요구사항을 명세화한다. 정형 명세 기법은 형식화된 수학적 기호와 언어를 사용하여 요구사항을 명세화한다. Z 비정형 명세 기법은 수학적 기호로 명세하는 방법으로 정형 명세기법이다.

04 23년 5월, 20년 5월

요구사항 개발 프로세스의 순서로 옳은 것은?

> ㉠ 도출(Elicitation)
> ㉡ 분석(Analysis)
> ㉢ 명세(Specification)
> ㉣ 확인(Validation)

① ㉠ → ㉡ → ㉢ → ㉣
② ㉠ → ㉢ → ㉡ → ㉣
③ ㉠ → ㉣ → ㉡ → ㉢
④ ㉠ → ㉡ → ㉣ → ㉢

해설 도출 → 분석 → 명세 → 확인 순서로 요구사항 개발 프로세스가 이루어진다.

외우기 Tip! 도둑을 분명히 확인했다.

05 21년 8월

요구사항 검증(Requirement Validation)과 관련한 설명으로 **틀린** 것은?

① 요구사항이 고객이 정말 원하는 시스템을 제대로 정의하고 있는지 점검하는 과정이다.
② 개발 완료 이후에 문제점이 발견될 경우 막대한 재작업 비용이 들 수 있기 때문에 요구사항 검증은 매우 중요하다.
③ 요구사항이 실제 요구를 반영하는지, 문서상의 요구사항은 서로 상충되지 않는지 등을 점검한다.
④ 요구사항 검증과 검증을 통해 모든 요구사항 문제를 발견할 수 있다.

해설 요구사항 검증은 요구사항 명세서의 내용이 이해하기 쉬운지, 일관성 있고 완전한지, 회사의 기준에 적합한지를 검증하는 단계이다. 그러나 이 단계에서 모든 요구사항 문제를 발견하긴 쉽지 않다.

06 21년 8월

요구분석(Requirement Analysis)에 대한 설명으로 **틀린** 것은?

① 요구분석은 소프트웨어 개발의 실제적인 첫 단계로 사용자의 요구에 대해 이해하는 단계라 할 수 있다.
② 요구추출(Requirement Elicitation)은 프로젝트 계획 단계에 정의한 문제의 범위 안에 있는 사용자의 요구를 찾는 단계이다.
③ 도메인 분석(Domain Analysis)은 요구에 대한 정보를 수집하고 배경을 분석하여 이를 토대로 모델링을 하게 된다.
④ 기능적(Functional) 요구에서 시스템 구축에 대한 성능, 보안, 품질, 안정 등에 대한 요구사항을 도출한다.

해설 기능적 요구는 목표 시스템이 반드시 수행해야 하거나, 목표 시스템을 이용하여 사용자가 반드시 수행할 수 있어야 하는 기능(동작)에 대한 요구사항이다. 성능, 보안, 품질, 안정은 비기능적 요구이다.

07 21년 8월

요구사항 정의 및 분석·설계의 결과물을 표현하기 위한 모델링 과정에서 사용되는 다이어그램(Diagram)이 **아닌** 것은?

① Data Flow Diagram
② UML Diagram
③ E-R Diagram
④ AVL Diagram

해설 AVL Diagram은 존재하지 않으며, 유사한 단어인 AVL Tree는 이진 탐색 트리이다.

| 01 | ③ | 02 | ② | 03 | ② | 04 | ① | 05 | ④ |
| 06 | ④ | 07 | ④ |

003 요구사항 분석 및 구조적 분석기법***

대표 기출 유형

자료 흐름도(Data Flow Diagram)의 구성요소로 옳은 것은?　　　　　**22년 7월, 20년 8월**

① process, data flow, data store, comment
② process, data flow, data store, terminator
③ data flow, data store, terminator, data dictionary
④ process, data store, terminator, mini-spec

....

자료 흐름도(DFD; Data Flow Diagram)의 구성요소에는 데이터를 처리하는 과정을 나타내는 프로세스(Process), 데이터가 흐르는 방향과 특성을 나타내는 자료 흐름(Data Flow), 데이터가 저장되는 장소인 자료 저장소(Data Store), 시스템과 상호작용하는 외부 개체인 단말(Terminator)로 구성되어 있다.

정답 ②

필수 핵심 이론

요구분석(Requirement Analysis)의 개념 및 특징

- 요구사항 분석의 중요한 단계 중 하나로, 사용자의 요구사항을 분석하여 명확하고 구체적인 요구사항을 도출하는 과정이다. 요구분석은 사용자와 개발자 간의 의사소통의 기반이 되며, 개발의 효율성과 성공적인 완료를 위한 핵심적인 역할을 한다.

- 다양한 분석기법을 활용하여 사용자가 원하는 기능, 제약사항, 성능 요구사항 등을 식별하고 도출한다.

- 요구분석 결과를 명확하게 문서화하여 이해관계자들이 공유하여, 요구사항의 일관성과 완전성을 검증하고, 추후 변경과 검증 관리를 용이하게 한다.

- 요구분석에서 도출된 요구사항은 사용자의 요구사항이 바뀔 때마다 업데이트되어야 하며, 변경 이력을 기록하여 변경 관리를 해야 한다.

요구분석의 어려움

- 개발자와 사용자 간의 지식이나 표현의 차이가 커서 상호 이해가 쉽지 않다.

- 사용자의 요구사항이 모호하고 불명확하다.

- 소프트웨어 개발 과정 중에 요구사항이 계속 변할 수 있다.

- 사용자의 요구는 예외가 거의 없어 열거와 구조화가 어렵다.

요구분석에서 사용되는 구조적 분석기법

자료 흐름도(DFD; Data Flow Diagram)

- 시스템 내에서 데이터 흐름을 나타내는 다이어그램으로, 시스템의 입력, 출력, 처리 과정, 데이터 저장소 등을 표현한다.

- 시스템의 입력, 출력, 처리 과정, 데이터 저장소 등의 요소들을 그림으로 나타내고, 이들 간의 데이터 흐름을 분석하여 시스템의 기능과 처리 과정을 이해하고, 문제점을 파악하고, 보완할 부분을 도출할 때 사용된다.

기호명	표기법	설명
프로세스 (Process)	프로세스명	자료를 변환시키는 시스템의 처리 과정을 표현
자료 흐름 (Data Flow)	자료명 →	DFD의 구성요소들 간의 데이터의 이동 또는 연관 관계를 표현
자료 저장소 (Data Store)	데이터 저장소명	시스템에서의 자료 저장소(파일, 데이터베이스)를 표현
단말 (Terminator)	단말명	시스템의 처리 과정에서 데이터가 발생하는 시작과 종료를 표현

자료 사전(DD; Data Dictionary)

- 시스템 분석 및 설계 과정에서 사용되는 문서로, 시스템 내에서 사용되는 모든 데이터에 대한 정보를 담고 있다.
- 데이터 요소의 정의, 구조, 유형, 길이, 사용 방법 등을 기술하고, 데이터 요소 간의 관계를 나타낸다.

기호	설명
=	자료의 정의(is composed of)
+	자료의 연결(and)
( )	자료의 생략(Optional)
[	]	자료의 선택(or)
{ }	자료의 반복(Iteration of) { }: 최소 0번 이상 최대 ∞ 반복 $\{\ \}_m$: m번 이상 반복, $\{\ \}^n$: 최대로 n번 반복, $\{\ \}_m^n$: m 이상 n 이하로 반복
**	자료의 설명(Comment)

 연·습·문·제

01 21년 5월
요구사항 분석이 어려운 이유가 <u>아닌</u> 것은?

① 개발자와 사용자 간의 지식이나 표현의 차이가 커서 상호 이해가 쉽지 않다.
② 사용자의 요구는 예외가 거의 없어 열거와 구조화가 어렵지 않다.
③ 사용자의 요구사항이 모호하고 불명확하다.
④ 소프트웨어 개발 과정 중에 요구사항이 계속 변할 수 있다.

해설 사용자의 요구사항은 예외사항이 많아, 이를 열거하고 구조화하는 작업은 상당히 어려운 편이다.

02 20년 6월
소프트웨어 개발 방법 중 요구사항 분석(Require ment Analysis)과 거리가 <u>먼</u> 것은?

① 비용과 일정에 대한 제약 설정
② 타당성 조사
③ 요구사항 정의 문시화
④ 설계 명세서 작성

해설 설계 명세서 작성은 소프트웨어 개발단계에서 이루어지는 작업으로, 요구사항 분석에서 산출된 요구사항 정의 문서를 바탕으로 시스템을 구성하는 내부 프로그램이나 모듈 간의 관계와 구조를 설계하는 작업이다.

03 20년 9월

소프트웨어 개발 단계에서 요구분석 과정에 대한 설명으로 거리가 먼 것은?

① 분석 결과의 문서화를 통해 향후 유지보수에 유용하게 활용할 수 있다.
② 개발 비용이 가장 많이 소요되는 단계이다.
③ 자료 흐름도, 자료 사전 등이 효과적으로 이용될 수 있다.
④ 보다 구체적인 명세를 위해 소단위 명세서(Mini-Spec)가 활용될 수 있다.

해설 요구분석 과정은 자료 흐름도(DFD; Data Flow Diagram) 안에 있는 자료 흐름, 자료 사전 등을 이용하여 효과적으로 작성할 수 있다. 이렇게 문서화 된 요구사항 명세서는 구체적인 명세를 위해 소단위 명세서(Mini-Spec)으로 작성할 수 있으며, 향후 유지보수 등에 활용할 수 있다. 요구분석 과정은 소프트웨어 개발 초기 단계로 비용, 일정 등을 설정하는 단계로 개발 비용이 많이 소요되지는 않는다. 개발 비용이 많이 소요되는 단계는 유지보수 단계이다.

04 20년 9월

요구사항 분석 시에 필요한 기술로 가장 거리가 먼 것은?

① 청취와 인터뷰 질문 기술
② 분석과 중재 기술
③ 설계 및 코딩 기술
④ 관찰 및 모델 작성 기술

해설 요구사항 분석 단계는 사용자의 요구사항을 분석하여 명확하고 구체적인 요구사항을 도출하는 과정이다. 따라서 사용자와 상호작용 하는 기술이 가장 중요하다. 설계와 코딩 기술은 요구사항 분석 이후, 실질적인 소프트웨어 개발 단계에서 필요하다.

05 20년 9월

DFD(Data Flow Diagram)에 대한 설명으로 틀린 것은?

① 자료 흐름 그래프 또는 버블(Bubble) 차트라고도 한다.
② 구조적 분석기법에 이용된다.
③ 시간 흐름을 명확하게 표현할 수 있다.
④ DFD의 요소는 화살표, 원, 사각형, 직선(단선/이중선)으로 표시한다.

해설 자료 흐름도(DFD; Data Flow Diagram)는 시스템 내의 모든 자료 흐름을 4가지 기호(프로세스, 자료 흐름, 자료 저장소, 단말)로 표현하는 방법이다.

06 23년 5월, 22년 7월, 20년 8월

자료 흐름도(Data Flow Diagram)의 구성요소로 옳은 것은?

① process, data flow, data store, comment
② process, data flow, data store, terminator
③ data flow, data store, terminator, data dictionary
④ process, data store, terminator, mini-spec

해설 자료 흐름도(DFD; Data Flow Diagram)의 구성요소에는 데이터를 처리하는 과정을 나타내는 프로세스(Process), 데이터가 흐르는 방향과 특성을 나타내는 자료 흐름(Data Flow), 데이터가 저장되는 장소인 자료 저장소(Data Store), 시스템과 상호작용 하는 외부 개체인 단말(Terminator)로 구성되어 있다.

외우기 Tip! 프 흐~ 단! 저장하자!

07 **23년 3월, 20년 6월, 17년 3월, 11년 6월, 07년 9월, 06년 9월, 05년 3월**

자료 흐름도(Data Flow Diagram)의 구성이 아닌 것은?

① Data Flow ② Data Store
③ Process ④ Data dictionary

> **해설** 자료 흐름도(DFD; Data Flow Diagram)는 구성요소에는 프로세스(Process), 자료 흐름(Data Flow), 자료 저장소(Data Store), 단말(Terminator)로 구성되어 있다.

08 **22년 3월, 19년 3월, 13년 3월, 10년 3월, 08년 3월**

자료 흐름도(DFD)의 요소별 표기 형태의 연결이 옳지 않은 것은?

① Process: 원
② Data Flow: 화살표
③ Data Store: 삼각형
④ Terminator: 사각형

> **해설** 자료 저장소는 이중선(=) 안에 자료 저장소 이름을 입력한다. ____데이터 저장소명____

09 **20년 9월**

다음 중 자료 사전(Data Dictionary)에서 선택의 의미를 나타내는 것은?

① [ ] ② { }
③ + ④ =

> **해설** 자료 사전에서 기호의 의미는 선택([ ]), 반복({ }), 연결(+), 정의(=)이다.

10 **20년 6월**

자료 사전에서 자료의 생략을 의미하는 것은?

① { } ② **
③ = ④ ( )

> **해설** 자료 사전에서 기호의 의미는 반복({ }), 설명(**), 정의(=), 생략(( ))이다.

11 **20년 8월**

자료 사전에서 자료의 반복을 의미하는 것은?

① = ② ( )
③ { } ④ [ ]

> **해설** 자료 사전에서 기호의 의미는 정의(=), 생략(( )), 반복({ }), 선택([ ])이다.

01 | ②	02 | ④	03 | ②	04 | ③	05 | ③
06 | ②	07 | ④	08 | ③	09 | ①	10 | ④
11 | ③

004 요구사항 분석 자동화 및 관리 도구 ★★★

- 요구사항 분석을 위한 자동화 및 관리 도구의 개념과 특징을 각각 정확하게 이해하는 것이 중요하다.

대표 기출 유형

HIPO(Hierarchy Input Process Output)에 대한 설명으로 거리가 먼 것은? 23년 3월, 22년 7월, 20년 6월

① 상향식 소프트웨어 개발을 위한 문서화 도구이다.
② HIPO 차트 종류에는 가시적 도표, 총체적 도표, 세부적 도표가 있다.
③ 기능과 자료의 의존 관계를 동시에 표현할 수 있다.
④ 쉽고 이해하기 쉽다.

....

HIPO는 시스템의 분석 및 설계, 문서화할 때 사용하는 기법으로, 하향식 소프트웨어 개발을 위한 문서화 도구이다.
IPO는 시스템의 입력, 처리, 출력의 기능을 기호, 도표를 사용하여 작성하며 이해하기 쉽다.

정답 ①

필수 핵심 이론

요구사항 분석을 위한 자동화 및 관리 도구의 개념 및 특징

- CASE(Computer Aided Software Engineering)라 하며, 소프트웨어의 생명주기 전반을 지원하는 프로그램 또는 소프트웨어 개발을 지원하는 자동화 도구 혹은 방법론의 결합을 의미한다.

- 요구사항을 자동으로 분석하고 요구사항 분석 명세서를 기술하도록 개발된 도구로 요구사항을 자동으로 수집하고, 분석하고, 요구사항 분석 명세서를 작성하는 소프트웨어 도구이다. 이를 통해 개발자들은 시간과 비용을 절약할 수 있으며, 요구사항의 정확성과 완전성을 보장할 수 있다.

특징

● 일관성 있는 문서 작성

● 인간의 오류를 최소화하여, 요구사항 분석의 정확성 향상

● 빠르고 효율적인 문서 작성으로, 시간과 비용 절감

● 문서 변경 이력 추적 용이, 다른 팀원과 공유 및 수정이 쉬워져 협업 효율 향상

요구사항 분석을 위한 자동화 및 관리 도구의 종류

종류	특징
SADT(Structured Analysis and Design Technique)	• SoftTech 사 개발, 설계도구 • 구조적 분석과 설계 기법으로, 시스템을 구성하는 구성요소와 그들 간의 상호작용을 시각적으로 표현하는 방법을 제공 • 사각형으로 표현되는 블록(시스템)과 화살표(입출력)로 표현되는 연결선으로 이루어진 블록 다이어그램 사용
SREM(Software Requirements Engineering Methodology)	• TRW Defense and Space Systems 개발, 요구분석용 자동화 도구 • 소프트웨어 요구사항의 수집, 분석, 명세, 검증 등의 단계를 체계적으로 수행하고, 이를 기반으로 고객의 요구를 만족시키는 소프트웨어 제품을 개발하는 방법론 • Top-down 방식, 수학적 표현 방식 사용, 요구사항과 소프트웨어 요소 사이의 상호관계 추적 관리
PSL/PSA	• 미시간 대학 개발, 요구분석용 자동화 도구 • PSL(Problem Statement Language): 요구사항 분석을 위한 수학적 표현법 • PSA(Problem Statement Analyzer): PSL로 작성된 명세를 검증하고 분석하는 자동화 도구

HIPO(Hierarchical Input Process Output)의 개념 및 특징

● 시스템 분석 및 설계, 문서화할 때 사용되는 기법으로 시스템 실행 과정인 입력/처리/출력의 기능 나타낸다.

● 시스템의 기능과 자료의 의존 관계를 동시에 표현할 수 있다.

● 하향식 소프트웨어 개발을 위한 문서화 도구로, 기호 도표 등을 사용하므로 쉽고 이해하기 좋으며, 변경 및 유지보수가 용이하다.

HIPO Chart 종류	설명
가시적 도표 (Visual Table of Contents, 도식목차)	시스템의 전체적인 구조를 표현하는 계층(Tree) 구조
총체적 도표 (Overview Diagram, 총괄개요 도표)	프로그램을 구성하는 기능 설명, 입력 및 출력 자료 정보 제공
세부적 도표(Detail Diagram, 상세도표)	총체적 도표에 표시된 기능을 구성하는 기본 요소들을 상세히 설명

01 23년 7월, 21년 3월

CASE(Computer Aided Software Engineering)에 대한 설명으로 틀린 것은?

① 소프트웨어 모듈의 재사용성이 향상된다.
② 자동화된 기법을 통해 소프트웨어 품질이 향상된다.
③ 소프트웨어 사용자들에게 사용 방법을 신속히 숙지시키기 위해 사용된다.
④ 소프트웨어 유지보수를 간편하게 수행할 수 있다.

> 해설 CASE는 소프트웨어 개발을 지원하는 자동화 도구로 개발자들이 사용한다.

02 23년 5월, 20년 8월

CASE(Computer-Aided Software Engineering) 도구에 대한 설명으로 거리가 먼 것은?

① 소프트웨어 개발 과정의 일부 또는 전체를 자동화하기 위한 도구이다.
② 표준화된 개발 환경 구축 및 문서 자동화 기능을 제공한다.
③ 작업 과정 및 데이터 공유를 통해 작업자 간 커뮤니케이션을 증대한다.
④ 2000년대 이후 소개되었으며, 객체지향 시스템에 한해 효과적으로 활용된다.

> 해설 CASE 도구는 소프트웨어의 생명주기 전반을 지원하는 프로그램 또는 소프트웨어 개발을 지원하는 자동화 도구로, 소프트웨어 관리자들과 실무자들이 소프트웨어 프로세스와 관련된 활동을 지원한다. CASE는 1980년대에 소개되었으며, 1990년대부터 자주 사용되었다.

03 23년 7월, 20년 9월, 6월

CASE(Computer Aided Software Engineering)의 주요 기능으로 옳지 않은 것은?

① S/W 라이프 사이클 전 단계의 연결
② 그래픽 지원
③ 다양한 소프트웨어 개발 모형 지원
④ 언어 번역

> 해설 CASE 도구는 소프트웨어의 생명주기 전반을 지원하는 프로그램으로, 소프트웨어 시스템의 문서화 및 명세화를 위한 그래픽 기능을 지원한다. 리포트, 코드 생성기와 같은 다양한 소프트웨어 개발 모형을 지원한다. 언어 번역은 지원하지 않는다.

04 21년 5월

다음 중 상위 CASE 도구가 지원하는 주요 기능으로 볼 수 없는 것은?

① 모델들 사이의 모순검사 기능
② 전체 소스코드 생성 기능
③ 모델의 오류검증 기능
④ 자료 흐름도 작성 기능

> 해설 전체 소스코드를 생성하는 기능은 하위 CASE 도구가 지원한다.

05 21년 5월

CASE(Computer-Aided Software Engineering)의 원천 기술이 아닌 것은?

① 구조적 기법
② 프로토타이핑 기술
③ 정보 저장소 기술
④ 일괄처리 기술

06 20년 9월

SoftTech 사에서 개발된 것으로 구조적 요구 분석을 하기 위해 블록 다이어그램을 채택한 자동화 도구는?

① SREM
② PSL/PSA
③ HIPO
④ SADT

07 04년 3월, 01년 3월

프로그램을 구성하는 기능을 기술한 것으로 입력, 처리, 출력을 기술하는 HIPO 패키지에 해당하는 것은?

① Overview Diagram
② Detail Diagram
③ Visual Table of contents
④ Index Diagram

08 23년 3월, 22년 7월, 20년 6월

HIPO(Hierarchy Input Process Output)에 대한 설명으로 거리가 먼 것은?

① 상향식 소프트웨어 개발을 위한 문서화 도구이다.
② HIPO 차트 종류에는 가시적 도표, 총체 적 도표, 세부적 도표가 있다.
③ 기능과 자료의 의존 관계를 동시에 표현 할 수 있다.
④ 보기 쉽고 이해하기 쉽다.

09 06년 9월, 04년 9월, 02년 3월

HIPO(Hierarchy Input Process Output)에 대한 설명으로 옳지 않은 것은?

① HIPO 다이어그램에는 가시적 도표(Visual Table of Contents), 총체적 다이어그램 (Overview Diagram), 세부적 다이어그 램(Detail Diagram)의 세 종류가 있다.
② 가시적 도표(Visual Table of Contents) 는 시스템에 있는 어떤 특별한 기능을 담 당하는 부분의 입력, 처리, 출력에 대한 전반적인 정보를 제공한다.
③ HIPO 다이어그램은 분석 및 설계 도구로 서 사용된다.
④ HIPO는 시스템의 설계나 시스템 문서화용 으로 사용되고 있는 기법이며, 기본 시스템 모델은 입력, 처리, 출력으로 구성된다.

10 21년 5월

요구사항 관리 도구의 필요성으로 틀린 것은?

① 요구사항 변경으로 인한 비용 편익 분석
② 기존 시스템과 신규 시스템의 성능 비교
③ 요구사항 변경의 추적
④ 요구사항 변경에 따른 영향 평가

해설 기존 시스템과 신규 시스템의 성능 비교는 구현 단계에서 진행된다.

| 01 | ③ | 02 | ④ | 03 | ④ | 04 | ② | 05 | ④ |
| 06 | ④ | 07 | ① | 08 | ① | 09 | ② | 10 | ② |

005 UML(Unified Modeling Language)***

학·습·포·인·트 --

- UML의 정의와 UML의 관계를 묻는 문제가 자주 출제되고 있다.
- UML이 어떤 상황에서 사용하는 언어인지, UML 관계의 종류(영문명)와 의미를 기억하는 것이 중요하다.
- 예시를 통해서 UML 관계를 이해하는 것이 중요하다.

대표 기출 유형

UML 모델에서 한 사물의 명세가 바뀌면 다른 사물에 영향을 주며, 일반적으로 한 클래스가 다른 클래스를 오퍼레이션의 매개변수로 사용하는 경우에 나타나는 관계는?   **22년 7월, 21년 8월**

① Association   ② Realization
③ Dependency   ④ Generalization

....

사물의 변화가 다른 사물에 영향을 미치는 관계는 의존(Dependency) 관계이다.

정답 ③

필수 핵심 이론

UML(Unified Modeling Language)의 개념

- 객체지향 소프트웨어 개발 과정에서 개발자와 고객 또는 분석가가 효율적인 의사소통을 할 수 있게 이루어진 **표준화된 객체지향 모델링 언어**이다.

- 객체지향 시스템을 개발할 때 산출물을 명세화, 시각화, 문서화하는 데 사용된다. 즉, 개발하는 시스템을 이해하기 쉬운 형태로 표현하여 분석가, 의뢰인, 설계자가 효율적인 의사소통을 할 수 있게 해 준다.

UML의 구성요소

구성요소	설명
사물(Things)	• 모델을 구성하는 가장 중요한 요소로, 다이어그램 안에서 관계가 형성될 수 있는 대상들 • 클래스(Class), 컴포넌트(Component), 유스케이스(Use Case), 노드(Node) 등
관계(Relationships)	• 사물과 사물 사이의 연관성을 표현 • 연관(Association) 관계, 의존(Dependency) 관계, 집합(Aggregation) 관계, 포함(Composition) 관계, 일반화(Generalization) 관계, 실체화(Realization) 관계 등
다이어그램(Diagrams)	• 사물과 관계를 그림으로 표현 • 클래스 다이어그램(Class Diagram), 객체 다이어그램(Object Diagram), 유스케이스 다이어그램(Use Case Diagram) 등

UML의 관계(Relationships)

구분	설명	예시
연관(Association) 관계	2개 이상의 사물이 서로 연관이 있는 관계	학생 → 학점 학생A — 학생B • 단방향 관계: 사물 사이를 화살표(→)로 연결해 표현 • 양방향 관계: 사물 사이를 실선(−)으로 연결해 표현
의존(Dependency) 관계	하나의 사물과 다른 사물이 소유관계는 아니지만 사물의 변화가 다른 사물에도 영향을 미치는 관계	개발자 ┈┈> 컴퓨터 영향을 주는 사물이 영향을 받는 사물 쪽으로 점선 화살표를 연결해 표현
집합(Aggregation) 관계	하나의 사물이 다른 사물에 포함된 관계	전자 제품 컴퓨터 / 냉장고 포함되는 사물(부분)에서 포함하는 사물(전체) 쪽으로 속이 빈 마름모를 연결해 표현
포함(Composition) 관계	집합 관계의 특수한 형태로, 포함하는 사물(전체)의 변화가 포함되는 사물(부분)에 영향을 미치는 관계	컴퓨터 CPU / GPU 포함되는 사물(부분)에서 포함하는 사물(전체) 쪽으로 속이 채워진 마름모를 연결해 표현

일반화 (Generalization) 관계	하나의 사물이 다른 사물에 비해 더 일반적인지(부모, 상위), 구체적인지(자식, 하위)를 표현하는 관계	 구체적인 사물(자식, 하위)에서 일반적인 사물(부모, 상위)로 속이 빈 삼각형을 실선으로 연결해 표현
실체화(Realization) 관계	사물이 다른 사물에 기능(오퍼레이션, 인터페이스)을 수행하도록 지정하는 관계	 사물에서 기능 쪽으로 속이 빈 삼각형을 점선으로 연결해 표현

쌤의 실전 Tip

UML의 구성요소 외우기

사물, 관계, 다이어그램 → 사물은 관계가 다 있다!

쌤의 Comment

UML의 집합(Aggregation) 관계와 포함(Composition) 관계가 헷갈려요!

집합(Aggregation) 관계와 포함(Composition) 관계는 비슷하게 보여요. 하지만 집합(Aggregation) 관계에서는 '전체', '부분' 모두 독립적으로 존재할 수 있지만, 포함(Composition) 관계에서는 '부분'은 '전체'가 사라지면 함께 사라진다는 점에서 차이가 있어요. 예를 들어, 전자제품(전체)과 컴퓨터(부분)와 같은 집합 관계에서 전자제품이 사라진다고 컴퓨터가 사라지지 않지만, 컴퓨터(전체)와 CPU(부분)와 같은 포함 관계에서는 컴퓨터가 사라지면 컴퓨터에 포함되어 있던 CPU 역시 사라지게 되죠. 이렇듯 포함 관계는 집합 관계와 달리, 부분이 전체로부터 독립적인 생명주기를 갖지 못하고 전체에 강하게 종속되어 있어요.

기초 용어 정리

- 명세화(Specification): 분명하고 자세하게 설명하는 것
- 시각화(Visualization): 구체적으로 도표나 그림 등으로 표현하는 것
- 표준화(Standardization): 객관적일 수 있도록 일정한 기준에 따라 통일된 형태로 만드는 것
- 오퍼레이션(Operation): 명령어를 수행하기 위한 전자적인 작동
- 인터페이스(Interface): 서로 다른 두 개의 시스템, 장치 사이에서 정보나 신호를 주고받을 때, 그 사이를 잇는 연결 장치 또는 시스템
- 매개변수(Parameter): 함수를 정의할 때, 값을 받기 위한 변수
- 생명주기(Life cycle): 소프트웨어가 만들어져서 폐기될 때까지의 기간. 사용자의 요구에 대한 분석 및 설계, 그리고 프로그램 작성을 거쳐 운용되는 일련의 과정

01 23년 3월, 22년 3월

다음의 설명에 해당하는 언어는?

> 객체지향 시스템을 개발할 때 산출물을 명세화, 시각화, 문서화하는 데 사용된다. 즉, 개발하는 시스템을 이해하기 쉬운 형태로 표현하여 분석가, 의뢰인, 설계자가 효율적인 의사소통을 할 수 있게 해 준다. 따라서, 개발 방법론이나 개발 프로세스가 아닌 표준화된 모델링 언어이다.

① JAVA　　　　② Python
③ UML　　　　④ C

> 해설 설명에 해당하는 언어는 UML이다. UML(Unified Modeling Language)은 객체지향 시스템을 개발할 때 산출물을 명세화, 시각화, 문서화하는 데 사용된다.
>
> 오답해설
> ① JAVA: 썬 마이크로시스템즈에서 1995년에 개발한 객체지향 프로그래밍 언어
> ② Python: 귀도 반 로섬이 1991년에 발표한 객체지향 프로그래밍 언어
> ④ C: 벨 연구소에서 1972년 유닉스 운영 체제에서 사용하기 위해 개발한 절차 지향 프로그래밍 언어

02 20년 9월

UML의 기본 구성요소가 <u>아닌</u> 것은?

① Things
② Terminal
③ Relationship
④ Diagram

> 해설 UML의 기본 구성요소는 사물(Things), 관계(Relationships), 다이어그램(Diagrams) 3가지이다.
> 외우기 Tip! 사물은 관계가 다 있다!

03 22년 7월, 21년 8월

UML 모델에서 한 사물의 명세가 바뀌면 다른 사물에 영향을 주며, 일반적으로 한 클래스가 다른 클래스를 오퍼레이션의 매개변수로 사용하는 경우에 나타나는 관계는?

① Association　　　② Realization
③ Dependency　　　④ Generalization

> 해설 사물의 변화가 다른 사물에 영향을 미치는 관계는 의존(Dependency) 관계이다.

04 23년 5월, 21년 5월

UML 모델에서 한 객체가 다른 객체에게 오퍼레이션을 수행하도록 지정하는 의미적 관계로 옳은 것은?

① Dependency　　　② Realization
③ Generalization　　④ Association

> 해설 다른 사물(객체)이 다른 사물(객체)에게 오퍼레이션(기능)을 수행하도록 지정하는 관계는 실체화(Realization) 관계이다. 실체화 관계는 서로를 그룹화할 수 있는 관계이기도 하다.

구분	설명
연관 (Association) 관계	2개 이상의 사물이 서로 연관이 있는 관계
의존 (Dependency) 관계	하나의 사물과 다른 사물이 소유관계는 아니지만, 사물의 변화가 다른 사물에도 영향을 미치는 관계
집합 (Aggregation) 관계	하나의 사물이 다른 사물에 포함된 관계
포함 (Composition) 관계	집합 관계의 특수한 형태로, 포함하는 사물(전체)의 변화가 포함되는 사물(부분)에 영향을 미치는 관계

일반화 (Generalization) 관계	하나의 사물이 다른 사물에 비해 더 일반적인지(부모, 상위), 구체적인지(자식, 하위)를 표현하는 관계
실체화 (Realization) 관계	사물이 다른 사물에 기능(오퍼레이션, 인터페이스)을 수행하도록 지정하는 관계

05 20년 8월

아래의 UML 모델에서 '차' 클래스와 각 클래스의 관계로 옳은 것은?

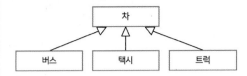

① 추상화 관계
② 의존 관계
③ 그룹 관계
④ 일반화 관계

해설 차는 버스, 택시, 트럭을 모두 포함하는 일반적인 사물이다. 버스, 택시, 트럭은 차의 구체적인 사물이다. UML의 관계는 연관(Association), 의존(Dependency), 집합(Aggregation), 포함(Composition), 일반화(Generalization), 실체화(Realization) 6개의 관계이다. 추상화 관계는 없다.

01 | ③ 02 | ② 03 | ③ 04 | ② 05 | ④

006 | UML 다이어그램(UML Diagram)***

- UML 다이어그램의 개념과 종류, 특징을 정확하게 이해해야 한다.
- UML 다이어그램을 구성하는 요소와 UML 다이어그램을 읽을 수 있어야 한다.

대표 기출 유형

UML(Unified Modeling Language)에 대한 설명 중 틀린 것은? **21년 3월**

① 기능적 모델은 사용자 측면에서 본 시스템 기능이며, UML에서는 Use Case Diagram을 사용한다.

② 정적 모델은 객체, 속성, 연관 관계, 오퍼레이션의 시스템 구조를 나타내며, UML에서는 Class Diagram을 사용한다.

③ 동적 모델은 시스템의 내부 동작을 말하며 UML에서는 Sequence Diagram, State Diagram, Activity Diagram을 사용한다.

④ State Diagram은 객체들 사이의 메시지 교환을 나타내며, Sequence Diagram은 하나의 객체가 가진 상태와 그 상태의 변화에 의한 동작 순서를 나타낸다.

Sequence Diagram은 객체들 사이의 메시지 교환을 나타내며, State Diagram은 하나의 객체가 가진 상태와 그 상태의 변화에 의한 동작 순서를 나타낸다.

정답 ④

필수 핵심 이론

UML 다이어그램(UML Diagram)의 개념과 특징

- UML 다이어그램은 사물과 관계를 모아 그림으로 표현한 것이다.

- 구조적/정적 다이어그램은 정적 모델링에서 사용되고, 행위적/동적 다이어그램은 동적 모델링에서 사용된다.

구조적/정적 다이어그램(Structural/Static Diagram)의 종류와 특징

종류	설명
클래스 다이어그램 (Class Diagram)	• 시스템 내 클래스의 구조 표현 • 클래스-클래스, 클래스-속성 사이의 관계 표현
객체 다이어그램 (Object Diagram)	클래스에 속한 사물(객체)을 특정 시점에 연관된 객체-객체 사이의 관계 표현
컴포넌트 다이어그램 (Component Diagram)	실제 구현 모듈인 컴포넌트-컴포넌트 사이의 관계 또는 인터페이스 사이의 관계 표현
배치 다이어그램 (Deployment Diagram)	결과물, 프로세스, 컴포넌트 등의 물리적 요소들의 위치 표현
복합체 구조 다이어그램 (Composite Structure Diagram)	클래스나 컴포넌트가 복합 구조를 갖는 경우, 내부 구조 표현
패키지 다이어그램 (Package Diagram)	유스케이스나 클래스 등의 모델 요소들을 그룹화한 패키지들 사이의 관계 표현

행위적/동적 다이어그램(Behavioral/Dynamic Diagram)의 종류와 특징

종류	설명
유스케이스 다이어그램 (Use Case Diagram)	• 사용자 관점에서 시스템의 활동 표현 • 요구분석 중 시스템의 기능적 요구 정의에 활용
순차 다이어그램 (Sequence Diagram)	상호작용 하는 객체 사이의 메시지 흐름을 시간 순서에 따라 표현
커뮤니케이션 다이어그램 (Communication Diagram)	상호작용 하는 객체 사이의 메시지 흐름을 표현하며, 객체 사이의 연관까지 표현
상태 다이어그램 (State Diagram)	객체가 속한 클래스의 상태 변화, 다른 객체와의 상호작용에 따른 변화 표현
활동 다이어그램 (Activity Diagram)	시스템이 어떤 기능을 수행하는지 객체의 처리 로직, 조건에 따른 처리 흐름을 순서대로 표현
타이밍 다이어그램 (Timing Diagram)	객체의 상태 변화와 시간 제약을 명시적으로 표현

 대표 기출 유형

필수 핵심 이론

주요 UML 다이어그램

클래스 다이어그램(Class Diagram)

① 클래스 다이어그램의 개념

시스템을 구성하는 요소에 대해 이해할 수 있는 구조적 다이어그램으로, 클래스의 속성 및 연산, 클래스 간 정적인 관계를 표현한다.

② 클래스 다이어그램의 구성요소

구성요소	설명	
클래스 이름 (Class Name)	클래스의 이름	
속성 (Attribute)	클래스의 특성으로 클래스가 속한 변수 표현	
연산 (Operation)	클래스에 속한 메소드를 나타내며, 클래스가 수행할 수 있는 행위 표현	
접근 제어자 (Access Modifier)	클래스의 접근 가능 범위를 기호로 표현	
	Public(+)	어떤 클래스나 패키지에서도 접근 가능
	Private(−)	해당 클래스 내부에서만 접근 가능
	Protected(#)	해당 클래스와 동일한 패키지 내부 및 하위 클래스에서만 접근 가능
	Package(~)	해당 클래스가 속한 패키지 내부에서만 접근 가능

유스케이스 다이어그램(Use Case Diagram)

① 유스케이스 다이어그램의 개념

사용자의 관점에서 개발될 시스템이 제공할 기능과 그와 관련된 외부 요소를 표현하는 다이어그램이다.

② 유스케이스 다이어그램의 구성요소

구성요소	설명	
시스템(System)	전체 시스템의 영역 표현	
유스케이스(Use Case)	사용자 관점에서 시스템이 액터에게 제공하는 서비스 또는 기능	
액터(Actor)	시스템과 상호작용을 하는 사용자 또는 시스템	
관계 (Relationship)	액터와 유스케이스 사이의 관계 표현	
	연관 관계 (Association)	유스케이스와 액터 간의 상호작용이 있음을 표현
	포함 관계 (Include)	하나의 유스케이스 동작에 다른 유스케이스의 동작이 필요한 경우에 사용
	확장 관계 (Extend)	하나의 유스케이스가 다른 유스케이스를 선택적으로 확장할 수 있는 경우 사용
	일반화 관계 (Generalization)	상위 유스케이스와 하위 유스케이스 간의 상속 관계

순차 다이어그램(Sequence Diagram)

① 순차 다이어그램의 개념

상호작용 하는 객체 간 메시지 교환을 시간 순서에 따라 보여 주는 다이어그램이다.

② 순차 다이어그램의 구성요소

구성요소	설명
객체(Object)	시스템에서 사용되는 구성요소로 클래스의 이름, 객체 이름, 인스턴트 변수를 가짐
생명선(Lifeline)	객체가 메모리 내에 존재하는 시간을 표시하는 수직선
실행(Activation)	오퍼레이션이 실행되는 시간을 직사각형으로 표현
메시지(Message)	객체 간의 정보 및 제어를 전달하는 데 사용하며, 객체 간의 상호작용을 나타내는 화살표로 표현
회귀 메시지(Self-Message)	객체 스스로 메소드를 호출한 것으로, 객체의 생명선으로 회귀하는 화살표로 표현

UML 확장 모델의 스테레오 타입(Stereotype)

● UML에서 표현하는 기본 요소 외의 새로운 요소를 만들기 위해 스테레오 타입이 사용된다.

● 표현 기호는 기존의 UML의 요소를 사용하지만, 내부의 의미는 다른 목적으로 사용한다.

● UML의 스테레오 타입은 '《 》' 겹화살 괄호(길러멧: Guillemet) 기호를 사용하여 표현한다.

타입	설명
《include》	기본 유스케이스의 동작이 실행될 때, 다른 유스케이스의 동작이 반드시 실행될 때 사용
《extend》	기본 유스케이스는 반드시 실행되고, 확장된 유스케이스는 선택적으로 실행될 때 사용
《interface》	클래스나 다른 인터페이스와 상호작용하기 위한 메소드를 정의할 때 사용
《exception》	예외를 정의할 때 사용

연·습·문·제

01 20년 6월

UML 모델에서 사용하는 Structural Diagram에 속하지 <u>않은</u> 것은?

① Class Diagram
② Object Diagram
③ Component Diagram
④ Activity Diagram

> 해설 Activity Diagram은 시스템이 어떤 기능을 수행하는지 객체의 처리 로직, 조건에 따른 처리 흐름을 순서대로 표현하는 다이어그램으로, 행위적/동적 다이어그램(Behavioral/Dynamic Diagram)에 속한다.

02 23년 3월, 22년 3월

UML 다이어그램 중 정적 다이어그램이 <u>아닌</u> 것은?

① 컴포넌트 다이어그램
② 배치 다이어그램
③ 순차 다이어그램
④ 패키지 다이어그램

> 해설 정적 다이어그램에는 클래스 다이어그램, 객체 다이어그램, 컴포넌트 다이어그램, 배치 다이어그램, 복합체 구조 다이어그램, 패키지 다이어그램이 있다.

03 21년 5월

UML 다이어그램이 <u>아닌</u> 것은?

① 액티비티 다이어그램(Activity diagram)
② 절차 다이어그램(Procedural diagram)
③ 클래스 다이어그램(Class diagram)
④ 시퀀스 다이어그램(Sequence diagram)

> 해설 UML 다이어그램은 구조적/정적 다이어그램과 행위적/동적 다이어그램 2가지가 있다. 정적/구조적 다이어그램에는 클래스 다이어그램, 객체 다이어그램, 컴포넌트 다이어그램, 배치 다이어그램, 복합체 구조 다이어그램, 패키지 다이어그램이 속해 있다. 행위적/동적 다이어그램에는 유스케이스 다이어그램, 순차 다이어그램, 커뮤니케이션 다이어그램, 상태 다이어그램, 활동 다이어그램, 타이밍 다이어그램이 속해 있다.

04 21년 3월

UML 다이어그램 중 시스템 내 클래스의 정적 구조를 표현하고 클래스와 클래스, 클래스의 속성 사이의 관계를 나타내는 것은?

① Activity Diagram
② Model Diagram
③ State Diagram
④ Class Diagram

> **해설** 정적, 구조적 다이어그램의 클래스 다이어그램(Class Diagram)이다.

05 21년 3월

UML(Unified Modeling Language)에 대한 설명 중 틀린 것은?

① 기능적 모델은 사용자 측면에서 본 시스템 기능이며, UML에서는 Use Case Diagram을 사용한다.
② 정적 모델은 객체, 속성, 연관 관계, 오퍼레이션의 시스템의 구조를 나타내며, UML에서는 Class Diagram을 사용한다.
③ 동적 모델은 시스템의 내부 동작을 말하며 UML에서는 Sequence Diagram, State Diagram, Activity Diagram을 사용한다.
④ State Diagram은 객체들 사이의 메시지 교환을 나타내며, Sequence Diagram은 하나의 객체가 가진 상태와 그 상태의 변화에 의한 동작 순서를 나타낸다.

> **해설** Sequence Diagram은 객체들 사이의 메시지 교환을 나타내며, State Diagram은 하나의 객체가 가진 상태와 그 상태의 변화에 의한 동작 순서를 나타낸다.

06 20년 8월

UML에서 활용되는 다이어그램 중, 시스템의 동작을 표현하는 행위(Behavioral) 다이어그램에 해당하지 <u>않는</u> 것은?

① 유스케이스 다이어그램(Use Case Diagram)
② 시퀀스 다이어그램(Sequence Diagram)
③ 활동 다이어그램(Activity Diagram)
④ 배치 다이어그램(Deployment Diagram)

> **해설** 행위적/동적 다이어그램에는 유스케이스 다이어그램, 순차 다이어그램, 커뮤니케이션 다이어그램, 상태 다이어그램, 활동 다이어그램, 타이밍 다이어그램이 속해 있다.

07 21년 8월

클래스 다이어그램의 요소로 다음 설명에 해당하는 용어는?

- 클래스의 동작을 의미한다.
- 클래스에 속하는 객체에 적용될 메소드를 정의한 것이다.
- UML에서는 동작에 대한 인터페이스를 지칭한다고 볼 수 있다.

① Instance
② Operation
③ Item
④ Hiding

> **해설** 클래스 다이어그램의 요소는 클래스의 이름을 명시하는 클래스 이름(Class Name), 클래스의 특징을 나타내는 속성(Attribute), 클래스의 동작, 동작에 대한 인터페이스를 지칭하는 연산(Operation), 클래스의 접근할 수 있는 정도를 표현하는 접근 제어자(Access Modifier)가 있다.

08 23년 7월, 21년 8월

순차 다이어그램(Sequence Diagram)과 관련한 설명으로 틀린 것은?

① 객체들의 상호작용을 나타내기 위해 사용한다.

② 시간의 흐름에 따라 객체들이 주고받는 메시지의 전달 과정을 강조한다.

③ 동적 다이어그램보다는 정적 다이어그램에 가깝다.

④ 교류 다이어그램(Interaction Diagram)의 한 종류로 볼 수 있다.

> 해설 순차 다이어그램은 행위적/동적 다이어그램의 일종이다.

09 22년 4월

UML 다이어그램 중 순차 다이어그램에 대한 설명으로 틀린 것은?

① 객체 간의 동적 상호작용을 시간 개념을 중심으로 모델링 하는 것이다.

② 주로 시스템의 정적 측면을 모델링하기 위해 사용한다.

③ 일반적으로 다이어그램의 수직 방향이 시간의 흐름을 나타낸다.

④ 회귀 메시지(Self-Message), 제어블록(Statement block) 등으로 구성된다.

> 해설 순차 다이어그램은 행위적/동적 다이어그램의 일종이다.

10 22년 4월

유스케이스 다이어그램(Use Case Diagram)에 관련된 내용으로 틀린 것은?

① 시스템과 상호작용 하는 외부 시스템은 액터로 파악해서는 안 된다.

② 유스케이스는 사용자 측면에서의 요구사항으로, 사용자가 원하는 목표를 달성하기 위해 수행할 내용을 기술한다.

③ 시스템 액터는 다른 프로젝트에서 이미 개발되어 사용되고 있으며, 본 시스템과 데이터를 주고받는 등 서로 연동되는 시스템을 말한다.

④ 액터가 인식할 수 없는 시스템 내부의 기능을 하나의 유스케이스로 파악해서는 안 된다.

> 해설 액터는 시스템과 상호작용 하는 모든 외부 요소(사람, 외부 시스템)를 의미한다.

11 21년 5월

유스케이스(Use case)에 대한 설명 중 옳은 것은?

① 유스케이스 다이어그램은 개발자의 요구를 추출하고 분석하기 위해 주로 사용한다.

② 액터는 대상 시스템과 상호작용하는 사람이나 다른 시스템에 의한 역할이다.

③ 사용자 액터는 본 시스템과 데이터를 주고받는 연동 시스템을 의미한다.

④ 연동의 개념은 일방적으로 데이터를 파일이나 정해진 형식으로 넘겨 주는 것을 의미한다.

해설 액터란 시스템과 상호작용을 하는 사용자 또는 시스템을 말한다.

오답해설

① 유스케이스 다이어그램은 사용자의 요구를 추출하고 분석하기 위해 사용한다.
③ 사용자 액터는 시스템을 사용함으로써 이득을 얻는 대상이다.
④ 연동은 2개 이상의 시스템이 상호작용 할 수 있도록 연결하는 것이다.

12 22년 4월

유스케이스(Use case)의 구성요소 간의 관계에 포함되지 <u>않는</u> 것은?

① 연관   ② 확장
③ 구체화   ④ 일반화

해설 유스케이스의 구성요소는 연관 관계, 포함 관계, 확장 관계, 일반화 관계이다.

13 21년 3월

기본 유스케이스 수행 시 특별한 조건을 만족할 때 수행하는 유스케이스는?

① 연관   ② 확장
③ 선택   ④ 특화

해설 유스케이스 수행 시 특별한 조건을 만족할 때 수행하는 유스케이스는 확장 관계이다.

14 22년 7월, 20년 8월

UML에서 시퀀스 다이어그램의 구성 항목에 해당하지 <u>않는</u> 것은?

① 생명선   ② 실행
③ 확장   ④ 메시지

해설 시퀀스 다이어그램 구성요소는 객체, 생명선, 실행, 메시지이다.

15 23년 3월, 22년 7월, 20년 6월

UML 확장 모델에서 스테레오 타입 객체를 표현할 때 사용하는 기호로 맞는 것은?

① ⟨⟨ ⟩⟩   ② (( ))
③ {{ }}   ④ [[ ]]

해설 UML의 스테레오 타입은 '⟨⟨ ⟩⟩' 겹화살 괄호(길러멧: Guillemet)를 사용하여 표현한다.

01	④	02	③	03	②	04	④	05	④
06	④	07	②	08	③	09	②	10	①
11	②	12	③	13	②	14	③	15	①

007 | 애자일 방법론***

학·습·포·인·트

- 애자일 방법론의 특징을 묻는 문제가 최근 3년간 자주 출제되고 있다.
- 애자일 방법론이 추구하는 가치 4가지를 기억해 두는 것이 중요하다.

대표 기출 유형

애자일(Agile) 프로세스 모델에 대한 설명으로 틀린 것은?   22년 4월

① 협상과 계약보다는 고객과의 협력을 중시한다.
② 프로세스와 도구 중심이 아닌 개개인과의 상호 소통을 통해 의견을 수렴한다.
③ 변화에 대한 대응보다는 자세한 계획을 중심으로 소프트웨어를 개발한다.
④ 문서 중심이 아닌, 실행할 수 있는 소프트웨어를 중시한다.

애자일(Agile)은 계획을 따르기보다 변화에 대한 대응에 더 큰 가치를 둔다.

정답 ③

필수 핵심 이론

애자일 방법론의 개념

- 애자일(Agile)은 '날렵한', '민첩한', '기민한'이라는 의미이다. 애자일 방법론은 소프트웨어 개발방법론의 하나로서 개발과 함께 즉시 피드백을 받아서 유동적으로 개발하는 방법이다.
- 2001년 소프트웨어 개발자 그룹이 '애자일 소프트웨어 개발방법론'을 작성했다.
- 주 내용은 **작동하는 소프트웨어**의 작은 구성요소를 **신속하게 제공**하여 **고객의 만족도**를 개선하는 것이다.

애자일 방법론이 추구하는 가치

● 절차와 도구보다는 **개인과의 상호작용**에 더 가치를 둔다.

● 문서보다는 **실행되는 소프트웨어**에 더 가치를 둔다.

● 계약 협상보다는 **고객과의 협력**에 더 가치를 둔다.

● 계획을 따르기보다는 **변화에 유연하게 대응**하는 것에 더 가치를 둔다.

쌤의 Comment

애자일 방법론이 잘 이해되지 않아요!

애자일 방법론이 나오기 전에는 '소프트웨어 요구사항 기술 → 설계 → 구현 → 테스트 → 배포 → 유지보수'와 같이 순차적으로 한 단계씩 나아가며 소프트웨어를 개발했어요. 하지만 이러한 전통적인 방법에서는 고객이 소프트웨어 요구사항을 바꾸면 빠르게 반영하기 어렵고, 결과물을 마지막 단계에서 볼 수 있다 보니 열심히 개발하고 배포했는데 고객(유저)의 반응이 예상과 다른 경우도 있었죠. 이러한 문제점을 극복하기 위해 작업 계획을 짧은 단위로 세우고 시제품을 만들어 나가는 사이클을 반복함으로써 고객의 요구 변화에도 유연하고 신속하게 대응할 수 있는 소프트웨어 개발방법론인 '애자일 방법론'이 나오게 되었어요.

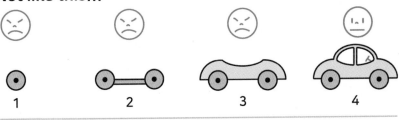

01 22년 4월

소프트웨어 개발방법론 중 애자일(Agile) 방법론의 특징과 가장 거리가 <u>먼</u> 것은?

① 각 단계의 결과가 완전히 확인된 후 다음 단계 진행
② 소프트웨어 개발에 참여하는 구성원들 간의 의사소통 중요시
③ 환경 변화에 대한 즉시 대응
④ 프로젝트 상황에 따른 주기적 조정

해설 애자일은 개발 단계를 따르기보다 변화에 반응하는 것에 더 가치를 둔다. 각 단계의 결과를 확인하지 않더라도 필요에 따라 다음 단계로 넘어갈 수 있다. 애자일의 개발 4가지 핵심 가치는 개인과의 상호작용, 실행되는 소프트웨어, 고객과의 협력, 변화에 유연하게 대응이다.

02 22년 3월

애자일 기법에 대한 설명으로 맞지 <u>않는</u> 것은?

① 공정과 도구보다 개인과의 상호작용을 더 가치 있게 여긴다.
② 계약 협상보다는 고객과의 협력을 더 가치 있게 여긴다.
③ 계획을 따르기보다 변화에 대응하기를 가치 있게 여긴다.
④ 동작하는 소프트웨어보다는 포괄적인 문서를 가치 있게 여긴다.

해설 애자일은 문서보다 동작하는 소프트웨어에 가치를 둔다.

03 21년 8월

애자일 개발 방법론과 관련한 설명으로 <u>틀린</u> 것은?

① 빠른 릴리즈를 통해 문제점을 빠르게 파악할 수 있다.
② 정확한 결과 도출을 위해 계획 수립과 문서화에 중점을 둔다.
③ 고객과의 의사소통을 중요하게 생각한다.
④ 진화하는 요구사항을 수용하는 데 적합하다.

해설 애자일은 문서보다는 동작하는 소프트웨어에 중점을 둔다.

04 22년 4월

애자일(Agile) 프로세스 모델에 대한 설명으로 <u>틀린</u> 것은?

① 협상과 계약보다는 고객과의 협력을 중시한다.
② 프로세스와 도구 중심이 아닌 개개인과의 상호 소통을 통해 의견을 수렴한다.
③ 변화에 대한 대응보다는 자세한 계획을 중심으로 소프트웨어를 개발한다.
④ 문서 중심이 아닌, 실행할 수 있는 소프드웨어를 중시한다.

해설 애자일(Agile)은 계획을 따르기보다 변화에 대한 대응에 더 큰 가치를 둔다.

05 23년 7월, 21년 3월

애자일 소프트웨어 개발 기법의 가치가 <u>아닌</u> 것은?

① 프로세스의 도구보다는 개인과 상호작용에 더 가치를 둔다.

② 계약 협상보다는 고객과의 협업에 더 가치를 둔다.

③ 실제 작동하는 소프트웨어보다는 이해하기 좋은 문서에 더 가치를 둔다.

④ 계획을 따르기보다는 변화에 대응하는 것에 더 가치를 둔다.

해설 애자일은 실제 작동하는 소프트웨어에 더 가치를 둔다.

01 | ①   02 | ④   03 | ②   04 | ③   05 | ③

008 스크럼(Scrum)/XP(eXtreme Programming)★★★

학 · 습 · 포 · 인 · 트 --

- 스크럼과 XP 기법에 대하여 특징, 주요 용어에 대한 문제가 자주 출제된다.
- 해당 기법에 속하는 용어를 구분하여 암기하는 것이 중요하다.

대표 기출 유형

애자일(Agile) 기법 중 스크럼(Scrum)과 관련된 용어에 대한 설명이 틀린 것은? 23년 7월, 22년 3월

① 스크럼 마스터(Scrum Master)는 스크럼 프로세스를 따르고, 팀이 스크럼을 효과적으로 활용할 수 있도록 보장하는 역할 등을 맡는다.

② 제품 백로그(Product Backlog)는 스크럼 팀이 해결해야 하는 목록으로 소프트웨어 요구사항, 아키텍처 정의 등이 포함될 수 있다.

③ 스프린트(Sprint)는 하나의 완성된 최종 결과물을 만들기 위한 주기로 3달 이상의 장기간으로 결정된다.

④ 속도(Velocity)는 한 번의 스프린트에서 한 팀이 어느 정도의 제품 백로그를 감당할 수 있는지에 대한 추정치로 볼 수 있다.

....

스프린트는 짧은 주기(2~4주)로 작업을 진행한다.

정답 ③

스크럼(Scrum)의 개념과 개발 프로세스

스크럼의 개념

개발팀이 자체적으로 일정을 조율하고 업무를 수행하는 프로젝트 관리 방법이다. 반복적이고 점진적인 방식으로 소프트웨어를 개발하는 방법으로 다수의 작은 개발팀으로 구성되며, 각 팀은 자체적으로 계획, 분석, 설계, 개발, 테스트 등의 작업을 진행한다.

스크럼 주요 용어

주요 용어	설명
제품 백로그 (Product Backlog)	• 스크럼 프로젝트에서 제품에 대한 요구사항을 모두 담은 리스트로, 개발해야 할 기능, 요구사항 등을 우선순위에 따라 명세화한 목록 • 제품 백로그는 모든 이해당사자가 공유함
스프린트 (Sprint)	고정된 기간 개발하는 작업 주기로 일반적으로 2주에서 4주 사이를 의미
속도 (Velocity)	한 번의 스프린트에서 하나의 스크럼 팀이 수행할 수 있는 제품 백로그의 양에 대한 추정치
번 다운 차트 (Burn Down Chart)	• 스크럼 프로젝트의 진행 상황을 시각적으로 보여 주는 차트로 시간에 따라 완료된 제품 백로그 항목의 양을 표시 • 스프린트 주기마다 업데이트됨
제품 책임자 (PO: Product Owner)	• 제품 소유자 역할을 수행하며, 제품에 대한 책임을 가짐 • 제품 백로그(Product Backlog) 관리하며, 제품 백로그에 우선순위를 부여하고, 스프린트 계획 회의(Sprint Planning Meeting)에서 개발할 항목을 선택 • 개발된 제품이 기대한 대로 되었는지 확인하고, 고객 요구사항을 충족하는지 검증함
스크럼 마스터 (SM: Scrum Master)	• 스크럼 프로세스 관리 • 스크럼 프로세스를 잘 수행할 수 있도록 스크럼 팀 지원

스크럼 개발 프로세스

순서	프로세스명	설명
1	제품 백로그(Product Backlog) 작성	개발 과정에서 새롭게 도출되는 요구사항을 지속해서 업데이트함
2	스프린트 계획 회의 (Sprint Planning Meeting)	• 수행할 작업의 스프린트(Sprint)를 수립 • 제품 백로그에서 스프린트 기간 동안 개발할 기능 선정
3	스프린트 진행 (Sprint Execution)	• 실제 작업을 수행하는 과정으로 보통 2~4주 정도의 기간으로 팀 자체적으로 진행 • 매일 지정한 시간에 약 15분의 짧은 시간 동안 일일 스크럼 회의(Daily Scrum Meeting)를 열어, 진행 상황 공유
4	스프린트 검토 (Sprint Review)	• 요구사항에 적합한지 사용자가 포함된 회의에서 테스트 진행 • 개선 사항에 대하여 피드백 정리 후, 제품 백로그에 업데이트함
5	스프린트 회고 (Sprint Retrospective)	지난 스프린트에서 얻는 경험을 바탕으로 개선 사항 도출, 반영하여 개발 프로세스 개선

 대표 기출 유형

익스트림 프로그래밍에 대한 설명으로 틀린 것은?   **22년 4월**

① 대표적인 구조적 방법론 중 하나이다.
② 소규모 개발 조직이 불확실하고 변경이 많은 요구를 접하였을 때 적절한 방법이다.
③ 익스트림 프로그래밍을 구동시키는 원리는 상식적인 원리와 경험을 최대한 끌어 올리는 것이다.
④ 구체적인 실천 방법을 정의하고 있으며, 개발 문서보다는 소스 코드에 중점을 둔다.

....

XP는 애자일 개발 방법론을 기반으로 한 대표적인 기법이다.

정답 ①

필수 핵심 이론

XP(eXtreme Programming) 개념 및 핵심 가치, 기본 원리

XP의 개념

XP는 고객의 요구사항이 자주 변경될 때 유용한 개발방법론으로, 고객과 함께하는 설계, 개발, 테스트, 배포 과정을 반복적으로 작업한다.

XP의 핵심 가치

● 의사소통(Communication)

● 단순성(Simplicity)

● 용기(Courage)

● 존중(Respect)

● 피드백(Feedback)

XP의 기본원리

기본원리	설명
짝 프로그래밍 (Pair Programming)	개발자 둘이 짝을 이루어 개발
공동 코드 소유 (Collective Ownership)	시스템에 있는 코드는 누구든지 언제라도 수정 가능
지속적인 통합 (CI; Continuous Intergration)	하루에 몇 번이라도 시스템을 통합하여 빌드
계획 세우기 (Planning Process)	고객과 개발자가 함께 기능을 발견하고 개발하는 반복적인 과정을 계획하고 관리
작은 릴리즈 (Small/Short Release)	필요한 기능들만 갖춘 간단한 시스템을 빠르게 제품화하여 짧은(2주) 간격으로 자주 새로운 버전 배포
메타포어 (MetaPhor)	공통의 이름 작성 시스템을 사용하는 것
간단한 디자인 (Simple Design)	현재의 요구사항을 만족시키도록 가능한 한 단순하게 설계
테스트 기반 개발 (TDD; Test Driven Development)	프로그램에 대한 테스트를 수행하고, 이 테스트를 통과할 수 있도록 실제 코드를 작성
리팩토링 (Refactoring)	프로그램의 기능을 유지하며, 중복 제거, 단순화, 유연성 추가 등을 위해 시스템 재구성
40시간 작업 (40-Hour Work)	일주일에 40시간 이상을 일하지 않도록 규칙으로 정하고, 2주를 연속으로 초과 근무하지 않도록 함
고객 상주 (On Site Customer)	개발자들의 질문에 즉각 대답해 줄 수 있는 고객을 프로젝트에 풀타임으로 상주시킴
코드 표준 (Coding Standard)	효율적인 공동 작업을 위해 표준화된 관례에 따라 코드가 작성되어야 함

01 21년 5월

애자일 개발 방법론이 <u>아닌</u> 것은?

① 스크럼(Scrum)
② 익스트림 프로그래밍(XP; eXtreme Programming)
③ 기능 주도 개발(FDD; Feature Driven Development)
④ 하둡(Hadoop)

> **해설** 하둡은 대량의 자료를 처리할 수 있는 큰 컴퓨터 클러스터에서 동작하는 분산 응용 프로그램을 지원하는 자바 소프트웨어 프레임워크이다.

02 20년 9월

애자일 방법론에 해당하지 <u>않는</u> 것은?

① 기능 중심 개발
② 스크럼
③ 익스트림 프로그래밍
④ 모듈 중심 개발

> **해설** 애자일 방법론은 프로젝트의 요구사항을 기능 중심으로 정의한다.

03 23년 7월, 22년 3월

애자일(Agile) 기법 중 스크럼(Scrum)과 관련된 용어에 대한 설명이 <u>틀린</u> 것은?

① 스크럼 마스터(Scrum Master)는 스크럼 프로세스를 따르고, 팀이 스크럼을 효과적으로 활용할 수 있도록 보장하는 역할 등을 맡는다.
② 제품 백로그(Product Backlog)는 스크럼 팀이 해결해야 하는 목록으로 소프트웨어 요구사항, 아키텍처 정의 등이 포함될 수 있다.
③ 스프린트(Sprint)는 하나의 완성된 최종 결과물을 만들기 위한 주기로 3달 이상의 장기간으로 결정된다.
④ 속도(Velocity)는 한 번의 스프린트에서 한 팀이 어느 정도의 제품 백로그를 감당할 수 있는지에 대한 추정치로 볼 수 있다.

> **해설** 스프린트는 짧은 주기(2~4주)로 작업을 진행한다.

04 23년 3월, 21년 8월

익스트림 프로그래밍(XP)에 대한 설명으로 <u>틀린</u> 것은?

① 빠른 개발을 위해 테스트를 수행하지 않는다.
② 사용자의 요구사항은 언제든지 변할 수 있다.
③ 고객과 직접 대면하며 요구사항을 이야기하기 위해 사용자 스토리(User Story)를 활용할 수 있다.
④ 기존의 방법론에 비해 실용성(Pragmatism)을 강조한 것이라고 볼 수 있다.

해설 익스트림 프로그래밍의 기본원리 중 테스트 기반 개발(TDD; Test Driven Development)은 테스트를 수행하여 통과할 수 있는 코드를 만드는 것이다.

05 22년 4월

익스트림 프로그래밍에 대한 설명으로 틀린 것은?

① 대표적인 구조적 방법론 중 하나이다.
② 소규모 개발 조직이 불확실하고 변경이 많은 요구를 접하였을 때 적절한 방법이다.
③ 익스트림 프로그래밍을 구동시키는 원리는 상식적인 원리와 경험을 최대한 끌어올리는 것이다.
④ 구체적인 실천 방법을 정의하고 있으며, 개발 문서보다는 소스 코드에 중점을 둔다.

해설 XP는 애자일 개발 방법론을 기반으로 한 대표적인 기법이다.

06 23년 5월, 22년 7월, 20년 9월, 20년 6월

익스트림 프로그래밍(eXtreme Programming)의 5가지 가치에 속하지 <u>않는</u> 것은?

① 의사소통
② 단순성
③ 피드백
④ 고객 배제

해설 익스트림 프로그래밍의 핵심 가치는 의사소통, 단순성, 용기, 존중, 피드백이다.

07 23년 3월, 20년 9월

XP(eXtreme Programming)의 기본원리로 볼 수 <u>없는</u> 것은?

① Linear Sequential Method
② Pair Programming
③ Collective Ownership
④ Continuous Integration

해설 XP의 기본원리에는 짝 프로그래밍(Pair Programming), 공동 코드 소유(Collective Ownership), 지속적인 통합(CI; Continuous Intergration), 계획 세우기(Planning Process), 작은 릴리즈(Small/Short Release), 메타포어(MetaPhor), 간단한 디자인(Simple Design), 테스트 기반 개발(TDD; Test Driven Development), 리팩토링(Refactoring), 40시간 작업(40-Hour Work), 고객 상주(On Site Customer), 코드 표준(Coding Standard)이 있다.

| 01 | ④ | 02 | ④ | 03 | ③ | 04 | ① | 05 | ① |
| 06 | ④ | 07 | ① |

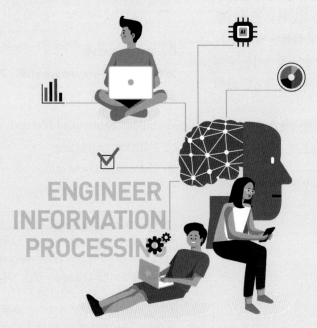

ENGINEER
INFORMATION
PROCESSING

더 멋진 내일(Tomorrow)을 위한 내일(My Career)

내 일 은 정 보 처 리 기 사

02

화면 설계

009 사용자 인터페이스(User Interface)***

- UI 유형별 특징, 기본 원칙, 설계 지침을 이해해야 한다.
- 특히 기본 원칙에 해당하는 설명은 헷갈리기 쉬우니 유의하도록 한다.

대표 기출 유형

UI 설계 원칙 중 누구나 쉽게 이해하고 사용할 수 있어야 한다는 원칙은?

23년 3월, 22년 7월, 20년 8월, 20년 6월

① 희소성   ② 유연성

③ 직관성   ④ 멀티 운용성

UI 설계 원칙은 직관성, 유효성, 학습성, 유연성이 있다. 누구나 쉽게 이해하고 사용할 수 있어야 한다는 설명은 직관성에 해당한다.

정답 ③

필수 핵심 이론

사용자 인터페이스(UI; User Interface)

사용자 인터페이스는 사용자와 시스템 간의 상호작용이 원활하게 이루어지도록 도와주는 인터페이스이다. 사용자가 소프트웨어를 조작하기 위한 그래픽, 텍스트 등 다양한 형식의 인터페이스를 의미한다.

UI 유형

유형	설명
CLI (Command Line Interface)	• 텍스트 기반 인터페이스 • 사용자가 명령어를 입력하여 소프트웨어 조작 예) 윈도우 운영체제 제공 Command Prompt
GUI (Graphical User Interface)	• 그래픽 기반 인터페이스 • 사용자가 마우스와 키보드 등의 입력장치를 사용하여 소프트웨어 조작 예) 윈도우 운영체제 제공 탐색기
NUI (Natural User Interface)	• 사용자 반응 기반 인터페이스 • 인간의 자연스러운 동작(손짓, 음성, 시선) 등을 인식하여 소프트웨어 조작 예) 모바일 제스처(Mobile Gesture): 사용자의 터치 입력을 기반으로 하는 인터페이스 <table><tr><th>모바일 제스처 종류</th><th>상세 행위</th></tr><tr><td>Tap</td><td>손가락으로 화면을 한 번 두드리는 동작</td></tr><tr><td>Double Tap</td><td>손가락으로 화면을 빠르게 연속해서 두 번 두드리는 동작</td></tr><tr><td>Drag</td><td>손가락으로 화면을 누른 상태에서 정해진 방향으로 이동하는 동작</td></tr><tr><td>Pan</td><td>화면에 손가락을 댄 후, 손가락을 떼지 않고 계속 움직이는 동작</td></tr><tr><td>Press</td><td>화면의 특정 위치를 손가락으로 오랫동안 누르는 동작</td></tr><tr><td>Flick</td><td>화면에서 빠르게 손가락을 상하 또는 좌우로 스와이프하는 동작</td></tr><tr><td>Pinch</td><td>두 손가락으로 화면에서 축소 및 확대 제스처를 취하는 동작</td></tr></table>
OUI (Organic User Interface)	• 유기적 상호작용 기반 인터페이스 • 자연 그대로의 상태 특성을 반영한 장치 제어로 사물의 변형 없이 자연 형태 그대로 인터페이스 장치가 되어 소프트웨어 조작

UI 특징

특징	설명
오류 최소화	구현하고자 하는 결과의 오류를 최소화
작업시간 단축	사용자의 편의성을 높임으로써 작업시간 단축
상호작용	(사용자와 시스템이 정보를 주고받는) 사용자 중심의 상호작용
요구사항 반영	사용자 요구사항이 UI에 반영될 수 있도록 구성
쉬운 이해	배우기가 용이하고 쉽게 사용할 수 있도록 구성

UI 설계 원칙

설계 원칙	설명
직관성 (Intuitiveness)	누구나 쉽게 이해하고 사용할 수 있도록 설계
유효성 (Efficiency)	사용자의 목적을 정확하고 완벽하게 달성할 수 있도록 설계
학습성 (Learnability)	누구나 쉽게 배우고 익힐 수 있도록 설계
유연성 (Flexibility)	사용자의 요구사항을 최대한 수용하고 실수를 최소화하도록 설계

UI 설계 지침

설계 지침	설명
사용자 중심	사용자가 이해하기 쉽고 편하게 사용할 수 있는 환경을 제공하며 실사용에 대한 이해가 바탕이 되어야 함
일관성	UI 요소들의 일관성 있는 사용은 사용자가 인터페이스를 더 쉽게 익힐 수 있도록 함
단순성	UI는 불필요한 요소를 제거하고, 필요한 요소만을 포함하여 가능한 한 단순하게 UI를 구성해야 함
결과 예측 가능	사용자가 언제나 예측할 수 있는 결과를 기대할 수 있도록 UI 설계를 해야 함
가시성	UI 요소들은 사용자에게 잘 보이고, 쉽게 인지될 수 있어야 함
표준화	UI의 구성요소는 표준화되어야 함
접근성	사용자의 직무, 연령, 성별 등이 고려된 다양한 계층을 수용해야 함
명확성	사용자에게 명확한 정보를 제공하고, 사용자가 이를 쉽게 이해할 수 있도록 UI를 구성해야 함
오류 발생 해결	• 오류 발생 시, 사용자는 오류가 발생했음을 정확하게 인지할 수 있어야 함 • 오류 메시지는 이해하기 쉬워야 하며, 오류로 인해 발생할 수 있는 부정적인 내용은 적극적으로 사용자에게 전달되어야 함 • 오류 메시지는 소리나 색 등을 이용하여 들을 수 있거나 의미가 쉽게 전달되어야 함 • 오류로부터 회복을 위한 구체적인 설명이 제공되어야 함 • 사용자가 잘못된 입력을 한 경우, 사용자가 쉽게 수정하고 다시 시도할 수 있도록 UI를 구성해야 함

UI 개발 시스템의 기능

● 사용자 입력의 검증할 수 있어야 한다.

● 에러 처리와 에러 메시지를 제공해야 한다.

● 도움과 프롬프트(Prompt)를 제공해야 한다.

● 프롬프트(Prompt): 컴퓨터에서 사용자로부터 명령을 입력받을 때, 입력 대기 상태를 나타내는 문자열 또는 기호. UI에서 프롬프트는 사용자가 어떤 입력을 해야 하는지 알려주는 메시지나 텍스트

연·습·문·제

01 23년 5월, 20년 9월

소프트웨어의 사용자 인터페이스 개발 시스템(User Interface Development System)이 가져야 할 기능이 <u>아닌</u> 것은?

① 사용자 입력의 검증
② 에러 처리와 에러 메시지 처리
③ 도움과 프롬프트(prompt) 제공
④ 소스 코드 분석 및 오류 복구

해설 소프트웨어의 사용자 인터페이스 개발 시스템이 가져야 할 기능은 사용자 입력의 검증, 에러 처리, 도움과 프롬프트 제공이다. 소스 코드 분석 및 오류 복구는 소프트웨어 UI 개발 시스템이 가져야 할 기능이 아니다.

02 21년 8월

사용자 인터페이스(User Interface)에 대한 설명으로 <u>틀린</u> 것은?

① 사용자와 시스템이 정보를 주고받는 상호 작용이 잘 이루어지도록 하는 장치나 소프트웨어를 의미한다.
② 편리한 유지보수를 위해 개발자 중심으로 설계되어야 한다.
③ 배우기가 용이하고 쉽게 사용할 수 있도록 만들어져야 한다.
④ 사용자 요구사항이 UI에 반영될 수 있도록 구성해야 한다.

해설 사용자 인터페이스는 사용자의 편리한 사용에 중심을 맞춘 인터페이스이다. 따라서 개발자 중심이 아닌 사용자 중심으로 설계되어야 한다.

03 23년 3월, 22년 7월, 20년 8월, 20년 6월

UI 설계 원칙 중 누구나 쉽게 이해하고 사용할 수 있어야 한다는 원칙은?

① 희소성　　　　② 유연성
③ 직관성　　　　④ 멀티 운용성

해설 UI 설계 원칙은 직관성, 유효성, 학습성, 유연성이 있다. 누구나 쉽게 이해하고 사용할 수 있어야 한다는 설명은 직관성에 해당한다.

04 21년 5월

사용자 인터페이스(UI)의 특징으로 <u>틀린</u> 것은?

① 구현하고자 하는 결과의 오류를 최소화한다.
② 사용자의 편의성을 높임으로써 작업시간을 증가시킨다.
③ 막연한 작업 기능에 대해 구체적인 방법을 제시하여 준다.
④ 사용자 중심의 상호작용이 되도록 한다.

해설 사용자의 편의성을 높이면 (사용자의) 작업시간은 감소한다.

05 22년 4월

UI의 설계 지침으로 <u>틀린</u> 것은?

① 이해하기 편하고 쉽게 사용할 수 있는 환경을 제공해야 한다.

② 주요 기능을 메인 화면에 노출하여 조작이 쉽도록 해야 한다.

③ 치명적인 오류에 대한 부정적인 사항은 사용자가 인지할 수 없도록 한다.

④ 사용자의 직무, 연령, 성별 등 다양한 계층을 수용하여야 한다.

해설 치명적인 오류는 사용자가 쉽게 인지할 수 있도록 설계해야 한다.

오류 발생 해결

– 오류 발생 시, 사용자는 오류가 발생했음을 정확하게 인지할 수 있어야 함

– 오류 메시지는 이해하기 쉬워야 하며, 오류로 인해 발생할 수 있는 부정적인 내용은 적극적으로 사용자에게 전달되어야 함

– 오류 메시지는 소리나 색 등을 이용하여 듣거나 쉽게 의미 전달되어야 함

– 오류로부터 회복을 위한 구체적인 설명이 제공되어야 함

– 사용자가 잘못된 입력을 한 경우, 사용자가 쉽게 수정하고 다시 시도할 수 있도록 UI를 구성해야 함

06 23년 3월, 22년 3월, 19년 8월, 17년 3월

User Interface 설계 시 오류 메시지나 경고에 관한 지침으로 가장 옳지 <u>않은</u> 것은?

① 메시지는 이해하기 쉬워야 한다.

② 오류로부터 회복을 위한 구체적인 설명이 제공되어야 한다.

③ 오류로 인해 발생할 수 있는 부정적인 내용은 가급적 피한다.

④ 소리나 색 등을 이용하여 듣거나 쉽게 의미 전달을 하도록 한다.

해설 UI 설계 시, 오류로 인해 발생할 수 있는 부정적인 내용은 사용자에게 적극적으로 전달되어야 한다.

07 22년 7월, 21년 8월

대표적으로 DOS 및 Unix 등의 운영체제에서 조작을 위해 사용하던 것으로, 정해진 명령 문자열을 입력하여 시스템을 조작하는 사용자 인터페이스(User Interface)는?

① GUI(Graphical User Interface)

② CLI(Command Line Interface)

③ CUI(Cell User Interface)

④ MUI(Mobile User Interface)

해설 정해진 명령 문자열(Command Line)을 입력하여 시스템을 조작하는 것은 CLI이다.

GUI (Graphical User Interface)	그래픽 기반 인터페이스, 사용자가 마우스와 키보드 등의 입력장치를 사용하여 소프트웨어 조작
NUI (Natural User Interface)	사용자 반응 기반 인터페이스, 인간의 자연스러운 동작(손짓, 음성, 시선) 등을 인식하여 소프트웨어 조작
OUI (Organic User Interface)	유기적 상호작용 기반 인터페이스, 자연 그대로의 상태 특성을 반영한 장치 제어로 사물의 변형 없이 자연 형태 그대로 인터페이스 장치가 되어 소프트웨어 조작

08 22년 4월

UI의 종류로 멀티 터치(Multi-touch), 동작 인식(Gesture Recognition) 등 사용자의 자연스러운 움직임을 인식하여 서로 주고받는 정보를 제공하는 사용자 인터페이스를 의미하는 것은?

① GUI(Graphical User Interface)
② OUI(Organic User Interface)
③ NUI(Natural User Interface)
④ CLI(Command Line Interface)

해설 멀티 터치(Multi-touch), 동작 인식(Gesture Recognition) 등 사용자의 자연스러운 움직임을 인식하여 서로 주고받는 정보를 제공하는 사용자 인터페이스는 NUI이다.

09 22년 7월

모바일 기기에서 사용하는 NUI 인터페이스에 속하지 <u>않는</u> 것은 무엇인가?

① Pinch
② Press
③ Flow
④ Flick

해설 모바일 기기에서 사용하는 NUI 동작은 아래와 같다.

Tap	손가락으로 화면을 한 번 두드리는 동작
Double Tap	손가락으로 화면을 빠르게 연속해서 두 번 두드리는 동작
Drag	손가락으로 화면을 누른 상태에서 정해진 방향으로 이동하는 동작
Pan	화면에 손가락을 댄 후, 손가락을 떼지 않고 계속적으로 움직이는 동작
Press	화면의 특정 위치를 손가락으로 오랫동안 누르는 동작
Flick	화면에서 빠르게 손가락을 상하 또는 좌우로 스와이프하는 동작
Pinch	두 손가락으로 화면에서 축소 및 확대 제스처를 취하는 동작

| 01 | ④ | 02 | ② | 03 | ③ | 04 | ② | 05 | ③ |
| 06 | ③ | 07 | ② | 08 | ③ | 09 | ③ |

010 | UI 표준 및 지침★★

• UI 화면 구성요소의 종류와 특징에 대하여 이해해야 한다.

대표 기출 유형

UI와 관련된 기본 개념 중 하나로, 시스템의 상태와 사용자의 지시에 대한 효과를 보여 주어 사용자가 명령에 대한 진행 상황과 표시된 내용을 해석할 수 있도록 도와주는 것은? **23년 3월, 22년 4월**

① Feedback
② Posture
③ Module
④ Hash

시스템의 상태와 사용자의 지시에 대한 효과를 보여 주어 사용자가 명령에 대한 진행 상황과 표시된 내용을 해석할 수 있도록 도와주는 것은 피드백(Feedback)이다. Posture는 소프트웨어 개발자가 취하는 태도와 접근방식을 의미한다. Module은 독립된 소프트웨어, 하드웨어 단위를 지칭하는 용어이다. Hash는 데이터 암호화, 무결성 검증을 위해 사용하는 단방향 암호화 방식이다.

정답 ①

필수 핵심 이론

UI 표준(Standard)의 개념

UI 표준은 조직이나 산업 내에서 UI 개발에 사용되는 규칙, 규격, 규정, 정책 등을 의미한다. UI 개발 시스템을 만들 때 사용되는 기술, 디자인, 기능, 사용자 경험 등의 요소에 대한 표준화된 명세서나 가이드라인을 제공하여, 이를 바탕으로 개발자들이 일관된 방식으로 UI를 개발하고, 사용자들은 일관된 사용자 경험을 얻을 수 있다.

UI 표준 구성

구성요소	설명
UX 원칙	• 사용자 제어할 수 있는 인터페이스 • 편리한 상호작용 • 사용자의 원활한 사용성 • 일관성 높은 인터페이스
화면 구성	정보와 서비스를 제공하는 콘텐츠의 영역 구분
업무별 구성	여러 화면에서 공통으로 나타나는 입력, 검색, 목록, 페이징 등의 작동 방식과 경로를 정의하여 패턴으로 구성
화면 레이아웃 정의	콘텐츠 운영을 효율적으로 하기 위한 화면 레이아웃 구성

UI 화면 구성요소

구성요소	설명		
텍스트 (Text)	사용자에게 메시지, 설명, 라벨, 버튼 텍스트 등의 정보 제공		
버튼/입력 필드 (Button/Input Field)	버튼을 클릭하면 액션을 수행하거나 페이지 전환		
	이름	**설명**	**예시**
	토글 버튼 (Toggle Button)	• 사용자가 특정 상태를 켜고 끌 수 있는 입력 필드 • "On" 또는 "Off"와 같은 두 가지 상태 중 하나를 선택	Toggle-Switch
	라디오 버튼 (Radio Button)	• 여러 개의 옵션 중에서 하나를 선택할 수 있는 입력 필드 • 사용자가 여러 개의 색상 중에서 하나를 선택할 때 사용	Radio buttons
	텍스트 필드 (Text Field)	• 사용자가 직접 텍스트를 입력할 수 있는 입력 필드 • 사용자가 이름, 이메일, 주소 등을 입력할 때 사용	Account name Alb
	체크 박스 (Checkbox)	• 여러 개의 옵션 중에서 하나 이상을 선택할 수 있는 입력 필드 • 사용자가 여러 가지 선택사항 중에서 원하는 항목을 선택할 때 사용	Check boxes
	콤보 박스 (Combo Box)	• 목록에서 값을 선택할 수 있는 입력 필드 • 사용자가 국가, 시간대, 언어 등을 선택할 때 사용	Apple Apple Strawberry Melon Banana
피드백 (Feedback)	• 사용자가 시스템과 상호작용 할 때 발생하는 시스템의 응답 • 입력 필드에 값을 잘못 입력한 경우, 입력 필드 색 변화, 버튼 클릭 시, 시각적 효과로 버튼이 눌러졌음을 표현, 특정 작업이 수행되는 동안 프로그레스 바(Progress Bar) 표현		

목록/테이블 (List/Table)	• 데이터를 나열하거나 표시하는 데 사용 • 사용자는 목록/테이블에서 데이터를 검색, 정렬, 필터링 및 페이징 가능
알림 (Alert)	사용자에게 경고, 오류, 성공 메시지를 표시하는 데 사용
메뉴/탭 (Menu/Tab)	• UI 화면에서 페이지 간 이동이나 작업을 수행하는 데 사용 • 탐색 메뉴, 필터 메뉴, 설정 메뉴

UI 지침(Guideline)의 개념

UI 지침은 UI 개발 시에 참고할 수 있는 설계 가이드나 디자인 가이드, 사용성 가이드 등을 의미한다. UI 지침은 UI 표준보다 구체적이며, UI 개발 시에 적용할 수 있는 규칙과 권장 사항을 포함한다. 예를 들어, UI 지침은 색상 선택, 아이콘 디자인, 레이아웃 구성 등의 디자인 요소에 대한 지침을 제공하며, 사용성에 대한 지침은 키보드 단축키, 마우스 사용법, 툴팁 등의 기능에 대한 지침을 제공한다.

01 21년 3월

여러 개의 선택 항목 중 하나의 선택만 가능한 경우 사용하는 사용자 인터페이스(UI) 요소는?

① 토글 버튼
② 텍스트 박스
③ 라디오 버튼
④ 체크 박스

해설 여러 개의 선택 항목 중 하나의 선택만 가능한 경우에 사용하는 UI 요소는 라디오 버튼이다.

토글 버튼 (Toggle Button)	• 사용자가 특정 상태를 켜고 끌 수 있는 입력 필드 • "On" 또는 "Off"와 같은 두 가지 상태 중 하나를 선택
라디오 버튼 (Radio Button)	• 여러 개의 옵션 중에서 하나를 선택할 수 있는 입력 필드 • 사용자가 여러 개의 색상 중에서 하나를 선택할 때 사용
텍스트 필드 (Text Field)	• 사용자가 직접 텍스트를 입력할 수 있는 입력 필드 • 사용자가 이름, 이메일, 주소 등을 입력할 때 사용
체크 박스 (Checkbox)	• 여러 개의 옵션 중에서 하나 이상을 선택할 수 있는 입력 필드 • 사용자가 여러 가지 선택사항 중에서 원하는 항목을 선택할 때 사용
콤보 박스 (Combo Box)	• 목록에서 값을 선택할 수 있는 입력 필드 • 사용자가 국가, 시간대, 언어 등을 선택할 때 사용

02 23년 3월, 22년 4월

UI와 관련된 기본 개념 중 하나로, 시스템의 상태와 사용자의 지시에 대한 효과를 보여 주어 사용자가 명령에 대한 진행 상황과 표시된 내용을 해석할 수 있도록 도와주는 것은?

① Feedback ② Posture
③ Module ④ Hash

해설 시스템의 상태와 사용자의 지시에 대한 효과를 보여 주어 사용자가 명령에 대한 진행 상황과 표시된 내용을 해석할 수 있도록 도와주는 것은 피드백(Feedback)이다.

오답해설
② Posture는 소프트웨어 개발자가 취하는 태도와 접근방식을 의미한다.
③ Module은 독립된 소프트웨어, 하드웨어 단위이다.
④ Hash는 데이터 암호화, 무결성 검증을 위해 사용하는 단방향 암호화 방식이다.

03 22년 3월

사용자 인터페이스를 설계할 경우 고려해야 할 가이드라인과 가장 거리가 먼 것은?

① 심미성을 사용성보다 우선하여 설계해야 한다.
② 효율성을 높이게 설계해야 한다.
③ 발생하는 오류를 쉽게 수정할 수 있어야 한다.
④ 사용자에게 피드백을 제공해야 한다.

해설 사용자 인터페이스 설계 시, 사용성을 가장 먼저 고려하여야 한다.

01 | ③ 02 | ① 03 | ①

011 UI 설계도구*

- 시험 유형이 바뀌고 처음 등장한 유형의 문제이다.
- UI 설계 도구의 종류와 특징을 정확하게 이해하는 것이 중요하다.

대표 기출 유형

다음 내용이 설명하는 UI 설계 도구는?   23년 7월, 22년 3월

- 디자인, 사용 방법 설명, 평가 등을 위해 실제 화면과 유사하게 만든 정적인 형태의 모형
- 시각적으로만 구성요소를 배치하는 것으로 일반적으로 실제로 구현되지는 않음

① 스토리보드(Storyboard)   ② 목업(Mockup)
③ 프로토타입(Prototype)   ④ 유스케이스(Use case)

실제 화면과 유사하게 만든 정적인 형태의 모형으로 시각적 구성요소만 배치하고 구현되지 않는 것은 목업(Mockup)이다.

정답 ②

필수 핵심 이론

UI 설계 도구의 개념

사용자 인터페이스(UI; User Interface)를 디자인하고 구현하기 위한 도구로, 사용자의 요구사항이 실제 구현되었을 때 화면의 구성, 화면 수행 방식 등을 기획 단계에서 미리 보여 주기 위해 사용한다. UI 설계 도구는 디자인 요소 추가 및 편집, 레이아웃 및 그리드 시스템, 프로토타이핑, 개발 지원과 같은 기능들을 지원한다.

UI 설계 도구의 종류

종류	설명
와이어프레임 (Wireframe)	• 기획 단계 초기에 제작, 레이아웃, UI 요소의 뼈대를 설계하는 모형 • 각 페이지의 영역 구분, 콘텐츠, 텍스트 배치 등을 화면 단위로 설계 　예) 파워포인트, 키노트, 스케치, 일러스트, 포토샵, 손 그림
목업 (Mockup)	• 디자인, 사용 방법 설명, 평가 등을 위해 실제 화면과 유사하게 만든 정적인 형태의 모형 • 시각적으로만 구성요소를 배치하는 것으로 일반적으로 실제로 구현되지는 않음 　예) 파워 목업, 발사믹 목업
스토리보드 (Storyboard)	• 디자이너와 개발자가 참고하는 작업 지침서로 와이어프레임의 콘텐츠에 대한 설명, 페이지 간 이동 순서를 추가한 문서 • 정책, 프로세스, 콘텐츠 구성, 와이이프레임, 기능 정의 등 서비스 구축을 위한 전반적인 정보 포함 　예) 파워포인트, 키노트, 스케치
프로토타입 (Prototype)	• 와이어프레임이나 스토리보드에 인터렉션을 적용하여 실제 구현된 것처럼 테스트가 가능한 동적인 형태의 모형 • 손으로 직접 작성하는 페이퍼 프로토타입(Paper Prototype)과 디지털 프로그램을 활용하여 제작한 디지털 프로토타입(Digital Prototype)이 있음 　예) HTML/CSS, Flinto
유스케이스 (Use case)	사용자 요구사항으로, 사용자가 원하는 기능, 시스템의 활동을 표현한 동적 다이어그램

 연·습·문·제

01 23년 7월, 22년 3월

다음 내용이 설명하는 UI 설계 도구는?

> • 디자인, 사용 방법 설명, 평가 등을 위해 실제 화면과 유사하게 만든 정적인 형태의 모형
> • 시각적으로만 구성요소를 배치하는 것으로 일반적으로 실제로 구현되지는 않음

① 스토리보드(Storyboard)
② 목업(Mockup)
③ 프로토타입(Prototype)
④ 유스케이스(Use case)

해설 실제 화면과 유사하게 만든 정적인 형태의 모형으로 시각적 구성요소만 배치하고 구현되지 않는 것은 목업(Mockup)이다.

01 | ②

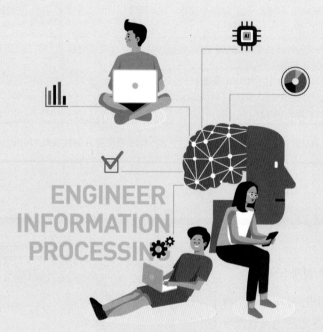

ENGINEER
INFORMATION
PROCESSING

더 멋진 내일(Tomorrow)을 위한 내일(My Career)

내 일 은 정 보 처 리 기 사

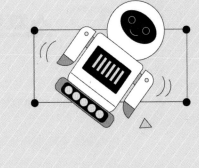

CHAPTER

03

애플리케이션 설계

012 소프트웨어 아키텍처***

• 소프트웨어 아키텍처의 설계 유형과 설계 순서, 품질 특성에 대해서 이해한다.

대표 기출 유형

소프트웨어 아키텍처 설계에서 시스템 품질 속성이 아닌 것은?　　　　　　　　**21년 5월**

① 가용성(Availability)　　　　　　　② 독립성(Isolation)

③ 변경 용이성(Modifiability)　　　　　④ 사용성(Usability)

시스템 품질 속성에는 가용성(Availability), 변경 용이성(Modifiability), 보안성(Security), 사용 편의성(Usability), 성능(Performance), 시험 용이성(Testability), 확장성(Scalability) 등이 포함된다.

정답 ②

필수 핵심 이론

소프트웨어 아키텍처(Software Architecture)의 개념

● 소프트웨어 시스템을 구성하는 요소 간의 상호작용과 그 요소들의 속성들을 결정하는 체계적인 설계이다. 이는 시스템의 전체적인 구조와 그 내부의 각 요소 사이의 관계, 그리고 시스템의 동작 원리와 제약 조건 등을 정의한다.

● 소프트웨어 아키텍처는 시스템의 개발과 유지보수 과정에서 중요한 역할을 한다. 아키텍처가 잘 설계되면, 시스템의 복잡도를 감소시키고, 유지보수 및 개선이 용이해지며, 재사용성과 확장성도 높아진다. 또한 여러 개발자들 간의 협업을 원활하게 할 수 있으며, 코드의 일관성과 품질을 유지할 수 있다.

소프트웨어 설계 유형

소프트웨어 설계 유형

설계 유형	설명
자료구조 설계 (Data Structure Design)	데이터를 구성하고 저장하는 방식을 결정하는 과정
아키텍처 설계 (Architecture Design)	시스템의 구성요소와 이들 간의 관계를 결정하는 과정
인터페이스 설계 (Interface Design)	시스템 내의 모듈들이 서로 통신하고 상호작용할 수 있는 방법을 명확하게 정의하는 과정
프로시저 설계 (Procedure Design)	시스템의 동작을 수행하는 데 필요한 과정을 나타내는 일련의 단계를 정의하는 과정
협약에 의한 설계 (Design by Contract)	객체지향 프로그래밍(OOP)에서 사용되는 설계 패턴으로 클래스 간의 협력 관계를 정의하고, 이를 통해 시스템의 기능을 구현하는 과정 **선행 조건**: 컴포넌트의 오퍼레이션 사용 전에 참이 되어야 할 조건 **결과 조건**: 사용 후 만족되어야 할 조건 **불변 조건**: 오퍼레이션이 실행되는 동안 항상 만족되어야 할 조건
모듈 설계 (Module Design)	소프트웨어 시스템을 구성하는 개별적인 모듈의 기능, 인터페이스, 내부 구조 등을 설계하는 과정

상위 설계와 하위 설계

구분	상위 설계	하위 설계
설계 대상	시스템의 전반적인 구조 형태	시스템의 내부 구조 및 동작
세부 설계 내용	자료구조 설계, 아키텍처 설계, 인터페이스 설계, 프로시저 설계, 협약에 의한 설계	모듈 설계

소프트웨어 아키텍처 설계 과정

설계 단계	설명
설계 목표 설정	요구분석에서 도출된 결과와 비즈니스 목표 등을 분석하여 시스템의 설계 목표 설정
시스템 타입 결정	시스템의 목적과 요구사항을 분석하고 이를 기반으로 시스템 분류
스타일 적용 및 커스터마이즈	아키텍처 스타일을 선택하고, 이를 조정하여 시스템의 요구사항과 목표에 적합하도록 맞추는 단계
서브 시스템의 기능	시스템의 요구사항과 목적에 따라 서브 시스템의 기능을 결정하고, 각 서브 시스템이 어떤 역할을 수행하고 어떤 기능을 제공할지 결정
인터페이스 동작 작성	서브 시스템 간에 교환될 데이터 형식, 메시지 교환 프로토콜, 인터페이스 API 등과 같은 세부 사항 정의
아키텍처 설계 검토	설계가 명확하고 효율적인지를 검토하는 단계로, 아키텍처의 문제점을 파악하고 이를 수정하여 최종 아키텍처 완성

소프트웨어 아키텍처 품질 속성

구분	품질 속성
시스템 품질 속성	가용성(Availability), 변경 용이성(Modifiability), 보안성(Security), 사용 편의성(Usability), 성능(Performance), 시험 용이성(Testability), 확장성(Scalability)
비즈니스 품질 속성	시장 적시성(Time to Market), 비용과 이익(Cost and Benefit), 시스템 프로젝트 생명주기(Projected Lifetime of the System), 목표 시장(Targeted Market), 신규 발매 일정(Fallout Schedule), 기존 시스템과 통합(Integration with Legacy System)
아키텍처 품질 속성	개념적 무결성(Conceptual Integrity), 정확성과 안정성(Correctness and Completeness), 개발 용이성(Buildability)

01 20년 8월

다음 ( ) 안에 들어갈 내용으로 옳은 것은?

> 컴포넌트 설계 시 "( )에 의한 설계"를 따를 경우, 해당 명세에서는
> (1) 컴포넌트의 오퍼레이션 사용 전에 참이 되어야 할 선행 조건
> (2) 사용 후 만족되어야 할 결과 조건
> (3) 오퍼레이션이 실행되는 동안 항상 만족되어야 할 불변 조건 등이 포함되어야 한다.

① 협약(Contract)
② 프로토콜(Protocol)
③ 패턴(Pattern)
④ 관계(Relation)

> **해설** 선행 조건, 결과 조건, 불변 조건의 명세가 들어가는 것은 협약(Contract)에 의한 설계이다.

02 20년 9월

소프트웨어의 상위 설계에 속하지 <u>않는</u> 것은?

① 아키텍처 설계
② 모듈 설계
③ 인터페이스 정의
④ 사용자 인터페이스 설계

> **해설** 소프트웨어의 상위 설계는 시스템의 전반적인 구조 형태를 설계하는 과정이다. 내부 시스템에 해당하는 내용인 모듈 설계는 하위 설계에 속한다.

03 23년 5월, 22년 3월

아키텍처 설계 과정이 올바른 순서로 나열된 것은?

> ㉮ 설계 목표 설정
> ㉯ 시스템 타입 결정
> ㉰ 스타일 적용 및 커스터마이즈
> ㉱ 서브 시스템의 기능, 인터페이스 동작 작성
> ㉲ 아키텍처 설계 검토

① ㉮ → ㉯ → ㉰ → ㉱ → ㉲
② ㉲ → ㉮ → ㉯ → ㉱ → ㉰
③ ㉮ → ㉲ → ㉯ → ㉱ → ㉰
④ ㉮ → ㉯ → ㉰ → ㉲ → ㉱

> **해설** 아키텍처 설계 과정은 ㉮ 설계 목표를 설정 → ㉯ 시스템 타입 결정 → ㉰ 시스템 목표에 맞게 커스터마이즈 → ㉱ 서브 시스템을 구체화 → ㉲ 해당 설계를 검토하는 순서로 이루어진다.

04 21년 5월

소프트웨어 아키텍처 설계에서 시스템 품질 속성이 <u>아닌</u> 것은?

① 가용성(Availability)
② 독립성(Isolation)
③ 변경 용이성(Modifiability)
④ 사용성(Usability)

> **해설** 시스템 품질 속성에는 가용성(Availability), 변경 용이성(Modifiability), 보안성(Security), 사용 편의성(Usability), 성능(Performance), 시험 용이성(Testability), 확장성(Scalability) 등이 포함된다.

01 | ① 02 | ② 03 | ① 04 | ②

013 소프트웨어 아키텍처 패턴***

학·습·포·인·트 --

• 소프트웨어 아키텍처의 패턴 유형과 특징에 대해서 이해해야 한다.
• 주로 파이프–필터 패턴, 모델–뷰–컨트롤러 패턴, 마스터–슬레이브 패턴에 대해서 출제된다.

대표 기출 유형

파이프 필터 형태의 소프트웨어 아키텍처에 대한 설명으로 옳은 것은? 23년 5월, 22년 7월, 20년 9월

① 노드와 간선으로 구성된다.
② 서브 시스템이 입력 데이터를 받아 처리하고 결과를 다음 서브 시스템으로 넘겨주는 과정을 반복한다.
③ 계층 모델이라고도 한다.
④ 3개의 서브 시스템(모델, 뷰, 제어)으로 구성되어 있다.

....

파이프 필터 형태의 소프트웨어 아키텍처는 데이터 처리를 일련의 단계로 분리하여 처리하는 구조를 갖는 패턴이다.

정답 ②

필수 핵심 이론

소프트웨어 아키텍처 패턴(Software Architecture Pattern)의 개념

● 소프트웨어 아키텍처를 설계할 때 발생하는 일반적인 문제에 대한 일반적인 해결책을 제공하는 반복적인 설계 패턴이다. 즉, 특정 문제를 해결하기 위한 방법이며, 재사용이 가능한 설계 솔루션이다.

● 각 패턴은 특정 문제에 대한 해결책을 제공하기 위한 특정한 아키텍처 요소들의 집합으로 이루어져 있으며, 이러한 요소들은 일반적으로 추상화된 레이어, 컴포넌트, 인터페이스, 연결 방식 등으로 구성된다.

소프트웨어 아키텍처 패턴 유형

유형	설명	예시
레이어 패턴 (Layers Pattern)	• 시스템의 아키텍처를 여러 개의 레이어로 분리하여 구성하는 패턴 • 각 레이어 간의 의존성을 최소화하여 시스템의 유지보수성, 확장성, 재사용성을 높임	Layer n → Layer n-1 ⇣ Layer 1
클라이언트–서버 패턴 (Client–Server Pattern)	• 클라이언트와 서버 사이에 구조를 정의하여 서로 상호작용 하도록 하는 것 • 일반적으로 분산 시스템에서 사용되며, 클라이언트는 사용자 또는 다른 시스템에서 요청을 보내고, 서버는 해당 요청을 처리하고 결과를 반환	Client — TCP/IP — Server
파이프–필터 패턴 (Pipe–Filter Pattern)	• 데이터 처리를 일련의 단계로 분리하여 처리하는 구조를 갖는 패턴 • 데이터를 처리하는 각 단계를 독립적인 모듈로 분리함으로써 유연성과 확장성을 높임 • 또한 필터를 조합하여 다양한 처리 과정을 구성할 수 있어서 재사용성이 높으나, 필터 간 데이터 이동에서 데이터 변환 오버헤드 발생	Source — Pipe 1 — Filter 1 — Pipe 2 — Filter 2 — Pipe 3 — Sink

모델–뷰–컨트롤러 패턴 (MVC; Model–View–Controller Pattern)

• 사용자 인터페이스를 구현하기 위한 패턴

모델 (Model)	애플리케이션의 데이터 및 비지니스 로직
뷰 (View)	• 사용자 인터페이스 • 모델에서 가져온 데이터를 사용자가 볼 수 있는 형태로 표현
컨트롤러 (Controller)	• 모델과 뷰 사이의 연결고리 • 사용자의 입력에따라 모델 업데이트, 모델의 상태에 따라 뷰 업데이트

• 구성요소가 서로 독립적으로 존재하므로, 유지보수성이 높아지고 코드 재사용성이 증가. 구성요소의 역할이 분명하게 정의되어 개발자 간의 협업 원활

예시: MODEL / UPDATES / MANIPULATES / VIEW / CONTROLLER / SEES / USES / USER

| 브로커 패턴
(Broker Pattern) | • 분산 시스템에서 서비스 제공자와 사용자 사이에 중개 역할을 수행하는 중개자를 사용하여 상호작용하는 패턴
• 클라이언트–서버 패턴과 유사하지만, 클라이언트는 서비스 제공자를 직접 호출하지 않고 중개자를 통해 서비스에 접근 | Client → Broker → Server 1 / Server 2 / Server 3 |

마스터–슬레이브 패턴 (Master–Slave Pattern)	• 하나의 마스터(Master) 노드가 전반적인 제어를 담당하고, 여러 개의 슬레이브(Slave) 노드가 마스터로부터 작업을 받아 처리하는 구조 패턴 • 실시간 시스템에서 사용	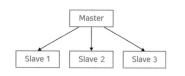

연·습·문·제

01 23년 7월, 21년 8월

소프트웨어 아키텍처와 관련한 설명으로 틀린 것은?

① 파이프 필터 아키텍처에서 데이터는 파이프를 통해 양방향으로 흐르며, 필터 이동 시 오버헤드가 발생하지 않는다.

② 외부에서 인식할 수 있는 특성이 담긴 소프트웨어의 골격이 되는 기본 구조로 볼 수 있다.

③ 데이터 중심 아키텍처는 공유 데이터 저장소를 통해 접근자 간의 통신이 이루어지므로 각 접근자의 수정과 확장이 용이하다.

④ 이해관계자들의 품질 요구사항을 반영하여 품질 속성을 결정한다.

> **해설** 파이프 필터 아키텍처에서 데이터는 단방향으로 흐르며, 필터 이동 시 오버헤드가 발생한다.

02 21년 5월

서브 시스템이 입력 데이터를 받아 처리하고 결과를 다른 시스템에 보내는 작업이 반복되는 아키텍처 스타일은?

① 클라이언트 서버 구조
② 계층 구조
③ MVC 구조
④ 파이프 필터 구조

> **해설** 입력 데이터를 받아 처리하고, 결과를 다른 시스템에 일련의 과정으로 진행되는 아키텍처 스타일은 파이프 필터 구조이다.

03 23년 5월, 22년 7월, 20년 9월

파이프 필터 형태의 소프트웨어 아키텍처에 대한 설명으로 옳은 것은?

① 노드와 간선으로 구성된다.

② 서브 시스템이 입력 데이터를 받아 처리하고 결과를 다음 서브 시스템으로 넘겨주는 과정을 반복한다.

③ 계층 모델이라고도 한다.

④ 3개의 서브 시스템(모델, 뷰, 제어)으로 구성되어 있다.

> **해설** 파이프 필터 형태의 소프트웨어 아키텍처는 데이터 처리를 일련의 단계로 분리하여 처리하는 구조를 갖는 패턴이다.

> **오답해설**
> ① 파이프와 필터로 구성된다.
> ③ 계층형이 아닌 순차형 모델이다.
> ④ 3개의 서브 시스템(모델, 뷰, 제어)으로 구성된 것은 모델–뷰–컨트롤러 패턴이다.

04 21년 8월

분산 시스템을 위한 마스터-슬레이브(Master-Slave) 아키텍처에 대한 설명으로 틀린 것은?

① 일반적으로 실시간 시스템에서 사용된다.

② 마스터 프로세스는 일반적으로 연산, 통신, 조정을 책임진다.

③ 슬레이브 프로세스는 데이터 수집 기능을 수행할 수 없다.

④ 마스터 프로세스는 슬레이브 프로세스들을 제어할 수 있다.

> **해설** 마스터와 슬레이브 아키텍처는 연산, 통신, 조정하는 마스터와 마스터에 의해 동기화되어 제어되는 대상인 슬레이브로 이루어진다. 마스터와 슬레이브는 구조적으로는 동일하여, 기능 또한 동일하게 수행할 수 있다. 따라서 데이터 수집 기능을 수행할 수 있다.

05 22년 4월

소프트웨어 아키텍처 모델 중 MVC(Model-View-Controller)와 관련한 설명으로 틀린 것은?

① MVC 모델은 사용자 인터페이스를 담당하는 계층의 응집도를 높일 수 있고, 여러 개의 다른 UI를 만들어 그사이에 결합도를 낮출 수 있다.

② 모델(Model)은 뷰(View)와 제어(Controller) 사이에서 전달자 역할을 하며, 뷰마다 모델 서브 시스템이 각각 하나씩 연결된다.

③ 뷰(View)는 모델(Model)에 있는 데이터를 사용자 인터페이스에 보이는 역할을 담당한다.

④ 제어(Controller)는 모델(Model)에 명령을 보냄으로써 모델의 상태를 변경할 수 있다.

> **해설** 전달자 역할을 하는 것은 제어(Controller)이다.

모델 (Model)	애플리케이션의 데이터 및 비즈니스 로직
뷰 (View)	• 사용자 인터페이스 • 모델에서 가져온 데이터를 사용자가 볼 수 있는 형태로 표현
컨트롤러 (Controller)	• 모델과 뷰 사이의 연결고리 • 사용자의 입력에 따라 모델 업데이트, 모델의 상태에 따라 뷰 업데이트

01 | ①   02 | ④   03 | ②   04 | ③   05 | ②

014 객체지향(OOP)***

대표 기출 유형

객체지향 개념에서 연관된 데이터와 함수를 함께 묶어 외부와 경계를 만들고 필요한 인터페이스만을 밖으로 드러내는 과정은?   **23년 5월, 22년 7월, 4월, 21년 5월, 3월**

① 메시지(Message)

② 캡슐화(Encapsulation)

③ 다형성(Polymorphism)

④ 상속(Inheritance)

....

연관된 데이터와 함수를 함께 묶어 외부와 경계를 만드는 것은 캡슐화이다.

정답 ②

필수 핵심 이론

객체지향(OOP: Object Oriented)의 개념

- 컴퓨터 프로그램의 패러다임 중 하나로, 현실 세계의 객체(Entity)를 소프트웨어의 객체(Object)로 추상화하여 프로그래밍하는 방법이다. 객체(Object)는 소프트웨어가 모델링을 하는 대상으로, 속성(Attribute)과 동작(Method)으로 구성된다. 속성은 객체의 상태(State)를 나타내고, 동작은 객체의 기능(Functionality)을 수행한다.

- 객체지향 프로그래밍에서는 객체 간의 상호작용을 중심으로 프로그래밍을 진행한다. 객체 간의 상호작용은 메시지(Message)를 통해 이루어지며, 이를 통해 객체가 다른 객체에 요청(Request)을 보내고, 그에 따라 응답(Response)을 받아들인다.

객체지향 구성요소

구성요소	설명
클래스(Class)	• 공통된 속성과 연산을 갖는 객체의 집합 • 하나 이상의 유사한 객체들을 묶어 공통된 특성을 표현한 데이터 추상화를 의미
객체(Object)	• 상태, 동작, 고유 식별자를 가진 모든 것 • 필요한 자료구조와 이에 수행되는 함수들을 가진 하나의 독립된 존재 • 객체의 상태는 속성값에 의해 정의
메서드(Method)	클래스에서 생성된 객체를 사용하는 방법
메시지(Message)	객체에게 어떤 행위를 하도록 지시하는 명령
인스턴스(Instance)	같은 클래스에 속한 각각의 객체
속성(Property)	객체의 상태(State)를 나타내며, 해당 객체가 가지고 있는 데이터 값

객체지향 기법

기법	설명	
추상화 (Abstraction)	• 객체의 공통적인 특성을 파악하고, 이를 하나의 개념으로 일반화하는 과정 • 자료 추상화, 과정 추상화, 제어 추상화	
캡슐화 (Encapsulation)	• 객체의 속성과 행동을 하나로 묶고, 외부에서의 접근을 제한하는 것 • 객체의 내부 구현 방법이 외부로 노출되지 않으므로 객체 간의 결합도가 낮아지고, 객체의 재사용성과 유지보수성이 높아짐	
상속성 (Inheritance)	새로운 클래스를 작성할 때 이미 구현된 클래스의 속성과 기능을 물려받아 확장하여 사용하는 기법	
정보 은닉 (Information Hiding)	• 코드 내부 데이터와 메서드를 숨기고 공개 인터페이스를 통해서만 접근이 가능하도록 하는 코드 보안 기술로, 객체의 내부 구현과 상세한 동작 방식을 외부에서 알 수 없도록 숨기는 것 • 필요하지 않은 정보는 접근할 수 없도록 하여 한 모듈 또는 하부 시스템이 다른 모듈의 구현에 영향을 받지 않게 설계, 모듈들 사이의 독립성 유지 • 모듈 내부의 자료구조와 접근 동작들에만 수정을 국한하지 않아, 요구사항 변화에 따른 수정이 가능 • 설계에서 은닉되어야 할 기본 정보로 IP주소와 같은 물리적 코드, 상세 데이터 구조가 있음	
다형성 (Polymorphism)	여러 개체가 같은 인터페이스를 공유하면서도 각자 다른 구현을 제공할 수 있도록 하는 기능으로, 객체들이 상속, 인터페이스, 오버 로딩 등을 활용하여 다양한 동작을 할 수 있음	
	오버 로딩 (Overloading)	같은 이름의 메소드를 인자의 타입, 개수, 순서 등에 따라 다르게 정의
	오버 라이딩 (Overriding)	상위 클래스에 정의된 메소드를 하위 클래스에서 재정의하여 사용

	한 객체가 다른 객체를 참조하거나 참조되는 경우 두 객체 사이에 형성됨	
관계성 (Relationship)	연관화 (Association)	• is-member-of 관계 • 2개 이상의 객체가 서로 연관된 관계
	분류화 (Classification)	• is-instance-of 관계 • 공통된 특성을 갖는 객체들의 인스턴스
	집단화 (Aggregation)	• is part of 관계, part-whole 관계 • 서로 관련 있는 객체들을 묶어 하나의 상위 객체로 구성
	일반화 (Generalization)	• is-a 관계 • 공통된 특성으로 추상화한 상위 객체 구성
	특수화 (Specialization)	• is-a 관계 • 상위 객체를 구체화하여 하위 객체 구성

쌤의 Comment

정보 은닉과 캡슐화가 헷갈려요!

정보 은닉은 객체지향의 캡슐화와 밀접한 관련이 있습니다. 객체가 내부의 데이터와 메서드를 꽁꽁 포장하여 외부에서 접근하지 못하게 하는 것이 캡슐화이며, 이렇게 캡슐화된 객체 내부의 정보를 외부에서 접근하지 못하도록 하는 것이 정보 은닉입니다.

연·습·문·제

01 23년 5월, 22년 4월

객체에 대한 설명으로 틀린 것은?

① 객체는 상태, 동작, 고유 식별자를 가진 모든 것이라 할 수 있다.
② 객체는 공통 속성을 공유하는 클래스들의 집합이다.
③ 객체는 필요한 자료구조와 이에 수행되는 함수들을 가진 하나의 독립된 존재이다.
④ 객체의 상태는 속성값에 의해 정의된다.

해설 클래스는 공통된 속성과 연산을 갖는 객체의 집합이다.

02 23년 3월, 22년 3월, 20년 8월, 20년 3월

객체지향 개념 중 하나 이상의 유사한 객체들을 묶어 공통된 특성을 표현한 데이터 추상화를 의미하는 것은?

① Method ② Class
③ Field ④ Message

해설 하나 이상의 유사한 객체들을 묶어 공통된 특성을 표현한 데이터 추상화는 클래스(Class)이다.

03 23년 7월, 3월, 22년 7월, 21년 5월

객체에게 어떤 행위를 하도록 지시하는 명령은?

① Class ② Package
③ Object ④ Message

해설 객체에게 명령을 하는 것은 메시지(Message)이다.

클래스 (Class)	• 공통된 속성과 연산을 갖는 객체의 집합 • 하나 이상의 유사한 객체들을 묶어 공통된 특성을 표현한 데이터 추상화를 의미
객체 (Object)	• 상태, 동작, 고유 식별자를 가진 모든 것 • 필요한 자료구조와 이에 수행되는 함수들을 가진 하나의 독립된 존재 • 객체의 상태는 속성값에 의해 정의
메시지 (Message)	객체에게 어떤 행위를 하도록 지시하는 명령

04 23년 3월, 21년 5월

객체지향 기법에서 같은 클래스에 속한 각각의 객체를 의미하는 것은?

① Instance ② Message
③ Method ④ Module

해설 같은 클래스에 속한 각각의 객체는 인스턴스(Instance)이다.

인스턴스 (Instance)	같은 클래스에 속한 각각의 객체
메시지 (Message)	객체에게 어떤 행위를 하도록 지시하는 명령
메서드 (Method)	클래스에서 생성된 객체를 사용하는 방법

05 21년 8월

객체지향의 주요 개념에 대한 설명으로 틀린 것은?

① 캡슐화는 상위 클래스에서 속성이나 연산을 전달받아 새로운 형태의 클래스로 확장하여 사용하는 것을 의미한다.
② 객체는 실세계에 존재하거나 생각할 수 있는 것을 말한다.
③ 클래스는 하나 이상의 유사한 객체들을 묶어 공통된 특성을 표현한 것이다.
④ 다형성은 상속받은 여러 개의 하위 객체들이 다른 형태의 특성을 갖는 객체로 이용될 수 있는 성질이다.

해설 상위 클래스에서 속성이나 연산을 전달받아 새로운 형태의 클래스로 확장하는 것은 상속이다.

06 20년 9월

객체지향 기법의 캡슐화(Encapsulation)에 대한 설명으로 틀린 것은?

① 인터페이스가 단순화된다.
② 소프트웨어 재사용성이 높아진다.
③ 변경 발생 시 오류의 파급효과가 적다.
④ 상위 클래스의 모든 속성과 연산을 하위 클래스가 물려받는 것을 의미한다.

해설 상위 클래스의 모든 속성과 연산을 하위 클래스가 물려받는 것은 상속이다.

07 20년 8월

객체지향에서 정보 은닉과 가장 밀접한 관계가 있는 것은?

① Encapsulation
② Class
③ Method
④ Instance

> **해설** 정보 은닉하기 위해서 객체가 내부의 데이터와 메서드를 꽁꽁 포장하여 외부에서 접근하지 못하게 하는 것은 캡슐화이다.

08 23년 7월, 21년 8월

객체지향 설계에서 정보 은닉(Information Hiding)과 관련한 설명으로 틀린 것은?

① 필요하지 않은 정보는 접근할 수 없도록 하여 한 모듈 또는 하부 시스템이 다른 모듈의 구현에 영향을 받지 않게 설계되는 것을 의미한다.
② 모듈들 사이의 독립성을 유지하는 데 도움이 된다.
③ 설계에서 은닉되어야 할 기본 정보로는 IP주소와 같은 물리적 코드, 상세 데이터 구조 등이 있다.
④ 모듈 내부의 자료구조와 접근 동작들에만 수정을 국한하기 때문에 요구사항 등 변화에 따른 수정이 불가능하다.

> **해설** 정보 은닉은 모듈 내부의 자료구조와 접근 동작들에만 수정을 국한하지 않아, 요구사항 변화에 따른 수정이 가능하다.

09 20년 6월

객체지향 기법에서 클래스들 사이의 '부분 – 전체(part–whole)' 관계 또는 '부분(is–a–part–of)'의 관계로 설명되는 연관성을 나타내는 용어는?

① 일반화
② 추상화
③ 캡슐화
④ 집단화

> **해설** '부분–전체(part–whole)' 관계 또는 '부분(is–a–part–of)'의 관계는 집단화이다. 일반화(Generalization)는 is–a 관계이다.

10 23년 5월, 22년 7월, 4월, 21년 5월, 3월

객체지향 개념에서 연관된 데이터와 함수를 함께 묶어 외부와 경계를 만들고 필요한 인터페이스만을 밖으로 드러내는 과정은?

① 메시지(Message)
② 캡슐화(Encapsulation)
③ 다형성(Polymorphism)
④ 상속(Inheritance)

> **해설** 연관된 데이터와 함수를 함께 묶어 외부와 경계를 만드는 것은 캡슐화이다.

11 22년 3월

객체지향 기법에서 상위 클래스의 메소드와 속성을 하위 클래스가 물려받는 것을 의미하는 것은?

① Abstraction   ② Polymorphism
③ Encapsulation   ④ Inheritance

> **해설** 물려받는 개념은 상속(Inheritance)이다.

12 23년 5월, 22년 4월

객체지향 개념에서 다형성(Polymorphism)과 관련한 설명으로 틀린 것은?

① 다형성은 현재 코드를 변경하지 않고 새로운 클래스를 쉽게 추가할 수 있게 한다.

② 다형성이란 여러 가지 형태를 가지고 있다는 의미로, 여러 형태를 받아들일 수 있는 특징을 말한다.

③ 메소드 오버 라이딩(Overriding)은 상위 클래스에서 정의한 일반 메소드의 구현을 하위 클래스에서 무시하고 재정의할 수 있다.

④ 메소드 오버 로딩(Overloading)의 경우 매개 변수 타입은 동일하지만 메소드 명을 다르게 함으로써 구현, 구분할 수 있다.

> 해설 메소드 오버 로딩은 메소드 명을 같게 사용하되, 메소드의 타입 개수, 순서 등을 다르게 하는 것이다.
>
> | 오버 로딩 (Overloading) | 같은 이름의 메소드를 인자의 타입, 개수, 순서 등에 따라 다르게 정의 |
> |---|---|
> | 오버 라이딩 (Overriding) | 상위 클래스에 정의된 메소드를 하위 클래스에서 재정의하여 사용 |

13 21년 4월

소프트웨어 설계에서 사용되는 대표적인 추상화(Abstraction) 기법이 아닌 것은?

① 자료 추상화
② 제어 추상화
③ 과정 추상화
④ 강도 추상화

> 해설 추상화 기법은 자료 추상화, 과정 추상화, 제어 추상화가 있다.

01	②	02	②	03	④	04	①	05	①
06	④	07	①	08	④	09	④	10	②
11	④	12	④	13	④				

015 | 객체지향 설계 원칙(SOLID)**

- 객체지향 설계 원칙의 개념을 묻는 문제들이 주로 출제된다.
- 설계 원칙(SOLID)의 약어와 의미를 정확하게 이해하는 것이 중요하다.

대표 기출 유형

클래스 설계 원칙에 대한 바른 설명은?　　　　　　　　　　**22년 3월**

① 단일 책임원칙: 하나의 클래스만 변경할 수 있어야 한다.
② 개방–폐쇄의 원칙: 클래스는 확장에 대해 열려 있어야 하며 변경에 대해 닫혀 있어야 한다.
③ 리스코프 교체의 원칙: 여러 개의 책임을 가진 클래스는 하나의 책임을 가진 클래스로 대체되어야 한다.
④ 의존 관계 역전의 원칙: 클라이언트는 자신이 사용하는 메소드와 의존 관계를 갖지 않도록 해야 한다.

개방–폐쇄의 원칙은 클래스는 확장에 대해서 열려 있어야 하며, 변경에 대해 닫혀 있어야 한다.

정답 ②

필수 핵심 이론

객체지향 설계 원칙(SOLID)

시스템의 수정, 확장이 용이한 시스템을 설계하기 위해 지켜야 하는 5가지의 원칙이다.

원칙		설명
S	단일 책임의 원칙 (SRP; Single Responsibility Principle)	• 하나의 클래스는 하나의 역할만 수행해야 한다는 원칙 • 클래스가 여러 가지 역할을 수행하면 유지보수가 어려워지고 코드가 복잡해짐
O	개방 폐쇄 원칙 (OCP; Open-Closed Principle)	• 클래스는 확장에 대해 열려 있어야 하지만 수정에 대해서는 닫혀 있어야 한다는 원칙 • 새로운 기능이나 요구사항이 추가될 때 기존 코드를 수정하지 않고 확장할 수 있음
L	리스코프 치환의 원칙 (LSP; Liskov Substitution Principle)	• 상속된 클래스는 기본 클래스의 역할을 수행할 수 있어야 한다는 원칙 • 상속 관계에서 하위 클래스는 상위 클래스와 호환성이 있어야 함
I	인터페이스 분리의 원칙 (ISP; Interface Segregation Principle)	• 클라이언트는 자신이 사용하지 않는 인터페이스와 의존 관계를 맺거나 영향을 받지 않아야 한다는 원칙 • 하나의 큰 인터페이스보다는 작은 여러 개의 인터페이스로 나누어서 클라이언트가 필요한 기능만 사용할 수 있도록 해야 함
D	의존성 역전의 원칙 (DIP; Dependency Inversion Principle)	• 의존 관계를 뒤집어서 상위 수준 모듈은 하위 수준 모듈에 의존해서는 안 된다는 원칙 • 추상화된 인터페이스나 추상 클래스를 사용하여 두 모듈 간의 의존 관계를 최소화하고 유연성을 높여야 함

 연·습·문·제

01 20년 8월

객체지향 설계 원칙 중, 서브 타입(상속받은 하위 클래스)은 어디에서나 자신의 기반 타입(상위 클래스)으로 교체할 수 있어야 함을 의미하는 원칙은?

① ISP(Interface Segregation Principle)
② DIP(Dependency Inversion Principle)
③ LSP(Liskov Substitution Principle)
④ SRP(Single Responsibility Principle)

해설 교체(치환)와 관련된 원칙은 리스코프 치환의 원칙이다.

02 23년 5월, 20년 9월

다음 내용이 설명하는 객체지향 설계 원칙은?

• 클라이언트는 자신이 사용하지 않는 메소드와 의존 관계를 맺으면 안 된다.
• 클라이언트가 사용하지 않는 인터페이스 때문에 영향을 받아서는 안 된다.

① 인터페이스 분리 원칙
② 단일 책임 원칙
③ 개방 폐쇄의 원칙
④ 리스코프 교체의 원칙

해설 클라이언트가 사용하지 않는 인터페이스에 영향을 받아서 안 되는 원칙은 인터페이스 분리 원칙이다.

03 22년 7월

다음 중 SOLID 원칙이라고 불리는 객체지향 설계 원칙에 속하지 않는 것은?

① ISP(Interface Segregation Principle)
② DIP(Dependency Inversion Principle)
③ LSP(Liskov Substitution Principle)
④ SSO(Single Sign On)

> **해설** SOLID 원칙에 'S'는 SRP(Single Responsibility Principle)이다. SSO는 하나의 인증 수단으로 여러 개의 애플리케이션에 접근할 수 있는 인증 방식이다.

04 22년 3월

클래스 설계 원칙에 대한 바른 설명은?

① 단일 책임원칙: 하나의 클래스만 변경할 수 있어야 한다.
② 개방-폐쇄의 원칙: 클래스는 확장에 대해 열려 있어야 하며 변경에 대해 닫혀 있어야 한다.
③ 리스코프 교체의 원칙: 여러 개의 책임을 가진 클래스는 하나의 책임을 가진 클래스로 대체되어야 한다.
④ 의존 관계 역전의 원칙: 클라이언트는 자신이 사용하는 메소드와 의존 관계를 갖지 않도록 해야 한다.

> **해설** 개방-폐쇄의 원칙은 클래스는 확장에 대해서 열려 있어야 하며, 변경에 대해 닫혀 있어야 한다.

단일 책임의 원칙 (SRP; Single Responsibility Principle)	• 하나의 클래스는 하나의 역할만 수행해야 한다는 원칙 • 클래스가 여러 가지 역할을 수행하면 유지보수가 어려워지고 코드가 복잡해짐
리스코프 치환의 원칙 (LSP; Liskov Substitution Principle)	• 상속된 클래스는 기본 클래스의 역할을 수행할 수 있어야 한다는 원칙 • 상속 관계에서 하위 클래스는 상위 클래스와 호환성이 있어야 함
의존성 역전의 원칙 (DIP; Dependency Inversion Principle)	• 의존 관계를 뒤집어서 상위 수준 모듈은 하위 수준 모듈에 의존해서는 안 된다는 원칙 • 추상화된 인터페이스나 추상 클래스를 사용하여 두 모듈 간의 의존 관계를 최소화하고 유연성을 높여야 함

01 | ③   02 | ①   03 | ④   04 | ②

016 객체지향 분석 방법론***

- 객체지향 분석 방법론의 종류와 특징을 이해해야 한다.
- 특히 럼바우(Rumbaugh) 방법의 모형과 절차에 대해서 자주 출제된다.

대표 기출 유형

그래픽 표기법을 이용하여 소프트웨어 구성요소를 모델링 하는 럼바우 분석기법에 포함되지 <u>않는</u> 것은?   23년 3월, 22년 7월, 20년 9월

① 객체 모델링   ② 기능 모델링
③ 동적 모델링   ④ 블랙박스 분석 모델링

....

럼바우 분석기법에 포함되는 모델링은 객체, 동적, 기능 모델링이다.

정답 ④

필수 핵심 이론

객체지향 분석(OOA: Object Orient Analysis)의 개념

소프트웨어를 개발하기 위한 비즈니스(업무)를 객체와 속성, 클래스와 멤버, 전체와 부분 등으로 나누어서 분석해 내는 과정이다.

객체지향 분석 방법론의 종류

종류	설명	
럼바우(Rumbaugh) 방법	• OMT(Object Modeling Technique) • 객체 모형, 동적 모형, 기능 모형의 3개 모형을 생성하는 방법	
	객체 모형 (Object Modeling)	• 시스템에서 요구되는 객체를 찾아내어 속성과 연산 식별 및 객체 간의 관계를 규정하여 다이어그램으로 표시 • 객체 다이어그램 활용
	동적 모형 (Dynamic Modeling)	• 시간의 흐름에 따른 객체 간의 제어 흐름, 상호작용, 동작 순서와 같은 동적 행위를 표현 • 상태 다이어그램 활용
	기능 모형 (Functional Modeling)	• 프로세스들 사이의 자료 흐름을 중심으로 처리 과정을 표현 • 자료 흐름도(DFD; Data Flow Diagram) 활용
	• 객체 모델링 → 동적 모델링 → 기능 모델링 순서로 진행	
부치(Booch) 방법	• OOD(Object Orient Design) • 클래스와 객체를 분석 및 식별하여 클래스의 속성과 연산을 정의	
야콥슨(Jacobson) 방법	• OOSE(Object Oriented Software Engineering) • 유스케이스를 모든 모델의 기본으로 활용하는 방법론 • 분석, 설계, 구현 단계로 구성되며, 기능적 요구사항 중심	
Wirfs–Brock 방법	분석과 설계 간의 구분이 없고, 고객 명세서를 평가해서 설계 작업까지 연속적으로 수행하는 기법	
Coad와 Yourdon 방법	• E–R 다이어그램을 사용하여 객체의 행위를 데이터 모델링하는 데 초점을 둔 방법 • 객체 식별, 구조 식별, 주제 정의, 속성과 인스턴스 연결 정의, 연산과 메시지 연결 정의	

연·습·문·제

01 21년 3월

소프트웨어를 개발하기 위한 비즈니스(업무)를 객체와 속성, 클래스와 멤버, 전체와 부분 등으로 나누어서 분석해 내는 기법은?

① 객체지향 분석
② 구조적 분석
③ 기능적 분석
④ 실시간 분석

> **해설** 소프트웨어를 개발하기 위한 비즈니스(업무)를 객체와 속성, 클래스와 멤버, 전체와 부분 등으로 나누어서 분석해 내는 기법은 객체지향 분석이다.

02 21년 8월

객체지향 분석기법과 관련한 설명으로 틀린 것은?

① 동적 모델링 기법이 사용될 수 있다.
② 기능 중심으로 시스템을 파악하며 순차적인 처리가 중요시되는 하향식(Top–down) 방식으로 볼 수 있다.
③ 데이터와 행위를 하나로 묶어 객체를 정의하고 추상화시키는 작업이라 할 수 있다.
④ 코드 재사용에 의한 프로그램 생산성 향상 및 요구에 따른 시스템의 쉬운 변경이 가능하다.

해설 객체지향 프로그래밍은 상향식(Bottom-up) 방식이다. 따라서 객체지향 분석기법 또한 상향식 방식이다.

03 22년 3월

객체지향 분석기법의 하나로 객체 모형, 동적 모형, 기능 모형의 3개 모형을 생성하는 방법은?

① Wirfs-Block Method
② Rumbaugh Method
③ Booch Method
④ Jacobson Method

해설 객체 모형, 동적 모형, 기능 모형의 3개 모형을 생성하는 방법은 Rumbaugh Method이다.

04 21년 3월

객체지향 분석 방법론 중 Coad-Yourdon 방법에 해당하는 것은?

① E-R 다이어그램을 사용하여 객체의 행위를 데이터 모델링하는 데 초점을 둔 방법이다.
② 객체, 동적, 기능 모델로 나누어 수행하는 방법이다.
③ 미시적 개발 프로세스와 거시적 개발 프로세스를 모두 사용하는 방법이다.
④ Use-Case를 강조하여 사용하는 방법이다.

해설 E-R 다이어그램을 사용하는 객체지향 분석 방법론은 Coad-Yourdon 방법이다.

05 20년 6월

객체지향 분석 방법론 중 E-R 다이어그램을 사용하여 객체의 행위를 모델링하며, 객체 식별, 구조 식별, 주체 정의, 속성 및 관계 정의, 서비스 정의 등의 과정으로 구성되는 것은?

① Coad와 Yourdon 방법
② Booch 방법
③ Jacobson 방법
④ Wirfs-Brocks 방법

해설 E-R 다이어그램을 사용하는 객체지향 분석 방법론은 Coad와 Yourdon 방법이다.

06 20년 8월

럼바우 객체지향 분석과 거리가 먼 것은?

① 기능 모델링
② 동적 모델링
③ 객체 모델링
④ 정적 모델링

해설 럼바우 객체지향 분석에는 객체 모델링, 동적 모델링, 기능 모델링이 포함된다.

객체 모형 (Object Modeling)	• 시스템에서 요구되는 객체를 찾아내어 속성과 연산 식별 및 객체 간의 관계를 규정하여 다이어그램으로 표시 • 객체 다이어그램 활용
동적 모형 (Dynamic Modeling)	• 시간의 흐름에 따른 객체 간의 제어 흐름, 상호작용, 동작 순서와 같은 동적 행위를 표현 • 상태 다이어그램 활용
기능 모형 (Functional Modeling)	• 프로세스들 사이의 자료 흐름을 중심으로 처리 과정을 표현 • 자료 흐름도(DFD; Data Flow Diagram) 활용

07 21년 5월

럼바우(Rumbaugh)의 객체지향 분석에서 사용하는 분석 활동으로 옳은 것은?

① 객체 모델링, 동적 모델링, 정적 모델링
② 객체 모델링, 동적 모델링, 기능 모델링
③ 동적 모델링, 기능 모델링, 정적 모델링
④ 정적 모델링, 객체 모델링, 기능 모델링

해설 럼바우 객체지향 분석에는 객체 모델링, 동적 모델링, 기능 모델링이 포함된다.

08 23년 5월, 20년 6월

럼바우(Rumbaugh)의 객체지향 분석 절차를 가장 바르게 나열한 것은?

① 객체 모형 → 동적 모형 → 기능 모형
② 객체 모형 → 기능 모형 → 동적 모형
③ 기능 모형 → 동적 모형 → 객체 모형
④ 기능 모형 → 객체 모형 → 동적 모형

해설 럼바우의 객체지향 분석 절차는 객체 모델링 → 동적 모델링 → 기능 모델링 순서로 진행된다.

09 23년 7월, 21년 8월

럼바우(Rumbaugh)의 객체지향 분석기법 중 자료 흐름도(DFD)를 주로 이용하는 것은?

① 기능 모델링   ② 동적 모델링
③ 객체 모델링   ④ 정적 모델링

해설 자료 흐름도(DFD)를 활용하는 모델링은 기능 모델링이다.

10 21년 3월

럼바우(Rumbaugh) 분석기법에서 정보모델링이라고도 하며, 시스템에서 요구되는 객체를 찾아내어 속성과 연산 식별 및 객체들 간의 관계를 규정하여 다이어그램을 표시하는 모델링은?

① Object   ② Dynamic
③ Function   ④ Static

해설 시스템에서 요구되는 객체를 찾아내어 속성과 연산 식별 및 객체들 간의 관계를 규정하여 다이어그램을 표시하는 모델링은 객체(Object) 모델링이다.

11 23년 3월, 22년 7월, 20년 9월

그래픽 표기법을 이용하여 소프트웨어 구성 요소를 모델링 하는 럼바우 분석기법에 포함되지 <u>않는</u> 것은?

① 객체 모델링
② 기능 모델링
③ 동적 모델링
④ 블랙박스 분석 모델링

해설 럼바우 분석기법에 포함되는 모델링은 객체, 동적, 기능 모델링이다.

12 20년 9월

럼바우(Rumbaugh) 객체지향 분석기법에서 동적 모델링에 활용되는 다이어그램은?

① 객체 다이어그램(Object Diagram)
② 패키지 다이어그램(Package Diagram)
③ 상태 다이어그램(State Diagram)
④ 자료 흐름도(Data Flow Diagram)

해설 동적 모델링에 활용되는 다이어그램은 움직이는 상태를 표현하는 상태 다이어그램이다.

01 ①	02 ②	03 ②	04 ①	05 ①
06 ④	07 ②	08 ①	09 ①	10 ①
11 ④	12 ③			

017 | 모듈★★★

• 모듈화의 장·단점, 모듈의 적정성을 나타내는 결합도와 응집도에 대하여 문제가 매년 다수 출제되고 있다.

대표 기출 유형

모듈화(Modularity)와 관련한 설명으로 틀린 것은?　　　　22년 4월

① 시스템을 모듈로 분할하면 각각의 모듈을 별개로 만들고 수정할 수 있기 때문에 좋은 구조가 된다.

② 응집도는 모듈과 모듈 사이의 상호 의존 또는 연관 정도를 의미한다.

③ 모듈 간의 결합도가 약해야 독립적인 모듈이 될 수 있다.

④ 모듈 내 구성요소들 간의 응집도가 강해야 좋은 모듈 설계이다.

⋯⋯⋯⋯⋯

응집도는 모듈 내 구성요소들의 독립적인 정도를 의미한다.

정답 ②

필수 핵심 이론

모듈(Module)의 개념 및 특징

모듈은 프로그램에서 독립적으로 컴파일하고 링크될 수 있는 최소한의 단위이다.

특징	설명
독립성	• 모듈은 자체적으로 완결성을 갖추며, 다른 모듈과 독립적으로 개발, 테스트, 유지보수 할 수 있음 • 모듈의 독립성은 결합도와 응집도에 의해 결정
재사용성	모듈은 독립적이고 추상화된 인터페이스를 제공하여, 다른 시스템에서 재사용할 수 있음

모듈화(Modularity)의 개요

큰 시스템을 작은 부분으로 분해하고, 이러한 부분을 독립적인 기능 모듈로 구성하여 각각을 개발, 관리 및 유지 보수할 수 있도록 하는 과정이다. 즉, 복잡한 시스템을 기능적으로 나누어 각각의 모듈로 구성하고, 이를 통해 시스템을 구성하고 개발하는 방식이다.

모듈화 기법	설명
루틴(Routine)	프로그램의 기능을 수행하기 위한 명령의 모임
메인 루틴(Main Routine)	프로그램의 시작점이 되는 루틴으로, 프로그램의 흐름을 제어하고 서브루틴 호출
서브루틴(Subroutine)	메인 루틴이나 다른 서브루틴에서 호출하여 사용되는 루틴

바람직한 모듈 설계 지침은 다음과 같다.

- 모듈화의 적정성은 응집도와 결합도로 측정한다.
- 적당한 모듈의 크기를 유지한다.
- 유지보수가 용이해야 하며, 이식성을 고려한다.
- 모듈 간의 접속 관계를 분석하여 복잡도와 중복을 줄인다.
- 모듈 간의 효과적인 제어를 위해 설계에서 계층적 자료 조직이 제시되어야 한다.
- 모듈의 기능을 예측할 수 있도록 정의한다.
- 모듈의 수가 증가하면 상대적으로 각 모듈의 크기가 커지며, 모듈 사이의 상호 교류가 감소하여 과부하(Overload) 현상이 나타나므로 적당한 모듈의 수로 설계한다.

결합도가 약한 것부터 높은 순으로 올바르게 나열한 것은? 23년 3월

① Stamp Coupling → Data Coupling → Control Coupling → Common Coupling → Content Coupling
② Control Coupling → Data Coupling → Stamp Coupling → Common Coupling → Content Coupling
③ Content Coupling → Stamp Coupling → Control Coupling → Common Coupling → Data Coupling
④ Data Coupling → Stamp Coupling → Control Coupling → Common Coupling → Content Coupling

결합도의 강도(약→강)는 자료, 스탬프, 제어, 외부, 공통, 내용이다.

정답 ④

필수 핵심 이론

모듈화(Modularity)의 유형

결합도(Coupling): 모듈 간에 연관 관계 강도

강도	유형	설명
약함	자료 결합도 (Data Coupling)	• 모듈 간의 인터페이스가 자료 요소로만 구성될 때의 결합도 • 한 모듈의 내용을 변경하더라도 다른 모듈에는 전혀 영향을 미치지 않는 상태로 가장 바람직한 결합도
	스탬프 결합도 (Stamp Coupling)	• 두 모듈이 동일한 자료구조를 조회하는 경우의 결합도 • 자료구조상 변화는 모든 모듈에 영향을 미치게 됨
	제어 결합도 (Control Coupling)	• 어떤 모듈이 다른 모듈 내부의 논리적인 흐름을 제어하기 위해 제어 신호를 이용하여 통신하는 경우의 결합도 • 하위 모듈에서 상위 모듈로 제어 신호가 이동하여 상위 모듈에게 처리 명령을 부여하는 권리 전도 현상이 발생
	외부 결합도 (External Coupling)	• 특정 모듈에서 선언한 데이터(변수)를 외부의 다른 모듈에서 참조할 때의 결합도 • 참조되는 데이터의 범위를 각 모듈에서 제한할 수 있음

	공통 결합도 (Common Coupling)	• 공유되는 공통 데이터 영역을 여러 모듈이 사용할 때의 결합도 • 모듈 내에서 다른 기능과 관련된 데이터를 변경할 때 다른 기능에 영향을 미침
강함	내용 결합도 (Content Coupling)	한 모듈이 다른 모듈의 내부 기능 및 그 내부 자료를 직접 참조하거나 수정하는 경우의 결합도

결합도 강도 순서 외우기

자료 〈 스탬프 〈 제어 〈 외부 〈 공통 〈 내용 → 자슈(스) 제외하고, 공 꺼내주세요.

응집도(Cohesion): 모듈의 기능 독립성 강도

효과적인 모듈 설계를 위해서는 모듈 간의 결합도를 약하게, 응집도를 높게 설계해야 한다.

강도	유형	설명
강함	기능적 응집도 (Functional Cohesion)	모듈 내부의 모든 기능이 단일 목적을 위해 수행될 경우의 응집도
	순차적 응집도 (Sequential Cohesion)	모듈 내 하나의 활동으로부터 나온 출력값을 그 다음 활동의 입력값으로 사용하는 경우의 응집도
	통신적 응집도 (Communication Cohesion)	동일한 입력과 출력을 사용하여 서로 다른 기능을 수행하는 활동들이 모여 있을 경우의 응집도
	절차적 응집도 (Procedural Cohesion)	모듈이 다수의 관련 기능을 가질 때 모듈 안의 구성요소들이 그 기능을 순차적으로 수행하는 경우의 응집도
	시간적 응집도 (Temporal Cohesion)	특정 시간에 처리되어야 하는 활동들을 하나의 모듈에서 처리되는 경우의 응집도
	논리적 응집도 (Logical Cohesion)	유사한 특성, 형태를 갖는 처리요소들로 하나의 모듈에서 처리되는 경우의 응집도
약함	우연적 응집도 (Coincidental Cohesion)	• 모듈 내부의 구성요소들이 서로 관련 없이 우연히 모여 있는 경우의 응집도 • 서로 다른 상위 모듈에 의해 호출되어 처리상의 연관성이 없는 서로 다른 기능을 수행하는 경우의 응집도

응집도 순서 외우기

기능 〉 순차 〉 통신 〉 절차 〉 시간 〉 논리 〉 우연 → 기차에서 통화는 조용히 절간같이, 논리도 우연도 없어요.

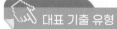

다음은 어떤 프로그램 구조를 나타낸다. 모듈 F에서의 fan-in과 fan-out의 수는 얼마인가?

22년 7월, 21년 3월

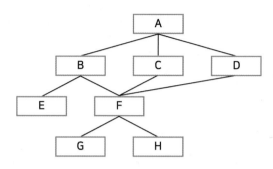

① fan-in: 2, fan-out: 3

② fan-in: 3, fan-out: 2

③ fan-in: 1, fan-out: 2

④ fan-in: 2, fan-out: 1

F를 기준으로 들어간 선(fan-in): 3개, F를 기준으로 나온 선(fan-out): 2개

정답 ②

필수 핵심 이론

팬인(Fan-In) / 팬아웃(Fan-Out)

모듈화의 결합도와 응집도를 측정하기 위한 지표이다. 모듈의 팬인은 높게 유지하고 팬아웃은 최대한 낮게 유지하는 것이 모듈화의 효율성과 유지보수성을 높이는 데 도움이 된다.

구분	설명
팬인 (Fan-In)	• 모듈 내부로 들어오는 호출의 수를 측정하는 지표 • 높은 팬인을 가지는 모듈은 재사용성이 높아지고, 모듈 내부에서 논리적으로 관련 있는 부분이 많음
팬아웃 (Fan-Out)	• 모듈이 다른 모듈을 호출하는 수를 측정하는 지표 • 높은 팬아웃을 가지는 모듈은 의존성이 높아지고, 재사용성이 낮아짐

프로그램 구조에서 각 모듈의 팬인(Fan-In)과 팬아웃(Fan-Out)을 구하는 것은 다음과 같다.

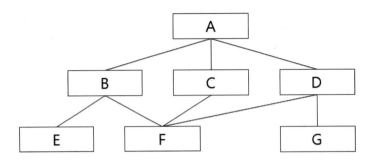

모듈	팬인(Fan-In) 모듈 기준 들어온 선 개수	팬아웃(Fan-Out) 모듈 기준 나간 선 개수
A	0	3
B	1	2
C	1	1
D	1	2
E	1	0
F	3	0
G	1	0

연·습·문·제

01 21년 3월

바람직한 소프트웨어 설계 지침이 <u>아닌</u> 것은?

① 모듈의 기능을 예측할 수 있도록 정의한다.
② 이식성을 고려한다.
③ 적당한 모듈의 크기를 유지한다.
④ 가능한 모듈을 독립적으로 생성하고 결합도를 최대화한다.

> 해설 바람직한 소프트웨어 설계를 위해서는 모듈의 결합도를 약하게 하여 모듈의 독립성을 높여야 한다.

02 20년 9월

바람직한 소프트웨어 설계 지침이 <u>아닌</u> 것은?

① 적당한 모듈의 크기를 유지한다.
② 모듈 간의 접속 관계를 분석하여 복잡도와 중복을 줄인다.
③ 모듈 간의 결합도는 강할수록 바람직하다.
④ 모듈 간의 효과적인 제어를 위해 설계에서 계층적 자료 조직이 제시되어야 한다.

> 해설 바람직한 소프트웨어 설계를 위해서는 모듈간 결합도가 약해야 한다.

03 20년 8월

효과적인 모듈 설계를 위한 유의 사항으로 거리가 먼 것은?

① 모듈간의 결합도를 약하게 하면 모듈 독립성이 향상된다.
② 복잡도와 중복성을 줄이고 일관성을 유지한다.
③ 모듈의 기능은 예측이 가능해야 하며 지나치게 제한적이여야 한다.
④ 유지보수가 용이해야 한다.

해설 모듈의 기능은 예측이 가능하되, 지나치게 제한적이여서는 안 된다.

04 22년 4월

모듈화(Modularity)와 관련한 설명으로 틀린 것은?

① 시스템을 모듈로 분할하면 각각의 모듈을 별개로 만들고 수정할 수 있기 때문에 좋은 구조가 된다.
② 응집도는 모듈과 모듈 사이의 상호의존 또는 연관 정도를 의미한다.
③ 모듈 간의 결합도가 약해야 독립적인 모듈이 될 수 있다.
④ 모듈 내 구성요소들 간의 응집도가 강해야 좋은 모듈 설계이다.

해설 응집도는 모듈 내 구성요소들의 독립적인 정도를 의미한다.

05 23년 5월, 21년 8월

모듈화(Modularity)와 관련한 설명으로 틀린 것은?

① 소프트웨어의 모듈은 프로그래밍 언어에서 Subroutine, Function 등으로 표현될 수 있다.
② 모듈의 수가 증가하면 상대적으로 각 모듈의 크기가 커지며, 모듈 사이의 상호교류가 감소하여 과부하(Overload) 현상이 나타난다.
③ 모듈화는 시스템을 지능적으로 관리할 수 있도록 해 주며, 복잡도 문제를 해결하는 데 도움을 준다.
④ 모듈화는 시스템의 유지보수와 수정을 용이하게 한다.

해설 모듈의 수가 증가하면 각 모듈의 크기는 감소한다.

06 23년 7월, 22년 3월

좋은 소프트웨어 설계를 위한 소프트웨어의 모듈간의 결합도(Coupling)와 모듈 내 요소 간 응집도(Cohesion)에 대한 설명으로 옳은 것은?

① 응집도는 낮게 결합도는 높게 설계한다.
② 응집도는 높게 결합도는 낮게 설계한다.
③ 양쪽 모두 낮게 설계한다.
④ 양쪽 모두 높게 설계한다.

해설 좋은 소프트웨어 설계를 위해서는 모듈 간의 결합도를 낮게, 응집도를 높게 설계해야 한다.

07 21년 8월

모듈의 독립성을 높이기 위한 결합도(Coupling)와 관련한 설명으로 틀린 것은?

① 오류가 발생했을 때 전파되어 다른 오류의 원인이 되는 파문 효과(Ripple Effect)를 최소화해야 한다.
② 인터페이스가 정확히 설정되어 있지 않을 경우, 불필요한 인터페이스가 나타나 모듈 사이의 의존도는 높아지고 결합도가 증가한다.
③ 모듈들이 변수를 공유하여 사용하게 하거나 제어 정보를 교류하게 함으로써 결합도를 낮추어야 한다.
④ 다른 모듈과 데이터 교류가 필요한 경우 전역변수(Global Variable)보다는 매개변수(Parameter)를 사용하는 것이 결합도를 낮추는 데 도움이 된다.

해설 모듈들이 변수를 공유하거나 사용하는 것은 결합도가 높아지는 것이다.

08 20년 6월

시스템에서 모듈 사이의 결합도(Coupling)에 대한 설명으로 옳은 것은?

① 한 모듈 내에 있는 처리요소들 사이의 기능적인 연관 정도를 나타낸다.
② 결합도가 높으면 시스템 구현 및 유지보수 작업이 쉽다.
③ 모듈간의 결합도를 약하게 하면 모듈 독립성이 향상된다.
④ 자료 결합도는 내용 결합도보다 결합도가 높다.

해설 모듈 간의 결합도가 약하다라는 것은 모듈 사이의 연관성이 약하다(모듈 독립성이 높다)라는 의미와 같다.

09 20년 9월

결합도(Coupling)에 대한 설명으로 틀린 것은?

① 데이터 결합도(Data Coupling)는 두 모듈이 매개변수로 자료를 전달할 때, 자료 구조 형태로 전달되어 이용될 때 데이터가 결합되어 있다고 한다.
② 내용 결합도(Content Coupling)는 하나의 모듈이 직접적으로 다른 모듈의 내용을 참조할 때 두 모듈은 내용적으로 결합되어 있다고 한다.
③ 공통 결합도(Common Coupling)는 두 모듈이 동일한 전역 데이터를 접근한다면 공통결합 되어 있다고 한다.
④ 결합도(Coupling)는 두 모듈 간의 상호작용, 또는 의존도 정도를 나타내는 것이다.

해설 모듈이 자료를 전달할 때 자료구조 형태로 전달하는 것은 스탬프 결합도이다.

자료 결합도 (Data Coupling)	• 모듈 간의 인터페이스가 자료 요소로만 구성될 때의 결합도 • 한 모듈의 내용을 변경하더라도 다른 모듈에는 전혀 영향을 미치지 않는 상태로 가장 바람직한 결합도
스탬프 결합도 (Stamp Coupling)	• 두 모듈이 동일한 자료구조를 조회하는 경우의 결합도 • 자료구조상 변화는 모든 모듈에 영향을 미치게 됨

10 22년 7월

다음 결합도의 종류에 대한 설명 중 **틀린** 것은?

① 자료 결합도: 모듈 간의 인터페이스가 자료 요소로만 구성될 때의 결합도
② 내용 결합도: 한 모듈이 다른 모듈과 제어신호를 이용하여 통신하고, 공유되는 공통 데이터 영역을 사용할 때의 결합도
③ 스탬프 결합도: 모듈 간의 인터페이스로, 배열의 자료구조가 전달될 때의 결합도
④ 외부 결합도: 어떤 모듈에서 선언한 데이터를 다른 모듈에서 참조할 때의 결합도

해설 내용 결합도는 한 모듈이 다른 모듈의 내부 기능 및 그 내부 자료를 직접 참조하거나 수정하는 경우의 결합도이다. 보기에 나온 설명은 제어 결합도이다.

11 22년 4월

한 모듈이 다른 모듈의 내부 기능 및 그 내부 자료를 참조하는 경우의 결합도는?

① 내용 결합도(Content Coupling)
② 제어 결합도(Control Coupling)
③ 공통 결합도(Common Coupling)
④ 스탬프 결합도(Stamp Coupling)

해설 내부 기능 및 내부 자료를 참조하는 결합도는 내용 결합도이다.

12 20년 8월

어떤 모듈이 다른 모듈의 내부 논리 조직을 제어하기 위한 목적으로 제어신호를 이용하여 통신하는 경우이며, 하위 모듈에서 상위 모듈로 제어신호가 이동하여 상위 모듈에게 처리 명령을 부여하는 권리 전도현상이 발생하게 되는 결합도는?

① Data Coupling
② Stamp Coupling
③ Control Coupling
④ Common Coupling

해설 제어신호를 이용하여 통신하며, 권리 전도 현상이 발생하는 결합도는 Control Coupling이다.

13 21년 5월

다음 중 가장 약한 결합도(Coupling)는?

① Common Coupling
② Content Coupling
③ External Coupling
④ Stamp Coupling

해설 결합도의 강도(약→강)는 자료, 스탬프, 제어, 외부, 공통, 내용이다. 따라서 Stamp Coupling이다.

외우기 Tip! 자수(스) 제외하고, 공 꺼내주세요.

14 20년 8월

다음 중 가장 결합도가 강한 것은?

① Data Coupling
② Stamp Coupling
③ Common Coupling
④ Control Coupling

해설 결합도의 강도(약→강)는 자료, 스탬프, 제어, 외부, 공통, 내용이다. 따라서 Common Coupling이다.

15 23년 3월

결합도가 약한 것부터 높은 순으로 올바르게 나열한 것은?

① Stamp Coupling → Data Coupling → Control Coupling → Common Coupling → Content Coupling

② Control Coupling → Data Coupling → Stamp Coupling → Common Coupling → Content Coupling

③ Content Coupling → Stamp Coupling → Control Coupling → Common Coupling → Data Coupling

④ Data Coupling → Stamp Coupling → Control Coupling → Common Coupling → Content Coupling

해설 결합도의 강도(약→강)는 자료, 스탬프, 제어, 외부, 공통, 내용이다.

16 21년 3월

결합도가 낮은 것부터 높은 순으로 옳게 나열한 것은?

(ㄱ) 내용결합도	(ㄴ) 자료결합도
(ㄷ) 공통결합도	(ㄹ) 스탬프결합도
(ㅁ) 외부결합도	(ㅂ) 제어결합도

① (ㄱ) → (ㄴ) → (ㄹ) → (ㅂ) → (ㅁ) → (ㄷ)
② (ㄴ) → (ㄹ) → (ㅁ) → (ㅂ) → (ㄷ) → (ㄱ)
③ (ㄴ) → (ㄹ) → (ㅂ) → (ㅁ) → (ㄷ) → (ㄱ)
④ (ㄱ) → (ㄴ) → (ㄹ) → (ㅁ) → (ㅂ) → (ㄷ)

해설 결합도의 강도(약→강)은 자료, 스탬프, 제어, 외부, 공통, 내용이다.

17 21년 8월

모듈 내 구성요소들이 서로 다른 기능을 같은 시간대에 함께 실행하는 경우의 응집도(Cohesion)는?

① Temporal Cohesion
② Logical Cohesion
③ Coincidental Cohesion
④ Sequential Cohesion

해설 같은 시간대에 실행되어야 하는 경우의 응집도는 시간적 응집도(Temporal Cohesion)이다.

18 20년 9월

응집도의 종류 중 서로 간에 어떠한 의미 있는 연관관계도 지니지 않은 기능 요소로 구성되는 경우이며, 서로 다른 상위 모듈에 의해 호출되어 처리상의 연관성이 없는 서로 다른 기능을 수행하는 경우의 응집도는?

① Functional Cohesion
② Sequential Cohesion
③ Logical Cohesion
④ Coincidental Cohesion

해설 서로 연관관계가 없이 우연히 모여 있고, 상위 모듈에 의해 호출되는 서로 다른 기능을 수행하는 경우의 응집도는 우연적 응집도(Coincidental Cohesion)이다.

19 20년 8월

다음이 설명하는 응집도의 유형은?

모듈이 다수의 관련 기능을 가질 때 모듈 안의 구성요소들이 그 기능을 순차적으로 수행할 경우의 응집도

① 기능적 응집도   ② 우연적 응집도
③ 논리적 응집도   ④ 절차적 응집도

해설 기능을 순차적으로 수행하는 경우의 응집도는 절차적 응집도이다.

20 22년 4월, 20년 6월

다음 중 Myers가 구분한 응집도(Cohesion)의 정도에서 가장 낮은 응집도를 갖는 단계는?

① 순차적 응집도(Sequential Cohesion)
② 기능적 응집도(Functional Cohesion)
③ 시간적 응집도(Temporal Cohesion)
④ 우연적 응집도(Coincidental Cohesion)

해설 응집도 강도의 순서(강 → 약)는 기능적, 순차적, 통신적, 절차적, 시간적, 논리적, 우연적 순서이다. 따라서 가장 낮은 응집도는 우연적 응집도이다.

외우기 Tip! 기차에서 통화는 조용히 절간같이, 논리도 우연도 없어요.

21 21년 5월, 3월

다음 중 가장 강한 응집도(Cohesion)는?

① Sequential Cohesion
② Procedural Cohesion
③ Logical Cohesion
④ Coincidental Cohesion

해설 응집도 강도의 순서(약 → 강) 우연적, 논리적, 시간적, 절차적, 통신적, 순차적, 기능적 순서이다. 따라서 가장 강한 응집도는 순차적 응집도(Sequential Cohesion)이다.

22 22년 7월, 21년 3월

다음은 어떤 프로그램 구조를 나타낸다. 모듈 F에서의 fan-in과 fan-out의 수는 얼마인가?

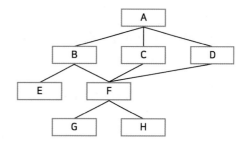

① fan-in: 2, fan-out: 3
② fan-in: 3, fan-out: 2
③ fan-in: 1, fan-out: 2
④ fan-in: 2, fan-out: 1

해설 F를 기준으로 들어간 선(fan-in): 3개, F를 기준으로 나온 선(fan-out): 2개

01	④	02	③	03	③	04	②	05	②
06	②	07	③	08	③	09	①	10	②
11	①	12	③	13	④	14	③	15	④
16	③	17	①	18	④	19	④	20	④
21	①	22	②							

018 | 디자인 패턴***

- 디자인 패턴의 개념과 유형, 세부 패턴에 대한 문제가 다수 출제된다.
- 디자인 패턴의 구성요소와 디자인 패턴 활용 시, 장·단점에 대하여 확실하게 이해해야 한다.

대표 기출 유형

GoF(Gangs of Four) 디자인 패턴에서 생성(Creational) 패턴에 해당하는 것은? 23년 3월, 22년 3월

① 컴포지트(Composite)

② 어댑터(Adapter)

③ 추상 팩토리(Abstract Factory)

④ 옵서버(Observer)

생성 패턴에는 추상 팩토리(Abstract Factory), 빌더(Builder), 팩토리 메소드(Factory Method), 프로토타입(Prototype), 싱글톤(Signleton)이 있다. 컴포지트, 어댑터는 구조 패턴에 속하며, 옵서버는 행위 패턴에 속한다.

정답 ③

필수 핵심 이론

디자인 패턴(Design Pattern)

- 객체지향 프로그래밍에서 소프트웨어 설계에 관한 문제를 해결하는 데 도움이 되는 일반적인 해결책들을 제공한다. 디자인 패턴은 과거에 여러 개발자들이 실제 문제를 해결하면서 발견한 디자인의 모범 사례들을 모은 것이다.

- 디자인 패턴은 GoF(Gang of Four)라고 불리는 Erich Gamma, Richard Helm, Ralph Johnson 및 John Vlissides 이라는 4명의 저자가 처음 소개했다. 디자인 패턴의 구성요소는 일반적으로 문제 및 배경, 디자인 패턴의 이름, 문제점, 해결책, 결과, 재사용이 가능한 샘플 코드 등이 있다.

● 디자인 패턴 활용 시 장·단점은 다음과 같다.

구분	설명
장점	• 소프트웨어 코드 품질 향상 • 설계 변경 시, 유연한 대응 • 개발자들 사이의 원활한 의사소통 • 소프트웨어의 품질 향상 • 객체지향 설계와 생산성 향상 • 소프트웨어 구조 파악 용이 • 재사용을 통한 개발 시간 단축
단점	• 초기 투자 비용 부담 • 객체지향 설계와 구현으로 타 방법론 기반의 애플리케이션 개발에 부적합

디자인 패턴의 유형

생성 패턴(Creational Pattern)

객체를 생성하는 방법과 관련된 패턴으로 객체 생성에 대한 복잡성을 해결하고, 객체 생성에 대한 유연성을 높이는 패턴이다.

패턴	설명
추상 팩토리 (Abstract Factory)	• 생성할 객체의 클래스를 제한하지 않고 객체 생성 • 구체적인 클래스에 의존하지 않고 서로 연관된 객체들의 조합을 만드는 인스턴스를 제공하는 패턴
빌더 (Builder)	• 복잡한 인스턴스를 조립하여 만드는 패턴 • 객체의 추상화와 구현을 분리하여 결합도를 낮춘 패턴
팩토리 메소드 (Factory Method)	• 상위클래스에서 객체를 생성하는 인터페이스를 정의하고, 하위클래스에서 인스턴스를 생성하도록 하는 패턴 • 가상 생성자(Virtual-Constructor) 패턴
프로토타입 (Prototype)	원형이 되는 인스턴스를 복제함으로써 새로운 인스턴스를 생성하는 패턴
싱글톤 (Signleton)	• 어떤 클래스의 인스턴스가 오직 하나임을 보장하는 패턴 • 하나의 객체를 생성하면 생성된 객체를 어디서든 참조할 수 있지만, 여러 프로세스가 동시에 참조할 수는 없음 • 클래스 내에서 인스턴스가 하나뿐임을 보장하며, 불필요한 메모리 낭비 최소화

구조 패턴(Structural Pattern)

객체들의 구성 방식이나 인터페이스를 개선하거나 유연하게 조합하는 방식으로 설계하여 더 큰 구조를 만드는 방법과 관련된 패턴이다.

패턴	설명
어댑터 (Adapter)	• 호환성이 없는 클래스들의 인터페이스를 다른 클래스가 이용할 수 있도록 변환해 주는 패턴 • 상속을 이용하는 클래스 패턴, 위임을 이용하는 인스턴스 패턴
브리지 (Bridge)	추상화와 구현을 분리하여 각자 독립적으로 확장할 수 있도록 한 패턴
프록시 (Proxy)	• 객체에 대한 접근을 제어하여 필요할 때만 객체를 생성하고 다룰 수 있도록 해 주는 패턴 • 객체를 드러나지 않게 하여 정보 은닉
컴포지트 (Composite)	객체들을 트리 구조로 구성하여 단일 객체와 복합 객체를 동일하게 다룰 수 있도록 하는 패턴
데코레이터 (Decorator)	• 객체에 추가적인 기능을 동적으로 덧붙일 수 있도록 해 주는 패턴 • 객체 간의 결합을 통하여 상속보다 유연한 기능 확장 가능
플라이웨이트 (Flyweight)	객체의 공유를 통해 메모리 사용량을 줄이고 성능을 향상시키는 패턴
퍼사드 (Facade)	복잡한 서브 시스템을 단순한 인터페이스로 제공하여 외부에서 사용하기 쉽게 해 주는 패턴

행위 패턴(Behavioral Pattern)

객체나 클래스 사이의 책임과 역할을 분산하는 방법과 관련된 패턴이다.

패턴	설명
전략 패턴(Strategy)	객체의 행위를 클래스로 캡슐화하여 행위의 변화에 따라 클래스를 유연하게 변경하는 패턴
중재자(Mediator)	• 객체 간의 상호작용에서 발생하는 복잡한 로직을 하나의 객체(중재자)로 캡슐화하고, 다른 객체 간의 조정을 중재하는 패턴 • 객체 간의 통제와 지시의 역할을 하는 중재자를 두어 객체지향의 목표 달성
커맨드(Command)	요청을 객체로 캡슐화하여 요청의 처리를 취소하거나, 재사용하거나, 로깅하는 등의 작업을 수행하는 패턴
옵서버(Observer)	객체의 상태가 변경될 때 그 객체에 의존하는 다른 객체들에게 변경을 알려 주고 자동으로 내용을 갱신하는 패턴
상태(State)	객체의 상태를 캡슐화하여 상태에 따른 행위를 변경할 수 있게 해 주는 패턴
반복자(Iterator)	내부 구조를 노출하지 않고, 순서대로 요소들에 접근하는 방법을 제공하는 패턴
방문자(Visitor)	객체 구조와 기능을 분리하여 구조 안의 각 요소에 대해 새로운 연산을 정의하는 패턴
책임 연쇄 (Chain of Responsibility Pattern)	요청을 처리할 수 있는 객체를 동적으로 지정하여 요청을 처리하고, 처리할 객체가 없는 경우에는 다음 객체로 요청을 전달하는 방식으로 요청의 처리를 해결하는 패턴
인터프리터(Interpreter)	문법 규칙을 클래스화하여 특정 표현식을 표현하는 객체를 생성하고 처리하는 방식의 패턴
메멘토(Memento)	특정 시점의 객체의 상태 정보를 저장하고, 필요에 따라 이를 복구(작업취소: Undo)할 수 있는 패턴
템플릿 메소드 (Template Method)	상위 클래스에서 처리 기능의 골격을 정의하고, 하위 클래스에서 구체적인 처리를 구현하는 디자인 패턴

01 23년 7월, 22년 3월

소프트웨어 설계에서 자주 발생하는 문제에 대한 일반적이고 반복적인 해결 방법을 무엇이라고 하는가?

① 모듈 분해   ② 디자인 패턴
③ 연관 관계   ④ 클래스 도출

해설 자주 발생하는 문제에 대한 일반적으로 반복적인 해결 방법은 디자인 패턴이다.

02 20년 8월

객체지향 소프트웨어 설계 시 디자인 패턴을 구성하는 요소로서 가장 거리가 먼 것은?

① 개발자 이름   ② 문제 및 배경
③ 사례   ④ 샘플코드

해설 디자인 패턴을 구성하는 요소에는 문제 및 배경, 디자인 패턴의 이름, 문제점, 해결책, 결과, 재사용이 가능한 샘플 코드 등이 있다.

03 23년 5월, 21년 3월

디자인 패턴을 이용한 소프트웨어 재사용으로 얻어지는 장점이 아닌 것은?

① 소프트웨어 코드의 품질을 향상시킬 수 있다.
② 개발 프로세스를 무시할 수 있다.
③ 개발자들 사이의 의사소통을 원활하게 할 수 있다.
④ 소프트웨어의 품질과 생산성을 향상시킬 수 있다.

해설 디자인 패턴을 이용하여 소프트웨어 재사용을 하더라도 개발 프로세스는 동일하다.

04 20년 9월

디자인 패턴 사용의 장·단점에 대한 설명으로 거리가 먼 것은?

① 소프트웨어 구조 파악이 용이하다.
② 객체지향 설계 및 구현의 생산성을 높이는 데 적합하다.
③ 재사용을 위한 개발 시간이 단축된다.
④ 절차형 언어와 함께 이용될 때 효율이 극대화된다.

해설 디자인 패턴은 객체지향을 기반으로 한 설계와 구현에 적합하다.

05 20년 9월

GoF(Gangs of Four) 디자인 패턴 분류에 해당하지 않는 것은?

① 생성 패턴   ② 구조 패턴
③ 행위 패턴   ④ 추상 패턴

해설 디자인 패턴은 생성, 구조, 행위 패턴으로 분류된다.

06 23년 3월, 22년 3월

GoF(Gangs of Four) 디자인 패턴에서 생성(Creational) 패턴에 해당하는 것은?

① 컴포지트(Composite)
② 어댑터(Adapter)
③ 추상 팩토리(Abstract Factory)
④ 옵서버(Observer)

해설 생성 패턴에는 추상 팩토리(Abstract Factory), 빌더(Builder), 팩토리 메소드(Factory Method), 프로토타입(Prototype), 싱글톤(Signleton)이 있다. 컴포지트, 어댑터는 구조 패턴에 속하며, 옵서버는 행위 패턴에 속한다.

07 23년 5월, 21년 5월

GoF(Gangs of Four) 디자인 패턴 중 생성 패턴으로 옳은 것은?

① Singleton Pattern
② Adapter Pattern
③ Decorator Pattern
④ State Pattern

> 해설 생성 패턴에는 추상 팩토리(Abstract Factory), 빌더(Builder), 팩토리 메소드(Factory Method), 프로토타입(Prototype), 싱글톤(Signleton)이 있다.

08 21년 3월

GoF(Gangs of Four) 디자인 패턴의 생성 패턴에 속하지 <u>않는</u> 것은?

① 추상 팩토리(Abstract Factory)
② 빌더(Builder)
③ 어댑터(Adapter)
④ 싱글톤(Singleton)

> 해설 어댑터(Adapter)는 구조 패턴에 속한다.

09 22년 4월

GoF(Gang of Four) 디자인 패턴을 생성, 구조, 행동 패턴의 세 그룹으로 분류할 때, 구조 패턴이 <u>아닌</u> 것은?

① Adapter 패턴
② Bridge 패턴
③ Builder 패턴
④ Proxy 패턴

> 해설 구조 패턴에는 어댑터(Adapter), 브리지(Bridge), 프록시(Proxy), 컴포지트(Composite), 데코레이터(Decorator), 플라이웨이트(Flyweight), 퍼사드(Facade)가 있다. 빌더(Builder) 패턴은 생성 패턴이다.

10 20년 6월

GoF(Gang of Four)의 디자인 패턴에서 행위 패턴에 속하는 것은?

① Builder   ② Visitor
③ Prototype   ④ Bridge

> 해설 행위 패턴에는 전략 패턴(Strategy), 중재자(Mediator), 커맨드(Command), 옵서버(Observer), 상태(State), 반복자(Iterator), 방문자(Visitor), 책임 연쇄(Chain of Responsibility Pattern), 인터프리터(Interpreter), 메멘토(Memento), 템플릿 메소드(Template Method)가 속한다.

11 20년 8월

디자인 패턴 중에서 행위적 패턴에 속하지 <u>않</u>는 것은?

① 커맨드(Command) 패턴
② 옵서버(Observer) 패턴
③ 프로토타입(Prototype) 패턴
④ 상태(State) 패턴

> 해설 프로토타입(Prototype) 패턴은 추상 패턴에 속한다.

12 21년 8월

GoF(Gang of Four) 디자인 패턴과 관련한 설명으로 틀린 것은?

① 디자인 패턴을 목적(Purpose)으로 분류할 때 생성, 구조, 행위로 분류할 수 있다.
② Strategy 패턴은 대표적인 구조 패턴으로 인스턴스를 복제하여 사용하는 구조를 말한다.
③ 행위 패턴은 클래스나 객체들이 상호작용하는 방법과 책임을 분산하는 방법을 정의한다.
④ Singleton 패턴은 특정 클래스의 인스턴스가 오직 하나임을 보장하고, 이 인스턴스에 대한 접근 방법을 제공한다.

Strategy 패턴은 객체의 행위를 클래스로 캡슐화하여 행위의 변화에 따라 클래스를 유연하게 변경하는 패턴이다.

13 23년 5월, 21년 5월

GoF(Gangs of Four) 디자인 패턴에 대한 설명으로 틀린 것은?

① Factory Method Pattern은 상위 클래스에서 객체를 생성하는 인터페이스를 정의하고, 하위 클래스에서 인스턴스를 생성하도록 하는 방식이다.

② Prototype Pattern은 Prototype을 먼저 생성하고 인스턴스를 복제하여 사용하는 구조이다.

③ Bridge Pattern은 기존에 구현되어 있는 클래스에 기능 발생 시, 기존 클래스를 재사용할 수 있도록 중간에서 맞춰 주는 역할을 한다.

④ Mediator Pattern은 객체 간의 통제와 지시의 역할을 하는 중재자를 두어 객체 지향의 목표를 달성하게 해 준다.

Bridge Pattern은 추상화와 구현을 분리하여 각자 독립적으로 확장할 수 있도록 한 패턴이다.

14 23년 3월, 22년 7월

다음 내용이 설명하는 디자인 패턴은?

- 하나의 객체를 생성하면 생성된 객체를 어디서든 참조할 수 있지만, 여러 프로세스가 동시에 참조할 수는 없다.
- 클래스 내에서 인스턴스가 하나뿐임을 보장하며, 불필요한 메모리 낭비를 최소화할 수 있다.

① Singleton 　　② Adapter
③ Prototype 　　④ Decorator

클래스 내에서 인스턴스가 하나뿐임을 보장하는 패턴은 Singleton이다.

15 23년 7월, 20년 8월

다음 내용이 설명하는 디자인 패턴은?

- 객체를 생성하기 위한 인터페이스를 정의하여 어떤 클래스가 인스턴스화 될 것인지는 서브 클래스가 결정하도록 하는 것
- Virtual-Constructor 패턴이라고도 함

① Visitor 패턴
② Observer 패턴
③ Factory Method 패턴
④ Bridge 패턴

객체를 생성하기 위한 인터페이스를 정의하여 어떤 클래스가 인스턴스화 될 것인지를 서브 클래스가 결정하도록 하는 것은 Factory Method 패턴이다.

01	②	02	①	03	②	04	④	05	④
06	③	07	①	08	③	09	③	10	②
11	③	12	②	13	③	14	①	15	③

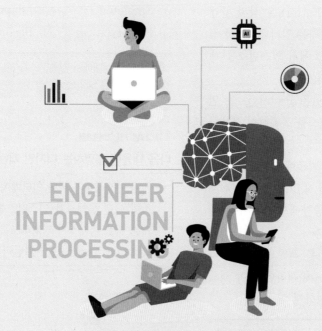

ENGINEER
INFORMATION
PROCESSING

더 멋진 내일(Tomorrow)을 위한 내일(My Career)

내 일 은 정 보 처 리 기 사

04

인터페이스 설계

019 인터페이스 요구사항*

학·습·포·인·트 --

- 1과목 '인터페이스 설계'(대표 기출 유형 19~22)는 2과목의 '인터페이스 구현'(대표 기출 유형 46~47)과도 연관되므로 함께 학습하면 좋다.
- 인터페이스 요구사항의 개념과 함께 기능적 요구사항과 비기능적 요구사항에 대하여 이해하는 것이 중요하다.

대표 기출 유형

요구분석(Requirement Analysis)에 대한 설명으로 틀린 것은?　　　**21년 8월**

① 요구분석은 소프트웨어 개발의 실제적인 첫 단계로 사용자의 요구에 대해 이해하는 단계라 할 수 있다.

② 요구추출(Requirement Elicitation)은 프로젝트 계획 단계에 정의한 문제의 범위 안에 있는 사용자의 요구를 찾는 단계이다.

③ 도메인 분석(Domain Analysis)은 요구에 대한 정보를 수집하고 배경을 분석하여 이를 토대로 모델링을 하게 된다.

④ 기능적(Functional) 요구에서 시스템 구축에 대한 성능, 보안, 품질, 안정 등에 대한 요구사항을 도출한다.

....

기능적 요구는 목표 시스템이 반드시 수행해야 하거나 목표 시스템을 이용하여 사용자가 반드시 수행할 수 있어야 하는 기능(동작)에 대한 요구사항으로, 성능, 보안, 품질, 안정은 비기능적 요구이다.

정답 ④

인터페이스 요구사항의 개념

● 조직 내·외부에 존재하는 독립적으로 떨어져 있는 시스템들끼리 서로 연결되어 상호작용하기 위한 연결 방법, 규칙에 대한 요구사항이다.

● 인터페이스 요구사항은 인터페이스 이름, 연계 대상 시스템, 연계 범위 및 내용, 연계 방식, 송수신 데이터, 인터페이스 주기, 기타 고려사항으로 구성된다.

인터페이스 요구사항의 분류

분류	설명
기능적 요구사항	• 인터페이스 연동으로 소프트웨어가 수행할 수 있는 기능적 속성에 대한 요구사항 • 시스템이 어떠한 기능을 하는지에 대한 요구사항
비기능적 요구사항	• 인터페이스 연동 시, 성능, 신뢰도, 보안성, 제약성 등 시스템 관련 요구사항 • 시스템의 성능, 제약에 대한 요구사항

인터페이스 요구사항의 프로세스

프로세스 이름	설명
도출 (Elicitation)	• 인터페이스가 제공해야 할 기능 이해 • 사용자와 이해관계자의 추상적 요구에 대한 정보를 식별하는 단계
분석 (Analysis)	• 도출된 요구사항을 바탕으로 인터페이스 개발 범위 이해 • 도출된 요구사항에 대한 충돌, 중복, 누락 등의 분석을 통하여 완전성과 일관성을 확보하는 단계
명세 (Specification)	• 도출과 분석을 통해 나온 요구사항 문서화 • 요구사항에 대하여 이해하기 쉽게, 체계적으로 검토, 평가, 승인될 수 있는 문서를 작성하는 단계
확인 (Validation)	• 요구사항 명세서에 작성된 내용이 정확하게 작성되었는지 확인 • 모든 이해관계자가 참여하며, 요구사항 명세서의 내용이 이해하기 쉬운지, 일관성 있고, 완전한지, 회사의 기준에 적합한지를 검증하는 단계

01 21년 8월

요구분석(Requirement Analysis)에 대한 설명으로 틀린 것은?

① 요구분석은 소프트웨어 개발의 실제적인 첫 단계로 사용자의 요구에 대해 이해하는 단계라 할 수 있다.

② 요구추출(Requirement Elicitation)은 프로젝트 계획 단계에 정의한 문제의 범위 안에 있는 사용자의 요구를 찾는 단계이다.

③ 도메인 분석(Domain Analysis)은 요구에 대한 정보를 수집하고 배경을 분석하여 이를 토대로 모델링을 하게 된다.

④ 기능적(Functional) 요구에서 시스템 구축에 대한 성능, 보안, 품질, 안정 등에 대한 요구사항을 도출한다.

> 해설 기능적 요구는 목표 시스템이 반드시 수행해야 하거나, 목표 시스템을 이용하여 사용자가 반드시 수행할 수 있어야 하는 기능(동작)에 대한 요구사항이다. 성능, 보안, 품질, 안정은 비기능적 요구이다.

02 23년 5월, 20년 5월

요구사항 개발 프로세스의 순서로 옳은 것은?

┌─────────────────────────────┐
│ ㉠ 도출(Elicitation)   │
│ ㉡ 분석(Analysis)   │
│ ㉢ 명세(Specification)   │
│ ㉣ 확인(Validation)   │
└─────────────────────────────┘

① ㉠ → ㉡ → ㉢ → ㉣
② ㉠ → ㉢ → ㉡ → ㉣
③ ㉠ → ㉣ → ㉡ → ㉢
④ ㉠ → ㉡ → ㉣ → ㉢

> 해설 도출 → 분석 → 명세 → 확인 순서로 요구사항 개발 프로세스가 이루어진다.

01 | ④   02 | ①

020 요구사항 개발 관련 주요 기법***

학·습·포·인·트 --

- 요구사항 개발 단계별 주요 기법에 대한 이해와 기법의 차이에 대하여 이해해야 한다.
- 특히 요구사항 검증 단계의 정형 기술 검토에 대한 문제가 출제되고 있다.

대표 기출 유형

소프트웨어 공학에서 워크스루(Walkthrough)에 대한 설명으로 틀린 것은?   22년 7월, 4월

① 사용사례를 확장하여 명세하거나 설계 다이어그램, 원시 코드, 테스트 케이스 등에 적용할 수 있다.

② 복잡한 알고리즘 또는 반복, 실시간 동작, 병행 처리와 같은 기능이나 동작을 이해하려고 할 때 유용하다.

③ 인스펙션(Inspection)과 동일한 의미를 가진다.

④ 단순한 테스트 케이스를 이용하여 프로덕트를 수작업으로 수행해 보는 것이다.

....

인스펙션은 요구사항 명세서 작성자를 제외한 다른 전문가 또는 팀이 요구사항 명세서를 확인하여 결함을 발견하는 검토 방법이다.

정답 ③

필수 핵심 이론

요구사항 개발 단계별 주요 기법

요구사항 도출 단계(Elicitation)

사용자와 이해관계자의 추상적 요구에 대한 정보를 식별하는 단계이다.

주요 기법	설명
인터뷰(Interview)	요구사항 도출을 위해 개발 프로젝트와 관련된 이해관계자들과 대화를 통하여 요구사항 도출
워크숍(Workshop)	이해관계자들을 모아 토론하고, 그룹 활동을 통하여 요구사항 도출
브레인스토밍(Brainstorming)	창의적인 아이디어를 도출하기 위한 기법으로 참여자들이 비판 없이, 최대한 많은 아이디어를 연상하여 요구사항 도출
델파이 기법(Delphi Method)	전문가들의 의견을 수렴하여 문제를 해결하거나 의사결정을 내리는 기법
설문조사(Surveys)	대규모 이해관계자들을 대상으로 구조화된 설문조사를 통해 요구사항 도출
롤 플레잉(Role Playing)	시나리오를 설정하여 참여자들이 상호작용하며 요구사항 도출
프로토타입(Prototyping)	요구사항을 도출하고 검증하기 위해 초기 버전의 프로토타입을 제작하여, 이해관계자들의 요구사항 도출

요구사항 분석 단계(Analysis)

도출된 요구사항에 대한 충돌, 중복, 누락 등의 분석을 통하여 완전성과 일관성을 확보하는 단계이다.

주요 기법	설명
객체지향 분석	• 시스템을 구성하는 객체와 객체 간의 상호작용 중심 분석 • UML(Unified Modeling Language)
자료 흐름 지향 분석	• 시스템을 입력, 출력, 처리, 저장 등의 기능으로 나누고, 이를 통해 데이터 흐름을 분석하여 시스템의 동작 분석 • 데이터 흐름도(DFD; Data Flow Diagram), 자료 사전(Data Dictionary)

요구사항 명세 단계(Specification)

도출과 분석을 통해 나온 요구사항 문서로 만드는 단계이다.

주요 기법	설명
정형 명세 기법	• 사용자의 요구사항을 수학적 기호와 정형화된 표기법으로 작성 • 요구사항을 정확하고 간결하게 표현 • 작성자와 관계없이 일관성 있으며, 완전성 검증 가능 • VDM, Z-스키마, Petri-net, CSP
비정형 명세 기법	• 사용자의 요구사항을 자연어를 기반으로 서술 • 사용자와 개발자의 이해가 쉬움 • 작성자의 표현방법, 이해도에 따라 일관성이 떨어지고, 다양한 해석 발생 • FSM, Decision Table, E-R모델링, State Chart(SADT)

요구사항 확인 및 검증 단계(Validation)

요구사항 명세서에 작성된 내용이 정확하게 작성되었는지 확인하는 단계로, 정형 기술 검토 (FTR; Formal Technical Review)를 수행한다. 정형 기술 검토 시 주요 지침은 다음과 같다.

- 의제를 제한한다.
- 논쟁과 반박을 제한한다.
- 문제 영역을 명확히 표현한다.
- 참가자의 수를 제한한다.

주요 기법	설명
동료검토 (Peer Review)	요구사항 명세서 작성자가 명세서 내용을 직접 설명 후, 이해관계자들이 직접 결함을 발견하는 검토 방법
워크 스루 (Walk Through)	검토 자료를 회의 전에 배포하여 참가자들의 사전검토 후, 짧은 시간 동안 검토 회의를 진행하여 빠른 시간 내에 결함을 발견하는 검토 방법
인스펙션 (Inspection)	요구사항 명세서 작성자를 제외한 다른 전문가 또는 팀이 요구사항 명세서를 확인하여 결함을 발견하는 검토 방법

연·습·문·제

01 20년 8월

인터페이스 요구사항 검토 방법에 대한 설명이 옳은 것은?

① 리팩토링: 작성자 이외의 전문 검토 그룹이 요구사항 명세서를 상세히 조사하여 결함, 표준 위배, 문제점 등을 파악
② 동료검토: 요구사항 명세서 작성자가 요구사항 명세서를 설명하고 이해관계자들이 설명을 들으면서 결함을 발견
③ 인스펙션: 자동화된 요구사항 관리 도구를 이용하여 요구사항 추적성과 일관성을 검토
④ CASE 도구: 검토 자료를 회의 전에 배포해서 사전 검토한 후, 짧은 시간 동안 검토 회의를 진행하면서 결함을 발견

해설 요구사항 명세서 작성자가 직접 요구사항 명세서를 설명하고 이해관계자들이 설명을 들으면서 결함을 발견하는 것은 동료검토이다.

오답해설
① 리팩토링은 프로그램의 기능을 유지하며, 중복 제거, 단순화, 유연성 추가 등을 위해 시스템을 재구성하는 것이다.
③ 인스펙션은 요구사항 명세서 작성자를 제외한 다른 전문가 또는 팀이 요구사항 명세서를 확인하여 결함을 발견하는 검토 방법이다.
④ CASE 도구는 자동화된 요구사항 관리 도구를 이용하여 요구사항 추적성과 일관성을 검토하는 것이다.

02 22년 7월, 4월

소프트웨어 공학에서 워크스루(Walkthrough)에 대한 설명으로 틀린 것은?

① 사용사례를 확장하여 명세하거나 설계 다이어그램, 원시 코드, 테스트 케이스 등에 적용할 수 있다.
② 복잡한 알고리즘 또는 반복, 실시간 동작, 병행 처리와 같은 기능이나 동작을 이해하려고 할 때 유용하다.
③ 인스펙션(Inspection)과 동일한 의미를 가진다.
④ 단순한 테스트 케이스를 이용하여 프로덕트를 수작업으로 수행해 보는 것이다.

해설 인스펙션은 요구사항 명세서 작성자를 제외한 다른 전문가 또는 팀이 요구사항 명세서를 확인하며 결함을 발견하는 검토 방법이다.

03 23년 5월, 22년 4월

다음은 인스펙션(Inspection) 과정을 표현한 것이다. (가)~(마)에 들어갈 말을 보기에서 찾아 바르게 연결한 것은?

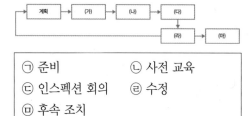

> ㉠ 준비　　　　　㉡ 사전 교육
> ㉢ 인스펙션 회의　㉣ 수정
> ㉤ 후속 조치

① (가) – ㉡, (나) – ㉠
② (나) – ㉠, (다) – ㉢
③ (다) – ㉢, (라) – ㉤
④ (라) – ㉣, (마) – ㉢

해설 인스펙션의 과정은 계획 → 사전 교육 → 준비 → 인스펙션 회의 → 수정 → 후속 조치로 이루어진다.

04 20년 6월

검토회의 전에 요구사항 명세서를 미리 배포하여 사전 검토한 후 짧은 검토 회의를 통해 오류를 조기에 검출하는 데 목적을 두는 요구사항 검토 방법은?

① 빌드 검증
② 동료 검토
③ 워크스루
④ 개발자 검토

해설 사전 배포, 검토 후 짧은 검토 회의를 진행하는 요구사항 검토 방법은 워크스루이다.

05 23년 3월, 22년 3월

정형 기술 검토(FTR)의 지침으로 틀린 것은?

① 의제를 제한한다.
② 논쟁과 반박을 제한한다.
③ 문제 영역을 명확히 표현한다.
④ 참가자의 수를 제한하지 않는다.

해설 정형 기술 검토 시, 참가자의 수를 제한해야 한다.

01 | ②　02 | ③　03 | ②　04 | ③　05 | ④

021 | 시스템 아키텍처와 인터페이스 시스템

학·습·포·인·트 --

• 기출빈도는 낮으나 시스템의 구성과 인터페이스 시스템의 구성을 중심으로 출제된다.

대표 기출 유형

다음 설명에 해당하는 시스템으로 옳은 것은?　　　　　　　　　　　**21년 5월**

> 시스템 인터페이스를 구성하는 시스템으로, 연계할 데이터를 데이터베이스와 애플리케이션
> 으로부터 연계 테이블 또는 파일 형태로 생성하여 송신하는 시스템이다.

① 연계 서버　　　　　　　　　　② 중계 서버
③ 송신 시스템　　　　　　　　　④ 수신 시스템

데이터를 송신하는 시스템은 송신 시스템이다.

정답 ③

필수 핵심 이론

시스템 아키텍처

시스템(System)은 공통적인 목적을 동작하기 위한 조직화된 요소들의 집합체로, 입력, 출력, 처리, 제어, 피드백으로 구성되어 있다. 이러한 시스템의 구조, 행위, 동작 원리, 관계 등을 설명하기 위한 프레임워크이다.

인터페이스 시스템

인터페이스 시스템(Interface System)은 독립적인 두 개의 시스템을 이어주는 접속 및 중계 시스템으로 송신 시스템, 수신 시스템으로 구성된다.

구성	설명
송신 시스템	연계할 데이터를 데이터베이스와 애플리케이션으로부터 연계 테이블 또는 파일 형태로 생성하여 송신하는 시스템
수신 시스템	수신한 연계 테이블 또는 파일을 저장하거나 애플리케이션에서 활용할 수 있도록 변환하는 시스템

연·습·문·제

01 21년 5월

시스템의 구성요소로 볼 수 <u>없는</u> 것은?

① Process
② Feedback
③ Maintenance
④ Control

> **해설** 시스템의 구성요소는 입력, 출력, 처리, 제어, 피드백이다.

02 21년 5월

다음 설명에 해당하는 시스템으로 옳은 것은?

> 시스템 인터페이스를 구성하는 시스템으로, 연계할 데이터를 데이터베이스와 애플리케이션으로부터 연계 테이블 또는 파일 형태로 생성하여 송신하는 시스템이다.

① 연계 서버
② 중계 서버
③ 송신 시스템
④ 수신 시스템

> **해설** 데이터를 송신하는 시스템은 송신 시스템이다.

01 | ③   02 | ③

022 | 송수신 연계 기술 및 미들웨어 솔루션***

학 · 습 · 포 · 인 · 트 ────────────────────────────────

- 미들웨어 솔루션의 유형에 대하여 주로 출제되고 있다.
- 송수신 통신 유형에 대한 부분은 문제로 출제되지는 않았지만, 의미를 이해하는 것이 중요하다.

대표 기출 유형

분산 컴퓨팅 환경에서 서로 다른 기종 간의 하드웨어나 프로토콜, 통신환경 등을 연결하여 응용 프로그램과 운영환경 간에 원만한 통신이 이루어질 수 있게 서비스를 제공하는 소프트웨어는?

23년 3월, 22년 7월, 21년 3월

① 미들웨어   ② 하드웨어
③ 오픈허브웨어   ④ 그레이웨어

....

서로 다른 기종 간의 통신이 이루어질 수 있게 서비스를 제공하는 것은 미들웨어이다.

정답 ①

필수 핵심 이론

송·수신 연계 기술 및 통신 유형

송·수신 연계 기술

개발할 시스템과 연계할 내·외부 시스템 사이 송·수신을 위해 사용되는 기술을 의미한다.

연계 기술	설명
DB Link	데이터베이스에서 제공하는 DB Link 객체를 이용하는 방식
API/Open API	송신 시스템의 데이터베이스에서 데이터를 읽어서 제공하는 애플리케이션 프로그래밍 인터페이스 프로그램
Socket	서버는 통신을 위한 소켓을 생성하여 포트를 할당하고 클라이언트의 통신 요청 시, 클라이언트와 연결하는 방식
JDBC	수신 시스템에서 JDBC 드라이버를 이용하여 송신 시스템 데이터베이스와 연결하는 방식

송·수신 통신 유형

개발할 시스템과 연계할 내·외부 시스템 사이 송·수신하는 형태를 의미한다. 인터페이스 설계 및 구현 시, 인터페이스 표준을 참조하여 통신 유형을 선택한다.

구분	통신 유형	설명
실시간	단방향	상대 시스템에 거래를 일방적으로 요청만 하고, 응답이 없는 방식
	양방향	시스템 간에 상호 거래가 이루어지는 방식
	동기	상대 시스템에 거래를 요청하고 응답을 기다리는 방식
	비동기	상대 시스템에 거래를 요청하는 서비스와 응답을 받는 서비스가 분리되는 방식
	지연처리	시스템의 거래 요청과 응답이 순차적으로 이루어지는 방식
배치	DB/File 거래	정해진 시간에 통신이 이루어지는 방식

미들웨어 솔루션

미들웨어(Middleware)의 개념

- 미들웨어는 분산 컴퓨팅 환경에서 서로 다른 기종 간의 하드웨어나 프로토콜, 통신환경 등을 연결하여 응용 프로그램과 운영환경 간에 원만한 통신이 이루어질 수 있게 서비스를 제공하는 소프트웨어이다.

- 분산 시스템에서 다양한 부분을 관리하고 통신하며 데이터를 교환하게 해 주는 소프트웨어로 볼 수 있다.

- 위치 투명성(Location Transparency)을 제공한다.

- 분산 시스템의 여러 컴포넌트가 요구하는 재사용 가능한 서비스의 구현을 제공한다.

- 여러 운영체제에서 응용 프로그램들 사이에 위치한 소프트웨어이다.

- 소프트웨어 컴포넌트를 연결하기 위한 준비된 인프라 구조를 제공한다.
- 여러 컴포넌트를 1대1, 1대다, 다대다 등 여러 가지 형태로 연결이 가능하다.

미들웨어 솔루션 유형

솔루션 유형	설명
DB 미들웨어	데이터베이스 솔루션 업체에서 제공하는 클라이언트에서 원격의 데이터베이스와 연결하기 위한 미들웨어
원격 프로시저 호출 (RPC; Remote Procedure Call)	응용 프로그램의 프로시저를 사용하여 원격 프로시저를 로컬 프로시저처럼 호출하는 방식의 미들웨어
트랜잭션 처리 모니터 (TP monitor; Transaction Processing monitor)	트랜잭션이 올바르게 처리되고 있는지 데이터를 감시하고 제어하는 미들웨어
메시지 지향 미들웨어 (MOM; Message-Oriented Middleware)	• 독립적인 애플리케이션을 하나의 통합된 시스템으로 묶기 위한 역할을 하는 미들웨어 • 상이한 애플리케이션 간 통신을 비동기 방식으로 지원 • 송신 측과 수신 측의 연결 시 메시지 큐를 활용
ORB (Object Request Broker)	코바(CORBA) 표준 스펙을 구현한 객체지향 미들웨어
WAS (Web Application Server)	사용자의 요구에 따라 변하는 동적인 콘텐츠를 처리하기 위해 사용되는 미들웨어

연·습·문·제

01 21년 3월

통신을 위한 프로그램을 생성하여 포트를 할당하고, 클라이언트의 통신 요청 시 클라이언트와 연결하는 내·외부 송·수신 연계기술은?

① DB링크 기술
② 소켓 기술
③ 스크럼 기술
④ 프로토타입 기술

해설 포트를 할당하고 클라이언트의 통신 요청 시, 클라이언트와 연결하는 방식은 소켓 기술이다.

02 23년 3월, 22년 7월, 21년 3월

분산 컴퓨팅 환경에서 서로 다른 기종 간의 하드웨어나 프로토콜, 통신환경 등을 연결하여 응용 프로그램과 운영환경 간에 원만한 통신이 이루어질 수 있게 서비스를 제공하는 소프트웨어는?

① 미들웨어
② 하드웨어
③ 오픈허브웨어
④ 그레이웨어

해설 서로 다른 기종 간의 통신이 이루어질 수 있게 서비스를 제공하는 것은 미들웨어이다.

03 22년 4월

미들웨어(Middleware)에 대한 설명으로 틀린 것은?

① 여러 운영체제에서 응용 프로그램들 사이에 위치한 소프트웨어이다.

② 미들웨어의 서비스 이용을 위해 사용자가 정보 교환 방법 등의 내부 동작을 쉽게 확인할 수 있어야 한다.

③ 소프트웨어 컴포넌트를 연결하기 위한 준비된 인프라 구조를 제공한다.

④ 여러 컴포넌트를 1대1, 1대다, 다대다 등 여러 가지 형태로 연결이 가능하다.

> **해설** 미들웨어 서비스를 이용하기 위해서 사용자가 내부 동작을 확인할 필요는 없다.

04 21년 8월

분산 시스템에서의 미들웨어(Middleware)와 관련한 설명으로 틀린 것은?

① 분산 시스템에서 다양한 부분을 관리하고 통신하며 데이터를 교환하게 해 주는 소프트웨어로 볼 수 있다.

② 위치 투명성(Location Transparency)을 제공한다.

③ 분산 시스템의 여러 컴포넌트가 요구하는 재사용 가능한 서비스의 구현을 제공한다.

④ 애플리케이션과 사용자 사이에서만 분산 서비스를 제공한다.

> **해설** 미들웨어는 다양한 환경에서 분산서비스를 제공한다.

05 20년 9월

클라이언트와 서버 간의 통신을 담당하는 시스템 소프트웨어를 무엇이라고 하는가?

① 웨어러블 　　　② 하이웨어
③ 미들웨어 　　　④ 응용 소프트웨어

> **해설** 클라이언트와 서버는 서로 다른 기종이고, 다른 기종 간에 통신을 담당하는 시스템 소프트웨어는 미들웨어이다.

06 23년 3월, 22년 4월

메시지 지향 미들웨어(Message-Oriented Middleware, MOM)에 대한 설명으로 틀린 것은?

① 느리고 안정적인 응답보다는 즉각적인 응답이 필요한 온라인 업무에 적합하다.

② 독립적인 애플리케이션을 하나의 통합된 시스템으로 묶기 위한 역할을 한다.

③ 송신 측과 수신 측의 연결 시 메시지 큐를 활용하는 방법이 있다.

④ 상이한 애플리케이션 간 통신을 비동기 방식으로 지원한다.

> **해설** 메시지 지향 미들웨어는 느리고 안정적인 비동기 방식으로 통신 서비스를 지원한다.

07 21년 3월

응용 프로그램의 프로시저를 사용하여 원격 프로시저를 로컬 프로시저처럼 호출하는 방식의 미들웨어는?

① WAS(Web Application Server)
② MOM(Message Oriented Middleware)
③ RPC(Remote Procedure Call)
④ ORB(Object Request Broker)

응용 프로그램의 프로시저를 사용하여 원격 프로시저를 로컬 프로시저처럼 호출하는 방식의 미들웨어는 RPC(Remote Procedure Call)이다.

08 20년 8월

미들웨어 솔루션의 유형에 포함되지 않는 것은?

① WAS
② Web Server
③ RPC
④ ORB

미들웨어 솔루션에는 DB 미들웨어, RPC, TP monitor, MOM, ORB, WAS가 있다.

09 20년 6월

트랜잭션이 올바르게 처리되고 있는지 데이터를 감시하고 제어하는 미들웨어는?

① RPC
② ORB
③ TP monitor
④ HUB

데이터를 감시하고 제어(모니터링)하는 미들웨어는 TP monitor이다.

| 01 | ② | 02 | ① | 03 | ② | 04 | ④ | 05 | ③ |
| 06 | ① | 07 | ③ | 08 | ② | 09 | ③ |

2과목

소프트웨어 개발

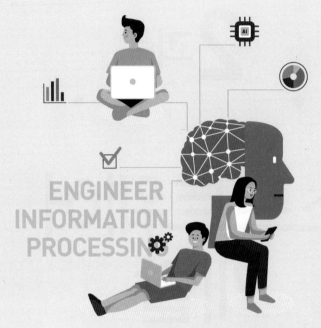

ENGINEER
INFORMATION
PROCESSING

더 멋진 내일(Tomorrow)을 위한 내일(My Career)

내 일 은 정 보 처 리 기 사

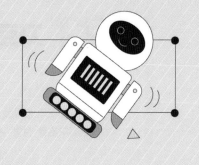

CHAPTER

01

데이터 입출력 구현

023 자료구조★★★

- 자료 구조의 분류를 묻는 문제가 자주 출제된다.
- 자료 구조를 선형 구조와 비선형 구조로 구분할 수 있도록 학습한다.

대표 기출 유형

다음 중 선형 구조로만 묶인 것은?   22년 3월, 21년 8월, 17년 8월

① 스택, 트리   ② 큐, 데크
③ 리스트, 그래프   ④ 큐, 그래프

선형 구조에는 리스트, 스택, 큐, 데크가 있다. 트리와 그래프는 비선형 구조에 해당한다.

정답 ②

필수 핵심 이론

자료 구조(Data Structure)의 개념

- 자료 구조는 컴퓨터상 자료를 효율적으로 저장하기 위해 만들어진 논리적인 구조이다.
- 자료 구조에 따라 저장 공간의 효율성과 프로그램의 실행시간이 달라진다.

자료 구조의 분류

구조	설명	종류
선형 구조	데이터를 연속적으로 연결한 자료 구조	리스트(List), 배열(Array), 스택(Stack), 큐(Queue), 데크(Deque) 등
비선형 구조	데이터를 비연속적으로 연결한 자료 구조	트리(Tree), 그래프(Graph)

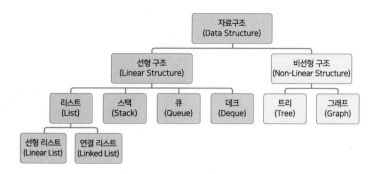

각 자료 구조의 특징

구분	자료구조	특징
선형 구조	리스트 (List)	선형 리스트(연속되는 기억 장소)와 연결 리스트(포인터 연결)가 있음

		선형 리스트 (Linear List)	• **배열**과 같이 연속되는 기억장소에 저장된 자료 구조 • 장점: 뛰어난 저장 효율, 빠른 접근 속도 • 단점: 자료의 삽입과 삭제 어려움
		연결 리스트 (Linked List)	• 반드시 연속적으로 배열시키는 않고 임의의 기억장소에 기억시키되, 자료 항목의 순서에 따라 노드의 **포인터** 부분을 이용하여 서로 연결시킨 자료 구조 • 장점: 자료의 삽입과 삭제 쉬움 • 단점: 저장 효율 나쁨, 느린 접근 속도

선형 리스트　　　　연결 리스트

스택 (Stack)	• 순서가 있는 리스트에서 데이터의 삽입(Push), 삭제(Pop)가 **한쪽 끝에서만** 일어나며 LIFO(Last-In-First-Out)의 특징을 가지는 자료구조 • TOP은 스택에서 **가장 위에 있는** 데이터로, 스택 포인터(Stack Pointer)라고 불림 • **응용분야: 인터럽트의 처리, 수식 계산 및 수식 표기법, 서브루틴 호출 및 복귀 주소 저장, 함수 호출의 순서 제어, 재귀호출, 깊이우선탐색(DFS) 등**

스택

큐 (Queue)	• 리스트의 한 쪽 끝에서는 삽입(Enqueue)이 일어나고, 반대쪽 끝에서 삭제(Dequeue)가 일어나는 FIFO(First-In Frist-Out) 형식의 자료 구조 • 데이터를 꺼내는 쪽에서 가장 가까운 데이터를 Head(Front), 데이터를 넣는 쪽에서 가장 가까운 데이터를 Tail(Rear)이라 부름 • **응용분야: 운영체제의 작업 스케줄링**

	데크 (Deque)	큐의 양쪽 끝에서 삽입(Push)과 삭제(Pop)를 할 수 있는 자료 구조 Enqueue Enqueue Dequeue **Deque** Dequeue
비선형 구조	트리 (Tree)	• 정점(Node; 노드)과 선분(Branch; 가지)으로 구성되어 있으며, 사이클(Cycle)이 없는 그래프 • 응용분야: 인덱스를 조작하는 방법으로 가장 많이 사용됨
	그래프 (Graph)	• 정점 V(Vertex)와 간선 E(Edge)의 두 집합으로 이루어진 자료 구조 • 간선의 방향성 유무에 따라 방향 그래프와 무방향 그래프로 구분됨 • 트리(Tree)는 사이클이 없는 그래프(Graph) • 응용분야: 통신망(Network), 교통망, 이항관계, 연립방정식, 유기화학 구조식, 무향선분 해법 등에 응용됨

쌤의 Comment

트리와 그래프의 차이가 헷갈려요!

트리는 특정 조건을 만족하는 그래프예요. 즉, 트리는 그래프지만 그래프는 트리가 아니에요. 트리와 그래프의 포함관계를 나타내면 다음과 같이 나타낼 수 있어요. 트리는 사이클이 없는 그래프(= 특정 조건)예요.

기초 용어 정리

● 배열(Array): 동일한 자료형의 데이터들이 같은 크기로 나열되어 순서를 갖고 있는 집합
● 포인터(Pointer): 현 위치에서 다음 노드의 위치를 알려 주는 요소
● 노드(Node): 자료를 저장하는 데이터 부분과 다음 노드를 가리키는 포인터인 링크 부분으로 구성된 기억 공간

01 21년 3월

자료구조에 대한 설명으로 **틀린** 것은?

① 큐는 비선형 구조에 해당한다.
② 큐는 First In-First Out 처리를 수행한다.
③ 스택은 Last In-First out 처리를 수행한다.
④ 스택은 서브루틴 호출, 인터럽트 처리, 수식 계산 및 수식 표기법에 응용된다.

해설 선형 구조에는 리스트, 스택, 큐, 데크가 있으며, 큐는 선형 구조에 해당한다.

02 05년 9월

자료구조에 관한 설명 중 옳지 **않은** 것은?

① 스택은 LIFO 구조로 복귀주소(return address) 등에 이용된다.
② 큐는 FIFO 구조로 작업 스케줄링 등에 이용된다.
③ 트리는 선형 구조이다.
④ 데크(Deque)는 서로 다른 방향에서 입·출력이 가능한 구조이다.

해설 트리는 비선형 구조에 해당한다.

03 23년 3월, 22년 3월, 21년 8월, 17년 8월

다음 중 선형 구조로만 묶인 것은?

① 스택, 트리
② 큐, 데크
③ 리스트, 그래프
④ 큐, 그래프

해설 선형 구조에는 리스트, 스택, 큐, 데크가 있다. 트리와 그래프는 비선형 구조에 해당한다.

04 01년 3월

선형 자료구조에 해당하지 **않는** 것은?

① Binary tree
② Dense list
③ Doubly linked list
④ Stack

해설 Binary tree는 트리의 일종으로 비선형 자료구조에 해당한다.

05 23년 5월, 23년 3월, 22년 4월

순서가 있는 리스트에서 데이터의 삽입(Push), 삭제(Pop)가 한쪽 끝에서 일어나며 LIFO(Last-In-First-Out)의 특징을 가지는 자료구조는?

① Tree
② Graph
③ Stack
④ Queue

해설 스택(Stack)은 리스트의 한쪽 끝으로만 자료의 삽입, 삭제 작업이 이루어지는 자료 구조다.

06 18년 3월, 07년 9월, 05년 3월

양방향에서 입출력이 가능한 선형 자료구조로서 2개의 포인터를 이용하여 양쪽 끝 모두에서 삽입·삭제가 가능한 것은?

① 스택(Stack)
② 데크(Deque)
③ 리스트(List)
④ 그래프(Graph)

해설 데크(Deque)는 삽입과 삭제가 리스트의 양쪽 끝에서 모두 발생할 수 있는 자료구조다.

07 05년 9월, 02년 5월, 3월

운영체제의 작업 스케줄링 등에 응용되는 것
으로 가장 적합한 자료구조는?

① 스택(Stack)
② 큐(Queue)
③ 연결리스트(Linked list)
④ 트리(Tree)

> **해설** 큐(Queue)는 운영체제의 작업 스케줄링에 응용된다.

08 21년 3월

그래프의 특수한 형태로 노드(Node)와 선분
(Branch)으로 되어 있고, 정점 사이에 사이클
(Cycle)이 형성되어 있지 않으며, 자료 사이
의 관계성이 계층 형식으로 나타나는 비선형
구조는?

① tree
② network
③ stack
④ distributed

> **해설** 트리는 그래프의 특수한 형태로 노드와 선
> 분으로 구성된 사이클이 없는 그래프이다. 자료
> 사이의 관계성이 계층 형식의 비선형 구조로 표
> 현된다.

| 01 | ① | 02 | ③ | 03 | ② | 04 | ① | 05 | ③ |
| 06 | ② | 07 | ② | 08 | ① |

024 선형 자료구조^{★★}

학 · 습 · 포 · 인 · 트 --

- 선형 자료구조의 삽입/삭제 알고리즘을 묻는 문제가 출제된 적이 있다.
- 특히 스택연산의 출력 결과를 묻는 문제가 빈번하게 출제되었으니 연습문제를 통해 꼭 학습하도록 한다.

대표 기출 유형

순서가 A, B, C, D로 정해진 입력자료를 push, push, pop, push, push, pop, pop, pop 순서로 스택연산을 수행하는 경우 출력 결과는? **22년 3월, 17년 5월**

① B D C A   ② A B C D
③ B A C D   ④ A B D C

....

push (A를 스택에 추가) → push (B를 스택에 추가) → pop (스택에서 B 제거) → push (C를 스택에 추가) → push (D를 스택에 추가) → pop (스택에서 D 제거) → pop (스택에서 C 제거) → pop (스택에서 A 제거)이므로 B, D, C, A로 출력된다.

정답 ①

필수 핵심 이론

선형 리스트(Linear List)와 연결 리스트(Linked List)

- 선형 리스트는 배열과 같이 연속되는 기억 장소에 저장되는 리스트로, 배열(Array) 등이 있다. 접근이 빠르다는 장점이 있지만, 자료의 삽입, 삭제 시 기존 자료의 이동이 필요하다는 단점이 있다.

- 연결 리스트는 노드와 포인터 부분으로 서로 연결시킨 리스트로, 연결하는 방식에 따라 단순 연결 리스트, 원형 연결 리스트, 이중 연결 리스트, 이중원형 연결 리스트로 구분된다. 노드의 삽입과 삭제가 선형 리스트와 달리 편리하나, 포인터를 통해 찾는 시간이 추가되어 접근

속도는 선형 리스트에 비해 느리다. 또, 연결을 해 주는 포인터(Pointer)를 위한 추가 공간이 필요하다.

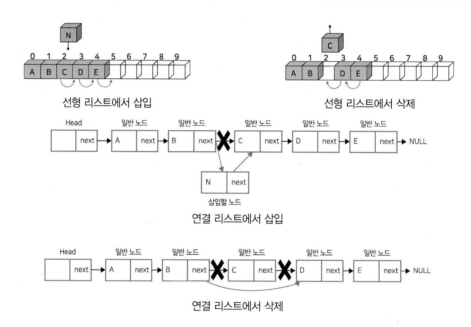

선형 리스트에서 삽입   선형 리스트에서 삭제

연결 리스트에서 삽입

연결 리스트에서 삭제

스택(Stack)의 삽입/삭제 알고리즘

● 스택은 한 방향으로만 자료를 넣고 꺼낼 수 있는 LIFO(Last-In First-Out) 형식의 자료 구조이다.

● 한 방향으로만 PUSH와 POP을 이용해 자료를 넣고 꺼낸다.

● Top은 스택에서 가장 위에 있는 데이터로, 스택 포인터(Stack Pointer)라고도 불린다.

● 스택은 인터럽트의 처리, 함수 호출의 순서 제어(서브루틴의 복귀번지 저장), 후위표현 (postfix) 연산, 깊이 우선 탐색(DFS) 등에 응용될 수 있다.

연산	코드	설명
삽입 (Push)	If Top = n Then	스택에 데이터가 n개이면
	Overflow	삽입할 공간이 없으므로 오버플로
	Else {	스택에 데이터가 n개가 아니라면
	Top ⟨- Top + 1	스택 포인터 Top 값을 1 증가
	Stack[Top] ⟨- data	스택 포인터 Top이 가리키는 곳에 data 삽입
	}	
삭제 (Pop)	If Top = 0 Then	스택에 데이터가 0개이면
	Underflow	삭제할 데이터가 없으므로 언더플로
	Else {	스택에 데이터가 0개가 아니면
	data ⟨- Stack[Top]	스택 포인터 Top이 가리키는 곳에 data 삭제
	Top ⟨- Top - 1	스택 포인터 Top 값을 1 감소
	}	

예제 1 순서가 A, B, C로 정해진 입력자료를 Push, Push, Push, Pop 순서로 스택 연산을 수행했을 때 출력 결과는?

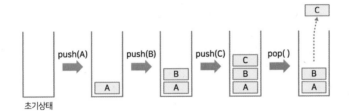

예제정답 C

큐(Queue)의 삽입/삭제 알고리즘

● 큐는 한쪽 끝에서는 삽입 작업이 이뤄지고, 반대쪽 끝에서는 삭제 작업이 이뤄지는 FIFO(First-In First-Out) 형식의 자료 구조이다.

● 한쪽에서는 Enqueue 연산을 이용해 데이터를 넣고, 한쪽에서는 Dequeue 연산을 이용해 데이터를 꺼낸다.

● 데이터를 꺼내는 쪽에서 가장 가까운 데이터를 head(front)라고 하고, 데이터를 넣는 쪽에서 가장 가까운 데이터를 tail(rear)이라고 한다.

연산	코드	설명
삽입 (Push)	If rear = n-1 Then	rear 값이 배열 인덱스 범위를 초과하면
	Overflow	삽입할 공간이 없으므로 오버플로
	Else {	초과하지 않는다면
	rear 〈− rear + 1	마지막 원소의 인덱스를 저장한 rear 값을 1 증가
	Q[rear] 〈− data	rear이 가리키는 곳에 data 삽입
	}	
삭제 (Pop)	If front = rear Then	맨 앞 위치(front)와 맨 뒤 위치(rear)가 같을 경우
	Underflow	삭제할 데이터가 없으므로 언더플로
	Else {	큐에 데이터가 0개가 아니면
	front 〈− front + 1	맨 앞 원소의 인덱스를 저장한 front 값을 1 증가
	remove Q[front]	맨 앞에 삽입된 원소 삭제
	}	

예제 ❷ 순서가 3, 7, 5로 정해진 입력자료를 Enqueue, Enqueue, Enqueue, Dequeue, Dequeue 순서로 큐 연산을 수행했을 때 출력 결과는?

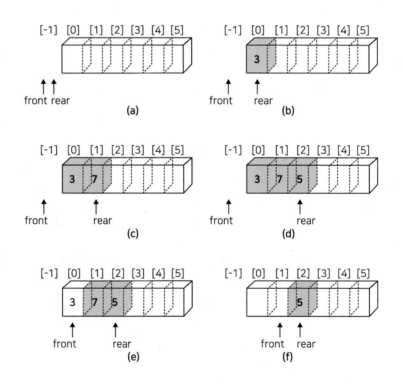

예제정답 3 7

데크(Dequeue)

● 데크는 큐의 양쪽 끝에서 삽입과 삭제를 할 수 있는 자료 구조이다.

● 두 개의 포인터를 사용하여 양쪽에서 삽입/삭제가 가능하다.

● 데크를 이용해 스택과 큐를 구현할 수도 있다.

● 데크 연산에는 Push, Pop이 있다.

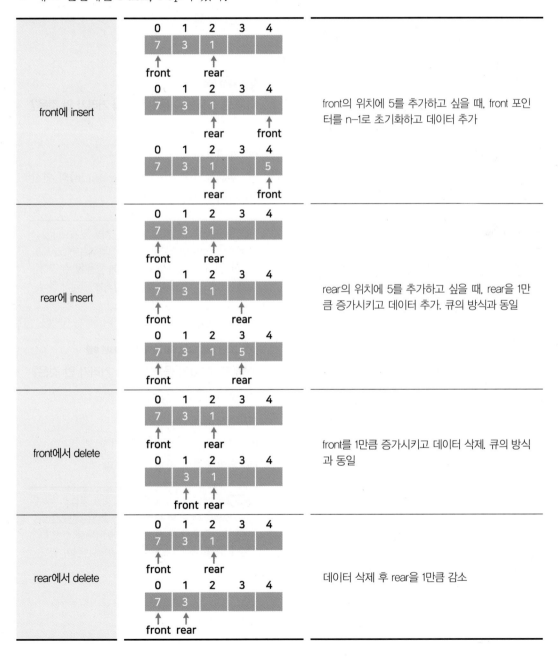

front에 insert		front의 위치에 5를 추가하고 싶을 때, front 포인터를 n−1로 초기화하고 데이터 추가
rear에 insert		rear의 위치에 5를 추가하고 싶을 때, rear을 1만큼 증가시키고 데이터 추가. 큐의 방식과 동일
front에서 delete		front를 1만큼 증가시키고 데이터 삭제. 큐의 방식과 동일
rear에서 delete		데이터 삭제 후 rear을 1만큼 감소

01 22년 7월

연결 리스트(Linked List)에 대한 설명으로 거리가 먼 것은?

① 노드의 삽입이나 삭제가 쉽다.
② 노드들이 포인터로 연결되어 검색이 빠르다.
③ 연결을 해 주는 포인터(Pointer)를 위한 추가 공간이 필요하다.
④ 연결 리스트 중에서 중간 노드 연결이 끊어지면 그 다음 노드를 찾기 힘들다.

해설 연결 리스트는 노드들이 포인터로 연결되어 자료의 삽입이나 삭제가 쉽지만, 연결을 해 주는 포인터(Pointer)를 위한 추가 공간이 필요하며 검색이 느리다는 단점이 있다. 또, 연결 리스트 중에서 중간 노드 연결이 끊어지면 그 다음 노드를 찾기 힘들다.

02 23년 5월, 22년 4월

순서가 있는 리스트에서 데이터의 삽입(Push), 삭제(Pop)가 한 쪽 끝에서 일어나며 LIFO(Last-In-First-Out)의 특징을 가지는 자료구조는?

① Tree
② Graph
③ Stack
④ Queue

해설 LIFO 구조를 갖는 것은 스택이다.

03 21년 3월

스택에 대한 설명으로 틀린 것은?

① 입출력이 한쪽 끝으로만 제한된 리스트이다.
② Head(front)와 Tail(rear)의 2개 포인터를 갖고 있다.
③ LIFO 구조이다.
④ 더 이상 삭제할 데이터가 없는 상태에서 데이터를 삭제하면 언더플로(Underflow)가 발생한다.

해설 스택(Stack)은 한쪽 끝으로만 삽입, 삭제 작업이 이루어지며, 가장 나중에 삽입된 자료가 가장 먼저 삭제되는 후입선출(LIFO) 구조이다. 더 이상 삭제할 데이터가 없는 상태에서 데이터를 삭제하면 언더플로(Underflow)가 발생한다. Head(front)와 Tail(rear)의 2개 포인터를 갖고 있는 것은 큐(Queue)이다.

04 21년 5월

다음 중 스택을 이용한 연산과 거리가 먼 것은?

① 선택정렬
② 재귀호출
③ 후위표현(Post-fix expression)의 연산
④ 깊이우선탐색

해설 스택은 인터럽트의 처리, 함수 호출의 순서 제어(서브루틴의 복귀번지 저장), 후위표현(postfix) 연산, 깊이 우선 탐색(DFS) 등에 응용될 수 있다. 선택정렬은 스택을 이용한 연산과는 거리가 멀다.

05 22년 7월, 12년 5월, 06년 9월, 03년 8월

스택(STACK)의 응용 분야로 거리가 먼 것은?

① 인터럽트의 처리
② 수식의 계산
③ 서브루틴의 복귀 번지 저장
④ 운영체제의 작업 스케줄링

해설 스택은 인터럽트의 처리, 함수 호출의 순서 제어(서브루틴의 복귀번지 저장), 후위표현(postfix) 연산, 깊이 우선 탐색(DFS) 등에 응용될 수 있다. 운영체제의 작업 스케줄링은 큐와 관련이 있다.

06 23년 7월, 22년 3월

스택에 대한 옳은 내용만 나열한 것은?

> ㉠ FIFO 방식으로 처리된다.
> ㉡ 순서 리스트의 뒤(Rear)에서 노드가 삽입되며, 앞(Front)에서 노드가 제거된다.
> ㉢ 선형 리스트의 양쪽 끝에서 삽입과 삭제가 모두 가능한 자료 구조이다.
> ㉣ 인터럽트 처리, 서브루틴 호출 작업 등에 응용된다.

① ㉠, ㉡   ② ㉡, ㉢
③ ㉣   ④ ㉠, ㉡, ㉢, ㉣

> 해설 FIFO 방식으로 처리되는 것은 큐이다. 순서 리스트의 뒤(Rear)에서 노드가 삽입되며, 앞(Front)에서 노드가 제거되는 것은 큐이다. 선형 리스트의 양쪽 끝에서 삽입과 삭제가 모두 가능한 자료 구조는 데크이다. 스택은 인터럽트 처리, 서브루틴 호출 작업 등에 응용된다.

07 23년 5월, 22년 7월, 18년 3월, 15년 5월

순서가 A, B, C, D로 정해진 입력 자료를 스택에 입력하였다가 출력할 때, 가능한 출력 순서의 결과가 <u>아닌</u> 것은?

① A, B, C, D   ② D, A, B, C
③ A, B, D, C   ④ B, C, D, A

> 해설 A, B, C, D를 입력하여 D를 출력한 후 A를 바로 출력할 수 없으므로 D, A, B, C는 출력이 불가능하다. 스택은 LIFO 구조로 Last In, First Out이다.

08 23년 3월, 21년 8월, 11년 6월

순서가 A, B, C, D로 정해진 입력 자료를 스택에 입력한 후 출력한 결과로 불가능한 것은?

① D, C, B, A   ② B, C, D, A
③ C, B, A, D   ④ D, B, C, A

> 해설 A, B, C, D를 입력하여 D를 출력한 후 B를 바로 출력할 수 없으므로 D, B, C, A는 출력이 불가능하다. 스택은 LIFO 구조로 Last In, First Out이다.

09 22년 3월, 17년 5월

순서가 A, B, C, D로 정해진 입력자료를 push, push, pop, push, push, pop, pop, pop 순서로 스택연산을 수행하는 경우 출력 결과는?

① B D C A   ② A B C D
③ B A C D   ④ A B D C

> 해설 push (A를 스택에 추가) → push (B를 스택에 추가) → pop (스택에서 B 제거) → push (C를 스택에 추가) → push (D를 스택에 추가) → pop (스택에서 D 제거) → pop (스택에서 C 제거) → pop (스택에서 A 제거)이므로 B, D, C, A로 출력된다.

10 23년 3월, 21년 8월, 19년 8월, 16년 3월, 11년 8월

스택의 자료 삭제 알고리즘이다. ( ) 안 내용으로 가장 적합한 것은? (단, Top: 스택포인터, S: 스택의 이름)

```
If Top = 0
Then (     )
Else
{
remove S(Top)
Top = Top - 1
}
```

① Overflow   ② Top = Top+1
③ Underflow   ④ Top = Top-2

> 해설 Top이 0이면 더 이상 삭제할 값이 없으므로 underflow이고, 0이 아니면 자료를 삭제하고 Top을 -1만큼 감소시킨다.

025 트리 ★★★

학 · 습 · 포 · 인 · 트 --

- 트리의 차수를 묻는 문제, 트리 순회법(Preorder, Inorder, Postorder), 수식 변환(Prefix, Infix, Postfix) 문제가 자주 출제된다.
- 트리에서 출제될 수 있는 대표 기출 유형 3가지를 토대로 이론을 학습하고 꼭 연습문제를 통해 트리 순회법과 수식 변환 문제를 학습하고 넘어가도록 한다.

대표 기출 유형

다음 트리의 차수(degree)는?

20년 8월

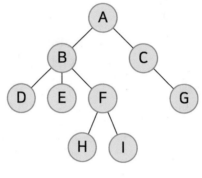

① 2 　　　　② 3 　　　　③ 4 　　　　④ 5

트리의 차수란 노드들의 차수 중에서 가장 큰 값을 말한다. 차수란 특정 노드에 연결된 자식 노드의 수로, 자식 노드가 가장 많은 노드는 B이며 B의 자식노드는 D, E, F로 B의 차수는 3이다. 따라서 위 트리의 차수는 3이다.

정답 ②

트리(Tree) 개념

● 트리는 데이터를 계층화시킨 자료구조이다.

● 트리는 정점(Node; 노드)과 선분(Branch; Link; Edge; 간선; 가지)으로 구성되어 있으며, 사이클(Cycle)이 없는 그래프이다.

● 트리에서 하나의 기억 공간을 노드(Node)라고 하며, 노드와 노드를 연결하는 선을 링크 (Link)라고 한다.

트리 용어

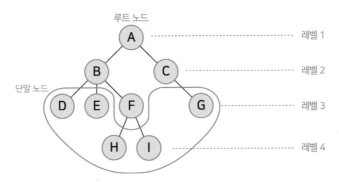

용어	설명	예시
루트 노드(Root Node)	• 트리에서 부모가 없는 최상위 노드 • 트리에는 하나의 루트 노드만 존재	{A}
단말 노드 (Leaf Node; Terminal Node)	자식이 없는 노드, 트리의 가장 말단에 위치	{D, E, H, I, G}
레벨(Level)	루트 노드를 기준으로 특정 노드까지의 경로 길이	E의 레벨은 3
조상 노드(Ancestor Node)	특정 노드에서 루트에 이르는 경로상 모든 노드	I의 조상 노드는 {F, B, A}
자식 노드(Child Node)	특정 노드에 연결된 다음 레벨의 노드	B의 자식 노드는 {D, E, F}
부모 노드(Parent Node)	특정 노드에 연결된 이전 레벨의 노드	D, E, F의 부모 노드는 {B}
형제 노드(Sibling Node)	같은 부모를 가진 노드	D의 형제 노드는 {E, F}
깊이(Depth)	• 루트 노드에서 특정 노드에 도달하기 위한 간선의 수 • Depth = 최대 level − 1	트리의 깊이는 3

차수(Degree)	특정 노드에 연결된 자식 노드의 수	B의 차수는 3
트리의 차수	노드들의 차수 중에서 가장 큰 값	노드들의 차수 중 가장 큰 값은 3이므로 트리의 차수는 3

트리 종류

종류	설명
이진 탐색 트리 (Binary Search Tree)	차수가 2 이하인 노드로 구성되어 자식이 둘 이하로 구성된 트리
AVL 트리 (Adelson–Velsky and Landis Tree)	두 자식 서브 트리의 높이는 항상 최대 1만큼만 차이가 나도록 스스로 균형을 잡는 이진 탐색 트리
2–3 트리 (2–3 Tree)	• 차수가 2 또는 3인 내부 노드를 갖는 탐색 트리 • AVL 트리의 단점인 삽입과 삭제 시의 전체 트리를 재구성하는 부분을 줄인 트리
레드–블랙 트리 (Red–Black Tree)	각 노드는 빨강 또는 검정의 색상을 갖고 있으며, 색에 따른 규칙을 통해 스스로 균형을 잡는 이진 탐색 트리

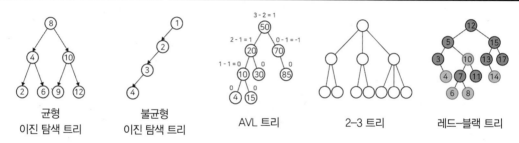

균형 이진 탐색 트리   불균형 이진 탐색 트리   AVL 트리   2–3 트리   레드–블랙 트리

대표 기출 유형

다음 트리에 대한 INORDER 운행 결과는?   **21년 8월, 20년 9월**

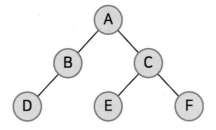

① D B A E C F   ② A B D C E F   ③ D B E C F A   ④ A B C D E F

중위 순회는 Left → Root → Right 순으로 방문한다. 따라서 D, B, A, E, C, F 순으로 방문한다.

정답 ①

필수 핵심 이론

트리 순회방법

● 트리를 구성하는 각 노드들을 찾아가는 방법을 순회(Traversal)라 한다.

● 트리 순회방법은 Root의 위치가 어디 있느냐에 따라 전위, 중위, 후위 순회로 구분된다. 즉, Root를 제일 먼저(Pre) 방문하면 Preorder, Root를 중간(In)에 방문하면 Inorder, Root를 마지막(Post)에 방문하면 Postorder이다.

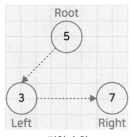

전위 순회
(Preorder Traversal)
Root → Left → Right
(예) [5, 3, 7]

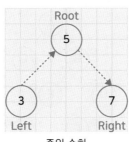

중위 순회
(Inorder Traversal)
Left → **Root** → Right
(예) [3, 5, 7]

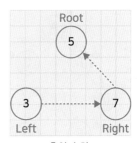

후위 순회
(Postorder Traversal)
Left → Right → **Root**
(예) [3, 7, 5]

예제 다음 트리를 Inorder, Preorder, Postorder 방법으로 순회했을 때 각 노드를 방문한 순서는?

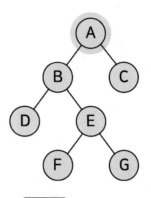

예제정답 Inorder: DBFEGAC, Preorder: ABDEFGC, Postorder: DFGEBCA

서브트리를 하나의 노드로 생각할 수 있도록 서브트리 단위로 묶어본다.

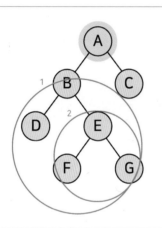

- Preorder는 Root → Left → Right이므로 A1C가 된다.
- 1은 BD2이므로 A**BD2**C가 된다.
- 2는 EFG이므로 ABD**EFG**C가 된다.
- 따라서 Preorder 순회법에 따른 방문 순서는 ABDEFGC가 된다.

- Inorder는 Left → Root → Right이므로 1AC가 된다.
- 1은 DB2이므로 **DB2**AC가 된다.
- 2는 FEG이므로 DB**FEG**AC가 된다.
- 따라서 Inorder 순회법에 따른 방문 순서는 DBFEGAC가 된다.

- Postorder는 Left → Right → Root이므로 1CA가 된다.
- 1은 D2B이므로 **D2B**CA가 된다.
- 2는 FGE이므로 D**FGE**BCA가 된다.
- 따라서 Postorder 순회법에 따른 방문 순서는 DFGEBCA가 된다.

좀 더 익숙해지면 위와 같은 풀이법 외에도, 아래와 같이 트리에 바로 표시해 문제를 해결할 수도 있다.

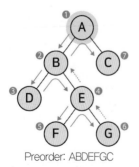

Preorder: ABDEFGC

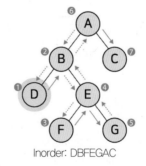

Inorder: DBFEGAC

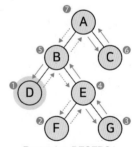

Postorder: DFGEBCA

대표 기출 유형

다음 전위식(prefix)을 후위식(postfix)으로 옳게 표현한 것은?

21년 3월

$$- \, / \, * \, A + B \, C \, D \, E$$

① A B C + D / * E −

② A B * C D / + E −

③ A B * C + D / E −

④ A B C + * D / E −

아래와 같이 prefix를 postfix로 바꾸기 위해서는 인접한 피연산자 두 개와 왼쪽의 연산자를 괄호로 묶은 후, 연산자를 해당 괄호의 뒤로 옮기고 괄호를 제거하면 된다.

1	먼저 인접한 피연산자 두 개와 **왼쪽**의 연산자를 괄호로 묶는다.	− / * A+B C D E 　　　　인접1 　　　　인접2 　　　　인접3 → (− (/ (* A (+ B C)) D) E)
2	연산자를 해당 괄호의 뒤(**오른쪽**)로 옮긴다.	(− (/ (* A (+ B C)) D) E) → ((((A (B C) +) * D) / E) −
3	필요 없는 괄호를 제거한다.	((((A (B C) +) * D) / E) − → A B C + * D / E −

정답 ④

필수 핵심 이론

수식 변환

● 산술식을 계산하기 위해 기억공간에 기억시키는 방법으로 이진 트리를 많이 사용한다. 이진 트리로 만들어진 수식을 Inorder, Preorder, Postorder로 운행하면 각각 중위(Infix), 전위 (Prefix), 후위(Postfix) 표기법이 된다.

예제	유형	문제 예시
(예제 1-1)	Infix → Prefix	A / B * (C + D) + E
(예제 1-2)	Infix → Postfix	
(예제 2-1)	Postfix → Infix	A B / C D + * E +
(예제 2-2)	Postfix → Prefix	
(예제 3-1)	Prefix → Infix	+ * / A B + C D E
(예제 3-2)	Prefix → Postfix	

예제 1 다음과 같이 Infix로 표기된 수식을 Prefix와 Postfix로 변환하면?

$$A / B * (C + D) + E$$

예제정답 Prefix: + * / AB + CDE, Postfix: AB / CD + * E +

● Infix → Prefix/Postfix 표기로 변환 과정

		(예제 1-1) Infix → **Prefix** 앞	(예제 1-2) Infix → **Postfix** 뒤
1	연산 우선순위에 따라 괄호로 묶는다.	A / B * (C + D) + E ①　　　① ――――――― ② ――――――― ③ → (((A / B) * (C + D)) + E)	
2	연산자를 해당 괄호의 **앞(왼쪽)**/**뒤(오른쪽)**으로 옮긴다.	(((A / B) * (C + D)) + E) → + (* (/ (AB) + (CD)) E)	(((A / B) * (C + D)) + E) → (((AB) / (CD) +) * E) +
3	필요 없는 괄호를 제거한다.	+ (* (/ (AB) + (CD)) E) → + * / AB + CDE	(((AB) / (CD) +) * E) + → AB / CD + * E +

예제 2 다음과 같이 Postfix로 표기된 수식을 Infix와 Prefix로 바꾸면?

$$A B / C D + * E +$$

예제정답 Infix: A / B * (C + D) + E, Prefix: + * / AB + CDE

● Postfix → Infix/Prefix 표기로 변환 과정

		(예제 2–1) Postfix 뒤 → Infix 가운데	(예제 2–2) Postfix 뒤 → Prefix 앞
1	먼저 인접한 피연산자 두 개와 **뒤(오른쪽)**의 연산자를 괄호로 묶는다.	A B / C D + * E + 인접1　인접1 ───── 인접2 ────── 인접3 → (((A B /) (C D +) *) E +)	
2	연산자를 해당 **피연산자의 가운데/ 괄호의 앞(왼쪽)**으로 이동시킨다.	(((A B /) (C D +) *) E +) → (((A / B) * (C + D)) + E)	(((A B /) (C D +) *) E +) → + (* (/ (A B) + (C D)) E)
3	필요 없는 괄호를 제거한다.	(((A / B) * (C + D)) + E) → A / B * (C + D) + E	+ (* (/ (A B) + (C D)) E) → + * / A B + C D E

예제 3 다음과 같이 Prefix로 표기된 수식을 Infix와 Postfix로 바꾸면?

+ * / A B + C D E

예제정답 Infix: A / B * (C + D) + E, Postfix: A B / C D + * E +

		(예제 3–1) Prefix 앞 → Infix 가운데	(예제 3–2) Prefix 앞 → Postfix 뒤
1	먼저 인접한 피연산자 두 개와 **앞(왼쪽)**의 연산자를 괄호로 묶는다.	+ * / A B + C D E 인접1　인접1 ──── 인접2 ────── 인접3 → (+ (* (/ A B) (+ C D)) E)	
2	연산자를 해당 **피연산자의 가운데/괄호의 뒤(오른쪽)**로 옮긴다.	(+ (* (/ A B) (+ C D)) E) → (((A / B) * (C + D)) + E)	(+ (* (/ A B) (+ C D)) E) → (((A B) / (C D) +) * E) +
3	필요 없는 괄호를 제거한다.	(((A / B) * (C + D)) + E) → A / B * (C + D) + E	(((A B) / (C D) +) * E) + → A B / C D + * E +

01 20년 8월

다음 트리의 차수(degree)는?

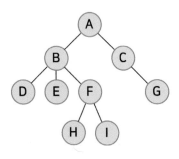

① 2   ② 3
③ 4   ④ 5

해설 트리의 차수란 노드들의 차수 중에서 가장 큰 값을 말한다. 차수란 특정 노드에 연결된 자식 노드의 수로, 자식 노드가 가장 많은 노드는 B이며 B의 자식노드는 D, E, F로 B의 차수는 3이다. 따라서 위 트리의 차수는 3이다.

02 23년 7월, 20년 6월

다음 트리의 차수(degree)와 단말 노드(terminal node)의 수는?

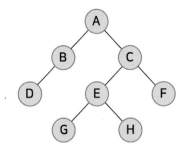

① 차수: 4, 단말 노드: 4
② 차수: 2, 단말 노드: 4
③ 차수: 4, 단말 노드: 8
④ 차수: 2, 단말 노드: 8

해설 트리의 차수란 노드들의 차수 중에서 가장 큰 값을 말한다. 차수란 특정 노드에 연결된 자식 노드의 수로, 자식 노드가 가장 많은 노드는 A, C,

E로, 차수가 2이다. 따라서 위 트리의 차수는 2이다. 한편, 단말 노드는 자식이 없는 노드로 D, G, H, F가 속해 단말 노드의 수는 4이다.

03 21년 8월

다음 중 최악의 경우 검색 효율이 가장 나쁜 트리 구조는?

① 이진 탐색트리   ② AVL 트리
③ 2-3 트리   ④ 레드-블랙 트리

해설 트리의 경우 노드가 왼쪽이나 오른쪽 한 곳만 노드가 존재하게 될 경우 효율이 매우 나쁘다. AVL, 2-3 트리, 레드-블랙 트리를 통해서 전체 트리의 균형을 맞춰 주지만 이진 탐색 트리는 균형을 맞춰 주지 않으므로 최악의 경우 이진 탐색 트리의 검색 효율이 가장 나쁘다.

04 23년 3월, 22년 4월

아래 Tree 구조에 대하여 후위 순회(Postorder)한 결과는?

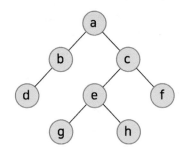

① a → b → d → c → e → g → h → f
② d → b → g → h → e → f → c → a
③ d → b → a → g → e → h → c → f
④ a → b → d → g → e → h → c → f

해설 Postorder 운행법은 Left → Right → Root 순으로 탐색하는 것으로 d, b, g, h, e, f, c, a 순으로 탐색된다.

05 20년 8월

다음 트리를 Preorder 운행법으로 운행할 경우 가장 먼저 탐색되는 것은?

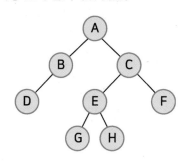

① A
② B
③ D
④ G

> **해설** Preorder 운행법은 Root → Left → Right 순이므로 Root 노드가 가장 먼저 탐색된다. 따라서 Root 노드인 A 노드가 가장 먼저 탐색된다.

06 20년 6월

다음 트리를 전위 순회(preorder traversal)한 결과는?

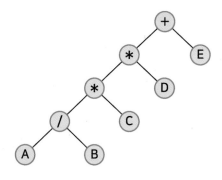

① +*AB/*CDE
② AB/C*D*E+
③ A/B*C*D+E
④ +**/ABCDE

> **해설** Preorder 순회법은 Root → Left → Right 순이므로 + * * / ABCDE 순으로 탐색된다. 한편 위 트리를 Inorder로 순회하면 A / B * C * D + E 순으로 탐색된다. Postorder로 순회했을 때는 AB / C * D * E + 순으로 탐색된다.

07 23년 5월, 21년 8월, 20년 9월

다음 트리에 대한 INORDER 운행 결과는?

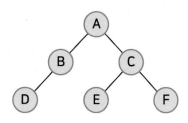

① D B A E C F
② A B D C E F
③ D B E C F A
④ A B C D E F

> **해설** 중위 순회는 Left → Root → Right 순으로 방문한다. 따라서 D, B, A, E, C, F 순으로 방문한다.

08 21년 3월

다음 트리를 Preorder 운행법으로 운행할 경우 다섯 번째로 탐색되는 것은?

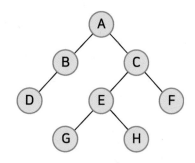

① C
② E
③ G
④ H

> **해설** Preorder 운행법은 Root → Left → Right 순으로 탐색하는 것으로 A, B, D, C, E, G, H, F 순으로 탐색된다. 다섯 번째로 탐색되는 것은 E 이다.

09 21년 5월, 20년 9월, 18년 8월, 4월

다음 Postfix 연산식에 대한 연산결과로 옳은
것은?

$$3\ 4\ *\ 5\ 6\ *\ +$$

① 35   ② 42

③ 77   ④ 360

해설 수식 Postfix를 Infix로 바꾸기 위해 먼저 괄
호를 치면, ((34*)(56*)+)이 되고, 연산자를 괄호
중간으로 옮기면 ((3 * 4) + (5 * 6))이 된다. 이를
계산하면 12 + 30 = 42이다.

10 23년 3월, 21년 3월, 19년 8월, 18년 3월, 05년 3월

다음 전위식(prefix)을 후위식(postfix)으로 옳게
표현한 것은?

$$-\ /\ *\ A + B\ C\ D\ E$$

① A B C + D / * E −
② A B * C D / + E −
③ A B * C + D / E −
④ A B C + * D / E −

해설 아래와 같이 prefix를 postfix로 바꾸기 위해
서는 인접한 피연산자 두 개와 왼쪽의 연산자를
괄호로 묶은 후, 연산자를 해당 괄호의 뒤로 옮기
고 괄호를 제거하면 된다. 현재 수식이 prefix이므
로 왼쪽의 연산자를 기준으로 괄호로 묶으면 (−(
/(* A (+ BC)) D) E)이 되고, postfix로 바꾸기 위
해 연산자를 각 괄호의 뒤로 보내면 (((A (BC
)+)* D)/ E)−이 된다. 필요 없는 괄호를 제거하
면 A B C + * D / E − 이 나온다.

		− / * A + B C D E
		인접1
1	먼저 인접한 피 연산자 두 개와 **앞(왼쪽)**의 연산 자를 괄호로 묶 는다.	인접2
		인접3
		→ (−(/(* A (+ BC)) D) E)
2	연산자를 해당 괄 호의 **뒤(오른쪽)** 로 옮긴다.	(−(/(* A (+ BC)) D) E) → (((A (BC)+)* D)/ E)−
3	필요 없는 괄호 를 제거한다.	(((A (BC)+)* D)/ E)− → A B C + * D / E −

01	②	02	②	03	①	04	②	05	①
06	④	07	①	08	②	09	②	10	④

026 그래프

- 그래프의 최대 간선 수를 구하는 문제가 자주 출제된다.
- 대표 기출 유형을 통해 반드시 학습하고 넘어가도록 한다.
- 그래프 탐색 방법인 DFS, BFS 역시 트리 운행법만큼은 아니더라도 출제된 적이 있으니,
  시간적 여유가 있다면 학습하고 넘어가는 것이 좋다.

대표 기출 유형

n개의 노드로 구성된 무방향 그래프의 최대 간선 수는?　　　　　　　**20년 9월, 18년 8월**

① n-1　　　　　② n/2　　　　　③ n(n-1)/2　　　　④ n(n+1)

n개의 노드로 구성되어 있는 곳에 무방향 그래프를 그리면 n(n-1)/2이 된다.

정답 ③

필수 핵심 이론

그래프(Graph)의 개념

- 그래프는 노드(V; Vertex)와 노드를 연결하는 간선(E; Edge)을 하나로 모아 놓은 자료구조를 말한다.

- 트리(Tree)는 사이클이 없는 그래프이고, 그래프(Graph)는 사이클이 존재하는 그래프까지 포함하는 것으로 트리는 그래프의 일종이다.

그래프 유형

용어	설명	예시
방향 그래프	• 정점을 연결하는 선에 방향이 있는 그래프 • n개의 정점으로 구성된 방향 그래프의 최대 간선 수는 n(n−1)	
무방향 그래프	• 정점을 연결하는 선에 방향이 없는 그래프 • n개의 정점으로 구성된 무방향 그래프의 최대 간선 수는 n(n−1)/2	

그래프 용어

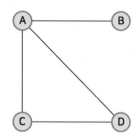

용어	설명	예시
경로(Path)	임의의 정점에서 다른 정점으로 이르는 길	A → B, A → C → D → A 등
경로 길이 (Path Length)	경로상에 있는 간선의 수	A → B의 경우 1, A → C → D → A의 경우 3
단순 경로 (Simple Path)	경로상에서 처음과 마지막을 제외한 모든 정점들이 서로 다른 경로. 즉, 똑같은 노드를 두 번 이상 경유하지 않음	A → B, A → C → D → A 등
사이클(Cycle)	한 정점에서 시작해 해당 정점으로 끝나는 경로	A → C → D → A
사이클이 없는 방향 그래프 (DAG; Directed Acyclic Graph)	방향 그래프이면서 사이클이 존재하지 않는 그래프. 즉, 어떤 정점에서 출발해도 자기 자신으로 돌아오는 경로가 없는 그래프	위 그래프는 DAG에 해당 안 됨 (참고)
차수 (Degree)	정점에 부속되어 있는 간선의 수. 무방향그래프에서는 단순히 정점에 연결된 간선의 수. 방향 그래프에서는 진입차수(in-degree)와 진출차수(out-degree)가 다름	A의 차수는 3

그래프의 연결 관계 표현

구분	인접 행렬	인접 리스트
정의	2차원 배열로 그래프의 연결 관계를 표현하는 방식	리스트로 그래프의 연결 관계를 표현하는 방식
표현방법	정점 i에서 j로 연결되어 있으면 배열[i][j]의 값은 1, 연결되어 있지 않으면 0	V개의 헤드노드, E개의 간선이 필요하며, 모든 모드에 각 노드에 연결된 노드 정보를 차례대로 연결하여 저장
시간복잡도 (정점의 인접노트 탐색)	$O(1)$	$O(n), n$: 연결된 노드의 개수
공간복잡도	$O(V^2)$	$O(V+E)$
구현에 유리한 그래프	밀집 그래프	희소 그래프

인접행렬

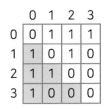

인접리스트

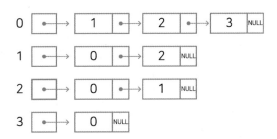

그래프 탐색 방법

탐색 방법	설명
깊이 우선 탐색 (DFS; Depth–First Search)	최대한 깊이 내려간 다음, 더 이상 깊이 갈 곳이 없을 때 옆으로 이동
너비 우선 탐색 (BFS; Breadth–First Search)	최대한 넓게 이동한 다음, 더 이상 갈 수 없을 때 아래로 이동

예제 다음 그래프에서 정점 A를 선택하여 DFS, BFS로 운행한 결과는?

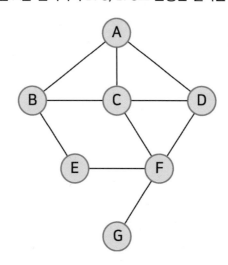

예제정답 DFS 탐색 결과: A B E F G C D, BFS 탐색 결과: A B C D E F G

	DFS 탐색 과정	BFS 탐색 과정
1	A에서 출발	A에서 출발
2	A 아래에 있는 노드는 B, C, D인데, 그중 하나인 B를 선택	A에 인접한 노드는 B, C, D인데, 순서대로 B, C, D를 선택
3	B 아래의 노드는 E이므로 E를 선택	A 다음으로 선택되었던 B 노드의 이웃 노드를 탐색 → E 노드가 있으므로 E 선택
4	E 아래가 없으므로 옆으로 이동 → F 선택	B 다음으로 선택되었던 C 노드의 이웃 노드를 탐색 → F 노드가 있으므로 F 선택
5	F 아래의 노드는 G이므로 G를 선택	C 다음으로 선택되었던 D 노드의 이웃 노드를 탐색 → F는 이미 선택되어 선택할 노드가 없음
6	G 아래가 없으므로 옆으로 이동 → 옆에 노드도 없으므로 더 이상 진행할 수 없음	D 다음으로 선택되었던 E 노드의 이웃 노드를 탐색 → F는 이미 선택되어 선택할 노드가 없음
7	2에서 선택되지 않은 C, D 중에 하나를 선택	E 다음으로 선택되었던 F 노드의 이웃 노드를 탐색 → G 노드가 있으므로 G 선택
8	C 아래는 F 노드이지만, 이미 4번 단계에서 선택되었기 때문에 선택할 수 없음 → 옆으로 이동하면 D 노드이므로 D를 선택	모든 노드가 선택되었으므로 BFS 종료 → A B C D E F G
9	모든 노드가 선택되었으므로 DFS 종료 → A B E F G C D	

01 23년 7월, 18년 4월

정점이 5개인 방향 그래프가 가질 수 있는 최대 간선 수는? (단, 자기 간선과 중복 간선은 배제한다.)

① 7개   ② 10개

③ 20개   ④ 27개

> **해설** n개의 정점으로 구성된 방향 그래프의 최대 간선 수는 $n \times (n-1) = 5 \times (5-1) = 20$이다.

02 20년 9월, 18년 8월

n개의 노드로 구성된 무방향 그래프의 최대 간선 수는?

① n−1   ② n/2

③ n(n−1)/2   ④ n(n+1)

> **해설** n개의 노드로 구성되어 있는 곳에 무방향 그래프를 그리면 n(n−1)/2이 된다.

03 21년 8월, 19년 4월

다음 그래프에서 정점 A를 선택하여 깊이우선탐색(DFS)으로 운행한 결과는?

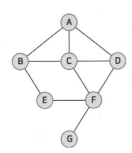

① ABECDFG   ② ABECFDG

③ ABCDEFG   ④ ABEFGCD

> **해설** 깊이 우선 탐색(Depth First Search)은 최대한 깊이 탐색한 이후 더 이상 탐색할 것이 없다면 그 이전으로 돌아가 탐색을 이어가는 방식이다. 즉, 탐색을 하고 있는 분기에서 완벽하게 탐색한 이후 다른 분기를 탐색하는 방법이다. 따라서 A–B–E–F–G까지 탐색한 이후 더 이상 탐색할 것이 없기 때문에 이전으로 돌아가 C–D를 마저 탐색하면 된다.

1	A에서 출발
2	A 아래에 있는 노드는 B, C, D인데, 그중 하나인 B를 선택(알파벳 빠른 순)
3	B 아래의 노드는 E이므로 E를 선택
4	E 아래가 없으므로 옆으로 이동 → F 선택
5	F 아래의 노드는 G이므로 G를 선택
6	G 아래가 없으므로 옆으로 이동 → 옆에 노드도 없으므로 더 이상 진행할 수 없음
7	2에서 선택되지 않은 C, D 중에 하나를 선택 (알파벳 빠른 순)
8	C 아래는 F 노드이지만, 이미 4번 단계에서 선택되었기 때문에 선택할 수 없음 → 옆으로 이동하면 D 노드이므로 D를 선택
9	모든 노드가 선택되었으므로 DFS 종료 → A B E F G C D

04 17년 3월

다음 그래프의 인접 행렬(Adjacency Matrix) 표현 시 옳은 것은?

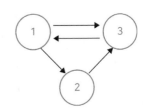

① $\begin{bmatrix} 0 & 1 & 1 \\ 0 & 0 & 1 \\ 1 & 0 & 0 \end{bmatrix}$ ② $\begin{bmatrix} 0 & 1 & 1 \\ 0 & 1 & 1 \\ 1 & 0 & 0 \end{bmatrix}$

③ $\begin{bmatrix} 0 & 0 & 1 \\ 1 & 0 & 1 \\ 0 & 0 & 1 \end{bmatrix}$ ④ $\begin{bmatrix} 1 & 0 & 1 \\ 0 & 1 & 1 \\ 1 & 0 & 1 \end{bmatrix}$

해설 인접 행렬은 정점 간 연결 상태를 2차원 배열의 값으로 표시하는데, 정점 i에서 → 정점 j로 연결되어 있으면 배열[i][j]의 값을 1로 표시하고, 연결되어 있지 않다면 0으로 표시하면 된다. 따라서 위의 경우 정점 1 → 정점 3, 정점 3 → 정점 1, 정점 1 → 정점 2, 정점 2 → 정점 3으로 연결되어 있으므로, 정점[1][3], 정점[3][1], 정점[1][2], 정점[2][3]을 1로 표시하면 된다.

G	정점1	정점2	정점3
정점1	G[1][1]	G[1][2] = 1	G[1][3] = 1
정점2	G[2][1]	G[2][2]	G[2][3] = 1
정점3	G[3][1] = 1	G[3][2]	G[3][3]

01 | ③   02 | ③   03 | ④   04 | ①

027 | 알고리즘 설계 기법과 시간 복잡도 ★★

학 · 습 · 포 · 인 · 트 --

- 알고리즘 설계 기법의 4가지를 묻는 문제가 출제된 적이 있다.
- 특히 분할과 정복이 무엇인지는 꼭 알아두고 넘어가도록 한다.
- 시간 복잡도는 그 자체로 출제되지는 않지만, 버블 정렬의 시간 복잡도를 묻는 등 알고리즘의 시간 복잡도를 묻는 형태로 출제될 수 있으니 시간 복잡도의 개념에 대해 학습하고 넘어가도록 한다.

대표 기출 유형

알고리즘 설계 기법으로 거리가 먼 것은?   20년 8월

① Divide and Conquer   ② Greedy

③ Static Block   ④ Backtracking

알고리즘 설계 기법에는 Divide & Conquer, Greedy, Backtracking, Dynamic Programming이 있다.

정답 ③

필수 핵심 이론

알고리즘

주어진 작업을 수행하는 컴퓨터 명령어를 순서대로 나열한 것이다.

알고리즘 설계 기법

알고리즘 설계 기법으로는 분할과 정복, 동적 계획법, 탐욕법, 백트래킹이 있다.

분할과 정복 (Divide & Conquer)	문제를 나눌 수 없을 때까지 나누고, 각각을 풀면서 다시 병합하여 문제의 답을 얻는 알고리즘 (예) 병합 정렬, 퀵 정렬 등
동적계획법 (Dynamic Programming)	어떤 문제를 풀기 위해 그 문제를 더 작은 문제의 연장선으로 생각하고, 과거의 해를 활용하는 방식의 알고리즘 (예) 피보나치 수열 등
탐욕법 (Greedy)	선택의 순간마다 그 순간에 최적이라고 생각되는 것을 선택해 나가는 방식으로 진행하여 최종적인 해답에 도달하는 방식의 알고리즘
백트래킹 (Backtracking)	어떤 노드의 유망성 점검 후, 유망하지 않으면 그 노드의 부모 노드로 되돌아간 후 다른 자손 노드를 검색하는 알고리즘

시간 복잡도

● 시간 복잡도는 알고리즘의 실행시간, 즉 알고리즘을 수행하기 위해 프로세스가 수행하는 연산 횟수를 수치화한 것을 의미한다.

● 시간 복잡도가 낮을수록 알고리즘의 실행시간이 짧고, 높을수록 실행시간이 길어진다.

● 시간 복잡도는 알고리즘의 실행시간이 하드웨어적 성능이나 프로그래밍 언어의 종류에 따라 달라지기 때문에 시간이 아닌 명령어의 실행 횟수를 표기하는데, 이러한 표기법을 점근 표기법이라 한다.

빅오 표기법 (Big-O Notation)	• 알고리즘의 실행시간이 최악일 때를 표기하는 방법 • 최소한 보장되는 성능을 표기하기 때문에 일반적으로 많이 사용되는 표기법
세타 표기법 (Big-Θ Notation)	알고리즘의 실행시간이 평균일 때를 표기하는 방법
오메가 표기법 (Big-Ω Notation)	알고리즘의 실행시간이 최상일 때를 표기하는 방법

빅오 표기법(Big-O Notation)

● 빅오 표기법은 알고리즘의 실행시간이 최악일 때를 표기하는 방법으로, 신뢰성이 떨어지는 오메가 표기법이나 평가하기 까다로운 세타 표기법에 비해 성능을 예측하기 용이하고 최소한의 보장되는 성능을 표기하기 때문에 일반적으로 많이 사용된다.

● 시간 복잡도의 성능은 (빠름) $O(1) \langle O(\log_2 n) \langle O(n) \langle O(n\log_2 n) \langle O(n^2) \langle O(2^n)$ (느림)이다.

O(1)	입력값(n)이 증가해도 실행시간은 동일한 알고리즘
O($\log_2 n$)	연산이 한 번 실행될 때마다 데이터의 크기가 절반 감소하는 알고리즘
O(n)	입력값(n)이 증가함에 따라 실행시간도 선형적으로 증가하는 알고리즘
O($n\log_2 n$)	O(n)과 O($\log_2 n$)가 중첩된 형태의 알고리즘
O(n^2)	입력값(n)이 증가함에 따라 실행시간은 n^2로 증가하는 알고리즘
O(2^n)	• 입력값(n)이 증가함에 따라 실행시간은 2^n으로 증가하는 알고리즘 • 기하급수적 복잡도(exponential complexity)라고 부르기도 함

쌤의 Comment

Divide and Conquer와 Dynamic Programming의 차이가 헷갈려요!

두 알고리즘 모두 큰 문제를 작은 문제로 나누어 푼다는 점에서 공통되지만, Divide and Conquer는 작은 문제 간의 중복이 일어나지 않고, Dynamic Programming은 작은 문제 간의 중복이 일어난다는 점에서 차이가 있어요.

연·습·문·제

01 20년 8월

알고리즘 설계 기법으로 거리가 <u>먼</u> 것은?

① Divide and Conquer
② Greedy
③ Static Block
④ Backtracking

> **해설** 알고리즘 설계 기법에는 Divide & Conquer, Greedy, Backtracking, Dynamic Programming 이 있다.

02 23년 5월

문제를 나눌 수 없을 때까지 나누고, 각각을 풀면서 다시 병합하여 문제의 답을 얻는 알고리즘을 의미하는 것은?

① Dynamic Programming
② Divide and Conquer
③ Hash
④ Greedy

> **해설** 문제를 나눌 수 없을 때까지 나누고, 각각을 풀면서 다시 병합하여 문제의 답을 얻는 알고리즘은 Divide and Conquer을 말한다.

03 23년 7월, 22년 7월, 20년 6월

알고리즘 시간 복잡도 O(1)이 의미하는 것은?

① 컴퓨터 처리가 불가
② 알고리즘 입력 데이터 수가 한 개
③ 알고리즘 수행시간이 입력 데이터 수와 관계없이 일정
④ 알고리즘 길이가 입력 데이터보다 작음

> **해설** 시간 복잡도는 입력 데이터 수와 알고리즘의 수행시간 간의 관계를 수치화한 것을 말한다. 시간 복잡도가 O(1)이라는 것은 알고리즘 수행시간이 입력 데이터 수와 관계없이 일정하다는 것을 의미한다.

01 | ③   02 | ②   03 | ③

028 정렬 ★★★

학·습·포·인·트 --

- 정렬 알고리즘의 개념이나 특징을 묻는 문제나 거품 정렬, 삽입 정렬, 선택 정렬의 수행방식에 대해 묻는 문제가 출제된 적이 있다.
- 각 정렬 알고리즘의 개념이나 특징은 기출 문제를 풀 수 있을 수준으로만 공부한다.
- 거품 정렬, 삽입 정렬, 선택 정렬은 반드시 손으로 계산해 보고 넘어가도록 한다.

대표 기출 유형

01 분할 정복(Divide and Conquer)에 기반한 알고리즘으로 피벗(pivot)을 사용하며 최악의 경우 $\frac{n(n-1)}{2}$ 회의 비교를 수행해야 하는 정렬(Sort)은? **23년 3월, 22년 3월**

① Selection Sort ② Bubble Sort ③ Insert Sort ④ Quick Sort

....

퀵 정렬(Quick Sort)은 분할 정복에 기반한 알고리즘으로, 피벗을 두고 피벗의 왼쪽에는 피벗보다 작은 값을, 오른쪽에는 큰 값을 두는 과정을 반복하는 알고리즘이다. 최악의 경우 $\frac{n(n-1)}{2}$ 회의 비교를 수행한다. 선택 정렬(Selection Sort), 버블 정렬(Bubble Sort), 삽입 정렬(Insert Sort) 모두 최악의 경우 $\frac{n(n-1)}{2}$ 회의 비교를 수행하지만, 분할 정복(Divide and Conquer)에 기반한 알고리즘은 아니다.

정답 ④

02 다음 자료에 대하여 선택(Selection) 정렬을 이용하여 오름차순으로 정렬하고자 한다. 3회전 후의 결과로 옳은 것은? **20년 8월, 17년 8월, 13년 3월**

37, 14, 17, 40, 35

① 14, 17, 37, 40, 35 ② 14, 37, 17, 40, 35
③ 17, 14, 37, 35, 40 ④ 14, 17, 35, 40, 37

....

선택 정렬(Selection Sort)은 정렬되지 않은 데이터들에 대해 가장 작은 데이터를 찾아 정렬되지 않은 부분의 가장 앞의 데이터와 교환해 나가는 알고리즘이다.

	출력 결과					설명
초기 자료	37	14	17	40	35	
1회전	<u>14</u>	37	17	40	35	첫 번째 값인 37과 가장 작은 값 14를 교환
2회전	<u>14</u>	<u>17</u>	37	40	35	두 번째 값인 37과 정렬되지 않은 값 중 가장 작은 값인 17을 교환
3회전	<u>14</u>	<u>17</u>	<u>35</u>	40	37	세 번째 값인 37과 정렬되지 않은 값 중 가장 작은 값인 35를 교환

정답 ④

필수 핵심 이론

정렬 알고리즘

알고리즘	설명	최적	평균	최악
삽입 정렬 (Insertion Sort)	두 번째 키와 첫 번째 키를 비교하여 순서대로 나열(1회전)하고, 이어서 세 번째 키를 첫 번째, 두 번째 키와 비교해 순서대로 나열(2회전)하고, 계속해서 n번째 키를 앞의 n-1개의 키와 비교하여 알맞은 순서에 삽입하는 알고리즘	n	n^2	n^2
쉘 정렬 (Shell Sort)	• 삽입 정렬을 확장한 개념으로, 입력 데이터가 부분적으로 정렬되어 있는 경우에 유리한 알고리즘 • 입력 데이터를 어떤 매개변수(h)의 값으로 서브파일을 구성하고, 각 서브파일을 Insertion 정렬 방식으로 순서 배열하는 과정을 반복하는 정렬 방식(보통 $h = \sqrt[3]{n}$), 즉 임의의 레코드 키와 h값만큼 떨어진 곳의 레코드 키를 비교하여 순서화되어 있지 않으면 서로 교환하는 것을 반복해 정렬하는 알고리즘	n	$n^{1.5}$	n^2
거품 정렬 (Bubble Sort)	• 인접한 2개의 레코드 키 값을 비교하여 그 크기에 따라 레코드 위치를 서로 교환하는 알고리즘 • 한 PASS를 수행할 때마다 가장 큰 값이 맨 뒤로 이동하기 때문에, PASS를 '요소의 개수 – 1'번 수행하면 모든 숫자가 정렬됨	n^2	n^2	n^2
선택 정렬 (Selection Sort)	정렬되지 않은 데이터에서 가장 작은 데이터를 찾아 정렬되지 않은 부분의 가장 앞의 데이터와 교환해 나가는 알고리즘	n^2	n^2	n^2
퀵 정렬 (Quick Sort)	• 레코드의 많은 자료 이동을 없애고 하나의 파일을 부분적으로 나누어 가면서 정렬하는 방법으로, 피벗을 두고 피벗의 왼쪽에는 피벗보다 작은 값을, 오른쪽에는 큰 값을 두는 과정을 반복하는 알고리즘 • 위치와 관계없이 임의의 키를 분할 원소로 사용 가능	$nlog_2n$	$nlog_2n$	n^2

합병 정렬 (Merge Sort)	전체 원소를 하나의 단위로 분할한 후 분할한 원소를 다시 합병해서 정렬하는 알고리즘	$nlog_2n$	$nlog_2n$	$nlog_2n$
힙 정렬 (Heap Sort)	• 정렬할 입력 레코드로 힙을 구성하고 가장 큰 키값을 갖는 루트 노 드를 제거하는 과정을 반복하여 정렬하는 알고리즘 • 완전이진트리(Complete Binary Tree)로 입력 자료의 레코드를 구성	$nlog_2n$	$nlog_2n$	$nlog_2n$
기수 정렬 (Radix Sort; Bucket Sort)	• 큐(Queue)를 이용하여 자릿수(Digit)별로 정렬하는 알고리즘 • 레코드의 키 값을 분석하여 같은 수 또는 같은 문자끼리 그 순서에 맞는 버킷에 분배하였다가 버킷의 순서대로 레코드를 꺼내어 정렬	dn	dn	dn

* $O(n)$을 편의상 n으로 표기

예제 다음과 같은 자료가 주어졌을 때, 삽입 정렬, 버블 정렬, 선택 정렬을 이용하여 오름차순으로 정렬하고자 한다. 각 정렬에서 2회전 후의 결과는?

3, 4, 1, 5, 2

예제정답 삽입 정렬: 1, 3, 4, 5, 2 / 버블 정렬: 1, 3, 2, 4, 5 / 선택 정렬: 1, 2, 3, 5, 4

삽입 정렬(Insertion Sort) 수행 방식

● 가장 간단한 정렬 방식으로 이미 순서화된 파일에 새로운 하나의 레코드를 순서에 맞게 삽입시켜 정렬한다.

● 평균과 최악 모두 수행 시간 복잡도는 $O(n^2)$이다.

단계(회전)	출력 결과					설명
초기 자료	3	4	1	5	2	
PASS 1	3	4	1	5	2	처음에 (3)은 정렬되어 있다고 가정
	3	4	1	5	2	4를 이미 정렬된 부분 (3)에 삽입
PASS 2	3	4	1	5	2	(3, 4)는 정렬되어 있다고 가정
	1	3	4	5	2	1을 이미 정렬된 부분 (3, 4)에 삽입
PASS 3	1	3	4	5	2	(1, 3, 4)는 정렬되어 있다고 가정
	1	3	4	5	2	5를 이미 정렬된 부분 (1, 3, 4)에 삽입
PASS 4	1	3	4	5	2	(1, 3, 4, 5)는 정렬되어 있다고 가정
	1	2	3	4	5	2를 이미 정렬된 부분 (1, 3, 4, 5)에 삽입

거품 정렬(Bubble Sort: 버블 정렬) 수행 방식

- 주어진 파일에서 인접한 2개의 레코드 키 값을 비교하여 그 크기에 따라 레코드 위치를 서로 교환하는 정렬 방식이다.

- 계속 정렬 여부를 플래그 피트(f)로 결정한다.

- 평균과 최악 모두 수행 시간 복잡도는 $O(n^2)$이다.

단계(회전)	출력 결과					설명
초기 자료	3	4	1	5	2	
PASS 1	3	4	1	5	2	3과 4 비교
	3	4	1	5	2	4와 1 비교 → swap
	3	1	4	5	2	4와 5 비교
	3	1	4	5	2	5와 2 비교 → swap
	3	1	4	2	5	PASS 1 종료 시에 첫 번째로 큰 값은 맨 뒤에 위치
PASS 2	3	1	4	2	5	3과 1 비교 → swap
	1	3	4	2	5	3과 4 비교
	1	3	4	2	5	4와 2 비교 → swap
	1	3	2	4	5	PASS 2 종료 시에 두 번째로 큰 값은 맨 뒤에서 두 번째 위치
PASS 3	1	3	2	4	5	1과 3 비교
	1	3	2	4	5	3과 2 비교 → swap
	1	2	3	4	5	PASS 3 종료 시에 세 번째로 큰 값은 맨 뒤에서 세 번째 위치
PASS 4	1	2	3	4	5	1과 2 비교
	1	2	3	4	5	PASS 4 종료 시에 네 번째로 큰 값은 맨 뒤에서 네 번째 위치

선택 정렬(Insertion Sort) 수행 방식

- 정렬되지 않은 데이터에서 가장 작은 데이터를 찾아 정렬되지 않은 부분의 가장 앞의 데이터와 교환해 나가는 방식이다.

- 평균과 최악 모두 수행 시간 복잡도는 $O(n^2)$이다.

단계(회전)	출력 결과					설명
초기 자료	3	4	1	5	2	
PASS 1	3	4	1	5	2	정렬되지 않은 부분의 첫 번째 요소인 3을 최솟값으로 설정한 후, (4, 1, 5, 2)를 3과 비교해 최솟값 찾기
	3	4	1	5	2	3과 4 비교 (최솟값: 3)
	3	4	1	5	2	3과 1 비교 (최솟값: 1)
	3	4	1	5	2	3과 5 비교 (최솟값: 1)
	3	4	1	5	2	3과 2 비교 (최솟값: 1)
	1	4	3	5	2	정렬되지 않은 부분의 첫 번째 요소인 1과 정렬되지 않은 부분의 최솟값 3과 교환
PASS 2	1	4	3	5	2	정렬되지 않은 부분의 첫 번째 요소인 4를 최솟값으로 설정한 후, (3, 5, 2)를 4와 비교해 최솟값 찾기
	1	4	3	5	2	4와 3 비교 (최솟값: 3)
	1	4	3	5	2	4와 5 비교 (최솟값: 3)
	1	4	3	5	2	4와 2 비교 (최솟값: 2)
	1	2	3	5	4	정렬되지 않은 부분의 첫 번째 요소인 2와 정렬되지 않은 부분의 최솟값 4와 교환
PASS 3	1	2	3	5	4	정렬되지 않은 부분의 첫 번째 요소인 3을 최솟값으로 설정한 후, (5, 4)를 3과 비교해 최솟값 찾기
	1	2	3	5	4	3과 5 비교 (최솟값: 3)
	1	2	3	5	4	3과 4 비교 (최솟값: 3)
	1	2	3	5	4	정렬되지 않은 부분의 첫 번째 요소인 3과 정렬되지 않은 부분의 최솟값 3을 교환
PASS 4	1	2	3	5	4	정렬되지 않은 부분의 첫 번째 요소인 5를 최솟값으로 설정한 후, (4)를 5와 비교해 최솟값 찾기
	1	2	3	5	4	5와 4 비교 (최솟값: 4)
	1	2	3	4	5	정렬되지 않은 부분의 첫 번째 요소인 5와 정렬되지 않은 부분의 최솟값 4를 교환

버블 정렬, 삽입 정렬, 선택 정렬 특징 쉽게 외우기

버블 정렬 – 결국 뒤에서부터 정렬된다.

삽입 정렬 – 앞부분이 정렬되어 있다고 생각하고 자기 순서에 삽입한다.

선택 정렬 – 앞에서부터 정렬된다.

기초 용어 정리

● 회전(PASS): 각 원소 비교를 배열의 끝까지(정렬된 값까지) 처리하는 것. 즉, 1회전은 배열의 시작부터 배열 끝까지(정렬된 값까지) 한 번 훑은 것을 말함

연·습·문·제

01 20년 8월, 17년 8월, 13년 3월

다음 자료에 대하여 선택(Selection) 정렬을 이용하여 오름차순으로 정렬하고자 한다. 3회전 후의 결과로 옳은 것은?

> 37, 14, 17, 40, 35

① 14, 17, 37, 40, 35
② 14, 37, 17, 40, 35
③ 17, 14, 37, 35, 40
④ 14, 17, 35, 40, 37

해설 선택 정렬(Selection Sort)은 정렬되지 않은 데이터들에 대해 가장 작은 데이터를 찾아 정렬되지 않은 부분의 가장 앞의 데이터와 교환해 나가는 알고리즘이다.

	출력 결과					설명
초기 자료	37	14	17	40	35	
1회전	14	37	17	40	35	첫 번째 값인 37과 가장 작은 값 14와 교환
2회전	14	17	37	40	35	두 번째 값인 37과 정렬되지 않은 값 중 가장 작은 값인 17과 교환
3회전	14	17	35	40	37	세 번째 값인 37과 정렬되지 않은 값 중 가장 작은 값인 35와 교환

02 22년 7월, 17년 5월, 16년 5월, 13년 6월, 11년 6월

다음 자료에 대하여 선택(Selection) 정렬을 이용하여 오름차순으로 정렬하고자 한다. 1회전 수행 결과는?

> 8, 3, 4, 9, 7

① 3, 4, 7, 8, 9
② 3, 4, 7, 9, 8
③ 3, 4, 8, 9, 7
④ 3, 8, 4, 9, 7

해설 선택 정렬(Selection Sort)은 정렬되지 않은 데이터들에 대해 가장 작은 데이터를 찾아 정렬되지 않은 부분의 가장 앞 데이터와 교환해 나가는 알고리즘이다.

	출력 결과					설명
초기 자료	8	3	4	9	7	
1회전	3	8	4	9	7	첫 번째 값인 8과 가장 작은 값 3을 교환

03 21년 3월, 19년 4월, 16년 8월, 14년 3월

다음 자료에 대하여 "Selection Sort"를 사용하여 오름차순으로 정렬한 경우 PASS 3의 결과는?

| 8, 3, 4, 9, 7 |

① 3, 4, 7, 9, 8 ② 3, 4, 8, 9, 7
③ 3, 8, 4, 9, 7 ④ 3, 4, 7, 8, 9

해설 선택 정렬(Selection Sort)은 정렬되지 않은 데이터들에 대해 가장 작은 데이터를 찾아 정렬되지 않은 부분의 가장 앞의 데이터와 교환해 나가는 알고리즘이다.

	출력 결과	설명
초기 자료	8 3 4 9 7	
1회전	3 8 4 9 7	첫 번째 값인 8과 가장 작은 값 3을 교환
2회전	3 4 8 9 7	두 번째 값인 8과 정렬되지 않은 값 중 가장 작은 값인 4를 교환
3회전	3 4 7 9 8	세 번째 값인 8과 정렬되지 않은 값 중 가장 작은 값인 7을 교환

04 20년 9월, 16년 3월

다음 초기 자료에 대하여 삽입 정렬(Insertion Sort)을 이용하여 오름차순 정렬할 경우 1회전 후의 결과는?

| 8, 3, 4, 9, 7 |

① 3, 4, 8, 7, 9 ② 3, 4, 9, 7, 8
③ 7, 8, 3, 4, 9 ④ 3, 8, 4, 9, 7

해설 삽입 정렬(Insertion Sort)은 가장 간단한 정렬 방식으로 이미 순서화된 파일에 새로운 하나의 레코드를 순서에 맞게 삽입시키는 알고리즘이다.

	출력 결과	설명
초기 자료	8 3 4 9 7	
1회전	8 3 4 9 7	(8)은 이미 정렬되어 있다고 가정
	3 8 4 9 7	3을 이미 정렬된 부분 (8)에 삽입

05 21년 5월, 18년 4월, 15년 8월, 07년 5월

다음 자료를 버블 정렬을 이용하여 오름차순으로 정렬할 경우 PASS 2의 결과는?

| 9, 6, 7, 3, 5 |

① 3, 5, 6, 7, 9 ② 6, 7, 3, 5, 9
③ 3, 5, 9, 6, 7 ④ 6, 3, 5, 7, 9

해설 버블 정렬(Bubble Sort)은 주어진 파일에서 인접한 2개의 레코드 키 값을 비교하여 그 크기에 따라 레코드 위치를 서로 교환하는 정렬 방식이다.

	출력 결과	설명
초기 자료	9 6 7 3 5	
PASS 1	9 6 7 3 5	9와 6 비교 → swap
	6 9 7 3 5	9와 7 비교 → swap
	6 7 9 3 5	9와 3 비교 → swap
	6 7 3 9 5	9와 5 비교 → swap
	6 7 3 5 9	PASS 1 종료 시에 첫 번째로 큰 값인 9가 맨 뒤에 위치
PASS 2	6 7 3 5 9	6과 7 비교
	6 7 3 5 9	7과 3 비교 → swap
	6 3 7 5 9	7과 5 비교 → swap
	6 3 5 7 9	PASS 2 종료 시에 두 번째로 큰 값인 7이 맨 뒤에서 두 번째 위치

06 23년 3월, 22년 4월, 19년 3월, 13년 8월

버블 정렬을 이용하여 다음 자료를 오름차순으로 정렬할 경우 PASS 1의 결과는?

9, 6, 7, 3, 5

① 6, 9, 7, 3, 5

② 3, 9, 6, 7, 5

③ 3, 6, 7, 9, 5

④ 6, 7, 3, 5, 9

해설 버블 정렬(Bubble Sort)은 주어진 파일에서 인접한 2개의 레코드 키 값을 비교하여 그 크기에 따라 레코드 위치를 서로 교환하는 정렬 방식이다.

	출력 결과	설명
초기 자료	9 6 7 3 5	
PASS 1	9 6 7 3 5	9와 6 비교 → swap
	6 9 7 3 5	9와 7 비교 → swap
	6 7 9 3 5	9와 3 비교 → swap
	6 7 3 9 5	9와 5 비교 → swap
	6 7 3 5 9	PASS 1 종료 시에 첫 번째로 큰 값인 9가 맨 뒤에 위치

07 21년 8월, 18년 8월, 15년 3월

버블 정렬을 이용하여 다음 자료를 오름차순으로 정렬할 경우 PASS 3의 결과는?

9, 6, 7, 3, 5

① 6, 3, 5, 7, 9

② 3, 5, 6, 7, 9

③ 6, 7, 3, 5, 9

④ 3, 5, 9, 6, 7

해설 버블 정렬(Bubble Sort)은 주어진 파일에서 인접한 2개의 레코드 키 값을 비교하여 그 크기에 따라 레코드 위치를 서로 교환하는 정렬 방식이다.

	출력 결과	설명
초기 자료	9 6 7 3 5	
PASS 1	9 6 7 3 5	9와 6 비교 → swap
	6 9 7 3 5	9와 7 비교 → swap
	6 7 9 3 5	9와 3 비교 → swap
	6 7 3 9 5	9와 5 비교 → swap
	6 7 3 5 9	PASS 1 종료 시에 첫 번째로 큰 값인 9가 맨 뒤에 위치
PASS 2	6 7 3 5 9	6과 7 비교
	6 7 3 5 9	7과 3 비교 → swap
	6 3 7 5 9	7과 5 비교 → swap
	6 3 5 7 9	PASS 2 종료 시에 두 번째로 큰 값인 7이 맨 뒤에서 두 번째 위치
PASS 3	6 3 5 7 9	6과 3 비교 → swap
	3 6 5 7 9	6과 5 비교 → swap
	3 5 6 7 9	PASS 3 종료 시에 세 번째로 큰 값인 6이 맨 뒤에서 세 번째 위치

08 21년 3월

퀵 정렬에 관한 설명으로 옳은 것은?

① 코드의 키 값을 분석하여 같은 값끼리 그 순서에 맞는 버킷에 분배하였다가 버킷의 순서대로 레코드를 꺼내어 정렬한다.

② 주어진 파일에서 인접한 두 개의 레코드 키 값을 비교하여 그 크기에 따라 레코드 위치를 서로 교환한다.

③ 레코드의 많은 자료 이동을 없애고 하나의 파일을 부분적으로 나누어 가면서 정렬한다.

④ 임의의 레코드 키와 매개 변수(h) 값만큼 떨어진 곳의 레코드 키를 비교하여 서로 교환해 가면서 정렬한다.

> **해설** 레코드의 많은 자료 이동을 없애기 위해 파일을 부분적으로 나누어 가면서 정렬하는 것이 퀵 정렬의 대표적인 특징이다.

09 23년 3월, 22년 3월

분할 정복(Divide and Conquer)에 기반한 알고리즘으로 피벗(pivot)을 사용하며 최악의 경우 $\frac{n(n-1)}{2}$ 회의 비교를 수행해야 하는 정렬(Sort)은?

① Selection Sort

② Bubble Sort

③ Insert Sort

④ Quick Sort

> **해설** 퀵 정렬(Quick Sort)은 분할 정복에 기반한 알고리즘으로 피벗을 두고 피벗의 왼쪽에는 피벗보다 작은 값을, 오른쪽에는 큰 값을 두는 과정을 반복하는 알고리즘이다. 최악의 경우 $\frac{n(n-1)}{2}$ 회의 비교를 수행한다. 선택 정렬(Selection Sort), 버블 정렬(Bubble Sort), 삽입 정렬(Insert Sort) 모

두 최악의 경우 $\frac{n(n-1)}{2}$ 회의 비교를 수행하지만, 분할 정복(Divide and Conquer)에 기반한 알고리즘은 아니다.
>
> 분할 정복(Divide and Conquer)에 기반한 정렬 알고리즘: 퀵 정렬(Quick Sort), 합병 정렬(Merge Sort)

10 21년 5월, 17년 8월

힙 정렬(Heap Sort)에 대한 설명으로 틀린 것은?

① 정렬할 입력 레코드들로 힙을 구성하고 가장 큰 키값을 갖는 루트 노드를 제거하는 과정을 반복하여 정렬하는 기법이다.

② 평균 수행 시간은 $O(nlog_2 n)$이다.

③ 완전이진트리(Complete Binary tree)로 입력자료의 레코드를 구성한다.

④ 최악의 수행 시간은 $O(2n^4)$이다.

> **해설** 힙 정렬의 최악의 수행 시간은 $O(nlog_2 n)$이다.

11 21년 5월, 20년 6월

정렬된 N개의 데이터를 처리하는 데 $O(nlog_2 n)$의 시간이 소요되는 정렬 알고리즘은?

① 합병 정렬   ② 버블 정렬

③ 선택 정렬   ④ 삽입 정렬

> **해설** 정렬 알고리즘별 평균 시간복잡도는 다음과 같다.
>
> | $O(nlog_2 n)$ | 퀵 정렬(최악의 경우 $O(n^2)$), 합병 정렬, 힙 정렬 |
> | --- | --- |
> | $O(n^2)$ | 버블 정렬, 삽입 정렬, 선택 정렬 |

01 | ④	02 | ④	03 | ①	04 | ④	05 | ④
06 | ④	07 | ②	08 | ③	09 | ④	10 | ④
11 | ①				

029 검색 알고리즘

학 · 습 · 포 · 인 · 트 --

- 이진 검색의 비교 횟수를 묻는 문제가 출제된 적이 있다.
- 이진 검색 과정을 한 번만 손으로 계산해 보고 넘어가도록 한다.

 대표 기출 유형

다음과 같이 레코드가 구성되어 있을 때, 이진 검색 방법으로 14를 찾을 경우 비교되는 횟수는?

23년 5월, 22년 4월, 16년 8월, 04년 9월, 02년 5월

$$1, \ 2, \ 3, \ 4, \ 5, \ 6, \ 7, \ 8, \ 9, \ 10, \ 11, \ 12, \ 13, \ 14, \ 15$$

① 2　　　　　　② 3　　　　　　③ 4　　　　　　④ 5

....

데이터의 개수는 15개이므로 가운데 레코드 번호는 $\dfrac{1+15}{2}=8$이다. 14는 8보다 크므로 9부터 15 사이의 값이 되며,

가운데 레코드 번호는 $\dfrac{9+15}{2}=12$이다. 14는 12보다 크므로 13과 15 사이의 값이 되며, 가운데 레코드 번호는

$\dfrac{13+15}{2}=14$이다. 14를 찾았으므로 이진 탐색을 종료한다. 이진 검색 방법의 비교 횟수는 총 3번이다.

정답 ②

순차 검색(선형 검색: Sequential Search)

- 순차 검색은 배열의 처음부터 끝까지 차례대로 비교하여 원하는 데이터를 찾아내는 알고리즘이다.
- 순차 검색은 검색할 리스트의 길이가 길면 비효율적이지만, 검색 방법 중 가장 단순하여 구현이 쉽고, 정렬되지 않은 리스트에서도 사용할 수 있다는 장점이 있다.
- 평균과 최악의 경우 수행 시간 복잡도는 $O(n)$, 최선의 경우 $O(1)$이다.

이진 검색(이분 탐색: Binary Search)

- 이진 검색은 정렬되어 있는 리스트에서 탐색 범위를 절반씩 좁혀 가며 데이터를 탐색하는 알고리즘이다.
- 검색할 데이터가 정렬되어 있어야 한다.
- 탐색 효율이 좋고 탐색 시간이 적게 소요된다.
- 평균과 최악의 경우 수행 시간 복잡도는 $O(\log n)$, 최선의 경우 $O(1)$이다.
- 가운데 레코드 번호를 찾기 위해서는 다음 식을 사용한다. (소수점이 나올 경우 버림 처리한다.)

$M = [\dfrac{F+L}{2}]$	• F: 남은 범위 내에서 첫 번째 레코드 번호 • L: 남은 범위 내에서 마지막 레코드 번호 • M: 남은 범위 내에서 가운데 레코드 번호

예제 아래 리스트에서 40을 찾는 데 걸리는 횟수는?

35	62	21	32	52	61	57	10	40	9	20

예제정답 순차 검색의 경우 9회, 현재 상태에서는 이진 검색 사용이 불가하나 검색할 리스트가 정렬되어 있다고 가정하면 이진 검색 사용이 가능하며 이진 검색의 경우 3회

● 순차 검색의 경우

0. 데이터가 아래와 같이 정렬되어 들어오지 않는다고 가정한다. 순차 검색의 경우 데이터가 정렬되어 들어오든, 정렬되어 들어오지 않든 상관없다.

| 35 | 62 | 21 | 32 | 52 | 61 | 57 | 10 | 40 | 9 | 20 |

1. 첫 번째 레코드에 있는 35가 40과 같은지 확인한다. (순차 검색 1번 시도)
2. 두 번째 레코드에 있는 62가 40과 같은지 확인한다. (순차 검색 2번 시도)
...
9. 아홉 번째 레코드에 있는 40이 40과 같은지 확인한다. (순차 검색 9번 시도)
   → 찾으려는 값과 같으므로 순차 검색을 종료한다. (11개의 데이터에서 40을 찾는데 순차 검색으로는 9번의 시도로 찾을 수 있다.)

● 이진 검색의 경우

0. 데이터가 아래와 같이 정렬되어 들어온다고 가정한다. 이진 검색의 경우 검색할 데이터가 정렬되어 있을 때만 사용 가능하다.

데이터	9	10	20	21	32	35	40	52	57	61	62
레코드 번호	1	2	3	4	5	6	7	8	9	10	11

1. 데이터의 개수는 11개이므로 가운데 레코드 번호는 $\frac{1+11}{2}=6$이므로 6번째 값인 35를 확인한다. (이진 검색 1번 시도)

2. 찾으려는 값인 40이 35보다 크므로 왼쪽 영역이 아닌 오른쪽 영역에서 찾아야 한다. 남은 범위 내에서 다시 가운데 레코드 번호를 구하면 $\frac{7+11}{2}=9$이므로 9번째 값인 57을 확인한다.

데이터	9	10	20	21	32	35	40	52	57	61	62
레코드 번호	1	2	3	4	5	6	7	8	9	10	11

3. 찾으려는 값인 40이 57보다 작으므로 오른쪽 영역이 아닌 왼쪽 영역에서 찾아야 한다. 남은 범위 내에서 다시 가운데 레코드 번호를 구하면 $\frac{7+8}{2}=7.5$인데, 레코드 번호는 소수점이 없으므로 소수점을 버린 7이 된다. 7번째 값인 40을 확인한다. (이진 검색 3번 시도)

데이터	9	10	20	21	32	35	40	52	57	61	62
레코드 번호	1	2	3	4	5	6	7	8	9	10	11

   → 40을 찾았으므로 이진 검색을 종료한다. (정렬되어 있는 11개 데이터에서 40을 찾는데 이진 검색으로는 3번의 시도로 찾을 수 있다.)

> 쌤의 Comment

(오답주의) 이진 검색과 '피보나치 수열'은 관련이 없어요!
이진검색은 피보나치 수열에 따라 (가감산을 이용하여) 다음에 비교할 대상을 선정한다. (X) (21년 3월, 18년 3월, 13년 6월, 11년 3월)

01 21년 3월, 18년 3월, 13년 6월, 11년 3월

이진 검색 알고리즘에 대한 설명으로 틀린 것은?

① 탐색 효율이 좋고 탐색 시간이 적게 소요된다.

② 검색할 데이터가 정렬되어 있어야 한다.

③ 피보나치 수열에 따라 다음에 비교할 대상을 선정하여 검색한다.

④ 비교횟수를 거듭할 때마다 검색 대상이 되는 데이터의 수가 절반으로 줄어든다.

> 해설 이진 검색은 정렬되어 있는 리스트에서 탐색 범위를 절반씩 좁혀 가며 데이터를 탐색하는 알고리즘이다. 탐색 효율이 좋고 탐색 시간이 적게 소요된다.

02 23년 5월, 22년 4월, 16년 8월, 04년 9월, 02년 5월

다음과 같이 레코드가 구성되어 있을 때, 이진 검색 방법으로 14를 찾을 경우 비교되는 횟수는?

| 1, 2, 3, 4, 5, 6, 7, 8,
9, 10, 11, 12, 13, 14, 15 |

① 2   ② 3
③ 4   ④ 5

> 해설 데이터의 개수는 15개이므로 가운데 레코드 번호는 $\frac{1+15}{2}=8$이다. 14는 8보다 크므로 9

부터 15 사이의 값이 되며, 가운데 레코드 번호는 $\frac{9+15}{2}=12$이다. 14는 12보다 크므로 13과 15 사이의 값이 되며, 가운데 레코드 번호는 $\frac{13+15}{2}=14$이다. 14를 찾았으므로 이진 탐색을 종료한다. 이진 검색 방법의 비교 횟수는 총 3번이다.

03 22년 4월

알고리즘과 관련한 설명으로 틀린 것은?

① 주어진 작업을 수행하는 컴퓨터 명령어를 순서대로 나열한 것으로 볼 수 있다.

② 검색(Searching)은 정렬이 되지 않은 데이터 혹은 정렬이 된 데이터 중에서 키값에 해당되는 데이터를 찾는 알고리즘이다.

③ 정렬(Sorting)은 흩어져 있는 데이터를 키값을 이용하여 순서대로 열거하는 알고리즘이다.

④ 선형 검색은 검색을 수행하기 전에 반드시 데이터의 집합이 정렬되어 있어야 한다.

> 해설 선형 검색(Sequential Search)은 배열의 처음부터 끝까지 차례대로 비교하여 원하는 데이터를 찾아내는 알고리즘이다. 선형 검색은 검색할 리스트의 길이가 길면 비효율적이지만, 검색 방법 중 가장 단순하여 구현이 쉽고, 정렬되지 않은 리스트에서도 사용할 수 있다는 장점이 있다.

01 | ③   02 | ②   03 | ④

030 해싱

내일은 정보처리기사

학·습·포·인·트 --

- 해싱 함수의 종류나 해시 충돌 해결 방법에 대해 묻는 문제가 출제된 적이 있다.
- 최근 자주 출제되고 있는 개념이니 꼭 공부하고 넘어가도록 한다.

대표 기출 유형

해싱 함수(Hashing Function) 의 종류가 <u>아닌</u> 것은?　　　　　22년 7월, 21년 3월, 19년 8월, 04년 5월

① 제곱법(mid-square)　　　　　　② 숫자분석법(digit analysis)

③ 개방주소법(open addressing)　　④ 제산법(division)

·····················

해싱 함수의 종류에는 제곱법, 숫자분석법, 제산법 등이 있다. 개방주소법은 해싱 함수가 아니라, 해시 충돌을 해결하기 위한 방법이다.

정답 ③

필수 핵심 이론

해싱(Hashing)

해싱은 해시 테이블(Hash Table)이라는 기억공간을 할당하고, 해시 함수(Hash Function)를 이용하여 레코드 키에 대한 해시 테이블 내의 홈 주소(Home Address)를 계산한 후 주어진 레코드를 해당 기억장소에 저장하거나 검색 작업을 수행하는 방식이다.

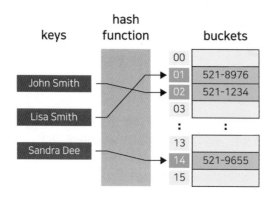

keys | hash function | buckets

00	
01	521-8976
02	521-1234
03	
:	:
13	
14	521-9655
15	

John Smith
Lisa Smith
Sandra Dee

해시 테이블(Hash Table)

레코드를 한 개 이상 보관할 수 있는 버킷들로 구성된 기억공간으로, 보조기억장치에 구성할 수도 있고 주기억장치에 구성할 수도 있다.

용어	설명
Bucket (버킷)	• 하나의 주소를 갖는 파일의 한 구역을 의미 • 버킷의 크기는 같은 주소에 포함될 수 있는 레코드 수를 의미
Slot (슬롯)	한 개의 레코드를 저장할 수 있는 공간으로 n개의 슬롯이 모여 하나의 버킷을 형성
Collision (충돌)	서로 다른 두 개 이상의 레코드가 같은 주소를 갖는 현상
Synonym (동의어)	동일한 홈 주소(Home Address)로 인하여 충돌이 일어난 레코드들의 집합
Overflow (오버플로우)	계산된 홈 주소의 버킷 내에 저장할 기억공간이 없는 상태로, 버킷을 구성하는 슬롯이 여러 개일 때 충돌(Collision)은 발생해도 오버플로우(Overflow)는 발생하지 않을 수 있음

해싱 함수(Hashing Function)

● 해싱 함수(해시 함수)는 임의의 길이의 데이터를 고정된 길이의 데이터로 매핑하는 함수이다.

● 해싱 함수를 선택할 때 계산과정의 단순화, 충돌의 최소화, 기억장소 낭비의 최소화, 오버플로우(더 이상의 저장할 곳이 없는 상태)의 최소화를 고려해야 한다.

● 해싱 함수에는 제산법, 제곱법, 폴딩법, 숫자 분석법 등이 있다.

함수	설명
제산법 (Division)	• 레코드 키(K)를 해시표(Hash Table)의 크기보다 큰 수 중에서 가장 작은 소수 (Prime, Q)로 나눈 나머지를 홈 주소로 삼는 방법 • h(K) = K mod Q
제곱법 (Mid-Square)	레코드 키 값(K)을 제곱한 후 그 중간 부분의 값을 홈 주소로 삼는 방법
폴딩법 (Folding)	레코드 키 값(K)을 여러 부분으로 나눈 후 각 부분의 값을 더하거나 XOR(배타적 논리 합)한 값을 홈 주소로 삼는 방법
기수 변환법 (Radix)	키 숫자의 진수를 다른 진수로 변환시켜 주소 크기를 초과한 높은 자릿수는 절단하 고, 이를 다시 주소 범위에 맞게 조정하는 방법
대수적 코딩법 (Algebraic Coding)	키 값을 이루고 있는 각 자리의 비트 수를 한 다항식의 계수로 간주하고 이 다항식을 해시표의 크기에 의해 정의된 다항식으로 나누어 얻은 나머지 다항식의 계수를 홈 주 소로 삼는 방법
숫자 분석법 (Digit Analysis, 계수 분석법)	키 값을 이루는 숫자의 분포를 분석하여 비교적 고른 자리를 필요한 만큼 택해서 홈 주소로 삼는 방법
무작위법 (Random)	난수(Random Number)를 발생시켜 나온 값을 홈 주소로 삼는 방법

해시 충돌(Collision)

● 해시 충돌(Collision)은 서로 다른 두 개 이상의 레코드가 같은 주소를 갖는 현상을 말한다.

● 해시 충돌은 해시테이블의 성능을 떨어뜨린다. 따라서 해시 함수를 잘 정의하여 해시 충돌을 최소화하는 것이 성능 개선에 도움이 된다.

● 해시함수의 입력값은 무한하지만, 출력값의 가짓수는 유한할 수밖에 없기 때문에 해시 충돌은 어느 경우에나 반드시 발생한다(비둘기집 원리).

● 해시 충돌이 일어난다고 해서 반드시 overflow가 일어나는 것은 아니다. Bucket을 구성하는 Slot이 여러 개일 때 Collision은 발생해도 Overflow는 발생하지 않을 수 있다.

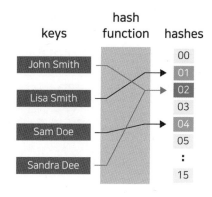

해시 충돌 해결 방법

방법	설명
체이닝 (Chaining)	버킷 내에 연결리스트(Linked List)를 할당하여, 버킷에 데이터를 삽입하다가 해시 충돌이 발생하면 연결 리스트로 데이터들을 연결하는 방식

방법		설명
개방 주소법 (Open Addressing)	• 해시 충돌이 일어났을 때 다른 버킷에 데이터를 삽입해 해결하는 방식 • 폐쇄 주소법(Closed Addressing)에 속하는 체이닝과는 다르게, 데이터의 주소값이 바뀜	
	선형 탐색 (Linear Probing)	해시충돌 시 다음 버킷, 혹은 몇 개를 건너뛰어 데이터 삽입
	제곱 탐색 (Quadratic Probing)	해시충돌 시 제곱만큼 건너뛴 버킷에 데이터 삽입 (1, 4, 9, 16, …)
	이중 해시 (Double Hashing)	해시충돌 시 다른 해싱 함수를 한 번 더 적용

연·습·문·제

01 22년 7월, 21년 3월

해싱 함수(Hashing Function)의 종류가 <u>아닌</u> 것은?

① 제곱법(mid-square)
② 숫자분석법(digit analysis)
③ 개방주소법(open addressing)
④ 제산법(division)

> **해설** 해싱 함수의 종류에는 제곱법, 숫자분석법, 제산법 등이 있다. 개방주소법은 해싱 함수가 아니라, 해시 충돌을 해결하기 위한 방법이다.

02 20년 9월

해싱 함수 중 레코드 키를 여러 부분으로 나누고, 나눈 부분의 각 숫자를 더하거나 XOR한 값을 홈 주소로 사용하는 방식은?

① 제산법
② 폴딩법
③ 기수변환법
④ 숫자분석법

> **해설** 해싱 함수 중 레코드 키를 여러 부분으로 나누고, 나눈 부분의 각 숫자를 더하거나 XOR한 값을 홈 주소로 사용하는 방식은 폴딩법(Folding)이다.

해싱 함수	설명
제산법 (Division)	레코드 키(K)를 해시테이블의 크기보다 큰 수 중에서 가장 작은 소수(Prime, Q)로 나눈 나머지를 홈 주소로 삼는 방법
제곱법 (Mid-Square)	레코드 키 값을 제곱한 후 그 중간 부분의 값을 홈 주소로 삼는 방법
폴딩법 (Folding)	레코드 키를 여러 부분으로 나누고, 나눈 부분의 각 숫자를 더하거나 XOR한 값을 홈 주소로 사용하는 방식
기수 변환법 (Radix)	키 숫자의 진수를 다른 진수로 변환시켜 주소 크기를 초과한 높은 자릿수는 절단하고, 이를 다시 주소 범위에 맞게 조정하는 방법
대수적 코딩법 (Algebraic Coding)	키 값을 이루고 있는 각 자리의 비트 수를 한 다항식의 계수로 간주하고 이 다항식을 해시테이블의 크기에 의해 정의된 다항식으로 나누어 얻은 나머지 다항식의 계수를 홈 주소로 삼는 방법
숫자 분석법 (Digit Analysis)	키 값을 이루는 숫자의 분포를 분석하여 비교적 고른 자리를 필요한 만큼 택해서 홈 주소로 삼는 방법
무작위법 (Random)	난수를 발생시켜 나온 값을 홈 주소로 삼는 방식

03 16년 8월

해싱 함수(Hashing Function)의 종류가 <u>아닌</u> 것은?

① 제곱(mid-square) 방법
② 숫자분석(digit analysis) 방법
③ 체인(chain) 방법
④ 제산(division) 방법

> **해설** 해싱 함수의 종류에는 제곱 방법, 숫자분석 방법, 제산 방법 등이 있다. 체인 방법은 해싱 함수가 아니라, 해시 충돌을 해결하기 위한 방법이다.

04 15년 8월

해싱에서 동일한 홈 주소로 인하여 충돌이 일어나는 경우를 무엇이라고 하는가?

① Synonym
② Collision
③ Bucket
④ Overflow

> **해설** 해시 충돌(Collision)은 서로 다른 두 개 이상의 레코드가 같은 주소를 갖는 현상을 말한다.

05

해싱에서 동일한 홈 주소로 인하여 충돌이 일어난 레코드들의 집합을 의미하는 것은?

① Overflow
② Bucket
③ Synonym
④ Collision

> **해설** 동일한 홈 주소로 인하여 충돌이 일어난 레코드들의 집합을 Synonym이라고 한다.

06 04년 5월, 01년 3월

해싱(hashing)에 관한 설명으로 옳지 <u>않은</u> 것은?

① 버킷(bucket)이란 하나의 주소를 갖는 파일의 한 구역을 의미하며, 버킷의 크기는 같은 주소에 포함될 수 있는 레코드의 수를 의미한다.
② 슬롯(slot)이란 한 개의 레코드를 저장할 수 있는 공간으로 n개의 슬롯이 모여 하나의 버킷을 형성한다.
③ 충돌(collision)이란 레코드를 삽입할 때 2개의 상이한 레코드가 똑같은 버킷으로 해싱되는 것을 의미한다.
④ 해싱은 충돌(collision)이 발생하면 항상 오버플로가 발생한다.

> **해설** 오버플로(overflow)는 계산된 홈 주소의 버킷 내에 저장할 기억공간이 없는 상태로, 버킷을 구성하는 슬롯이 여러 개일 때 충돌(collision)은 발생해도 오버플로는 발생하지 않을 수 있음

07 18년 8월

해싱 테이블의 오버플로우 처리 기법이 <u>아닌</u> 것은?

① 개방 주소법
② 폐쇄 주소법
③ 로그 주소법
④ 재해싱

> **해설** 해시 테이블의 오버플로우 처리 기법에는 개방 주소법, 폐쇄 주소법, 재해싱이 있다.

08 17년 3월

해싱에서 충돌이 일어난 자리에서 그 다음 버킷들을 차례로 하나씩 검색하여 최초로 나오는 빈 버킷에 해당 데이터를 저장하는 방법은?

① 선형 개방 주소법
② 재해싱
③ 임의 조사법
④ 이차 조사법

> **해설** 선형 개방 주소법(linear probing)은 해싱에서 충돌이 일어난 자리에서 그 다음 버킷들을 차례로 하나씩 검색하여 최초로 나오는 빈 버킷에 해당 데이터를 저장하는 방법이다.

01 | ③   02 | ②   03 | ③   04 | ②   05 | ③
06 | ④   07 | ③   08 | ①

02

통합 구현

031 | 모듈 구현 *

학 · 습 · 포 · 인 · 트 --

- 모듈 및 구현의 개념과 구현 단계에서의 작업 절차를 묻는 문제가 자주 출제된다.
- 모듈 및 구현의 개념과 구현 단계에서의 작업 절차를 꼭 기억하고 넘어가도록 한다.

 대표 기출 유형

01 소프트웨어 개발 방법론에서 구현(Implementation)에 대한 설명으로 가장 적절한 것은?

13년 8월, 07년 5월, 04년 9월, 02년 3월, 01년 9월

① 요구사항 분석 과정 중 모아진 요구사항을 옮기는 것
② 시스템이 무슨 기능을 수행하는지에 대한 시스템의 목표 기술
③ 프로그래밍 또는 코딩이라고 불리며 설계 명세서가 컴퓨터가 알 수 있는 모습으로 변환되는 과정
④ 시스템이나 소프트웨어 요구 사항을 정의하는 과정

....

구현(Implementation)은 프로그래밍 또는 코딩이라고 불리며 설계 명세서가 컴퓨터가 알 수 있는 모습으로 변환되는 과정을 의미한다.

정답 ③

02 구현 단계에서의 작업 절차를 순서에 맞게 나열한 것은?　　　**21년 3월, 17년 8월**

㉠ 코딩한다.	㉡ 코딩작업을 계획한다.
㉢ 코드를 테스트한다.	㉣ 컴파일한다.

① ㉠-㉡-㉢-㉣　　② ㉡-㉠-㉣-㉢　　③ ㉢-㉠-㉡-㉣　　④ ㉣-㉡-㉠-㉢

....

구현 단계에서의 작업 절차는 코딩 계획 → 코딩 → 컴파일(작성한 코드를 컴퓨터가 이해할 수 있도록 변환하는 과정) → 테스트 순이다.

정답 ②

구현(Implementation)의 개념

프로그래밍 또는 코딩이라고 불리며 설계 명세서가 컴퓨터가 알 수 있는 모습으로 변환되는 과정을 의미한다.

구현 단계에서 작업 절차

순서	절차	설명
1	코딩 계획	기능을 실제 수행할 수 있도록 수행 방법을 논리적으로 결정하는 단계
2	코딩	• 논리적으로 결정한 문제해결 방법을 특정 프로그래밍 언어를 사용하여 구현하는 단계 • 프로그래밍 언어 선택 시 개발 **정보시스템의 특성, 사용자의 요구사항, 컴파일러의 가용성**을 고려해야 함
3	컴파일	작성한 코드를 다른 언어의 코드(주로 기계어)로 변환하는 단계
4	테스트	기능이 요구사항을 만족하는지, 예상과 실제 결과가 어떤 차이를 보이는지 검사하고 평가하는 단계

단위 모듈(Unit Module)의 개념

● 단위 모듈(Unit Module)은 소프트웨어 구현에 필요한 여러 동작 중 한 가지 동작을 수행하는 기능을 모듈로 구현한 것이다.

● **모듈(Module)**은 소프트웨어 구조를 이루며, 다른 것들과 구별될 수 있는 독립적인 기능을 갖는 단위이다. 하나 또는 몇 개의 논리적인 기능을 수행하기 위한 명령어들의 집합으로 서로 모여 하나의 완전한 프로그램으로 만들어질 수 있다.

● 단위 모듈로 구현된 하나의 기능을 단위 기능이라고 한다.

단위 모듈 구현의 원리

단위 모듈은 4가지의 핵심 원리로 구현된다.

정보 은닉(Information Hiding)	어렵거나 변경 가능성이 있는 모듈을 타 모듈로부터 은폐
분할과 정복(Divide & Conquer)	복잡한 문제를 분해, 모듈 단위로 문제 해결
데이터 추상화(Data Abstraction)	각 모듈 자료 구조를 액세스하고 수정하는 함수 내에 자료 구조의 표현내역을 은폐
모듈 독립성(Module Independency)	낮은 결합도와 높은 응집도를 가짐

단위 모듈 테스트의 개념

● 프로그램의 단위 기능을 구현하는 모듈이 정해진 기능을 정확히 수행하는지 검증하는 것이다.

● 단위 모듈 테스트는 단위 테스트(Unit Test)라고도 하며, 화이트박스 테스트와 블랙박스 테스트 기법을 사용한다.

● 모듈의 통합 이후에는 오랜 시간 추적해야 발견할 수 있는 에러들도 단위 모듈 테스트를 수행하면 쉽게 발견하고 수정할 수 있다.

● 단위 모듈 테스트의 기준은 단위 모듈에 대한 코드이므로 시스템 수준에 대한 오류는 잡아낼 수 없다.

● 단위 모듈 테스트를 위해 IDE(Integrated Development Environment) 도구를 활용하여 개별 단위 모듈에 대한 디버깅을 수행한다.

테스트(Test)와 디버그(Debug) 차이

항목	테스트(Test)	디버그(Debug)
개념	시스템이 정해진 요구사항을 만족하는지, 예상과 실제 결과가 어떤 차이를 보이는지 검사하고 평가하는 단계	개발 중에 발생하는 시스템의 논리적인 오류나 버그를 찾아서 수정하는 과정
목적	오류를 찾는 작업	오류를 수정하는 작업

> **쌤의 Comment**
>
> **코딩과 컴파일 개념이 헷갈려요!**
> 코딩은 개발자가 프로그래밍 언어를 이용해 원하는 작업의 내용을 구현하는 단계로 컴퓨터에서 바로 실행이 불가능해요. 컴파일(compile)은 이 소스파일(source file)을 분석하여 컴퓨터에서 실행이 가능하도록 기계어로 변환시키는 과정을 말해요. 프로그래밍 언어 코드가 먼저 작성되어야 기계어로 변환 가능하니, 구현 단계에서의 작업 절차 순서는 컴파일보다 코딩이 먼저 나오는 거예요.

● 화이트박스 테스트(White-box Test): 구조 기반 테스트라고도 불리며, 모듈 내부의 소스 코드를 보면서 수행하는 테스트

● 블랙박스 테스트(Black-box Test): 명세 기반 테스트라고도 불리며, 프로그램 외부 사용자의 요구사항 명세를 보면서 수행하는 테스트

● IDE(Integrated Development Environment): 통합 개발 환경을 의미하며, 코딩, 디버그, 컴파일, 배포 등 프로그램 개발에 관련된 모든 작업을 하나의 프로그램에서 처리하는 환경을 제공하는 소프트웨어

연·습·문·제

01 13년 8월, 07년 5월, 04년 9월, 02년 3월, 01년 9월

소프트웨어 개발 방법론에서 구현에 대한 설명으로 가장 적절한 것은?

① 요구사항 분석 과정 중 모아진 요구사항을 옮기는 것

② 시스템이 무슨 기능을 수행하는지에 대한 시스템의 목표 기술

③ 프로그래밍 또는 코딩이라고 불리며 설계 명세서가 컴퓨터가 알 수 있는 모습으로 변환되는 과정

④ 시스템이나 소프트웨어 요구 사항을 정의하는 과정

> **해설** 구현(Implementation)은 프로그래밍 또는 코딩이라고 불리며 설계 명세서가 컴퓨터가 알 수 있는 모습으로 변환되는 과정을 의미한다.

02 21년 3월, 17년 8월

구현 단계에서의 작업 절차를 순서에 맞게 나열한 것은?

㉠ 코딩한다.
㉡ 코딩작업을 계획한다.
㉢ 코드를 테스트한다.
㉣ 컴파일한다.

① ㉠-㉡-㉢-㉣
② ㉡-㉠-㉣-㉢
③ ㉢-㉠-㉡-㉣
④ ㉣-㉡-㉠-㉢

> **해설** 구현 단계에서의 작업 절차는 코딩 계획 → 코딩 → 컴파일(작성한 코드를 컴퓨터가 이해할 수 있도록 변환하는 과정) → 테스트 순이다.

03 22년 3월, 18년 8월, 16년 5월

정보시스템 개발 단계에서 프로그래밍 언어 선택 시 고려할 사항으로 가장 거리가 먼 것은?

① 개발 정보시스템의 특성
② 사용자의 요구사항
③ 컴파일러의 가용성
④ 컴파일러의 독창성

> **해설** 정보시스템 개발 단계에서 프로그래밍 언어 선택 시 고려할 사항은 개발 정보시스템의 특성, 사용자의 요구사항, 컴파일러의 가용성 등이 있다.

04 21년 8월

다음 설명에 부합하는 용어로 옳은 것은?

- 소프트웨어 구조를 이루며, 다른 것들과 구별될 수 있는 독립적인 기능을 갖는 단위이다.
- 하나 또는 몇 개의 논리적인 기능을 수행하기 위한 명령어들의 집합이라고도 할 수 있다.
- 서로 모여 하나의 완전한 프로그램으로 만들어질 수 있다.

① 통합 프로그램　② 저장소
③ 모듈　④ 데이터

해설 모듈은 소프트웨어 구조를 이루며, 다른 것들과 구별될 수 있는 독립적인 기능을 갖는 단위이다.

05 21년 5월

테스트와 디버그의 목적으로 옳은 것은?

① 테스트는 오류를 찾는 작업이고 디버깅은 오류를 수정하는 작업이다.
② 테스트는 오류를 수정하는 작업이고 디버깅은 오류를 찾는 작업이다.
③ 둘 다 소프트웨어의 오류를 찾는 작업으로 오류 수정은 하지 않는다.
④ 둘 다 소프트웨어 오류의 발견, 수정과 무관하다.

해설 테스트는 오류를 찾는 작업이고 디버그는 오류를 수정하는 작업이다.

01 | ③　02 | ②　03 | ④　04 | ③　05 | ①

032 | 형상 관리 ★★★

학 ·습 ·포 ·인 ·트 --

- 형상 관리의 개념을 묻는 문제의 출제가 빈번하므로, 형상 관리 개념을 꼭 알아두는 것이 중요하다.

 대표 기출 유형

소프트웨어 형상관리(Configuration management)에 관한 설명으로 틀린 것은?

22년 7월, 21년 3월, 14년 3월, 11년 3월, 08년 3월

① 소프트웨어에서 일어나는 수정이나 변경을 알아내고 제어하는 것을 의미한다.
② 소프트웨어 개발의 전체 비용을 줄이고, 개발 과정의 여러 방해 요인이 최소화되도록 보증하는 것을 목적으로 한다.
③ 형상관리를 위하여 구성된 팀을 "chief programmer team"이라고 한다.
④ 형상관리의 기능 중 하나는 버전 제어 기술이다.

....

형상 관리를 위하여 구성된 팀을 형상통제위원회(CCB; Configuration or Change Control Board)라고 한다. chief programmer team은 효율성을 제고하기 위하여 능력과 경험이 풍부한 책임 프로그래머를 중심으로 하여 구성한 개발 팀을 말한다.

정답 ③

필수 핵심 이론

형상 관리의 개념

- 형상 관리는 소프트웨어 생명주기 동안 발생하는 변경사항을 체계적으로 관리하여 소프트웨어의 품질 보증을 향상시키는 관리적 활동이다.

- 형상 관리는 개발 과정의 변경 사항을 관리한다.

- 형상 관리에서 관리 항목으로는 프로젝트 요구 분석서, 소스 코드, 운영 및 설치 지침서가 있다.

- 유지보수 단계뿐만 아니라 개발 단계에도 사용할 수 있다.

형상 관리 절차

형상 관리는 식별, 통제, 감사, 기록의 절차를 통해 생산성과 품질을 높일 수 있다.

순서	절차	설명
1	형상 식별	형상 관리 계획을 근거로 형상 관리의 대상이 무엇인지 식별하는 활동
2	형상 통제	형상 항목의 변경사항에 대하여 형상통제위원회(CCB)가 승인/기각/보류를 결정하고, 승인된 변경사항의 이행을 체계적으로 통제하는 활동
3	형상 감사	형상 관리 계획대로 형상 관리가 진행되고 있는지, 형상 항목의 변경이 요구사항에 맞도록 제대로 이뤄졌는지 등을 살펴보는 활동
4	형상 기록	소프트웨어 형상 및 변경 관리에 대한 각종 수행결과를 기록하는 활동

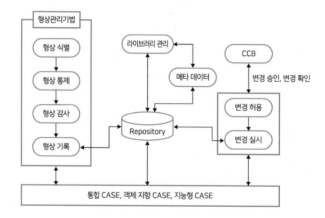

형상 관리 도구

- 형상 관리 도구는 소프트웨어 변경 사항을 관리하기 위해서 형상 식별, 통제, 감사 기록을 수행하는 도구이다.

- 소스 코드나 문서의 버전 관리, 이력 관리, 추적 등 변경 사항을 체계적으로 관리할 수 있는 기능을 제공하는 도구이다.

- 형상 관리 도구의 기능은 체크인, 체크아웃, 커밋이 있다.

기능	설명
체크인 (Check-In)	개발자가 수정한 소스를 형상 관리 저장소로 업로드 하는 기능
체크아웃 (Check-Out)	형상 관리 저장소로부터 최신 버전을 개발자 PC로 다운로드 받는 기능
커밋 (Commit)	개발자가 소스를 형상 관리 저장소에 업로드 후 최종적으로 업데이트가 되었을 때 형상 관리 서버에서 반영하도록 하는 기능

● 형상 관리 도구에는 CVS, SVN, Git 등이 있으며, SVN, Git이 가장 많이 사용된다.

형상관리 도구	설명
CVS (Concurrent Versions System)	• 가장 오래된 형상 관리 도구 중의 하나로서 중앙 집중형 서버 저장소를 두고 클라이언트가 접속해서 버전 관리를 실행하는 형상 관리 도구 • 텍스트 기반 소스 코드 위주 지원 • 등록된 파일 및 디렉토리의 변동이 불편 • 커밋 실패 시 롤백 기능 미지원
SVN (Subversion)	• 중앙 집중형 클라이언트-서버 방식으로 CVS의 단점을 보완한 형상 관리 도구 • 텍스트 기반 파일 외에 실행 파일과 같은 바이너리 파일 지원하며 커밋 실패 시 롤백 가능
GIT	• 리누스 토발즈가 2005년 리눅스 커널의 개발을 위해 만든 형상 관리 도구 • 로컬/원격 저장소를 나눠 형상 관리하며 커밋 실패 시 롤백 가능

> **쌤의 Comment**
>
> **형상 관리에 대한 옳은/틀린 설명을 고르는 문제가 자주 나오는데, 아래 오답 선지를 주의하세요!**
> • 형상관리를 위하여 구성된 팀을 "chief programmer team"이라고 한다. (X)
> • 형상 관리의 역할은 프로젝트 개발비용을 효율적으로 관리하는 것이다. (X)
> • 형상 통제 과정에서는 형상 목록의 변경 요구를 즉시 수용 및 반영해야 한다. (X)

기초 용어 정리

● 형상(변경) 통제 위원회(CCB; Configuration or Change Control Board): 형상 관리에 대한 주요 방침을 정하고 산출물을 검토하며, 단계별 의사 결정을 수행하는 조직
● 롤백(Rollback): 형상관리에서 롤백은 commit 이전 상태로 되돌리는 행위. 참고로 데이터베이스에서 롤백은 업데이트에서 오류가 발생할 때, 이전 상태로 되돌리는 행위. 즉, 롤백은 특정 시점 이전 상태로 되돌리는 행위

01 20년 6월, 15년 8월

소프트웨어 형상 관리의 의미로 적절한 것은?

① 비용에 관한 사항을 효율적으로 관리하는 것
② 개발 과정의 변경 사항을 관리하는 것
③ 테스트 과정에서 소프트웨어를 통합하는 것
④ 개발 인력을 관리하는 것

> 해설 소프트웨어 형상 관리는 소프트웨어 개발 과정의 변경 사항을 관리하는 것이다.

02 23년 7월, 22년 4월

소프트웨어의 개발과정에서 소프트웨어의 변경사항을 관리하기 위해 개발된 일련의 활동을 뜻하는 것은?

① 복호화
② 형상 관리
③ 저작권
④ 크랙

> 해설 형상 관리는 소프트웨어 개발 과정의 변경 사항을 관리하는 것이다.

03 20년 9월

소프트웨어 형상 관리에서 관리 항목에 포함되지 <u>않는</u> 것은?

① 프로젝트 요구 분석서
② 소스 코드
③ 운영 및 설치 지침서
④ 프로젝트 개발 비용

> 해설 형상 관리에서 관리 항목으로는 프로젝트 요구 분석서, 소스 코드, 운영 및 설치 지침서가 있다. 형상 관리는 소프트웨어 개발을 위한 변경 사항을 관리할 뿐, 개발 비용은 관리 대상이 아니다.

04 23년 5월, 20년 8월

제품 소프트웨어의 형상 관리 역할로 <u>틀린</u> 것은?

① 형상 관리를 통해 이전 리버전이나 버전에 대한 정보에 접근 가능하여 배포본 관리에 유용
② 불필요한 사용자의 소스 수정 제한
③ 프로젝트 개발비용을 효율적으로 관리
④ 동일한 프로젝트에 대해 여러 개발자 동시 개발 가능

> 해설 형상 관리는 소프트웨어 개발을 위한 변경 사항을 관리할 뿐, 개발 비용은 관리 대상이 아니다.

05 22년 7월, 21년 3월, 14년 3월, 11년 3월, 08년 3월

소프트웨어 형상관리(Configuration management)에 관한 설명으로 <u>틀린</u> 것은?

① 소프트웨어에서 일어나는 수정이나 변경을 알아내고 제어하는 것을 의미한다.
② 소프트웨어 개발의 전체 비용을 줄이고, 개발 과정의 여러 방해 요인이 최소화되도록 보증하는 것을 목적으로 한다.
③ 형상관리를 위하여 구성된 팀을 "chief programmer team"이라고 한다.
④ 형상관리의 기능 중 하나는 버전 제어 기술이다.

> 해설 형상 관리를 위하여 구성된 팀을 형상통제위원회(CCB; Configuration or Change Control Board)라고 한다. chief programmer team은 효율성을 제고하기 위하여 능력과 경험이 풍부한 책임 프로그래머를 중심으로 하여 구성한 개발 팀을 말한다.

06 21년 8월

형상 관리의 개념과 절차에 대한 설명으로 틀린 것은?

① 형상 식별은 형상 관리 계획을 근거로 형상관리의 대상이 무엇인지 식별하는 과정이다.
② 형상 관리를 통해 가시성과 추적성을 보장함으로써 소프트웨어의 생산성과 품질을 높일 수 있다.
③ 형상 통제 과정에서는 형상 목록의 변경 요구를 즉시 수용 및 반영해야 한다.
④ 형상 감사는 형상 관리 계획대로 형상관리가 진행되고 있는지, 형상 항목의 변경이 요구 사항에 맞도록 제대로 이뤄졌는지 등을 살펴보는 활동이다.

> **해설** 형상 통제 과정에서는 형상 목록의 변경 요구를 형상통제위원회(CCB)의 검토 후 수용 및 반영해야 한다.

1	형상 식별	형상 관리 계획을 근거로 형상 관리의 대상이 무엇인지 식별하는 활동
2	형상 통제	형상 항목의 변경사항에 대하여 형상통제위원회(CCB)가 승인/기각/보류를 결정하고, 승인된 변경사항의 이행을 체계적으로 통제하는 활동
3	형상 감사	형상 관리 계획대로 형상 관리가 진행되고 있는지, 형상 항목의 변경이 요구사항에 맞도록 제대로 이뤄졌는지 등을 살펴보는 활동
4	형상 기록	소프트웨어 형상 및 변경 관리에 대한 각종 수행결과를 기록하는 활동

07 21년 5월

소프트웨어 형상 관리에 대한 설명으로 거리가 먼 것은?

① 소프트웨어에 가해지는 변경을 제어하고 관리한다.
② 프로젝트 계획, 분석서, 설계서, 프로그램, 테스트 케이스 모두 관리 대상이다.
③ 대표적인 형상관리 도구로 Ant, Maven, Gradle 등이 있다.
④ 유지 보수 단계뿐만 아니라 개발 단계에도 적용할 수 있다.

> **해설** Ant, Maven, Gradle는 빌드 자동화 도구이다. 대표적인 형상 관리 도구는 CVS, SVN, Git이다.

08 20년 8월

형상 관리 도구의 주요 기능으로 거리가 먼 것은?

① 정규화(Normalization)
② 체크인(Check-in)
③ 체크아웃(Check-out)
④ 커밋(commit)

> **해설** 형상 관리 도구의 기능은 체크인(Check-in), 체크아웃(Check-out), 커밋(commit)이다.

01 | ②	02 | ②	03 | ④	04 | ③	05 | ③
06 | ③	07 | ③	08 | ①		

033 | IDE·협업 도구

- 출제 빈도가 높지 않은 파트이니, IDE 도구의 기능과 대표적인 IDE 도구에 어떤 것이 있는 지만 간단히 학습하고 넘어가면 된다.

대표 기출 유형

IDE(Integrated Development Environment) 도구의 각 기능에 대한 설명으로 틀린 것은?

22년 4월

① Coding – 프로그래밍 언어를 가지고 컴퓨터 프로그램을 작성할 수 있는 환경을 제공
② Compile – 저급언어의 프로그램을 고급언어 프로그램으로 변환하는 기능
③ Debugging – 프로그램에서 발견되는 버그를 찾아 수정할 수 있는 기능
④ Deployment – 소프트웨어를 최종 사용자에게 전달하기 위한 기능

IDE 도구에서 Compile 기능은 고급언어의 프로그램을 저급언어 프로그램으로 변환하는 기능을 의미한다.

정답 ②

필수 핵심 이론

IDE(Integrated Development Environment) 도구

- IDE 도구는 코딩, 컴파일, 디버깅, 배포 등 프로그램 개발과 관련된 모든 작업을 하나의 프로그램 안에서 처리하는 환경을 제공하는 소프트웨어이다.
- 기존에는 컴파일러(Compiler), 편집기(Editor), 디버거(Debugger) 등 다양한 툴을 별도로 사용했으나 현재는 하나의 인터페이스로 통합하여 제공한다.
- IDE 도구의 대표 기능은 코딩(Coding), 컴파일(Compile), 디버깅(Debugging), 배포(Deployment) 이다.

기능	설명
코딩(Coding)	프로그래밍 언어를 가지고 컴퓨터 프로그램을 작성할 수 있는 환경을 제공
컴파일(Compile)	고급 언어로 작성한 프로그램을 컴퓨터가 이해할 수 있는 기계어(저급 언어)로 변환하는 기능
디버깅(Debugging)	프로그램에서 발견되는 버그를 찾아 수정할 수 있는 기능
배포(Deployment)	소프트웨어를 최종 사용자에게 전달하기 위한 기능

● 통합 개발 환경을 지원하는 도구는 플랫폼, 운영체제, 언어별로 다양하게 존재하며, 대표적인 도구는 다음과 같다.

구분	이클립스 (Eclipse)	비주얼 스튜디오 (Visual Studio)	엑스 코드 (Xcode)	안드로이드 스튜디오 (Android Studio)	IntelliJ IDEA
개발사	IBM, 이클립스 재단	Microsoft	Apple	Google, JetBrains	JetBrains
플랫폼	크로스 플랫폼	Win32, Win64	Mac, iPhone	Android	크로스 플랫폼
운영체제	대부분의 운영체제 대상	Windows	MacOS, iOS	Windows, Linux, MacOS	Windows, Linux, MacOS
지원 언어	Java, C, C++, PHP, JSP 등	Basic, C, C++, C#, .NET 등	C, C++, C#, Java, AppleScript 등	Java, C, C++	JAVA, JSP, XML, Go, Kotlin, PHP 등
특징	Java 개발 최적화	C 계열 언어 중심	iOS 기반 앱 개발	Android 기반 앱 개발	Java 통합 개발 환경

협업 도구

● 협업 도구는 개발에 참여하는 사람들이 서로 다른 작업 환경에서 원활히 프로젝트를 수행할 수 있도록 도와주는 도구(Tool)로, 협업 소프트웨어, 그룹웨어(Groupware) 등으로도 불린다.

● 협업 도구의 종류에는 지라(Jira)·트렐로(Trello)·레드마인(Redmine) 등과 같이 프로젝트 및 일정 관리 기능을 제공하는 도구, 깃허브(Github)와 같은 소스 공유 기능을 제공하는 도구, 슬랙(Slack)·잔디(Jandi)·태스크월드(Taskworld) 등과 같이 메신저 기능의 도구, 스케치(Sketch)·제플린(Zeplin) 등과 같이 디자이너가 설계한 UI나 이미지의 정보들을 코드화하여 개발자에게 전달하는 기능을 제공하는 도구 등이 있다.

IDE 도구 기능 외우기

프로그래밍 언어로 Coding하고, 저급 언어로 Compile하고, Debug하고, 최종 사용자에게 Deploy한다.(CoCoDeDe)

기초 용어 정리

● 크로스 플랫폼(Cross Platform): 여러 종류의 시스템에서 공통으로 사용될 수 있는 소프트웨어

연·습·문·제

01 22년 4월

IDE(Integrated Development Environment) 도구의 각 기능에 대한 설명으로 **틀린** 것은?

① Coding – 프로그래밍 언어를 가지고 컴퓨터 프로그램을 작성할 수 있는 환경을 제공

② Compile – 저급언어의 프로그램을 고급언어 프로그램으로 변환하는 기능

③ Debugging – 프로그램에서 발견되는 버그를 찾아 수정할 수 있는 기능

④ Deployment – 소프트웨어를 최종 사용자에게 전달하기 위한 기능

해설 IDE 도구에서 Compile 기능은 고급언어의 프로그램을 저급언어 프로그램으로 변환하는 기능을 의미한다.

01 | ②

034 재사용 기법 **

내일은 정보처리기사

학 · 습 · 포 · 인 · 트 --

- 재사용의 종류와 효과를 이해하도록 학습한다.
- 특히 재사용의 효과(이점, 장점)에 해당되는 것과 그렇지 않은 것을 구분하는 문제가 자주 출제되었으므로 재사용의 효과를 잘 이해하자.

 대표 기출 유형

01 소프트웨어의 재사용(reusability)에 대한 효과와 거리가 먼 것은?

23년 3월, 12년 5월, 06년 9월, 05년 3월, 02년 9월

① 사용자의 책임과 권한부여   ② 소프트웨어의 품질향상
③ 생산성 향상   ④ 구축 방법에 대한 지식의 공유

....

재사용의 효과는 개발 시간과 비용의 단축, 소프트웨어의 품질 및 생산성 향상, 구축 방법에 대한 지식의 공유, 프로젝트의 실패 위험 감소 등이 있다. 사용자의 책임과 권한부여는 소프트웨어의 재사용과 관련이 없다.

정답 ①

02 소프트웨어 재공학의 주요 활동 중 기존 소프트웨어를 다른 운영체제나 하드웨어 환경에서 사용할 수 있도록 변환하는 것은?   23년 3월, 22년 7월, 3월, 19년 4월, 15년 3월

① 역공학   ② 분석   ③ 재구성   ④ 이식

....

소프트웨어 재공학 종류에는 분석(Analysis), 재개발(Re-Development), 역공학(Reverse Engineering), 이식(Migration)이 있다. 기존 소프트웨어를 다른 운영체제나 하드웨어 환경에서 사용할 수 있도록 변환하는 작업은 이식(Migration)에 해당된다.

정답 ④

재사용(Reuse) 기법의 개념

● 재사용(Reuse)은 이미 개발되어 그 기능, 성능 및 품질을 인정받았던 소프트웨어의 전체 또는 일부분을 다시 사용하는 기법이다.

● 재사용 요소에는 전체 프로그램, 부분 코드, 응용된 지식, 데이터 모형, 구조, 테스트 계획, 문서화 방법 등이 해당될 수 있다.

재사용의 장단점

장점	• 개발 시간과 비용 단축 • 소프트웨어의 품질 및 생산성 향상 • 구축 방법에 대한 지식의 공유 • 프로젝트의 실패 위험 감소
단점	• 기존 소프트웨어에 재사용 소프트웨어를 추가하기 어려움 • 새로운 개발 방법론을 도입하기 어려움 • 프로그램 언어가 종속적 • 프로그램의 표준화가 부족

재사용 종류

재사용 종류에는 재공학(Re-Engineering), 재개발(Re-Development) 기법이 존재한다.

구분	설명		
재공학 (Re-Engineering)	• 기존 소프트웨어를 버리지 않고 기능을 개선시키거나 기능을 새로운 소프트웨어로 재활용하는 소프트웨어 재사용 기법 • 재공학의 장점으로는 위험부담 감소, 비용 절감, 개발 기간 단축, 시스템 명세의 오류억제가 있음 • 소프트웨어 재공학의 주요 활동은 분석(Analysis), 재구조(Restructing), 역공학(Reverse Engineering), 이식(Migration)이 있음		
	분석 (Analysis)	기존 소프트웨어 명세서를 확인하여 소프트웨어 동작을 이해하고, 재공학 대상을 선정하는 작업	
	재구조 (Restructing)	소프트웨어 기능 변경 없이 소프트웨어 형태를 목적에 맞게 수정	

	역공학 (Reverse Engineering)	• 기존 소프트웨어를 분석하여 설계도를 추출하거나 다시 만들어 내는 작업 • 소프트웨어를 구성하는 원시 코드를 복구하는 작업 • 원시 코드로부터 설계정보 추출 및 절차 설계표현, 프로그램과 데이터 구조 정보 추출
	이식 (Migration)	소프트웨어 재공학의 주요 활동 중 기존 소프트웨어 시스템을 새로운 기술 또는 하드웨어 환경에서 사용할 수 있도록 변환하는 작업
재개발 (Re-Development)		기존 시스템 내용을 참조하여 완전히 새로운 시스템을 개발, 기존 시스템에 새로운 기능을 추가, 기존 시스템의 기능을 변경하는 기법

재사용 범위에 따른 분류

재사용 범위에 따른 분류에는 함수와 객체, 컴포넌트, 애플리케이션이 있다.

구분	설명
함수와 객체	함수(Function)나 클래스(Class) 단위로 구현한 소스 코드를 재사용
컴포넌트	컴포넌트 자체에 대한 수정 없이 인터페이스를 통해 통신하는 방식으로 재사용
애플리케이션	공통된 기능들을 제공하는 애플리케이션을 공유하는 방식으로 재사용

쌤의 Comment

재사용의 효과가 아닌 것을 묻는 문제가 자주 출제되는데, 아래 오답 선지를 주의하세요!

- 새로운 개발 방법 도입 용이 (X)
- 응용 소프트웨어의 보안 유지 (X)
- 소프트웨어 프로그래밍 언어의 종속 (X)
- 프로젝트의 실패 위험 증가 (X)
- 사용자의 책임과 권한 부여 (X)
- 고급 프로그래머 배출 용이 (X)

기초 용어 정리

● 컴포넌트(Component): 명백한 역할을 가지고 독립적으로 존재할 수 있는 시스템의 부분으로 넓은 의미에서는 재사용되는 모든 단위라고 볼 수 있으며, 인터페이스를 통해서만 접근할 수 있는 것

01 22년 3월, 19년 3월, 14년 5월

소프트웨어를 재사용함으로써 얻을 수 있는 이점으로 가장 거리가 먼 것은?

① 생산성 증가
② 프로젝트 문서 공유
③ 소프트웨어 품질 향상
④ 새로운 개발 방법론 도입 용이

> 해설 소프트웨어를 재사용할 때, 새로운 개발 방법론 도입은 어려울 수 있다.
>
> 재사용의 효과: 개발 시간과 비용의 단축, 소프트웨어의 품질 및 생산성 향상, 구축 방법에 대한 지식의 공유, 프로젝트의 실패 위험 감소

02 23년 3월, 12년 5월, 06년 9월, 05년 3월, 02년 9월

소프트웨어의 재사용(reusability)에 대한 효과와 거리가 먼 것은?

① 사용자의 책임과 권한부여
② 소프트웨어의 품질향상
③ 생산성 향상
④ 구축 방법에 대한 지식의 공유

> 해설 사용자의 책임과 권한부여는 소프트웨어의 재사용과 관련이 없다.

03 20년 8월, 18년 3월

소프트웨어 재공학이 소프트웨어의 재개발에 비해 갖는 장점으로 거리가 먼 것은?

① 위험부담 감소
② 비용 절감
③ 시스템 명세의 오류억제
④ 개발시간의 증가

> 해설 소프트웨어 재공학이 재개발에 비해 갖는 주요 장점은 위험부담 감소, 비용 절감, 시스템 명세의 오류억제가 있다.

04 23년 3월, 22년 7월, 3월, 19년 4월, 15년 3월

소프트웨어 재공학의 주요 활동 중 기존 소프트웨어를 다른 운영체제나 하드웨어 환경에서 사용할 수 있도록 변환하는 것은?

① 역공학
② 분석
③ 재구성
④ 이식

> 해설 소프트웨어 재공학 종류에는 분석(Analysis), 재개발(Re-Development), 역공학(Reverse Engineering), 이식(Migration)이 있다. 기존 소프트웨어를 다른 운영체제나 하드웨어 환경에서 사용할 수 있도록 변환하는 작업은 이식(Migration)에 해당된다.

분석 (Analysis)	기존 소프트웨어 명세서를 확인하여 소프트웨어 동작을 이해하고, 재공학 대상을 선정하는 작업
재개발 (Re-Development)	상대적으로 같은 추상적 수준에서 하나의 표현을 다른 형태로 바꾸는 작업
역공학 (Reverse Engineering)	기존 소프트웨어를 분석하여 설계도를 추출하거나 다시 만들어 내는 작업
이식 (Migration)	소프트웨어 재공학의 주요 활동 중 기존 소프트웨어 시스템을 새로운 기술 또는 하드웨어 환경에서 사용할 수 있도록 변환하는 작업

05 20년 8월

전자 칩과 같은 소프트웨어 부품, 즉 블록(모듈)을 만들어서 끼워 맞추는 방법으로 소프트웨어를 완성시키는 재사용 방법은?

① 합성 중심
② 생성 중심
③ 분리 중심
④ 구조 중심

> 해설 전자 칩과 같은 소프트웨어 부품, 즉 블록(모듈)을 만들어서 끼워 맞추어 소프트웨어를 완성시키는 재사용 기법은 합성 중심(Composition-Based) 재사용 기법이다. 생성 중심(Generation-Based) 재사용 기법은 추상화 형태로 쓰인 명세

를 구체화하여 프로그램을 만드는 방법으로, 패턴 구성 방법이라고도 한다.

06 20년 9월
공통모듈의 재사용 범위에 따른 분류가 <u>아닌</u> 것은?

① 컴포넌트 재사용
② 더미코드 재사용
③ 함수와 객체 재사용
④ 애플리케이션 재사용

> 해설 공통모듈의 재사용 범위에 따른 분류에는 함수와 객체, 컴포넌트, 애플리케이션 재사용이 있다. 더미코드는 호출 시 로직 없이 응답만 수행하는 모듈로, 단위 테스트 시 미개발된 모듈을 대체하기 위해 사용된다.

07 22년 4월
명백한 역할을 가지고 독립적으로 존재할 수 있는 시스템의 부분으로 넓은 의미에서는 재사용되는 모든 단위라고 볼 수 있으며, 인터페이스를 통해서만 접근할 수 있는 것은?

① Model   ② Sheet
③ Component ④ Cell

> 해설 명백한 역할을 가지고 독립적으로 존재할 수 있는 시스템의 부분으로 넓은 의미에서 재사용되는 모든 단위라고 볼 수 있으며, 인터페이스를 통해서만 접근할 수 있는 것은 컴포넌트(Component)이다.

08 17년 3월, 15년 5월, 14년 3월
소프트웨어 재사용과 관련하여 객체들의 모임, 대규모 재사용 단위로 정의되는 것은?

① Sheet
② Component
③ Framework
④ Cell

> 해설 명백한 역할을 가지고 독립적으로 존재할 수 있는 시스템의 부분으로 넓은 의미에서 재사용되는 모든 단위라고 볼 수 있으며, 인터페이스를 통해서만 접근할 수 있는 것은 컴포넌트(Component)이다.

09 21년 3월
소프트웨어의 일부분을 다른 시스템에서 사용할 수 있는 정도를 의미하는 것은?

① 신뢰성(Reliability)
② 유지보수성(Maintainability)
③ 가시성(Visibility)
④ 재사용성(Reusability)

> 해설 재사용은 이미 개발되어 그 기능, 성능 및 품질을 인정받았던 소프트웨어의 전체 또는 일부분을 다시 사용하는 기법으로, 재사용성은 소프트웨어의 일부분을 다른 시스템에서 사용할 수 있는 정도를 의미한다.

신뢰성 (Reliability)	명시된 조건에서 사용될 때 성능 수준을 유지할 수 있는 소프트웨어 제품의 능력
유지 보수성 (Maintainability)	소프트웨어 제품이 변경되는 능력

| 01 | ④ | 02 | ① | 03 | ④ | 04 | ④ | 05 | ① |
| 06 | ② | 07 | ③ | 08 | ② | 09 | ④ |

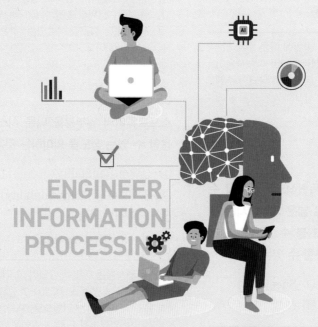

ENGINEER
INFORMATION
PROCESSING

더 멋진 내일(Tomorrow)을 위한 내일(My Career)

내 일 은 정 보 처 리 기 사

03

제품 소프트웨어 패키징

035 소프트웨어 패키징 ★★★

- 소프트웨어 패키징 시 고려사항을 묻는 문제가 자주 출제된다.
- 소프트웨어 패키징은 사용자를 중심으로 진행되며, 다른 기종과의 연동을 고려해서 진행된다는 점을 꼭 기억하고 넘어가도록 한다.

대표 기출 유형

소프트웨어 패키징에 대한 설명으로 틀린 것은?　　　　　　　**23년 3월, 22년 7월, 3월, 21년 5월**

① 패키징은 개발자 중심으로 진행한다.
② 신규 및 변경 개발소스를 식별하고, 이를 모듈화하여 상용제품으로 패키징한다.
③ 범용 환경에서 사용이 가능하도록 일반적인 배포 형태로 패키징이 진행된다.
④ 고객의 편의성을 위해 매뉴얼 및 버전관리를 지속적으로 한다.

소프트웨어 패키징은 사용자 중심으로 진행된다.

정답 ①

필수 핵심 이론

소프트웨어 패키징의 개념

개발이 완료된 소프트웨어를 고객에게 전달하기 위한 형태로 제작하고, 설치와 사용에 필요한 매뉴얼을 만드는 것을 말한다.

소프트웨어 패키징의 특징

● 개발자가 아니라 **사용자를 중심**으로 진행한다.

● 신규 및 변경 개발 소스를 식별하며, 이를 모듈화하여 상용 제품으로 패키징한다.

● 고객 편의성을 위해 신규/변경 이력을 확인하고, 이를 버전 관리 및 릴리즈 노트를 통해 지속적으로 관리한다.

● 사용자의 실행 환경을 이해하고, 범용 환경에서 사용 가능하도록 일반적인 배포 형태로 패키징한다.

소프트웨어 패키징 시 고려사항

● 사용자의 시스템 환경, 즉 운영체제, CPU, 메모리 등의 수행을 위한 최소 환경을 정의한다.

● UI(User Interface)는 사용자가 눈으로 직접 확인할 수 있도록 시각적인 자료와 함께 제공하고 매뉴얼과 일치시켜 패키징한다.

● 사용자에게 배포되는 소프트웨어이므로 **내부 콘텐츠에 대한 보안을 고려한다.**

● 단일 기종에서만 사용 가능한 게 아니라, **다른 여러 이기종 콘텐츠 및 단말기 간 DRM(디지털 저작권 관리) 연동을 고려한다.**

● 사용자의 편의성을 위한 **복잡성 및 비효율성 문제를 고려한다.**

● 제품 소프트웨어 종류에 **적합한 암호화 알고리즘**을 적용한다.

소프트웨어 패키징 프로세스

1	기능 식별	작성된 코드의 기능 확인
2	모듈화	• 확인된 기능을 모듈 단위로 분류 • 기능의 공유와 재활용 분류 • 모듈 간 결합도와 응집도 식별
3	빌드 진행	모듈화한 코드를 실행 가능한 소프트웨어로 변환
4	사용자 환경 분석	소프트웨어가 사용될 환경이나 최소 운영환경 정의
5	패키징 적용 시험	• 사용자 환경에서의 패키징 적용 시험 • 사용자 관점에서 소프트웨어에 대한 불편사항 확인
6	패키징 변경 개선	• 확인된 불편 사항을 반영하기 위한 패키징의 변경 및 개선 진행 • 최소 사용자 환경에서 서비스 가능한 수준의 개선

소프트웨어 패키징 시 고려사항 외우기

보안, 이기종 연동, 복잡성 및 비효율성 문제, 최적합 암호화 알고리즘 적용 → 보안을 고려해야 내부 콘텐츠가 안전하고, 여러 기종 연동 되고, 복잡성 및 비효율성 문제 없어야 사용자가 편하고, 적합한 암호화 알고리즘이 적용되어야 배포 시 범용적으로 쓰일 수 있다.

기초 용어 정리

● **모듈화(Modularity)**: 소프트웨어 개발에 있어 기능을 분할하고 추상화하여 소프트웨어의 성능을 향상시키고 유지보수를 효과적으로 구현하기 위한 기법
● **릴리즈(Release)**: 개발이 완성된 소프트웨어를 출시하는 것
● **릴리즈 노트(Release Note)**: 개발 과정에서 정리된 릴리즈 정보를 소프트웨어의 최종 사용자인 고객과 공유하기 위한 문서
● **단말기**: 중앙에 있는 컴퓨터와 통신망으로 연결되어 데이터를 입력하거나 처리 결과를 출력하는 장치
● **DRM(Digital Rights Management)**: 디지털 콘텐츠에 대한 권리정보를 지정하고 암호화 기술을 이용하여 허가된 사용자의 허가된 권한 범위 내에서 콘텐츠의 이용이 가능하도록 통제하는 기술

연·습·문·제

01 23년 3월, 22년 7월, 3월, 21년 5월

소프트웨어 패키징에 대한 설명으로 틀린 것은?

① 패키징은 개발자 중심으로 진행한다.
② 신규 및 변경 개발소스를 식별하고, 이를 모듈화하여 상용제품으로 패키징한다.
③ 범용 환경에서 사용이 가능하도록 일반적인 배포 형태로 패키징이 진행된다.
④ 고객의 편의성을 위해 매뉴얼 및 버전관리를 지속적으로 한다.

> **해설** 소프트웨어 패키징은 사용자 중심으로 진행된다.

02 20년 8월

제품 소프트웨어 패키징 도구 활용 시 고려사항이 아닌 것은?

① 제품 소프트웨어의 종류에 적합한 암호화 알고리즘을 고려한다.
② 추가로 다양한 이기종 연동을 고려한다.
③ 사용자 편의성을 위한 복잡성 및 비효율성 문제를 고려한다.
④ 내부 콘텐츠에 대한 보안은 고려하지 않는다.

> **해설** 내부 콘텐츠에 대한 보안을 고려해야 한다.

03 20년 9월

소프트웨어 패키징 도구 활용 시 고려 사항으로 틀린 것은?

① 반드시 내부 콘텐츠에 대한 암호화 및 보안을 고려한다.
② 보안을 위하여 이기종 연동을 고려하지 않아도 된다.
③ 사용자 편의성을 위한 복잡성 및 비효율성 문제를 고려한다.
④ 제품 소프트웨어 종류에 적합한 암호화 알고리즘을 적용한다.

> **해설** 다른 여러 콘텐츠 및 단말기 간 연동을 고려해야 한다.

04 20년 6월

SW 패키징 도구 활용 시 고려 사항과 거리가 먼 것은?

① 패키징 시 사용자에게 배포되는 SW이므로 보안을 고려한다.
② 사용자 편의성을 위한 복합성 및 비효율성 문제를 고려한다.
③ 보안상 단일 기종에서만 사용할 수 있도록 해야 한다.
④ 제품 SW 종류에 적합한 암호화 알고리즘을 적용한다.

> **해설** SW 패키징 도구 활용 시에는 암호화/보안, 이기종 연동, 복잡성 및 비효율성 문제, 최적합 암호화 알고리즘 적용을 고려해야 한다.

01 | ①   02 | ④   03 | ②   04 | ③

036 | 디지털 저작권 관리(DRM) ***

학 · 습 · 포 · 인 · 트

- DRM의 구성요소와 기술요소를 묻는 문제가 자주 출제된다.
- DRM의 구성요소와 DRM에 사용되는 기술요소에 어떤 것들이 있는지 암기하며 학습한다.

대표 기출 유형

디지털 저작권 관리(DRM) 구성요소가 아닌 것은?   **23년 7월, 21년 5월**

① Data Warehouse   ② DRM Controller

③ Packager   ④ Contents Distributor

DRM 구성요소에는 콘텐츠 제공자(Contents Provider), 콘텐츠 소비자(Contents Customer), 콘텐츠 분배자(Contents Distributor), 클리어링 하우스(Clearing House), DRM 콘텐츠(DRM Contents), 패키저(Packager), DRM 컨트롤러(DRM Controller), 보안 컨테이너(Security Container)가 있다. Data Warehouse는 DRM 구성요소가 아니다.

정답 ①

필수 핵심 이론

디지털 저작권 관리(DRM)

- 디지털 저작권 관리(DRM; Digital Rights Management)는 디지털 콘텐츠에 대한 권리정보를 지정하고 암호화 기술을 이용하여 허가된 사용자의 허가된 권한 범위 내에서 콘텐츠의 이용이 가능하도록 통제하는 기술을 의미한다.

- 디지털 콘텐츠와 디바이스의 사용을 제한하기 위해 하드웨어 제조업자, 저작권자, 출판업자 등이 사용할 수 있는 접근 제어 기술을 의미한다.

- 디지털 미디어의 생명주기 동안 발생하는 사용 권한 관리, 과금, 유통 단계를 관리하는 기술로도 볼 수 있다.

● 원본을 안전하게 유통하기 위한 전자적 보안을 고려하므로 불법 유통과 복제의 방지를 위한 것이다. 배포를 위한 패키징 시에 디지털 콘텐츠의 지적 재산권을 보호하고 관리하는 기능을 제공하며, 안전한 유통과 배포를 보장하는 도구이자 솔루션이다.

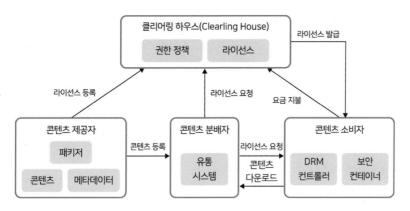

디지털 저작권 관리(DRM) 구성요소

구성요소	설명
콘텐츠 제공자 (Contents Provider)	콘텐츠를 제공하는 저작권자
콘텐츠 소비자 (Contents Customer)	콘텐츠를 구매해서 사용하는 주체
콘텐츠 분배자 (Contents Distributor)	암호화된 콘텐츠를 유통하는 곳이나 사람
클리어링 하우스 (Clearing House)	• 사용자에게 콘텐츠 라이선스를 발급하고 권한을 부여해 주는 시스템 • 키 관리 및 라이선스 발급 관리
DRM 콘텐츠 (DRM Contents)	서비스하고자 하는 암호화된 콘텐츠, 콘텐츠와 관련된 메타 데이터, 콘텐츠 사용정보를 패키징하여 구성된 콘텐츠
패키저 (Packager)	콘텐츠를 메타 데이터와 함께 배포 가능한 단위를 묶는 도구
DRM 컨트롤러 (DRM Controller)	배포된 디지털 콘텐츠의 이용 권한을 통제
보안 컨테이너 (Security Container)	원본 콘텐츠를 안전하게 유통하기 위한 전자적 보안장치

디지털 저작권 관리(DRM) 기술요소

기술요소	설명
암호화	콘텐츠 및 라이선스를 암호화하고, 전자서명을 할 수 있는 기술 (예) 공개키 기반 구조(PKI), 대칭 암호화, 비대칭 암호화, 전자서명 **세부기술 / 설명 표:** • 공개키 기반 구조(PKI): 공개키 암호 방식 기반으로 디지털 인증서를 활용하는 소프트웨어, 하드웨어, 사용자, 정책 및 제도 등을 총칭하는 암호 기술 • 대칭 암호화: 암호화와 해독을 위해 동일한 키를 사용하는 암호화 방식 • 비대칭 암호화: 데이터를 암호화할 때와 이를 해독할 때 서로 다른 키를 사용하는 방식 • 전자서명: 서명자를 확인하고 서명자가 당해 전자문서에 서명했다는 사실을 나타내기 위해 특정 전자문서에 첨부되거나 논리적으로 결합된 전자적 형태의 정보
키 관리	콘텐츠를 암호화한 키에 대한 저장 및 배포 기술(중앙 집중형, 분산형)
식별 체계 표현	콘텐츠에 대한 식별 체계 표현 기술 (예) DOI, URI **세부기술 / 설명 표:** • DOI(Digital Object Identifier): • 디지털 저작물에 특정한 번호를 부여하는 일종의 바코드 시스템 • 디지털 저작물의 저작권 보호 및 정확한 위치 추적이 가능한 시스템 • URI(Uniform Resource Identifier): 인터넷에 있는 자원을 나타내는 유일한 주소
저작권 표현	라이선스의 내용 표현 기술 (예) XrML/MPEG-21 **세부기술 / 설명 표:** • XrML(eXtensible Right Markup Language): 디지털 콘텐츠/웹 서비스 권리 조건을 표현한, XML 기반의 마크업 언어 • MPEG-21: 멀티미디어 관련 요소 기술들이 통일된 형태로 상호 운용성을 보장하는 멀티미디어 표준 규격
암호화 파일 생성	콘텐츠를 암호화된 콘텐츠로 생성하기 위한 기술
정책 관리	라이선스 발급 및 사용에 대한 정책표현 및 관리 기술 (예) XML, 콘텐츠 관리 시스템(CMS) **세부기술 / 설명 표:** • XML(eXtensible Right Markup Language): W3C에서 개발된 다른 특수한 목적을 갖는 마크업 언어를 만드는 데 사용하도록 권장하는 다목적 마크업 언어 • 콘텐츠 관리 시스템(CMS; Contents Management System): 다양한 미디어 포맷에 따라 각종 콘텐츠를 작성, 수집, 관리, 배급하는 콘텐츠 생산에서 활용, 폐기까지 전 공급 과정을 관리하는 기술
크랙 방지	크랙에 의한 콘텐츠 사용 방지 기술 (예) 코드 난독화, Secure DB **세부기술 / 설명 표:** • 코드 난독화: 역공학을 통한 공격을 막기 위해서 프로그램의 소스 코드를 알아보기 힘든 형태로 바꾸는 기술 • Secure DB: 커널 암호화 방식으로 데이터베이스 파일을 직접 암호화하고, 접근 제어와 감사 기록 기능이 추가된 데이터베이스 보안 강화 기술

인증	라이선스 발급 및 사용의 기준이 되는 사용자 인증 기술 (예) 사용자/장비 인증, SSO	
	세부기술	설명
	SSO(Single Sign On)	한 번의 시스템 인증을 통하여 여러 정보시스템에 재인증 절차 없이 접근할 수 있는 통합 로그인 기술

쌤의 Comment

(오답주의) 디지털 저작권 관리(DRM)의 기술 요소에 방화벽 기술은 해당되지 않아요!

디지털 저작권 관리(DRM)의 기술 요소: 암호화 / 키 관리 / 암호화 파일 생성 / 식별 기술 / 저작권 표현 / 정책 관리 / 크랙 방지 / 인증

쌤의 실전 Tip

DRM의 구성요소 외우기

🏠	클리어링 하우스에는
👥	콘텐츠 제공자, 소비자, 분배자가 살고
🖥️	패키저로 패키징된 DRM 콘텐츠는
🔒	DRM 컨트롤러 경비와 보안 컨테이너 잠금장치로 보호된다.

기초 용어 정리

- 메타 데이터(Meta Data): 자료 그 자체가 아닌 자료의 속성 등을 설명하는 데이터
- 크랙(Crack): '깨다', '부수다'라는 의미 그대로 불법적인 방법으로 소프트웨어에 적용된 저작권 보호 기술을 해제하여 무단으로 사용할 수 있도록 하는 기술이나 도구

01 23년 7월, 22년 7월, 21년 3월, 20년 6월

디지털 저작권 관리(DRM)의 기술 요소가 아닌 것은?

① 크랙 방지 기술

② 정책 관리 기술

③ 암호화 기술

④ 방화벽 기술

> **해설** 디지털 저작권 관리(DRM)의 기술요소에 방화벽 기술은 해당되지 않는다.
>
> > 디지털 저작권 관리(DRM)의 기술 요소: 암호화 / 키 관리 / 암호화 파일 생성 / 식별 기술 / 저작권 표현 / 정책 관리 / 크랙 방지 / 인증

02 20년 9월, 8월

디지털 저작권 관리(DRM) 기술과 거리가 먼 것은?

① 콘텐츠 암호화 및 키 관리

② 콘텐츠 식별체계 표현

③ 콘텐츠 오류 감지 및 복구

④ 라이센스 발급 및 관리

> **해설** 디지털 저작권 관리(DRM) 기술은 콘텐츠 오류를 감지하거나 복구해 주지 않는다.

03 21년 3월

디지털 저작권 관리(DRM)에 사용되는 기술 요소가 아닌 것은?

① 키관리   ② 방화벽

③ 암호화   ④ 크랙방지

> **해설** 디지털 저작권 관리(DRM)의 기술요소에 방화벽 기술은 해당되지 않는다.

04 23년 7월, 21년 5월

디지털 저작권 관리(DRM) 구성요소가 아닌 것은?

① Data Warehouse

② DRM Controller

③ Packager

④ Contents Distributor

> **해설** Data warehouse는 사용자의 의사 결정에 도움을 주기 위하여 기간시스템의 데이터베이스에 축적된 데이터를 공통의 형식으로 변환해서 관리하는 데이터베이스로, 디지털 저작권 관리(DRM) 구성요소와 관련이 없다.
>
> > 디지털 저작권 관리(DRM) 구성요소: 콘텐츠 제공자(Contents Provider) / 콘텐츠 소비자(Contents Customer) / 콘텐츠 분배자(Contents Distributor) / 클리어링 하우스(Clearing House) / DRM 콘텐츠(DRM Contents) / 패키저(Packager) / DRM 컨트롤러(DRM Controller) / 보안 컨테이너(Security Container)
> >
> > **외우기 Tip!** 클리어링 하우스에는, 콘텐츠 제공자, 소비자, 분배자가 살고, 패키저로 패키징된 DRM 콘텐츠는 DRM 컨트롤러 경비와 보안 컨테이너 잠금장치로 보호된다.

05 20년 9월

저작권 관리 구성 요소에 대한 설명이 틀린 것은?

① 콘텐츠 제공자(Contents Provider): 콘텐츠를 제공하는 저작권자

② 콘텐츠 분배자(Contents Distributor): 콘텐츠를 메타 데이터와 함께 배포 가능한 단위로 묶는 기능

③ 클리어링 하우스(Clearing House): 키 관리 및 라이선스 발급 관리

④ DRM 컨트롤러: 배포된 콘텐츠의 이용 권한을 통제

06 21년 8월

저작권 관리 구성 요소 중 패키저(Packager)의 주요 역할로 옳은 것은?

① 콘텐츠를 제공하는 저작권자를 의미한다.
② 콘텐츠를 메타 데이터와 함께 배포 가능한 단위로 묶는다.
③ 라이선스를 발급하고 관리한다.
④ 배포된 콘텐츠의 이용 권한을 통제한다.

콘텐츠 제공자 (Contents Provider)	콘텐츠를 제공하는 저작권자
패키저 (Packager)	콘텐츠를 메타 데이터와 함께 배포 가능한 단위를 묶는 도구
클리어링 하우스 (Clearing House)	라이선스를 발급하고 관리
DRM 컨트롤러 (DRM Controller)	배포된 디지털 콘텐츠의 이용 권한을 통제

07 23년 5월, 22년 4월

DRM(Digital Rights Management)과 관련한 설명으로 틀린 것은?

① 디지털 콘텐츠와 디바이스의 사용을 제한하기 위해 하드웨어 제조업자, 저작권자, 출판업자 등이 사용할 수 있는 접근 제어 기술을 의미한다.
② 디지털 미디어의 생명 주기 동안 발생하는 사용 권한 관리, 과금, 유통 단계를 관리하는 기술로도 볼 수 있다.
③ 클리어링 하우스(Clearing House)는 사용자에게 콘텐츠 라이센스를 발급하고 권한을 부여해 주는 시스템을 말한다.
④ 원본을 안전하게 유통하기 위한 전자적 보안은 고려하지 않기 때문에 불법 유통과 복제의 방지는 불가능하다.

01 | ④ 02 | ③ 03 | ② 04 | ① 05 | ②
06 | ② 07 | ④

037 제품 소프트웨어 매뉴얼 작성 ★★

- 소프트웨어 패키징 이후 사용자를 위해 설치 매뉴얼과 사용자 매뉴얼을 작성하게 된다.
- 각 매뉴얼의 구성 요소나 작성 순서를 묻는 문제가 출제된 적이 있으나 출제 빈도는 높지 않으니 빠르게 보고 넘어가도록 한다.

대표 기출 유형

소프트웨어 설치 매뉴얼에 대한 설명으로 틀린 것은? **20년 9월**

① 설치과정에서 표시될 수 있는 예외상황에 관련 내용을 별도로 구분하여 설명한다.

② 설치 시작부터 완료할 때까지의 전 과정을 빠짐없이 순서대로 설명한다.

③ 설치 매뉴얼은 개발자 기준으로 작성한다.

④ 설치 매뉴얼에는 목차, 개요, 기본사항 등이 기본적으로 포함되어야 한다.

설치 매뉴얼은 사용자를 기준으로 작성한다.

정답 ③

필수 핵심 이론

제품 소프트웨어 매뉴얼 개념

- 제품 소프트웨어의 매뉴얼은 제품 소프트웨어 개발 단계부터 적용한 기준이나 패키징 이후 설치 및 **사용자** 측면의 주요 내용 등을 문서로 기록한 것이다.
- 사용자 중심의 기능 및 방법을 나타낸 설명서와 안내서를 의미한다.
- 제품 소프트웨어 매뉴얼은 설치 매뉴얼과 사용자 매뉴얼이 있다.

구분	설치 매뉴얼	사용자 매뉴얼
개념 정의	• 사용자가 제품을 구매한 후 최초 설치 시 참조하는 매뉴얼 • 설치 과정에서 표시될 수 있는 예외상황에 관련 내용을 별도로 구분하여 설명 • 설치 시작부터 완료할 때까지의 전 과정을 빠짐없이 순서대로 설명	• 개발이 완료된 제품 소프트웨어를 고객에게 전달하기 위한 형태로 패키징하고, 설치와 사용에 필요한 제반 절차 및 환경 등 전체 내용을 포함하는 문서 • 개발된 컴포넌트 사용 시에 알아야 할 내용을 기술하며 패키지의 기능, 패키지의 인터페이스, 포함하고 있는 메서드나 오퍼레이션과 메서드의 파라미터 등의 설명이 포함됨
기본 작성 항목	소프트웨어 개요, 설치 관련 파일, 설치 아이콘, 프로그램 삭제 등	소프트웨어 개요, 소프트웨어 사용 환경, 소프트웨어 관리, 모델/버전별 특징, 기능/인터페이스의 특징, 소프트웨어 구동 환경
구성 요소	• 제품 소프트웨어 개요 • 설치 관련 파일 • 설치 절차 • 설치 아이콘 • 삭제 방법 • 설치 버전 및 작성자 • 고객 지원 방법 및 FAQ • 준수 정보 & 제한 보증	• 사용자 화면 UI • 주요 기능 분류 • 응용 프로그램 및 설정(Setting) • 장치 연동 • Network 환경 • Profile 안내 • 고객 지원 방법 및 FAQ • 준수 정보 & 제한 보증
작성 순서	개요 및 기능 식별 → UI 분류 → 설치 파일 / 백업 파일 확인 → 삭제 절차 확인 → 이상 Case 확인 → 최종 매뉴얼 적용	작성 지침 정의 → 사용자 매뉴얼 구성 요소 정의 → 구성 요소별 내용 작성 → 사용자 매뉴얼 검토

쌤의 실전 Tip

설치 매뉴얼 작성 순서 외우기

설치 매뉴얼은 기능부터 우선 식별하고, 어떻게 UI 화면을 캡처할지 생각했으면, 설치하고, 삭제도 해 보고, 이상 없으면, 최종 매뉴얼 적용!

사용자 매뉴얼 작성 순서 외우기

사용자 매뉴얼은 이렇게 작성하자! 지침 정하고, 구성 요소 정의하고, 작성한 다음, 매뉴얼 검토하면 끝!

기초 용어 정리

● 메서드(Method): 클래스 내부에 정의된 함수. 클래스에서 정의된 여러 변수를 사용하여 정해진 기능을 실행할 수 있도록 함수를 선언한 것으로, 다른 곳에서 인자를 주어 호출할 수도 있고 정해진 자료형을 반환할 수도 있음

● 파라미터(Parameter): 매개변수를 뜻하는 말로, 메서드 수행에 필요한 입력값을 저장하는 변수

01 21년 8월

제품 소프트웨어의 사용자 매뉴얼 작성절차로 (가)~(다)와 [보기]의 기호를 바르게 연결한 것은?

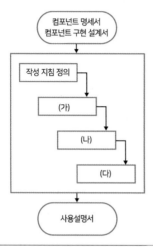

[보기]

㉠ 사용 설명서 검토
㉡ 구성 요소별 내용 작성
㉢ 사용 설명서 구성 요소 정의

① (가)-㉠, (나)-㉡, (다)-㉢
② (가)-㉢, (나)-㉡, (다)-㉠
③ (가)-㉠, (나)-㉢, (다)-㉡
④ (가)-㉢, (나)-㉠, (다)-㉡

해설 사용자 매뉴얼의 작성 절차는 작성 지침 정의 → 사용자 매뉴얼 구성 요소 정의 → 구성요소별 내용 작성 → 사용자 매뉴얼 검토 순이다.

외우기 Tip! 사용자 매뉴얼은 이렇게 작성하자!
지침 정하고, 구성 요소 정의하고, 작성한 다음, 매뉴얼 검토하면 끝!

02 20년 9월

소프트웨어 설치 매뉴얼에 대한 설명으로 틀린 것은?

① 설치과정에서 표시될 수 있는 예외상황에 관련 내용을 별도로 구분하여 설명한다.
② 설치 시작부터 완료할 때까지의 전 과정을 빠짐없이 순서대로 설명한다.
③ 설치 매뉴얼은 개발자 기준으로 작성한다.
④ 설치 매뉴얼에는 목차, 개요, 기본사항 등이 기본적으로 포함되어야 한다.

해설 설치 매뉴얼은 사용자를 기준으로 작성한다.

03 23년 7월, 21년 3월

소프트웨어 설치 매뉴얼에 포함될 항목이 아닌 것은?

① 제품 소프트웨어 개요
② 설치 관련 파일
③ 프로그램 삭제
④ 소프트웨어 개발 기간

해설 소프트웨어 개발 기간은 소프트웨어 설치 시 필요한 항목이 아니다. 설치 매뉴얼에 포함되어야 할 항목은 다음과 같다.

소프트웨어 설치 매뉴얼 구성요소: 제품 소프트웨어 개요 / 설치 관련 파일 / 설치 절차 / 설치 아이콘 / 삭제 방법 / 설치 버전 및 작성자 / 고객 지원 방법 및 FAQ / 준수 정보 & 제한 보증

01 | ②   02 | ③   03 | ④

038 애플리케이션 빌드자동화·버전관리· 모니터링 도구 ★★

학·습·포·인·트

• 버전 관리도구 방식을 묻는 문제가 빈번하게 출제되므로 공유폴더, 클라이언트·서버, 분산 저장소 방식의 개념을 잘 기억하고 넘어가도록 한다.

• 빌드, 버전관리, 모니터링 대표 도구를 묻는 문제가 출제된 적이 있으니 '쌤의 실전 Tip'을 보고 넘어가는 것을 추천한다.

대표 기출 유형

01 개발 환경 구성을 위한 빌드(Build) 도구에 해당하지 <u>않는</u> 것은? **22년 3월**

① Ant
② Kerberos
③ Maven
④ Gradle

빌드(Build)는 작성된 소스 코드를 실제 기기에서 실행할 수 있는 소프트웨어로 변환하기 위한 과정으로, 빌드 도구에는 Ant, Maven, Gradle, Jenkins 등이 있다.

정답 ②

02 다음 설명의 소프트웨어 버전 관리도구 방식은? **21년 5월**

> – 버전관리 자료가 원격저장소와 로컬저장소에 함께 저장되어 관리된다.
> – 로컬 저장소에서 버전관리가 가능하므로 원격저장소에 문제가 생겨도 로컬 저장소의 자료를 이용하여 작업할 수 있다.
> – 대표적인 버전 관리 도구로 Git이 있다.

① 단일 저장소 방식
② 분산 저장소 방식
③ 공유폴더 방식
④ 클라이언트·서버 방식

Git은 분산 저장소 방식의 버전 관리 도구이다.

정답 ②

빌드 자동화 도구

● 빌드는 소스 코드 파일들을 컴퓨터에서 실행할 수 있는 제품 소프트웨어로 변환하는 과정 또는 결과물을 말한다. 이러한 빌드를 포함하여 테스트 및 배포를 자동화하는 도구를 빌드 자동화 도구라고 한다.

● 지속적인 통합(CI; Continuous Integration) 개발 환경에서 빌드 자동화 도구는 유용하게 활용된다.

● 대표적인 빌드 자동화 도구로는 Ant, Maven, Gradle, Jenkins 등이 있으며, Jenkins와 Gradle이 가장 대표적이다.

도구	설명
Ant (Another Neat Tool)	• 아파치 소프트웨어 재단에서 개발한 소프트웨어로 자바 프로젝트의 공식적인 빌드 자동화 도구 • XML 기반의 빌드 스크립트를 사용하며, 자유도와 유연성이 높아 복잡한 빌드 환경에도 대처가 가능 • 정해진 규칙이나 표준이 없어 개발자가 모든 것을 정의하며, 스크립트의 재사용이 어렵다는 단점이 있음
Maven	• Ant와 동일한 아파치 소프트웨어 재단에서 개발된 것으로, Ant의 대안으로 개발된 빌드 자동화 도구 • 규칙이나 표준이 존재하여 예외 사항만 기록하면 되며, 컴파일과 빌드를 동시에 수행할 수 있음
Gradle	• 기존의 Ant와 Maven을 보완하여 개발된 빌드 자동화 도구 • 안드로이드 앱 개발에서 사용 • 동적 객체지향 프로그래밍 언어 Groovy를 빌드 스크립트로 사용 • 실행할 처리 명령들 모아 태스크(Task)로 만든 후 태스크 단위로 실행
Jenkins	• 자바(Java) 기반의 오픈소스 형태의 빌드 자동화 도구 • 서블릿 컨테이너에서 실행되는 서버 기반 도구 • SVN, Git 등 대부분의 형상 관리 도구와 연동 가능 • 친숙한 Web GUI 제공 • 여러 대의 컴퓨터를 이용한 분산 빌드나 테스트 가능

애플리케이션 버전 관리 도구

● 소프트웨어 버전 관리 도구는 형상 관리 지침을 활용하여 제품 소프트웨어의 신규 개발, 변경, 개선과 관련된 수정 사항을 관리하는 도구이다.

● 제품 소프트웨어 버전 관리는 소프트웨어 개발과 관련하여 코드와 라이브러리, 관련 문서 등 시간의 변화에 따른 변경을 관리하는 전체 활동을 의미한다.

● 버전관리 자료가 어디에 저장되어 관리되는지에 따라 **공유폴더 방식, 클라이언트·서버 방식, 분산 저장소 방식**이 있다. 초기의 소프트웨어 버전 관리 도구는 공유 폴더 방식을 많이 활용하였지만, 최근에는 클라이언트/서버 방식과 분산 저장소 방식이 많이 활용된다.

버전 관리 방식	버전관리 자료 저장/관리 위치	설명	대표 도구
공유 폴더 방식	로컬 컴퓨터의 공유 폴더	• 매일 개발 완료된 파일을 약속된 위치의 공유 폴더에 복사하는 방식 • 담당자 한 명이 매일 공유 폴더의 파일을 자기 PC로 복사한 후 컴파일하여 이상 유무 확인 • 이상이 있을 경우 해당 파일 등록한 개발자에게 수정 의뢰, 정상일 경우 다음날 각 개발자들이 동작 여부를 다시 확인	RCS
클라이언트·서버 방식	중앙 시스템(서버)	• 서버의 자료를 개발자별로 자신의 PC(클라이언트)로 복사하여 작업한 후 변경된 내용을 서버에 반영 • 모든 버전 관리는 서버에서 수행되며, 서로 다른 개발자가 같은 파일을 수정할 경우 경고 메시지 출력 • 서버에 문제 발생 시, 서버가 복구되기 전까지 다른 개발자와의 협업 및 버전 관리 작업 중단	CVS, SVN
분산 저장소 방식	하나의 원격저장소와 분산된 개발자 PC의 로컬 저장소	• 개발자별로 원격 저장소의 자료를 자신의 로컬 저장소로 복사(Clone)하여 작업한 후 변경된 내용을 로컬 저장소에서 우선 반영(Commit)한 다음 이를 원격 저장소에 반영(Push) • 로컬 저장소에서 버전 관리가 가능하므로 원격 저장소에 문제가 생겨도 로컬 저장소의 자료를 이용하여 작업 가능	Git

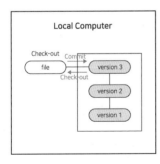

공유 폴더 방식

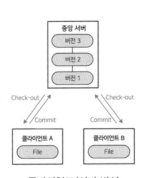

클라이언트/서버 방식

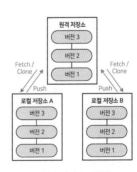

분산 저장소 방식

- 버전 관리 대표 도구에는 RCS, CVS, SVN, Git이 있으며, 각 도구의 특징은 다음과 같다.

도구	설명
RCS (Revision Control System)	• CVS와 달리 소스 파일의 수정을 한 사람만으로 제한하여 다수의 사람이 파일의 수정을 동시에 할 수 없도록 파일 잠금 방식으로 버전을 관리 하는 도구 • 다른 방향으로 진행된 개발 결과를 합치거나 변경 내용을 추적할 수 있는 소프트웨어 버전 관리 도구
CVS (Concurrent Versions System)	가장 오래된 형상 관리 도구 중의 하나로서 중앙 집중형 서버 저장소를 두고 클라이언트가 접속해서 버전 관리를 실행하는 도구
SVN (Subversion)	CVS와 같은 중앙 집중형 클라이언트-서버 방식이나, CVS의 단점을 보완해 가장 널리 사용되고 있는 도구
Git	• Git은 중앙 집중형 방식이 아닌 분산형 방식으로 각 PC 스스로 완전한 저장소가 구성되며, 필요에 따라 중앙 집중형 방식으로도 운영 • Git의 커밋(Commit) 동작은 로컬 저장소에서 이루어지고, 푸시(Push)라는 동작으로 원격 저장소에 반영

- 버전 관리 도구 사용 시 유의사항으로는 버전에 대한 쉬운 정보 접근성, 불필요한 사용자에 대한 접근 제어, 동일 프로젝트에 대한 동시 사용성, 빠른 오류 복구가 있다.

애플리케이션 모니터링 도구

- 애플리케이션 모니터링 도구는 제품 소프트웨어를 사용자 환경에 설치한 후 기능 및 성능, 운영 현황을 모니터링하여 제품을 최적화하기 위한 도구이다.

- 애플리케이션 모니터링 도구는 변경 관리, 성능 관리, 동적 분석 및 정적 분석의 기능을 수행한다.

- 애플리케이션 모니터링 도구 활용에 따라서 서비스 가용성, 서비스 성능, 장애인지/리소스 측정, 문제의 근본 원인을 분석할 수 있다.

기능	설명	도구
애플리케이션 변경 관리	• 애플리케이션 간의 종속 관계를 모니터링 • 애플리케이션의 변경이 있을 경우 변경의 영향도 파악에 활용	ChangeMiner
애플리케이션 성능 관리	애플리케이션 서버로 유입되는 트랜잭션 수량, 처리 시간, 응답시간 등을 모니터링	Jeniffer, Nmon
애플리케이션 정적 분석	• 소스 코드의 잠재적인 문제 발견 가능 • 코딩 규칙 오류 발견	PMD, Cppcheck, Checkstyle, SonarQube
애플리케이션 동적 분석	• 프로그램에 대한 결함 및 취약점 동적 분석 도구 • 메모리 및 오류 문제 발견	Avalanche, Valgrind

빌드자동화·버전관리·모니터링 대표 도구 외우기

빌드 자동화 도구	Ant, Maven, Gradle, Jenkins → A(아) Ma(마) G(그) Je(제) 빌드했다.
버전 관리 도구	RCS, CVS, SVN, Git → RCS와 Git이라도 기억하자.
정적 분석 도구	PMD, Cppcheck, Checkstyle, SonarQube → P(프)로그래밍 Check(체크)에 Son(손)을 쓰면 정적 분석
동적 분석 도구	Avalanche, Valgrind → A(아), Val(발)을 쓰니 동적 분석

기초 용어 정리

● 서블릿 컨테이너(Servlet Container): 클라이언트의 요청을 처리해 주기 위해 서버 측에서 실행되는 작은 프로그램(Server Side Applet)인 서블릿을 실행하고 서블릿의 생명주기를 관리하는 역할을 하는 서버 프로그램

● 그루비(Groovy): 자바(Java)에 Python, Ruby, Smalltalk 등의 장점을 결합한 동적 객체 지향 프로그래밍 언어

● 스크립트 언어(Script Language): HTML 문서 안에서 직접 프로그래밍 언어를 삽입하여 사용하는 것으로, 기계어로 컴파일되지 않고 별도의 번역기가 소스를 분석하여 동작하게 하는 언어

연·습·문·제

01 22년 3월

개발 환경 구성을 위한 빌드(Build) 도구에 해당하지 **않는** 것은?

① Ant
② Kerberos
③ Maven
④ Gradle

해설 빌드(Build)는 작성된 소스 코드를 실제 기기에서 실행할 수 있는 소프트웨어로 변환하기 위한 과정으로, 빌드 도구에는 Ant, Maven, Gradle, Jenkins 등이 있다.

외우기 Tip! A(아) Ma(마) G(그) Je(제) 빌드했다.

02 20년 9월

빌드 자동화 도구에 대한 설명으로 **틀린** 것은?

① Gradle은 실행할 처리 명령들을 모아 태스크로 만든 후 태스크 단위로 실행한다.
② 빌드 자동화 도구는 지속적인 통합개발환경에서 유용하게 활용된다.
③ 빌드 자동화 도구에는 Ant, Gradle, Jenkins 등이 있다.
④ Jenkins는 Groovy 기반으로 한 오픈소스로 안드로이드 앱 개발 환경에서 사용된다.

해설 Groovy 기반으로 한 오픈소스로 안드로이드 앱 개발 환경에서 사용되는 빌드 자동화 도구는 Gradle이다.

03 21년 5월

다음 설명의 소프트웨어 버전 관리도구 방식은?

> - 버전관리 자료가 원격저장소와 로컬저장소에 함께 저장되어 관리된다.
> - 로컬 저장소에서 버전관리가 가능하므로 원격저장소에 문제가 생겨도 로컬 저장소의 자료를 이용하여 작업할 수 있다.
> - 대표적인 버전 관리 도구로 Git이 있다.

① 단일 저장소 방식
② 분산 저장소 방식
③ 공유폴더 방식
④ 클라이언트·서버 방식

해설 로컬 저장소에서 버전관리가 가능한 것은 분산 저장소 방식이다.

버전 관리 방식	버전 관리 자료 저장/관리 위치	대표 도구
공유폴더 방식	로컬 컴퓨터의 공유 폴더	RCS
클라이언트·서버 방식	중앙 시스템(서버)	CVS, SVN
분산 저장소 방식	하나의 원격저장소와 분산된 개발자 PC의 로컬 저장소	Git

04 23년 5월, 22년 4월

동시에 소스를 수정하는 것을 방지하며 다른 방향으로 진행된 개발 결과를 합치거나 변경 내용을 추적할 수 있는 소프트웨어 버전 관리 도구는?

① RCS(Revision Control System)
② RTS(Reliable Transfer Service)
③ RPC(Remote Procedure Call)
④ RVS(Relative Version System)

해설 RCS(Revision Control System)는 다수의 사용자가 동시에 소스를 수정하는 것을 방지하며 다른 방향으로 진행된 개발 결과를 합치거나 변경 내용을 추적할 수 있는 소프트웨어 버전 관리 도구이다.

05 23년 5월, 22년 7월

소스 코드 품질 분석 도구 중 정적 분석 도구가 <u>아닌</u> 것은?

① pmd
② checkstyle
③ valance
④ cppcheck

해설 정적 분석 도구에는 pmd, checkstyle, cppcheck 등이 있다.

외우기 Tip! P(프)로그래밍 Check(체크)에 Son(손)을 쓰면 정적 분석

06 23년 5월, 21년 8월

소스코드 정적 분석(Static Analysis)에 대한 설명으로 틀린 것은?

① 소스 코드를 실행시키지 않고 분석한다.
② 코드에 있는 오류나 잠재적인 오류를 찾아내기 위한 활동이다.
③ 하드웨어적인 방법으로만 코드 분석이 가능하다.
④ 자료 흐름이나 논리 흐름을 분석하여 비정상적인 패턴을 찾을 수 있다.

해설 정적 분석은 소스 코드를 실행시키지 않고 분석하는 방법이다. 코드 내에 존재하는 보안 취약점, 잠재적 결함, 위험 등을 발견하기 위한 활동이며, 코딩 규칙과 자료나 논리 흐름을 분석하여 비정상적인 패턴을 찾을 수 있다.

01 | ②   02 | ④   03 | ②   04 | ①   05 | ③
06 | ③

039 소프트웨어 품질 관련 국제 표준 ★★★

학 ·습 ·포 ·인 ·트

• 소프트웨어 품질 관련 국제 표준에 대한 설명에 대한 맞는/틀린 설명을 묻는 문제가 나올
수 있으니 각 품질 표준의 키워드 중심으로 학습한다.

대표 기출 유형

소프트웨어 품질 목표 중 주어진 시간 동안 주어진 기능을 오류 없이 수행하는 정도를 나타내는
것은?   **23년 7월, 20년 8월, 13년 8월, 06년 9월**

① 직관성   ② 사용 용이성   ③ 신뢰성   ④ 이식성

신뢰성은 소프트웨어가 요구된 기능을 정확하고 일관되게 오류 없이 수행할 수 있는 정도를 말한다.

정답 ③

필수 핵심 이론

품질 요구사항

● 소프트웨어 품질은 소프트웨어의 기능, 성능, 만족도 등 소프트웨어에 대한 요구사항을 얼마
나 충족하는가를 나타내는 소프트웨어 특성의 총체이다.

● 소프트웨어 품질은 사용자의 요구사항을 충족시킴으로써 확립된다.

소프트웨어 품질 관련 국제 표준

● IT 프로젝트를 진행하거나, 완성된 IT 제품에 대해 기능성, 신뢰성 등을 평가하는 기준이 되
는 국제 표준이다.

● 품질에 관련된 국제 표준화는 ISO/IEC, ITU-T, IEEE를 중심으로 진행되고 있다.

품질 표준	설명
ISO/IEC 9126	• 소프트웨어 품질을 측정하고, 평가하기 위해서 소프트웨어의 품질요소와 특성을 정의 • 품질 특성은 기능성, 신뢰성, 사용성, 효율성, 유지보수성, 이식성으로 나눔
ISO/IEC 14598	• 개발자에 대한 소프트웨어 제품 품질 향상과 구매자의 제품 품질 선정 기준을 제공하는 표준 • 소프트웨어 품질 측정을 위해 개발자 관점에서 고려해야 할 항목은 정확성, 신뢰성, 효율성, 무결성, 유연성, 이식성, 사용성, 상호운용성
ISO/IEC 12119	• 소프트웨어 패키지 제품에 대한 품질 요구사항 및 테스트 국제 표준 • 대상: 제품 설명서, 사용자 문서, 실행 프로그램
ISO/IEC 25000	• SQuaRE로도 불림 • ISO/IEC 9126과 ISO/IEC 14598, ISO/IEC 12119를 통합하고, ISO/IEC 15288S을 참고한 소프트웨어 제품 품질에 대한 통합적인 국제표준 • 개발 공정 각 단계에서 산출되는 제품이 요구사항을 만족하는지 검증하기 위해 품질 측정 및 평가를 위한 모델

ISO/IEC 9126의 소프트웨어 품질 특성

ISO/IEC 9126의 소프트웨어 품질 특성에는 기능성, 신뢰성, 사용성, 효율성, 유지보수성, 이식성이 있다.

품질 특성	설명	부특성
기능성 (Functionality)	소프트웨어가 사용자의 요구사항을 만족하는 기능을 정확히 제공하는지 여부	적합성, 정확성, 상호 운용성, 보안성, 준수성 등
신뢰성 (Reliability)	소프트웨어가 요구된 기능을 정확하고 일관되게 오류 없이 수행할 수 있는 정도	성숙성, 결함 허용성, 회복성, 준수성 등
사용성 (Usability)	사용자와 컴퓨터 사이에 발생하는 어떠한 행위에 대하여 사용자가 쉽게 배우고 사용할 수 있으며, 향후 다시 사용하고 싶은 정도	이해성, 학습성, 운용성, 친밀성, 준수성 등
효율성 (Efficiency)	사용자가 요구하는 기능을 할당된 시간 동안 한정된 자원으로 얼마나 빨리 처리할 수 있는지 정도	시간 효율성, 자원 효율성, 준수성 등
유지 보수성 (Maintainability)	환경의 변화 또는 새로운 요구사항이 발생했을 때 소프트웨어를 개선하거나 확장할 수 있는 정도	분석성, 변경성, 안정성, 시험성, 준수성 등
이식성 (Portability)	소프트웨어가 다른 환경에서도 얼마나 쉽게 적용할 수 있는지 정도	적응성, 설치성, 공존성, 대체성, 준수성 등

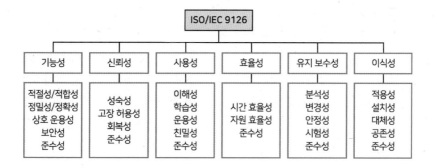

ISO/IEC 9126의 소프트웨어 품질 특성 외우기

기능성, 신뢰성, 사용성, 효율성, 유지보수성, 이식성 → 귀(기)신이 사용하니 효율(유)이 좋다.

기초 용어 정리

- ISO(International Organization for Standardization): 여러 나라의 표준 제정 단체들의 대표들로 이루어진 국제 표준화 기구. 나라마다 다른 산업, 통상 표준의 문제점을 해결하고자 국제적으로 통용되는 표준을 개발하고 보급함
- IEC(International Electrotechnical Commission): 국제전자기술위원회의 약자로 전기, 전자 및 관련 기술을 위한 국제 표준을 준비하고 발행하는 세계 기구
- ITU-T(International Telecommunication Union Telecommunication Standardization Sector): 국제전기통신연합 전기통신표준화 부문의 하나로 통신 분야의 표준을 책정하는 부문
- IEEE(Institute of Electrical and Electronics Engineers): 전기 전자 기술자 협회를 뜻하는 말로 전기전자공학 전문가들의 국제조직

01 22년 3월

소프트웨어 품질 관련 국제 표준인 ISO/IEC 25000에 관한 설명으로 옳지 <u>않은</u> 것은?

① 소프트웨어 품질 평가를 위한 소프트웨어 품질평가 통합 모델 표준이다.

② System and Software Quality Requirements and Evaluation으로, SQuaRE 라고도 한다.

③ ISO/IEC 2501n에서는 소프트웨어의 내부 측정, 외부 측정, 사용품질 측정, 품질 측정 요소 등을 다룬다.

④ 기존 소프트웨어 품질 평가 모델과 소프트웨어 평가 절차 모델인 ISO/IEC 9126과 ISO/IEC 14598을 통합하였다.

> **해설** ISO/IEC 25000는 기존 소프트웨어 품질평가 모델과 소프트웨어 평가 절차 모델인 ISO/IEC 9126과 ISO/IEC 14598을 통합한 소프트웨어 품질 평가 모델 국제 표준으로 SQuaRE(System and Software Quality Requirements and Evaluation) 라고 한다. ISO/IEC 2502n에서 소프트웨어의 내부 측정, 외부 측정, 사용 품질 측정, 품질 측정 요소 등을 다룬다.

02 21년 3월, 18년 4월, 15년 8월, 14년 3월, 10년 5월, 09년 5월

소프트웨어 품질목표 중 쉽게 배우고 사용할 수 있는 정도를 나타내는 것은?

① Correctness　　② Reliability
③ Usability　　　④ Integrity

> **해설** 사용성(Usability)은 소프트웨어 품질목표 중 쉽게 배우고 사용할 수 있는 정도이다.

03 23년 5월, 21년 8월, 16년 3월, 12년 3월, 11년 6월

소프트웨어 품질 목표 중 하나 이상의 하드웨어 환경에서 운용되기 위해 쉽게 수정될 수 있는 시스템 능력을 의미하는 것은?

① Portability　　② Efficiency
③ Usability　　　④ Correctness

> **해설** 하나 이상의 하드웨어 환경에서 운용되기 위해 쉽게 수정될 수 있는 시스템 능력은 이식성(Portability)이다.

효율성 (Efficiency)	사용자가 요구하는 기능을 할당된 시간 동안 한정된 자원으로 얼마나 빨리 처리할 수 있는지 정도
사용성 (Usability)	사용자와 컴퓨터 사이에 발생하는 어떠한 행위에 대하여 사용자가 쉽게 배우고 사용할 수 있으며, 향후 다시 사용하고 싶은 정도

04 20년 6월

소프트웨어 품질 측정을 위해 개발자 관점에서 고려해야 할 항목으로 거리가 <u>먼</u> 것은?

① 정확성　　　② 무결성
③ 사용성　　　④ 간결성

> **해설** 소프트웨어 품질 측정을 위해 개발자 관점에서 고려해야 할 항목은 정확성, 신뢰성, 효율성, 무결성, 유연성, 이식성, 사용성, 상호운용성이다.

05 23년 5월, 20년 6월

ISO/IEC 9126의 소프트웨어 품질 특성 중 기능성(Functionlity)의 하위 특성으로 옳지 <u>않</u>은 것은?

① 학습성　　　② 적합성
③ 정확성　　　④ 보안성

해설 기능성의 하위 특성에는 적합성, 정확성, 상호 운용성, 보안성, 준수성이 있다. 학습성은 기능성과 관련 없다. 기능성의 하위 특성은 아래와 같다.

적합성 (Suitability)	지정된 작업과 사용자의 목적 달성을 위해 적절한 기능을 제공할 수 있는 능력
정확성 (Accuracy)	사용자가 요구하는 결과를 정확하게 산출할 수 있는 능력
상호 운용성 (Interoperability)	다른 시스템들과 서로 어울려 작업할 수 있는 능력
보안성 (Security)	정보에 대한 접근을 권한에 따라 허용하거나 차단할 수 있는 능력
준수성 (Compliance)	기능과 관련된 표준 관례 및 규정을 준수할 수 있는 능력

06 20년 8월

패키지 소프트웨어의 일반적인 제품 품질 요구사항 및 테스트를 위한 국제 표준은?

① ISO/IEC 2196

② IEEE 19554

③ ISO/IEC 12119

④ ISO/IEC 14959

해설 패키지 소프트웨어의 일반적인 제품 품질 요구사항 및 테스트를 위한 국제 표준은 ISO/IEC 12119이다.

07 23년 7월, 20년 8월, 13년 8월, 06년 9월

소프트웨어 품질 목표 중 주어진 시간 동안 주어진 기능을 오류 없이 수행하는 정도를 나타내는 것은?

① 직관성   ② 사용 용이성

③ 신뢰성   ④ 이식성

해설 신뢰성은 소프트웨어가 요구된 기능을 정확하고 일관되게 오류 없이 수행할 수 있는 정도를 말한다.

01	③	02	③	03	①	04	④	05	①
06	③	07	③						

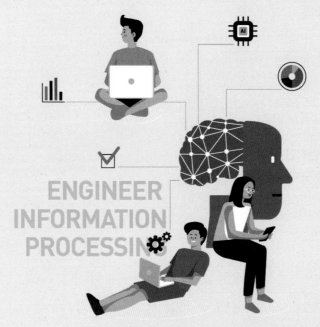

ENGINEER
INFORMATION
PROCESSING

더 멋진 내일(Tomorrow)을 위한 내일(My Career)

내 일 은 정 보 처 리 기 사

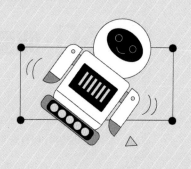

CHAPTER

04

애플리케이션
테스트 관리

040 애플리케이션 테스트 원리 및 종류 ★★

- 애플리케이션 테스트의 기본 원리에 대해 묻는 문제가 출제된 적이 있으니, 각 개념들에 대한 설명이 나왔을 때 개념을 매칭시킬 수 있도록 학습하고 넘어가도록 한다.

대표 기출 유형

소프트웨어 테스트에서 오류의 80%는 전체 모듈의 20% 내에서 발견된다는 법칙은?

22년 7월, 20년 6월

① Brooks의 법칙　　　　　② Boehm의 법칙
③ Pareto의 법칙　　　　　④ Jackson의 법칙

적은 수의 모듈(20% 모듈)에서 대다수 결함(80% 결함)이 발견된다는 법칙은 파레토(Pareto)의 법칙을 적용한 것이다.

정답 ③

필수 핵심 이론

애플리케이션 테스트의 개념과 필요성

- 애플리케이션 테스트는 애플리케이션에 잠재되어 있는 결함을 찾아내는 일련의 행위 또는 절차이다.

- 애플리케이션 테스트를 통해 프로그램 실행 전 오류를 발견할 수 있고, 새로운 오류의 유입을 예방할 수 있다. 또, 사용자의 요구사항이나 기대 수준 등을 만족하는지 반복적으로 테스트하므로 제품의 신뢰도를 향상시킨다.

애플리케이션 테스트의 기본 원리

원리	설명
완벽한 테스팅은 불가능	소프트웨어의 잠재적인 결함을 줄일 수 있지만 소프트웨어에 결함이 없다고 증명할 수는 없음. 즉, 완벽한 테스팅은 불가능
초기 집중	• 개발 초기에 체계적인 분석 및 설계를 수행하면, 테스팅 기간과 재작업을 줄여 개발 기간 단축 및 결함 예방이 가능하다는 원리 • 소프트웨어 개발 초기 체계적인 분석 및 설계가 수행되지 못하면 그 결과가 프로젝트 후반에 영향을 미치게 되어 비용이 커진다는 요르돈 법칙(Snowball Effect; 눈덩이 법칙) 적용
결합 집중 (Defect Clustering)	• 적은 수의 모듈(20% 모듈)에서 대다수 결함(80% 결함)이 발견된다는 원리 • **파레토 법칙(Pareto Principle)**의 내용인 80 대 20 법칙 적용
살충제 패러독스	• 동일한 테스트 케이스로 동일한 테스트를 반복하면 더 이상 새로운 버그를 찾지 못한다는 원리 • 살충제 패러독스를 방지하기 위해서 테스트 케이스를 지속적으로 보완 및 개선 필요
정황(Context) 의존성	소프트웨어 특징, 테스트 환경, 테스트 역량 등 정황(Context)에 따라 테스트 결과가 달라질 수 있으므로, 정황에 따라 테스트를 다르게 수행해야 한다는 원리
오류-부재의 궤변 (Absence of Errors Fallacy)	결함이 없다고 해도 사용자의 요구사항을 만족시키지 못하면 품질이 높다고 볼 수 없다는 원리

애플리케이션 테스트의 분류

애플리케이션 테스트는 다양한 관점에서 분류해 볼 수 있는데, 프로그램 실행 여부, 테스트 기법, 테스트 시각, 테스트 목적에 따라 분류할 수 있다.

프로그램 실행 여부에 따른 분류

구분	설명	종류
정적 테스트	• 프로그램을 실행하지 않고 명세서나 소스 코드를 대상으로 분석하는 테스트 • 소프트웨어 개발 초기에 결함을 발견할 수 있어 소프트웨어의 개발 비용을 낮추는 데 도움이 됨	• 워크스루 • 인스펙션 • 코드 검사 등
동적 테스트	• 프로그램을 실행하여 오류를 찾는 테스트 • 소프트웨어 개발의 모든 단계에서 테스트를 수행할 수 있음	• 블랙박스(=명세 기반) 테스트 • 화이트박스(=구조 기반) 테스트 • 경험 기반 테스트

테스트 기법에 따른 분류

애플리케이션을 테스트 할 때 무엇을 기반으로 수행하느냐에 따라 명세 기반, 구조 기반, 경험 기반 테스트로 나뉜다.

구분	설명	종류
명세 기반 테스트 (=블랙박스 테스트)	사용자의 요구사항에 대한 명세를 빠짐없이 테스트 케이스로 만들어 구현하고 있는지 확인하는 테스트	• 동등 분할 테스트 • 경곗값 분석 테스트 등
구조 기반 테스트 (=화이트박스 테스트)	소프트웨어 내부의 논리 흐름에 따라 테스트 케이스를 작성하고 확인하는 테스트	• 구문 커버리지 테스트 • 결정 커버리지 테스트 • 조건 커버리지 테스트 등
경험 기반 테스트	• 유사 소프트웨어나 기술 등에 대한 테스터의 경험을 기반으로 수행하는 테스트 • 사용자의 요구사항에 대한 명세가 불충분하거나 테스트 시간에 제약이 있는 경우 수행하면 효과적임	• 오류추정 테스트 • 탐색적 테스트 등

테스트 시각에 따른 분류

애플리케이션을 테스트할 때 누구를 기준으로 하느냐에 따라 검증 테스트와 확인 테스트로 나뉜다.

구분	설명
검증 테스트 (Verification Test)	• **개발자**의 시각에서 제품의 생산 과정을 테스트 • 제품이 명세서대로 완성됐는지를 테스트
확인 테스트 (Validation Test)	• **사용자**의 시각에서 생산된 제품의 결과를 테스트 • 사용자가 요구한 대로 제품이 완성됐는지, 제품이 정상적으로 동작하는지를 테스트

테스트 목적에 따른 분류

구분	설명
회복 테스트 (Recovery Test)	시스템에 고의로 결함을 주어 실패하도록 한 후, 올바르게 복구되는지를 확인하는 테스트
안전 테스트 (Security Test)	시스템에 설치된 시스템 보호 도구가 불법적인 침입으로부터 시스템을 보호할 수 있는지를 확인하는 테스트
성능 테스트 (Performance Test)	• 시스템의 실시간 성능이나 전체적인 효율성을 진단하는 테스트 • 시스템의 응답 시간, 처리량 등을 테스트
강도 테스트 (Stress Test)	시스템에 과도한 정보량이나 빈도 등을 부과하여 과부하 시에도 시스템이 정상적으로 실행되는지를 확인하는 테스트
구조 테스트 (Structure Test)	시스템 내부의 논리적인 경로, 소스 코드의 복잡도 등을 평가하는 테스트
회귀 테스트 (Regression Test)	오류를 제거하거나 수정한 시스템에서 오류 제거와 수정에 의해 새로이 유입된 오류가 없는지 확인하는 테스트
병행 테스트 (Parallel Test)	변경된 시스템과 기존 시스템에 동일한 데이터를 입력하여 결과를 비교하는 테스트

● 탐색적 테스트(Exploratory Test): 테스트 스크립트 또는 테스트 케이스를 문서로 작성하지 않고 경험에 바탕을 두고 탐색적으로 기능을 수행해 보면서 테스트하는 기법

연·습·문·제

01 21년 8월

테스트를 목적에 따라 분류했을 때, 강도 (Stress) 테스트에 대한 설명으로 옳은 것은?

① 시스템에 고의로 실패를 유도하고 시스템이 정상적으로 복귀하는지 테스트한다.

② 시스템에 과다 정보량을 부과하여 과부하 시에도 시스템이 정상적으로 작동되는지를 테스트한다.

③ 사용자의 이벤트에 시스템이 응답하는 시간, 특정 시간 내에 처리하는 업무량, 사용자 요구에 시스템이 반응하는 속도 등을 테스트한다.

④ 부당하고 불법적인 침입을 시도하여 보안 시스템이 불법적인 침투를 잘 막아내는지 테스트한다.

해설 강도 테스트는 시스템에 과도한 정보량이나 빈도 등을 부과하여 과부하 시에도 시스템이 정상적으로 실행되는지를 확인하는 테스트를 말한다.

오답해설

① 회복 테스트: 시스템에 고의로 결함을 주어 실패하도록 한 후, 올바르게 복구되는지를 확인하는 테스트

③ 성능 테스트: 사용자의 이벤트에 시스템이 응답하는 시간, 특정 시간 내에 처리하는 업무량, 사용자 요구에 시스템이 반응하는 속도 등을 테스트

④ 안전 테스트: 시스템에 설치된 시스템 보호 도구가 불법적인 침입으로부터 시스템을 보호할 수 있는지를 확인하는 테스트

02 21년 8월

소프트웨어 테스트에서 검증(Verification)과 확인 (Validation)에 대한 설명으로 틀린 것은?

① 소프트웨어 테스트에서 검증과 확인을 구별하면 찾고자 하는 결함 유형을 명확하게 하는 데 도움이 된다.

② 검증은 소프트웨어 개발 과정을 테스트하는 것이고, 확인은 소프트웨어 결과를 테스트하는 것이다.

③ 검증은 작업 제품이 요구 명세의 기능, 비기능 요구사항을 얼마나 잘 준수하는지 측정하는 작업이다.

④ 검증은 작업 제품이 사용자의 요구에 적합한지 측정하며, 확인은 작업 제품이 개발자의 기대를 충족시키는지를 측정한다.

해설 검증(Verification)은 개발자의 관점에서 진행되며, 확인(Validation)은 사용자의 관점에서 진행된다.

검증 테스트 (Verification Test)	• **개발자**의 시각에서 제품의 생산 과정을 테스트 • 제품이 명세서대로 완성됐는지를 테스트
확인 테스트 (Validation Test)	• **사용자**의 시각에서 생산된 제품의 결과를 테스트 • 사용자가 요구한 대로 제품이 완성됐는지, 제품이 정상적으로 동작하는지를 테스트

03 22년 7월, 20년 6월

소프트웨어 테스트에서 오류의 80%는 전체 모듈의 20% 내에서 발견된다는 법칙은?

① Brooks의 법칙
② Boehm의 법칙
③ Pareto의 법칙
④ Jackson의 법칙

> **해설** 적은 수의 모듈(20% 모듈)에서 대다수 결함(80% 결함)이 발견된다는 법칙은 파레토(Pareto)의 법칙을 적용한 것이다.

> **오답해설**
> ① Brooks의 법칙: '지체되는 소프트웨어 개발 프로젝트에 인력을 추가하는 것은 개발을 늦출 뿐이다'라고 주장한 법칙이다. 인력이 추가돼서 개발 생산성이 향상되지 않고, 오히려 그 인력 때문에 방해된다는 의미이다.
> ② Boehm은 나선형 모형(Spiral Model)을 처음 제안한 사람이다.
> ④ Jackson의 법칙 같은 것은 없다.

04 21년 5월

다음 설명의 소프트웨어 테스트의 기본원칙은?

- 파레토 법칙이 좌우한다.
- 애플리케이션 결함의 대부분은 소수의 특정한 모듈에 집중되어 존재한다.
- 결함은 발생한 모듈에서 계속 추가로 발생할 가능성이 높다.

① 살충제 패러독스
② 결함 집중
③ 오류 부재의 궤변
④ 완벽한 테스팅은 불가능

> **해설** 애플리케이션 결함의 대부분은 소수의 특정한 모듈에 집중되어 존재한다는 원칙은 결함 집중 원칙이다.

살충제 패러독스	• 동일한 테스트 케이스로 동일한 테스트를 반복하면 더 이상 새로운 버그를 찾지 못한다는 원리 • 살충제 패러독스 방지 위해 테스트 케이스를 지속적으로 보완 및 개선 필요
오류 부재의 궤변	결함이 없다고 해도 사용자의 요구사항을 만족시키지 못하면 품질이 높다고 볼 수 없다는 원리
완벽한 테스팅은 불가능	소프트웨어의 잠재적인 결함을 줄일 수 있지만 소프트웨어에 결함이 없다고 증명할 수는 없음

01 | ②   02 | ④   03 | ③   04 | ②

041 테스트 케이스 / 테스트 시나리오 / 테스트 오라클 ★★

학·습·포·인·트 --
- 테스트 케이스의 특징, 테스트 오라클의 개념과 종류를 묻는 문제가 출제된 적이 있다.
- 출제될 수 있는 문제가 제한적인 부분이니 기출 문제 중심으로 가볍게 학습하고 넘어가도록 한다.

대표 기출 유형

다음이 설명하는 테스트 용어는?　　　　　　　　　　　　　　　　　　20년 9월

- 테스트의 결과가 참인지 거짓인지를 판단하기 위해서 사전에 정의된 참값을 입력하여 비교하는 기법 또는 활동을 말한다.
- 종류에는 참, 샘플링, 휴리스틱, 일관성 검사가 존재한다.

① 테스트 케이스　　　② 테스트 시나리오　　　③ 테스트 오라클　　　④ 테스트 데이터

....

테스트 오라클은 테스트의 결과가 참인지 거짓인지를 판단하기 위해서 사전에 정의된 참값을 입력하여 비교하는 기법이다.

정답 ③

필수 핵심 이론

테스트 케이스(Test Case) 개념

● 테스트 케이스는 구현된 애플리케이션이 사용자의 요구사항을 정확하게 준수하는지를 확인하기 위해 설계된 **입력값, 실행 조건, 기대 결과** 등으로 구성된 테스트 항목에 대한 명세서이다.

- 테스트 케이스를 미리 설계하면 테스트 오류를 방지할 수 있고 테스트 수행에 필요한 인력, 시간 등의 낭비를 줄일 수 있다.
- 테스트 케이스는 테스트 목표와 방법을 설정한 후 작성한다.
- 테스트 케이스는 시스템 설계 단계에서 작성하는 것이 가장 이상적이다.

테스트 케이스 작성 절차

테스트 케이스는 테스트 전략이나 테스트 계획서 등을 기반으로 하여 다음과 같은 순서로 작성된다.

순서	작성 절차	설명
1	테스트 계획 검토 및 자료 확보	• 테스트 대상 범위와 접근 방법 이해를 위하여 테스트 계획서 재검토 • 시스템 요구사항과 기능 명세서 검토 및 테스트 대상 시스템의 정보 확보
2	위험 평가 및 우선순위 결정	결함의 위험 정도 평가 및 결함 해결에 있어 상대적 중요성을 지니며 테스트의 초점을 결정
3	테스트 요구사항 정의	시스템에 대한 사용자 요구사항, 테스트 대상 재검토, 테스트할 특성, 조건, 기능을 식별 및 분석
4	테스트 구조 설계 및 테스트 방법 결정	• 테스트 케이스의 형식 및 분류 방법 결정 • 테스트 절차, 장비, 도구, 테스트 문서화 방법 결정
5	테스트 케이스 정의 및 작성	요구사항에 따라 테스트 케이스를 작성하고, 입력값, 실행 조건, 예상 결과 등을 기술
6	테스트 케이스 타당성 확인 및 유지 보수	• 소프트웨어의 기능 또는 환경 변화에 따른 테스트 케이스 갱신 • 테스트 케이스의 유용성 검토

테스트 시나리오(Test Scenario)

- 테스트 시나리오는 테스트 케이스를 적용하는 순서에 따라 여러 개의 테스트 케이스들을 묶은 집합으로, 테스트 케이스들을 적용하는 구체적인 절차를 명세한 문서이다.
- 테스트 시나리오에는 테스트 순서에 대한 구체적인 절차, 사전 조건, 입력 데이터 등이 설정되어 있다.
- 테스트 시나리오를 통해 테스트 순서를 미리 정함으로써 설계 단계에서 중요시되던 요구사항이나 테스트 항목을 빠짐없이 테스트하기 위함이다.

테스트 시나리오 작성 시 유의점

● (테스트 시나리오 분리 작성) 테스트 항목을 하나의 시나리오에 모두 작성하지 않고 시스템 별, 모듈별, 항목별 등과 같이 여러 개의 테스트 시나리오로 분리하여 작성해야 한다.

● (사용자 요구사항과 설계 문서 기반) 테스트 시나리오는 사용자의 요구사항과 설계 문서 등을 토대로 작성해야 한다.

● 각 테스트 항목은 식별자 번호, 순서 번호, 테스트 데이터, 테스트 케이스, 예상 결과, 확인 등의 항목을 포함하여 작성해야 한다.

● 테스트 시나리오는 유스케이스(Use Case) 간 업무 흐름이 정상적인지를 테스트할 수 있도록 작성해야 한다.

● 테스트 시나리오는 개발된 모듈 또는 프로그램 간의 연계가 정상적으로 동작하는지 테스트할 수 있도록 작성해야 한다.

테스트 오라클(Test Oracle) 개념

● 테스트 오라클은 테스트의 결과가 참인지 거짓인지를 판단하기 위해서 사전에 정의된 참값을 입력하여 비교하는 기법이다.

● 테스트 오라클의 종류에는 참(True) 오라클, 샘플링(Sampling) 오라클, 추정(Heuristic) 오라클, 일관성(Consistent) 검사 오라클 등이 있다.

테스트 오라클 종류

● 참 오라클은 주로 항공기, 은행, 발전소 소프트웨어 등 미션 크리티컬한 업무에 사용되고, 샘플링 오라클과 추정 오라클은 일반적인 업무, 게임, 오락 등에 사용된다.

종류	설명
참(True) 오라클	모든 테스트 케이스의 입력값에 대해 기대하는 결과를 생성함으로써 발생된 오류를 모두 검출할 수 있는 오라클
샘플링(Sampling) 오라클	특정한 몇몇 테스트 케이스의 입력값에 대해서만 기대하는 결과를 생성하는 오라클
추정(Heuristic) 오라클	샘플링 오라클의 단점을 개선한 오라클로, 특정 테스트 케이스의 입력값에 대해 올바른 결과를 제공하고, 나머지 값들에 대해서는 휴리스틱(추정)으로 처리하는 오라클
일관성(Consistent) 검사 오라클	애플리케이션의 변경이 있을 때, 테스트 케이스의 이전 수행 결과와 현재 수행 결과가 동일한지를 확인하는 오라클

● 유스케이스(Use Case): 사용자 측면에서의 요구사항으로, 사용자가 원하는 목표를 달성하기 위해 수행할 내용
● 미션 크리티컬(Mission Critical): 단 한 번이라도 다운되면 시스템 전체에 치명적인 영향을 주기 때문에 절대 다운되면 안 되는 시스템으로, 항공기 운행, 은행의 온라인 시스템 등이 해당됨

연·습·문·제

01 20년 9월

다음이 설명하는 테스트 용어는?

> – 테스트의 결과가 참인지 거짓인지를 판단하기 위해서 사전에 정의된 참값을 입력하여 비교하는 기법 또는 활동을 말한다.
> – 종류에는 참, 샘플링, 휴리스틱, 일관성 검사가 존재한다.

① 테스트 케이스
② 테스트 시나리오
③ 테스트 오라클
④ 테스트 데이터

해설 테스트 오라클은 테스트의 결과가 참인지 거짓인지를 판단하기 위해서 사전에 정의된 참값을 입력하여 비교하는 기법이다.

02 21년 3월

테스트 케이스에 일반적으로 포함되는 항목이 아닌 것은?

① 테스트 조건   ② 테스트 데이터
③ 테스트 비용   ④ 예상 결과

해설 테스트 케이스 작성 절차 중 테스트 케이스 정의에서 각 요구사항에 대해 테스트 케이스를 작성하고, 입력값(테스트 데이터), 테스트 조건, 예상 결과 등을 기술한다. 테스트 비용은 테스트 케이스 항목에 포함되지 않는다.

03 22년 4월

테스트 케이스와 관련한 설명으로 틀린 것은?

① 테스트의 목표 및 테스트 방법을 결정하기 전에 테스트 케이스를 작성해야 한다.
② 프로그램에 결함이 있더라도 입력에 대해 정상적인 결과를 낼 수 있기 때문에 결함을 검사할 수 있는 테스트 케이스를 찾는 것이 중요하다.
③ 개발된 서비스가 정의된 요구 사항을 준수하는지 확인하기 위한 입력 값과 실행 조건, 예상 결과의 집합으로 볼 수 있다.
④ 테스트 케이스 실행이 통과되었는지 실패하였는지 판단하기 위한 기준을 테스트 오라클(Test Oracle)이라고 한다.

해설 테스트 케이스는 테스트 목표와 방법을 설정한 후 작성한다.

04 23년 7월, 23년 3월, 22년 7월

다음 중 테스트 오라클에 대한 설명으로 옳지 **않은** 것은?

① 샘플링 오라클: 특정한 몇몇 테스트 케이스의 입력 값들에 대해서만 기대하는 결과를 제공하는 오라클이다.

② 토탈 오라클: 모든 테스트 케이스의 입력 값에 대해 기대하는 결과를 제공하는 오라클이다.

③ 휴리스틱 오라클: 특정 테스트 케이스의 입력 값에 대해 기대하는 결과를 제공하고, 나머지 입력 값들에 대해서는 추정으로 처리하는 오라클이다.

④ 일관성 검사 오라클: 애플리케이션의 변경이 있을 경우 테스트 케이스의 수행 전과 후의 결과 값이 동일한지를 확인하는 오라클이다.

해설 오라클의 종류만 알아도 풀 수 있는 문제이다. 오라클의 종류에는 참(True), 샘플(Sampling), 휴리스틱(Heuristic), 일관성(Consistent) 검사 오라클이 있다. 토탈 오라클이란 것은 없다.

01 | ③   02 | ③   03 | ①   04 | ②

042 테스트 기법에 따른 분류 - 블랙박스 테스트 / 화이트박스 테스트 ★★★

학 ·습 ·포 ·인 ·트 --

- 블랙박스(명세) 테스트나 화이트박스(구조) 테스트의 유형을 묻는 문제는 시험에 계속 출제되었다.
- 각 테스트기법의 검증방법은 가볍게 봐 두고, 블랙박스 테스트와 화이트박스 테스트에 어떤 테스트 기법이 속하는지 꼭 기억하고 넘어간다.

대표 기출 유형

블랙박스 테스트의 유형으로 틀린 것은?   **20년 8월**

① 경계값 분석   ② 오류 예측
③ 동등 분할 기법   ④ 조건, 루프 검사

....

블랙박스 테스트 유형에는 동등 분할 기법, 경곗값 분석, 결정 테이블 테스트, 상태전이 테스트, 유스케이스 테스트, 분류 트리 테스트, 페어와이즈 테스트, 원인–결과 그래프 기법, 오류 예측 기법, 비교 테스트 등이 있다. 조건, 루프 검사는 화이트박스 테스트 유형에 해당된다.

블랙박스 테스트 유형	동등 분할, 경계값 분석, 결정 테이블, 상태전이, 유스케이스, 분류트리, 페어와이즈, 원인–결과 그래프, 오류예측, 비교 테스트 등
화이트박스 테스트 유형	기본 경로 커버리지, 구문 커버리지, 결정 커버리지, 조건 커버리지, 조건–결정 커버리지, 변경 조건–결정 커버리지, 다중 조건 커버리지, 데이터 흐름, 루프 검사(테스트)

정답 ④

블랙박스 테스트(Black-box Test)의 개념

- 블랙박스 테스트는 프로그램 외부 사용자의 요구사항 명세를 보면서 수행하는 테스트(기능 테스트; 명세 테스트)이다.

- 블랙박스 테스트는 소프트웨어의 특징, 요구사항, 설계 명세서 등에 초점을 맞춰 테스트가 이루어진다.

- 블랙박스 테스트는 기능 및 동작 위주의 테스트를 진행하기 때문에 내부 구조나 작동 원리를 알지 못해도 가능하다.

- 소프트웨어 인터페이스에서 실시되는 테스트이다.

- 부정확하거나 누락된 기능, 인터페이스 오류, 자료 구조나 외부 데이터베이스 접근에 따른 오류, 행위나 성능 오류, 초기화와 종료 오류 등을 발견하기 위해 사용되며, 테스트 과정의 후반부에 적용된다.

블랙박스 테스트의 유형

테스트 기법	설명	예시
동등 분할 테스트 (Equivalence Partitioning Testing) = 동치 분할 테스트, 균등 분할 테스트, 동치 클래스 분할 테스트	• 각 영역에 해당하는 입력 값을 넣고 예상되는 출력 값이 나오는지 실제 값과 비교하는 테스트 기법 • 단순하고 이해하기 쉬우며 사용자가 작성 가능	(아래 예시 표 참조)
경곗값 분석 테스트 (Boundary Value Analysis Testing) = 한곗값 테스트	경곗값 부분에서 오류발생 확률이 높기에 경곗값, 경계 이전 값, 경계 이후 값을 테스트 케이스로 생성하여 테스트하는 방법	(아래 예시 표 참조)
결정 테이블 테스트 (Decision Table Testing)	요구사항의 논리와 발생조건을 테이블 형태로 나열하여, 조건과 행위를 모두 조합하여 테스트하는 기법	(아래 예시 표 참조)

동등 분할 테스트 예시

평가 점수	성적
80~100	A
60~79	B
0~59	C

TC	입력	예상 출력
#1	-10	오류
#2	40	C
#3	78	B
#4	84	A
#5	200	오류

...,-3,-2,-1	0,1,...,40,...,58,59	60,61,...,67,...,78,79	80,...,87,...,91,100	101,102,...

경곗값 분석 테스트 예시

평가 점수	성적
80~100	A
60~79	B
0~59	C

TC	입력	예상 출력
#1	59	C
#2	80	A
#3	101	오류

-1	0,1	59	60,61	79	80,81	91,100	101

결정 테이블 테스트 예시

		#1	#2	#3	#4	#5
조건	신규 고객	Y	Y	-	N	N
	현금 결제	Y	N	N	Y	N
	신용카드 결제	N	Y	N	N	Y
행동	주문 처리	O	O		O	O
	주문 거부			O		
	정상 가격				O	O
	10% 할인	O	O			

TC	입력			예상 출력
	신규 고객	현금 결제	신용카드 결제	
#1	Y	Y	N	10% 할인된 가격으로 현금 주문 처리
#2	Y	N	Y	10% 할인된 가격으로 신용카드 주문 처리

상태전이 테스트 (State Transition Testing)	테스트 대상/시스템이나 객체의 상태를 구분하고, 이벤트에 의해 어느 한 상태에서 다른 상태로 전이되는 경우의 수를 수행하는 테스트 기법	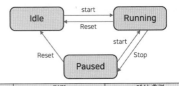
유스케이스 테스트 (Use Case Testing)	시스템이 실제 사용되는 유스케이스로 모델링 되어 있을 때 프로세스 흐름을 기반으로 테스트 케이스를 명세화하여 수행하는 테스트 기법	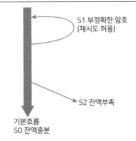
분류 트리 테스트 (Classification Tree Method Testing)	SW의 일부 또는 전체를 트리 구조로 분석 및 표현하여 테스트 케이스를 설계하여 테스트하는 기법	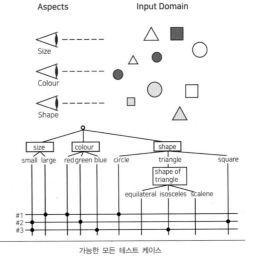
페어와이즈 테스트 (Pairwise Testing)	테스트 데이터 간에 최소한 한 번씩 조합하는 방식이며, 이는 커버해야 할 기능적 범위를 모든 조합에 비해 상대적으로 적은 양의 테스트 세트를 구성하기 위한 테스트 기법	가능한 모든 테스트 케이스 | 재생	볼륨	이퀄라이저 | |---|---|---| | play | up | off | | play | up | on | | play | down | off | | play | down | on | | stop | up | off | | stop | up | on | | stop | down | off | | stop | down | on | ↓ 페어와이즈 조합 | 재생 | 볼륨 | 이퀄라이저 | |---|---|---| | play | up | off | | play | down | on | | stop | up | on | | stop | down | off |

| 원인-결과 그래프 테스트 (Cause-Effect Graph Testing) | 그래프를 활용하여 입력 데이터 간의 관계 및 출력에 미치는 영향을 분석하여 효용성이 높은 테스트 케이스를 선정하여 테스트하는 기법 |
원인:
 c1. 명령어가 입금
 c2. 명령어가 출금
 c3. 계좌 번호가 정상
 c4. 트랜잭션 금액이 정상

결과:
 e1. '명령어 오류' 라고 인쇄
 e2. '계좌 번호 오류' 라고 인쇄
 e3. '출금액 오류' 라고 인쇄
 e4. 트랜잭션 금액 출금
 e5. 트랜잭션 금액 입금 |

노드: 원인(입력조건), 결과(출력 조건)

기호: ∧(and), ∨(or), ~(not)

		#1	#2	#3	#4	#5
입력	원인 1(c1)	F	T	x	x	T
	원인 2(c2)	F	x	T	T	x
	원인 3(c3)	x	F	T	T	T
	원인 4(c4)	x	x	F	T	T
예상 출력	e1	T				
	e2		T			
	e3			T		
	e4				T	
	e5					T

x: don't care

비교 테스트 (Comparison Testing)	여러 버전의 프로그램에 같은 입력 값을 넣어서 동일한 결과 데이터가 나오는지 비교해 보는 테스트 기법	

TC	입력		예상출력	
	v1.1	v1.2	v1.1	v1.2
#1	abc	abc	ABC	ABC
#2	Hello	Hello	안녕하세요	안녕하세요
#3	ABC	ABC	ABC	ABC

오류 예측 테스트 (Error Guessing Testing)	• 개발자가 범할 수 있는 실수를 추정하고 이에 따른 결함이 검출되도록 테스트 케이스를 설계하여 테스트하는 기법 • 다른 블랙 박스 테스트 기법으로는 찾아낼 수 없는 오류를 찾아내는 일련의 보충적 검사 기법이며, 데이터 확인 검사라고도 함	정렬 프로그램에서 에러가 쉽게 발생하기 쉬운 경우를 고려한 테스트 케이스 설정 #1 입력 리스트가 공간 리스트인 경우 #2 입력 리스트가 하나의 원소만을 갖는 경우 등

화이트박스 테스트(White-box Test)의 개념

● 화이트박스 테스트는 각 응용 프로그램의 내부 구조와 동작을 검사하는 소프트웨어 테스트이다.

● 코드 분석과 프로그램 구조에 대한 지식을 바탕으로 문제가 발생할 가능성이 있는 모듈 안의 작동을 직접 관찰하고, 테스트하는 방법이다.

● 산출물의 각 기능별 적절한 프로그램의 제어 구조에 따라 선택, 반복 등의 부분들을 수행함으로써 논리적 경로를 점검한다.

● Source Code의 모든 문장을 한 번 이상 수행함으로써 진행된다.

● 화이트박스 테스트의 이해를 위해 논리 흐름도(Logic-Flow Diagram)를 이용할 수 있다.

- 테스트 데이터를 이용해 실제 프로그램을 실행함으로써 오류를 찾는 동적 테스트(Dynamic Test)에 해당한다.

- 테스트 데이터를 선택하기 위하여 검증 기준(Test Coverage)을 정한다.

- 화이트박스 테스트는 설계된 절차에 초점을 둔 구조적 테스트로 프로시저 설계의 제어 구조를 사용하여 테스트 케이스를 설계하며, 테스트 과정의 초기에 적용된다.

- 화이트박스 테스트는 구조 기반 테스트, 코드 기반 테스트, 로직 기반 테스트, 글래스(Glass) 박스 테스트라고도 부른다.

화이트박스 테스트의 유형

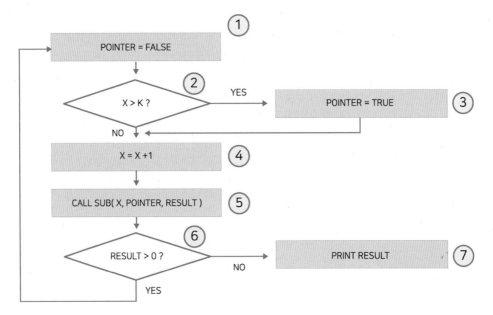

테스트 기법		설명	검증 방법 예시
(기본/기초) 경로 검사 (Base Path Testing)		• 수행 가능한 모든 경로를 테스트하는 기법 • 기본 경로는 사이클을 허용	• 1–2–3–4–5–6–1 • 1–2–3–4–5–6–1 • 1–2–3–4–5–6–7 • 1–2–4–5–6–7 • 위와 같이 모든 문장이 적어도 한 번씩 실행되도록 만드는 k값 선택 후 검증
제어 구조 검사 (Control Structure Testing)	구문(문장) 커버리지 (Statement Coverage)	• 프로그램 내의 모든 명령문을 적어도 한 번 수행하는 커버리지 • 조건문 결과와 관계없이 구문 실행 개수로 계산	1–2–3–4–5–6–7
	결정 커버리지 = 선택 커버리지 (Decision Coverage) = 분기 커버리지 (Branch Coverage)	(각 분기의) 결정 포인트 내의 전체 조건식이 적어도 한 번은 참(T)과 거짓(F)의 결과를 수행하는 테스트 커버리지	• 1–2–3–4–5–6–7 • 1–2–3–4–5–6–1
	조건 커버리지 (Condition Coverage)	(각 분기의) 결정 포인트 내의 각 개별 조건식이 적어도 한 번은 참과 거짓의 결과가 되도록 수행하는 테스트 커버리지	• 1–2–3–4–5–6–7 • 1–2–3–4–5–6–1 • 1–2–4–5–6–7 • 1–2–4–5–6–1
	조건–결정 커버리지 (Condition/Decision Coverage)	전체 조건식뿐만 아니라 개별 조건식도 참 한 번, 거짓 한 번 결과가 되도록 수행하는 테스트 커버리지	구분 / A=2, B=-2 / A=0, B=-2 / A=0, B=2 A>1 : true / false / false B<=0 : true / true / false A>1 AND B<=0 : true / false / false
	변경 조건–결정 커버리지 (Modified Condition/ Decision Coverage)	개별 조건식이 다른 개별 조건식에 영향을 받지 않고 전체 조건식에 독립적으로 영향을 주도록 함으로써 조건/결정 커버리지를 향상시킨 커버리지	if (x >= 1 and y<= 0): y = x + 1 구분 / x=2,y=-2 / x=0,y=-2 / x=-2,y=-2 개별조건식 x >= 1 : T / F / T 개별조건식 y <= 0 : T / T / F 전체조건식 x>=1and y<=0 : T / F / F
	다중 조건 커버리지 (Multiple Condition Coverage)	결정 조건 내 모든 개별 조건식의 모든 가능한 조합을 100% 보장하는 커버리지	if (x >= 1 and y<= 0): y = x + 1 구분 / x=2,y=-2 / x=0,y=-2 / x=0,y=2 / x=-2,y=-2 개별조건식 x >= 1 : T / F / F / T 개별조건식 y <= 0 : T / T / F / F 전체조건식 x>=1and y<=0 : T / F / F / F
	데이터 흐름 검사 (Data Flow Testing)	프로그램에서 변수의 정의와 변수 사용의 위치에 초점을 맞춰 실시하는 테스트 기법	
	루프 검사 (Loop Testing)	프로그램의 반복(Loop) 구조에 초점을 맞춰 실시하는 테스트 기법	

화이트박스 테스트에서 커버리지 간 관계가 헷갈려요!

경로 커버리지가 모든 구문을 테스트하니 가장 넓은 영역을 테스트하고, 그 다음 다중 조건 커버리지, 변경 조건 커버리지, 조건 커버리지 순이라고 보면 돼요. 커버리지 간 관계가 시험에 나온 적은 없지만 어떤 커버리지인지 묻는 문제는 나올 수 있으므로, 커버리지 학습할 때 무조건 암기하지 말고 아래 그림처럼 서로 관계를 생각해 보면 쉽게 이해할 수 있어요!

 연·습·문·제

01 23년 7월, 20년 6월

평가 점수에 따른 성적부여는 다음 표와 같다. 이를 구현한 소프트웨어를 경계값 분석 기법으로 테스트하고자 할 때 다음 중 테스트 케이스의 입력 값으로 옳지 않은 것은?

평가 점수	성적
80~100	A
60~79	B
0~59	C

① 59
② 80
③ 90
④ 101

해설 경계값 분석 테스트는 경곗값 부분에서 오류 발생 확률이 높기에 경곗값, 경계 이전 값, 경계 이후 값을 테스트 케이스로 생성하여 테스트하는 방법이다. 90은 80~100의 경계가 아닌 가운데 값이므로 경곗값 분석 테스트라고 보기 어렵다.

02 20년 8월

블랙박스 테스트의 유형으로 틀린 것은?

① 경계값 분석
② 오류 예측
③ 동등 분할 기법
④ 조건, 루프 검사

해설 블랙박스 테스트 유형에는 동등 분할 기법, 경곗값 분석, 결정 테이블 테스트, 상태전이 테스트, 유스케이스 테스트, 분류 트리 테스트, 페어와이즈 테스트, 원인-결과 그래프 기법, 오류 예측 기법, 비교 테스트 등이 있다. 조건, 루프 검사는 화이트박스 테스트 유형에 해당된다.

블랙박스 테스트 유형	동등 분할, 경계값 분석, 결정 테이블, 상태전이, 유스케이스, 분류트리, 페어와이즈, 원인-결과 그래프, 오류예측, 비교 테스트 등
화이트박스 테스트 유형	기본 경로 커버리지, 구문 커버리지, 결정 커버리지, 조건 커버리지, 조건-결정 커버리지, 변경 조건-결정 커버리지, 다중 조건 커버리지, 데이터 흐름, 루프 검사(테스트)

03 23년 5월, 20년 9월

블랙박스 테스트 기법으로 거리가 먼 것은?

① 기초 경로 검사
② 동치 클래스 분해
③ 경계값 분석
④ 원인 결과 그래프

> 해설 동치 클래스 분해(=동등 분할 테스트), 경계값 분석, 원인 결과 그래프 테스트는 블랙박스 테스트 기법에 해당된다. 그러나 기초 경로 검사는 화이트 박스 테스트 유형에 해당된다.

04 22년 7월, 21년 5월

소프트웨어 테스트와 관련한 설명으로 틀린 것은?

① 화이트 박스 테스트는 모듈의 논리적인 구조를 체계적으로 점검할 수 있다.
② 블랙박스 테스트는 프로그램의 구조를 고려하지 않는다.
③ 테스트 케이스에는 일반적으로 시험 조건, 테스트 데이터, 예상 결과가 포함되어야 한다.
④ 화이트박스 테스트에서 기본 경로(Basis Path)란 흐름 그래프의 시작 노드에서 종료노드까지의 서로 독립된 경로로 싸이클을 허용하지 않는 경로를 말한다.

> 해설 기본 경로(Basis Path)는 수행 가능한 모든 경로로 사이클을 허용한다.

05 23년 7월, 21년 5월

블랙박스 테스트를 이용하여 발견할 수 있는 오류가 아닌 것은?

① 비정상적인 자료를 입력해도 오류 처리를 수행하지 않는 경우
② 정상적인 자료를 입력해도 요구된 기능이 제대로 수행되지 않는 경우
③ 반복 조건을 만족하는데도 루프 내의 문장이 수행되지 않는 경우
④ 경계값을 입력할 경우 요구된 출력 결과가 나오지 않는 경우

> 해설 블랙박스 테스트는 프로그램 외부 사용자의 요구사항 명세를 보면서 수행하는 테스트이다. 기능 및 동작 위주의 테스트를 진행하기 때문에 비정상적인 자료에 대한 오류 처리 수행 여부, 정상적인 자료에 대한 요구된 기능 수행 여부, 경계값을 입력할 경우 요구된 출력 결과 출력 여부 등을 테스트할 수 있다. 그러나 반복 조건을 만족하는 데도 루프 내의 문장이 수행되지 않는 경우는 코드 분석과 프로그램 구조에 대한 지식을 바탕으로 문제가 발생할 가능성이 있는 모듈 내부를 직접 관찰해야 하기 때문에 블랙박스 테스트를 통해서는 발견할 수 없는 오류이며, 화이트박스 테스트를 통해서 발견할 수 있는 오류이다.

블랙박스 테스트 (=기능 테스트, 명세 테스트)	• 프로그램 외부 사용자의 요구사항 명세를 보면서 수행하는 테스트 • 소프트웨어의 특징, 요구사항, 설계 명세서 등에 초점을 맞춰 테스트 • 기능 및 동작 위주의 테스트를 진행하기 때문에 내부 구조나 작동 원리를 알지 못해도 가능 • 동적 테스트(Dynamic Test)에 해당
화이트박스 테스트 (=구조 기반 테스트, 코드 기반 테스트)	• 각 응용 프로그램의 내부 구조와 동작을 검사하는 소프트웨어 테스트 • 코드 분석과 프로그램 구조에 대한 지식을 바탕으로 문제가 발생할 가능성이 있는 모듈 안의 작동을 직접 관찰하고 테스트 • Source Code의 모든 문장을 한 번 이상 수행함으로써 진행

- 화이트박스 테스트의 이해를 위해 논리 흐름도(Logic–Flow Diagram) 이용 가능
- 테스트 데이터를 선택하기 위해 검증 기준(Test Coverage)을 설정
- 동적 테스트(Dynamic Test)에 해당

06 23년 7월, 23년 5월, 22년 4월

화이트박스 테스트와 관련한 설명으로 <u>틀린</u> 것은?

① 화이트박스 테스트의 이해를 위해 논리흐름도(Logic–Flow Diagram)를 이용할 수 있다.

② 테스트 데이터를 이용해 실제 프로그램을 실행함으로써 오류를 찾는 동적 테스트(Dynamic Test)에 해당한다.

③ 프로그램의 구조를 고려하지 않기 때문에 테스트 케이스는 프로그램 또는 모듈의 요구나 명세를 기초로 결정한다.

④ 테스트 데이터를 선택하기 위하여 검증기준(Test Coverage)을 정한다.

01 | ③ 02 | ④ 03 | ① 04 | ④ 05 | ③
06 | ③

043 개발 단계에 따른 애플리케이션 테스트: 단위/통합/시스템/인수 테스트 ★★★

학 ·습 ·포 ·인 ·트 --

- 애플리케이션 테스트는 개발 단계에 따라 단위 테스트, 통합 테스트, 시스템 테스트, 인수 테스트로 분류할 수 있는데 최근 단위 테스트와 통합 테스트를 구분하는 문제가 자주 출제되고 있다.
- 인수 테스트의 종류인 알파 테스트와 베타 테스트의 개념을 묻는 문제가 출제되고 있으니 각 테스트의 개념들을 핵심어를 중심으로 암기해 두도록 한다.

대표 기출 유형

다음 중 단위 테스트를 통해 발견할 수 있는 오류가 아닌 것은?   21년 5월

① 알고리즘 오류에 따른 원치 않는 결과
② 탈출구가 없는 반복문의 사용
③ 모듈 간의 비정상적 상호작용으로 인한 원치 않는 결과
④ 틀린 계산 수식에 의한 잘못된 결과

....

단위 테스트로 개별 모듈 단위로 테스트하기 때문에 모듈 간의 비정상적 상호 작용으로 인해 원치 않는 결과를 발생시키는 등의 오류는 발견할 수 없다.

정답 ③

필수 핵심 이론

개발 단계에 따른 애플리케이션 테스트

- 애플리케이션 테스트는 소프트웨어 개발 단계에 따라 분류할 수 있고, 이렇게 분류된 것을 테스트 레벨이라고 한다.

- 각각의 테스트 레벨은 서로 독립적이다.

- 테스트 레벨의 종류에는 단위 테스트, 통합 테스트, 시스템 테스트, 인수 테스트가 있다.

테스트 레벨 종류	설명	기법
단위 테스트	사용자 요구사항에 대한 단위 모듈, 서브루틴 등을 테스트하는 단계	• 인터페이스 테스트 • 자료 구조 테스트 • 실행 경로 테스트 • 오류 처리 테스트
통합 테스트	단위 테스트를 통과한 컴포넌트 간의 인터페이스를 테스트하는 단계	• 빅뱅 테스트 • 상향식 테스트 • 하향식 테스트
시스템 테스트	개발 프로젝트 차원에서 정의된 전체 시스템 또는 제품의 동작에 대해 테스트하는 단계	• 기능 요구사항 테스트 • 비기능 요구사항 테스트
인수 테스트	계약상의 요구사항이 만족되었는지 확인하기 위한 테스트 단계	• 알파테스트 • 베타테스트

● 애플리케이션 테스트와 소프트웨어 개발 단계를 연결하여 표현한 것을 V-모델이라고 한다.

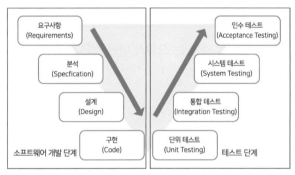

소프트웨어 생명 주기의 V-모델

단위 테스트(Unit Test)

● 단위 테스트는 소프트웨어 설계의 최소 단위인 **모듈이나 컴포넌트에 초점을 맞춘 테스트이다.**

● 단위 테스트에서는 인터페이스, 외부적 I/O, 자료 구조, 독립적 기초 경로, 오류처리 경로, 경계 조건 등을 검사한다.

● 단위 테스트는 사용자의 요구사항을 기반으로 한 기능성 테스트를 최우선으로 수행한다.

● 단위 테스트는 구조 기반 테스트(=화이트박스 테스트)와 명세 기반 테스트(=블랙박스 테스트)로 나뉘지만 주로 구조 기반 테스트를 시행한다.

● **단위 테스트로 발견 가능한 오류**: 알고리즘 오류에 따른 원치 않는 결과, 탈출구가 없는 반복문의 사용, 틀린 계산 수식에 의한 잘못된 결과

- 단위 테스트는 **개별 모듈 단위로 테스트**하기 때문에 모듈 간 인터페이스 관련 오류 및 결함을 발견할 수 없다.

통합 테스트(Integration Test)

- 통합 테스트는 단위 테스트가 완료된 모듈들을 결합하여 하나의 시스템으로 완성시키는 과정에서의 테스트를 의미한다.
- 통합 테스트는 **모듈 간 또는 통합된 컴포넌트 간**의 상호 작용 오류를 검사한다.

시스템 테스트(System Test)

- 시스템 테스트는 개발된 소프트웨어가 해당 컴퓨터 시스템에서 완벽하게 수행되는가를 점검하는 테스트이다.
- 환경적인 장애 리스크를 최소화하기 위해서는 실제 사용 환경과 유사하게 만든 테스트 환경에서 테스트를 수행해야 한다.
- 시스템 테스트는 기능적 요구사항과 비기능적 요구사항으로 구분하여 각각을 만족하는지 테스트한다.

테스트 종류	설명
기능적 요구사항 테스트	요구사항 명세서, 비즈니스 절차, 유스케이스 등 명세서 기반의 블랙박스 (Black Box) 테스트
비기능적 요구사항 테스트	성능 테스트, 회복 테스트, 보안 테스트, 내부 시스템의 메뉴 구조, 웹 페이지의 네비게이션 등 구조적 요소에 대한 화이트박스(White Box) 테스트

인수 테스트(Acceptance Test)

- 인수 테스트는 최종 사용자, 업무의 이해관계자 등이 테스트를 수행함으로써 개발된 제품에 대해 운영 여부를 결정하는 테스트이다.
- 인수 테스트는 개발한 소프트웨어를 사용자가 직접 테스트한다.
- 인수 테스트에 문제가 없으면 사용자는 소프트웨어를 인수하게 되고, 프로젝트는 종료된다.
- 인수 테스트의 종류에는 알파 테스트와 베타 테스트가 있다.

테스트 종류	설명
알파 테스트 (Alpha Test)	• **개발자의 장소**에서 **사용자**가 **개발자 앞**에서 행하는 테스트 기법 • 테스트는 통제된 환경에서 행해지며, 오류와 사용상의 문제점을 사용자와 개발자가 함께 확인하면서 기록
베타 테스트 (Beta Test)	• **선정된 최종 사용자**가 **여러 명의 사용자 앞**에서 행하는 테스트 기법 • 실업무를 가지고 사용자가 직접 테스트하는 것으로 개발자에 의해 제어되지 않은 상태에서 테스트가 행해지며, 발견된 오류와 사용상의 문제점을 기록하고 개발자에게 주기적으로 보고함 • 필드 테스팅(Field Testing)이라고도 불림

기초 용어 정리

● 구조 기반 테스트: 소프트웨어의 내부 논리 프름에 따라 테스트 케이스를 작성하고 확인하는 테스트로, 화이트박스(White Box) 테스트라고도 함
● 명세 기반 테스트: 사용자의 요구사항에 대한 명세를 빠짐없이 테스트 케이스로 만들어 구현하고 있는지 확인하는 테스트로, 블랙박스(Black Box) 테스트라고도 함

연·습·문·제

01 21년 5월

다음 중 단위 테스트를 통해 발견할 수 있는 오류가 <u>아닌</u> 것은?

① 알고리즘 오류에 따른 원치 않는 결과
② 탈출구가 없는 반복문의 사용
③ 모듈 간의 비정상적 상호작용으로 인한 원치 않는 결과
④ 틀린 계산 수식에 의한 잘못된 결과

해설 단위 테스트로 개별 모듈 단위로 테스트하기 때문에 모듈 간 인터페이스 관련 오류 및 결함을 발견할 수 없다.

단위 테스트로 발견 가능한 오류: 알고리즘 오류에 따른 원치 않는 결과, 탈출구가 없는 반복문의 사용, 틀린 계산 수식에 의한 잘못된 결과 등

02 23년 3월, 21년 8월

개별 모듈을 시험하는 것으로, 모듈이 정확하게 구현되었는지, 예정한 기능이 제대로 수행되는지를 점검하는 것이 주목적인 테스트는?

① 통합 테스트(Integration Test)
② 단위 테스트(Unit Test)
③ 시스템 테스트(System Test)
④ 인수 테스트(Acceptance Test)

해설 개별 모듈 단위로 테스트하는 것은 단위 테스트(Unit Test)에 해당한다.

03 22년 7월, 20년 8월

알파, 베타 테스트와 가장 밀접한 연관이 있는 테스트 단계는?

① 단위 테스트
② 인수 테스트
③ 통합 테스트
④ 시스템 테스트

알파, 베타 테스트는 사용자가 소프트웨어를 인수하기 전에 마지막으로 수행하는 테스트이다. 따라서 최종 사용자와 업무의 이해관계자 등이 테스트를 수행함으로써 개발된 제품에 대해 운영 여부를 결정하는 테스트인 인수 테스트와 연관이 있다.

04 20년 9월, 20년 6월

검증(Validation) 검사 기법 중 개발자의 장소에서 사용자가 개발자 앞에서 행하는 기법이며, 일반적으로 통제된 환경에서 사용자와 개발자가 함께 확인하면서 수행되는 검사는?

① 동치 분할 검사
② 형상 검사
③ 알파 검사
④ 베타 검사

검증 검사 기법에는 알파 검사와 베타 검사가 있다. 검증 검사 기법 중 개발자의 장소에서 사용자가 개발자 앞에서 행하는 기법이며, 일반적으로 통제된 환경에서 사용자와 개발자가 함께 확인하면서 수행되는 검사는 알파 검사이다.

05 21년 3월

필드 테스팅(field testing)이라고도 불리며 개발자 없이 고객의 사용 환경에 소프트웨어를 설치하여 검사를 수행하는 인수검사 기법은?

① 베타 검사
② 알파 검사
③ 형상 검사
④ 복구 검사

필드 테스팅(field testing)이라고도 불리며 개발자 없이 고객의 사용 환경에 소프트웨어를 설치하여 검사를 수행하는 인수검사 기법은 베타 검사이다.

01 | ③   02 | ②   03 | ②   04 | ③   05 | ①

044 | 결함 관리·테스트 자동화 도구 ★★

대표 기출 유형

테스트 드라이버(Test Driver)에 대한 설명으로 틀린 것은? 　　　　23년 5월, 22년 7월, 21년 8월

① 시험대상 모듈을 호출하는 간이 소프트웨어이다.

② 필요에 따라 매개 변수를 전달하고 모듈을 수행한 후의 결과를 보여줄 수 있다.

③ 상향식 통합 테스트에서 사용된다.

④ 테스트 대상 모듈이 호출하는 하위 모듈의 역할을 한다.

....

테스트 대상 모듈이 호출하는 하위 모듈의 역할을 하는 것은 테스트 스텁이다.

정답 ④

필수 핵심 이론

결함(Defect)의 개념 및 결함 관리 도구(Defect Management Tool)

● 결함(Defect)은 오류 발생, 작동 실패 등과 같이 소프트웨어가 개발자가 설계한 것과 다르게
  동작하거나 다른 결과가 발생되는 것을 의미한다.

● 결함을 제거하지 않으면 소프트웨어 제품이 실패하거나 문제가 발생한다.

● 사용자가 예상한 결과와 실행 결과 간의 차이나 업무 내용과의 불일치 등으로 인해 변경이 필
  요한 부분도 모두 결함에 해당된다.

용어	설명
오류(Error)	결함(Defect)의 원인이 되는 것으로, 일반적으로 사람(소프트웨어 개발자, 분석가 등)에 의해 생성된 실수(Human Mistake)
결점(Fault)	소프트웨어 개발 활동을 수행함에 있어서 시스템이 고장(Failure)을 일으키게 하며, 오류(Error)가 있는 경우 발생하는 현상
버그(Bug)	프로그램 오류로 인해 예상치 못한 결과가 나는 현상
고장(Failure) / 문제(Problem)	소프트웨어 제품에 포함된 결함이 실행될 때 발생하는 현상

● 결함 관리 프로세스는 결함 관리 계획 → 결함 기록 → 결함 검토 → 결함 수정 → 결함 재확인 → 결함 상태 추적 및 모니터링 활동 → 최종 결함 분석 및 보고서 작성 순이다.

● 결함 관리 도구(Defect Management Tool)는 단계별 테스트 수행 후 발생한 결함의 재발 방지를 위해, 유사 결함 발견 시 처리 시간 단축을 위해 결함을 추적하고 관리하는 도구이다. 결함 관리 도구에는 Mantis, Trac, Redmine, Bugzilla 등이 있다.

테스트 자동화 도구

● 테스트 자동화는 사람이 반복적으로 수행하던 테스트 절차를 스크립트 형태로 구현하는 자동화 도구를 적용함으로써 쉽고 효율적으로 테스트를 수행할 수 있도록 한 것이다.

● 테스트 자동화 도구를 사용함으로써 휴먼 에러(Human Error)를 줄이고 테스트의 정확성을 유지하면서 테스트의 품질을 향상시킬 수 있다.

장점	• 테스트 데이터의 재입력, 재구성 같은 반복적인 작업을 자동화함으로써 인력 및 시간 감소 • 다중 플랫폼 호환성, 소프트웨어 구성, 기본 테스트 등 향상된 테스트 품질을 보장 • 사용자의 요구사항 등을 일관성 있게 검증 가능 • 테스트 결과에 대한 객관적인 평가 기준 제공 • 테스트 결과를 그래프 등 다양한 표시 형태로 제공 • UI가 없는 서비스도 정밀 테스트가 가능
단점	• 테스트 자동화 도구의 사용 방법에 대한 교육 및 학습 필요 • 자동화 도구를 프로세스 단계별로 적용하기 위한 시간, 비용, 노력 필요 • 비공개 상용 도구의 경우 고가의 추가 비용 필요

테스트 자동화 도구의 유형

유형	설명
정적 분석 도구 (Static Analysis Tools)	• 프로그램을 실행하지 않고 분석하는 도구로, 소스 코드에 대한 코딩 표준, 코딩 스타일, 코드 복잡도 및 남은 결함 등을 발견하기 위해 사용 • 테스트를 수행하는 사람이 작성된 소스 코드를 이해하고 있어야만 분석이 가능
테스트 케이스 생성 도구 (Test Case Generation Tools)	• 자료 흐름도: 자료 원시 프로그램을 입력받아 파싱한 후 자료 흐름도를 작성함 • 기능 테스트: 주어진 기능을 구동시키는 모든 가능한 상태를 파악하여 이에 대한 입력을 작성함 • 입력 도메인 분석: 원시 코드의 내부를 참조하지 않고 입력 변수의 도메인을 분석하여 테스트 데이터를 작성함 • 랜덤 테스트: 입력 값을 무작위로 추출하여 테스트함

테스트 실행 도구
(Test Execution
Tools)
	• 스크립트 언어를 사용하여 테스트를 실행하는 방법으로 테스트 데이터와 테스트 수행 방법 등이 포함된 스크립트를 작성한 후 실행
	• 데이터 주도 접근방식
	  – 스프레드시트에 테스트 데이터를 저장하고, 이를 읽어 실행하는 방식
	  – 다양한 테스트 데이터를 동일한 테스트 케이스로 반복하여 실행할 수 있음
	  – 스크립트에 익숙하지 않은 사용자도 미리 작성된 스크립트에 테스트 데이터만 추가하여 테스트할 수 있음
	• 키워드 주도 접근방식
	  – 스프레드시트에 테스트를 수행할 동작을 나타내는 키워드와 테스트 데이터를 저장하여 실행하는 방식
	  – 키워드를 이용하여 테스트를 정의할 수 있음

성능 테스트 도구 (Performance Test Tools)	애플리케이션의 처리량, 응답 시간, 경과 시간, 자원 사용률 등을 인위적으로 적용한 가상의 사용자를 만들어 테스트를 수행함으로써 성능의 목표 달성 여부를 확인함
테스트 통제 도구 (Test Control Tools)	테스트 계획 및 관리, 테스트 수행, 결함 관리 등을 수행하는 도구로, 종류에 형상 관리 도구, 결함 추적/관리 도구 등이 있음
테스트 하네스 도구 (Test Harness Tools)	• 테스트 하네스는 애플리케이션의 컴포넌트 및 모듈을 테스트하는 환경의 일부분으로, 테스트를 지원하기 위해 생성된 코드와 데이터를 의미함 • 테스트 하네스 도구는 테스트가 실행될 환경을 시뮬레이션 하여 컴포넌트 및 모듈이 정상적으로 테스트되도록 함 • 테스트 하네스 도구의 구성요소는 다음과 같음

테스트 드라이버 (Test Driver)	테스트 대상의 하위 모듈을 호출하고, 매개변수(Parameter)를 전달하고, 모듈 테스트 수행 후의 결과를 도출하는 도구
테스트 스텁 (Test Stub)	하향식 통합 테스트를 위해 일시적으로 필요한 조건만을 가지고 임시로 제공되는 시험용 모듈로, 상위 모듈에 의해 호출되는 하위 모듈의 역할
테스트 슈트 (Test Suites)	테스트 대상 컴포넌트나 모듈, 시스템에 사용되는 테스트 케이스와 집합
테스트 케이스 (Test Case)	사용자의 요구사항을 정확하게 준수했는지 확인하기 위한 입력 값, 실행조건, 기대 결과 등으로 만들어진 테스트 항목의 명세서
테스트 스크립트 (Test Script)	• 자동화된 테스트 실행 절차에 대한 명세서 • 테스트 스텝(Test Step), 테스트 절차서(Test Procedure)라고도 함
목 오브젝트 (Mock Object)	사전에 사용자의 행위를 조건부로 입력해 두면, 그 상황에 맞는 예정된 행위를 수행하는 객체

01 23년 7월, 21년 5월

애플리케이션의 처리량, 응답시간, 경과시간, 자원사용률에 대해 가상의 사용자를 생성하고 테스트를 수행함으로써 성능 목표를 달성하였는지를 확인하는 테스트 자동화 도구는?

① 명세 기반 테스트 설계 도구
② 코드 기반 테스트 설계 도구
③ 기능 테스트 수행 도구
④ 성능 테스트 도구

해설 성능 테스트 도구에는 애플리케이션의 처리량, 응답 시간, 경과 시간, 자원 사용률 등을 인위적으로 적용한 가상의 사용자를 만들어 테스트를 수행함으로써 성능의 목표 달성 여부를 확인한다.

02 23년 5월, 22년 7월, 21년 8월

테스트 드라이버(Test Driver)에 대한 설명으로 틀린 것은?

① 시험대상 모듈을 호출하는 간이 소프트웨어이다.
② 필요에 따라 매개 변수를 전달하고 모듈을 수행한 후의 결과를 보여줄 수 있다.
③ 상향식 통합 테스트에서 사용된다.
④ 테스트 대상 모듈이 호출하는 하위 모듈의 역할을 한다.

해설 테스트 대상 모듈이 호출하는 하위 모듈의 역할을 하는 것은 테스트 스텁이다.

03 23년 5월, 21년 8월

테스트 케이스 자동 생성 도구를 이용하여 테스트 데이터를 찾아내는 방법이 아닌 것은?

① 스터브(Stub)와 드라이버(Driver)
② 입력 도메인 분석
③ 랜덤(Random) 테스트
④ 자료 흐름도

해설 테스트 케이스 생성 도구를 이용하여 테스트 데이터를 찾는 방법에는 자료 흐름도, 기능 테스트, 입력 도메인 분석, 랜덤 테스트가 있다.

04 23년 3월, 22년 3월

단위 테스트에서 테스트의 대상이 되는 하위 모듈을 호출하고, 파라미터를 전달하는 가상의 모듈로 상향식 테스트에 필요한 것은?

① 테스트 스텁(Test Stub)
② 테스트 드라이버(Test Driver)
③ 테스트 슈트(Test Suites)
④ 테스트 케이스(Test Case)

해설 테스트 드라이버(Test Driver)는 상향식 통합시험을 위해 단위 테스트에서 테스트의 대상이 되는 하위 모듈을 호출하는 상위 모듈의 역할로, 필요에 따라 파라미터를 전달하는 가상의 모듈이다.

05 22년 4월

단위 테스트(Unit Test)와 관련한 설명으로 틀린 것은?

① 구현 단계에서 각 모듈의 개발을 완료한 후 개발자가 명세서의 내용대로 정확히 구현되었는지 테스트한다.
② 모듈 내부의 구조를 구체적으로 볼 수 있는 구조적 테스트를 주로 시행한다.
③ 필요 데이터를 인자를 통해 넘겨주고, 테스트 완료 후 그 결과값을 받는 역할을 하는 가상의 모듈을 테스트 스텁(Stub)이라고 한다.
④ 테스트할 모듈을 호출하는 모듈도 있고, 테스트할 모듈이 호출하는 모듈도 있다.

필요 데이터를 인자로 통해 넘겨주고, 테스트 완료 후 그 결과값을 받는 역할을 하는 가상의 모듈을 테스트 드라이버라고 하고, 테스트 스텁(Stub)은 하향식 통합 테스트를 위해 일시적으로 필요한 조건만을 가지고 임시로 제공되는 시험용 모듈을 말한다.

06 22년 4월

다음 중 단위 테스트 도구로 사용될 수 <u>없는</u> 것은?

① CppUnit   ② JUnit
③ HttpUnit   ④ IgpUnit

• 인터페이스 구현 검증 도구의 종류 중 xUnit은 소프트웨어의 함수나 같은 서로 다른 구성 원소(단위)를 테스트할 수 있게 해 주는 도구이다.
• 단위 테스트 도구로 사용될 수 있는 것은 CppUnit(C++), JUnit(Java), HttpUnit(Web) 등이 있다.

07 20년 8월

다음이 설명하는 애플리케이션 통합 테스트 유형은?

• 깊이 우선 방식 또는 너비 우선 방식이 있다.
• 상위 컴포넌트를 테스트하고 점증적으로 하위 컴포넌트를 테스트한다.
• 하위 컴포넌트 개발이 완료되지 않은 경우 스텁(Stub)을 사용하기도 한다.

① 하향식 통합 테스트
② 상향식 통합 테스트
③ 회귀 테스트
④ 빅뱅 테스트

하향식 통합 테스트에 대한 설명이다.

08 23년 5월, 22년 4월

통합 테스트(Integration Test)와 관련한 설명으로 틀린 것은?

① 시스템을 구성하는 모듈의 인터페이스와 결합을 테스트하는 것이다.
② 하향식 통합 테스트의 경우 너비 우선(Breadth First) 방식으로 테스트를 할 모듈을 선택할 수 있다.
③ 상향식 통합 테스트의 경우 시스템 구조도의 최상위에 있는 모듈을 먼저 구현하고 테스트한다.
④ 모듈 간의 인터페이스와 시스템의 동작이 정상적으로 잘 되고 있는지를 빨리 파악하고자 할 때 상향식보다는 하향식 통합 테스트를 사용하는 것이 좋다.

상향식 통합 테스트는 애플리케이션 구조에서 최하위 레벨의 모듈 또는 컴포넌트로부터 점진적으로 상위 모듈과 함께 테스트하는 기법이다.

09 21년 3월, 20년 6월

하향식 통합에 있어서 모듈 간의 통합 시험을 위해 일시적으로 필요한 조건만을 가지고 임시로 제공되는 시험용 모듈을 무엇이라고 하는가?

① Stub
② Driver
③ Procedure
④ Function

하향식 통합에 있어서 모듈 간의 통합 시험을 위해 일시적으로 필요한 조건만을 가지고 임시로 제공되는 시험용 모듈은 스텁(Stub)이다.

01 | ④ 02 | ④ 03 | ① 04 | ② 05 | ③
06 | ④ 07 | ① 08 | ③ 09 | ①

045 애플리케이션 성능 분석 및 코드 최적화 ★★★

학·습·포·인·트

• 배드 코드 유형이나 클린 코드 작성 원칙을 묻는 문제는 빈번하게 출제되므로 꼭 학습하고 넘어가도록 한다.

대표 기출 유형

다음 중 클린 코드 작성 원칙으로 거리가 먼 것은? 　　22년 7월, 20년 8월

① 누구든지 쉽게 이해하는 코드 작성　　② 중복이 최대화된 코드 작성

③ 다른 모듈에 미치는 영향 최소화　　④ 단순, 명료한 코드 작성

클린 코드 작성 원칙에는 누구든지 쉽게 이해하는 코드로 작성하고, 중복을 제거하고, 다른 모듈에 미치는 영향을 최소화하고, 단순 명료한 코드로 작성해야 한다.

정답 ②

필수 핵심 이론

애플리케이션 성능 분석

애플리케이션 성능이란 사용자가 요구한 기능을 최소한의 자원을 사용하여 최대한 많은 기능을 신속하게 처리하는 정도를 나타낸다.

애플리케이션 성능 측정 지표	설명
처리량(Throughput)	일정 시간 내에 애플리케이션이 처리하는 일의 양
응답 시간(Response Time)	애플리케이션에 요청을 전달하는 시간부터 응답이 도착할 때까지 걸린 시간
경과 시간(Turn Around Time)	애플리케이션에 작업을 의뢰한 시간부터 처리가 완료될 때까지 걸린 시간
자원 사용률(Resource Usage)	애플리케이션이 의뢰한 작업을 처리하는 동안의 CPU 사용량, 메모리 사용량, 네트워크 사용량 등 자원 사용률

순환 복잡도

- 순환 복잡도(Cyclomatic Complexity)는 한 프로그램의 논리적인 복잡도를 측정하기 위한 소프트웨어의 척도로, 맥케이브 순환도(McCabe's Cyclomatic) 또는 맥케이브 복잡도 메트릭(McCabe's Complexity Metrics)라고도 하며, 제어 흐름도 이론에 기초를 둔다.

- 순환 복잡도를 이용하여 계산된 값은 프로그램의 독립적인 경로의 수를 정의하고, 모든 경로가 한 번 이상 수행되었음을 보장하기 위해 행해지는 테스트 횟수의 상한성을 제공한다.

- 제어 흐름도 G에서 순환 복잡도 V(G)는 다음과 같은 방법으로 계산할 수 있다.

| 방법 1 | 순환 복잡도는 제어 흐름도의 영역 수와 일치하므로 영역 수를 계산 |
| 방법 2 | V(G) = E − N + 2: E는 화살표 수, N은 노드의 수 |

예제 제어 흐름도가 다음과 같을 때 순환 복잡도(Cyclomatic Complexity)를 계산하면?

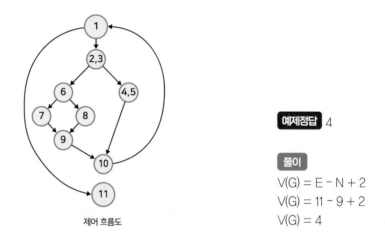

제어 흐름도

예제정답 4

풀이

V(G) = E − N + 2
V(G) = 11 − 9 + 2
V(G) = 4

소스 코드 최적화

- 소스 코드 최적화는 읽기 쉽고 변경 및 추가가 쉬운 클린 코드(Clean Code)로 작성하는 것이다.

- 클린 코드(Clean Code)는 누구나 쉽게 이해하고 수정 및 추가할 수 있는 단순 명료한 코드, 즉 잘 작성된 코드를 의미한다.

- 배드 코드(Bad Code)는 프로그램의 로직(Logic)이 복잡하고 이해하기 어려운 코드로, 스파게티 코드와 외계인 코드 등이 있다.

배드 코드 유형	설명
스파게티 코드(Spaghetti Code)	코드의 로직이 서로 복잡하게 얽혀 있는 코드
외계인 코드(Alien Code)	아주 오래되거나 참고문서 또는 개발자가 없어 유지 보수 작업이 어려운 코드

● 나쁜 코드로 작성된 애플리케이션의 코드를 클린 코드로 수정하면 애플리케이션의 성능이 개선된다.

● 클린 코드 작성 원칙에는 가독성, 단순성, 의존성 배제, 중복성 최소화, 추상화가 있다.

작성 원칙	설명
가독성	• 누구든지 코드를 쉽게 읽을 수 있도록 작성 • 코드 작성 시 이해하기 쉬운 용어를 사용하거나 들여쓰기 기능 등을 사용
단순성	• 코드를 간단하게 작성 • 한 번에 한 가지를 처리하도록 코드를 작성하고 클래스/메소드/함수 등을 최소 단위로 분리
의존성 배제	• 코드가 다른 모듈에 미치는 영향을 최소화 • 코드 변경 시 다른 부분에 영향이 없도록 작성
중복성 최소화	• 코드의 중복을 최소화 • 중복된 코드는 삭제하고 공통된 코드 사용
추상화	상위 클래스/메소드/함수에서는 간략하게 애플리케이션의 특성을 나타내고, 상세 내용은 하위 클래스/메소드/함수에서 구현

연·습·문·제

01 20년 6월

외계인 코드(Alien Code)에 대한 설명으로 옳은 것은?

① 프로그램의 로직이 복잡하여 이해하기 어려운 프로그램을 의미한다.
② 아주 오래되거나 참고문서 또는 개발자가 없어 유지보수 작업이 어려운 프로그램을 의미한다.
③ 오류가 없어 디버깅 과정이 필요 없는 프로그램을 의미한다.
④ 사용자가 직접 작성한 프로그램을 의미한다.

해설 외계인 코드는 매우 오래되거나 참고 문서 또는 개발자가 없어 유지보수 작업이 매우 어려운 코드이다.

02 23년 3월, 22년 3월

아주 오래되거나 참고문서 또는 개발자가 없어 유지보수 작업이 아주 어려운 프로그램을 의미하는 것은?

① Title Code
② Source Code
③ Object Code
④ Alien Code

해설 외계인 코드(Alien Code)는 매우 오래되거나 참고 문서 또는 개발자가 없어 유지보수 작업이 매우 어려운 코드이다.

03 22년 7월, 20년 8월

다음 중 클린 코드 작성 원칙으로 거리가 먼 것은?

① 누구든지 쉽게 이해하는 코드 작성
② 중복이 최대화된 코드 작성
③ 다른 모듈에 미치는 영향 최소화
④ 단순, 명료한 코드 작성

> 해설 클린 코드 작성 원칙에는 누구든지 쉽게 이해하는 코드로 작성하고, 중복을 제거하고, 다른 모듈에 미치는 영향을 최소화하고, 단순 명료한 코드로 작성해야 한다.

04 22년 3월

클린 코드(Clean Code)를 작성하기 위한 원칙으로 틀린 것은?

① 추상화: 하위 클래스/메소드/함수를 통해 애플리케이션의 특성을 간략하게 나타내고, 상세 내용은 상위 클래스/메소드/함수에서 구현한다.
② 의존성: 다른 모듈에 미치는 영향을 최소화하도록 작성한다.
③ 가독성: 누구든지 읽기 쉽게 코드를 작성한다.
④ 중복성: 중복을 최소화할 수 있는 코드를 작성한다.

> 해설 추상화에서 상세 내용은 '상위 클래스/메소드/함수'가 아닌 '하위 클래스/메소드/함수'에서 구현한다. 상위 클래스/메소드/함수에서는 간략하게 애플리케이션의 특성을 나타낸다.

05 20년 9월

다음에서 설명하는 클린 코드 작성 원칙은?

• 한 번에 한 가지 처리만 수행한다.
• 클래스/메소드/함수를 최소 단위로 분리한다.

① 다형성
② 단순성
③ 추상화
④ 의존성

> 해설 클린 코드 작성 원칙에는 가독성, 단순성, 의존성 배제, 중복성 최소화, 추상화가 있다. 한 번에 '한 가지 처리만', 클래스/메소드/함수를 '최소 단위'로 분리하는 원칙은 단순성이다.

06 21년 5월

클린 코드 작성원칙에 대한 설명으로 틀린 것은?

① 코드의 중복을 최소화한다.
② 코드가 다른 모듈에 미치는 영향을 최대화하도록 작성한다.
③ 누구든지 코드를 쉽게 읽을 수 있도록 작성한다.
④ 간단하게 코드를 작성한다.

> 해설 클린 코드 작성 원칙에는 가독성, 단순성, 의존성 배제, 중복성 최소화, 추상화가 있다. 의존성 배제 원칙에 따라, 코드가 다른 모듈에 미치는 영향을 최소화하도록 작성해야 한다.

07 21년 8월

코드의 간결성을 유지하기 위해 사용되는 지침으로 틀린 것은?

① 공백을 이용하여 실행문 그룹과 주석을 명확히 구분한다.
② 복잡한 논리식과 산술식은 괄호와 들여쓰기(Indentation)를 통해 명확히 표현한다.
③ 빈 줄을 사용하여 선언부와 구현부를 구별한다.
④ 한 줄에 최대한 많은 문장을 코딩한다.

> 해설 한 줄에 최대한 많은 문장을 코딩하는 것은 코드의 간결성과는 거리가 멀다.

01 | ②　02 | ④　03 | ②　04 | ①　05 | ②
06 | ②　07 | ④

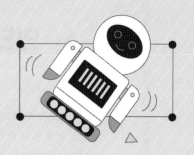

05

인터페이스 구현

046 인터페이스 설계 확인

학·습·포·인·트

- 인터페이스 설계 부분은 중요도가 낮다. 시간이 없다면 가볍게 읽고 넘어가도록 한다.
- 모듈 연계 방식 중 EAI의 구축 유형을 묻는 문제가 출제된 적이 있으므로, EAI의 구축 유형에는 Point-to-Point, Hub&Spoke, Message Bus, Hybrid 방식이 있다는 것을 기억하고 넘어간다.

대표 기출 유형

EAI(Enterprise Application Integration)의 구축 유형으로 옳지 않은 것은?

23년 7월, 22년 7월, 20년 6월

① Point-to-Point
② Hub & Spoke
③ Message Bus
④ Tree

EAI 구축 유형에는 Point-to-Point, Hub & Spoke, Message Bus, Hybrid가 있다.

정답 ④

필수 핵심 이론

인터페이스 설계 확인

- 인터페이스 설계 확인 단계에서는 '모듈 간 공통 기능 확인(인터페이스 기능 확인)' 및 '데이터 인터페이스 확인(데이터 표준 확인)'을 한다.
- 즉, 내·외부 모듈을 기반으로 각 모듈의 기능을 확인하고, 상호 연계하고자 하는 시스템 간 인터페이스가 되어야 할 범위의 데이터 형식과 표준을 확인한다.

내·외부 인터페이스 기술 표준 확인

- 모듈 연계는 내부 모듈과 외부 모듈 또는 내부 모듈 간 데이터의 교환을 위해 관계를 설정하는 것으로, 대표적인 모듈 연계 방법에는 EAI와 ESB 방식이 있다.

● EAI(Enterprise Application Integration) 방식은 기업 내 각종 애플리케이션 및 플랫폼 간의 정보 전달, 연계. 통합 등 상호 연동이 가능하게 해 주는 솔루션이다. 비즈니스 간 통합 및 연계성을 증대시켜 효율성 및 각 시스템 간의 확장성을 높여 준다.

유형	기능	그림
Point-to-Point	• 가장 기본적인 애플리케이션 통합 방식으로, 중간에 미들웨어를 두지 않고 애플리케이션을 1:1로 연결 • 변경 및 재사용이 어려움	
Hub & Spoke	• 단일 접점인 허브 시스템을 통해 데이터를 전송하는 중앙 집중형 방식 • 확장 및 유지 보수가 용이함 • 허브 장애 발생 시 시스템 전체에 영향을 미침	
Message Bus	• 애플리케이션 사이에 미들웨어(버스)를 두어 처리하는 방식 • 확장성이 뛰어나며 대용량 처리가 가능	
Hybrid	• Hub & Spoke와 Message Bus의 혼합 방식 • 그룹 내에서는 Hub & Spoke 방식을, 그룹 간에는 Message Bus 방식 사용 • 필요한 경우 한 가지 방식으로 EAI 구현이 가능 • 데이터 병목 현상 최소화 가능	

● ESB(Enterprise Service Bus) 방식은 애플리케이션 간 연계, 데이터 변환, 웹 서비스 지원 등 표준 기반의 인터페이스를 제공하는 솔루션이다. 애플리케이션 통합 측면에서 EAI와 유사하지만 애플리케이션보다는 서비스 중심의 통합을 지향하고, 특정 서비스에 국한되지 않고 범용적으로 사용하기 위하여 애플리케이션과의 결합도(Coupling)를 약하게(Loosely) 유지한다. 관리 및 보안 유지가 쉽고, 높은 수준의 품질 지원이 가능하다.

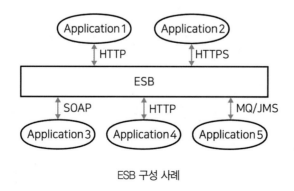

ESB 구성 사례

EAI 구축 유형 외우기

Point-to-Point, Hub&Spoke, Message Bus, Hybrid → 택배를 Point-to-Point 직접 전달해도 되지만, 우체국 Hub(Hub&Spoke)에 부치거나 Bus(Message Bus) 타고 가거나 Hybrid(하이브리드)해서 전달하면 편하다.

연·습·문·제

01 23년 7월, 22년 7월, 20년 6월

EAI(Enterprise Application Integration)의 구축 유형으로 옳지 <u>않은</u> 것은?

① Point-to-Point
② Hub & Spoke
③ Message Bus
④ Tree

> **해설** EAI 구축 유형에는 Point-to-Point, Hub & Spoke, Message Bus, Hybrid가 있다.
>
> **외우기 Tip!** 택배를 Point-to-Point 직접 전달해도 되지만, 우체국 Hub(Hub&Spoke)에 부치거나 Bus(Message Bus) 타고 가거나 Hybrid(하이브리드)해서 전달하면 편하다.

02 20년 11월, 20년 9월

EAI(Enterprise Application Integration) 구축유형 중 Hybrid에 대한 설명으로 <u>틀린</u> 것은?

① Hub & Spoke와 Message Bus의 혼합방식이다.
② 필요한 경우 한 가지 방식으로 EAI 구현이 가능하다.
③ 데이터 병목현상을 최소화할 수 있다.
④ 중간에 미들웨어를 두지 않고 각 애플리케이션을 Point to Point로 연결한다.

> **해설** EAI의 하이브리드 방식은 그룹 내는 Hub & Spoke 방식을 사용하고, 그룹 간에는 Message Bus 방식을 사용하는 통합 방식이다.

03 21년 5월

EAI(Enterprise Application Integration)의 구축 유형에서 애플리케이션 사이에 미들웨어를 두어 처리하는 방식이 <u>아닌</u> 것은?

① Message Bus
② Point-to-Point
③ Hub & Spoke
④ Hybrid

> **해설** EAI(Enterprise Application Integration) 구축 유형에서 Point-to-Point는 애플리케이션을 1:1로 연결하는 것으로 미들웨어를 두어 처리하는 방식이 아니다.

01 | ④   02 | ④   03 | ②

047 | 인터페이스 보안, 기능 구현 및 검증 ★★★

학 · 습 · 포 · 인 · 트 --

- 인터페이스 구현 검증 도구를 묻는 문제는 자주 나오니 꼭 암기하고 넘어가도록 한다.
- 인터페이스 보안의 경우, 네트워크 영역에 적용되는 기술이 무엇인지 키워드 중심으로 학습하고 넘어가면 된다.

대표 기출 유형

인터페이스 구현 검증 도구가 아닌 것은?   **23년 5월, 21년 5월**

① Foxbase   ② STAF   ③ watir   ④ xUnit

....

인터페이스 구현 검증 도구에는 STAF, watir, xUnit 등이 있다.   정답 ①

필수 핵심 이론

인터페이스 보안

- 인터페이스 보안 기능은 일반적으로 네트워크, 애플리케이션, 데이터베이스 영역에 적용한다.

- 민감한 정보를 통신 채널을 통하여 전송 시에는 반드시 암·복호화 과정을 거친 후, IPSec, SSL, S-HTTP 등 네트워크 보안 기술을 활용하여 전송한다.

네트워크 보안 기술	설명
IPSec (IP Security)	• **네트워크 계층**(3계층)에서 IP 패킷 단위의 데이터 변조 방지 및 은닉 기능을 제공하는 프로토콜 • 양방향 암호화 지원 • AH와 ESP 이용하여 양 종단 간(End Point) 구간에 보안 서비스 제공 <table><tr><td>AH(인증헤더)</td><td>발신지 호스트 인증, IP 패킷의 무결성 보장</td></tr><tr><td>ESP(암호화)</td><td>발신지 인증, 데이터 무결성, 기밀성 보장</td></tr></table> • 동작 모드는 터널 모드(Tunnel) 모드와 전송(Transport) 모드가 있음

SSL (Secure Socket Layer)	• **TCP/IP 계층과 애플리케이션 계층** 사이에서 클라이언트와 서버 간의 웹 데이터 암호화, 상호 인증, 전송 시 데이터 무결성을 보장하는 프로토콜 • IPSec과 달리, 클라이언트와 서버 간 상호인증, 암호 방식에 대해 협상을 거침
S–HTTP (Secure HyperText Transfer Protocol)	• **클라이언트**와 **서버** 간에 전송되는 모든 메시지를 암호화하는 프로토콜 • S–HTTP에 대한 메시지 보호는 HTTP를 사용한 애플리케이션에 대해서만 가능

인터페이스 기능 구현

● 인터페이스 기능 구현 시 사용하는 데이터 교환 기술에는 AJAX, REST가 있다.

기술	설명
AJAX **(Asynchronous JavaScript and XML)**	JavaScript를 사용한 비동기 통신기술로 클라이언트와 서버 간에 XML 데이터를 주고 받는 기술
REST (Representational State Transfer)	웹과 같은 분산 하이퍼 미디어 환경에서 자원의 존재/상태 정보를 표준화된 HTTP 메서드로 주고받는 웹 아키텍처

● 인터페이스 간의 통신을 위해서 이용되는 데이터 포맷에는 JSON, XML, YAML 등이 있다.

포맷	설명
JSON **(JavaScript Object Notation)**	비동기 브라우저/서버 통신(AJAX)을 위해 "속성–값 쌍", "키–값 쌍"으로 이루어진 데이터 오브젝트를 전달하기 위해 인간이 읽을 수 있는 텍스트를 사용하는 개방형 표준 포맷
XML (eXtensible Markup Language)	웹 페이지의 기본 형식인 HTML의 문법이 각 웹 브라우저에서 상호 호환적이지 못하다는 문제와 SGML의 복잡함을 해결하기 위하여 W3C에서 개발한 다목적 마크업 언어
YAML (YAML Ain't Markup Language)	데이터를 사람이 쉽게 읽을 수 있는 형태로 표현하기 위해 사용하는 데이터 직렬화 양식

인터페이스 구현 검증 도구

인터페이스 구현 검증은 인터페이스가 정상적으로 문제없이 작동하는지 확인하는 것이다.

도구	기능
xUnit	• Java(jUnit), C++(cppUnit), .Net(nUnit), Web(httpUnit) 등 다양한 언어를 지원하는 단위 테스트 프레임워크 • 소프트웨어의 함수나 클래스 같은 서로 다른 **구성 원소(단위)**를 테스트할 수 있게 해 주는 도구
STAF	• Software Testing Automation Framework의 약자 • 서비스 호출, 컴포넌트 재사용 등 다양한 환경을 지원하는 테스트 프레임워크 • 각 테스트 대상 **분산 환경**에 데몬을 사용하여 테스트 대상 프로그램을 통해 테스트를 수행하고, 통합하며 자동화하는 검증 도구

FitNesse	• 웹 기반 테스트 케이스 설계/실행/결과 확인 등을 지원하는 테스트 프레임워크 • 사용자가 테스트 케이스 테이블을 작성하면 빠르고 편하게 자동으로 원하는 값에 대한 테스트를 할 수 있는 장점이 있음
NTAF	• **FitNesse와 STAF의 장점을 결합**하여 개발된 테스트 자동화 프레임워크 • STAF의 분산환경 지원 기능과 FitNesse의 효율적인 테스트 케이스 디자인 및 레포팅 기능이 NTAF에서 지원
Selenium	• 다양한 브라우저 지원 및 개발언어를 지원하는 웹 애플리케이션 테스트 프레임워크 • 테스트 스크립트 언어를 학습할 필요 없이 기능 테스트를 만들기 위한 플레이백 도구를 제공
watir	• Ruby 기반 웹 애플리케이션 테스트 프레임워크 • 모든 언어 기반의 웹 애플리케이션 테스트와 브라우저 호환성 테스팅 가능

연·습·문·제

01 23년 5월, 22년 4월

인터페이스 구현 시 사용하는 기술로 속성-값 쌍(Attribute-Value Pairs)으로 이루어진 데이터 오브젝트를 전달하기 위해 사용하는 개방형 표준 포맷은?

① JSON
② HTML
③ AVPN
④ DOF

> 해설 JSON은 인터페이스 구현 시 사용하는 기술로 속성-값 쌍(Attribute-Value Pairs)으로 이루어진 데이터 오브젝트를 전달하기 위해 사용하는 개방형 표준 포맷이다.

02 23년 3월, 22년 3월

인터페이스 간의 통신을 위해 이용되는 데이터 포맷이 아닌 것은?

① AJTML
② JSON
③ XML
④ YAML

> 해설 인터페이스 간의 통신을 위해 이용되는 데이터 포맷에는 JSON, XML, YAML 등이 있다.

03 23년 5월, 21년 5월

인터페이스 구현 검증 도구가 아닌 것은?

① Foxbase
② STAF
③ watir
④ xUnit

> 해설 인터페이스 구현 검증 도구에는 STAF, watir, xUnit 등이 있다.

04 23년 7월, 23년 3월, 22년 7월, 20년 9월

인터페이스 구현 검증 도구가 아닌 것은?

① ESB
② xUnit
③ STAF
④ NTAF

> 해설 인터페이스 구현 검증 도구에는 xUnit, STAF, FitNesse, NTAF, Selenium, watir 등이 있다. ESB는 인터페이스 구현 검증과는 관련이 없고 모듈 연계 방식에 대한 것이다.

05 20년 6월

인터페이스 구현 검증도구 중 아래에서 설명하는 것은?

- 서비스 호출, 컴포넌트 재사용 등 다양한 환경을 지원하는 테스트 프레임워크
- 각 테스트 대상 분산 환경에 데몬을 사용하여 테스트 대상 프로그램을 통해 테스트를 수행하고, 통합하여 자동화하는 검증 도구

① xUnit   ② STAF
③ FitNesse   ④ RubyNode

해설 각 테스트 대상 분산 환경에 데몬을 사용하여 테스트하는 도구는 STAF이다.

06 23년 7월, 20년 8월

인터페이스 구현 시 사용하는 기술 중 다음 내용이 설명하는 것은?

JavaScript를 사용한 비동기 통신기술로 클라이언트와 서버 간에 XML 데이터를 주고 받는 기술

① Procedure   ② Trigger
③ Greedy   ④ AJAX

해설 인터페이스 구현 시 사용하는 기술 중 JavaScript를 사용한 비동기 통신 기술로 클라이언트와 서버 간에 XML 데이터를 주고 받는 기술은 AJAX이다.

07 20년 9월, 20년 8월, 20년 6월

인터페이스 보안을 위해 네트워크 영역에 적용될 수 있는 것으로 거리가 먼 것은?

① IPSec   ② SSL
③ SMTP   ④ S-HTTP

해설 인터페이스 보안을 위해 네트워크에 적용될 수 있는 솔루션은 IPSec, SSL, S-HTTP 등이 있다. SMTP는 이메일을 보내기 위해서 이용되는 프로토콜이다.

네트워크 보안 기술	설명
IPSec (IP Security)	네트워크 계층에서 IP 패킷 단위의 데이터 변조 방지 및 은닉 기능을 제공하는 프로토콜
SSL (Secure Socket Layer)	TCP/IP 계층과 애플리케이션 계층 사이에서 인증, 암호화, 무결성을 보장하는 프로토콜
S-HTTP (Secure HyperText Transfer Protocol)	클라이언트와 서버 간에 전송되는 모든 메시지를 암호화하는 프로토콜

08 23년 7월, 22년 7월

IPSec(IP Security)에 대한 설명으로 **틀린** 것은?

① 암호화 수행시 일방향 암호화만 지원한다.
② ESP는 발신지 인증, 데이터 무결성, 기밀성 모두를 보장한다.
③ 운영 모드는 Tunnel 모드와 Transport 모드로 분류된다.
④ AH는 발신지 호스트를 인증하고, IP 패킷의 무결성을 보장한다.

해설 IPSec(IP Security)은 양방향 암호화, 보안 서비스를 제공하는 프로토콜이다.

01 | ①	02 | ①	03 | ①	04 | ①	05 | ②
06 | ④	07 | ③	08 | ①		

3과목

데이터베이스 구축

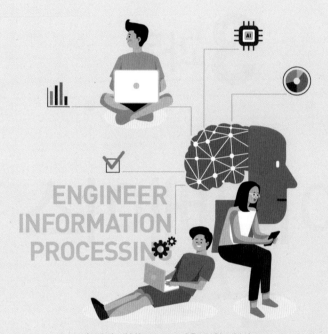

ENGINEER
INFORMATION
PROCESSING

더 멋진 내일(Tomorrow)을 위한 내일(My Career)

내 일 은 정 보 처 리 기 사

01

SQL 응용

048 데이터베이스와 SQL ★★★

대표 기출 유형

데이터베이스 시스템에서 삽입, 갱신, 삭제 등의 이벤트가 발생할 때마다 관련 작업이 자동으로 수행되는 절차형 SQL은?   **20년 6월**

① 트리거(trigger)   ② 무결성(integrity)

③ 잠금(lock)   ④ 복귀(rollback)

....

트리거(trigger)는 DB에 미리 정해 놓은 특정 테이블에 대한 이벤트에 반응해 자동으로 실행되는 작업이다.

정답 ①

필수 핵심 이론

절차형 SQL 개념

절차형 SQL은 일반적인 언어형식과 같이 연속적인 실행이나 분기, 반복 등의 제어가 가능한 SQL이다.

절차형 SQL 종류

종류	설명
트리거 (Trigger)	• 테이블에 대한 이벤트에 반응해 자동으로 실행되는 작업 • 데이터 작업 제한과 기록, 변경 작업 감사 등을 수행
프로시저 (Procedure)	• 어떤 행동을 수행하기 위한 일련의 작업 순서 • 일련의 연산 처리 결과를 마치 하나의 함수처럼 실행
사용자 정의 함수 (User-Defined Function)	절차형 SQL을 사용하여 일련의 SQL 처리를 단일 값으로 반환할 수 있도록 수행

 대표 기출 유형

SQL에서 스키마(schema), 도메인(domain), 테이블(table), 뷰(view), 인덱스(index)를 정의하거나 변경 또는 삭제할 때 사용하는 언어는?　　　　　　　　　**23년 7월, 3월, 21년 3월**

① DML(Data Manipulation Language)
② DDL(Data Definition Language)
③ DCL(Data Control Language)
④ IDL(Interactive Data Language)

SQL 문법의 종류로 DML(데이터 조작어), DCL(데이터 제어어), DDL(데이터 정의어)가 있으며, SQL에서 스키마(schema), 도메인(domain), 테이블(table), 뷰(view), 인덱스(index)를 정의하거나 변경하는 언어는 데이터를 정의하는 DDL에 대한 설명이다.

정답 ②

필수 핵심 이론

SQL 문법의 종류

SQL 문법은 크게 3가지의 종류로 나누어지며, 데이터베이스를 정의의 하는 역할인 DDL, 정의된 데이터베이스에 정보를 조회, 수정, 삭제 등의 역할을 하는 DML, 데이터를 제어하기 위한 DCL로 나뉜다.

종류	설명	명령어	역할
데이터 정의어 DDL (Data Definition Language)	• 데이터베이스를 정의하는 언어 • 데이터의 전체적인 구조를 결정하는 역할	CREATE	테이블 생성
		ALTER	테이블 수정
		DROP	테이블 삭제
		TRUNCATE	테이블 초기화
데이터 조작어 DML (Data Manipulation Language)	데이터베이스에 저장된 자료를 조회, 수정, 삭제 등의 역할을 하는 언어	SELECT	데이터 조회
		INSERT	데이터 삽입
		UPDATE	데이터 수정
		DELETE	데이터 삭제
데이터 제어어 DCL (Data Control Language)	데이터 보안, 무결성, 회복, 병행 수행제어 등을 정의하는 언어	GRANT	작업 권한 부여
		REVOKE	작업 권한 회수
		COMMIT	작업 완료
		ROLLBACK	작업 취소, 복구

쌤의 Comment

명령어와 SQL 문법 종류가 헷갈려요!

Definition(정의), Manipulation(조작), Control(제어) 영어 단어의 각 의미에 집중해서 명령어를 숙지하면 편해요.

쌤의 실전 Tip

명령어 빠르게 외우기

• DDL → CADT(Creat, Alter, Drop, Truncate)
• DML → SIUD(Select, Insert, Update, Delete)
• DCL → GRCR(Grant, Revoke, Commit, Rollback)

대표 기출 유형

다음에서 설명하는 스키마(Schema)는?   **21년 3월**

> 데이터베이스 전체를 정의한 것으로 데이터개체, 관계, 제약조건, 접근권한, 무결성 규칙 등을 명세한 것

① 개념 스키마   ② 내부 스키마   ③ 외부 스키마   ④ 내용 스키마

데이터베이스 전체를 정의한 것으로 데이터 개체, 관계, 제약조건, 접근 권한, 무결성 규칙 등을 명세한 것은 개념 스키마다.

정답 ①

스키마

스키마(Schema)는 데이터베이스를 구성하는 데이터 개체(Entity), 속성(Attribute), 관계 (Relationship) 및 검색 방법 등을 정의한 것이다. 스키마는 외부 스키마, 개념 스키마, 내부 스키마로 구성되어 있다.

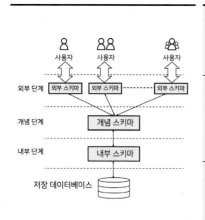

	외부 스키마 (External Schema)	• 사용자나 개발자의 관점에서 필요로 하는 논리적인 구조를 정의 • 하나의 데이터베이스 시스템에서 여러 외부 스키마가 존재
	개념 스키마 (Conceptual Schema)	• 데이터베이스의 논리적인 구조 • 데이터를 종합한 조직 전체의 데이터베이스로 하나만 존재 • 객체 간의 관계와 제약조건, 접근 권한, 보안 및 무결성에 관한 명세를 정의
	내부 스키마 (Internal Schema)	• 물리적 저장장치의 관점에서 본 데이터베이스 구조 • 저장 데이터 항목의 표현 방법과 내부 레코드의 물리적 순서 등을 나타냄

 쌤의 Comment

스키마의 개념이 잘 이해되지 않아요!

스키마는 사용자의 관점에 따라 저장 데이터베이스에서 내부 스키마, 개념 스키마, 외부 스키마로 나뉘어요. 각 스키마 개념의 차이점을 조직 전체를 관장하는 관점에서 확인해 보세요.

기초 용어 정리

- ● SQL(Structured Query Language): 관계형 데이터베이스에 정보를 저장하고 처리하기 위한 프로그래밍 언어
- ● 개체(Entity): 사람이 생각하는 개념이나 정보의 단위, 컴퓨터가 취급하는 파일의 레코드에 대응
- ● 속성(Attribute): 개체의 성질이나 상태를 기술해 주는 역할
- ● 관계(Relationship): 개체 간 관계를 명시

01 20년 6월

데이터베이스 시스템에서 삽입, 갱신, 삭제 등의 이벤트가 발생할 때마다 관련 작업이 자동으로 수행되는 절차형 SQL은?

① 트리거(trigger)
② 무결성(integrity)
③ 잠금(lock)
④ 복귀(rollback)

> **해설** 트리거(trigger)는 DB에 미리 정해 놓은 특정 테이블에 대한 이벤트에 반응해 자동으로 실행되는 작업이다.

02 23년 7월, 23년 3월, 21년 3월

SQL에서 스키마(schema), 도메인(domain), 테이블(table), 뷰(view), 인덱스(index)를 정의하거나 변경 또는 삭제할 때 사용하는 언어는?

① DML(Data Manipulation Language)
② DDL(Data Definition Language)
③ DCL(Data Control Language)
④ IDL(Interactive Data Language)

> **해설** SQL 문법의 종류로 DML(데이터 조작어), DCL(데이터 제어어), DDL(데이터 정의어)가 있으며, SQL에서 스키마(schema), 도메인(domain), 테이블(table), 뷰(view), 인덱스(index)를 정의하거나 변경하는 언어는 데이터를 정의하는 DDL에 대한 설명이다.

03 23년 7월, 21년 5월

DDL(Data Definition Language)의 명령어 중 스키마, 도메인, 인덱스 등을 정의할 때 사용하는 SQL문은?

① ALTER
② SELECT
③ CREATE
④ INSERT

> **해설** 데이터 정의어인 DDL은 CREATE, ALTER, DROP, TRUNCATE 명령어가 있다. CREATE는 스키마, 도메인, 테이블, 뷰, 인덱스를 정의한다. DDL → CADT로 외운다.

04 22년 3월

데이터 제어어(DCL)에 대한 설명으로 옳은 것은?

① ROLLBACK: 데이터의 보안과 무결성을 정의한다.
② COMMIT: 데이터베이스 사용자의 사용 권한을 취소한다.
③ GRANT: 데이터베이스 사용자의 사용 권한을 부여한다.
④ REVOKE: 데이터베이스 조작 작업이 비정상적으로 종료되었을 때 원래 상태로 복구한다.

> **해설** DCL → GRCR(Grant, Revoke, Commit, Rollback)
> • **GRANT**: 데이터베이스 사용자의 사용 권한을 부여한다.
> • **REVOKE**: 데이터베이스 사용자의 사용 권한을 취소한다.
> • **COMMIT**: 데이터의 보안과 무결성을 정의하고 업데이트를 영구적으로 확정한다.
> • **ROLLBACK**: 데이터베이스 조작 작업이 비정상적으로 종료되었을 때 원래 상태로 복구한다.

05 21년 3월

다음에서 설명하는 스키마(Schema)는?

> 데이터베이스 전체를 정의한 것으로 데이터개체, 관계, 제약조건, 접근권한, 무결성 규칙 등을 명세한 것

① 개념 스키마
② 내부 스키마
③ 외부 스키마
④ 내용 스키마

> **해설** 개념 스키마에 대한 설명으로, 객체 간의 관계와 제약조건, 접근 권한, 보안 및 무결성에 관한 명세를 정의한다.

06 03년 8월

스키마(schema)에 대한 설명으로 옳지 <u>않은</u> 것은?

① 스키마(schema) - 데이터베이스의 구조와 제약조건에 대한 명세(specification)를 기술한 것이다.

② 외부 스키마(external schema) - 전체 데이터베이스의 한 논리적인 부분으로 볼 수 있으므로 서브 스키마(subschema)라고도 한다.

③ 내부 스키마(internal schema) - 사용자나 응용 프로그래머가 접근할 수 있는 정의를 기술한다.

④ 개념 스키마(conceptual schema) - 데이터베이스 접근 권한, 보안 정책, 무결성 규칙을 명세화한다.

> **해설** 내부 스키마(internal schema) - 저장 데이터 항목의 표현 방법과 내부 레코드의 물리적 순서 등을 나타낸다.

07 20년 6월

SQL의 분류 중 DDL에 해당하지 <u>않는</u> 것은?

① UPDATE　　② ALTER
③ DROP　　　④ CREATE

> **해설** DDL: CREATE, ALTER, DROP

08 21년 8월

다음 중 SQL에서의 DDL문이 <u>아닌</u> 것은?

① CREATE
② DELETE
③ ALTER
④ DROP

> **해설** DDL: CREATE, ALTER, DROP

09 23년 5월, 22년 4월

SQL의 명령을 사용 용도에 따라 DDL, DML, DCL로 구분할 경우, 그 성격이 나머지 셋과 <u>다른</u> 것은?

① SELECT　　② UPDATE
③ INSERT　　④ GRANT

> **해설**
> • DML: DELETE, UPDATE, SELECT, INSERT
> • DDL: CREATE, ALTER, DROP
> • DCL: COMMIT, ROLLBACK, GRANT, REVOKE

10 22년 4월

SQL의 기능에 따른 분류 중에서 REVOKE 문과 같이 데이터의 사용 권한을 관리하는 데 사용하는 언어는?

① DDL(Data Definition Language)
② DML(Data Manipulation Language)
③ DCL(Data Control Language)
④ DUL(Data User Language)

> **해설** 데이터 사용 권한을 관리(조종)하는 것은 DCL이다.

11 20년 9월

다음에서 설명하는 스키마(Schema)는?

> 데이터베이스 전체를 정의한 것으로 데이터 개체, 관계, 제약조건, 접근권한, 무결성 규칙 등을 명세한 것

① 개념 스키마　　② 내부 스키마
③ 외부 스키마　　④ 내용 스키마

> **해설**
> • 개념 스키마: 데이터 간의 관계는 어떻게 되는지를 정의하는 스키마로 전체 관점으로 한 개만 존재한다.
> • 내부 스키마: 저장장치와 데이터베이스 설계자 및 개발자 관점의 스키마로 개념 스키마를 물

리적 저장장치에 구현하는 방법을 정의한다.
- 외부 스키마: 사용자 관점의 스키마로 사용자 또는 프로그램의 입장에서의 논리적 구조로 여러 개 존재한다.

12 20년 6월

DML에 해당하는 SQL 명령으로만 나열된 것은?

① DELETE, UPDATE, CREATE, ALTER
② INSERT, DELETE, UPDATE, DROP
③ SELECT, INSERT, DELETE, UPDATE
④ SELECT, INSERT, DELETE, ALTER

> 해설 DML: DELETE, UPDATE, SELECT, INSERT

13 20년 8월

DML(Data Manipulation Language) 명령어가 아닌 것은?

① INSERT
② UPDATE
③ ALTER
④ DELETE

> 해설
> DML: DELETE, UPDATE, SELECT, INSERT

14 20년 8월

DCL(Data Control Language) 명령어가 아닌 것은?

① COMMIT
② ROLLBACK
③ GRANT
④ SELECT

> 해설
> DCL: COMMIT, ROLLBACK, GRANT, REVOKE

15 22년 7월

SQL의 명령어를 DCL, DML, DDL로 구분할 경우, 다음 중 성격이 다른 하나는?

① CREATE   ② SELECT
③ ALTER   ④ DROP

> 해설
> - DML: DELETE, UPDATE, SELECT, INSERT
> - DDL: CREATE, ALTER, DROP
> - DCL: COMMIT, ROLLBACK, GRANT, REVOKE

16 22년 7월

트리거(Trigger)에 대한 설명으로 옳은 것은?

① 시스템에 어떤 일이 발생한 것을 말한다.
② 이벤트가 발생할 때마다 관련 작업이 자동으로 수행되는 절차형 SQL이다.
③ 특정 기능을 수행하는 일종의 트랜잭션 언어로, 호출을 통해 실행되어 미리 저장해 놓은 SQL 작업을 수행한다.
④ DBMS에 내장되어 작성된 SQL이 효율적으로 수행되도록 최적의 경로를 찾아 주는 모듈이다.

> 해설 트리거(Trigger)는 테이블에 대한 이벤트에 반응해 자동으로 실행되는 작업으로, 데이터 작업 제한과 기록, 변경 작업 감사 등을 수행한다.

01 │ ①	02 │ ②	03 │ ③	04 │ ③	05 │ ①
06 │ ③	07 │ ①	08 │ ②	09 │ ④	10 │ ③
11 │ ①	12 │ ③	13 │ ③	14 │ ④	15 │ ②
16 │ ②

049 DDL ★★★

학 · 습 · 포 · 인 · 트 --

- 데이터 정의어 DDL(Data Definition Language)는 중요한 개념 중 하나로, 스키마를 정의하거나 조작하기 위해 사용한다.
- CREATE(생성), ALTER(변경), DROP(삭제), TRUNCATE(초기화) 명령어가 있으며 각 명령어의 역할과 어떻게 사용하는지 이해하는 것이 중요하다.

대표 기출 유형

DDL(Data Definition Language)의 명령어 중 스키마, 도메인, 인덱스 등을 정의할 때 사용하는 SQL문은?

21년 5월

① ALTER　　　　　　　　　② SELECT
③ CREATE　　　　　　　　④ INSERT

....

DDL에는 CREATE, ALTER, DROP, TRUNCATE 명령어가 있으며, 스키마, 도메인, 테이블, 뷰, 인덱스를 정의하는 명령어는 CREATE이다.

정답 ③

CREATE TABLE

테이블을 생성하는 문법

문법		설명
CREATE TABLE 테이블명 (속성명 데이터_타입 [DEFAULT 기본값] [NOT NULL], ... , PRIMARY KEY(기본키) , UNIQUE(속성명) , FOREIGN KEY(외래키) REFERENCES 참조 테이블(기본키) , CONSTRAINT 제약조건명 CHECK(조건식));	PRIMARY KEY	• 기본키로 사용할 속성의 집합을 정의 • 레코드를 구별할 수 있는 역할
	FOREIGN KEY	외래키로 테이블 내의 열 중 다른 테이블을 참조하는 열
	UNIQUE	테이블 내 유일해야 하는 값으로 중복을 허용하지 않음
	CONSTRAINT	• 무결성 제약조건을 정의하며, 데이터 오류 발생 가능성을 줄임 • 제약 조건의 이름
	CHECK	제약 조건을 정의
	DEFAULT	기본값을 설정

테이블을 생성하는 문법 예시

CREATE TABLE 고객(	고객 테이블 생성
ID VARCHAR(15)	최대 문자열 길이가 15자인 'ID' 속성
, 가입채널번호 INTEGER NOT NULL	NULL 값을 갖지 않는 정수형 '가입채널번호' 속성
, 생년월일 DATE	DATE 자료형을 가지는 '생년월일' 속성
, 휴면계정 INTEGER DEFAULT 0	기본값이 0인 정수형 '휴면계정' 속성
, 고객등급 CHAR(3)	문자열 길이가 3인 '고객등급' 속성
, PRIMARY KEY(ID)	'ID'를 기본키로 정의
, UNIQUE(속성명)	'속성명'은 중복값을 가질 수 없도록 정의
, FOREIGN KEY(고객등급)	'고객등급'을 외래키로 정의
REFERENCES 등급혜택(등급코드)	'등급혜택' 테이블의 '등급코드' 속성을 참조
, CONSTRAINT 생년월일	'생년월일' 이름의 제약조건 정의
CHECK(생년월일 > '19600101'));	'생년월일' 속성은 '19600101' 이후의 값만을 저장 가능

테이블 생성 예시

그림	문법
학생 PRIMARY KEY <table><tr><th>학번</th><th>이름</th><th>학과</th><th>주소</th></tr><tr><td>1000</td><td>홍길동</td><td>컴퓨터공학</td><td>서울</td></tr><tr><td>2000</td><td>김철수</td><td>전기공학</td><td>경기</td></tr><tr><td>3000</td><td>강남길</td><td>전자공학</td><td>경기</td></tr><tr><td>4000</td><td>오말자</td><td>컴퓨터공학</td><td>경기</td></tr><tr><td>5000</td><td>장미화</td><td>전자공학</td><td>서울</td></tr></table>	CREATE TABLE 학생 (　　학번 VARCHAR(10) NOT NULL, 　　이름 VARCHAR(10) NOT NULL, 　　학과 VARCHAR(20) NOT NULL, 　　주소 VARCHAR(10), 　　PRIMARY KEY(학번))
 **수강신청** FOREIGN KEY <table><tr><th>학번</th><th>과목코드</th><th>학기</th></tr><tr><td>1000</td><td>A</td><td>2020-1</td></tr><tr><td>2000</td><td>B</td><td>2021-1</td></tr><tr><td>3000</td><td>A</td><td>2020-2</td></tr><tr><td>4000</td><td>A</td><td>2020-1</td></tr><tr><td>5000</td><td>C</td><td>2020-1</td></tr></table>	CREATE TABLE 수강신청(　　학번 VARCHAR(10) NOT NULL, 　　과목코드 VARCHAR(10) NOT NULL, 　　학기 VARCHAR(10) NOT NULL, 　　FOREIGN KEY(학번) 　　　REFERENCES 학생(학번) 　　FOREIGN KEY(과목코드) 　　　REFERENCES 과목(과목코드))

쌤의 Comment

SQL 문법이 잘 이해되지 않아요!

각 CREATE(생성), ALTER(변경), DROP(삭제), TRUNCATE(초기화) 명령어가 하는 역할을 이해하고, 예시를 참고하면서 문법을 숙지하세요. 아래의 문법 내용은 CREATE TABLE의 필수 문법이에요.

```
CREATE TABLE 테이블 명(
  속성명 속성타입)
```

『회원』 테이블 생성 후 『주소』 필드(컬럼)가 누락되어 이를 추가하려고 한다. 이에 적합한 SQL명
령어는?   **21년 3월**

① DELETE   ② RESTORE

③ ALTER   ④ ACCESS

....

ALTER의 뜻인 "바꾼다"라는 의미를 떠올린다. CREATE로 테이블을 생성 후 변경 시 사용된다.

정답 ③

필수 핵심 이론

ALTER TABLE

테이블의 정의를 변경하는 문법

문법	설명	예제
ALTER TABLE 테이블명 ADD 속성 데이터타입	• 테이블에 속성을 추가 • DEFAULT 정의 가능	ALTER TABLE 고객 ADD 이름 VARCHAR(9) DEFAULT '없음'

ALTER TABLE 테이블명
MODIFY 속성 데이터타입
	• 테이블에 속성을 변경
	• DEFEAULT, NOT NULL 등 제약
	  조건 변경 가능
		ALTER TABLE 고객
		  MODIFY 이름 VARCHAR(20) NOT NULL

ALTER TABLE 테이블명 DROP 속성	테이블 속성을 삭제	ALTER TABLE 고객 DROP 이름
ALTER TABLE 테이블명 RENAME COLUMN 속성 TO 변경할_속성명	테이블의 속성명을 변경	ALTER TABLE 고객 RENAME COLUMN 이름 TO 고객이름

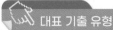

SQL에서 TABLE을 삭제할 때 사용하는 명령은? 기출 변형

① DELETE   ② KILL

③ ALTER   ④ DROP

....

SCHEMA, DOMAIN, TABLE, VIEW, INDEX, CONSTRAIN을 완전히 삭제할 때 DROP 문법을 사용한다. DELETE는 특정 행을 삭제할 때 사용된다.

정답 ④

필수 핵심 이론

DROP TABLE, TRUNCATE TABLE

테이블을 삭제하는 문법

문법	설명	예제
DROP TABLE 테이블명 [CASCADE | RESTRICT]	• 테이블 제거 • CASCADE는 참조하는 다른 모든 개체를 제거 • RESTRICT 다른 테이블이 삭제할 테이블을 참조 중이면 제거하지 않음	DROP TABLE 고객 CASCADE
TRUNCATE TABLE 테이블명	• 테이블을 초기 상태로 변경 • DROP과 달리 테이블 구조만 남기고 데이터를 다 삭제함 • Rollback 불가능 • DELETE에 비해 빠르게 데이터를 제거하는 것이 가능	TRUNCATE TABLE 고객

┌─ 기초 용어 정리 ◣

● 필드(Field): 열(속성, 컬럼)에 해당하는 가장 작은 단위의 데이터

● 레코드(Record): 논리적으로 연관된 필드의 집합

● 테이블(Table): 서로 연관된 레코드의 집합

● 무결성(Integrity): 데이터의 정확성, 일관성을 나타냄

● 무결성 제약조건(Referential Integrity): 데이터베이스의 정확성, 일관성을 보장하기 위해 저장, 삭제, 수정 등을 제약하기 위한 조건

01 21년 5월

DDL(Data Definition Language)의 명령어 중 스키마, 도메인, 인덱스 등을 정의할 때 사용하는 SQL문은?

① ALTER   ② SELECT

③ CREATE   ④ INSERT

> 해설 DDL에는 CREATE, ALTER, DROP, TRUNCATE 명령어가 있으며, 스키마, 도메인, 테이블, 뷰, 인덱스를 정의하는 명령어는 CREATE이다.

02 23년 7월, 07년 5월

다음 문장의 ( ) 안 내용으로 공통 적용될 수 있는 가장 적절한 것은 무엇인가?

> "관계형 데이터 모델에서 한 릴레이션의 ( )는 참조되는 릴레이션의 기본키와 대응되어 릴레이션 간에 참조 관계를 표현하는데 사용되는 중요한 도구이다. ( )를 포함하는 릴레이션이 참조하는 릴레이션이 되고, 대응되는 기본키를 포함하는 릴레이션이 참조 릴레이션이 된다"

① 후보키(Candidate key)

② 대체키(Alternate key)

③ 외래키(Foreign key)

④ 수퍼키(Super key)

> 해설 외래키에 대한 설명이다.

03 21년 3월

「회원」 테이블 생성 후 「주소」 필드(컬럼)가 누락되어 이를 추가하려고 한다. 이에 적합한 SQL 명령어는?

① DELETE   ② ALTER

③ RESTORE   ④ ACCESS

> 해설 ALTER의 뜻인 "바꾼다"라는 의미를 떠올린다. CREATE로 테이블을 생성 후 변경 시 사용된다.

04 23년 5월, 20년 9월

학생 테이블을 생성한 후, 성별 필드가 누락되어 이를 추가하려고 한다. 이에 적합한 SQL 명령어는?

① ALTER   ② INSERT

③ DROP   ④ MODIFY

> 해설 INSERT는 테이블에 데이터를 입력할 때 사용된다.

05 기출 변형

SQL에서 TABLE을 삭제할 때 사용하는 명령은?

① DELETE   ② KILL

③ ALTER   ④ DROP

> 해설 SCHEMA, DOMAIN, TABLE, VIEW, INDEX, CONSTRAIN을 완전히 삭제할 때 DROP 문법을 사용한다. DELETE는 특정 행을 삭제할 때 사용된다.

06 07년 9월

SQL에서 DELETE 명령에 대한 설명으로 옳지 않은 것은?

① 테이블의 행을 삭제할 때 사용한다.

② 특정 테이블에 대하여 WHERE 조건절이 없는 DELETE 명령을 수행하면 DROP TABLE 명령을 수행했을 때와 같은 효과를 얻을 수 있다.

③ SQL을 사용 용도에 따라 분류할 경우 DML에 해당한다.

④ 기본 사용 형식은 "DELETE FROM 테이블 [WHERE 조건]"이다.

특정 테이블에 대하여 WHERE 조건절이 없는 DELETE 명령을 수행하면 모든 데이터를 삭제하고 테이블은 유지된다.

07 23년 7월, 3월, 22년 4월

테이블의 기본키(Primary Key)로 지정된 속성에 관한 설명으로 가장 거리가 먼 것은?

① NOT NULL로 널 값을 가지지 않는다.
② 릴레이션에서 튜플을 구별할 수 있다.
③ 외래키로 참조될 수 있다.
④ 검색할 때 반드시 필요하다.

기본키의 특징
- 후보키 중에서 선정된 주키(MAIN KEY)로 중복된 값을 가질 수 없다.
- 한 릴레이션에서 특정 튜플을 유일하게 구별할 수 있는 속성이다.
- 기본키는 후보키의 성질을 갖는다.
- 기본키는 NULL 값을 가질 수 없다.

08 23년 3월, 22년 3월

테이블 두 개를 조인하여 뷰 V_1을 정의하고, V_1을 이용하여 뷰 V_2를 정의하였다. 다음 명령 수행 후 결과로 옳은 것은?

DROP VIEW V_1 CASCADE;

① V_1만 삭제된다.
② V_2만 삭제된다.
③ V_1과 V_2 모두 삭제된다.
④ V_1과 V_2 모두 삭제되지 않는다.

CASCADE 옵션은 데이터베이스에서 테이블을 삭제할 때, 해당 테이블을 참조하는 다른 객체들도 함께 삭제하도록 하는 옵션이다.

09 22년 3월

CREATE TABLE문에 포함되지 않는 기능은?

① 속성 타입 변경
② 속성의 NOT NULL 여부 지정
③ 기본키를 구성하는 속성 지정
④ CHECK 제약조건의 정의

CREATE TABLE 문에는 기본키, 외래키, UNIQUE, NOT NULL, CHECK, DEFAULT를 정의한다.

10 22년 7월

다음 SQL문의 실행 결과를 가장 올바르게 설명한 것은?

ALTER TABLE 학생 DROP 학년 CASCADE;

① 학년 테이블에서 학생 속성을 제거하되 학생 속성을 참조하는 다른 테이블의 속성도 함께 제거한다.
② 학년 테이블에서 학생 속성을 제거하되 학생 속성을 참조하는 다른 테이블의 속성이 있는 경우 제거를 중단한다.
③ 학생 테이블에서 학년 속성을 제거하되 학년 속성을 참조하는 다른 테이블의 속성도 함께 제거한다.
④ 학생 테이블에서 학년 속성을 제거하되 학년 속성을 참조하는 다른 테이블의 속성이 있는 경우 제거를 중단한다.

TABLE인 학생 테이블에서 학년 속성을 제거한다. 이때 CASCADE와 같이 사용하여 참조하는 다른 테이블의 학년 속성도 함께 제거한다.

문법	설명	예제
ALTER TABLE 테이블명 ADD 속성 데이터타입	• 테이블에 속성을 추가 • DEFAULT 정의 가능	ALTER TABLE 고객 ADD 이름 VARCHAR(9) DEFAULT '없음'
ALTER TABLE 테이블명 MODIFY 속성 데이터타입	• 테이블에 속성을 변경 • DEFEAULT, NOT NULL 등 제약조건 변경 가능	ALTER TABLE 고객 MODIFY 이름 VARCHAR(20) NOT NULL
ALTER TABLE 테이블명 DROP 속성	테이블 속성을 삭제	ALTER TABLE 고객 DROP 이름
ALTER TABLE 테이블명 RENAME COLUMN 속성 TO 변경할_속성명	테이블의 속성명을 변경	ALTER TABLE 고객 RENAME COLUMN 이름 TO 고객이름

해설 TRUNCATE는 ROLLBACK이 불가능하다.

문법	설명	예제
DROP TABLE 테이블명 [CASCADE │ RESTRICT]	• 테이블 제거 • CASCADE는 참조하는 다른 모든 개체를 제거 • RESTRICT 다른 테이블이 삭제할 테이블을 참조 중이면 제거하지 않음	DROP TABLE 고객 CASCA DE
TRUNCATE TABLE 테이블명	• 테이블을 초기 상태로 변경 • DROP과 달리 테이블 구조만 남기고 데이터를 다 삭제함 • Rollback 불가능	TRUNC ATE TABLE 고객

11 22년 7월

SQL의 TRUNCATE 명령어에 대한 설명으로 옳지 않은 것은?

① DELETE와 같이 테이블의 모든 데이터를 삭제한다.

② DROP과 달리 테이블 스키마는 제거되지 않고 유지된다.

③ DELETE에 비해 빠르게 데이터를 제거하는 것이 가능하다.

④ DELETE와 동일하게 ROLLBACK 명령어로 삭제된 데이터를 되살릴 수 있다.

01 │ ③	02 │ ③	03 │ ②	04 │ ①	05 │ ④
06 │ ②	07 │ ④	08 │ ③	09 │ ①	10 │ ③
11 │ ④				

050 DCL ★★★

학 · 습 · 포 · 인 · 트 --

- 데이터 제어어 DCL(Data Control Language)는 중요한 개념 중 하나로, 사용자별 데이터 베이스의 접근 또는 사용 권한을 부여하거나 회수해 데이터를 보호 관리하는 언어이다.
- GRANT(권한부여), REVOKE(권한회수)를 중심으로 기본 문법을 꼭 암기하고 넘어가도록 한다.

대표 기출 유형

데이터 제어어(DCL)에 대한 설명으로 옳은 것은?   22년 3월

① ROLLBACK: 데이터의 보안과 무결성을 정의한다.

② COMMIT: 데이터베이스 사용자의 사용 권한을 취소한다.

③ GRANT: 데이터베이스 사용자의 사용 권한을 부여한다.

④ REVOKE: 데이터베이스 조작 작업이 비정상적으로 종료되었을 때 원래 상태로 복구한다.

....

ROLLBACK은 데이터베이스가 비정상적으로 종료됐을 때 원래 상태로 복구한다. COMMIT은 트랜잭션을 종료하고 변경된 모든 사항을 확정한다. GRANT는 사용 권한을 부여한다. REVOKE는 사용자의 사용 권한을 취소한다.

정답 ③

필수 핵심 이론

DCL

데이터 제어언어는 데이터 보안, 무결성 유지, 병행수행제어, 회복을 위해 사용하는 언어이다.

GRANT와 REVOKE

DBA(데이터베이스 관리자)가 사용자에게 권한을 부여 및 회수하기 위한 명령어이다.

① GRANT

문법	설명	
GRANT 권한 ON 테이블 TO 사용자 [WITH GRANT OPTION]	• 사용자에게 권한을 부여 • 권한 종류	
	권한	허용 내용
	ALL	모든 권한
	SELECT, INSERT, UPDATE, DELETE	레코드 조회, 입력, 수정, 삭제
	CREATE, ALTER, DROP	테이블 생성, 변경, 삭제
	• WITH GRANT OPTION 다른 사용자에게 권한을 부여할 수 있는 권한을 부여	
예시		
GRANT SELECT ON 고객 TO 매니저 WITH GRANT OPTION	• '고객' 테이블에 대한 'SELECT' 권한을 '매니저'에게 부여 • 다른 사용자에게도 부여할 수 있는 권한 부여	

② REVOKE

명령어	설명
REVOKE [GRANT OPTION FOR] ON 테이블 FROM 사용자 [CASCADE CONSTRAINTS]	• 사용자에게 권한을 회수 • 권한 종류는 GRANT와 같음 • CASCADE CONSTRAINTS • 권한 회수 시 권한을 부여받았던 사용자가 부여한 권한도 회수
예시	
REVOKE SELECT ON 고객 FROM 매니저	'매니저'에게 부여한 '고객' 테이블의 'SELECT' 권한 회수

COMMIT, ROLLBACK 그리고 SAVEPOINT

트랜잭션을 제어하는 언어로 TCL(Transaction Control Language)로도 분류되지만, 기능을 제어하는 명령어로 DCL로도 분류된다.

명령어	설명
COMMIT	트랜잭션이 성공적으로 끝나면 데이터베이스가 일관성 있는 상태를 가지기 위해 변경 사항을 영구적으로 적용
ROLLBACK	하나의 트랜잭션이 비정상적으로 종료 시 보류 중인 모든 변경 사항을 폐기하고 이전 상태로 회귀
SAVEPOINT	Rollback 할 포인트 지정

TCL 외우기

COMMIT, SAVEPOINT, ROLLBACK → CSR은 데이터베이스의 약속입니다!

기초 용어 정리

● 트랜잭션(Transaction): 데이터베이스의 상태를 변화시키기 위해서 수행하는 작업의 단위
● DBMS(DataBase Management System): 데이터베이스를 조작하는 소프트웨어
● DBA(Database Administration): 데이터베이스에 관련된 모든 관리를 하는 관리자
● TCL(Transaction Control Language): 데이터베이스에서 논리적인 작업 단위를 구성하는 세부적인 연산의 집합

연·습·문·제

01 22년 3월

데이터 제어어(DCL)에 대한 설명으로 옳은 것은?

① ROLLBACK: 데이터의 보안과 무결성을 정의한다.
② COMMIT: 데이터베이스 사용자의 사용 권한을 취소한다.
③ GRANT: 데이터베이스 사용자의 사용 권한을 부여한다.
④ REVOKE: 데이터베이스 조작 작업이 비정상적으로 종료되었을 때 원래 상태로 복구한다.

해설
• ROLLBACK: 데이터베이스가 비정상적으로 종료됐을 때 원래 상태로 복구한다.
• COMMIT: 트랜잭션을 종료하고 변경된 모든 사항을 확정한다.
• GRANT: 사용 권한을 부여한다. REVOKE는 사용자의 사용 권한을 취소한다.

02 08년 9월

데이터 제어어(DCL)의 기능으로 옳지 않은 것은?

① 데이터 보안
② 논리적, 물리적 데이터구조 정의
③ 무결성 유지
④ 병행수행 제어

해설 논리적, 물리적 데이터구조 정의는 DDL이다.

03 13년 8월

다음과 같은 일련의 권한 부여 SQL 명령에 대한 설명 중 **부적합한** 것은?

>   – DBA
> GRANT SELECT ON STUDENT TO U1 WITH GRANT OPTION;
>   – U1
> GRANT SELECT ON STUDENT TO U2;
>   – DBA
> REVOKE SELECT ON STUDENT FROM U1 CASCADE;

① U1은 STUDENT에 대한 검색 권한이 없다.
② DBA는 STUDENT에 대한 검색 권한이 있다.
③ U2는 STUDENT에 대한 검색 권한이 있다.
④ U2는 STUDENT에 대한 검색 권한을 다른 사용자에게 부여할 수 없다.

> **해설** GRANT는 권한부여이고, REVOKE은 권한 해제이다.

순서	대상	설명
1	DBA	DBA가 학생 데이터 개체를 검색(SELECT)할 수 있는 권한을 사용자 U1에 주고, 그 권한을 다른 사용자에게도 줄 수 있도록 한다.
2	U1	U1 사용자는 검색 권한을 U2 사용자에게 부여한다.
3	DBA	DBA는 U1에서 검색 권한을 해제하고, U1이 부여한 모든 권한도 같이 해제한다. 이때, U2의 검색 권한도 같이 해제된다.

04 20년 9월

사용자 X1에게 department 테이블에 대한 검색 연산을 회수하는 명령은?

① delete select on department to X1;
② remove select on department from X1;
③ revoke select on department from X1;
④ grant select on department from X1;

> **해설**
> • grant: 권한 허가
> • revoke: 권한 회수

05 23년 5월, 22년 3월

SQL과 관련한 설명으로 **틀린** 것은?

① REVOKE 키워드를 사용하여 열 이름을 다시 부여할 수 있다.
② 데이터 정의어는 기본 테이블, 뷰 테이블 또는 인덱스 등을 생성, 변경, 제거하는 데 사용되는 명령어이다.
③ DISTINCT를 활용하여 중복 값을 제거할 수 있다.
④ JOIN을 통해 여러 테이블의 레코드를 조합하여 표현할 수 있다.

> **해설** REVOKE는 권한을 해제하는 명령어이다.

06 20년 6월

참조 무결성을 유지하기 위하여 DROP 문에서 부모 테이블의 항목 값을 삭제할 경우 자동적으로 자식 테이블의 해당 레코드를 삭제하기 위한 옵션은?

① CLUSTER
② CASCADE
③ SET-NULL
④ RESTRICTED

> 해설
> • CASCADE: 참조 테이블 튜플 삭제 시 관련 튜플을 모두 삭제한다.
> • RESTRICTED: 타 개체가 제거할 요소를 참조 중이면 제거를 취소한다.
> • CONSTRAINT: 제약조건 이름을 지정한다.
> • CHECK: 속성값에 대한 제약조건을 정의한다.

07 20년 9월

DBA가 사용자 PARK에게 테이블 [STUDENT]의 데이터를 갱신할 수 있는 시스템 권한을 부여하고자 하는 SQL문을 작성하고자 한다. 다음에 주어진 SQL문의 빈칸을 알맞게 채운 것은?

```
SQL〉 GRANT ( ㉠ ) ( ㉡ )
         STUDENT TO PARK
```

① ㉠ INSERT, ㉡ INTO
② ㉠ ALTER, ㉡ TO
③ ㉠ UPDATE, ㉡ ON
④ ㉠ REPLACE, ㉡ IN

> 해설 UPDATE는 데이터 내용을 변경할 때 사용하는 명령어이다.
> GRANT의 문법은 아래와 같이 사용한다.

08 20년 6월

데이터 제어언어(DCL)의 기능으로 옳지 않은 것은?

① 데이터 보안
② 논리적, 물리적 데이터 구조 정의
③ 무결성 유지
④ 병행수행 제어

> 해설 데이터 제어언어는 데이터 보안, 무결성 유지, 병행수행제어, 회복을 위해 사용하는 언어이다.

09 23년 7월, 22년 4월

사용자 'PARK'에게 테이블을 생성할 수 있는 권한을 부여하기 위한 SQL문의 구성으로 빈칸에 적합한 내용은?

```
GRANT (          )    PARK ;
```

① CREATE TABLE TO
② CREATE TO
③ CREATE FROM
④ CREATE TABLE FROM

> 해설 PARK에게 'CREATE TABLE' 권한을 부여한다.
> GRANT의 문법은 아래와 같이 사용한다.
> • GRANT 권한
> • ON 개체
> • TO 사용자

| 01 | ③ | 02 | ② | 03 | ③ | 04 | ③ | 05 | ① |
| 06 | ② | 07 | ③ | 08 | ② | 09 | ① |

051 | DML ★★★

학 · 습 · 포 · 인 · 트

- 데이터 조작어 DML(Data Manipulation Language)은 사용자가 실질적인 데이터 처리를 위해 주로 사용하며, 명령어를 해석하거나 설명에 해당하는 명령어를 고르는 문제가 자주 출제된다.
- SQL 기본 구문의 형태를 꼭 암기하고, 연습문제를 풀면서 SQL문 작성 또는 실행결과를 연산하는 문제에 익숙해지도록 한다.

대표 기출 유형

STUDENT 테이블에 독일어과 학생 50명, 중국어과 학생 30명, 영어영문학과 학생 50명의 정보가 저장되어 있을 때, 다음 두 SQL문의 실행 결과 튜플 수는?(단, DEPT 컬럼은 학과명)

23년 5월, 20년 6월

ⓐ SELECT DEPT FROM STUDENT;
ⓑ SELECT DISTINCT DEPT FROM STUDENT;

① ⓐ 3, ⓑ 3
② ⓐ 50, ⓑ 3
③ ⓐ 130, ⓑ 3
④ ⓐ 130, ⓑ 130

ⓐ SELECT로 STUDENT 테이블의 튜플 전체를 검색했기 때문에 130 = 50(독일어) + 30(중국어) + 50(영어영문)이다.
ⓑ 중복을 제거하는 DISTINCT의 경우 독일어, 중국어, 영어영문 3가지다.

정답 ③

필수 핵심 이론

DML

데이터를 조작하는 조회, 추가, 변경, 삭제를 위해 사용한다.

SELECT

데이터를 조회하기 위해 SELECT 명령어를 사용한다.

구문	설명	내용
SELECT [ALL | DISTINCT] [테이블.]속성명 [AS 별칭] [, ...] FROM 테이블명.[, ...] [WHERE 조건] [GROUP BY 속성명, ...] [HAVING 조건] [ORDER BY 속성명, [, ...] [ASC | DESC]]	SELECT (필수)	• All: 모든 데이터를 반환 • DISTINCT: 중복 튜플 발견 시 그중 첫 번째 하나만 검색 • 검색하고자 하는 속성명 • AS를 사용해 별칭으로 표시
	FROM (필수)	• 열 참조를 가진 테이블을 지정 • 테이블명도 별칭으로 저장 가능
	WHERE	• 데이터를 추출하는 선택 조건식을 지정 • 테이블 간의 결합할 때 그 결합 관계를 지정
	GROUP BY	그룹화할 열 또는 속성명을 지정
	HAVING	GROUP BY 절에 집계한 결과에 조건을 정함
	ORDER BY	정렬한 속성명을 지정
	ASC DESC	• ASC: Asending Order 오름차순(기본값) • DESC: Descending Order 내림차순

SELECT 생년월일, 고객등급	생년월일, 고객 등급을 검색
FROM 고객	고객 테이블을 대상으로
WHERE 생년월일 〉 '19600101'	생년월일이 '19600101'보다 큰 데이터
ORDER BY 생년월일 DESC	검색 결과를 생년월일 기준으로 내림차순

SELECT의 자세한 설명

구문	설명
SELECT [테이블명.]속성명 [AS 별칭] [, ...]	• 검색하고자 하는 속성명 • AS를 사용해 별칭으로 표시 가능 • 여러 속성을 선택 가능
[분석함수(속성) OVER ([PARTITION BY 속성명 [, ...])]	• PARTITION BY로 구분된 집합을 WINDOW라고 함 • PARTITION BY에 지정한 속성이 WINDOW 범위임 • GROUP BY를 사용하지 않고 속성의 값을 집계함
[COUNT, SUM, AVG, MAX, MIN, STDDEV, VARIANCE, ...]	• 집계 함수 • 여러 행 또는 테이블 전체 행으로부터 하나의 집계 결과를 반환 | 구분 | 설명 | | COUNT | 속성별 범위의 튜플의 수를 집계 | | SUM | 속성 범위의 합계를 집계 | | AVG | 속성 범위의 평균을 집계 | | MAX | 속성 범위의 최댓값을 집계 | | MIN | 속성 범위의 최솟값을 집계 |

	STDDEV	속성 범위의 표준편차를 집계
	VARIANCE	속성 범위의 분산을 집계

• 순위함수
• 파티션에서 각 행의 순위 값을 반환

구분	설명
RANK	• 중복 순위 시 다음 값은 넘어감 • 예시 데이터: 10, 10, 5 • 순서 1, 1, 3
ROW_NUMBER	• 중복 순위 시 순차적인 순위를 표시 • 예시 데이터: 10, 10, 5 • 순서: 1, 2, 3
DENSE_RANK	• 중복 순위 시 순차적 순서 부여 • 예시 데이터: 10, 10, 5 • 순서: 1, 1, 2

[RANK, DENSE_RANK, ROW_NUMBER]

SELECT 문 예시

```
SELECT 종류
FROM 차량
WHERE 사원번호 = (SELECT 사원번호
                FROM 인사
                WHERE 성명 = '오형우');
```

인사 테이블			차량 테이블	
성명	소속	사원번호	사원번호	종류
김이순	총무과	25	23	A
박이준	자재과	56	25	B
이형수	영업과	23	43	C
오형우	교육과	43	56	D

순서	단계	결과
1	SELECT 사원번호 FROM 인사 WHERE 성명 = '오형우'	다음 SQL의 결과를 보면 인사 테이블에서 성명이 오형우인 사원 번호를 추출한다. **사원번호** 43
2	SELECT 종류 FROM 차량 WHERE 사원번호 = 43	괄호 안의 sql문의 결과가 43 임으로 차량 테이블에서 사원번호가 43인 종류를 추출한다. **종류** C

집계함수 예시

테이블	SQL문	설명
학생 점수 테이블 | 성명	과목	점수 | |---|---|---| | 홍길동 | 국어 | 80 | | 홍길동 | 영어 | 68 | | 홍길동 | 수학 | 97 | | 강감찬 | 국어 | 58 | | 강감찬 | 영어 | 97 | | 강감찬 | 수학 | 65 |	SELECT 성명, AVG(점수) FROM 성적 GROUP BY 성명;	• 성적 테이블에서 학생별 점수 평균을 구함 • 성명별 점수의 평균을 구하기 위해 성명으로 GROUP BY 필요

GROUP BY, ORDER BY 자세한 설명

구문	설명
GROUP BY 속성명[, ...]	정의한 속성값을 기준으로 그룹화하여 결과를 처리
[ROLLUP(속성명, [, ...])]	데이터를 그룹화할 기준 열을 지정
[CUBE(속성명, [, ...])]	ROLLUP과 유사하나 결합 가능한 모든 값의 소계를 구함
[HAVING 조건]	• GROUP BY가 있는 경우 사용 가능 • 그룹에 대한 조건을 지정
[ORDER BY 속성명, [, ...]]	속성명을 대상으로 정렬
[ASC | DESC]	속성명 정렬 시 오름차순(ASC), 내림차순(DESC)을 정의하고, 지정하지 않은 경우 기본값으로 오름차순 정렬

OLAP(On-Line Analytical Processing)

● OLAP는 사용자가 데이터를 다양한 방식으로 분석을 할 수 있도록 해 주는 시스템이다.

● Roll-Up, Drill-Down, Slicing이 있다.

쌤의 실전 Tip

SELECT 명령어 빠르게 외우기

SELECT, FROM, WHERE, GROUP BY HAVING, ORDER BY → 셀, 프, 왜(웨), 그, 래(해), 오

player 테이블에는 player_name, team_id, height 컬럼이 존재한다. 아래 SQL문에서 **문법적 오류**가 있는 부분은?   **20년 8월**

> (1) SELECT player_name, height
> (2) FROM player
> (3) WHERE team_id = 'Korea'
> (4) AND HEIGHT BETWEEN 170 OR 180;

① (1)   ② (2)   ③ (3)   ④ (4)

....

BETWEEN A AND B로 OR가 아닌 AND이다. player 테이블의 team_id가 Korea인 player_name, height를 검색한다.

정답 ④

WHERE 비교 연산자

WHERE 조건절에는 검색할 조건을 정의하는 다양한 비교 연산이 있다.

연산자	의미	
관계	A = B	A와 B가 같다.
	A 〈〉 B	A와 B가 같지 않다.
	A 〈 B	A보다 B가 크다.
	A 〉 B	A가 B보다 크다.
	A 〉= B	A가 B보다 같거나 크다.
	A 〈= B	B가 A보다 같거나 크다.
논리	NOT A	A가 False인 경우 TRUE를 반환
	A AND B	A와 B 둘 다 TRUE인 경우 TRUE를 반환
	A OR B	A 혹은 B 중 하나만 TRUE여도 TRUE를 반환

패턴	A 속성 입력 예시: '333', 'ABC', '3AB', '33', '3K'	
	A LIKE '3%'	%: 모든 문자를 검색
		3으로 시작하는 모든 문자('333', '3AB', '33', '3K')
	A LIKE '3_'	_: 하나의 문자를 검색
		3으로 시작하는 두 자리 문자('33', '3K')
	A LIKE '3#'	#: 하나의 숫자를 검색
		3과 숫자인 문자('33')
BETWEEN	• 범위를 검색 • 나이 BETWEEN 10 AND 20: 나이가 10에서 20 사이를 검색	
IN	• 속성이 특정 값을 가지고 있는 값을 검색 • A IN(10, 20, 30): A 속성값이 10, 20, 30인 경우	
NULL	• 데이터값이 존재하지 않음을 나타내기 위해 사용 • A IS NULL: A 값이 존재하지 않는 경우 • A IS NOT NULL: A 값이 존재하는 경우	
산술	• 산술, 관계, 논리 연산자 순서로 우선순위를 가짐 • x, /, +, − 산술 연산으로, 왼쪽이 더 우선순위가 높음	
EXISTS	• 서브쿼리에만 사용할 수 있다. • EXISTS: 데이터가 존재하는 경우 TRUE를 반환 • NOT EXISTS: 데이터가 존재하지 않는 경우 TRUE를 반환	

대표 기출 유형

다음 SQL문에서 빈칸에 들어갈 내용으로 옳은 것은?　　　　　　23년 7월, 20년 9월

```
UPDATE 회원 (   )  전화번호 = "010-14"
WHERE 회원번호 = 'N4';
```

① FROM　　　　② SET　　　　③ INTO　　　　④ TO

UPDATE의 기본형식은 "UPDATE [테이블명] SET [열] = '변경할 값' WHERE [조건]"이다.

정답 ②

UPDATE

UPDATE는 특정 테이블에서 튜플(행)을 수정하는 명령어이다.

구문	설명
UPDATE 테이블명	수정하고자 하는 대상 "테이블 명"을 지정
SET 속성명 = 데이터 [, ...]	• 수정하고자 하는 속성명과 값을 지정 • "속성명"의 속성을 "데이터"로 변경
[WHERE 조건]	수정할 레코드를 선택할 조건을 지정

예시

UPDATE 고객 SET 고객등급 = 'AAA' WHERE 가입채널번호 = 123	고객 테이블에서 가입채널번호가 123인 고객의 고객등급을 'AAA'로 변경

쌤의 실전 Tip

UPDATE 구문 외우기

Update Set Where → USW

 대표 기출 유형

DELETE 명령에 대한 설명으로 틀린 것은?　　　　　　　　**22년 3월**

① 테이블의 행을 삭제할 때 사용한다.

② WHERE 조건절이 없는 DELETE 명령을 수행하면 DROP TABLE 명령을 수행했을 때와 동일한 효과를 얻을 수 있다.

③ SQL을 사용 용도에 따라 분류할 경우 DML에 해당한다.

④ 기본 사용 형식은 "DELETE FROM 테이블 [WHERE 조건];"이다.

....

DELETE 문은 테이블의 튜플을 삭제하고, DROP 문은 테이블을 삭제한다.

정답 ②

DELETE와 INSERT

데이터베이스의 특정 테이블에서 행을 삭제한다.

구문	설명
DELETE FROM 테이블명	"테이블명"의 테이블 명에서 행을 삭제
[WHERE 조건]	• 삭제 조건을 설정 • WHERE 조건 없이 수행 시 모든 레코드 삭제

구문	설명
INSERT INTO 테이블	데이터를 삽입할 테이블을 정의
(속성명, ...)	데이터를 삽입할 속성을 정의
VALUES(데이터, ...)	• 데이터를 정의 • 속성, 데이터 수, 타입이 일치해야 함

예시

DELETE FROM 고객 WHERE 고객등급 = 'AAA'	고객 테이블에서 고객 등급이 'AAA'인 행을 삭제

기초 용어 정리

- 와일드카드 문자: 패턴 매칭을 위한 특수 문자
- 서브쿼리: sql문장 안에 포함된 또 다른 SELECT 문장으로, 메인 쿼리와 같은 방식으로 실행되어 결과를 기반으로 메인 쿼리가 실행
- 레코드: 레코드, 튜플, 행은 모두 같은 용어이며 파일 시스템, 데이터베이스 모델링, 관계형 데이터베이스에서 사용

01 20년 6월

STUDENT 테이블에 독일어과 학생 50명, 중국어과 학생 30명, 영어영문학과 학생 50명의 정보가 저장되어 있을 때, 다음 두 SQL문의 실행 결과 튜플 수는?(단, DEPT 컬럼은 학과명)

ⓐ SELECT DEPT FROM STUDENT;
ⓑ SELECT DISTINCT DEPT FROM STUDENT;

① ⓐ 3, ⓑ 3
② ⓐ 50, ⓑ 3
③ ⓐ 130, ⓑ 3
④ ⓐ 130, ⓑ 130

해설
ⓐ SELECT로 STUDENT 테이블의 튜플 전체를 검색했기 때문에 130 = 50(독일어) + 30(중국어) + 50(영어영문)이다.
ⓑ 중복을 제거하는 DISTINCT의 경우 독일어, 중국어, 영어영문 3가지다.

02 20년 8월

관계 데이터베이스인 테이블 R1에 대한 아래 SQL문의 실행결과로 옳은 것은?

R1 Table				
학번	이름	학년	학과	주소
1000	홍길동	1	컴퓨터공학	서울
2000	김철수	1	전기공학	경기
3000	강남길	2	전자공학	경기
4000	오말자	2	컴퓨터공학	경기
5000	장미화	3	전자공학	서울

- SQL문
SELECT DISTINCT 학년 FROM R1

①
학년
1
1
2
2
3

②
학년
1
2
3

③
이름	학년
홍길동	1
김철수	1
강남길	2
오말자	2
장미화	3

④
이름	학년
홍길동	1
강남길	2
장미화	3

해설 DISTINCT는 중복 튜플 발견 시 그중 첫 번째 하나만 검색한다. 즉, 학년 1, 1, 2, 2, 3 중 중복된 값을 제거한 1, 2, 3을 검색한다.

03 20년 8월

player 테이블에는 player_name, team_id, height 컬럼이 존재한다. 아래 SQL문에서 문법적 오류가 있는 부분은?

(1) SELECT player_name, height
(2) FROM player
(3) WHERE team_id = 'Korea'
(4) AND HEIGHT BETWEEN 170 OR 180;

① (1)   ② (2)   ③ (3)   ④ (4)

해설 BETWEEN A AND B로 OR가 아닌 AND이다. player 테이블의 team_id가 Korea인 player_name, height를 검색한다.

04 20년 8월

다음 중 SQL의 집계 함수(aggregation function)가 아닌 것은?

① AVG   ② COUNT
③ SUM   ④ CREATE

> **해설**
> • AVG: 해당 집계 행의 평균
> • SUM: 해당 집계 행의 합
> • COUNT: 집계 행의 수

05 23년 7월, 20년 9월

다음 SQL문에서 빈칸에 들어갈 내용으로 옳은 것은?

| UPDATE 회원( )   전화번호 = "010−14" |
| WHERE 회원번호 = 'N4' |

① FROM   ② SET
③ INTO   ④ TO

> **해설** UPDATE의 기본형식은 "UPDATE [테이블명] SET [열] = '변경할 값' WHERE [조건]"이다.

06 21년 3월 출제 변형

결과값이 아래와 같을 때 SQL 질의로 옳은 것은?

[공급자] 테이블		
공급자번호	공급자명	위치
16	대신공업사	수원
27	삼진사	서울
39	삼양사	서울
62	진아공업사	대전
70	신촌상사	서울

결과		
공급자번호	공급자명	위치
16	대신공업사	수원
70	신촌상사	서울

① SELECT * FROM 공급자 WHERE 공급자명 LIKE '%신%';
② SELECT * FROM 공급자 WHERE 공급자명 LIKE '%대%';
③ SELECT * FROM 공급자 WHERE 공급자명 LIKE '%사%';
④ SELECT * FROM 공급자 WHERE 공급자명 IS NOT NULL;

> **해설**
>
> | A LIKE '%신%' | %: 모든 문자를 검색 |
> |---|---|
> | | %신%: '신'이 들어가는 모든 문자열을 검색 |

07 21년 5월

SQL문에서 SELECT에 대한 설명으로 옳지 않은 것은?

① FROM 절에는 질의에 의해 검색될 데이터들을 포함하는 테이블명을 기술한다.
② 검색결과에 중복되는 레코드를 없애기 위해서는 WHERE 절에 'DISTINCT' 키워드를 사용한다.
③ HAVING 절은 GROUP BY 절과 함께 사용되며, 그룹에 대한 조건을 지정한다.
④ ORDER BY 절은 특정 속성을 기준으로 정렬하여 검색할 때 사용한다.

> **해설** 중복되는 레코드를 없애기 위해서는 SELECT 명령 뒤에 'DISTINCT'를 사용한다. WHERE 절에는 조건을 설정한다.

08 21년 5월

다음 SQL문에서( ) 안에 들어갈 내용으로 옳은 것은?

> UPDATE 인사급여( ) 호봉 = 15
> WHERE 성명 = '홍길동'

① SET   ② FROM
③ INTO   ④ IN

구문	설명
UPDATE 테이블명	수정하고자 하는 대상 "테이블명"을 지정
SET 속성명 = 데이터 [, ...]	• 수정하고자 하는 속성명과 값을 지정 • "속성명"의 속성을 "데이터"로 변경
[WHERE 조건]	수정할 레코드를 선택할 조건을 지정

09 23년 7월, 21년 8월

SQL문에서 HAVING을 사용할 수 있는 절은?

① LIKE 절   ② WHERE 절
③ GROUP BY 절   ④ ORDER BY 절

HAVING 절은 GROUP BY와 함께 사용되며, 그룹에 대한 조건을 지정한다.

10 21년 8월

SQL의 논리 연산자가 아닌 것은?

① AND   ② OTHER
③ OR   ④ NOT

논리 연산자

NOT A	A가 TRUE가 아닌 경우 TRUE를 반환
A AND B	A와 B 둘 다 TRUE인 경우 TRUE를 반환
A OR B	A 혹은 B 중 하나만 TRUE여도 TRUE를 반환

11 22년 3월

DELETE 명령에 대한 설명으로 틀린 것은?

① 테이블의 행을 삭제할 때 사용한다.
② WHERE 조건절이 없는 DELETE 명령을 수행하면 DROP TABLE 명령을 수행했을 때와 동일한 효과를 얻을 수 있다.
③ SQL을 사용 용도에 따라 분류할 경우 DML에 해당한다.
④ 기본 사용 형식은 "DELETE FROM 테이블 [WHERE 조건];"이다.

DELETE 문은 테이블 내의 튜플만 삭제하고, DROP 문은 테이블 자체를 삭제한다.

12 23년 5월, 22년 3월

다음 SQL문의 실행결과로 생성되는 튜플 수는?

[사원] 테이블

사웬ID	사원명	급여	부세ID
101	박철수	30000	1
102	한나라	35000	2
103	김감동	40000	3
104	이구수	35000	2
105	최초록	40000	3

> SELECT 급여 FROM 사원;

① 1   ② 3
③ 4   ④ 5

SELECT 문에 조건인 WHERE에 없으므로 모든 튜플을 가져온다.

13 23년 3월, 22년 3월

다음 SQL문에서 사용된 BETWEEN 연산의 의미와 동일한 것은?

```
SELECT *
FROM 성적
WHERE(점수 BETWEEN 90 AND 95)
    AND 학과 = '컴퓨터공학과';
```

① 점수 >= 90 AND 점수 <= 95
② 점수 > 90 AND 점수 < 95
③ 점수 > 90 AND 점수 <= 95
④ 점수 >= 90 AND 점수 < 95

> **해설** 성적 테이블에서 점수가 90에서 95인 '컴퓨터공학과'를 검색하는 SQL문이다.

14 21년 8월

학적 테이블에서 전화번호가 Null값이 아닌 학생명을 모두 검색할 때, SQL 구문으로 옳은 것은?

① SELECT FROM 07 WHERE 전화번호 DON'T NULL;
② SELECT FROM WHERE 전화번호 != NOT NULL;
③ SELECT 학생명 FROM 학적 WHERE 전화번호 IS NOT NULL;
④ SELECT FROM WHERE 전화번호 IS NULL;

> **해설** Null은 IS NOT과 사용한다.

15 23년 3월, 22년 4월

다음 테이블을 보고 강남지점의 판매량이 많은 제품부터 출력되도록 할 때 다음 중 가장 적절한 SQL 구문은?(단, 출력은 제품명과 판매량이 출력되도록 한다)

[푸드] 테이블		
지점명	제품명	판매량
강남지점	비빔밥	500
강북지점	도시락	300
강남지점	도시락	200
강나지점	미역국	550
수원지점	비빔밥	600
인천지점	비빔밥	800
강남지점	잡채밥	250

① SELECT 제품명, 판매량 FROM 푸드
   ORDER BY 판매량 ASC;
② SELECT 제품명, 판매량
   FROM 푸드
   ORDER BY 판매량 DESC;
③ SELECT 제품명, 판매량
   FROM 푸드
   WHERE 지점명 = '강남지점'
   ORDER BY 판매량 ASC;
④ SELECT 제품명, 판매량
   FROM 푸드
   WHERE 지점명 = '강남지점'
   ORDER BY 판매량 DESC;

> **해설**
> SELECT 제품명, 판매량: 제품명, 판매량을 검색한다.
> FROM 푸드
> WHERE 지점명 = '강남지점': 지점 명이 '강남지점'인 값을 검색한다.
> ORDER BY 판매량 DESC: 판매량이 많은 제품부터 출력되도록 하려면 내림차순 정렬한다.

16 22년 4월

다음 [조건]에 부합하는 SQL문을 작성하고자 할 때, [SQL문]의 빈칸에 들어갈 내용으로 옳은 것은? (단, '팀코드' 및 '이름'은 속성이며, '직원'은 테이블이다.)

[조건]
이름이 '정도일'인 팀원이 소속된 팀코드를 이용하여 해당 팀에 소속된 팀원들의 이름을 출력하는 SQL문 작성

[SQL문]
```
SELECT 이름
FROM 직원
WHERE 팀코드 =(   );
```

① WHERE 이름 = '정도일'
② SELECT 팀코드
   FROM 이름
   WHERE 직원 = '정도일'
③ WHERE 직원 = '정도일'
④ SELECT 팀코드
   FROM 직원
   WHERE 이름 = '정도일'

해설 직원 테이블에서 "정도일" 팀원의 팀 코드를 검색하여 상위 질의에 반환한다.

17 20년 9월

데이터웨어하우스의 기본적인 OLAP(on-line analytical processing) 연산이 아닌 것은?

① translate
② roll-up
③ dicing
④ drill-down

해설 OLAP는 사용자가 데이터를 다양한 방식으로 분석을 할 수 있도록 해 주는 시스템이다. Roll-Up, Drill-Down, Slicing이 있다.

01	③	02	②	03	④	04	④	05	②
06	①	07	②	08	①	09	③	10	②
11	②	12	④	13	①	14	③	15	④
16	④	17	①						

052 집합연산자★

- 데이터베이스에서 집합연산자는 둘 이상의 SELECT 문의 결과 집합들을 조합하여 하나의 결과 집합을 반환하는 SQL 구문이다.
- UNION, UNION ALL, INTERSECT의 차이를 알아야 풀 수 있는 문제가 최근 자주 출제되니 꼭 예제를 통해 차이를 알고 넘어가도록 한다.

대표 기출 유형

테이블 R1, R2에 대하여 다음 SQL문의 결과는?   21년 5월

```
(SELECT 학번 FROM R1)
INTERSECT
(SELECT 학번 FROM R2)
```

R1	
학번	학점 수
20201111	15
20202222	20

R2	
학번	과목번호
20202222	CS200
20203333	CS300

①

학번	학점 수	과목번호
20202222	20	CS200

②

학번
20202222

③

학번
20201111
20202222
20223333

④

학번	학점 수	과목번호
20221111	15	NUL
20202222	20	CS200
20223333	NULL	CS300

두 검색 결과의 교집합으로 학번 20202222가 같은 값이다.

정답 ②

집합연산자

집합연산자는 두 개 이상의 테이블에서 결과를 조합하여 하나의 결과 집합을 만들어 내는 연산자이다.

(데이터 예시)

R1		R2	
학번	학점 수	학번	과목번호
20201111	15	20202222	CS200
20202222	20	20203333	CS300

집합연산자 설명

집합연산자	설명	
UNION	중복을 제거하여 새로 집합을 생성함	
	구문	**결과**
	(SELECT 학번 FROM R1) UNION (SELECT 학번 FROM R2)	**학번** 20201111 20202222 20203333
UNION ALL	중복된 행을 모두 유지하면서 행을 합침	
	구문	**결과**
	(SELECT 학번 FROM R1) UNION ALL (SELECT 학번 FROM R2)	**학번** 20201111 20202222 20202222 20203333
INTERSECT	공통된 행만 추출하여 새로운 집합을 생성함	
	구문	**결과**
	(SELECT 학번 FROM R1) INTERSECT (SELECT 학번 FROM R2)	**학번** 20202222

MINUS, EXCEPT	첫 번째 테이블에서 두 번째 테이블의 결과를 제외한 나머지 결과를 반환함	
	구문	결과
	(SELECT 학번 FROM R1) MINUS (SELECT 학번 FROM R2)	학번
		20201111

쌤의 실전 Tip

집합연산자 빠르게 외우기

UNION, INTERSECT, MINUS, UNION ALL → 유 – 교 – 차 – 합

연·습·문·제

01 21년 5월

테이블 R1, R2에 대하여 다음 SQL문의 결과는?

```
(SELECT 학번 FROM R1)
INTERSECT
(SELECT 학번 FROM R2)
```

R1	
학번	학점 수
20201111	15
20202222	20

R2	
학번	과목번호
20202222	CS200
20203333	CS300

①
학번	학점 수	과목번호
20202222	20	CS200

②
학번
20202222

③
학번
20201111
20202222
20223333

④
학번	학점 수	과목번호
20221111	15	NULL
20202222	20	CS200
20223333	NULL	CS300

해설 두 검색 결과의 교집합으로 학번 20202222가 같은 값이다.

02 22년 3월

테이블 R과 S에 대한 SQL에 대한 SQL문이 실행되었을 때, 실행결과로 옳은 것은?

```
SELECT A FROM R
UNION ALL
SELECT A FROM S
```

R	
A	B
1	A
3	B

S	
A	B
1	A
2	B

①
1

②
3
2

③
1
3

④
1
3
1
2

해설 UNION ALL은 모든 결과를 포함한 합집합이다.

01 | ②   02 | ④

Chapter 1. SQL 응용 • **311**

053 조인(JOIN)[★]

학 · 습 · 포 · 인 · 트 --

- 다양한 종류의 JOIN이 있으며 각 JOIN을 학습할 때는 JOIN 종류와 JOIN 조건, 테이블 별칭 사용 방법을 이해하는 것이 중요하다.
- JOIN은 시험에 자주 출제되는 부분이므로 각 JOIN이 어떤 상황에 적합한지 이해하고, 조건 을 정확하게 작성할 수 있도록 이해도를 높이는 게 중요하다.

 대표 기출 유형

다음 SQL문의 실행 결과는?   20년 6월

```
SELECT 가격 FROM 도서가격
    WHERE 책번호 =(SELECT 책번호
        FROM 도서 WHERE 책명='자료구조');
```

도서	
책번호	책명
111	운영체제
222	자료구조
333	컴퓨터구조

도서가격	
책번호	가격
111	20,000
222	25,000
333	10,000
444	15,000

① 10,000   ② 15,000

③ 20,000   ④ 25,000

··········

도서가격 테이블에서 책명이 '자료구조'와 일치하는 책번호의 가격을 찾아서 출력한다.

정답 ④

JOIN

"JOIN"은 관계형 데이터베이스에서 두 개 이상의 테이블을 연결하는 데 사용되는 SQL 구문이다. 여러 테이블에서 데이터를 가져와 단일 결과 세트로 결합할 수 있다.

JOIN 구문	설명	
INNER JOIN	• 두 개 이상의 테이블에서 공통된 값을 기준으로 연결하여 새로운 결과 집합을 생성 • 교집합의 개념 • 고객 테이블과 주문 테이블을 고객 ID로 JOIN	
	문법 1	SELECT [테이블명.]속성명 [, ...] FROM 테이블명1, 테이블명2, ... WHERE 테이블명1.속성명 = 테이블명2.속성명
	예시 1	SELECT * FROM 고객, 주문 WHERE 고객.고객ID = 주문.고객ID;
	문법 2	SELECT [테이블명.]속성명 [, ...] FROM 테이블명1 [INNER] JOIN 테이블2 ON 조인조건 [WHERE 조건]
	예시 2	SELECT * FROM 고객 INNER JOIN 주문 ON 고객.고객ID = 주문.고객ID;
OUTER JOIN	• 두 개 이상의 테이블에서 공통된 값을 기준으로 하나의 테이블에서만 존재하는 데이터도 결과 집합에 포함 • 일치하지 않는 경우 NULL 값을 가짐	
	OUTER JOIN 종류	설명
	LEFT OUTER JOIN	왼쪽 테이블의 모든 레코드와 오른쪽 테이블에서 일치하는 레코드만을 출력
	RIGHT OUTER JOIN	오른쪽 테이블의 모든 레코드와 왼쪽 테이블에서 일치하는 레코드만을 출력
	FULL OUTER JOIN	왼쪽과 오른쪽 테이블에서 LEFT OUTER JOIN 후 RIGHT OUTER JOIN을 둘 다 실행
	문법 1	SELECT [테이블명.]속성명 [, ...] FROM 테이블명1, 테이블명2, ... WHERE 테이블명1.속성명[(+)] = 테이블명2.속성명[(+)]
	예시 1	SELECT * FROM 고객, 주문 WHERE 고객.고객ID = 주문.고객ID(+);

	문법 2	SELECT [테이블명.]속성명 [, ...] FROM 테이블1(LEFT|RIGHT|FULL) [OUTER] JOIN 테이블2 [WHERE 조건]
	예시 2	SELECT * FROM 고객 LEFT OUTER JOIN 주문 ON 고객.고객ID = 주문.고객ID;
SELF JOIN	• 하나의 테이블에서 자신과 조인하는 방법 • 서로 다른 레코드 간의 관계를 분석하거나 계층 구조를 가진 데이터를 조회하는 경우에 사용	
	문법 1	SELECT [테이블명.]속성명 [, ...] FROM 테이블명1 [AS] 별칭1, 테이블명1 [AS] 별칭2 [, ...] WHERE 별칭1.속성명 = 별칭2.속성명
	예시 1	SELECT * FROM 고객 AS a, 고객 AS b WHERE a.고객등급 = b.과거등급;
	문법 2	SELECT [테이블명.]속성명 [, ...] FROM 테이블명1 [AS] 별칭1 JOIN 테이블명1 [AS] 별칭2 [, ...] ON 별칭1.속성명 = 별칭2.속성명 [WHERE 조건]
	예시 2	SELECT * FROM 고객 AS a JOIN 고객 AS b ON a.고객등급 = b.과거등급;
CROSS JOIN	• 두 개 이상의 테이블을 조합하여 가능한 모든 조합을 생성 • 테이블 간의 관계가 없는 경우에 사용	
	문법 1	SELECT [테이블명.]속성명 [, ...] FROM 테이블1 CROSS JOIN 테이블2
	예시 1	SELECT * FROM 고객 CROSS JOIN 물품;
	문법 2	SELECT [테이블명.]속성명 [, ...] FROM 테이블1, 테이블2
	예시 2	SELECT * FROM 고객, 물품

01 20년 6월

다음 sql문의 실행 결과는?

```
SELECT 가격 FROM 도서가격
    WHERE 책번호 = (SELECT 책번호
        FROM 도서 WHERE 책명='자료구조');
```

도서	
책번호	책명
111	운영체제
222	자료구조
333	컴퓨터구조

도서가격	
책번호	가격
111	20,000
222	25,000
333	10,000
444	15,000

① 10,000 ② 15,000

③ 20,000 ④ 25,000

해설 도서가격 테이블에서 책명이 '자료구조'와 일치하는 책번호의 가격을 찾아서 출력한다.

02 21년 5월

다음 R1과 R2의 테이블에서 아래의 실행결과를 얻기 위한 SQL문은?

[R1] 테이블				
학번	이름	학년	학과	주소
1000	홍길동	1	컴퓨터공학	서울
2000	김철수	1	전기공학	경기
3000	강남길	2	전자공학	경기
4000	오말자	2	컴퓨터공학	경기
5000	장미화	3	전자공학	서울

[R2] 테이블				
학번	과목번호	과목이름	학점	점수
1000	C100	자료구조	A	91
2000	C200	대데이터베이스	A+	99
3000	C100	컴퓨터구조	B+	89
3000	C200	데이터베이스	B	85
4000	C200	데이터베이스	A	93
4000	C300	운영체제	B+	88
5000	C300	운영체제	B	82

결과	
과목번호	과목이름
C100	컴퓨터구조
C200	데이터베이스

① SELECT 과목번호, 과목이름
   FROM RI, R2
   WHERE R1.학번 = R2.학번 AND R1.학과='전자공학' AND R1.이름 = '강남길';

② SELECT 과목번호, 과목이름
   FROM RI, R2
   WHERE R1.학번 = R2.학번 OR R1.학과='전자공학' OR R1.이름 = '홍길동';

③ SELECT 과목번호, 과목이름
   FROM R1, R2
   WHERE R1.학번 = R2.학번 AND R1.학과='컴퓨터공학' AND R1.이름 '강남길';

④ SELECT 과목번호, 과목이름
   FROM R1, R2
   WHERE R1.학번 = R2.학번 OR R1.학과='컴퓨터공학' OR R1.이름 = '홍길동';

해설 컴퓨터구조와 데이터베이스 과목만을 응시한 학생은 강남길 학생이다. 강남길 학생이 응시한 과목번호와 과목이름을 출력하기 위해, R1 테이블과 R2 테이블을 JOIN한 후, 이름이 '강남길'이고 학과가 '전자공학'인 학생을 찾아오면 된다.

SELECT 과목번호, 과목이름: 과목번호, 과목이름 표시
FROM R1, R2: [R1], [R2] 테이블을 대상으로 검색
WHERE R1.학번 = R2.학번: [R1] 테이블의 '학번'이 [R2] 테이블의 '학번'과 같고 AND R1.학과 = '전자공학': [R1] 테이블의 '학과'가 전자공학'이고 AND R1.이름 = '강남길': [R1] 테이블의 '이름'이 '강남길'인 튜플만을 대상으로 한다.

01 | ④   02 | ①

054 | 서브쿼리*

학 · 습 · 포 · 인 · 트 --

- 서브쿼리란 다른 쿼리문 안에 포함된 쿼리문으로, 실행 결괏값을 반환 후 반환된 결괏값을 이용해 외부 쿼리문을 계산하는 방식의 문제가 출제된다.
- 일반적으로 복잡한 조건절이나 계산식 등 SQL문의 실행 결과를 정확하게 이해할 수 있어야 한다.

 대표 기출 유형

다음 SQL문의 실행 결과는?　　　　　　　　　　　　　　　　　　**20년 9월**

```
SELECT 과목이름
FROM 성적
WHERE EXISTS(SELECT 학번
FROM 학생
WHERE 학생.학번 = 성적.학번 AND 학생.학과 IN('전산', '전기')
     AND 학생.주소 = '경기')
```

[학생] 테이블

학번	이름	학년	학과	주소
1000	강철수	1	전산	서울
2000	고영준	1	전기	경기
3000	유진호	2	전자	경기
4000	김영진	2	전산	경기
5000	정한영	3	전자	서울

[성적] 테이블

학번	과목번호	과목이름	학점	점수
1000	A100	자료구조	A	91
2000	A200	DB	A+	99
3000	A100	자료구조	B+	88
3000	A200	DB	B	85
4000	A200	DB	A	94
4000	A300	운영체제	B+	89
5000	A300	운영체제	B	88

①
과목이름
DB

②
과목이름
DB
DB

③
과목이름
DB
DB
운영체제

④
과목이름
DB
운영체제

가장 위의 SELECT 과목이름 FROM 성적 WHERE EXISTS 구문은, 성적 테이블에서 과목 이름을 찾으라고 되어 있고, EXISTS는 IN과 비슷한 역할을 한다. 학생, 주소 구문을 살펴보면, 학생 테이블의 학번과 성적 테이블의 학번이 같고, 학생 테이블에서 학과는 전기 또는 전산이고 주소가 경기인 학생을 찾는 구문이다.

정답 ③

서브쿼리(Subquery)

서브쿼리(Subquery)는 하나의 SQL문 안에 포함된 또 다른 SQL문으로, 하나 이상의 결과 집합을 반환한다.

종류	설명
단일 행 서브쿼리	• 서브쿼리가 하나의 행만 반환하는 경우 • 단일 행 비교연산자와 사용 • =, ⟨, ⟨=, ⟩=, ⟩, ⟨⟩, • 예시 ``` SELECT 이름, 연봉 FROM 사원 WHERE 연봉 = (SELECT MAX(연봉) FROM 사원) ```
다중 행 서브쿼리	• 서브쿼리가 여러 개의 행을 반환하는 경우 사용 • 특정 조건을 만족하는 데이터를 조회 • "IN", "NOT IN" 비교 연산자 사용 • 예시 ``` SELECT * FROM 주문 WHERE 고객ID IN (SELECT 고객ID FROM 고객 WHERE 지역 = '서울') ```

인라인 뷰	• 서브쿼리를 사용하여 새로운 가상 테이블을 생성하는 경우 사용
	• FROM절 안에 사용되는 서브쿼리
	• 예시
	
	``
	SELECT *
	FROM (SELECT 상품ID, 상품명, SUM(주문량) AS 판매량
	        FROM 주문상품
	        GROUP BY 상품ID, 상품명
	        ORDER BY 판매량 DESC) AS 판매상품
	``

> **쌤의 Comment**
>
> **단일 행과 다중 행의 차이점이 헷갈려요!**
> 단일 행을 사용하는 경우 '='과 같은 연산자, 다중 행을 사용하는 경우 'IN', 'NOT IN' 그리고 인라인 뷰는 복잡한 쿼리를 간단하게 만들 수 있어요.

01 20년 9월

다음 SQL문의 실행 결과는?

```
SELECT 과목이름
FROM 성적
WHERE EXISTS(SELECT 학번
FROM 학생
WHERE 학생.학번 = 성적.학번 AND 학
생.학과 IN('전산', '전기')
    AND 학생.주소 = '경기'
```

[학생] 테이블

학번	이름	학년	학과	주소
1000	강철수	1	전산	서울
2000	고영준	1	전기	경기
3000	유진호	2	전자	경기
4000	김영진	2	전산	경기
5000	정한영	3	전자	서울

[성적] 테이블

학번	과목번호	과목이름	학점	점수
1000	A100	자료구조	A	91
2000	A200	DB	A+	99
3000	A100	자료구조	B+	88
3000	A200	DB	B	85
4000	A200	DB	A	94
4000	A300	운영체제	B+	89
5000	A300	운영체제	B	88

①
과목이름
DB

②
과목이름
DB
DB

③
과목이름
DB
DB
운영체제

④
과목이름
DB
운영체제

해설 가장 위의 SELECT 과목이름 FROM 성적 WHERE EXISTS 구문은, 성적 테이블에서 과목 이름을 찾으라고 되어 있고, EXISTS는 IN과 비슷

한 역할을 한다. 학생, 주소 구문을 살펴보면, 학생 테이블의 학번과 성적 테이블의 학번이 같고, 학생 테이블에서 학과는 전기 또는 전산이고 주소가 경기인 학생을 찾는 구문이다.

02 21년 3월

아래의 SQL문을 실행한 결과는?

[R1] 테이블

학번	이름	학년	학과	주소
1000	홍길동	4	컴퓨터	서울
2000	김철수	3	전기	경기
3000	강남길	1	컴퓨터	경기
4000	오말자	4	컴퓨터	경기
5000	장미화	2	전자	서울

[R2] 테이블

학번	과목번호	학점	점수
1000	C100	A	91
1000	C200	A	94
2000	C300	B	85
3000	C400	A	90
3000	C500	C	75
3000	C100	A	90
4000	C400	A	95
4000	C500	A	91
4000	C100	B	80
4000	C200	C	74
4000	C400	B	85

```
SELECT 이름
FROM R1
WHERE 학번 IN
  ( SELECT 학번
    FORM R2
    WHERE 과목번호 = 'C100');
```

①
이름
홍길동
강남길
장미화

②
이름
홍길동
강남길
오말자

③
이름
홍길동
김철수
강남길
올말자
장미화

④
이름
홍길동
김철수

해설
- 위의 조건은 R1 테이블에서 이름을 검색한다.
- 아래 조건은 R2 테이블에서 과목번호가 'C100' 인 학번을 가져온다.
- 아래 조건의 학번 1000, 3000, 4000과 위 조건 의 학번이 같은 이름 홍길동, 강남길, 오미자를 가져온다.

01 | ③   02 | ②

055 뷰(VIEW)***

• 뷰를 생성하는 방법과 함께, 뷰의 장점과 제약사항에 대해 반드시 학습하고 넘어가도록 한다.

대표 기출 유형

뷰(VIEW)에 대한 설명으로 옳지 않은 것은?　　　　　　　**23년 5월, 21년 3월**

① DBA는 보안 측면에서 뷰를 활용할 수 있다.

② 뷰 위에 또 다른 뷰를 정의할 수 있다.

③ 뷰에 대한 삽입, 갱신, 삭제 연산 시 제약사항이 따르지 않는다.

④ 독립적인 인덱스를 가질 수 없다.

⋯⋯⋯⋯⋯⋯⋯

뷰는 삽입, 삭제, 갱신 연산에 제약이 있다.

정답 ③

필수 핵심 이론

뷰(VIEW)

뷰는 하나 이상의 테이블을 기반으로 생성된 가상 테이블이다. 뷰를 사용해 저장 공간을 절약하면서도 쿼리를 간단하게 작성할 수 있다. VIEW는 SELECT문을 기반으로 생성된다. 뷰는 데이터베이스 내의 가상 테이블이며, 저장공간을 차지하지 않고, 미리 작성된 쿼리의 결과를 가져와서 다른 쿼리에서 테이블처럼 사용할 수 있다. 하나의 뷰를 삭제하면 그 뷰를 기초로 정의된 다른 뷰도 자동으로 삭제된다.

구분	설명		
	문법	예시	설명
명령어	CREATE VIEW 뷰명[(속성명, ...)] AS(SELECT문);	CREATE VIEW 주문정보 AS(SELECT * FROM 주문 WHERE 고객ID IN (SELECT 고객ID FROM 고객 WHERE 지역 = '서울')	VIEW 생성
	DROP VIEW 뷰명	DROP VIEW 주문정보	VIEW 삭제
장점	• 보안 강화, 논리적 독립성 제공: 뷰를 통해 특정한 컬럼만을 조회하거나, 접근 권한이 없는 사용자에게 뷰를 제공함으로써 보안을 강화 • 쿼리 간소화: 복잡한 쿼리를 뷰로 간소화하여 사용 • 데이터 무결성 유지: 특정한 조건에 따른 결과만을 조회할 수 있으므로, 데이터 무결성을 유지할 수 있음		
단점	• 데이터 변경 불가능: 뷰는 기본적으로 READ ONLY이고, 뷰에서 데이터를 수정하려면 해당 데이터를 저장하는 실제 테이블을 수정해야 함. 뷰를 변경하려면 뷰를 다시 생성해야 함 • 인덱스 불가능		

쌤의 Comment

뷰(View)가 어떻게 쓰이는지 헷갈려요!

뷰는 가상 테이블이기 때문에, 직접적으로 데이터를 변경하는 것은 불가능해요. 하지만 뷰를 통해 복잡한 쿼리를 단순화하여 사용할 수 있고, 뷰를 통해 특정 컬럼만을 조회하는 등의 기능을 사용할 수 있어요. 따라서 뷰의 제약 사항에도 불구하고 그 장점을 이해하고 올바르게 활용한다면, 데이터 관리에 큰 도움이 됩니다!

기초 용어 정리

● 데이터 무결성: 데이터의 정확성과 일관성을 유지하고 보증하는 것

연·습·문·제

01 23년 5월, 21년 3월

뷰(VIEW) 에 대한 설명으로 옳지 <u>않은</u> 것은?

① DBA는 보안 측면에서 뷰를 활용할 수 있다.
② 뷰 위에 또 다른 뷰를 정의할 수 있다.
③ 뷰에 대한 삽입, 갱신, 삭제 연산 시 제약 사항이 따르지 않는다.
④ 독립적인 인덱스를 가질 수 없다.

해설 뷰는 삽입, 삭제, 갱신 연산에 제약이 있다.

02 21년 7월

뷰(View) 에 대한 설명으로 틀린 것은?

① 뷰 위에 또 다른 뷰를 정의할 수 있다.
② DBA는 보안성 측면에서 뷰를 활용할 수 있다.
③ 사용자가 필요한 정보를 요구에 맞게 가공하여 뷰로 만들 수 있다.
④ SQL을 사용하면 뷰에 대한 삽입, 갱신, 삭제 연산 시 제약사항이 없다.

03 23년 3월, 22년 4월

데이터베이스에서의 뷰(View)에 대한 설명으로 틀린 것은?

① 뷰는 다른 뷰를 기반으로 새로운 뷰를 만들 수 있다.
② 뷰는 일종의 가상 테이블이며, update에는 제약이 따른다.
③ 뷰는 기본 테이블을 만드는 것처럼 create view를 사용하여 만들 수 있다.
④ 뷰는 논리적으로 존재하는 기본 테이블과 다르게 물리적으로만 존재하며 카탈로그에 저장된다.

04 21년 3월, 09년 5월

뷰(view)에 대한 설명으로 옳지 않은 것은?

① DBA는 보안 측면에서 뷰를 활용할 수 있다.
② 뷰 위에 또 다른 뷰를 정의할 수 있다.
③ 뷰에 대한 삽입, 갱신, 삭제 연산 시 제약사항이 따르지 않는다.
④ 독립적인 인덱스를 가질 수 없다.

05 20년 6월

뷰(view)에 대한 설명으로 옳지 않은 것은?

① 뷰는 CREATE 문을 사용하여 정의한다.
② 뷰는 데이터의 논리적 독립성을 제공한다.
③ 뷰를 제거할 때에는 DROP 문을 사용한다.
④ 뷰는 저장장치 내에 물리적으로 존재한다.

06 20년 8월

뷰(View) 의 장점이 아닌 것은?

① 뷰 자체로 인덱스를 가짐
② 데이터 보안 용이
③ 논리적 독립성 제공
④ 사용자 데이터 관리 용이

07 20년 9월

뷰(VIEW)에 대한 설명으로 틀린 것은?

① 뷰 위에 또 다른 뷰를 정의할 수 있다.
② 뷰에 대한 조작에서 삽입, 갱신, 삭제 연산은 제약이 따른다.
③ 뷰의 정의는 기본 테이블과 같이 ALTER 문을 이용하여 변경한다.
④ 뷰가 정의된 기본 테이블이 제거되면 뷰도 자동적으로 제거된다.

08 21년 5월, 19년 3월, 09년 8월, 07년 3월

SQL에서 VIEW를 삭제할 때 사용하는 명령은?

① ERASE
② KILL
③ DROP
④ DELETE

01 | ③　02 | ④　03 | ④　04 | ③　05 | ④
06 | ①　07 | ③　08 | ③

056 인덱스★★

- 인덱스는 데이터베이스에서 데이터 검색 속도를 높이기 위해 사용하는 데이터 구조로 테이블에 있는 컬럼의 값을 기반으로 생성된다.
- 인덱스의 개념과 특징을 물어 보는 문제가 주로 출제되고 있다.

대표 기출 유형

데이터베이스 성능에 많은 영향을 주는 DBMS의 구성요소로 테이블과 클러스터에 연관되어 독립적인 저장 공간을 보유하며, 데이터베이스에 저장된 자료를 더욱 빠르게 조회하기 위하여 사용되는 것은? **23년 5월, 21년 3월**

① 인덱스(Index)　　　　② 트랜잭션(Transaction)
③ 역정규화(Denormalization)　　④ 트리거(Trigger)

인덱스는 데이터 레코드를 빠르게 접근하기 위해 [키, 값, 포인터] 쌍으로 구성되는 구조이다.

정답 ①

필수 핵심 이론

인덱스(INDEX)

인덱스는 검색 쿼리를 실행할 때 테이블의 모든 레코드를 스캔하는 것 대신 인덱스를 스캔하여 검색 속도를 향상한다. 따라서 인덱스는 데이터베이스의 성능 향상을 위해 중요한 역할을 한다.

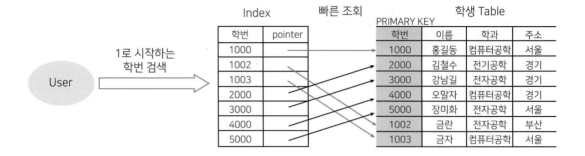

특징

● 데이터가 저장된 물리적 구조와 밀접한 관계가 있음

● 레코드의 위치를 알려 주는 용도로 사용

● 인덱스는 최소 개수로 하는 것이 효율적이며, 자동으로 생성되지 않음

● 기본키는 인덱스가 자동으로 생성

● 데이터 정의어(DDL)를 이용해 생성 변경, 제거 가능

인덱스의 장단점

장점	단점
• 테이블을 조회하는 속도와 성능을 향상함 • 시스템의 부하를 줄임	• 인덱스를 관리하기 위해 저장공간이 필요 • 인덱스를 잘못 사용할 경우 성능이 저하되는 역효과 발생

인덱스의 종류

인덱스를 구성하는 구조나 트리에 따라 여러 가지 종류가 있다.

인덱스 종류	설명
트리 기반 인덱스 (T)	• B-Tree 알고리즘 활용 • 범위 검색, 정렬, 그룹화에 유용
해시 인덱스	• (Key, Value)로 데이터를 저장하는 자료구조 중 하나로 빠른 데이터 검색 시 유용함 • 데이터 접근 비용이 균일함
비트맵 인덱스	• 0과 1의 비트값을 사용하여 인덱스를 생성 • 다중 조건을 만족하는 튜플 개수 계산이 적합
단일 인덱스	• 읽기로만 사용되는 경우에 사용 • 하나의 컬럼으로만 구성한 인덱스
결합 인덱스	• 여러 컬럼들을 묶어 하나의 인덱스로 사용 • 조건으로 사용하는 빈도가 높은 경우 사용

클러스터드 인덱스	• 인덱스 순서대로 데이터가 저장 • 데이터 삽입, 삭제 발생 시 순서를 유지하기 위해 데이터를 재정렬 • 특정 범위 검색 시 유리

인덱스 설계와 문법

● 인덱스를 어떤 컬럼에 생성할지 결정한다.

● 대부분 자주 검색되는 컬럼에 인덱스를 생성하는 것이 효율적이다.

● 과도한 인덱스 생성은 오히려 성능을 저하한다.

인덱스 사용

인덱스를 사용하는 쿼리에서 인덱스를 생성한 컬럼을 포함한다.

문법	설명
CREATE [UNIQUE] INDEX 인덱스명 ON 테이블명(컬럼명)	• 생성하고자 하는 인덱스 명으로 인덱스를 생성 • UNIQUE는 인덱스 컬럼의 중복 값을 허용하지 않음
DROP INDEX 인덱스명	인덱스를 삭제
ALTER [UNIQUE] INDEX 인덱스명 ON 테이블명(컬럼명)	인덱스를 변경

01 23년 5월, 21년 3월

데이터베이스 성능에 많은 영향을 주는 DBMS의 구성요소로 테이블과 클러스터에 연관되어 독립적인 저장 공간을 보유하며, 데이터베이스에 저장된 자료를 더욱 빠르게 조회하기 위하여 사용되는 것은?

① 인덱스(Index)
② 트랜잭션(Transaction)
③ 역정규화(Denormalization)
④ 트리거(Trigger)

해설 인덱스는 데이터 레코드를 빠르게 접근하기 위해 [키, 값, 포인터] 쌍으로 구성되는 구조이다.

02 23년 7월, 21년 8월

데이터베이스에서 인덱스(Index)와 관련한 설명으로 틀린 것은?

① 인덱스의 기본 목적은 검색 성능을 최적화하는 것으로 볼 수 있다.
② B-트리 인덱스는 분기를 목적으로 하는 Branch Block을 가지고 있다.
③ BETWEEN 등 범위(Range) 검색에 활용될 수 있다.
④ 시스템이 자동으로 생성하여 사용자가 변경할 수 없다.

해설 인덱스는 자동으로 생성되지 않으며, 데이터 정의어를 사용해 변경, 생성, 제거할 수 있다. 단, 기본키에 대한 인덱스는 자동으로 생성된다.

03 22년 4월

데이터베이스의 인덱스와 관련한 설명으로 틀린 것은?

① 문헌의 색인, 사전과 같이 데이터를 쉽고 빠르게 찾을 수 있도록 만든 데이터 구조이다.
② 테이블에 붙여진 색인으로 데이터 검색 시 처리 속도 향상에 도움이 된다.
③ 인덱스의 추가, 삭제 명령어는 각각 ADD, DELETE이다.
④ 대부분의 데이터베이스에서 테이블을 삭제하면 인덱스도 같이 삭제된다.

해설 인덱스의 생성은 CREATE, 삭제 명령은 DROP이다.

01 | ①   02 | ④   03 | ③

02

SQL 활용

057 | 트랜잭션★★★

- 데이터베이스의 일관성을 유지하기 위한 개념인 트랜잭션의 특징과 기본 개념을 이해하고, 트랜잭션의 개념을 숙지해야 한다.
- 트랜잭션을 사용하여 데이터베이스의 변경 작업을 정상적으로 처리할 수 있도록 COMMIT, ROLLBACK 등의 명령어를 이해하고 활용할 수 있어야 한다.

대표 기출 유형

다음 설명과 관련 있는 트랜잭션의 특징은? 20년 8월

> 트랜잭션의 연산은 모두 실행되거나, 모두 실행되지 않아야 한다.

① Durability   ② Isolation
③ Consistency   ④ Atomicity

- Durability(영속성): 성공적으로 완료된 트랜잭션의 결과는 시스템이 고장 나더라도 영구적으로 반영되어야 한다.
- Isolation(독립성): 둘 이상의 트랜잭션이 동시에 병행 실행되는 경우 어느 하나의 트랜잭션 실행 중에 다른 트랜잭션의 연산이 끼어들 수 없다.
- Consistency(일관성): 시스템이 가지고 있는 고정요소는 트랜잭션 수행 전과 트랜잭션 수행 완료 후의 상태가 같아야 한다.

정답 ④

필수 핵심 이론

트랜잭션(Transaction)

데이터베이스의 상태를 변화시키기 위해서 수행하는 작업의 단위이다. 트랜잭션은 데이터베이스 시스템에서 하나의 논리적 기능을 수행하는 최소한의 작업 단위이다.

트랜잭션의 특징

원자성은 작업이 전부 실행되거나 전혀 실행되지 않음을 보장, 일관성은 트랜잭션 수행 전과 후의 데이터베이스 상태가 동일함을 보장, 고립성은 트랜잭션이 서로 간섭하지 않고 독립적으로 수행, 영속성은 트랜잭션이 성공적으로 수행되면 그 결과가 영구적으로 저장된다. CRUD 분석은 데이터베이스 테이블에 변화를 주는 트랜잭션의 CRUD 연산에 대해 매트릭스를 작성하여 분석하는 것이다.

종류	설명
원자성 (Atomicity)	• 하나의 트랜잭션이 더 이상 작게 쪼갤 수 없는 최소한의 업무 단위 • 데이터베이스에 연산이 모두 반영되던지, 아니면 전혀 반영되지 않아야 함 • 주요 기법으로 Commit과 Rollback을 사용함
일관성 (Consistency)	• 트랜잭션이 완료된 결괏값이 일관적인 DB 상태를 유지해야 함 • 수행하고 있는 트랜잭션에서 오류가 발생하면 현재 내역을 날려버리고 롤백해야 함
고립성 (Isolation)	• 하나의 트랜잭션 수행 시 다른 트랜잭션이 작업이 끼어들지 못하도록 보장함 • 트랜잭션끼리 서로 간섭할 수 없음
영속성 (Durability)	• 트랜잭션이 정상적으로 종료된 다음에는 영구적으로 데이터베이스에 작업의 결과가 저장돼야 함 • 성공적으로 완료된 트랜잭션의 결과는 시스템이 고장 나더라도 영구적으로 반영되어야 함

연·습·문·제

01 20년 8월

다음 설명과 관련 있는 트랜잭션의 특징은?

> 트랜잭션의 연산은 모두 실행되거나, 모두 실행되지 않아야 한다.

① Durability   ② Isolation
③ Consistency   ④ Atomicity

해설
- Durability(영속성): 성공적으로 완료된 트랜잭션의 결과는 시스템이 고장 나더라도 영구적으로 반영되어야 한다.
- Isolation(독립성): 둘 이상의 트랜잭션이 동시에 병행 실행되는 경우 어느 하나의 트랜잭션 실행 중에 다른 트랜잭션의 연산이 끼어들 수 없다.
- Consistency(일관성): 시스템이 가지고 있는 고정요소는 트랜잭션 수행 전과 트랜잭션 수행 완료 후의 상태가 같아야 한다.

02 23년 5월, 20년 8월

Commit과 Rollback 명령어에 의해 보장받는 트랜잭션의 특성은?

① 병행성   ② 보안성
③ 원자성   ④ 로그

해설 원자성은 트랜잭션 연산은 DB에 Commit(완료) 되던지 아니면 Rollback(복구) 되어야 한다.

03 21년 5월

트랜잭션의 실행이 실패하였음을 알리는 연산자로 트랜잭션이 수행한 결과를 원래의 상태로 원상 복귀시키는 연산은?

① COMMIT 연산   ② BACKUP 연산
③ LOG 연산   ④ ROLLBACK 연산

해설 ROLLBACK은 트랜잭션이 비정상적으로 종료된 경우 연산을 취소하는 연산이다.

04 21년 8월

데이터베이스에서 하나의 논리적 기능을 수행하기 위한 작업의 단위 또는 한꺼번에 모두 수행되어야 할 일련의 연산들을 의미하는 것은?

① 트랜잭션
② 뷰
③ 튜플
④ 카디널리티

> **해설**
> • 뷰(View): 하나 이상의 기본 테이블로부터 유도되어 만들어지는 가상 테이블
> • 튜플: 관계데이터 구조 테이블에서 행
> • 카디널리지: 튜플의 개수

05 21년 8월

트랜잭션의 주요 특성 중 하나로 둘 이상의 트랜잭션이 동시에 병행 실행되는 경우 어느 하나의 트랜잭션 실행 중에 다른 트랜잭션의 연산이 끼어들 수 없음을 의미하는 것은?

① Log
② Consistency
③ Isolation
④ Durability

> **해설** Isolation(독립성, 격리성)은 둘 이상의 트랜잭션이 동시에 병행 실행되는 경우 어느 하나의 트랜잭션 실행 중에 다른 트랜잭션의 연산이 끼어들 수 없다. 수행 중인 트랜잭션은 완전히 완료될 때까지 다른 트랜잭션에서 수행 결과를 참조할 수 없다.

06 22년 4월

데이터베이스의 트랜잭션 성질들 중에서 다음 설명에 해당하는 것은?

> 트랜잭션의 모든 연산들이 정상적으로 수행 완료되거나 아니면 전혀 어떠한 연산도 수행되지 않은 원래 상태가 되도록 해야 한다.

① Atomicity
② Consistency
③ Isolation
④ Durability

> **해설** 원자성은 완전하게 수행 완료되지 않으면 전혀 수행되지 않아야 한다.

07 20년 6월

트랜잭션의 특성 중 다음 설명에 해당하는 것은?

> 트랜잭션의 연산은 데이터베이스에 모두 반영되든지 아니면 전혀 반영되지 않아야 한다.

① Durability
② Share
③ Consistency
④ Atomicity

> **해설** 원자성(Atomicity)에 대한 설명이다.
> 영속성(Durability): 성공적으로 완료된 트랜잭션의 결과는 시스템이 고장 나더라도 영구적으로 반영되어야 한다.

08 21년 3월

다음과 같은 트랜잭션의 특성은?

> 시스템이 가지고 있는 고정요소는 트랜잭션 수행 전과 트랜잭션 수행 완료 후의 상태가 같아야 한다.

① 원자성(atomicity)
② 일관성(consistency)
③ 격리성(isolation)
④ 영속성(durability)

> **해설** 일관성은 트랜잭션의 수행 전, 후의 데이터 간의 불일치가 생겨서는 안 된다.

09 20년 9월

데이터베이스에 영향을 주는 생성, 읽기, 갱신, 삭제 연산으로 프로세스와 테이블 간에 매트릭스를 만들어서 트랜잭션을 분석하는 것은?

① CASE 분석
② 일치 분석
③ CRUD 분석
④ 연관성 분석

> 해설 CRUD 분석은 데이터베이스 테이블에 변화를 주는 트랜잭션의 CRUD 연산에 대해 매트릭스를 작성하여 분석하는 것이다.

10 이전 기출 변형

무결성을 보장하기 위해 트랜잭션이 가져야 할 특성에 대한 설명으로 옳지 않은 것은?

① 트랜잭션 내의 모든 명령은 반드시 완벽히 수행되어야 하며, 모두가 완벽히 수행되지 않고 어느 하나라도 오류가 발생하면 트랜잭션 전부가 취소되어야 한다.
② 트랜잭션의 수행과 관계없이 데이터베이스가 가지고 있는 고정 요소는 일관되어야 한다.
③ 둘 이상의 트랜잭션이 동시에 병행 실행되는 경우 어느 하나의 트랜잭션 실행 중에 다른 트랜잭션의 연산이 끼어들 수 없다.
④ Commit과 Rollback 명령어에 의해 보장받는 트랜잭션의 특성은 일관성이다.

> 해설 Commit과 Rollback 명령어에 의해 보장받는 트랜잭션의 특성은 원자성이다.

| 01 | ④ | 02 | ③ | 03 | ④ | 04 | ① | 05 | ③ |
| 06 | ① | 07 | ④ | 08 | ② | 09 | ③ | 10 | ④ |

058 트랜잭션 관리 기법***

학 · 습 · 포 · 인 · 트 --

- 트랜잭션을 관리하기 위한 병행제어는 데이터베이스에서 여러 사용자가 동시에 접근할 때 발생하는 문제를 해결하기 위한 중요한 개념이다.
- 병행제어 시 생기는 문제 현상을 이해하고 적절한 제어 기법을 숙지하는 것이 중요하다.

대표 기출 유형

트랜잭션의 상태 중 트랜잭션의 수행이 실패하여 Rollback 연산을 실행한 상태는? **23년 7월, 22년 3월**

① 철회(Aborted)

② 부분 완료(Partially Committed)

③ 완료(Commit)

④ 실패(Fail)

....

ROLLBACK은 데이터베이스 조작 작업이 비정상적으로 종료되었을 때 원래의 상태로 복구하는 철회(Aborted)를 한다.

정답 ①

필수 핵심 이론

트랜잭션(Transaction)

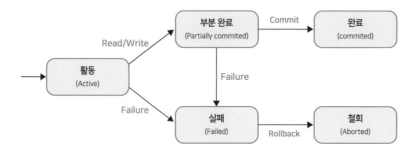

트랜잭션은 데이터베이스의 상태를 변화시키는 작업의 단위를 말한다.

병행제어(Concurrency Control)

병행제어는 여러 사용자가 동시에 데이터베이스에 접근할 때 발생하는 문제를 해결하기 위한 기술이다.

개념	설명
회복기법 (Recovery)	• 회복은 데이터베이스 시스템이 장애나 오류 발생 시 복구시키는 과정 • 대표적인 방법으로는 로그 기반 회복 기법, 그림자 페이지 기반 회복, 체크포인트 기반 회복이 있음
병행제어 기법	• 병행 제어 기법으로 로킹(Locking), 타입 스탬프(Time Stamping), 다중버전 동시제어(Multiversion Concurrency Control; MVCC), 낙관적(Optimistic Concurrency) 수행 있음 • 로킹기법은 같은 자원을 엑세스하는 다중 트랜잭션 환경에서 일관성과 무결성을 유지하기 위해 트랜잭션의 순차적 진행을 보정하는 직렬화 기법 • 한꺼번에 로킹할 수 있는 단위를 로킹 단위라고 하며, 데이터베이스, 파일, 레코드 등이 로킹 단위가 될 수 있음
로킹 단위	오버헤드	로크 수	병행 수준	데이터베이스 공유도
커짐	감소	적어짐	낮아짐	감소
작아짐	증가	증가함	높아짐	증가

• 타임스탬프는 트랜잭션이 읽거나 갱신한 데이터에 대해 타임스탬프를 부여해 시간에 따라 트랜잭션 작업을 수행
• 낙관적 기법은 트랜잭션이 종료된 이후에 일괄적으로 검사하는 방식

병행제어 목적

● 데이터베이스의 공유를 최대화

● 시스템의 활용도를 최대화

● 데이터베이스의 일관성을 유지

● 사용자에 대한 응답시간을 최소화

트랜잭션의 상태

트랜잭션 상태	설명
완료 상태(Committed)	트랜잭션 작업 결과가 확정된 상태
활동(Active)	트랜잭션이 시작되어 실행 중인 상태
실패(Failed)	트랜잭션이 오류 등으로 비정상적으로 종료된 상태
철회(Aborted)	트랜잭션이 Rollback 명령어에 의해 취소되는 경우
부분 완료(Partially Committed)	트랜잭션이 Commit 명령어를 실행하고, 일부만 완료된 상태
완료(Committed)	트랜잭션이 Commit 명령어를 실행하여 모든 작업이 성공적으로 완료되고, 영구적으로 저장된 상태

트랜잭션 제어

명령어	설명
커밋(COMMIT)	• 트랜잭션의 작업을 영구적으로 데이터베이스에 반영 • 데이터가 영구적으로 유지됨
롤백(ROLLBACK)	트랜잭션의 작업을 취소하고, 이전 상태로 되돌림
체크 포인트(CHECKPOINT)	트랜잭션 내에 ROLLBACK 할 시점을 설정

쌤의 실전 Tip

트랜잭션의 상태 암기

부분 완료, 완료 상태, 활동, 실패, 철회 → 보완할(부완활) 내용은 실천(실철)입니다.

연·습·문·제

01 22년 3월

트랜잭션의 상태 중 트랜잭션의 수행이 실패하여 Rollback 연산을 실행한 상태는?

① 철회(Aborted)
② 부분 완료(Partially Committed)
③ 완료(Commit)
④ 실패(Fail)

> **해설** ROLLBACK은 데이터베이스 조작 작업이 비정상적으로 종료되었을 때 원래의 상태로 복구하는 철회(Aborted)를 한다.

02 22년 4월

트랜잭션의 상태 중 트랜잭션의 마지막 연산이 실행된 직후의 상태로, 모든 연산의 처리는 끝났지만 트랜잭션이 수행한 최종 결과를 데이터베이스에 반영하지 않은 상태는?

① Active
② Partially Committed
③ Committed
④ Aborted

> **해설** Partially Committed은 연산이 실행된 직후의 상태로 아직 Commit 연산이 실행 안 된 상태이다.

03 23년 3월, 21년 3월

트랜잭션을 수행하는 도중 장애로 인해 손상된 데이터베이스를 손상되기 이전에 정상적인 상태로 복구시키는 작업은?

① Recovery
② Commit
③ Abort
④ Restart

> **해설** 회복기법(Recovery)
> • 회복은 데이터베이스 시스템이 장애나 오류 발생 시 복구시키는 과정
> • 대표적인 방법으로는 로그 기반 회복 기법, 그림자 페이지 기반 회복, 체크포인트 기반 회복이 있음

04 23년 5월, 22년 3월

데이터베이스에서 병행제어의 목적으로 틀린 것은?

① 시스템 활용도 최대화
② 사용자에 대한 응답시간 최소화
③ 데이터베이스 공유 최소화
④ 데이터베이스 일관성 유지

해설 데이터베이스 병행제어의 목적은 아래와 같다.

- 데이터베이스의 공유를 최대화
- 시스템의 활용도를 최대화
- 데이터베이스의 일관성을 유지
- 사용자에 대한 응답시간을 최소화

05 21년 5월

병행제어 기법의 종류가 <u>아닌</u> 것은?

① 로킹 기법
② 시분할 기법
③ 타임 스탬프 기법
④ 다중 버전 기법

해설 병행제어 기법의 종류로 로킹 기법, 타임 스템프 기법, 최적 병행 수행 기법, 다중 버전 기법이 있다.

06 21년 8월, 20년 6월

로킹 단위(Locking Granularity)에 대한 설명으로 옳은 것은?

① 로킹 단위가 크면 병행성 수준이 낮아진다.
② 로킹 단위가 크면 병행 제어 기법이 복잡해진다.
③ 로킹 단위가 작으면 로크(lock)의 수가 적어진다.
④ 로킹은 파일 단위로 이루어지며, 레코드와 필드는 로킹 단위가 될 수 없다.

해설 로킹 단위가 커지면 로크의 수가 적어지고 병행 수준이 낮아진다. 로킹 단위가 작아지면 로크의 수가 증가하고 병행 수준이 높아진다. 로킹은 데이터베이스, 파일, 레코드, 필드 등의 단위가 될 수 있다.

07 21년 8월

동시성 제어를 위한 직렬화 기법으로 트랜잭션 간의 처리 순서를 미리 정하는 방법은?

① 로킹 기법
② 타임스탬프 기법
③ 검증 기법
④ 배타 로크 기법

해설 타임스탬프는 트랜잭션이 읽거나 갱신한 데이터에 대해 타임스탬프를 부여해 시간에 따라 트랜잭션 작업을 수행한다.

08 20년 8월

병행제어 기법 중 로킹에 대한 설명으로 옳지 <u>않은</u> 것은?

① 로킹의 대상이 되는 객체의 크기를 로킹 단위라고 한다.
② 데이터베이스, 파일, 레코드 등은 로킹 단위가 될 수 있다.
③ 로킹의 단위가 작아지면 로킹 오버헤드가 증가한다.
④ 로킹의 단위가 커지면 데이터베이스 공유도가 증가한다.

해설 로킹 단위가 커지면 로크의 수가 적어지고 병행 수준이 낮아진다. 로킹 단위가 작아지면 로크의 수가 증가하고 병행 수준이 높아진다.

09 20년 8월

데이터베이스 로그(log)를 필요로 하는 회복 기법은?

① 즉각 갱신 기법
② 대수적 코딩 방법
③ 타임 스탬프 기법
④ 폴딩 기법

해설 즉각 갱신 기법은 갱신한 모든 내용을 로그 (Log)에 보관한다.

10 20년 9월

로킹(Locking) 기법에 대한 설명으로 틀린 것은?

① 로킹의 대상이 되는 객체의 크기를 로킹 단위라고 한다.
② 로킹 단위가 작아지면 병행성 수준이 낮아진다.
③ 데이터베이스도 로킹 단위가 될 수 있다.
④ 로킹 단위가 커지면 로크 수가 작아 로킹 오버헤드가 감소한다.

> **해설** 로킹 단위가 커지면 로크의 수가 적어지고 병행 수준이 낮아진다. 로킹 단위가 작아지면 로크의 수가 증가하고 병행 수준이 높아진다.

11 23년 3월, 22년 7월

트랜잭션의 상태를 보여 주는 다음 그림을 보고 각 상태에 대한 설명으로 옳지 않은 것은?

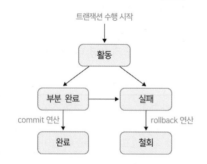

① 활동 상태는 트랜잭션이 수행되기 시작하여 현재 실행 중인 상태를 의미한다.
② 완료는 트랜잭션이 성공적으로 종료되어 Commit 연산까지 수행한 상태를 의미한다.
③ 부분 완료는 트랜잭션의 일부 연산만이 완료되어 Commit된 상태를 의미한다.
④ 철회는 트랜잭션이 수행하는 데 실패하여 Rollback 연산까지 수행한 상태를 의미한다.

> **해설** 보완할(부완활)내용은 **실천(실철)**

트랜잭션 상태	설명
완료 상태 (Committed)	트랜잭션 작업 결과가 확정된 상태
활동 (Active)	트랜잭션이 시작되어 실행 중인 상태
실패 (Failed)	트랜잭션이 오류 등으로 비정상적으로 종료된 상태
철회 (Aborted)	트랜잭션이 Rollback 명령어에 의해 취소되는 경우
부분 완료 (Partially Committed)	트랜잭션이 Commit 명령어를 실행하고, 일부만 완료된 상태
완료 (Committed)	트랜잭션이 Commit 명령어를 실행하여 모든 작업이 성공적으로 완료되고, 영구적으로 저장된 상태

12 22년 7월

데이터베이스의 병행 제어(Concurrency Control)에 대한 설명으로 옳지 않은 것은?

① 여러 사용자가 데이터베이스를 동시에 접근하여 데이터를 처리하기 위함이다.
② 처리 결과의 정확성 유지를 위해 데이터를 잠그거나 여는 등의 제어가 필요하다.
③ 로킹 단위가 크면 병행 제어 기법이 복잡해진다.
④ 로킹 단위가 크면 병행성 수준이 낮아진다.

> **해설** 로킹 단위가 커지면 병행제어 수준이 낮아진다.

로킹 단위	오버헤드	로크 수	병행 수준	DB 공유도
커짐	감소	적어짐	낮아짐	감소
작아짐	증가	증가함	높아짐	증가

01	①	02	②	03	①	04	③	05	②
06	①	07	②	08	④	09	①	10	②
11	③	12	③						

059 데이터 사전**

- 데이터 사전(Data Dictionary)은 데이터베이스에 포함된 모든 객체 및 속성에 대한 정보를 담고 있는 메타데이터를 의미한다.
- 데이터 사전에 특징을 알아야 풀 수 있는 문제가 최근 자주 출제되고 있으니, 반드시 데이터 사전의 특징을 암기하고 넘어가도록 한다.

대표 기출 유형

데이터 사전에 대한 설명으로 틀린 것은?　　　　　　　　　**23년 7월, 5월, 22년 4월**

① 시스템 카탈로그 또는 시스템 데이터베이스라고도 한다.

② 데이터 사전 역시 데이터베이스의 일종이므로 일반 사용자가 생성, 유지 및 수정할 수 있다.

③ 데이터베이스에 대한 데이터인 메타데이터(Metadata)를 저장하고 있다.

④ 데이터 사전에 있는 데이터에 실제로 접근하는 데 필요한 위치 정보는 데이터 디렉토리(Data Directory)라는 곳에서 관리한다.

데이터 사전은 사용자에게는 읽기 전용 테이블로 조회만 가능하다.

정답 ②

필수 핵심 이론

데이터 사전(Data Dictionary)

데이터 사전은 데이터베이스에 저장되는 설계 및 구축 단계에서부터 시작하여 데이터베이스의 모든 객체와 속성, 제약조건 등의 정보를 담고 있다.

데이터 사전의 특징

● DBMS에서 필요로 하는 여러 가지 객체(기본 테이블, 뷰, 인덱스, 데이터베이스, 패키지, 접근 권한 등)에 관한 정보를 포함하고 있는 시스템 데이터베이스이다.

● 시스템 카탈로그(System Catalog) 혹은 메타데이터(Metadata)라고도 한다.

● 데이터 사전 또한 시스템 테이블로 구성되어 SQL문을 이용해서 검색할 수 있다.

● SQL문 등으로 개체에 변화가 생기면 시스템이 자동으로 갱신한다.

● 데이터 사전은 사용자에게는 읽기 전용 테이블로 조회만 가능하다.

> **쌤의 Comment**
>
> **데이터 사전과 시스템 카탈로그가 헷갈려요!**
>
> 데이터 사전과 시스템 카탈로그(System Catalog) 그리고 메타데이터(Metadata)는 같은 의미예요. 시험에서도 데이터 사전과 시스템 카탈로그가 동시에 사용되니 둘 다 꼭 숙지해 두세요.

01 23년 7월, 5월, 22년 4월

데이터 사전에 대한 설명으로 틀린 것은?

① 시스템 카탈로그 또는 시스템 데이터베이스라고도 한다.

② 데이터 사전 역시 데이터베이스의 일종이므로 일반 사용자가 생성, 유지 및 수정할 수 있다.

③ 데이터베이스에 대한 데이터인 메타데이터(Metadata)를 저장하고 있다.

④ 데이터 사전에 있는 데이터에 실제로 접근하는 데 필요한 위치 정보는 데이터 디렉토리(Data Directory)라는 곳에서 관리한다.

해설 데이터 사전은 사용자에게는 읽기 전용 테이블로 조회만 가능하다.

02 21년 5월

시스템 카탈로그에 대한 설명으로 옳지 않은 것은?

① 사용자가 직접 시스템 카탈로그의 내용을 갱신하여 데이터베이스 무결성을 유지한다.

② 시스템 자신이 필요로 하는 스키마 및 여러 가지 객체에 관한 정보를 포함하고 있는 시스템 데이터베이스이다.

③ 시스템 카탈로그에 저장되는 내용을 메타데이터라고도 한다.

④ 시스템 카탈로그는 DBMS가 스스로 생성하고 유지한다.

해설 시스템 카탈로그는 DBMS가 스스로 생성하고 유지하기 때문에 시스템 카탈로그를 갱신하는 것은 허용되지 않는다.

03 21년 3월

시스템 카탈로그에 대한 설명으로 틀린 것은?

① 시스템 카탈로그의 갱신은 무결성 유지를 위하여 SQL을 이용하여 사용자가 직접 갱신하여야 한다.

② 데이터베이스에 포함되는 데이터 객체에 대한 정의나 명세에 대한 정보를 유지관리한다.

③ DBMS가 스스로 생성하고 유지하는 데이터베이스 내의 특별한 테이블의 집합체이다.

④ 카탈로그에 저장된 정보를 메타데이터라고도 한다.

해설 시스템 카탈로그는 DBMS가 스스로 생성하고 유지하기 때문에 시스템 카탈로그를 갱신하는 것은 허용되지 않는다.

04 22년 7월

시스템 카탈로그에 대한 설명으로 옳지 않은 것은?

① 시스템 자체에 관련 있는 다양한 객체에 관한 정보를 포함하는 시스템 데이터베이스이다.

② 데이터 사전이라고도 한다.

③ 기본 테이블, 뷰, 인덱스, 패키지, 접근 권한 등의 정보를 저장한다.

④ 시스템을 위한 정보를 포함하는 시스템 데이터베이스이므로 일반 사용자는 SQL을 이용하여 내용을 검색해 볼 수 없다.

해설 데이터 사전은 사용자에게는 읽기 전용 테이블로 조회만 가능하다.

01 | ② 02 | ① 03 | ① 04 | ④

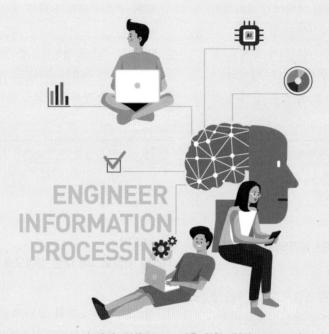

ENGINEER
INFORMATION
PROCESSING

더 멋진 내일(Tomorrow)을 위한 내일(My Career)

내 일 은 정 보 처 리 기 사

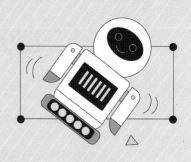

CHAPTER

03

논리 데이터베이스 설계

060 | 데이터베이스 설계***

학 · 습 · 포 · 인 · 트 --

• 데이터베이스 설계 단계별로 각 단계의 의미를 암기하고 넘어가도록 한다.

대표 기출 유형

데이터베이스 설계 단계 중 저장 레코드 양식설계, 레코드 집중의 분석 및 설계, 접근 경로 설계와 관계되는 것은?　　　　　　　　　　　　　　　　　　　　　　　　**21년 3월**

① 논리적 설계　　　　　　　　　　② 요구조건 분석

③ 개념적 설계　　　　　　　　　　④ 물리적 설계

....

물리적 설계는 논리적 구조로 표현된 데이터를 물리적 구조의 데이터로 변환하는 과정이다.

정답 ④

필수 핵심 이론

데이터베이스 설계

데이디베이스 설계 단계는 크게 4가지로 요구조건 분석, 개념적 설계, 논리적 설계, 물리적 설계가 있다.

순서	단계	설명
1	요구조건 분석	• 데이터베이스의 사용 목적 파악 • 데이터베이스 구조 설계에 필요한 개체, 속성, 관계 제약조건 등을 식별
2	개념적 설계	• 정보를 구조화하기 위해 추상적 개념으로 독립적인 개념스키마를 설계 • 트랜잭션 모델링과 개념스키마 모델링 • 요구조건 분석을 통해 E-R 다이어그램을 작성
3	논리적 설계	• 컴퓨터가 이해할 수 있도록 DBMS에 맞게 논리적 자료구조로 사람이 이해하기 쉽게 변환 • 스키마를 평가 및 정제 • 정규화를 수행 • 트랜잭션의 인터페이스를 설계 • 테이블을 설계하는 단계에서 정규화
4	물리적 설계	• 논리적 구조로 표현된 데이터를 물리적 구조의 데이터로 DB에 변환 • 저장 레코드의 양식을 설계함(데이터 타입, 데이터값의 분포, 접근 빈도) • 저장구조 및 접근 경로를 설정하고 레코드 집중의 분석 및 설계

쌤의 실전 Tip

데이터베이스 설계 단계 외우기

물리적 설계, 논리적 설계, 개념적 설계, 요구조건 분석 → 물론(논) 개요부터 봐야지.

데이터베이스 모델

데이터 모델은 구조(Structure), 연산(Operation), 제약조건(Constraint) 등을 기술하기 위한 개념적 도구들의 모임으로, 현실 세계의 정보를 논리적으로 표현하기 위한 모델이다.

구성 요소	설명
구조(Structure)	논리적인 개체 타입 간의 관계, 데이터 구조 및 정적 성질을 표현
연산(Operation)	조작하는 기본 도구로 실제 데이터를 처리하는 작업에 대한 명세
제약조건(Constraint)	DB에 저장될 수 있는 실제 데이터의 논리적인 제약 조건

01 21년 3월

데이터베이스 설계 단계 중 저장 레코드 양식 설계, 레코드 집중의 분석 및 설계, 접근 경로 설계와 관계되는 것은?

① 논리적 설계
② 요구조건 분석
③ 개념적 설계
④ 물리적 설계

해설 물리적 설계는 논리적 구조로 표현된 데이터를 물리적 구조의 데이터로 변환하는 과정이다.

02 21년 8월

정규화에 대한 설명으로 적절하지 않은 것은?

① 데이터베이스의 개념적 설계 단계 이전에 수행한다.
② 데이터 구조의 안정성을 최대화한다.
③ 중복을 배제하여 삽입, 삭제, 갱신 이상의 발생을 방지한다.
④ 데이터 삽입 시 릴레이션을 재구성할 필요성을 줄인다.

해설 논리적 설계 단계에서 정규화를 수행한다.

03 23년 7월, 22년 4월

데이터베이스에서 개념적 설계 단계에 대한 설명으로 틀린 것은?

① 산출물로 E-R Diagram을 만들 수 있다.
② DBMS에 독립적인 개념 스키마를 설계한다.
③ 트랜잭션 인터페이스를 설계 및 작성한다.
④ 논리적 설계 단계의 앞 단계에서 수행된다.

해설 논리적 설계 단계에서 트랜잭션 인터페이스를 설계한다.

04 21년 5월, 20년 9월

데이터베이스 설계 시 물리적 설계 단계에서 수행하는 사항이 아닌 것은?

① 저장 레코드 양식 설계
② 레코드 집중의 분석 및 설계
③ 접근 경로 설계
④ 목표 DBMS에 맞는 스키마 설계

해설 논리적 설계 단계에서 목표 DBMS에 적합한 스키마 설계한다.

05 21년 8월

물리적 데이터베이스 설계에 대한 설명으로 거리가 먼 것은?

① 물리적 설계의 목적은 효율적인 방법으로 데이터를 저장하는 것이다.
② 트랜잭션 처리량과 응답시간, 디스크 용량 등을 고려해야 한다.
③ 저장 레코드의 형식, 순서, 접근 경로와 같은 정보를 사용하여 설계한다.
④ 트랜잭션의 인터페이스를 설계하며, 데이터 타입 및 데이터 타입들 간의 관계로 표현한다.

해설 논리적 설계 단계에서 인터페이스를 사용자 입장에서 편리하도록 설계한다.

06 23년 3월, 22년 3월

데이터베이스 설계 단계 중 물리적 설계 시 고려 사항으로 적절하지 않은 것은?

① 스키마의 평가 및 정제
② 응답 시간
③ 저장 공간의 효율화
④ 트랜잭션 처리량

해설 논리적 설계 단계에서 스키마의 평가 및 정제한다.

07 22년 4월

물리적 데이터베이스 구조의 기본 데이터 단위인 저장 레코드의 양식을 설계할 때 고려 사항이 <u>아닌</u> 것은?

① 데이터 타입　　② 데이터 값의 분포
③ 트랜잭션 모델링　④ 접근 빈도

해설 개념적 설계 단계에서 트랜잭션 모델링을 한다.

08 20년 09월

데이터 모델에 표시해야 할 요소로 거리가 <u>먼</u> 것은?

① 논리적 데이터 구조
② 출력 구조
③ 연산
④ 제약조건

해설 데이터 모델 구성요소는 논리적 데이터 구조, 연산, 제약 조건이다.

09 21년 3월

데이터베이스 설계단계 중 저장 레코드 양식 설계, 레코드 집중의 분석 및 설계, 접근 경로 설계와 관계되는 것은?

① 논리적 설계　　② 요구조건 분석
③ 개념적 설계　　④ 물리적 설계

해설 물리적 설계의 특징은 논리적 구조로 표현된 데이터를 물리적 구조의 데이터로 DB에 변환한다. 저장 레코드의 양식을 설계한다. 저장구조 및 접근 경로를 설정하고 레코드 집중의 분석 및 설계한다.

10 20년 6월

데이터베이스의 논리적 설계(logical design) 단계에서 수행하는 작업이 <u>아닌</u> 것은?

① 레코드 집중의 분석 및 설계
② 논리적 데이터베이스 구조로 매핑(mapping)
③ 트랜잭션 인터페이스 설계
④ 스키마의 평가 및 정제

해설 레코드 집중 분석 및 설계는 물리적 설계이다.

11 23년 3월, 22년 4월

데이터 모델의 구성 요소 중 데이터 구조에 따라 개념 세계나 컴퓨터 세계에서 실제로 표현된 값들을 처리하는 작업을 의미하는 것은?

① Relation
② Data Structure
③ Constraint
④ Operation

해설 연산(Operation)은 조작하는 기본 도구로 실제 데이터를 처리하는 작업에 대한 명세이다.

12 22년 7월

물리적 데이터베이스를 설계하는 전 단계로서, 데이터 모델링이라 불리는 데이터베이스 설계 단계는?

① 개념적 데이터베이스 설계
② 논리적 데이터베이스 설계
③ 정보 모델링
④ 데이터베이스 구현

해설 데이터 설계는 요구조건 분석, 개념적 설계, 논리적 설계, 물리적 설계 순이다.

순서	단계	설명
1	요구 조건 분석	• 데이터베이스의 사용 목적 파악 • 데이터베이스 구조 설계에 필요한 개체, 속성, 관계 제약조건 등을 식별
2	개념적 설계	• 정보를 구조화하기 위해 추상적 개념으로 독립적인 개념스키마를 설계 • 트랜잭션 모델링과 개념스키마 모델링 • 요구조건 분석을 통해 E-R 다이어그램을 작성
3	논리적 설계	• 컴퓨터가 이해할 수 있도록 DBMS에 맞게 논리적 자료구조로 사람이 이해하기 쉽게 변환 • 스키마를 평가 및 정제 • 정규화를 수행 • 트랜잭션의 인터페이스를 설계 • 테이블을 설계하는 단계에서 정규화
4	물리적 설계	• 논리적 구조로 표현된 데이터를 물리적 구조의 데이터로 DB에 변환 • 저장 레코드의 양식을 설계함(데이터 타입, 데이터값의 분포, 접근 빈도) • 저장구조 및 접근 경로를 설정하고 레코드 집중의 분석 및 설계

01 | ④   02 | ①   03 | ③   04 | ④   05 | ④

06 | ①   07 | ③   08 | ②   09 | ④   10 | ①

11 | ④   12 | ②

061 | 관계데이터 모델 구성 요소***

- 관계 데이터 모델의 구성 요소는 시험문제가 많이 출제될 뿐만 아니라 실기 시험에서도 중요하다.
- 관계 데이터 모델의 각 구성 요소를 암기한 후, 반드시 연습문제를 풀고 넘어가도록 한다.

대표 기출 유형

A1, A2, A3 3개 속성을 갖는 한 릴레이션에서 A1의 도메인은 3개 값, A2의 도메인은 2개 값, A3의 도메인은 4개 값을 갖는다. 이 릴레이션에 존재할 수 있는 가능한 튜플(Tuple)의 최대 수는? **20년 9월**

① 24   ② 12   ③ 8   ④ 9

....

(A1의 도메인 값 3개) * (A2의 도메인 값 2개) * (A3의 도메인 값 4개)의 조합으로 최대 수는 24개이다.

정답 ①

필수 핵심 이론

관계 데이터 모델 구성요소

관계 데이터 모델은 E.F.Codd에 의해 처음 제안되었다.

관계 데이터 모델의 구성

구성요소	설명
릴레이션(Relation)	행(Row)과 열(Column)로 구성된 테이블
	릴레이션의 특징
	• 속성은 단일 값을 가짐 • 튜플의 삽입, 삭제로 인해 릴레이션의 시간에 따라 변함 • 속성은 서로 다른 이름을 가짐 • 한 속성의 값은 모두 같은 도메인 값을 가짐 • 튜플의 순서는 상관없음 • 속성값은 모두 원자값으로 저장
속성(Attribute)	릴레이션의 세로 값으로 열(Column)이라고도 함
튜플(Tuple)	릴레이션의 가로 값으로 행(Row)이라고도 함
차수(Degree)	속성의 수
카디널리티(Cardinality)	튜플의 수
인스턴스(Instance)	• 어느 한 시점 릴레이션에 존재하는 튜플들의 집합 • 외연(relation extension)으로도 불림
스키마(Schema)	릴레이션의 구성 및 정보에 대한 기본적인 구조를 정의함
도메인(Domain)	하나의 속성(Attribute)이 취할 수 있는 원자값들의 집합
식별자(Identifier)	속성(Attribute) 중에서 튜플을 유일하게 식별할 수 있는 속성(Attribute)

 연·습·문·제

01 20년 9월

A1, A2, A3 3개 속성을 갖는 한 릴레이션에서 A1의 도메인은 3개 값, A2의 도메인은 2개 값, A3의 도메인은 4개 값을 갖는다. 이 릴레이션에 존재할 수 있는 가능한 튜플(Tuple)의 최대 수는?

① 24
② 12
③ 8
④ 9

> **해설** (A1의 도메인값 3개) * (A2의 도메인 값 2개) * (A3의 도메인값 4개)의 조합으로 최대 수는 24개이다.

02 20년 8월

릴레이션에 대한 설명으로 거리가 <u>먼</u> 것은?

① 튜플들의 삽입, 삭제 등의 작업으로 인해 릴레이션은 시간에 따라 변한다.
② 한 릴레이션에 포함된 튜플들은 모두 상이하다.
③ 애트리뷰트는 논리적으로 쪼갤 수 없는 원자값으로 저장한다.
④ 한 릴레이션에 포함된 튜플 사이에는 순서가 있다.

> **해설** **릴레이션의 특징**
> • 속성은 단일 값을 가짐
> • 튜플의 삽입, 삭제로 인해 릴레이션의 시간에 따라 변함
> • 속성은 서로 다른 이름을 가짐

- 한 속성의 값은 모두 같은 도메인 값을 가짐
- 튜플의 순서는 상관없음
- 속성값은 모두 원자값으로 저장됨

03 23년 5월, 21년 3월

관계 데이터 모델에서 릴레이션(relation)에 관한 설명으로 옳은 것은?

① 릴레이션의 각 행을 스키마(schema)라 하며, 예로 도서 릴레이션을 구성하는 스키마에서는 도서번호, 도서명, 저자, 가격 등이 있다.

② 릴레이션의 각 열을 튜플(tuple)이라 하며, 하나의 튜플은 각 속성에서 정의된 값을 이용하여 구성된다.

③ 도메인(domain)은 하나의 속성이 가질 수 있는 같은 타입의 모든 값의 집합으로 각 속성의 도메인은 원자값을 갖는다.

④ 속성(attribute)은 한 개의 릴레이션의 논리적인 구조를 정의한 것으로 릴레이션의 이름과 릴레이션에 포함된 속성들의 집합을 의미한다.

> **해설** 릴레이션의 각 행을 튜플(Tuple)이라 하며, 각 열을 속성(Attirubte)라고 한다. 릴레이션 스키마는 한 개의 릴레이션의 논리적 구조로 정의한다. 도메인은 하나의 속성(Attribute)이 취할 수 있는 원자값들의 집합이다.

04 23년 5월, 22년 7월, 21년 5월

관계형 데이터 모델의 릴레이션에 대한 설명으로 틀린 것은?

① 모든 속성 값은 원자 값을 갖는다.

② 한 릴레이션에 포함된 튜플은 모두 상이하다.

③ 한 릴레이션에 포함된 튜플 사이에는 순서가 없다.

④ 한 릴레이션을 구성하는 속성 사이에는 순서가 존재한다.

> **해설** 릴레이션을 구성하는 속성의 순서는 중요하지 않다.

05 23년 7월, 22년 3월

다음 릴레이션의 Degree와 Cardinality는?

학번	이름	학년	학과
13001	홍길동	3학년	전기
13002	이순신	4학년	기계
13003	감강찬	2학년	컴퓨터

① Degree: 4, Cardinality: 3

② Degree: 3, Cardinality: 4

③ Degree: 3, Cardinality: 12

④ Degree: 12, Cardinality: 3

> **해설** 카디널리티(Cardinality)는 릴레이션의 가로 값인 튜플(행)의 수이다.
> 차수는(Degree)는 릴레이션의 세로 값인 속성(열)의 수이다.

06 22년 4월

데이터베이스에서 릴레이션에 대한 설명으로 **틀린** 것은?

① 모든 튜플은 서로 다른 값을 가지고 있다.

② 하나의 릴레이션에서 튜플은 특정한 순서를 가진다.

③ 각 속성은 릴레이션 내에서 유일한 이름을 가진다.

④ 모든 속성 값은 원자 값(atomic value)을 가진다.

해설 릴레이션을 구성하는 튜플의 순서는 중요하지 않으며 정해져 있지 않다.

07 23년 3월, 20년 9월

한 릴레이션 스키마가 4개 속성, 2개 후보키 그리고 그 스키마의 대응 릴레이션 인스턴스가 7개 튜플을 갖는다면 그 릴레이션의 차수(degree)는?

① 1   ② 2

③ 4   ④ 7

해설 릴레이션에서 차수(degree)는 속성의 수를 말한다.

08 21년 5월, 15년 8월

속성(attribute)에 대한 설명으로 **틀린** 것은?

① 속성은 개체의 특성을 기술한다.

② 속성은 데이터베이스를 구성하는 가장 작은 논리적 단위이다.

③ 속성은 파일 구조상 데이터 항목 또는 데이터 필드에 해당된다.

④ 속성의 수를 "cardinality"라고 한다.

해설 cardinality는 튜플의 수를 나타낸다.

09 21년 3월

다음 릴레이션의 카디널리티와 차수가 옳게 나타낸 것은?

아이디	성명	나이	등급	적립금	가입년도
yuyu01	원유철	36	3	2000	2008
sykim10	김성일	29	2	3300	2014
kshan4	한경선	45	3	2800	2009
namsu52	이남수	33	5	1000	2016

① 카디널리티: 4, 차수: 4

② 카디널리티: 4, 차수: 6

③ 카디널리티: 6, 차수: 4

④ 카디널리티: 6, 차수: 6

해설 카디널리티(Cardinality)는 행의 수이고 차수(Degree)는 열의 수이다.

10 21년 5월

관계 데이터베이스 모델에서 차수(Degree)의 의미는?

① 튜플의 수

② 테이블의 수

③ 데이터베이스의 수

④ 애트리뷰트의 수

해설 차수 Degree는 Attribute의 수이다.

11 20년 6월

하나의 애트리뷰트가 가질 수 있는 원자값들의 집합을 의미하는 것은?

① 도메인   ② 튜플

③ 엔티티   ④ 다형성

해설 도메인은 같은 도메인의 값들끼리 비교가 가능하다. 같은 타입의 모든 원자값들의 집합을 그 애트리뷰트의 도메인이라고 한다.

12 20년 8월

다음 관계형 데이터 모델에 대한 설명으로 옳은 것은?

고객ID	고객이름	거주도시
S1	홍길동	서울
S2	이정재	인천
S3	신보라	인천
S4	김흥국	서울
S5	도요새	용인

① relation 3개, attribute 3개, tuple 5개
② relation 3개, attribute 5개, tuple 3개
③ relation 1개, attribute 5개, tuple 3개
④ relation 1개, attribute 3개, tuple 5개

해설 relation은 테이블의 수, attribute는 세로 값으로 열(Column)의 수, tuple은 가로 값으로 행(Row)의 수이다.

13 22년 4월

관계 데이터 모델에서 릴레이션(Relation)에 포함되어 있는 튜플(Tuple)의 수를 무엇이라고 하는가?

① Degree
② Cardinality
③ Attribute
④ Cartesian product

해설 Cardinality는 튜플의 수이다. 튜플은 릴레이션의 가로 값으로 행(Row)이라고도 한다.

01 l ①	02 l ④	03 l ③	04 l ④	05 l ①
06 l ②	07 l ③	08 l ④	09 l ②	10 l ④
11 l ①	12 l ④	13 l ②		

062 개체-관계(E-R) 모델***

학 · 습 · 포 · 인 · 트 --

- 개체-관계(E-R) 모델은 기호를 물어 보거나 기호를 보고 해석하는 문제가 자주 출제된다.
- E-R 다이어그램의 기호를 암기하고, 기출문제를 풀면서 꼭 연습하도록 한다.

대표 기출 유형

E-R 모델의 표현 방법으로 옳지 않은 것은?   20년 6월, 17년 5월

① 개체타입: 사각형   ② 관계타입: 마름모

③ 속성: 오각형   ④ 연결: 선

개체 타입 - 사각형
관계 타입 - 마름모
속성 타입 - 타원
연결 - 선

정답 ③

필수 핵심 이론

개체-관계(E-R) 모델

E-R 모델은 개체와 개체 간의 관계를 이용해 현실 세계를 개념적 구조로 표현하는 방법이다. E-R 모델의 구성요소는 개체, 속성, 관계가 있다.

데이터 모델(Data Model)은 데이터의 관계, 접근에 따라 추상화된 모형으로, 관계형 데이터 모델 (표를 이용해 데이터 관계를 정의), 계층형 데이터 모델(트리 형태의 논리적 구조로 개체를 트리의 노드로 표현), 네트워크형 데이터 모델(망형, 그래프형 모델 이라고도 불림)으로 이루어져 있다.

E-R 다이어그램

기호(이름)	설명
(사각형)	• 개체(Entity) • 여러 개의 속성을 가지며, 동일한 개체는 존재할 수 없음
(마름모)	• 관계(Relationship) • 개체들이 가지는 관계로 1:1, 1:N, N:M 등 다양한 관계를 표현 가능함
(속성)	• 속성(Attribute) • 개체의 속성을 표현함
(이중 타원)	• 다중 값 속성 • 하나의 독립적인 속성이나 그 안에 여러 개의 값이 포함될 수 있음
(선)	선, 링크

쌤의 실전 Tip

E-R 다이어그램 기호 외우기

개체는 다중 값 속성 혹은 속성과 관계를 선으로 나타낸다!

연·습·문·제

01 20년 6월, 17년 5월

E-R 모델의 표현 방법으로 옳지 <u>않은</u> 것은?

① 개체타입: 사각형 ② 관계타입: 마름모
③ 속성: 오각형 ④ 연결: 선

해설 속성 타입 - 타원

02 20년 9월

개체-관계 모델의 E-R 다이어그램에서 사용되는 기호와 그 의미의 연결이 틀린 것은?

① 사각형 – 개체 타입
② 삼각형 – 속성
③ 선 – 개체타입과 속성을 연결
④ 마름모 – 관계 타입

해설 속성 타입 - 타원

03 21년 3월

E-R 다이어그램의 표기법으로 옳지 <u>않은</u> 것은?

① 개체타입 – 사각형
② 속성 – 타원
③ 관계집합 – 삼각형
④ 개체타입과 속성을 연결 – 선

해설 관계 타입 - 마름모

04 21년 5월

개체-관계 모델(E-R)의 그래픽 표현으로 옳지 않은 것은?

① 개체타입 - 사각형   ② 속성 - 원형
③ 관계타입 - 마름모   ④ 연결 - 삼각형

> 해설 연결 - 선

05 22년 3월

E-R 모델에서 다중값 속성의 표기법은?

① (마름모)   ② (사각형)
③ (타원)   ④ ────

> 해설 관계 타입 - 마름모, 연결 - 선, 속성 타입 - 타원

06 22년 7월

데이터베이스에는 관계형, 계층형, 네트워크형 등 다양한 종류가 있는데 이들을 구분하는 기준은?

① 개체(Object)
② 관계(Relationship)
③ 속성(Attribute)
④ 제약 조건(Constraint)

> 해설 데이터 모델(Data Model)은 데이터의 관계, 접근에 따라 추상화된 모형으로, 관계형 데이터 모델(표를 이용해 데이터 관계를 정의), 계층형 데이터 모델(트리 형태의 논리적 구조로 개체를 트리의 노드로 표현), 네트워크형 데이터 모델(망형, 그래프형 모델 이라고도 불림)으로 이루어져 있다.

07 22년 7월

개체-관계(E-R) 모델에 대한 설명으로 잘못된 것은?

① 특정 DBMS를 고려하여 제작하지 않는다.
② 개체는 마름모, 속성은 사각형을 이용하여 표현한다.
③ 개념적 데이터베이스 단계에서 제작된다.
④ E-R 모델의 기본적인 아이디어를 시각적으로 가장 잘 나타낸 것이 E-R 다이어그램이다.

> 해설 개체는 사각형, 속성은 타원이다.

01 | ③   02 | ②   03 | ③   04 | ④   05 | ③
06 | ②   07 | ②

063 키(Key) 종류 ★★★

학 · 습 · 포 · 인 · 트 ───

- 키가 데이터베이스의 중요한 요소임을 인식하고, 각각의 키 종류를 이해하는 것이다.
- 키는 필기에 자주 출제되는 부분이므로 키 종류는 반드시 암기하고 넘어가도록 한다.

대표 기출 유형

관계형 데이터베이스에서 다음 설명에 해당하는 키(Key)는?   **23년 7월, 21년 8월**

> 한 릴레이션 내의 속성들의 집합으로 구성된 키로서, 릴레이션으로 구성하는 모든 튜플에 대한 유일성은 만족시키지만 최소성은 만족시키지 못한다.

① 후보키   ② 대체키
③ 슈퍼키   ④ 외래키

....

슈퍼키는 유일성을 만족하는 속성 또는 속성들의 집합이다.

정답 ③

필수 핵심 이론

키(Key)

키(Key)란 데이터베이스에서 특정 레코드를 식별하거나 연결하기 위한 필드 또는 필드의 조합으로, 중복을 허용하지 않는 고유한 값인 유일성(Unique)과 최소한의 속성으로 구성되어야 하는 최소성(Minimality)의 특징을 가진다.

종류	설명
기본키 (Primary Key)	• 후보키 중에서 선정된 주키(Main Key)로 중복된 값과 NULL 값을 가질 수 없음 • 한 릴레이션에서 특정 튜플을 유일하게 구별할 수 있는 속성
후보키 (Candidate Key)	• 기본키로 사용할 수 있는 속성들로 유일성과 최소성을 만족함 • 모든 릴레이션에는 반드시 하나 이상의 후보키가 존재해야 함
대체키 (Alternate Key)	후보키가 둘 이상일 때 기본키를 제외한 나머지 후보키로 보조키로도 불림
슈퍼키 (Super Key)	• 한 릴레이션 내에 있는 속성들의 집합으로 구성된 키 • 릴레이션에 있는 모든 튜플에 대해 유일성은 만족시키지만 최소성은 만족시키지 못하는 키
외래키 (Foreign Key)	다른 릴레이션의 기본키를 참조하는 속성 또는 속성들의 집합으로 릴레이션 간의 참조 관계를 표현함

쌤의 Comment

기본키와 후보키의 차이점이 헷갈려요!

기본키와 후보키의 차이는 기본키가 후보키 중에 선택된 주키라는 점이에요. 후보키는 릴레이션에서 튜플들을 유일하게 구별해 주는 속성 또는 속성들의 조합으로, 기본키와 대체키를 합친 키라고 볼 수 있어요.

연·습·문·제

01 23년 7월, 21년 8월

관계형 데이터베이스에서 다음 설명에 해당하는 키(Key)는?

한 릴레이션 내의 속성들의 집합으로 구성된 키로서, 릴레이션으로 구성하는 모든 튜플에 대한 유일성은 만족시키지만 최소성은 만족시키지 못한다.

① 후보키   ② 대체키
③ 슈퍼키   ④ 외래키

해설 슈퍼키는 릴레이션에 있는 모든 튜플에 대해 유일성은 만족시키지만 최소성은 만족시키지 못하는 키이다.

02 22년 3월

다른 릴레이션의 기본키를 참조하는 키를 의미하는 것은?

① 필드키 ② 슈퍼키 ③ 외래키 ④ 후보키

해설 외래키는 관계형 데이터베이스에서 한 테이블 속성 집합이 다른 테이블의 기본키가 된다.

03 23년 3월, 20년 6월

다음 두 릴레이션에서 외래키로 사용된 것은?(단, 밑줄 친 속성은 기본키이다.)

과목(**과목번호**, 과목명)
수강(**수강번호**, 학번, 과목번호, 학기)

① 수강번호
② 과목번호
③ 학번
④ 과목명

해설 외래키는 관계형 데이터베이스에서 한 테이블 속성 집합이 다른 테이블의 기본키로 과목 테이블의 기본키를 외래키로 가진다.

04 20년 9월

릴레이션에 있는 모든 튜플에 대해 유일성은 만족시키지만 최소성은 만족시키지 못하는 키는?

① 후보키 ② 기본키
③ 슈퍼키 ④ 외래키

> **해설** 후보키는 릴레이션을 구성하는 속성 중 튜플을 유일하게 식별하기 위한 기본키로 사용할 수 있는 속성들을 뜻한다.

05 23년 3월, 22년 4월

키의 종류 중 유일성과 최소성을 만족하는 속성 또는 속성들의 집합은?

① Atomic Key
② Super Key
③ Candidate Key
④ Test Key

> **해설** Candidate Key(후보키)는 튜플을 유일하게 식별하기 위해 사용하는 속성들의 부분집합이다.

06 20년 6월

다음 설명의 ( ) 안에 들어갈 내용으로 적합한 것은?

후보키는 릴레이션에 있는 모든 튜플에 대해 유일성과( )을 모두 만족시켜야 한다.

① 중복성 ② 최소성
③ 참조성 ④ 동일성

> **해설** 후보키는 기본키로 사용할 수 있는 속성들로 유일성과 최소성을 만족한다.

07 22년 7월

키는 개체 집합에서 고유하게 개체를 식별할 수 있는 속성이다. 데이터베이스에서 사용되는 키의 종류에 대한 설명으로 옳지 않은 것은?

① 후보키는 개체들을 고유하게 식별할 수 있는 속성이다.
② 슈퍼키는 한 개 이상의 속성들의 집합으로 구성된 키이다.
③ 외래키는 다른 테이블의 기본키로 사용되는 속성이다.
④ 대체키는 슈퍼키 중에서 기본키를 제외한 나머지 키를 의미한다.

> **해설** 대체키는 후보키가 둘 이상일 때 기본키를 제외한 나머지 후보키다.

종류	설명
기본키 (Primary Key)	• 후보키 중에서 선정된 주키(Main Key)로 중복된 값과 NULL 값을 가질 수 없음 • 한 릴레이션에서 특정 튜플을 유일하게 구별할 수 있는 속성
후보키 (Candidate Key)	• 기본키로 사용할 수 있는 속성들로 유일성과 최소성을 만족함 • 모든 릴레이션에는 반드시 하나 이상의 후보키가 존재해야 함
대체키 (Alternate Key)	후보키가 둘 이상일 때 기본키를 제외한 나머지 후보키로 보조키로도 불림
슈퍼키 (Super Key)	• 한 릴레이션 내에 있는 속성들의 집합으로 구성된 키로 최소성을 만족하지 못함 • 릴레이션을 구성하는 모든 튜플에 대해 유일성을 만족함
외래키 (Foreign Key)	다른 릴레이션의 기본키를 참조하는 속성 또는 속성들의 집합으로 릴레이션 간의 참조 관계를 표현함

01 | ③   02 | ③   03 | ②   04 | ③   05 | ③
06 | ②   07 | ④

064 데이터베이스 무결성 ***

학·습·포·인·트 --

- 데이터베이스 무결성은 정확성, 일관성을 보장하기 위한 제약조건이다.
- 시험에 자주 출제되는 부분이므로, 각 키를 활용해 데이터의 일관성과 무결성을 유지하는 방법을 익히고 무결성의 조건과 설명을 정확하게 이해하고 넘어간다.

대표 기출 유형

릴레이션에서 기본키를 구성하는 속성은 널(Null)값이나 중복 값을 가질 수 없다는 것을 의미하는 제약조건은?   21년 5월

① 참조 무결성   ② 보안 무결성
③ 개체 무결성   ④ 정보 무결성

개체 무결성: 릴레이션에서 기본키를 구성하는 속성은 널(NULL)값이나 중복 값을 가질 수 없다는 것을 의미한다.

정답 ③

필수 핵심 이론

무결성(Integirity) 종류

- 데이터 무결성 제약조건이란 데이터베이스의 정확성, 일관성을 보장히기 위해 저장, 삭제 등을 제약하기 위한 조건이다.
- 무결성은 어떤 값의 허용에 대한 사항을 정의하고 올바른 데이터가 입력되도록 하는 것이다.
- 무결성은 릴레이션을 조작하는 과정에서 의미적 관계를 명세한 것이다.

종류	설명
개체 무결성 (Entity Integrity)	• 기본키 • 중복 값을 가질 수 없음 • NULL 값이 될 수 없음
참조 무결성 (Referential Integrity)	• 외래키 • 외래키 값은 NULL 값이거나 참조 릴레이션의 기본키와 동일해야 함 • 참조되는 튜플이 반드시 존재해야 함
사용자 정의 무결성 (User-Defined Integrity)	사용자가 정의한 조건에 만족해야 함

쌤의 실전 Tip

개체 무결성 종류 암기

개체 무결성은 기본키, 참조 무결성은 외래키, 사용자 정의 무결성 → 개기(면) 참외사

연·습·문·제

01 21년 5월

릴레이션에서 기본키를 구성하는 속성은 널
(Null)값이나 중복 값을 가질 수 없다는 것을
의미하는 제약조건은?

① 참조 무결성
② 보안 무결성
③ 개체 무결성
④ 정보 무결성

> **해설** 개체 무결성: 릴레이션에서 기본키를 구성
> 하는 속성은 널(NULL)값이나 중복 값을 가질 수
> 없다는 것을 의미하는 제약조건이다.

02 23년 7월, 21년 8월

데이터베이스의 무결성 규정(Integrity Rule)
과 관련한 설명으로 틀린 것은?

① 무결성 규정에는 데이터가 만족해야 될
   제약 조건, 규정을 참조할 때 사용하는 식
   별자 등의 요소가 포함될 수 있다.
② 무결성 규정의 대상으로는 도메인, 키, 종
   속성 등이 있다.
③ 정식으로 허가 받은 사용자가 아닌 불법
   적인 사용자에 의한 갱신으로부터 데이터
   베이스를 보호하기 위한 규정이다.
④ 릴레이션 무결성 규정(Relation Integrity
   Rules)은 릴레이션을 조작하는 과정에서
   의 의미적 관계(Semantic Relationship)
   을 명세한 것이다.

> **해설** 무결성은 어떤 값의 허용에 대한 사항을
> 정의하고 올바른 데이터가 입력되도록 하는 것
> 이다.

03 21년 8월

다음 중 기본키는 NULL 값을 가져서는 안 되며, 릴레이션 내에 오직 하나의 값만 존재해야 한다는 조건을 무엇이라 하는가?

① 개체 무결성 제약조건
② 참조 무결성 제약조건
③ 도메인 무결성 제약조건
④ 속성 무결성 제약조건

해설 개체 무결성: 릴레이션에서 기본키를 구성하는 속성은 널(NULL)값이나 중복 값을 가질 수 없다는 것을 의미하는 제약조건이다.

04 23년 3월, 22년 4월

무결성 제약조건 중 개체 무결성 제약조건에 대한 설명으로 옳은 것은?

① 릴레이션 내의 튜플들이 각 속성의 도메인에 정해진 값만을 가져야 한다.
② 기본키는 NULL 값을 가져서는 안 되며 릴레이션 내에 오직 하나의 값만 존재해야 한다.
③ 자식 릴레이션의 외래키는 부모 릴레이션의 기본키와 도메인이 동일해야 한다.
④ 자식 릴레이션의 값이 변경될 때 부모 릴레이션의 제약을 받는다.

해설 개체 무결성 제약조건에서 각 릴레이션의 기본키를 구성하는 속성은 NULL 값이나 중복된 값을 가질 수 없다.

05 20년 6월

데이터 무결성 제약조건 중 "개체 무결성 제약"조건에 대한 설명으로 맞는 것은?

① 릴레이션 내의 튜플들이 각 속성의 도메인에 지정된 값만을 가져야 한다.
② 기본키에 속해 있는 애트리뷰트는 널값이나 중복값을 가질 수 없다.
③ 릴레이션은 참조할 수 없는 외래키 값을 가질 수 없다.
④ 외래키 값은 참조 릴레이션의 기본키 값과 동일해야 한다.

해설 개체 무결성 제약조건에서 각 릴레이션의 기본키를 구성하는 속성은 NULL 값이나 중복된 값을 가질 수 없다.

06 20년 8월

관계 데이터모델의 무결성 제약 중 기본키 값의 속성값이 널(Null)값이 아닌 원자값을 갖는 성질은?

① 개체 무결성
② 참조 무결성
③ 도메인 무결성
④ 튜플의 유일성

해설 개체 무결성 제약조건에서 각 릴레이션의 기본키를 구성하는 속성은 NULL 값이나 중복된 값을 가질 수 없다.

07 23년 5월, 21년 3월

릴레이션 R1에 속한 애튜리뷰트의 조합인 외래키를 변경하려면 이를 참조하고 있는 릴레이션 R2의 기본키도 변경해야 하는데 이를 무엇이라 하는가?

① 정보 무결성
② 고유 무결성
③ 널 제약성
④ 참조 무결성

해설 참조 무결성 제약조건에서 외래키 값은 NULL 값이거나 참조 릴레이션의 기본키와 동일해야 한다.

08 이전 기출 변형

데이터베이스 무결성에 관한 설명으로 옳은 것은?

① 개체 무결성 규정은 한 릴레이션의 기본키를 구성하는 어떠한 속성값도 널(NULL) 값이나 중복값을 가질 수 없음을 규정하는 것이다.

② 참조 무결성 규정은 속성 값들이 사용자가 정의한 제약 조건에 만족해야 한다는 규정이다.

③ 도메인 무결성 규정은 외래키 값은 Null 이거나 참조 릴레이션의 기본키 값과 동일해야 한다는 규정이다.

④ 사용자 정의 무결성 규정은 주어진 튜플의 값이 그 튜플이 정의된 도메인에 속한 값이어야 한다는 것을 규정하는 것이다.

해설

종류	설명
개체 무결성 (Entity Integrity)	• 기본키 • 중복 값을 가질 수 없음 • NULL 값이 될 수 없음
참조 무결성 (Referential Integrity)	• 외래키 • 외래키 값은 NULL 값이거나 참조 릴레이션의 기본키와 동일해야 함 • 참조되는 튜플이 반드시 존재해야 함
사용자 정의 무결성 (User-Defined Integrity)	사용자가 정의한 조건에 만족해야 함

01 | ③ 02 | ③ 03 | ① 04 | ② 05 | ②
06 | ① 07 | ④ 08 | ①

065 관계 데이터 언어***

- 관계대수에서 연산자의 의미와 연산 결과 그리고 관계해석과 비교하는 문제가 주로 출제되고 있다.
- 개념을 익히고 연습문제를 통해 문제를 풀어 보는 게 중요하다.

대표 기출 유형

관계대수의 순수관계 연산자가 <u>아닌</u> 것은?   **20년 8월**

① Select   ② Cartesian Product

③ Division   ④ Project

관계대수의 순수관계 연산자는 Select, Project, Join, Division이 있다.

정답 ②

필수 핵심 이론

관계대수

- 릴레이션 조작을 위한 연산 집합이다.

- 관계대수는 관계형 데이터베이스에서 원하는 정보와 그 정보를 검색하기 위해 연산의 순서를 명시하는 절차적인 언어이다. 관계대수는 일반 집합연산자와 순수 관계 연산자가 있다.

일반 집합연산자

연산자	기호/표현	설명
합집합 (UNION)	• 기호: ∪ • R∪S	• 두 릴레이션 R과 S의 합집합 • 두 릴레이션의 합이 추출되고, 중복은 하나만 포함됨
교집합 (INTERSECTION)	• 기호: ∩ • R∩S	• 두 릴레이션 R과 S의 교집합 • 두 릴레이션의 중복되는 값만 추출됨
차집합 (DIFFERENCE)	• 기호: ─ • R─S	• 두 릴레이션에서 R 릴레이션에만 존재하는 값 • R 릴레이션에서 S릴레이션에 중복되지 않는 값만 추출됨
교차곱 (CARTESIAN PRODUCT)	• 기호: X • R X S	• 두 릴레이션의 가능한 모든 튜플들의 집합 • 두 릴레이션의 가능한 모든 조합을 추출함

순수 관계 연산자

연산자	기호/표현	설명
선택 (Select)	• 기호: σ • σ 〈조건〉(R)	• 릴레이션 R에서 조건을 만족하는 튜플 반환 • 수평 연산
추출 (Project)	• 기호: π • π 〈속성리스트〉(R)	• 릴레이션 R에서 중복을 제거한 속성들의 값을 반환 • 수직 연산
조인 (Join)	• 기호: ⋈ • R⋈S	두 릴레이션이 공통으로 가지고 있는 속성을 이용해 하나의 릴레이션을 만들어 튜플을 반환
나누기 (Division)	• 기호: ÷ • R÷S	S 릴레이션의 속성 도메인 값과 일치하는 R 릴레이션의 S를 속성을 제외한 튜플을 반환

예시

$\pi_A(\sigma_p(r1 \mid \times \mid r2))$	select A from r1, r2 where P

관계해석

● 데이터의 연산을 표현하는 방법으로 비절차적인 언어이다.

● 수학의 프레디킷 해석(predicate calculus)에 기반을 두고 있다.

● 연산자와 정량자가 있다.

논리 기호

구분	설명		
연산자	연산자		연산
	∨		OR
	∧		AND
	ㄱ		NOT
정량자	연산자	연산	
	∀	• 가능한 모든 튜플 • 모든 것에 대하여(for all)	
	∃	• 하나라도 일치하는 튜플 • 존재한다(There exist)	

연·습·문·제

01 20년 8월
관계대수의 순수관계 연산자가 <u>아닌</u> 것은?

① Select
② Cartesian Product
③ Division
④ Project

> 해설 관계대수의 순수관계 연산자는 Select, Project, Join, Division이 있다.

02 23년 7월, 22년 3월
관계 대수식을 SQL 질의로 옳게 표현한 것은?

$$\pi_{\text{이름}}(\sigma_{\text{학과='교육'}}(\text{학생}))$$

① SELECT 학생 FROM 이름 WHERE 학과='교육';
② SELECT 이름 FROM 학생 WHERE 학과='교육';
③ SELECT 교육 FROM 학과 WHERE 이름='학생';
④ SELECT 학과 FROM 학생 WHERE 이름='교육';

> 해설 $\sigma_{\text{학과='교육'}}(\text{학생})$는 학생 테이블에서 학과가 교육인 튜플을 반환한다.
> $\pi_{\text{이름}}$은 이름 속성을 추출한다.

03 20년 6월
관계대수 연산에서 두 릴레이션이 공통으로 가지고 있는 속성을 이용하여 두 개의 릴레이션을 하나로 합쳐서 새로운 릴레이션을 만드는 연산은?

① ⋈
② ⊃
③ π
④ σ

> 해설 조인(Join) ⋈은 두 릴레이션이 공통으로 가지고 있는 속성을 이용해 하나의 릴레이션을 만들어 튜플을 반환한다.

다음 R과 S 두 릴레이션에 대한 Division 연산의 수행 결과는?

R			S	
D1	D2	D3	D2	D3
a	1	A	1	A
b	1	A		
c	2	A		
d	2	B		

①
D3
A
B

②
D2
2
2

③
D3
A

④
D1
a
b

해설 S 릴레이션의 속성 도메인 값과 일치하는 R 릴레이션의 S를 속성을 제외한 튜플을 반환 S 릴레이션의 D2, D3가 1, A인 튜플 중 D2, D3를 제외한 D1 속성의 튜플만 반환한다.

관계대수에 대한 설명으로 틀린 것은?

① 주어진 릴레이션 조작을 위한 연산의 집합이다.
② 일반 집합 연산과 순수 관계 연산으로 구분된다.
③ 질의에 대한 해를 구하기 위해 수행해야 할 연산의 순서를 명시한다.
④ 원하는 정보와 그 정보를 어떻게 유도하는가를 기술하는 비절차적 방법이다.

해설 관계대수는 관계형 데이터베이스에서 원하는 정보와 그 정보를 검색하기 위해 연산의 순서를 명시하는 절차적인 언어이다.

다음 관계 대수 중 순수 관계 연산자가 <u>아닌</u> 것은?

① 차집합(difference)
② 프로젝트(project)
③ 조인(join)
④ 디비전(division)

해설 순수 관계 연산자는 Select, Project, Join, Division이 있다.
차집합은 일반 집합연산자이다.

다음 두 릴레이션 RI과 R2의 카티션 프로덕트(cartesian product) 수행 결과는?

R1
학년
1
2
3

R2
학과
컴퓨터
국문
수학

①
학년	학과
1	컴퓨터
2	국문
3	수학

②
학년	학과
2	컴퓨터
2	국문
2	수학

③
학년	학과
3	컴퓨터
3	국문
3	수학

④
학년	학과
1	컴퓨터
1	국문
1	수학
2	컴퓨터
2	국문
2	수학
3	컴퓨터
3	국문
3	수학

해설 교차곱(cartesian product)은 두 릴레이션의 가능한 모든 조합을 추출한다.

08 21년 8월

관계 대수에 대한 설명으로 틀린 것은?

① 원하는 릴레이션을 정의하는 방법을 제공하며 비절차적 언어이다.
② 릴레이션 조작을 위한 연산의 집합으로 피연산자와 결과가 모두 릴레이션이다.
③ 일반 집합 연산과 순수 관계 연산으로 구분된다.
④ 질의에 대한 해를 구하기 위해 수행해야 할 연산의 순서를 명시한다.

> **해설** 관계대수는 관계형 데이터베이스에서 원하는 정보와 그 정보를 검색하기 위해 연산의 순서를 명시하는 절차적인 언어이다.

09 23년 3월, 22년 3월

관계해석에서 '모든 것에 대하여'의 의미를 나타내는 논리 기호는?

① ∃ ② ∈
③ ∀ ④ ⊂

> **해설** ∀는 모든 것에 대하여(for all)의 의미가 있으며 가능한 모든 튜플을 의미한다.

10 21년 3월

조건을 만족하는 릴레이션의 수평적 부분집합으로 구성하며, 연산자의 기호는 그리스 문자 시그마(σ)를 사용하는 관계대수 연산은?

① Select
② Project
③ Join
④ Division

> **해설** 각 그리스 문자가 의미하는 관계 대수는 아래와 같다.
> - σ : SELECT
> - π : PROJECT
> - ⋈ : JOIN
> - ÷ : DIVISION

11 22년 7월

관계 대수와 관계 해석에 대한 설명으로 옳지 않은 것은?

① 관계 대수는 원래 수학의 프레디킷 해석에 기반을 두고 있다.
② 관계 대수로 표현한 식은 관계 해석으로 표현할 수 있다.
③ 관계 해석은 관계 데이터의 연산을 표현하는 방법이다.
④ 관계 해석은 원하는 정보가 무엇이라는 것만 정의하는 비절차적인 특징을 가지고 있다.

> **해설** 관계 해석은 수학의 프레디킷 해석에 기반을 두고 있다.

01 | ②	02 | ②	03 | ①	04 | ④	05 | ④
06 | ①	07 | ④	08 | ①	09 | ③	10 | ①
11 | ①				

066 데이터베이스 정규화(Normalization)와 반정규화(Denormalization)★★★

학 · 습 · 포 · 인 · 트 --

• 데이터베이스 정규화는 시험에 매번 나오는 부분이므로 꼭 학습하고 넘어가도록 한다.
• 데이터베이스 정규화의 목적과 개념 그리고 정규화 단계별 조건을 숙지해야 한다.

대표 기출 유형

정규화 과정 중 1NF에서 2NF가 되기 위한 조건은?　　　　　　**20년 6월**

① 1NF를 만족하는 모든 도메인이 원자 값이어야 한다.
② 1NF를 만족하고 키가 아닌 모든 애트리뷰트들이 기본키에 이행적으로 함수 종속되지 않아야 한다.
③ 1NF를 만족하고 다치 종속이 제거되어야 한다.
④ 1NF를 만족하고 키가 아닌 모든 속성이 기본키에 대하여 완전 함수적 종속 관계를 만족해야 한다.

2NF가 되기 위한 조건은 1NF 조건인 원자값으로 구성과 2NF 조건인 부분 함수 종속 제거(완전 함수적 종속 관계)이다.

정답 ④

필수 핵심 이론

정규화(Normalization)

정규화는 논리적 설계단계에서 데이터 구조의 안정성을 최대화, 중복 데이터의 최소화, 수정, 삭제 시 이상 현상의 최소화, 테이블 불일치 위험의 최소화를 하는 과정이다.

정규화 목적 및 이상

개념	설명
정규화 목적	• 중복 데이터를 최소화해 삽입, 삭제, 갱신 이상들을 제거하기 위함 • 수정, 삭제 시 이상 현상의 최소화 • 테이블 불일치 위험의 최소화 • 중복을 배제하여 삽입, 삭제, 갱신 이상의 발생을 방지 • 데이터 구조의 안정성을 최대화 • 데이터 삽입 시 릴레이션의 재구성 필요성을 최소화 • 데이터베이스 검색 시 효율성을 최대화
이상	• 정규화를 거치지 않으면 생기는 곤란한 현상 • 속성들에 존재하는 여러 종류의 종속관계를 하나의 릴레이션에 표현할 때 발생 **이상 현상 / 설명** **삽입 이상 (Insertion Anomaly)**: 릴레이션에서 데이터를 삽입할 때 의도와는 상관없이 원하지 않는 값들도 함께 삽입되는 현상 **갱신 이상 (Update Anomaly)**: 릴레이션에서 튜플에 있는 속성값을 갱신할 때 일부 튜플의 정보만 갱신되어 정보에 모순이 생기는 현상 **삭제 이상 (Deletion Anomaly)**: 릴레이션에서 한 튜플을 삭제할 때 의도와는 상관없는 값들도 함께 삭제되는 연쇄 삭제 현상

데이터베이스 정규화 과정

정규화는 이상을 제거하기 위해서 중복성 및 종속성을 배제시키는 방법으로 사용한다.

정규화 단계	조건
1정규형 (1NF)	• 도메인이 원자값으로 구성되어야 함 • 원자값이 아닌 도메인을 분해해야 함
2정규형 (2NF)	• 1정규형을 만족 • 부분 함수 종속성을 제거함 • 부분집합 중 원래 자신의 집합을 제외한 것으로 X와 Y를 각각 R의 애트리뷰트 집합의 부분 집합이라고 할 경우 X → Y로 표시
3정규형 (3NF)	• 2정규형을 만족 • 이행 함수 종속을 제거 • A → B이고, B → C일 때 A → C를 만족하는 관계
보이스-코드 정규형 (BCNF)	• 3정규형을 만족 • 기본키를 제외하고 후보키가 있는 경우 후보키가 기본키를 종속시키면 분해(모든 결정자가 후보키 집합에 속해야 함)
4정규형 (4NF)	• BCNF를 만족 • 다치 종속을 제거 • 여러 컬럼들이 하나의 컬럼을 종속시키는 경우 분해하여 다중값(다치)을 제거
5정규형 (5NF)	• 4정규형을 만족 • 조인 종속성을 제거 • 조인에 의해서 종석성이 발생하는 경우 분해 • 기본키를 통하지 않는 조인 종속 제거

반정규화(Denormalization)

반정규화는 정규화된 엔티티, 속성, 관계를 시스템의 성능 향상과 개발 운영의 단순화를 위해 중복, 통합, 분리 등을 수행하는 데이터 모델링 기법이다.

연·습·문·제

01 20년 6월

정규화 과정 중 1NF에서 2NF가 되기 위한 조건은?

① 1NF를 만족하는 모든 도메인이 원자 값이어야 한다.
② 1NF를 만족하고 키가 아닌 모든 애트리뷰트들이 기본키에 이행적으로 함수 종속되지 않아야 한다.
③ 1NF를 만족하고 다치 종속이 제거되어야 한다.
④ 1NF를 만족하고 키가 아닌 모든 속성이 기본키에 대하여 완전 함수적 종속 관계를 만족해야 한다.

> **해설** 2NF가 되기 위한 조건은 1NF 조건인 원자 값으로 구성과 2NF 조건인 부분 함수 종속 제거(완전 함수적 종속 관계)이다.

02 23년 5월, 22년 3월

정규화 과정에서 함수 종속이 A → B이고 B → C일 때 A → C인 관계를 제거하는 단계는?

① 1NF → 2NF
② 2NF → 3NF
③ 3NF → BCNF
④ BCNF → 4NF

> **해설** 이행적 종속 관계는 A → B이고, B → C일 때 A → C를 만족하는 관계이다. 2NF → 3NF는 이행적 함수 종속 관계를 제거한다.

03 23년 7월, 20년 8월

정규화의 목적으로 옳지 <u>않은</u> 것은?

① 어떠한 릴레이션이라도 데이터베이스 내에서 표현 가능하게 만든다.
② 데이터 삽입 시 릴레이션을 재구성할 필요성을 줄인다.
③ 중복을 배제하여 삽입, 삭제, 갱신 이상의 발생을 야기한다.
④ 효과적인 검색 알고리즘을 생성할 수 있다.

> **해설** 정규화는 중복을 배제하여 삽입, 삭제, 갱신 이상들을 제거하기 위해 사용한다.

04 23년 7월, 21년 3월

정규화를 거치지 않아 발생하게 되는 이상 (anomaly) 현상의 종류에 대한 설명으로 옳지 않은 것은?

① 삭제 이상이란 릴레이션에서 한 튜플을 삭제할 때 의도와는 상관없는 값들도 함께 삭제되는 연쇄 삭제 현상이다.
② 삽입 이상이란 릴레이션에서 데이터를 삽입할 때 의도와는 상관없이 원하지 않는 값들도 함께 삽입되는 현상이다.
③ 갱신 이상이란 릴레이션에서 튜플에 있는 속성값을 갱신할 때 일부 튜플의 정보만 갱신되어 정보에 모순이 생기는 현상이다.
④ 종속 이상이란 하나의 릴레이션에 하나 이상의 함수적 종속성이 존재하는 현상이다.

해설 이상의 종류로 삽입 이상, 삭제 이상, 갱신 이상이 있다.

05 23년 3월, 20년 9월

제3정규형에서 보이스코드 정규형(BCNF)으로 정규화하기 위한 작업은?

① 원자 값이 아닌 도메인을 분해
② 부분 함수 종속 제거
③ 이행 함수 종속 제거
④ 결정자가 후보키가 아닌 함수 종속 제거

해설 3정규화에서 BCNF으로 정규화하기 위해 결정자이면서 후보키가 아닌 것을 제거해야 한다.

06 20년 9월

정규화의 필요성으로 거리가 먼 것은?

① 데이터 구조의 안정성 최대화
② 중복 데이터의 활성화
③ 수정, 삭제 시 이상현상의 최소화
④ 테이블 불일치 위험의 최소화

해설 정규화의 필요성으로 중복 데이터의 최소화, 데이터 구조의 안정성 최대화, 수정, 삭제 시 이상현상의 최소화, 테이블 불일치 위험의 최소화가 있다.

07 20년 8월

릴레이션 R의 모든 결정자(determinant)가 후보키이면 그 릴레이션 R은 어떤 정규형에 속하는가?

① 제1정규형
② 제2정규형
③ 보이스/코드 정규형
④ 제4정규형

해설 BCNF(보이스코트 정규형)은 기본키를 제외하고 후보키가 있는 경우 후보키가 기본키를 종속시키면 분해한다.

08 20년 6월

이행적 함수 종속 관계를 의미하는 것은?

① A → B이고 B → C일 때, A → C를 만족하는 관계
② A → B이고 B → C일 때, C → A를 만족하는 관계
③ A → B이고 B → C일 때, B → A를 만족하는 관계
④ A → B이고 B → C일 때, C → B를 만족하는 관계

해설 이행적 함수 종속 관계는 A → B이고 B → C일 때, A → C이다.

09 22년 4월

다음 조건을 모두 만족하는 정규형은?

> - 테이블 R에 속한 모든 도메인이 원자값으로만 구성되어 있다.
> - 테이블 R에서 키가 아닌 모든 필드가 키에 대해 함수적으로 종속되며, 키의 부분집합이 결정자가 되는 부분 종속이 존재하지 않는다.
> - 테이블 R에 존재하는 모든 함수적 종속에서 결정자가 후보키이다.

① BCNF   ② 제1정규형
③ 제2정규형   ④ 제3정규형

해설 1NF는 도메인이 원자값으로 구성되어야 한다.
2NF는 부분 함수 종속성을 제거한다.
3NF는 이행 함수 종속을 제거한다.
BCNF는 기본키를 제외하고 후보키가 있는 경우 후보키가 기본키를 종속시키면 분해한다.

10 21년 8월

데이터의 중복으로 인하여 관계연산을 처리할 때 예기치 못한 곤란한 현상이 발생하는 것을 무엇이라 하는가?

① 이상(Anomaly)
② 제한(Restriction)
③ 종속성(Dependency)
④ 변환(Translation)

해설 이상은 정규화를 거치지 않으면 생기는 곤란한 현상으로 삽입 이상, 갱신 이상, 삭제 이상이 있다.

11 23년 5월, 20년 9월

정규화된 엔티티, 속성, 관계를 시스템의 성능 향상과 개발 운영의 단순화를 위해 중복, 통합, 분리 등을 수행하는 데이터 모델링 기법은?

① 인덱스정규화   ② 반정규화
③ 집단화   ④ 머징

해설 반정규화는 정규화된 엔티티, 속성, 관계를 시스템의 성능 향상과 개발 운영의 단순화를 위해 중복, 통합, 분리 등을 수행하는 데이터 모델링 기법이다.

12 20년 8월

다음과 같이 위쪽 릴레이션을 아래쪽 릴레이션으로 정규화를 하였을 때 어떤 정규화 작업을 한 것인가?

국가	도시
대한민국	서울, 부산
미국	워싱턴, 뉴욕
중국	베이징

→

국가	도시
대한민국	서울
대한민국	부산
미국	워싱턴
미국	뉴욕
중국	베이징

① 제1정규형   ② 제2정규형
③ 제3정규형   ④ 제4정규형

해설 제1정규형은 도메인이 원자값으로 구성된 정규형으로 서울, 부산과 워싱턴, 뉴욕을 원자값으로 분해한 결과이다.

13 21년 8월

이전 단계의 정규형을 만족하면서 후보키를 통하지 않는 조인 종속(JD; Join Dependency)을 제거해야 만족하는 정규형은?

① 제3정규형   ② 제4정규형
③ 제5정규형   ④ 제6정규형

해설 5정규형으로 조인에 의해서 종속성이 발생하는 경우 분해한다. 즉, 후보키를 통하지 않는 조인 종속을 제거해야 한다.

14 22년 3월

어떤 릴레이션 R의 모든 조인 종속성의 만족이 R의 후보키를 통해서만 만족될 때, 이 릴레이션 R이 해당하는 정규형은?

① 제5정규형
② 제4정규형
③ 제3정규형
④ 제1정규형

해설 5정규형으로 조인에 의해서 종속성이 발생하는 경우 분해한다. 즉, 후보키를 통하지 않는 조인 종속을 제거해야 한다.

15 21년 8월

어떤 릴레이션 R에서 X와 Y를 각각 R의 애트리뷰트 집합의 부분 집합이라고 할 경우 애트리뷰트 X의 값 각각에 대해 시간에 관계없이 항상 애트리뷰트 Y의 값이 오직 하나만 연관되어 있을 때 Y는 X에 함수 종속이라고 한다. 이 함수 종속의 표기로 옳은 것은?

① $Y \rightarrow X$
② $Y \subset X$
③ $X \rightarrow Y$
④ $X \subset Y$

해설 부분집합 중 원래 자신의 집합을 제외한 것으로 X와 Y를 각각 R의 애트리뷰트 집합의 부분 집합이라고 할 경우 $X \rightarrow Y$로 표시한다.

16 21년 5월

데이터 속성 간의 종속성에 대한 엄밀한 고려 없이 잘못 설계된 데이터베이스에서는 데이터 처리 연산 수행 시 각종 이상 현상이 발생할 수 있는데, 이러한 이상 현상이 아닌 것은?

① 검색 이상
② 삽입 이상
③ 삭제 이상
④ 갱신 이상

해설 이상 현상은 삽입 이상, 삭제 이상, 갱신 이상이 있다.

17 21년 5월

제3정규형(3NF)에서 BCNF(Boyce-Codd Normal Form)가 되기 위한 조건은?

① 결정자가 후보키가 아닌 함수 종속 제거
② 이행적 함수 종속 제거
③ 부분적 함수 종속 제거
④ 원자값이 아닌 도메인 분해

해설 BCNF(보이스 코트 정규형)는 기본키를 제외하고 후보키가 있는 경우 후보키가 기본키를 종속시키면 분해한다.

18 21년 5월

3NF에서 BCNF가 되기 위한 조건은?

① 이행적 함수 종속 제거
② 부분적 함수 종속 제거
③ 다치 종속 제거
④ 결정자이면서 후보키가 아닌 것 제거

해설 BCNF(보이스코트 정규형)는 기본키를 제외하고 후보키가 있는 경우 후보키가 기본키를 종속시키면 분해한다.

19 20년 8월

릴레이션 조작 시 데이터들이 불필요하게 중복되어 예기치 않게 발생하는 곤란한 현상을 의미하는 것은?

① normalization   ② rollback

③ cardinality   ④ anomaly

> **해설** 이상(anomaly)은 정규화를 거치지 않으면 생기는 곤란한 현상으로 삽입 이상, 삭제 이상, 갱신 이상이 있다.

20 20년 8월 출제 변형

다음에 해당하는 함수 종속의 추론 규칙은?

$X \rightarrow Y$이고 $Y \rightarrow Z$이면 $X \rightarrow Z$이다.

① 분해 규칙   ② 이행 규칙

③ 반사 규칙   ④ 결합 규칙

> **해설** 이행적 함수 종속 관계로 이행규칙은 A → B이고 B → C일 때, A → C이다.

21 23년 5월, 21년 3월

다음 정의에서 말하는 기본 정규형은?

어떤 레이션 R에 속한 모든 도메인이 원자값(Atomic Value)만으로 되어 있다.

① 제1정규형(1NF)

② 제2정규형(2NF)

③ 제3정규형(3NF)

④ 보이스/코드 정규형(BCNF)

> **해설** 1NF는 도메인이 원자값으로 구성되어야 한다.

22 22년 7월

정규화에 대한 설명으로 옳지 <u>않은</u> 것은?

① 정규형에는 제1정규형, 제2정규형, 제3정규형, BCNF형, 제4정규형 등이 있다.

② 릴레이션에 속한 모든 도메인이 원자값만으로 되어 있는 정규형은 제1정규형이다.

③ 제1정규형이 제2정규형이 되기 위해서는 기본키가 아닌 모든 속성이 기본키에 대하여 완전 함수적 종속을 만족해야 한다.

④ 결정자가 모두 후보키인 정규형은 제3정규형이다.

> **해설** 결정자가 모두 후보키인 정규형은 BCNF이다.

정규화 단계	조건
1정규형 (1NF)	• 도메인이 원자값으로 구성되어야 함 • 원자값이 아닌 도메인을 분해해야 함
2정규형 (2NF)	• 1정규형을 만족 • 부분 함수 종속성을 제거함 • 부분집합 중 원래 자신의 집합을 제외한 것으로 X와 Y를 각각 R의 애트리뷰트 집합의 부분 집합이라고 할 경우 X → Y로 표시
3정규형 (3NF)	• 2정규형을 만족 • 이행 함수 종속을 제거 • A → B이고, B → C일 때 A → C를 만족하는 관계
보이스-코드 정규형 (BCNF)	• 3정규형을 만족 • 기본키를 제외하고 후보키가 있는 경우 후보키가 기본키를 종속시키면 분해(모든 결정자가 후보키 집합에 속해야 함)
4정규형 (4NF)	• BCNF를 만족 • 다치 종속을 제거 • 여러 컬럼들이 하나의 컬럼을 종속시키는 경우 분해하여 다중값(다치)를 제거

5정규형 (5NF)	• 4정규형을 만족 • 조인 종속성을 제거 • 조인에 의해서 종석성이 발생하는 경우 분해 • 기본키를 통하지 않는 조인 종속 제거	

01 I ④	02 I ②	03 I ③	04 I ④	05 I ④
06 I ②	07 I ③	08 I ①	09 I ①	10 I ①
11 I ②	12 I ①	13 I ③	14 I ①	15 I ③
16 I ①	17 I ①	18 I ④	19 I ④	20 I ②
21 I ①	22 I ④			

04

물리 데이터베이스 설계

067 스토리지와 분산 데이터베이스***

내일은 정보처리기사

학 · 습 · 포 · 인 · 트 ──────────────────────────────────────

- 주로 개념을 물어 보는 문제가 자주 출제된다.
- 용어(영어)와 개념 위주의 학습이 중요하다.

대표 기출 유형

다음 내용이 설명하는 스토리지 시스템은?　　　　　　　**23년 5월, 22년 3월, 20년 9월**

- 하드디스크와 같은 데이터 저장장치를 호스트버스 어댑터에 직접 연결하는 방식
- 저장장치와 호스트 기기 사이에 네트워크 디바이스 없이 직접 연결하는 방식으로 구성

① DAS　　　　　② NAS　　　　　③ BSA　　　　　④ NFC

DAS(Direct-Attached Storage)는 직접 연결 장치이다.
NAS(Network Attached Storage)는 네트워크 결합 저장장치이다.

정답 ①

필수 핵심 이론

스토리지(Storage)

스토리지는 대용량의 데이터를 저장하기 위한 저장장치이다.

저장장치	설명
DAS (Direct-Attached Storage)	• 직접 연결 장치 • 직접 연결로 속도가 빠르고 안전함 • 직접 연결로 저장장치 확장 및 유연성이 떨어짐
NAS (Network Attached Storage)	• 네트워크 결합 장치 • 네트워크 이용이 많은 경우 성능 저하 발생 • 파일 전송의 유연성이 높음
SAN (Storage Area Network)	• 광 케이블(Fiber Channel)을 통한 결합 장치 • 높은 성능을 보장
SDS (Software-Defined Storage)	• 소프트웨어로 전체 스토리지 자원을 관리 • 하나의 저장장치처럼 사용할 수 있도록 함

분산 데이터베이스(Distributed Database)

● 분산 데이터베이스는 물리적으로 여러 곳으로 분산된 데이터베이스를 하나의 시스템으로 사용할 수 있도록 한 데이터베이스이다.

● 분산 데이터베이스는 전역 스키마, 분할 스키마, 할당 스키마, 지역 스키마가 있다.

분산 데이터베이스의 장점 및 단점

장점	단점
• 분산 제어가 용이 • 효용성과 융통성이 높음 • 시스템 확장이 용이 • 지역 자치성이 높음	• 설계가 비교적 어려움 • 개발 비용과 처리 비용이 증가

분산 데이터베이스 시스템 구성

구성	설명
분산 처리기	물리적으로 분산되어 지역별로 필요한 데이터를 할 수 있는 지역 컴퓨터를 분산 처리기라고 함
분산 데이터베이스	지리적으로 분산된 데이터베이스로서 해당 지역의 특성에 맞게 데이터베이스를 구성함
통신 네트워크	분산 처리기들을 통신망으로 연결하여 논리적으로 하나의 시스템처럼 작동할 수 있도록 함

분산 데이터베이스의 목표

분산 데이터베이스가 되기 위해서는 4가지 투명성을 만족해야 한다.

투명성	설명
위치 투명성 (Location Transparency)	사용자가 데이터베이스의 하드웨어와 소프트웨어의 물리적 위치를 알 필요가 없음
중복 투명성 (Replication Transparency)	동일 데이터가 중복되어 여러 곳에 있어도 사용자에게 하나만 존재하도록 인식함
병행 투명성 (Concurrency Transparency)	다수의 트랜잭션이 동시에 실현되더라도 그 결과는 영향을 받지 않음
장애 투명성 (Failure Transparency)	분산 데이터베이스 시스템의 이상이 발생해도 트랜잭션을 정확하게 처리해야 함

쌤의 실전 Tip

분산 데이터베이스 투명성 암기

중복 투명성, 위치 투명성, 병행 투명성, 장애 투명성 → **중위**와 **병장**이 대화하고 있다.

연·습·문·제

01 23년 5월, 22년 3월, 20년 9월

다음 내용이 설명하는 스토리지 시스템은?

- 하드디스크와 같은 데이터 저장장치를 호스트버스 어댑터에 직접 연결하는 방식
- 저장장치와 호스트 기기 사이에 네트워크 디바이스 없이 직접 연결하는 방식으로 구성

① DAS   ② NAS
③ BSA   ④ NFC

해설 DAS(Direct-Attached Storage)는 직접 연결 장치이다. NAS(Network Attached Storage)는 네트워크 결합 저장장치이다.

02 21년 8월

다음에 설명하는 IT 스토리지 기술은?

- 가상화를 적용하여 필요한 공간만큼 나눠 사용할 수 있도록 하며 서버 가상화와 유사함
- 컴퓨팅 소프트웨어로 규정하는 데이터 스토리지 체계이며, 일정 조직 내 여러 스토리지를 하나처럼 관리하고 운용하는

컴퓨터 이용 환경
- 스토리지 자원을 효율적으로 나누어 쓰는 방법으로 이해할 수 있음

① Software Defined Storage
② Distribution Oriented Storage
③ Network Architected Storage
④ Systematic Network Storage

해설 SDS(Software-defined storage)는 소프트웨어로 전체 스토리지 자원을 관리하여 하나처럼 사용할 수 있도록 하는 기법이다.

03 20년 6월

분산 데이터베이스 목표 중 "데이터베이스의 분산된 물리적 환경에서 특정 지역의 컴퓨터 시스템이나 네트워크에 장애가 발생해도 데이터 무결성이 보장된다"는 것과 관계있는 것은?

① 장애 투명성   ② 병행 투명성
③ 위치 투명성   ④ 중복 투명성

해설 장애 투명성의 목표는 트랜잭션, DBMS, 네트워크, 컴퓨터 장애에도 트랜잭션을 정확히 처리한다.

04 23년 7월, 23년 3월, 20년 3월

분산 데이터베이스 시스템(Distributed Database System)에 대한 설명으로 <u>틀린</u> 것은?

① 분산 데이터베이스는 논리적으로는 하나의 시스템에 속하지만 물리적으로는 여러 개의 컴퓨터 사이트에 분산되어 있다.

② 위치 투명성, 중복 투명성, 병행 투명성, 장애 투명성을 목표로 한다.

③ 데이터베이스의 설계가 비교적 어렵고, 개발 비용과 처리 비용이 증가한다는 단점이 있다.

④ 분산 데이터베이스 시스템의 주요 구성요소는 분산 처리기, P2P 시스템, 단일 데이터베이스 등이 있다

> **해설** 분산 데이터베이스 주요 구성 요소는 전역, 분할, 할당, 지역 스키마가 있다.

05 22년 4월

분산 데이터베이스 시스템과 관련한 설명으로 <u>틀린</u> 것은?

① 물리적으로 분산된 데이터베이스 시스템을 논리적으로 하나의 데이터베이스 시스템처럼 사용할 수 있도록 한 것이다.

② 물리적으로 분산되어 지역별로 필요한 데이터를 처리할 수 있는 지역 컴퓨터(Local Computer)를 분산 처리기(Distributed Processor)라고 한다.

③ 분산 데이터베이스 시스템을 위한 통신 네트워크 구조가 데이터 통신에 영향을 주므로 효율적으로 설계해야 한다.

④ 데이터베이스가 분산되어 있음을 사용자가 인식할 수 있도록 분산 투명성(Distribution Transparency)을 배제해야 한다.

> **해설** 분산 데이터베이스의 목표는 위치 투명성, 중복 투명성, 병행 투명성이 있다.

06 20년 8월

분산 데이터베이스의 투명성(Transparency)에 해당하지 <u>않는</u> 것은?

① Location Transparency

② Replication Transparency

③ Failure Transparency

④ Media Access Transparency

> **해설** 분산 데이터베이스의 투명성은 분할 투명성, 위치 투명성, 지역사상 투명성, 중복 투명성, 장애 투명성, 병행 투명성 6가지를 만족해야 한다.

07 22년 7월

분산 데이터베이스의 특징에 대한 설명으로 <u>틀린</u> 것은?

① 지역 서버의 고유 데이터에 대한 작업은 중앙 서버의 통제 없이 자유롭게 수행할 수 있다.

② 새로운 지역 서버를 추가하거나 장비를 추가하는 등의 작업이 용이하다

③ 위치 투명성, 중복 투명성, 병행 투명성, 장애 투명성을 목표로 한다.

④ 데이터베이스 설계 및 소프트웨어 개발이 쉽고, 전반적인 시스템의 성능이 향상된다.

> **해설**
>
> | 장점 | 단점 |
> |---|---|
> | • 분산 제어가 용이
• 효용성과 융통성이 높음
• 시스템 확장이 용이
• 지역 자치성이 높음 | • 설계가 비교적 어려움
• 개발 비용과 처리 비용이 증가 |

01 | ①   02 | ①   03 | ①   04 | ④   05 | ④

06 | ④   07 | ④

068 | 데이터베이스 이중화와 암호화 *

학 · 습 · 포 · 인 · 트 --

- 암호화 관련 용어를 묻는 일반적인 문제가 출제되며, 데이터베이스 암호화 적용 방식에 대해 묻는 세부적인 문제가 출제된 적은 없다.
- 따라서 가볍게 공부하고 5과목 대표 기출 유형 106(암호 알고리즘)에서 한번 더 공부하면 된다.

대표 기출 유형

정보보호를 위한 암호화에 대한 설명으로 틀린 것은?   **23년 5월, 21년 3월**

① 평문 – 암호화되기 전의 원본 메시지
② 암호문 – 암호화가 적용된 메시지
③ 복호화 – 평문을 암호문으로 바꾸는 작업
④ 키(Key) – 적절한 암호화를 위하여 사용하는 값

....

복호화는 암호화된 암호문을 평문으로 바꾸는 작업이다.

정답 ③

필수 핵심 이론

데이터베이스 이중화(Database Replication)

데이터베이스 이중화는 시스템 오류로 인해 데이터베이스의 이상이 발생한 경우 복구하기 위해 동일한 데이터베이스를 복제해서 관리하는 기술이다.

방법	설명
활동–활동(Active–Active)	두 DB가 동시에 서비스를 제공함
활동–대기(Active–Standby)	하나의 DB만 서비스를 제공하다 DB의 이상 발생 시 대기하던 다른 DB에서 서비스를 제공함

데이터베이스 암호화(Database Encryption)

데이터베이스에 저장된 값을 암호화해 내용을 알 수 없도록 하는 방법이다.

용어	설명
암호화(Encryption)	암호화되지 않은 평문을 암호문으로 바꿈
복호화(Decryption)	암호화된 암호문을 암호화되지 않은 평문으로 바꿈
키(Key)	적절한 암호화 및 복호화를 위해 사용하는 값

연·습·문·제

01 23년 5월, 21년 3월

정보보호를 위한 암호화에 대한 설명으로 틀린 것은?

① 평문 – 암호화되기 전의 원본 메시지
② 암호문 – 암호화가 적용된 메시지
③ 복호화 – 평문을 암호문으로 바꾸는 작업
④ 키(Key) – 적절한 암호화를 위하여 사용하는 값

해설 복호화는 암호화된 암호문을 평문으로 바꾸는 작업이다.

01 | ③

069 파티셔닝★★

- 파티션의 유형을 묻는 문제가 자주 출제되니, 파티션의 유형을 암기하고 넘어가도록 한다.

대표 기출 유형

물리데이터 저장소의 파티션 설계에서 파티션 유형으로 옳지 않은 것은?　　23년 7월, 20년 8월

① 범위분할(Range Partitioning)

② 해시분할(Hash Partitioning)

③ 조합분할(Composite Partitioning)

④ 유닛분할(Unit Partitioning)

파티션 유형으로 범위분할, 해시분할, 조합분할, 목록분할, 라운드-로빈 분할이 있다.

정답 ④

필수 핵심 이론

파티셔닝(Partitioning)

파티셔닝은 테이블을 작은 단위로 관리하여 부하를 분산시킨다. 병렬 데이터베이스 환경 중 수평 분할에 활용하는 기법이다.

유형	설명
범위 분할(Range Partitioning)	지정한 열의 값을 기준으로 분할함
해시 분할(Hash Partitioning)	해시 함수를 적용한 결과 값에 따라 데이터를 분할함
목록 분할(List Partitioning)	값 목록에 파티션을 할당하여 분할함
조합 분할(Composite Partitioning)	범위 분할, 해시 분할, 목록 분할 중 2개 이상의 파티셔닝을 결합함
라운드 로빈(Round Robin Partitioning)	레코드를 균일하게 분배하는 방식임

연·습·문·제

01 23년 7월, 20년 8월

물리데이터 저장소의 파티션 설계에서 파티션 유형으로 옳지 <u>않은</u> 것은?

① 범위분할(Range Partitioning)
② 해시분할(Hash Partitioning)
③ 조합분할(Composite Partitioning)
④ 유닛분할(Unit Partitioning)

> **해설** 파티션 유형으로 범위 분할, 해시 분할, 조합 분할, 목록 분할, 라운드-로빈 분할이 있다.

02 23년 5월, 21년 5월

병렬 데이터베이스 환경 중 수평 분할에서 활용되는 분할 기법이 <u>아닌</u> 것은?

① 라운드-로빈
② 범위 분할
③ 예측 분할
④ 해시 분할

> **해설** 수평 분할은 하나의 테이블의 각 행을 다른 테이블에 분산시키는 것으로 파티션 유형으로 범위 분할, 해시 분할, 조합 분할, 목록 분할, 라운드-로빈 분할이 있다.

03 22년 7월

파티셔닝 방식 중 '월별, 분기별'과 같이 지정한 열의 값을 기준으로 범위를 지정하여 분할하는 방식은?

① Range Partitioning
② Hash Partitioning
③ Composite Partitioning
④ List Partitioning

> **해설**
>
> | 유형 | 설명 |
> |---|---|
> | 범위 분할
(Range
Partitioning) | 지정한 열의 값을 기준으로 분할함 |
> | 해시 분할
(Hash
Partitioning) | 해시 함수를 적용한 결과 값에 따라 데이터를 분할함 |
> | 목록 분할
(List Partitioning) | 값 목록에 파티션을 할당하여 분할함 |
> | 조합 분할
(Composite
Partitioning) | 범위 분할, 해시 분할, 목록 분할 중 2개 이상의 파티셔닝을 결합함 |
> | 라운드 로빈
(Round Robin
Partitioning) | 레코드를 균일하게 분배하는 방식임 |

01 | ④   02 | ③   03 | ①

더 멋진 내일(Tomorrow)을 위한 내일(My Career)

내 일 은 정 보 처 리 기 사

더 멋진 내일 Tomorrow 을 위한 내일 My Career

내일은 2024

임소현, 조수현,
천지은 지음

정보처리기사

필기 2권 (4~5과목 & 기출+모의고사)

김앤북
KIM&BOOK

CONTENTS

더 멋진 내일(Tomorrow)을 위한 내일(My Career)

내 일 은 정 보 처 리 기 사

4과목

프로그래밍
언어 활용

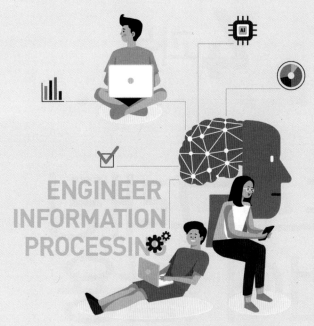

ENGINEER
INFORMATION
PROCESSING

더 멋진 내일(Tomorrow)을 위한 내일(My Career)

내 일 은 정 보 처 리 기 사

01

서버프로그램 구현

070 서버개발 프레임워크 ★

- 서버개발 프레임워크에 대한 정의를 물어 보는 문제가 주로 출제된다.
- 각 용어와 개념을 학습해야 한다.

대표 기출 유형

소프트웨어 개발 프레임워크와 관련한 설명으로 틀린 것은?　　　23년 5월, 21년 8월

① 반제품 상태의 제품을 토대로 도메인별로 필요한 서비스 컴포넌트를 사용하여 재사용성 확대와 성능을 보장받을 수 있게 하는 개발 소프트웨어이다.

② 개발해야 할 애플리케이션의 일부분이 이미 구현되어 있어 동일한 로직 반복을 줄일 수 있다.

③ 라이브러리와 달리 사용자 코드가 직접 호출하여 사용하기 때문에 소프트웨어 개발 프레임워크가 직접 코드의 흐름을 제어할 수 없다.

④ 생산성 향상과 유지보수성 향상 등의 장점이 있다.

프레임워크는 사용자 코드가 직접 호출하지 않는다.

정답 ③

필수 핵심 이론

프레임워크(Framework)

프레임워크는 소프트웨어 개발에 공통적으로 사용되는 구성요소를 일반화해 손쉽게 구현할 수 있도록 여러 가지 기능들을 제공해 주는 반제품 형태의 소프트웨어 시스템이다. 소프트웨어 구성에 필요한 기본 구조를 제공함으로써 재사용을 가능하게 해 준다.

특징	설명
모듈화(Modularity)	• 캡슐화를 통해 모듈화를 강화해 설계의 변경에 따른 영향을 최소화함 • 유지 보수가 용이함
재사용성(Reusability)	반복적으로 사용되는 모듈들을 재사용 가능한 모듈로 제공함으로써 생산성 향상, 품질 보증함
확장성(Extensibility)	다형성을 통한 인터페이스 확장이 가능함
제어 반전(Inversion of Control)	프레임워크에서 제어를 하며 외부 라이브러리의 코드를 호출해 이용함

기초 용어 정리

● 다형성(Polymorphism): 어떤 객체의 속성이나 기능이 상황에 따라 여러 가지 형태를 가질 수 있는 성질

연·습·문·제

01 23년 5월, 21년 8월

소프트웨어 개발 프레임워크와 관련한 설명으로 틀린 것은?

① 반제품 상태의 제품을 토대로 도메인별로 필요한 서비스 컴포넌트를 사용하여 재사용성 확대와 성능을 보장받을 수 있게 하는 개발 소프트웨어이다.
② 개발해야 할 애플리케이션의 일부분이 이미 구현되어 있어 동일한 로직 반복을 줄일 수 있다.
③ 라이브러리와 달리 사용자 코드가 직접 호출하여 사용하기 때문에 소프트웨어 개발 프레임워크가 직접 코드의 흐름을 제어할 수 없다.
④ 생산성 향상과 유지보수성 향상 등의 장점이 있다.

해설 프레임워크는 사용자 코드가 직접 호출하지 않는다.

02 22년 7월, 21년 5월

프레임워크(Framework)에 대한 설명으로 옳은 것은?

① 소프트웨어 구성에 필요한 기본 구조를 제공함으로써 재사용을 가능하게 해 준다.
② 소프트웨어 개발 시 구조가 잡혀 있기 때문에 확장이 불가능하다.
③ 소프트웨어 아키텍처(Architecture)와 동일한 개념이다.
④ 모듈화(Modularity)가 불가능하다.

해설 프레임워크는 소프트웨어 개발에 공통적으로 사용되는 구성요소를 일반화하여 제공하는 소프트웨어 시스템으로, 특징으로는 모듈화, 재사용성, 확장성, 제어의 역흐름이 있다.

오답해설
② 프레임워크는 다형성을 통하여 인터페이스 확장이 가능하다.
③ 프레임워크와 소프트웨어 아키텍처는 다른 개념이다.
④ 프레임워크는 모듈화가 가능하다.

01 | ③   02 | ①

071 | 보안 취약성 식별

대표 기출 유형

다음 내용이 설명하는 소프트웨어 취약점은?   20년 8월

> 메모리를 다루는 데 오류가 발생하여 잘못된 동작을 하는 프로그램 취약점

① FTP 바운스 공격   ② SQL 삽입
③ 버퍼 오버플로   ④ 디렉토리 접근 공격

버퍼 오버플로우는 애플리케이션 공격방법으로 메모리를 다루는 데 오류가 발생하여 잘못된 동작을 하도록 하는 취약점이다.

정답 ③

필수 핵심 이론

소프트웨어 취약점

소프트웨어에 내재된 위험 요소들로 오류, 버그, 실수 등으로 결함이 될 수 있는 원인이 발생하여 그로 인해 정보가 노출되는 위협이다.

취약점	설명
버퍼 오버플로 (Buffer Overflow)	메모리를 다루는 데 오류가 발생하여 잘못된 동작을 하는 프로그램 취약점
허상 포인터 (Dangling Pointer)	메모리 보안 위반의 특별한 경우로 적절한 타입의 유효한 객체를 가리키고 있지 않은 포인터를 말함
FTP 바운스 공격 (FTP Bounce Attack)	FTP 프로토콜 구조의 허점을 이용한 공격
SQL 삽입 (SQL Injection)	웹 URL 등에 SQL 문법 삽입 등을 통한 에러를 이용한 공격 기법
디렉토리 접근 공격 (Directory Traversal)	웹 루트 이외의 디렉토리에 있는 데이터에 접근하여 특정 동작을 수행함
포맷 스트링 버그 (Format String Attack)	포맷팅을 수행하는 printf() 같은 특정한 함수에서 검사되지 않은 사용자 입력을 통한 공격
코드 인젝션 (Code Injection)	유효하지 않은 데이터를 실행하는 공격

 연·습·문·제

01 20년 8월

다음 내용이 설명하는 소프트웨어 취약점은?

> 메모리를 다루는 데 오류가 발생하여 잘못된 동작을 하는 프로그램 취약점

① FTP 바운스 공격
② SQL 삽입
③ 버퍼 오버플로
④ 디렉토리 접근 공격

해설 버퍼 오버플로우는 애플리케이션 공격방법으로 메모리를 다루는 데 오류가 발생하여 잘못된 동작을 하도록 하는 취약점이다.

01 | ③

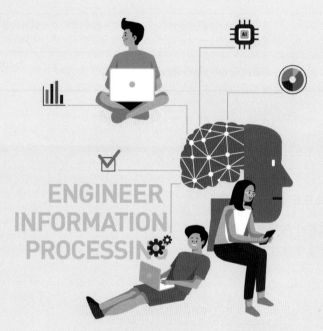

ENGINEER
INFORMATION
PROCESSING

더 멋진 내일(Tomorrow)을 위한 내일(My Career)

내 일 은 정 보 처 리 기 사

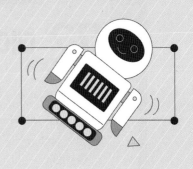

02

프로그래밍 언어
활용

072 데이터 타입과 변수 ***

학·습·포·인·트

- 언어별로 데이터 타입으로 사용되는 유형을 구분할 수 있어야 한다.
- 변수 작성 규칙을 이해하고, 생성된 변수가 규칙에 맞게 생성되었는지를 구분하는 문제가 출제된다.

대표 기출 유형

C언어에서 변수로 사용할 수 <u>없는</u> 것은?   **21년 3월**

① data02   ② int01   ③ _sub   ④ short

변수에는 예약어를 사용할 수 없다. short는 정수형 자료형으로 사용할 수 없다.

정답 ④

필수 핵심 이론

데이터 타입

데이터 타입은 프로그래밍 언어에서 변수(Variable)에 지장될 실수형, 정수형, 문자형과 같은 데이터의 형식을 나타내는 것이다.

데이터 타입 유형	설명	언어별 사용 타입		
		C언어	JAVA	Python
정수형 (Integer)	• 정수(소수점이 없는 숫자)를 저장할 때 사용 • 1, 2, −1	int, short	int, short, long	int
부동 소수형 (Float Point)	• 실수(소수점이 있는 숫자)를 저장할 때 사용 • 1.0, −3.14, 4.24e−10	float, double	float, double	float, complex
문자형 (Character)	• 문자 하나를 저장할 때 사용 • 작은 따옴표(' ')안에 표기 • 'A', '1', '%'	char	char	string
문자열 (String)	• 여러 개의 문자를 저장할 때 사용 • 큰 따옴표(" ") 안에 표기 • "ABC", "안녕하세요", "A+B"	char 배열	string	string
논리형 (Boolean)	조건의 참(True), 거짓(False) 여부를 판단하고자 할 때 사용	미지원	boolean	boolean

변수

변수(Variable)는 '어떤 변하는 값을 담는 공간'을 의미하며 주기억장치에 저장된다. 변수는 언제든지 변할 수 있으며, 저장하는 값의 데이터 유형 또한 바뀔 수 있다. 변수를 작성할 때는 변수 작성 규칙을 따라서 작성해야 한다.

변수 작성 규칙	사용 가능 예시	사용 불가능 예시
영문 대문자/소문자, 숫자, 밑줄(_) 사용	A, abc, a1004, _a	!a, ?a, %a
첫글자는 영문자, 밑줄(_) 사용, 숫자 사용 불가	ABC123, _a123	1, 1004, 3abc
변수의 중간에 공백이나 특수문자(밑줄 제외) 사용 불가	A_123	A/BC, H.ellow, A 123, text−color
예약어 변수 사용 불가		if, else, while, for, break, int, short, long, string

01 23년 5월, 20년 8월

C언어에서 정수 자료형으로 옳은 것은?

① int
② float
③ char
④ double

해설 정수(integer) 자료형은 int이다.

float	실수형
char	문자형
double	실수형

02 20년 6월

C언어에서 사용할 수 없는 변수명은?

① student2019
② text-color
③ _korea
④ amount

해설 변수에는 영문자, 숫자, 밑줄(_)을 사용할 수 있으며, 공백이나 특수문자는 사용할 수 없다. text-color 내 줄표(−)는 변수명으로 사용할 수 없다.

03 21년 3월

C언어에서 변수로 사용할 수 없는 것은?

① data02
② int01
③ _sub
④ short

해설 변수에는 예약어를 사용할 수 없다. short 는 정수형 자료형으로 사용할 수 없다.

04 23년 7월, 21년 8월

C언어에서의 변수 선언으로 틀린 것은?

① int else;
② int Test2;
③ int pc;
④ int True;

해설 변수 선언 시, 예약어는 사용할 수 없다. else는 조건문 예약어로 사용할 수 없다.

05 21년 3월

JAVA에서 변수와 자료형에 대한 설명으로 틀린 것은?

① 변수는 어떤 값을 주기억 장치에 기억하기 위해서 사용하는 공간이다.
② 변수의 자료형에 따라 저장할 수 있는 값의 종류와 범위가 달라진다.
③ char 자료형은 나열된 여러 개의 문자를 저장하고자 할 때 사용한다.
④ boolean 자료형은 조건이 참인지 거짓인지 판단하고자 할 때 사용한다.

해설 여러 개의 문자를 저장하는 것은 문자열로 string 자료형을 사용한다.

06 20년 8월

파이썬의 변수 작성 규칙 설명으로 옳지 않은 것은?

① 첫 자리에 숫자를 사용할 수 없다.
② 영문 대문자/소문자, 숫자, 밑줄(_)의 사용이 가능하다.
③ 변수 이름의 중간에 공백을 사용할 수 있다.
④ 이미 사용되고 있는 예약어는 사용할 수 없다.

해설 변수 이름의 중간에 공백을 사용할 수 없다.

01 | ①   02 | ②   03 | ④   04 | ④   05 | ③
06 | ③

073 연산자***

- 연산자의 종류를 이해하고, 연산 결과를 계산할 수 있어야 한다.
- 또한 여러 개의 연산자가 사용된 수식에서 연산자 우선순위에 맞게 연산 결과를 계산할 수 있어야 한다.

대표 기출 유형

C언어에서 정수 변수 a, b에 각각 1, 2가 저장되어 있을 때 다음 식의 연산 결과로 옳은 것은?

23년 5월, 22년 3월

$$a < b + 2 \;\&\&\; a << 1 <= b$$

① 0   ② 1   ③ 3   ④ 5

a < b + 2 && a << 1 <= b
　　① 4　② 2
　　③ 1　④ 1
　　　⑤

① b + 2 = 4이다.
② a << 1는 왼쪽으로 1비트 시프트 한 것으로 2이다.

10진수	비트값	
1		1
<<	1	0

③ 1 < 4는 참(1)이다.
④ 2 <= 2는 참(1)이다.
⑤ 1 && 1는 모두 참일 때 참(1)이므로, 참(1)이다.

정답 ②

연산자(Operation)

연산자는 프로그램 실행 시, 연산을 표현하는 기호이다. 산술 연산자, 증감 연산자, 관계 연산자, 비트 연산자, 논리 연산자, 대입 연산자, 삼항 연산자 등이 있다.

연산자 종류	기호	설명
산술 연산자	+, -, *, /, %	더하기, 빼기, 곱하기, 나누기, 나머지 연산자
증감 연산자	++, --	변수의 값을 증가하거나 감소시키는 연산자
관계 연산자	〉, 〈, 〉=, 〈=, ==, !=	두 변수의 관계를 비교하여 참(True), 거짓(False)을 반환하는 연산자
논리 연산자	!, &&, ||	두 개의 논리값을 연산하여 참(True), 거짓(False)을 반환하는 연산자
비트 연산자	&, |, ^, ~,	비트 단위(0, 1)로 연산하는 연산자
시프트 연산자	〈〈, 〉〉	비트 값을 왼쪽, 오른쪽으로 이동하여 연산하는 연산자
대입 연산자	+=, -=, *=, /=, %=, 〈〈=, 〉〉=	변수에 값을 대입하는 연산자
삼항 연산자 (조건 연산자)	(조건)?(참):(거짓);	조건이 참일 경우, (참) 부분을 반환하고, 조건이 거짓인 경우, (거짓) 부분을 반환하는 연산자

산술 연산자

사칙연산과 동일하게 계산하는 연산자이다. 하나의 수식에 여러 개의 산술 연산자가 나오는 경우, 곱하기(*), 나누기(/), 나머지(%)를 먼저 계산하고 더하기(+), 빼기(-)를 계산한다.

연산자 종류	기호	설명
산술 연산자	+	더하기
	-	빼기
	*	곱하기
	/	나누기(나누기 후 몫)
	%	나머지(나누기 후 나머지 값)

제시된 연산식을 계산하여 result 변수의 값을 적으시오. (result 변수는 int형)

연산식	결과	정답 및 해설
result = 1 + 2		정답: 3
result = 10 − 5		정답: 5
result = 10 * 5		• 정답: 50 • 해설: 10 × 5 = 50
result = 10 / 5		• 정답: 2 • 해설: 10÷5 = 몫: 2, 나머지: 0
result = 10 % 3		• 정답: 1 • 해설: 10÷3 연산 시, 몫: 3, 나머지: 1
result = 20 / (2 * 1 + 7 % 3)		• 정답: 6 • 해설: 20 / (2 * 1 + 7 % 3) 　　　① 2　② 1 　　　　③ 3 　　　④ 6

증감 연산자

변수의 값을 증가 또는 감소시키는 연산자로 증감 연산자의 위치에 따라 계산 순서가 다르다.

연산자 종류	기호	설명
증감 연산자	++A, −−A	전치 연산자로, 변수 A의 값을 1씩 증가 또는 감소시킨 후 연산에 사용
	A++, A−−	후치 연산자로, 변수 A를 연산에 사용한 후, 1씩 증가 또는 감소

예제 2 제시된 연산식을 계산하여 result 변수의 값을 적으시오. (a = 7, b = 3, 단, a, b, result 변수는 모두 int형)

연산식	결과	정답 및 해설
result = a++ + −−b;		• 정답: 9 • 해설: a++ + −−b; ① 7　② 2 　③ 9
result = ++a - b−−;		• 정답: 5 • 해설: ++a - b−−; ① 8　② 3 　③ 5

관계 연산자

두 변수의 크기를 비교하여 참(True), 거짓(False)을 반환하는 연산자이다. 거짓은 0, 참은 1로 사용되며, 0 외의 숫자는 모두 참이다.

연산자 종류	기호	설명
관계 연산자	〉	두 값 중 왼쪽의 값이 오른쪽의 값보다 크면 참
	〈	두 값 중 왼쪽의 값이 오른쪽의 값보다 작으면 참
	〉=	두 값 중 왼쪽의 값이 오른쪽의 값보다 크거나 같으면 참
	〈=	두 값 중 왼쪽의 값이 오른쪽의 값보다 작거나 같으면 참
	==	두 값이 같으면 참
	!=	두 값이 다르면 참

예제 3 제시된 연산식의 결과를 적으시오.

연산식	결과	정답 및 해설
1 〉= 2		• 정답: 0 • 해설: 1은 2보다 같거나 크지 않으므로, 이는 거짓(0)이다.
a = 10 a != 5		• 정답: 1 • 해설: a는 10이므로, 10과 5는 같지 않으므로 이는 참(1)이다.

논리 연산자

연산되는 수식 결과의 논리 관계(논리값)를 정의하여 참(True), 거짓(False)을 반환하는 연산자이다. 관계 연산자와 동일하게, 거짓은 0, 참은 1로 반환한다.

연산자 종류	기호	설명
논리 연산자	&&	논리값이 모두 참이면 참을 반환하고, 그렇지 않은 경우 거짓 반환(AND 조건)
	||	논리값 중 하나 이상이 참이면 참을 반환하고, 그렇지 않으면 거짓 반환(OR 조건)
	!	• NOT 조건으로 0 이외의 수 • 앞에 ! 붙이면 거짓(0) 반환

예제 4 제시된 연산식의 결과를 적으시오.(a = 1, b = 2, c = 5, d = 10)

연산식	결과	정답 및 해설

a <= 1 && b * c == d		• 정답: 0
		• 해설:
		
		a <= 1 && b * c == d
		  ① 1 ② 1
		     ③ 1
		① 1 <= 1은 참으로 참(1) 반환
		② 2 × 5 = 10 참으로 참(1) 반환
		③ ①과 ② 모두 참으로 참(1) 반환

++a != 2 || d / --c == b		• 정답: 0 • 해설: ++a != 2 || d / --c == ++b ① 0 ② 1 ① 2 != 2는 거짓으로 거짓(0) 반환 ② 10/4 = 2, 2 == 2로 참(1) 반환 ③ 하나 이상이 참이므로 참(1) 반환
!a		• 정답: 0 • 해설: a는 참(1)으로, !a는 0이 되어 거짓(0) 반환

비트 연산자와 시프트 연산자

● 비트 연산자는 비트(bit) 단위(0, 1)로 논리 연산할 때 사용하는 연산자이다. 비트 연산을 수행할 때는 통상적으로 사용하는 10진수가 아닌 n진수 변환하여 비트 연산을 한다.

● 시프트 연산자는 비트를 이동할 때 사용하는 연산자이다.

연산자 종류	기호	설명
비트 연산자	&	모든 비트값이 1일 때 1을 반환, 아닌 경우 0 반환(AND 조건)
	|	비트값 중 하나 이상이 1인 경우 1을 반환, 아닌 경우 0 반환(OR 조건)
	^	모든 비트값이 같으면 0을 반환, 하나라도 다른 경우 1 반환(XOR 조건으로 bit끼리 더하고 올림을 제거함)
	~	비트의 값을 반대로 부정하는 연산
시프트 연산자	<<	비트를 왼쪽으로 이동, 빈칸에는 0을 채움
	>>	비트를 오른쪽으로 이동

10진수 → n진수 변환

10진수 값을 n진수로 더 이상 나누어지지 않을 때까지 나눈다. 최종 결과의 몫과 나머지를 반대로 표기한다.

예제 5 11을 2진수로 변환하시오.

예제정답 1011

```
        몫      나머지

  2 |  11
  2 |   5       1
  2 |   2       1
        1       0
```

① 11을 2로 더 이상 나누어지지 않을 때까지 나눈다.
② 최종 몫인 1과 나머지 값을 역순으로 표기한다.
③ 결과: 1011

n진수 → 10진수 변환

n진수로 변환된 값의 자리값에 2진수를 곱한 후, 모두 더한다.

예제 6 2진수로 표현된 100111를 10진수로 변환하시오.

예제정답 47

자리값	2^5	2^4	2^3	2^2	2^1	2^0
2진수	1	0	1	1	1	1
결과	32	0	8	4	2	1

$100111 = 32 + 0 + 8 + 4 + 2 + 1 = 47$

예제 7 16진수로 표현된 103A를 10진수로 변환하시오.

예제정답 4154

16진수는 0~9, 10 = A, 11 = B, 12 = C, 13 = D, 14 = E, 15 = F를 사용한다.

자리값	16^3	16^2	16^1	16^0
16진수	1	0	3	A (10)
결과	4096	0	48	10

$103A = 4096 + 0 + 48 + 10 = 4154$

예제 8 제시된 연산식 결과를 적으시오. (a = 3, b = 9)

연산식	결과	정답 및 해설
a | b		• 정답: 11 • 해설: ① 2진수로 변환 시, 3 = 0011, 9 = 1001이다. ② 자리수를 맞추어 비트 연산(|)을 진행한다. 하나라도 1인 경우, 1을 반환한다. **10진수 / 비트값** <table><tr><td>10진수</td><td colspan="4">비트값</td></tr><tr><td>3</td><td>0</td><td>0</td><td>1</td><td>1</td></tr><tr><td>9</td><td>1</td><td>0</td><td>0</td><td>1</td></tr><tr><td>|</td><td>1</td><td>0</td><td>1</td><td>1</td></tr></table> ③ 비트 연산 결과 1011은 10진수로 변환 시, 11이다
a & b		• 정답: 1 • 해설: ① 2진수로 변환 시, 3 = 0011, 9 = 1001이다. ② 자리수를 맞추어 비트 연산(&)을 진행한다. 모두 1인 경우에만 1을 반환한다. <table><tr><td>10진수</td><td colspan="4">비트값</td></tr><tr><td>3</td><td>0</td><td>0</td><td>1</td><td>1</td></tr><tr><td>9</td><td>1</td><td>0</td><td>0</td><td>1</td></tr><tr><td>&</td><td>0</td><td>0</td><td>0</td><td>1</td></tr></table> ③ 비트 연산 결과 0001은 10진수로 변환 시, 1이다
a ^ b		• 정답: 11 • 해설: ① 2진수로 변환 시, 3 = 0011, 9 = 1001이다. ② 자리수를 맞추어 비트 연산(^)을 진행한다. 비트값이 서로 같은 경우에만 1을 반환한다. <table><tr><td>10진수</td><td colspan="4">비트값</td></tr><tr><td>3</td><td>0</td><td>0</td><td>1</td><td>1</td></tr><tr><td>9</td><td>1</td><td>0</td><td>0</td><td>1</td></tr><tr><td>^</td><td>1</td><td>0</td><td>1</td><td>0</td></tr></table> ③ 비트 연산 결과 0101은 10진수로 변환 시, 5이다
~b		• 정답: 6 • 해설: ① 2진수로 변환 시, 9 = 1001이다. ② 비트 연산(~)을 진행한다. 주어진 비트값을 반대로 반환한다. <table><tr><td>10진수</td><td colspan="4">비트값</td></tr><tr><td>9</td><td>1</td><td>0</td><td>0</td><td>1</td></tr><tr><td>~</td><td>0</td><td>1</td><td>1</td><td>0</td></tr></table> ③ 비트 연산 결과 0110은 10진수로 변환 시, 6이다.

b<<2	• 정답: 36 • 해설: ① 2진수로 변환 시, 9 = 1001이다. ② 왼쪽으로 2비트만큼 이동한다. 이동할 때 비트는 0으로 채운다. | 10진수		비트값			| |---|---|---|---|---|---| | 9 | | 1 | 0 | 0 | 1 | | << | 1 | 0 | 0 | 1 | 0 | 0 | ③ 비트 연산 결과 100100은 10진수로 변환 시, 9*2*2로 36이다.

대입 연산자

변수에 값을 대입하는 연산자로 산술, 관계, 논리, 비트 연산자에 모두 적용할 수 있다.

연산자 종류	기호	설명
대입 연산자	=	왼쪽의 변수에 오른쪽 값을 대입
	+=	왼쪽 변수 값에 오른쪽 값을 더하고 왼쪽 변수로 대입
	-=	왼쪽 변수 값에 오른쪽 값을 빼고 왼쪽 변수로 대입
	*=	왼쪽 변수 값에 오른쪽 값을 곱하여 왼쪽 변수로 대입
	/=	왼쪽 변수 값에 오른쪽 값을 나누어 왼쪽 변수로 대입
	%=	왼쪽 변수 값에 오른쪽 값의 나머지를 구한 후, 왼쪽 변수로 대입
	<<=	왼쪽 변수 값에 오른쪽 값만큼 왼쪽으로 비트 이동 후, 왼쪽 변수로 대입
	>>=	왼쪽 변수 값에 오른쪽 값만큼 오른쪽으로 비트 이동 후, 왼쪽 변수로 대입

예제 9 제시된 연산식의 결과를 적으시오. (a = 1, b = 2, c = 5, d = 10)

연산식	결과	정답 및 해설
a += 1;		• 정답: 2 • 해설: a – a + 1로 1 + 1이다.
c <<= 2;		• 정답: 20 • 해설: ① 2진수로 변환 시, 5 = 101이다. ② 왼쪽으로 2비트만큼 이동한다. 이동할 때 비트는 0으로 채운다. | 10진수 | | 비트값 | | | |---|---|---|---|---| | 5 | | 1 | 0 | 1 | | << | 1 | 0 | 1 | 0 | 0 | ③ 비트 연산 결과 10100은 10진수로 변환 시, 20이다. (빠른 연산은 5 * 2 * 2)

삼항 연산자(조건 연산자)

조건이 참일 경우 (참)을 반환하고, 조건이 거짓인 경우 (거짓)을 반환하는 연산자이다. 조건이 참, 거짓일 때 실행될 수식 또는 반환할 변수가 모두 표현되어야 한다.

연산자 종류	기호	설명
삼항 연산자	(조건) ? (참) : (거짓);	• 조건이 참인 경우, (참)의 수식 실행, 변수 반환 • 조건이 거짓인 경우, (거짓)의 수식 실행, 변수 반환

예제 10 제시된 연산식의 결과를 적으시오. (a = 1, b = 2, c = 5, d = 10)

연산식	결과	정답 및 해설
a != c ? a : c;		• 정답: 5 • 해설: a != c ? a : c; 　①　　　② ① 1 != 5는 거짓이다. ② 거짓일 때, 실행되는 변수 5를 반환한다.
d /= c < b ? ++a : ++b;		• 정답: 3 • 해설: d /= c < b ? ++a : ++b; 　　　①　　　② 　　　　③ ① 5 < 2는 거짓이다. ② 거짓일 때, 실행되는 변수 2를 증감 연산을 하여 3을 반환한다. ③ d / 3 = 10 / 3 = 3이다.

연산자 우선순위

● 연산자가 하나의 수식에 여러 개가 사용되는 경우, 우선순위에 따라 계산해야 한다.

● 우선순위 높음 → 낮음으로 나열 시, 괄호( ) 〉증감 연산자 〉산술 연산자 〉시프트 연산자 〉관계 연산자 〉비트 연산자 〉논리 연산자 〉삼항 연산자 〉대입 연산자이다. 동일 연산자 수준에서는 대소비교 〉동일비교 순으로 나열된다.

01 23년 7월, 22년 3월

C언어에서 두 개의 논리값 중 하나라도 참이면 1을, 모두 거짓이면 0을 반환하는 연산자는?

① || ② &&
③ **   ④ !=

> **해설** 하나라도 참이면 1, 모두 거짓이면 OR조건의 논리 연산자이다.

논리 연산자	&&	논리값이 모두 참이면 참을 반환하고, 그렇지 않은 경우 거짓 반환(AND 조건)
	||	논리값 중 하나 이상이 참이면 참을 반환하고, 그렇지 않으면 거짓 반환(OR 조건)
	!	한 개의 논리값이 참이면 거짓을 반환하고, 거짓이면 참을 반환

02 23년 5월, 21년 3월

C언어에서 산술 연산자가 아닌 것은?

① %   ② *
③ /   ④ =

> **해설** 산술 연산자는 사칙연산을 하는 연산자로 +, -, *, /, %가 있다.

03 23년 7월, 21년 5월

C언어에서 연산자 우선순위가 높은 것에서 낮은 것으로 바르게 나열된 것은?

㉠ ( )	㉡ ==	㉢ <
㉣ <<	㉤ ||	㉥ /

① ㉠, ㉥, ㉣, ㉢, ㉡, ㉤
② ㉠, ㉣, ㉥, ㉢, ㉡, ㉤
③ ㉠, ㉣, ㉥, ㉢, ㉤, ㉡
④ ㉠, ㉥, ㉣, ㉤, ㉡, ㉢

> **해설** 연산자 우선순위가 높은 것에서 낮은 것은 괄호( ) > 증감 연산자 > 산술 연산자 > 시프트 연산자 > 관계 연산자 > 비트연산자 > 논리 연산자 > 삼항 연산자 > 대입 연산자로 나열된다.

㉠ ( )	괄호( )
㉡ ==	관계 연산자(동일비교)
㉢ <	관계 연산자(대소비교)
㉣ <<	시프트 연산자
㉤ ||	논리 연산자
㉥ /	산술 연산자

04 20년 6월

C언어에서 비트 논리 연산자에 해당하지 <u>않</u>는 것은?

① ^
② ?
③ &
④ ~

> **해설** ?는 삼항 연산자에 사용된다.

비트 연산자	&	모든 비트값이 1일 때 1을 반환, 아닌 경우 0 반환(AND 조건)
	|	비트값 중 하나 이상이 1인 경우 1을 반환, 아닌 경우 0 반환(OR 조건)
	^	모든 비트값이 같으면 0을 반환, 하나라도 다른 경우 1 반환
	~	비트의 값을 반대로 부정하는 연산

다음 C언어 프로그램이 실행되었을 때의 결과는?

```
#include <stdio.h>
main() {
    int a = 3, b = 4, c = 5;
    int r1, r2, r3;
    r1 = a < 4 && b <= 4;
    r2 = a > 3 || b <= 5;
    r3 = !c;
    printf("%d", r1 - r2 + r3);
}
```

① 0 ② 1 ③ 2 ④ 3

해설	
#include <stdio.h>	
main() {	
int a = 3, b = 4, c = 5;	① 정수형 a = 3, b = 4, c = 5 저장
int r1, r2, r3;	② 정수형 r1, r2, r3 선언
r1 = a < 4 && b <= 4;	③ r1 = 1 a < 4 && b <= 4; ⓐ 1 ⓑ 1 ⓒ 1 ⓐ 3 <= 4는 참(1) ⓑ 4 <= 4는 참(1) ⓒ ⓐ && ⓑ은 둘 다 참일 경우, 참(1)
r2 = a > 3 || b <= 5;	④ r2 = 1 a > 3 || b <= 5; ⓐ 0 ⓑ 1 ⓒ 1 ⓐ 3 > 3는 거짓(0) ⓑ 4 < 5는 참(1) ⓒ ⓐ || ⓑ은 둘 중 하나라도 참일 경우, 참(1)
r3 = !c;	⑤ r3 = 0 !c; 0 이외의 수는 참으로 결정되므로, 거짓(0) 반환
printf("%d", r1 - r2 + r3);	⑥ r1 - r2 + r3 = 1 - 1 + 0 0 출력
}	

다음 C언어 프로그램이 실행되었을 때의 결과는?

```
#include <stdio.h>
int main(int arge, char* argv[]) {
    int n1 = 1, n2 = 2, n3 = 3;
    int r1, r2, r3;
    r1 = (n2 <= 2) || (n3 > 3);
    r2 = !n3;
    r3 = (n1 > 1) && (n2 < 3);
    printf("%d", r3 - r2 + r1);
    return 0;
}
```

① 0 ② 1 ③ 2 ④ 3

해설	
#include <stdio.h>	
int main(int arge, char* argv[]) {	
int n1 = 1, n2 = 2, n3 = 3;	① 정수형 n1 = 1, n2 = 2, n3 = 3 저장
int r1, r2, r3;	② 정수형 r1, r2, r3 선언
r1 = (n2 <= 2) || (n3 > 3);	③ r1 = 1 (n2 <= 2) || (n3 > 3); ⓐ 1 ⓑ 0 ⓒ 1 ⓐ 2 <= 2는 참(1) ⓑ 3 > 3는 거짓(0) ⓒ ⓐ || ⓑ은 둘 중 하나라도 참일 경우, 참(1)

r2 = !n3;	④ r2 = 0 !c; 0 이외의 수는 참으로 결정되므로, 거짓(0)
r3 = (n1 > 1) && (n2 < 3);	⑤ r3 = 0 (n1 > 1) && (n2 < 3); ⓐ 1 ⓑ 1 ⓐ 1 > 1는 거짓(0) ⓑ 2 < 3는 참(1) ⓒ ⓐ && ⓑ은 둘 다 참일 경우, 참(1)으로 거짓(0)
printf("%d", r3 - r2 + r1);	⑥ r3 - r2 + r1 = 0 - 0 + 1 1 출력
return 0;	
}	

07 22년 4월

다음 C언어 프로그램이 실행되었을 때, 실행 결과는?

```
#include <stdio.h>
int main(int argc, char *argv[]){
    int a = 5, b = 3, c = 12;
    int t1, t2, t3;
    t1 = a && b;
    t2 = a || b;
    t3 = !c;
    printf("%d", t1 + t2 + t3);
    return 0;
}
```

① 0
② 2
③ 5
④ 14

#include <stdio.h>	
int main(int argc, char *argv[]){	
int a = 5, b = 3, c = 12;	① 정수형 a = 5, b = 3, c = 12 저장
int t1, t2, t3;	② 정수형 t1, t2, t3 선언
t1 = a && b;	③ t1 = 1 a && b = 5 && 3은 둘 다 참인 경우 참을 반환하는 것으로 참(1)
t2 = a || b;	④ t2 = 1 a || b = 5 || 3은 하나 이상이 참이면 참을 반환하는 것으로, 둘 다 참으로 참(1)
t3 = !c;	⑤ t3 = 0 !c = !12로 NOT 조건으로 0 이외의 수 앞에 ! 붙이면 거짓(0)
printf("%d", t1 + t2 + t3);	⑥ t1 + t2 + t3 = 1 + 1 + 0 2 출력
return 0;	
}	

08 22년 3월

C언어에서 정수 변수 a, b에 각각 1, 2가 저장되어 있을 때 다음 식의 연산 결과로 옳은 것은?

```
a < b + 2 && a << 1 <= b
```

① 0
② 1
③ 3
④ 5

a < b + 2 && a << 1 <= b
   ① 4   ② 2
   ③ 1   ④ 1
       ⑤

① b + 2 = 4이다.
② a << 1는 왼쪽으로 1비트 시프트 한 것으로 2이다.

10진수	비트값	
1		1
≪	1	0

③ 1 < 4는 참(1)이다.
④ 2 <= 2는 참(1)이다.
⑤ 1 && 1는 모두 참일 때 참(1)이므로, 참(1)이다.

09 21년 8월

다음 C언어 프로그램이 실행되었을 때의 결과는?

```
#include <stdio.h>
int main(void) {
    int a = 3, b = 4, c = 2;
    int r1, r2, r3;

    r1 = b <= 4 || c == 2;
    r2 = (a > 0) && (b < 5);
    r3 = !c;

    printf("%d", r1 + r2 + r3);
    return 0;
}
```

① 0   ② 1
③ 2   ④ 3

#include <stdio.h>	
int main(void) {	
int a = 3, b = 4, c = 2;	① 정수형 a = 3, b = 4, c = 2 저장
int r1, r2, r3;	② 정수형 r1, r2, r3 선언
r1 = b <= 4 || c == 2;	③ r1 = 1 <u>b <= 4 || c == 2;</u> 　　ⓐ1　　ⓑ1 　　　ⓒ1 ⓐ 4 <= 4는 참(1) ⓑ 2 == 2는 참(1) ⓒ ⓐ || ⓑ은 둘 중 하나라도 참일 경우. 참(1)

r2 = (a > 0) && (b < 5);	④ r2 = 1 <u>(a > 0) && (b < 5);</u> 　ⓐ 1　　ⓑ 1 　　ⓒ 1 ⓐ 3 > 0는 참(1) ⓑ 4 < 5는 참(1) ⓒ ⓐ && ⓑ은 둘 다 참일 경우. 참(1)
r3 = !c;	⑤ r3 = 0 !c = !2로 NOT 조건으로 0 이외의 수 앞에 ! 붙이면 거짓(0)
printf("%d", r1 + r2 + r3);	⑥ r1 + r2 + r3 = 1 + 1 + 0 2 출력
return 0;	
}	

10 21년 5월

다음 C언어 프로그램이 실행되었을 때의 결과는?

```
#include <stdio.h>
int main(int argc, char *agrv[]) {
    int a = 4;
    int b = 7;
    int c = a | b;

    printf("%d", c);
    return 0;
}
```

① 3   ② 4
③ 7   ④ 10

#include <stdio.h>	
int main(int argc, char *agrv[]) {	
int a = 4;	① 변수 a는 정수형, 4 저장
int b = 7;	② 변수 b는 정수형, 7 저장

	③ 변수 c는 정수형, 7 저장

	10진수		비트값		
int c = a | b;	4	0	1	0	0
	7	0	1	1	1
	|	0	1	1	1
	ⓐ |는 두 비트 중 하나라도 1이면 1이 되는 OR 조건의 연산자 ⓑ 비트 연산 결과 0111은 10진수로 변환 시, 7이다.				
printf("%d", c);	④ 정수로 c의 값을 출력				
return 0;					
}					

11 23년 7월, 21년 8월

다음 중 JAVA에서 우선순위가 가장 낮은 연산자는?

① --   ② %   ③ &   ④ =

해설 연산자 우선순위가 높은 것에서 낮은 것은 괄호( ) 〉 증감 연산자 〉 산술 연산자 〉 시프트 연산자 〉 관계 연산자 〉 비트연산자 〉 논리 연산자 〉 조건 연산자 〉 대입 연산자로 나열된다. 대입 연산자인 =의 우선순위가 가장 낮다.

12 23년 7월, 21년 5월

다음 JAVA 프로그램이 실행되었을 때의 결과는?

```
public class Operator {
    public static void main(String[]
    args) {
    int x = 5, y = 0, z = 0;
    y = x++;
    z = --x;
    System.out.print(x + ", " + y + ",
    " + z);
    }
}
```

① 5, 5, 5   ② 5, 6, 5

③ 6, 5, 5   ④ 5, 6, 4

해설

public class Operator {	
public static void main(String[] args) {	
int x = 5, y = 0, z = 0;	① 정수형 x = 5, y = 0, z = 0 저장
y = x++;	② 후치 증감 연산자로 변수 y에 x = 5를 먼저 대입, 변수 x를 1 증가 시킨 후 저장 x = 6, y = 5, z = 0
z = --x;	③ 전치 증감 연산자로 변수 x를 1 감소시킨 후, 저장, 변수 z에 x = 5 대입 x = 5, y = 5, z = 5
System.out.print(x + ", " + y + ", " + z);	④ x = 5, y = 5, z = 5 5, 5, 5 출력
}	
}	

01 | ①	02 | ④	03 | ①	04 | ②	05 | ①
06 | ②	07 | ②	08 | ②	09 | ③	10 | ③
11 | ④	12 | ①			

074 데이터 입·출력*

학 ·습 ·포 ·인 ·트 --

- 데이터 출력 시, 데이터 유형의 결합에 따라 문자+숫자, 숫자+숫자 결과가 달라지는 것에 대한 문제가 출제된다.

대표 기출 유형

다음 JAVA 코드 출력문의 결과는?   **21년 3월**

```
..생략..
System.out.println("5 + 2 = " + 3 + 4);
String.out.println("5 + 2 = " + (3 + 4));
..생략..
```

① 5 + 2 = 34   ② 5 + 2 + 3 + 4   ③ 7 = 7   ④ 5 + 2 = 34
 　5 + 2 = 34   　 5 + 2 = 7   　7 + 7   　 5 + 2 = 7

....

System.out.println( )은 변수의 값을 형식 없이 출력 후 자동 개행하는 함수이다. 문자 + 숫자인 경우, 값을 결합하여 문자로 출력하고, 숫자+숫자의 경우, 값을 계산해서 출력한다.

System.out.println("5 + 2 = " + 3 + 4);	"5 + 2 = " + 3 + 4 　　　　① 　　　　　② ① "5 + 2 = "와 3은 문자+숫자로 "5 + 2 = 3"로 출력 ② "5 + 2 = 3"와 4는 문자+숫자로 "5 + 2 = 34"로 출력
String.out.println("5 + 2 = " + (3 + 4));	"5 + 2 = " + (3 + 4) 　　　　① 　　　② ① 괄호 ( )안의 숫자끼리 계산 3 + 4 = 7 ② "5 + 2 = "와 7은 문자+숫자로 "5 + 2 = 7"로 출력

정답 ④

데이터 입·출력

표준 입출력(Standard Input Output) 함수를 사용하여 데이터를 입력함으로써, 화면상에 출력할 때 사용한다.

C언어의 입·출력 함수

표준 입출력 함수를 사용하기 전에 〈stdio.h〉(Standard Input Output 약자) 헤더를 선언해야 사용할 수 있다.

표준 입력 함수(scanf)

● 키보드로 입력받은 문자열을 변수에 저장하는 함수

● scanf(서식 문자열, 변수의 주소)

　– 서식 문자열: 입력받을 데이터의 자료형

　– 변수의 주소: 데이터를 입력받을 변수의 주소로 &변수명으로 표기

표준 출력 함수(printf)

● 지정된 포맷 스트링으로 데이터를 출력하는 함수

● printf(서식 문자열, 변수)

　– 서식 문자열: 입력받을 데이터의 자료형

　– 변수: 출력할 변수

서식 문자열 유형

유형	문자	설명
문자형	%c	문자 입·출력
	%s	문자열 입·출력
정수형	%d	정수형 10진수 입·출력
	%u	부호 없는 정수형 10진수 입·출력
	%o	정수형 8진수 입·출력
	%u	정수형 16진수 입·출력
실수형	%f	소수점을 포함하는 실수 입·출력
	%e	지수형 실수 입·출력

이스케이프 문자

문자열 내에서 입·출력 내용을 제어하는 문자로 서식 문자열과 같이 사용된다.

종류	의미	설명
₩n	New Line	커서를 다음 줄 앞으로 이동(개행)
₩t	Tab	커서를 일정 간격만큼 띄움
₩b	Backspace	커서를 왼쪽으로 한 칸 이동

예제 제시된 코드의 출력 결과를 적으시오.

연산식	결과	정답 및 해설
```#include <stdio.h>\nvoid main() {\n printf("Hello World!");\n printf("Hello₩nWorld");\n}```		• 정답: Hello World!Hello World • 해설: 문자열 (" ") 내 단어를 출력한다. printf("Hello World!");는 문자열 그대로 출력한다. printf("Hello₩nWorld");는 앞서 나온 문자열에 개행 문자가 없기 때문에 "Hello"가 앞서 나온 문자열 바로 뒤에 출력된다. 개행 문자 ₩n 이후 줄바꿈하여 나머지 문자열을 출력한다.
```#include <stdio.h>\nvoid main() {\n char a = 'A';\n int b = 123;\n printf("%c %d", a, b);\n}```		• 정답: A 123 • 해설: 문자 'A'와 정수 123을 그대로 출력한다.

JAVA의 입·출력 함수

출력 함수	설명
System.out.printf(서식 문자열, 변수)	C언어 출력처럼 서식 문자열을 사용하여 출력
System.out.print( )	변수의 값을 형식 없이 출력
System.out.println( )	변수의 값을 형식 없이 출력 후 자동 개행

Python의 입·출력 함수

출력 함수	설명
print(문자열)	문자열 출력 후 자동 개행
print(문자열, end='')	문자열 출력 후 자동 개행하지 않음

연·습·문·제

01 21년 5월

다음 C언어 프로그램이 실행되었을 때의 결과는?

```
#include <stdio.h>
int main(int argc, char *agrv[]) {
    char a;
    a = 'A' + 1;
    printf("%d", a);
    return 0;
}
```

① 1
② 11
③ 66
④ 98

해설

#include <stdio.h>	
int main(int argc, char *agrv[]) {	
char a;	① 문자형 변수를 선언한다.
a = 'A' + 1;	② 변수 a에 문자 'A' + 1을 더한 값을 저장한다. 변수 a = 65 + 1 = 66 * 주기억장치에 저장될 때, 문자 그대로 저장되는 것이 아니라, 아스키 코드 값으로 저장된다. 'A'에 해당하는 아스키 코드 값은 65이다.
printf("%d", a);	③ 변수 a를 정수형으로 출력한다. 66
return 0;	
}	

02 20년 9월

Java에서 사용되는 출력 함수가 <u>아닌</u> 것은?

① System.out.print( )
② System.out.println( )
③ System.out.printing( )
④ System.out.printf( )

해설 JAVA에서 사용되는 출력 함수는 아래와 같다.

System.out.printf(서식 문자열, 변수)	C언어 출력처럼 서식 문자열을 사용하여 출력
System.out.print( )	변수의 값을 형식 없이 출력
System.out.println( )	변수의 값을 형식 없이 출력 후 자동 개행

03 21년 3월

다음 JAVA 코드 출력문의 결과는?

```
..생략..
System.out.println("5 + 2 = " + 3 + 4);
String.out.println("5 + 2 = " + (3 + 4));
..생략..
```

① 5 + 2 = 34
　 5 + 2 = 34
② 5 + 2 + 3 + 4
　 5 + 2 = 7
③ 7 = 7
　 7 + 7
④ 5 + 2 = 34
　 5 + 2 = 7

해설 System.out.println( )은 변수의 값을 형식 없이 출력 후 자동 개행하는 함수이다. 문자 + 숫자인 경우, 값을 결합하여 문자로 출력하고, 숫자 +숫자의 경우, 값을 계산해서 출력한다.

System.out.println("5 + 2 = " + 3 + 4);	"5 + 2 = " + 3 + 4 　　　① 　　　　　② ① "5 + 2 = "와 3은 문자+숫자로 "5 + 2 = 3"으로 문자로 출력 ② "5 + 2 = 3"와 4는 문자+숫자로 "5 + 2 = 34"로 출력
String.out.println("5 + 2 = " + (3 + 4));	"5 + 2 = " + (3 + 4) 　　　　　　① 　　　② ① 괄호 ( )안의 숫자끼리 계산 3 + 4 = 7 ② "5 + 2 = "와 7은 문자+숫자로 "5 + 2 = 7"로 출력

01 | ③　02 | ③　03 | ④

Chapter 2. 프로그래밍 언어 활용 • **35**

075 | 배열 및 포인터***

학·습·포·인·트 ---

- 배열(C언어, JAVA, Python) 및 포인터(C언어만 해당)는 출력값을 묻는 문제로 자주 출제된다.
- 기출문제를 풀 때 헷갈리는 것이 없도록 꼭 학습하고 넘어가도록 한다.

대표 기출 유형

a[0]의 주소값이 10일 경우 다음 C언어 프로그램이 실행되었을 때의 결과는? (단, int 형의 크기는 4Byte로 가정한다.)   **22년 4월**

```
#include <stdio.h>
int main(int argc, char* argv[]) {
    int a[] = {14, 22, 30, 38};
    printf("%u ", &a[2]);
    printf("%u", a);
    return 0;
}
```

① 14, 10   ② 14, M   ③ 18, 10   ④ 18, M

....

a의 주소값이 10일 경우 &a[2] 주소는 10+4+4이므로 18을 출력하고 a는 &a[0] 같으므로 10을 출력한다.

#include <stdio.h>	
int main(int argc, char* argv[]) {	
int a[] = {14, 22, 30, 38};	① 정수형 a 배열에 a[0]=14, a[1]=22, a[2]=30, a[3]=38로 초기화
printf("%u, ", &a[2]);	② a[2]의 주소이므로 a의 주소가 int 주소가 4byte이므로 4byte 2번 더하면 주소(10)+4+4 값 18을 출력
printf("%u", a);	③ a[0] 아니라 a이므로 주소 10을 출력
return 0;	
}	

정답 ③

배열 개념 및 선언 방법

- 배열은 같은 타입의 변수들로 이루어진 집합이다.

- 배열은 여러 자료를 묶어서 하나의 단위로 처리할 수 있게 하는 구조적 자료형이다.

- 배열 요소 개수에 정의된 숫자만큼 같은 타입의 데이터 공간이 할당된다.

- 초깃값을 선언하지 않을 경우 쓰레기 값이 저장된다.

- 배열을 선언할 때 배열의 크기를 생략하는 경우에는 반드시 초깃값을 지정해야 초깃값을 지정한 개수만큼의 배열이 선언된다.

- 배열 요소 개수보다 적은 개수만큼 초기화할 경우 초깃값이 명시되지 않은 값들은 자동으로 0으로 초기화된다.

1차원 배열 선언 방법

자료형 변수명[개수];	• 초깃값이 없는 경우 • 자료형: 배열에 저장할 자료의 형 지정 • 변수명: 사용할 배열의 이름으로 사용자가 임의로 지정 • 개수: 배열의 크기를 지정하는 것으로 생략 가능
자료형 변수명[개수] = {초깃값};	초깃값이 있는 경우

2차원 배열 선언 방법

2차원 배열은 변수들을 평면, 즉 행과 열로 조합한 배열이다.

자료형 변수명[행개수][열개수]	• 자료형: 배열에 저장할 자료의 형 지정 • 변수명: 사용할 배열의 이름으로 사용자가 임의로 지정 • 행 개수: 배열의 행 크기 지정 • 열 개수: 배열의 열 크기 지정
자료형 변수명[행개수][열개수] = {초깃값}	초깃값이 있는 경우

배열 형태의 문자열 변수

● C언어에서는 큰따옴표(" ")로 묶인 글자는 글자 수에 관계없이 문자열로 처리된다.

● C언어에는 문자열을 저장하는 자료형이 없기 때문에 배열, 또는 포인터를 이용하여 처리한다.

● 배열 형태의 문자열을 선언하고 초기화하는 방식은 다음과 같다.

> char 배열이름[크기] = "문자열"

● 배열에 문자열을 저장하면 문자열의 끝을 알리기 위한 널 문자('₩0')가 문자열 끝에 자동으로 삽입된다.

● 배열에 문자열을 저장할 때는 배열 선언 시 초깃값으로 지정해야 하며, 이미 선언된 배열에는 문자열을 저장할 수 없다.

● 문자열 끝에 자동으로 널 문자('₩0')가 삽입되므로, 널 문자까지 고려하여 배열 크기를 지정해야 한다.

포인터 개념 및 선언 방법

● 포인터는 변수의 주소값을 저장하는 공간이다. C언어에서는 주소를 제어할 수 있는 기능을 제공한다. JAVA나 Python에는 없는 기능이다.

● 포인터 변수의 선언과 초기화 방법은 다음과 같다.

> 자료형* 포인터 변수명 = &변수명

● 자료형 뒤에 *를 붙이면 주소를 저장하는 포인터 변수라는 의미이고, 일반 변수명에 &를 붙이면 해당 변수명은 주소값이다.

● 변수의 주소를 알아내기 위해서는 포인터 변수 앞에 번지 언산자 &를 붙이고(a=&b;), 변수의 값을 알아내기 위해서는 포인터 변수 앞에 간접 연산자 *를 붙인다(c=*a;).

● 포인터 변수는 필요에 의해 동적으로 할당되는 메모리 영역인 힙 영역에 접근하는 동적 변수이다.

● 포인터 변수의 용도: 연결된 자료구조 구성 목적, 동적으로 할당된 자료구조 구성 목적, 배열을 인수로 전달하기 위한 목적, 문자열 표현 목적, 커다란 배열에서 요소를 효율적으로 저장하기 위한 목적, 메모리에 직접 접근하기 위한 목적 등으로 사용된다.

포인터와 배열

배열을 포인터 변수에 저장한 후 포인터를 이용해 배열의 요소에 접근할 수 있다.

int a[3], *b;	
b = a;	배열의 대표명을 적었으므로, a 배열의 시작 주소인 a[0]의 주소를 b에 저장
b = &a[0];	a 배열의 첫 번째 요소인 a[0]의 주소(&)를 b에 저장

배열의 주소	배열 표기법	배열의 값
&a[0] == a == b	a[0]	*(a+0)
&a[1] == (a+1)	a[1]	*(a+1)
&a[2] == (a+2)	a[2]	*(a+2)

배열 표기법	a[0]	a[1]	a[2]	a[3]	a[4]
배열 a	첫 번째	두 번째	세 번째	네 번째	다섯 번째
포인터 표기법	*(a+0)	*(a+1)	*(a+2)	*(a+3)	*(a+4)

배열의 요소가 포인터인 포인터형 배열을 선언할 수 있다.

기초 용어 정리

● 힙(heap) 영역: 프로그래머의 필요에 의해 할당과 소멸이 이루어지는 기억공간 영역. 메모리 동적 할당에 사용되는 영역
● 메모리 동적 할당: 프로그램이 실행되는 중에 입력되는 자료에 따라 기억공간의 크기를 결정할 수 있는 기억공간 확보 방법

01 20년 6월

C언어에서 배열 b[5]의 값은?

```
static int b[9] = {1, 2, 3};
```

① 0   ② 1   ③ 2   ④ 3

> **해설** 정수형 배열 b에 사이즈 9개 공간에 b[0] =
> 1, b[1] = 2, b[2] = 3, b[3]부터 b[8]까지는 0으로
> 들어간다.

02 22년 4월

a[0]의 주소값이 10일 경우 다음 C언어 프로
그램이 실행되었을 때의 결과는? (단, int 형
의 크기는 4Byte로 가정한다.)

```
#include <stdio.h>
int main(int argc, char* argv[]) {
    int a[] = {14, 22, 30, 38};
    printf("%u, ", &a[2]);
    printf("%u", a);
    return 0;
}
```

① 14, 10   ② 14, M
③ 18, 10   ④ 18, M

> **해설** a의 주소값 10일 경우 &a[2] 주소는 10 + 4
> + 4이므로 18 출력하고 a는 &a[0] 같아서 10을
> 출력한다.

#include <stdio.h>	
int main(int argc, char* argv[]) {	
int a[] = {14, 22, 30, 38};	① 정수형 a 배열에 a[0]=14, a[1]=22, a[2]=30, a[3]=38로 초기화
printf("%u, ", &a[2]);	② a[2]의 주소이므로 a의 주소에 int 주소가 4byte이므로 4byte 2번 더하면 주소(10)+4+4 값 18을 출력

printf("%u", a);	③ a[0] 아니라 a이므로 주소 10을 출력
return 0;	
}	

03 23년 7월, 22년 3월

다음 C언어 프로그램이 실행되었을 때, 실행
결과는?

```
#include <stdio.h>
int main(int argc, char *argv[]){
    int arr[2][3] = {1, 2, 3, 4, 5, 6};
    int (*p)[3] = NULL;
    p = arr;
    printf("%d, ", *(p[0] + 1) + *(p[1]
    + 2));
    printf("%d", *(*(p + 1) + 0) + *(*(p
    + 1) + 1));
    return 0;
}
```

① 7, 5   ② 8, 5
③ 8, 9   ④ 7, 9

> **해설** *(p[0] + 1)은 arr[0][1] 값을 가져오고 *(p[1]
> + 2)는 arr[1][2] 값을 가져와서 2 + 6 이므로 8을
> 출력하고 *(*(p + 1) + 0) 은 arr[1][0] 이고 *(*(p +
> 1) + 1)은 arr[1][1] 가져와서 4 + 5이므로 9를 출력
> 한다.

#include <stdio.h>	
int arr[2][3] = {1, 2, 3, 4, 5, 6};	① arr[0][0]=1, arr[0][1]=2, arr[0][2]=3 arr[1][0]=4, arr[1][1]=5, arr[1][2]=6
int (*p)[3] = NULL;	② 정수형 3자리 배열포인터 선언
p = arr;	③ p 포인터에 arr배열 주소를 대입

printf("%d, ", *(p[0] + 1) + *(p[1] + 2));	④ p[0]은 &arr[0][0] 주소이고 p[0]+1은 &arr[0][1] 주소하고 같은데 *(p[0]+1) 포인트변수 앞에 '*' 표시가 있으면 주소에 들어 있는 변수의 값을 가져옴. p[1]은 &arr[1][0] 주소이고, p[1]+2이므로 &arr[1][2] 주소하고 같고 '*' 표시가 있으므로 변수의 값을 가져옴
	⑤ arr[0][1] + arr[1][2] = 2 + 6 이므로 8출력
printf("%d", *(*(p + 1) + 0) + *(*(p + 1) + 1));	⑥ *(p+1)은 p[1]하고 같고 &arr[1][0]이다. *(p[1] + 0)은 &arr[1][0]이다. 포인트변수 괄호 밖에 '*'가 있어서 값을 가져옴. 한편, *(*(p+1)+1)은 arr[1][1]의 값을 의미함
	⑦ arr[1][0] + arr[1][1] = 4 + 5 = 9
return 0; }	

#include ⟨stdio.h⟩	
int main(void) {	
int n = 4;	① 정수형 n에 4를 대입
int* pt = NULL;	② 정수형 포인터에 pt값 NULL 주소로 초기화
pt = &n;	③ 포인터 pt에 n변수의 주소값 대입
printf("%ld", &n + *pt − *&pt + n);	④ &n은 n의 주소이고 *pt는 pt의 주소의 변수 값이므로 n값 4이고 *&pt는 pt의 주소 변수의 주소 자체 값이므로 &n하고 같다. n은 4이므로 &n 주소값이 10으로 가정하면 10 + 4 − 10 + 4이므로 8임
return 0; }	

04 23년 5월, 21년 8월

다음 C언어 프로그램이 실행되었을 때의 결과는?

```
#include <stdio.h>
int main(void) {
    int n = 4;
    int* pt = NULL;
    pt = &n;

    printf("%d", &n + *pt - *&pt + n);
    return 0;
}
```

① 0 ② 4
③ 8 ④ 12

05 20년 9월

다음 파이썬으로 구현된 프로그램의 실행 결과로 옳은 것은?

```
>>> a = [0, 10, 20, 30, 40, 50, 60,
70, 80, 90]
>>> a[:7:2]
```

① [20, 60]
② [60, 20]
③ [0, 20, 40, 60]
④ [10, 30, 50, 70]

06 23년 5월, 20년 8월

다음은 사용자로부터 입력받은 문자열에서 처음과 끝의 3글자를 추출한 후 합쳐서 출력하는 파이썬 코드에서 ㉠에 들어갈 내용은?

```
String = input("7문자 이상 문자열을
입력하시오:")
m = ( ㉠ )
print(m)
```

① string[1:3] + string[-3:]
② string[:3] + string[-3:-1]
③ string[0:3] + string[-3:]
④ string[0:] + string[:-1]

해설 slice는 문자열에서 부분 문자열을 반환하는 기법이다. 기본문법은 '문자열[시작:끝]'이다. 'Hello World'의 string[0:3]에서 'Hel'을 반환하고 string[-3:]에서 'rld'를 반환한 후 두 부분 문자열을 '+'한 'Helrld'를 m에 대입한다. 대입된 결과를 print()를 이용하여 출력한다.

07 20년 9월

다음 Python 프로그램이 실행되었을 때, 실행 결과는?

```
a = 100
list_data = ['a', 'b', 'c']
dict_data = {'a':90, 'b':95}
print(list_data[0])
print(dict_data["a"])
```

①
```
a
90
```

②
```
100
90
```

③
```
100
100
```

④
```
a
a
```

해설 파이썬 리스트와 딕셔너리에 대한 문제이다. list_data[0]이 가리키는 값은 a이고, dict_data["a"]가 가리키는 값은 90이다.

01 | ①   02 | ③   03 | ③   04 | ③   05 | ③
06 | ③   07 | ①

076 명령문(1) - 조건문***

학·습·포·인·트 --

- 조건문에는 if문(C언어, JAVA, Python)과 switch문(C언어, JAVA)이 있는데, 특정 언어의 코드를 보고 실행 결과를 묻는 문제가 출제된다.
- 각각의 조건문이 어떻게 실행되는지 알아두고 연습문제를 풀면서 반드시 연습하고 넘어가도록 한다.

대표 기출 유형

다음 Python 프로그램의 실행 결과가 [실행 결과]와 같을 때, 빈칸에 적합한 것은?　　　**22년 4월**

```
x = 20
if x == 10:
    print('10')
(   )x == 20:
    print('20')
else:
    print('other')
```

[실행 결과]　20

① either　　　　② elif　　　　③ else if　　　　④ else

....

else if 조건문이므로 elif이다.

x = 20	① x에 20을 대입
if x == 10:	② 조건 x가 10하고 같으면 참
print('10')	③ if문이 참이면 10 출력
( )x == 20:	④ else if 조건문 파이썬 elif 조건으로 20하고 같으면 참
print('20')	⑤ elif 참이면 20 출력
else:	⑥ 위에 모든 조건이 거짓이면 else 실행
print('other')	⑦ else이면 other 출력

정답 ②

명령문(Statement)

● 명령문은 프로그램을 구성하는 문장으로, 지시사항을 처리하는 단위이다.

● 기본적인 문법들의 종류가 매우 많은 것은 아니며, 언어마다 유사한 문법 체계를 사용한다.

● 명령문은 조건문, 반복문으로 구성되어 있다.

조건문

조건문은 조건의 참, 거짓 여부에 따라 실행 경로를 달리하는 if문과 여러 경로 중의 하나를 선택하는 switch문으로 구분한다.

if문

if문은 조건이 참인지 거짓인지에 따라 경로를 선택하는 명령문이다.

C언어, JAVA if문

if (조건식){
 	
  문장1;
 	
}
	if문의 조건식이 참일 경우 if 안에 있는 문장1 실행

else if (조건문){	• if문의 조건이 거짓이면서 else if문의 조건이 참일 경우 else if 안에 있는 문장2 실행 • else if는 여러 개 사용 가능
문장2; }	

else {
 	
  문장3;
 	
}
	• else는 if문의 조건문이 거짓이고 여러 개의 else if 조건문이 모두 거짓일 때 else 안에 있는 문장3 실행(else는 사용하지 않거나 한 번만 사용)

Python if문

if 조건식: 　문장1	if의 조건식이 참이면 문장1 실행
elif 조건식: 　문장2	if 조건식은 거짓이고, elif의 조건식이 참이면 문장2 실행
else: 　문장3	if, elif 조건식이 모두 거짓이면 문장3 실행

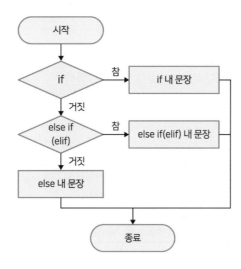

if문은 삼항 연산자로 바꿔 표현할 수도 있다. if문을 삼항 연산자로 바꿔 표기하는 방법은 아래와 같다.

C언어, JAVA에서 if문의 삼항 연산자 표기법

if문 사용	삼항 연산자 사용

if (조건식){
　문장1;
}
else {
　문장2;
}
	(조건식)? 문장1 : 문장2

Python에서 if문의 삼항 연산자 표기법

if문 사용	삼항 연산자 사용
if 조건식:	문장1 if 조건식 else 문장2
문장1	
else 조건식:	
문장2	

switch문

● switch문은 조건에 따라 여러 개의 선택 경로 중 하나를 취하고자 할 때 사용하는 명령문이다.

● switch문에서는 조건에 해당하는 case로 이동을 한다.

● Python에는 switch문이 없다.

● C언어, JAVA에서 switch문

switch (식){	• switch문의 식을 계산해서 일치하는 값을 가진 case 문장을 실행하고, 없으면 default 문장을 실행 • break를 만나면 switch문 탈출
case 값:	'switch(식)' 식을 계산한 값과 'case 값'이 같으면 진입하여 문장1 실행
문장1;	
break;	break를 만나면 switch문 탈출(break가 없으면 밑에 문장2도 실행)
default;	switch문에 식이 어떠한 case의 값도 만족하지 않으면 default로 진입해 문장2 실행(default는 없어도 됨)
문장2;	
}	

01 22년 7월

다음 C언어 프로그램 실행 후, 'c'를 입력하였을 때 출력 결과는?

```c
#include <stdio.h>
main() {
  char ch;
  scanf("%c", &ch);
  switch(ch) {
    case 'a':
      printf("one ");
    case 'b':
      printf("two ");
    case 'c':
      printf("three ");
      break;
    case 'd':
      printf("four ");
      break;
  }
}
```

① one

② one two

③ three

④ one two three four

해설 'c'이므로 3이다.	
#include ⟨stdio.h⟩	① 표출 입출력 라이브러리
main() {	
char ch;	② 문자형 ch를 선언
scanf("%c", &ch);	③ &ch는 ch의 주소에 문자형("%c") 입력
switch(ch) {	④ switch문(숫자나 문자 하나만 비교 가능)
case 'a':	

printf("one ");	
case 'b':	
printf("two ");	
case 'c':	⑤ 입력값이 case 조건문과 같은 'c' 일치
printf("three ");	⑥ "three " 출력
break;	⑦ 브레이크문 걸어서 switch 블록(}) 나감
case 'd':	
printf("four ");	
break;	
}	
}	

02 20년 8월

다음 자바 프로그램 조건문에 대해 삼항 조건 연산자를 사용하여 옳게 나타낸 것은?

```java
int i = 7, j = 9;
int k;
if(i > j)
  k = i - j;
else
  k = i + j;
```

① int i = 7, j = 9;

　　int k;

　　k = (i > j)?(i − j):(i + j);

② int i = 7, j = 9;

　　int k;

　　k = (i < j)?(i − j):(i + j);

③ int i = 7, j = 9;

　　int k;

　　k = (i > j)?(i + j):(i − j);

④ int i = 7, j = 9;

　　int k;

　　k = (i < j)?(i + j):(i − j);

해설 삼항 연산자는 '(조건식)?:a:b'이다. 조건식이 참일 경우 변수 a가 실행되고, 조건식이 거짓일 경우 변수 b가 실행되는 연산자다.

int i = 7, j = 9;	
int k;	① 정수형 k 선언
if(i 〉 j)	② 조건문 (i 〉 j) 참이면 k = i − j; 실행
k = i − j;	
else	③ 조건문 (i 〉 j) 거짓이면 k = i + j; 실행
k = i + j;	

해설 else if 조건문이므로 elif이다.

x = 20	① x에 20을 대입
if x == 10:	② 조건 x가 10하고 같으면 참
print('10')	③ if문이 참이면 10 출력
( )x == 20:	④ else if 조건문 파이썬 elif 조건으로 20하고 같으면 참
print('20')	⑤ elif 참이면 20 출력
else:	⑥ 위에 모든 조건이 거짓이면 else 실행
print('other')	⑦ else이면 other 출력

03 22년 4월

다음 Python 프로그램의 실행 결과가 [실행 결과]와 같을 때, 빈칸에 적합한 것은?

```python
x = 20
if x == 10:
    print('10')
(   )x == 20:
    print('20')
else:
    print('other')
```

[실행 결과]
20

① either

② elif

③ else if

④ else

077 | 명령문(2) - 반복문★★★★

학·습·포·인·트 --

- 반복문에는 for문과 while문, do~while문(Python 제외)이 있는데 소스 코드를 주고 실행 결과를 묻는 문제가 빈번하게 출제되었다.
- 시험에서 반드시 출제되는 문제이니 각 언어별로 반복문의 실행 결과를 묻는 문제를 꼭 연습하고 넘어가도록 한다.
- break, continue의 역할이 무엇인지도 학습하고 넘어간다.

대표 기출 유형

다음 C언어 프로그램이 실행되었을 때, 실행 결과는?　　　　　　　　　　　　　**22년 3월**

```c
#include <stdio.h>
int main(int argc, char *argv[]){
    int i = 0;
    while(1){
        if(i == 4){
            break;
        }
        ++i;
    }
    printf("i = %d", i);
    return 0;
}
```

① i = 0　　　　　　② i = 1　　　　　　③ i = 3　　　　　　④ i = 4

----

i값을 0으로 초기화하고 while 반복문을 무한 수행하면서 i가 4가 아니면 1씩 증가하고 4가 되면 brake로 빠져 나와서 i 값 4를 출력한다.

#include 〈stdio.h〉	
int main(int argc, char *argv[]){	정수형 메인 함수를 선언하고 인수와 인자 매개변수(인자)로 받음
int i = 0;	정수형 i에 0으로 초기화
while(1){	• while 조건이 1이면 항상 참이므로 반복문 무한 수행하는데 문장 내부에 break를 만나면 빠져 나옴 • while(1)은 while(TRUE) 같은 표현임
if(i == 4){	만약 i가 4랑 같다고 하면
break;	break문에 걸려 while loop를 빠져 나감
}	
++i;	그게 아니라면 i를 1씩 증가시킴. 즉, 위에서 반복문 1번 돌리고 조건이 4랑 같을 때까지 돌리라고 했으므로 0 ~4번까지 돌린 후 4 == 4 같으니 반복문 빠져나옴
}	
printf("i = %d", i);	i는 4 출력
return 0;	
}	

정답 ④

반복문

● 반복문은 특정 부분을 조건이 만족할 때까지 실행하도록 하는 명령문이다.

● 반복문을 사용할 때 특별한 조건이 없으면 무한 처리를 반복(무한 루프)하게 된다.

for문

● for문은 초기식, 조건식, 증감식을 지정하여 반복하는 명령문이다.

● 반복문에는 for, while, do~while문이 있다.

● C언어, JAVA에서 for문

for (초기식; 조건식; 증감식){	• for 문을 첫 번째 실행할 때, 초기식 확인, 조건식 확인 후 조건식이 참이면 반복문 내의 명령문 실행 • for 문을 두 번째 실행할 때부터는, 증감식 확인, 조건식 확인 후 조건식이 참이면 반복문 내의 명령문 실행 • 조건식이 거짓이 되면 for 문을 탈출
문장;	
}	

● Python에서 for문 (2가지 형태)

for 변수 in range(시작값, 끝값+1): 　문장	range에 (시작값)과 (끝값+1)로 정의할 경우 변수는 (시작값)부터 (끝값)까지 1씩 증가

for 변수 in range(반복횟수): 　문장	range에 (반복횟수)를 정의한 경우 0부터 (반복횟수−1)까지 변수가 1씩 증가

while문

● while 문은 조건이 참인 동안에 해당 분기를 반복해서 실행하는 명령문이다.

● C언어, JAVA, Python에서 while문

while(조건문){	• 조건문이 참이면 해당 분기를 반복해서 실행 • 조건문이 거짓이 되면 while 문을 탈출 • JAVA의 경우 while의 조건문이 boolean 타입이 아닌 경우 오류 발생 (즉, C언어의 경우 while(1) 등도 가능하지만 JAVA의 경우 불가)
문장;	
}	

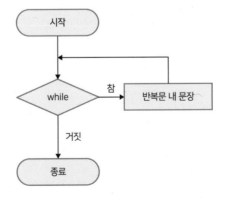

do~while문

- do~while 문은 참, 거짓과 관련 없이 무조건 한 번은 실행하고, 그 다음부터는 조건이 참인 동안에 해당 분기를 반복해서 실행하는 명령문이다.

- Python에는 do~while문이 없다.

- C언어, JAVA에서 do~while문

do{	참, 거짓과 관련 없이 무조건 한 번은 실행
문장;	
} while(조건문);	조건문이 참이면 해당 분기를 반복해서 실행하고, 조건문이 거짓이 되면 do~while문을 탈출

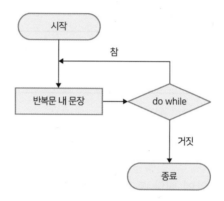

break, continue

- break, continue는 switch문이나 반복문의 실행을 제어하기 위해 사용되는 예약어이다.

- break는 switch문이나 반복문 안에서 break가 나오면 해당 블록을 벗어난다. 즉, 해당 switch문이나 해당 반복문을 벗어난다.

- continue는 continue 이후의 문장을 실행하지 않고 제어를 반복문의 처음으로 옮긴다. 반복문에서만 사용된다.

연·습·문·제

01 21년 5월

다음 C언어 프로그램이 실행되었을 때의 결과는?

```c
#include <stdio.h>
int main(int argc, char *argv[]) {
    int a[2][2] = {{11, 22}, {44, 55}};
    int i, sum = 0;
    int *p;
    p = a[0];
    for(i = 1; i < 4; i++)
        sum += *(p + i);
    printf("%d", sum);
    return 0;
}
```

① 55   ② 77

③ 121   ④ 132

해설 3번 반복하므로 a[1] + a[2] + a[3]는 121이다.

#include <stdio.h>	
int main(int argc, char *argv[]) {	① 정수형 메인 함수 선언하고 인수와 인자 매개변수(인자)로 받음
int a[2][2] = {{11, 22}, {44, 55}};	② 정수형 a를 이차원 배열로 a[0][0] = 11, a[0][1] = 22, a[1][0] = 44, a[1][1] = 55 대입
int i, sum = 0;	③ 정수형 i와 sum을 선언하고 sum에는 초기값 0을 대입
int *p;	④ 포인터 변수 p 선언(포인터 변수는 일반 변수의 주소를 대입하여 값을 가져오거나 수정할 수 있음)
p = a[0];	⑤ p에 배열 a[0] 주소 대입
for(i = 1; i < 4; i++)	⑥ 반복문 1부터 4 미만까지 i++(i를 1씩 증가)하면서 문장 내부 반복 실행

sum += *(p + i);	⑦ 이차원 배열은 일차원으로 메모리에 적재 되므로 a[2][2]로 선언한 경우에 a[0][2]와 a[1][0]은 같은 주소임
	⑧ 따라서 *(p+i)은 *(a[0]+i)이므로 a[0][i]하고 같아서 a[0][1] + a[0][2] + a[0][3] = a[0][1] + a[1][0] + a[1][1] = 22 + 44 + 55 = 121
printf("%d", sum);	⑨ 121 출력
return 0;	⑩ 0을 리턴
}	

02 20년 8월

다음 C 프로그램의 결괏값은?

```c
int main(){
    int i;
    int sum = 0;
    for(i = 1; i <= 10; i = i + 2)
        sum = sum + i;
    printf("%d", sum);
}
```

① 15   ② 19   ③ 25   ④ 27

해설 처음에 i값이 1, 3, 5, 7, 9이며 다음과 같이 실행된다.

int main(){	① 정수형 메인 함수 선언
int i;	② 정수형 i 선언
int sum = 0;	③ 정수형 sum에 0으로 초기화
for(i = 1; i <= 10; i = i + 2)	④ 반복문 초기값 i = 1이고 i + 2이므로 2씩 증가하면서 10 이하까지 반복문 실행
sum = sum + i;	⑤ i는 1일 때: sum = 0 + 1; ⑥ i는 3일 때: sum = 1 + 3; ⑦ i는 5일 때: sum = 4 + 5; ⑧ i는 7일 때: sum = 9 + 7; ⑨ i는 9일 때: sum = 16 + 9;
printf("%d", sum);	⑩ sum값 25 출력
}	

03 22년 3월

다음 C언어 프로그램이 실행되었을 때, 실행 결과는?

```c
#include <stdio.h>
int main(int argc, char *argv[]){
    int i = 0;
    while(1){
        if(i == 4){
            break;
        }
        ++i;
    }
    printf("i = %d", i);
    return 0;
}
```

① i = 0　　　　② i = 1

③ i = 3　　　　④ i = 4

해설 i값을 0으로 초기화하고 while 반복문 무한 수행하면서 i가 4가 아니면 1씩 증가하고 4가 되면 break로 빠져 나와서 i값 4를 출력한다.

#include <stdio.h>	
int main(int argc, char *argv[]){	① 정수형 메인 함수 선언하고 인수와 인자 매개변수(인자)로 받음
int i = 0;	② 정수형 i에 0으로 초기화
while(1){	③ while 조건이 1이면 항상 참이므로 반복문을 무한 수행하는데 문장 내부에 break를 만나면 빠져 나옴 ④ while(1)은 while(TRUE) 같은 표현임
if(i == 4){	⑤ 만약 i가 4랑 같다고 하면
break;	break문에 걸려 while loop를 빠져 나감
}	
++i;	⑥ 그게 아니라면 i를 1씩 증가 시킴. 즉, 위에서 반복문 1번 돌리고 조건이 4랑 같을 때까지 돌리라고 했으므로 0~4번까지 돌린 후 4 == 4 같으니 반복문 빠져나옴

}	
printf("i = %d", i);	⑦ i는 4 출력
return 0;	
}	

04 23년 5월, 21년 8월

다음 JAVA프로그램이 실행되었을 때의 결과를 쓰시오.

```java
public class ovr{
    public static void main(String[]
    args) {
        int arr[];
        int i = 0;
        arr = new int[10];
        arr[0] = 0;
        arr[1] = 1;
        while(i < 8) {
            arr[i + 2] = arr[i + 1] +
            arr[i];
            i++;
        }
        System.out.println(arr[9]);
    }
}
```

① 13　　　　② 21

③ 34　　　　④ 55

해설 피보나치 수열(F0 = 0, F1 = 1, Fn = Fn − 1+ Fn − 2)을 찾는 문제로 0, 1, 1, 2, 3, 5, 8, 13, 21, 34, … 누적한다.

public class ovr{	① public 클래스 ovr 선언
public static void main(String[] args) {	② 메인 메소드 선언
int arr[];	③ 정수형 arr 배열 선언
int i = 0;	④ 정수형 i를 선언하고 0으로 초기화
arr = new int[10];	⑤ 배열 arr에 정수형 10개를 담을 수 있는 공간을 만든다. (a[0]~a[9] 사용 가능)

arr[0] = 0;	⑥ arr[0]에 0을 대입
arr[1] = 1;	⑦ arr[1]에 1을 대입
while(i < 8) {	⑧ 반복문 i가 8미만이면 실행
arr[i + 2] = arr[i + 1] + arr[i];	⑨ i값 0일 때: arr[0 + 2] = arr[0 + 1] + arr[0] = a[2] = 1 + 0
	⑩ i값 1일 때: arr[1 + 2] = arr[1 + 1] + arr[1] = a[3] = 1 + 1;
	⑪ i값 2일 때: arr[2 + 2] = arr[2 + 1] + arr[2] = a[4] = 2 + 1
	⑫ i값 3일 때: arr[3 + 2] = arr[3 + 1] + arr[3] = a[5] = 3 + 2;
	⑬ i값 4일 때: arr[4 + 2] = arr[4 + 1] + arr[4] = a[6] = 5 + 3
	⑭ i값 5일 때: arr[5 + 2] = arr[5 + 1] + arr[5] = a[7] = 8 + 5
	⑮ i값 6일 때: arr[6 + 2] = arr[6 + 1] + arr[6] = a[8] = 13 + 8
	⑯ i값 7일 때: arr[7 + 2] = arr[7 + 1] + arr[7] = a[9] = 21 + 13
	⑰ i값 8일 때: 반복문 빠져 나옴
i++;	⑱ i값을 1씩 증가
}	
System.out.println(arr[9]);	⑲ arr[9] 값 34 출력
}	

05 21년 5월

다음 JAVA 프로그램이 실행되었을 때의 결과는?

```java
public calss array1 {
    public static void main(String[]
    args){
        int cnt = 0;
        do {
            cnt++;
        } while (cnt < 0);
        if(cnt == 1)
            cnt++;
        else
            cnt = cnt + 3;
        System.out.printf("%d",
        cnt);
    }
}
```

① 2   ② 3
③ 4   ④ 5

해설 do-while 조건문은 반복문 최소 1번은 실행하고 조건 판단하므로 cnt값이 1 증가하고 반복문 나와서 if(cnt == 1)이므로 cnt++ 수행하여 cnt값은 2가 된다.

public calss array1 {	
public static void main (String[] args){	
int cnt = 0;	① 정수형 cnt 0값 초기화
do {	② do 반복문
cnt++;	③ cnt값 1씩 증가
} while (cnt < 0);	④ cnt값이 0보다 작으면 반복문 수행 아니면 중단하여 cnt값은 1로 반복문 빠져 나옴
if(cnt == 1)	⑤ 조건문 cnt값이 1하고 같으면
cnt++;	⑥ cnt값 1 증가하여 2
else	⑦ 조건문이 참이 아니면
cnt = cnt + 3;	⑧ cnt값에 3을 더하여 cnt에 다시 넣음
System.out.printf("%d", cnt);	⑨ cnt 값 2 출력
}	
}	

06 20년 9월

다음 JAVA 코드를 실행한 결과는?

```java
int x = 1, y = 6;
while(y--){
    x++;
}
System.out.println("x = " + x + "y =
" + y);
```

① x＝7 y＝0
② x＝6 y＝-1
③ x＝7 y＝-1
④ Unresolved compilation problem 오류 발생

해설 JAVA는 조건문에 C언어와 다르게 조건문에 참, 거짓 조건만 올 수 있다.

int x = 1, y = 6;	
while(y−−){	① C언어는 조건문에 0이면 거짓, 0이 아니면 참이지만 JAVA는 조건문에 숫자 값이 올 수 없고 참, 거짓 판단하는 비교 문장만 허용. 따라서 컴파일 불가(Unresolved compilation problem)
x++;	
}	
System.out.println("x = " + x + "y = " + y);	

07 22년 3월

다음 JAVA 프로그램이 실행되었을 때, 실행 결과는?

```java
public class array1{
    static void rs(char a[]){
        for(int i = 0; i < a.length;
        i++)
            if(a[i] == 'B')
                a[i] = 'C';
            else if(i == a.length - 1)
                a[i] = a[i - 1];
            else a[i] = a[i + 1];
    }
    static void pca(char a[]){
        for(int i = 0; i < a.length;
        i++)
            System.out.print(a[i]);
        System.out.println();
    }
    public static void main(String[]
    args){
        char c[] = {'A', 'B', 'D',
        'D', 'A', 'B', 'C'};
        rs(c);
        pca(c);
```

```
    }
}
```

① BCDABCA
② BCDABCC
③ CDDACCC
④ CDDACCA

해설 a[i]값이 'B'일 때 'C'로 바꾸고, i값이 배열의 마지막(a.length−1)이 60이면 c[6]에는 c[5]값을 넣고, 그 외는 a[i] = a[i+1]이므로 문자 배열을 앞으로 한 칸씩 당긴다.

public class array1{	
static void rs(char a[]){	
for(int i = 0; i < a.length; i++)	① a는 길이 7 미만까지 1씩 증가하면서 반복 수행
if(a[i] == 'B')	② a[i]가 'B'일 때
a[i] = 'C';	⑤ a[i]에 'C' 대입 : a[1] = 'C'
else if(i == a.length − 1)	③ i값이 6하고 같을 때
a[i] = a[i − 1];	⑩ a[6] = a[5] 대입 a[6] = 'C'
else a[i] = a[i + 1];	④ i값 0일 때: a[0] = a[1] = 'B' i값 1일 때: 여기 수행 안 함 ⑥ i값 2일 때: a[2] = a[3] = 'D' ⑦ i값 3일 때: a[3] = a[4] => 'A' ⑧ i값 4일 때: a[4] = a[5] => 'B' ⑨ i값 5일 때: a[5] = a[6] => 'C' i값 6일 때: 여기 수행 안 함
}	
static void pca(char a[]){	
for(int i = 0; i < a.length; i++)	⑪ i값 0부터 a 배열 길이 7 미만까지 1씩 증가하면서 수행
System.out.print(a[i]);	⑫ a[0] = 'B', a[1] = 'C', a[2] = 'D', a[3]= A', a[4] = 'B', a[5]='C', a[6] = 'C'
System.out.println();	⑬ for문 모두 끝나고 수행하므로 다음 줄로 넘김
}	
public static void main(String[] args){	
char c[] = {'A', 'B', 'D', 'D', 'A', 'B', 'C'};	⑭ 문자형 c[0] = 'A', c[1] = 'B', c[2] = 'D', c[3] = 'D', c[4] = 'A', c[5] = 'B', c[6] = 'C' 대입한다.
rs(c);	⑮ rs 메소드에 인자로 c배열 전달하여 실행
pca(c);	⑯ pca 메소드에 파마미터 c배열 전달하여 실행
}	
}	

08 22년 4월

다음 JAVA 프로그램이 실행되었을 때 실행 결과는?

```java
public class Rarr {
    static int [] marr() {
        int temp[] = new int[4];
        for(int i = 0; i < temp.length;
        i++)
            temp[i] = i;
        return temp;
    }
    public static void main (String[]
    args) {
        int iarr[];
        iarr = marr();
        for(int i = 0; i < iarr.length;
        i++)
            System.out.print(iarr[i]
            + " ");
    }
}
```

① 1 2 3 4   ② 0 1 2 3
③ 1 2 3   ④ 0 1 2

해설 배열 결과를 메소드로 리턴 받아서 화면에 출력한다.

public class Rarr {	
static int [] marr() {	
int temp[] = new int[4];	① 정수형 temp 배열 4개 정의
for(int i = 0; i < temp.length; i++)	② i값 0부터 temp 배열 길이 (사이즈) 4 미만까지 i값 1씩 증가하면서 반복문 수행
temp[i] = i;	③ i값 0일 때: temp[0] = 0 ④ i값 1일 때: temp[1] = 1 ⑤ i값 2일 때: temp[2] = 2 ⑥ i값 3일 때: temp[3] = 3
return temp;	⑦ temp 배열 리턴
}	

public static void main (String[] args) {	
int iarr[];	⑧ 정수형 iarr 배열 선언
iarr = marr();	⑨ iarr 에 marr 메소드 결과 리턴 받음
for(int i = 0; i < iarr.length; i++)	⑩ i값 0부터 4 미만까지 i값 1씩 증가하면서 반복문 수행
System.out.print(iarr[i] + " ");	iarr[i] +" "이므로 ⑪ 0일 때 "0 " 출력 ⑫ 1일 때 "1 " 출력 ⑬ 2일 때 "2 " 출력 ⑭ 3일 때 "3 " 출력 ⑮ System.out.println이 아니므로 한 줄에 '0 1 2 3 ' 출력
}	
}	

09 21년 3월

다음은 파이썬으로 만들어진 반복문 코드이다. 이 코드의 결과는?

```python
>> while(True):
    print('A')
    print('B')
    print('C')
    continue
    print('D')
```

① A, B, C 출력이 반복된다.
② A, B, C까지만 출력된다.
③ A, B, C, D 출력이 반복된다.
④ A, B, C, D까지만 출력된다.

해설 A B C 출력하고 다시 A부터 반복 출력한다.

>> while(True):	반복문 조건이 항상 True이므로 break 무한 반복
print('A')	① 'A' 출력 줄 삽입
print('B')	② 'B' 출력 줄 삽입
print('C')	③ 'C' 출력 줄 삽입
continue	④ while 조건으로 다시 돌아가서 조건 판단
print('D')	수행하지 않음

10 22년 3월

다음 Python 프로그램이 실행되었을 때, 실행 결과는?

```
a = ["대", "한", "민", "국"]
for i in a:
    print(i)
```

① 대한민국

② 대
　한
　민
　국

③ 대

④ 대대대대

a = ["대", "한", "민", "국"]	① a 배열에 "대", "한", "민", "국" 대입
for i in a:	② 반복문에서 배열 a값을 하나씩 꺼내서 i에 대입
print(i)	③ i값을 출력하고 줄 삽입

11 22년 7월

다음 C언어 프로그램에서 밑줄 친 부분과 동일한 의미를 가지는 것은 어떤 것인가?

```
#include <stdio.h>
main() {
    int a, b;
    for (a = 0; a < 2; a++)
        for (b = 0; b < 2; b++)
            printf("%d", !a && !b);
}
```

① !a || !b　　② !(a || b)
③ a && b　　　④ a || b

#include <stdio.h>	
main() {	
int a, b;	① 정수형 a, b를 선언
for (a = 0; a < 2; a++)	② a를 0부터 2 미만까지 1씩 증가하면서 반복 문 수행
for (b = 0; b < 2; b++)	③ b를 0부터 2 미만까지 1씩 증가하면서 반복 문 수행
printf("%d", !a && !b);	④ 드모르간의 법칙으로 !(부정기호)를 괄호 밖으로 빼면 &&(논리곱)은 ||(논리합)으로 바뀜. !a && !b는 !(a || b) 같음
}	

01	③	02	③	03	④	04	③	05	①
06	④	07	②	08	②	09	①	10	②
11	②								

078 사용자 정의 함수와 클래스 ★★

학·습·포·인·트 --

• 사용자 지정 함수와 클래스는 변수의 메모리의 저장공간과 클래스와 함수의 호출 결과를 계산하는 문제가 출제된다.

대표 기출 유형

다음 파이썬(Python) 프로그램이 실행되었을 때의 결과는?   **21년 8월**

```python
def cs(n):
    s = 0
    for num in range(n+1):
        s += num
    return s


print(cs(11))
```

① 45   ② 55   ③ 66   ④ 78

def cs(n):	① n을 변수로 갖는 cs라는 이름을 가진 함수 선언
s = 0	② 변수 s에 0을 저장
for num in range(n+1):	③ range 함수는 range([시작=0], 끝, [간격=1])으로 range(11)인 경우 1부터 10까지 반환
s += num	④ num값이 1부터 10까지 반복하면서 s에 누적하여 더함 (s = s + num)
return s	⑤ 최종 s 반환
print(cs(11))	⑥ 0 + 1 + 2 + 3 + 4 + 5 + 6 + 7 + 8 + 9 + 10 + 11 = 66 출력

정답 ③

사용자 정의 함수(UDF; user-defined function)

사용자 정의 함수는 사용자가 직접 정의하여 반복해서 실행하거나 특별한 목적을 위해 설계된 함수이다. 함수를 사용하면 재사용으로 반복 코드가 줄고 프로그램이 간결해진다.

사용자 정의 함수 사용법

언어	사용법 예시	설명
C언어	`#include <stdio.h>`	
	`int add(int, int);`	• 프로토타입 자료형만 표시 • add 함수가 있음을 선언

	`main() {`
	`    int a = 3, b = 4;`
	`    printf("%d", add(a, b));`
	`}`
		• a와 b의 변수에 3과 4를 할당
		• add 함수에 int형 파라미터 a, b를 할당해 호출
		• 반환된 int형 값을 출력

	`int add(int a, int b) {`
	`    int sum;`
	`    sum = a + b;`
	`    return sum;`
	`}`
		• 함수명 앞부분에 반환할 자료형을 명시
		• 반환할 값이 없는 경우 void
		• 입력받을 파라미터와 변수명을 정의
		• 입력받은 변수 a와 b를 더한 값을 sum에 대입
		• sum 값을 리턴

JAVA	`public class Operator{`
	`    public static void main(String[]`
	`args) {`
	`        int a = 3, b = 4;`
	`        System.out.print(add(a, b));`
	`    }`
		• JAVA의 main 함수 부분이다.
		• a와 b의 변수에 3과 4를 할당
		• add 함수에 int형 파라미터 a, b를 할당해 호출

	`public static int add(int a, int b) {`
	`        int sum;`
	`        sum = a + b;`
	`        return sum;`
	`    }`
	`}`
		• 함수명(JAVA는 메소드) 앞에 static 선언 시 메모리에 자동으로 올라가서 Operator 클래스 객체를 생성하지 않고 호출 가능
		• 반환할 변수형과 입력받을 파라미터값을 명시
		• 입력받은 파라미터 a와 b를 더한 값을 반환

Python	`def add(a, b):`
	`    sum = a + b`
	`    return sum`
	`a, b = 3, 4`
	`print(add(a, b))`
		• 입력 파라미터 a, b를 명시하여 add의 함수를 선언
		• 함수 선언 시 마지막에 ":"을 붙여야 함
		• a와 b 변수에 3과 4를 할당
		• add 함수에 a, b 파라미터를 할당해 호출 후 반환 값을 출력

JAVA의 접근제어자

프로그래밍 언어에서 특정 개체를 선언할 때, 외부로부터 접근을 제한하기 위해 사용되는 예약
어이다.

접근 제어자	설명
public	모든 접근을 허용함
protected	같은 패키지(같은 폴더)에 있는 객체와 상속관계 객체들만 허용
default	같은 패키지(같은 폴더)에 있는 객체들만 허용
private	객체 내에서만 허용

클래스[Class]

클래스는 객체지향 프로그래밍에서 특정 객체(인스턴스)를 생성하기 위해 변수와 함수를 정의
하는 일종의 틀이다. 객체를 정의하기 위한 메소드와 변수로 구성된다.

예시 **클래스 사용방법**

언어	사용법 예시	설명
JAVA	```java\npublic class Client {\n public int age;\n public String name;\n```	• Client의 클래스를 정의(클래스명 대문자로 시작) • 클래스 내부에 선언한 변수를 필드(Field)라고 하며 객체의 데이터를 저장 • age와 name의 필드형과 필드명 정의(필드명 소문자로 시작)
	```java\nClient(String name, int age){\n this.name = name;\n this.age = age\n}\n```	• 생성자(Constructor)로 클래스 객체 생성 시 초기화하여 실행 • this는 인수나 변수가 필드와 같은 이름일 경우 필드를 구분하기 위해 사용 • this를 사용하면 필드를 의미
	```java\npublic void clientInfo() {\n System.out.println("이름:"+name)\n System.out.println("나이:"+age)\n }\n}\n```	• 객체 내의 메소드(Method) • 객체의 동작을 정의
	```java\npublic class Main {\n public static void main(String[] args) {\n Client client = new Client("홍길동", 50);\n client.clientInfo()\n }\n}\n```	• Client 클래스의 객체 client를 생성 • 생성자가 있는 경우 파라미터를 함께 전달 • 생성과 동시에 생성자 함수가 호출됨 • 생성자가 없는 경우 Client()로 생성 • client의 clientInfo 메소드 실행

| Python | ```
class Client:
    def __init__(self, name, age):
        self.name = name
        self.age = age

    def client_info(self):
        print('이름:', self.name)
        print('나이:', self.age)
``` |

- Client 클래스를 정의
- python에서는 '__init__(self)' 매직 메소드 함수로 생성자를 정의
- self는 객체의 인스턴스 그 자체로 자기 자신을 참조하는 매개변수
- 객체 내의 client_info 메소드 정의

```
clinet = Client('홍길동', 50)
clinet.client_info()
```

- Client 클래스의 객체 client를 생성
- 생성자가 있는 경우 파라미터를 함께 전달
- 생성과 동시에 생성자 함수가 호출됨
- 생성자가 없는 경우 Client()로 생성
- client의 clinet.client_info() 메소드 실행

기초 용어 정리

● 매직 메소드: 파이썬 내부적으로 정의되어 사용되는 특별한 메소드

연·습·문·제

01 21년 8월

다음 파이썬(Python) 프로그램이 실행되었을 때의 결과는?

```
def cs(n):
    s = 0
    for num in range(n+1):
        s += num
    return s


print(cs(11))
```

① 45   ② 55   ③ 66   ④ 78

해설

def cs(n):	① n을 변수로 갖는 cs라는 이름을 가진 함수 선언
s = 0	② 변수 s에 0을 저장
for num in range(n+1):	③ range 함수는 range([시작=0], 끝, [간격=1])으로 range(11)인 경우 1부터 10까지 반환
s += num	④ num값이 1부터 10까지 반복하면서 s에 누적하여 더함(s = s + num)
return s	⑤ 최종 s 반환
print(cs(11))	⑥ 0 + 1 + 2 + 3 + 4 + 5 + 6 + 7 + 8 + 9 + 10 + 11 = 66 출력

02 23년 7월, 21년 5월

다음 파이썬(Python) 프로그램이 실행되었을 때의 결과는?

```
class FourCal:
    def setadata(sel, fir, sec):
        sel.fir = fir
        sel.sec = sec
    def add(sel):
        result = sel.fir + sel.sec
        return result
a = FourCal()
a.setadata(4, 2)
print(a.add())
```

① 0   ② 2   ③ 4   ④ 6
```

class FourCal:	① 클래스 FourCal 선언
def setadata(sel, fir, sec):	② 변수 sel, fir, sec을 갖는 함수 setadata 선언
sel.fir = fir	
sel.sec = sec	
def add(sel):	self는 객체 자기 자신을 참조하는 매개변수로 파라미터 전달에 포함되지는 않는다.
result = sel.fir + sel.sec	
return result	
a = FourCal()	③ FourCal이라는 클래스의 객체 a 생성
a.setadata(4, 2)	④ a 객체의 setadata 함수를 호출해 a의 속성 fir, sec에 각 4와 2를 할당
print(a.add())	⑤ a 객체의 add 함수를 호출해 a속성의 fir, sec을 더한 값인 6을 반환하여 출력

03

자바에서 사용하는 접근 제어자의 종류가 아닌 것은?

① internal   ② private

③ default   ④ public

접근 제어자	설명
public	모든 접근을 허용함
protected	같은 패키지(같은 폴더)에 있는 객체와 상속관계 객체들만 허용
default	같은 패키지(같은 폴더)에 있는 객체들만 허용
private	객체 내에서만 허용

01 | ③   02 | ④   03 | ①

079 절차지향 프로그래밍 언어 / 객체지향 프로그래밍 언어 / 스크립트 언어***

내일은 정보처리기사

학 · 습 · 포 · 인 · 트

- 절차지향 프로그래밍 언어, 객체지향 프로그래밍 언어, 스크립트 언어의 차이점과 장단점 그리고 각각 어떤 언어가 있는지를 학습해야 한다.
- 스크립트 언어의 경우 언어를 해석하는 문제도 출제된다.

 대표 기출 유형

JAVA에서 힙(Heap)에 남아 있으나 변수가 가지고 있던 참조값을 잃거나 변수 자체가 없어짐으로써 더 이상 사용되지 않는 객체를 제거해 주는 역할을 하는 모듈은? **23년 5월, 22년 7월, 21년 8월**

① Heap Collector ② Garbage Collector

③ Memory Collector ④ Variable Collector

················

가비지 컬렉터(Garbage Colector)는 JAVA에서 힙(Heap)에 남아 있으나 변수가 가지고 있던 참조값을 잃거나 변수 자체가 없어짐으로써 더 이상 사용되지 않는 객체를 제거해 주는 역할을 하는 모듈이다.

정답 ②

필수 핵심 이론

절차적 프로그래밍 언어와 객체지향 프로그래밍 언어

프로그래밍 언어는 절차지향, 객체지향 언어가 있다.

구분	설명
절차적 프로그래밍 언어 (Procedural Programming Language)	• 프로그램을 프로시저(Procedure)의 단위로 나누어 문제를 해결하는 방식으로 작성하는 프로그래밍 언어 • 복사해서 붙이지 않고 같은 코드를 다른 위치에서 사용 가능 • 모듈화를 하거나 구조화 가능 • 절차적 프로그래밍 언어는 아래 표 외에도 PL/I, 모듈라-2, 에이다, 베이직 등이 있다.

언어	설명
C	• C는 1972년 켄 톰슨과 데니스 리치가 벨 연구소에서 개발 • 수많은 플랫폼에서의 이식성을 제공
FORTRAN	• 1954년 IBM 704에서 과학적인 계산을 하기 위해 시작된 컴퓨터 프로그램 언어 • 산술 기호(+, -, *, / 등)와 기초적인 수학 함수들, 벡터, 행렬계산기능 등의 과학 기술 전문언어
ALGOL	알고리즘의 연구개발, 수치 계산과 논리 연산에 이용하기 위한 목적으로 만듦

구분	설명
객체지향 프로그래밍 언어 (Object Oriented Programing Language)	• 데이터와 그 데이터를 처리할 메소드를 묶어 객체를 만드는 객체 중심의 프로그래밍 언어

특징	설명
캡슐화 (Encapsulation)	• 변수와 함수를 하나의 단위로 묶는 것 • 접근 제어를 통해서 자료형의 정보를 은닉 • 모듈 내에서의 응집도를 높이며, 외부로의 노출을 최소화하여 모듈 간의 결합도를 떨어트림
상속 (Inheritance)	• 자식 클래스가 부모 클래스의 특성을 그대로 물려 받음 • 부모 클래스의 기능을 일부 변경할 경우 이를 오버라이딩(overriding)이라 함
다형성 (Polymorphism)	한 요소에 다양한 자료형에 속하는 것이 허가되는 것

• 객체지향 언어는 C++, C#, smalltalk, JAVA 등이 있다.

언어	설명
C++	• c 문법에 객체지향 프로그래밍 개념을 적용해 만든 언어 • c언어와 호환성을 유지함
JAVA	• JAVA는 Sun Microsystems에서 개발한 객체지향 언어 • 힙에 남아 있으나 변수가 가지고 있던 참조값이나 변수 등 메모리 관리를 위해 가비지 컬렉터(Garbage Collector) 사용

스크립트 언어

스크립트 언어는 일반적으로 인터프리터로 구현되며, 이는 컴퓨터가 실행하기 전에 코드를 한 줄씩 번역하는 소프트웨어이다. 간결하고 배우기가 좋으며, 인터프리터로 구현된다. 스크립트 언어로 PHP, javascript, python, bash, basic, JSP, ASP 등이 있다.

언어	설명
PHP (Professional Hypertext Preprocessor)	서버용 스크립트 언어로 DB 연동을 편리하게 할 수 있음 | 연산자	설명
비트 연산자	&(AND), |(OR), XOR(^), Shift(⟨⟨, ⟩⟩), Not(~)
관계 연산자	==, ===(같음), !=, !==(다름), ⟩, ⟨, ⟩=, ⟨= (비교), ⟨=⟩ (같으면 0, 왼쪽이 크면 1, 작으면 −1 반환), ⟨⟩ (같으면 False, 같지 않으면 True)
에러 연산자	@를 사용해 에러를 무시할 수 있음
논리 연산자	||(OR), &&(AND), xor(XOR), !(NOT)	
자바스크립트 (JavaScript)	• 클래스 대신 프로토타입을 이용하지만 ECMAScript6 이상부터 클래스 기반과 객체 상속 모두 지원 • 객체 기반의 스크립트 언어
파이썬 (Python)	귀도 반 로섬(Guido van Rossum)이 발표한 언어로 인터프리터 방식이자 객체지향적이며, 배우기 쉽고 이식성이 좋은 것이 특징인 스크립트 언어
배시 (Bash)	본쉘을 확장한 기능의 쉘로 리눅스에 기본 탑재됨 | 명령어	설명
awk	입력을 주어진 분리자로 분리하여 처리
grep	지정한 문자열을 포함하고 있는 행을 반환
sort	텍스트를 정렬
제어문	조건(if)문, 반복(until, for, while)문 등이 있음
sleep	프로그램을 지정한 시간만큼 일시적으로 정지	

기초 용어 정리

● 프로시저: 수행되어야 할 연속적인 계산 과정
● 인터프리터 – 언어: 컴파일러를 통해 기계어로 변환되지 않고 인터프리터가 한 줄씩 해석해 바로 명령어를 실행하는 방법

01 22년 7월, 21년 8월

JAVA에서 힙(Heap)에 남아 있으나 변수가 가지고 있던 참조값을 잃거나 변수 자체가 없어짐으로써 더 이상 사용되지 않는 객체를 제거해 주는 역할을 하는 모듈은?

① Heap Collector
② Garbage Collector
③ Memory Collector
④ Variable Collector

> 해설 가비지 컬렉터(Garbage Colector)는 JAVA에서 힙(Heap)에 남아 있으나 변수가 가지고 있던 참조값을 잃거나 변수 자체가 없어짐으로써 더 이상 사용되지 않는 객체를 제거해 주는 역할을 하는 모듈이다.

02 20년 6월

스크립트 언어가 아닌 것은?

① PHP   ② Cobol
③ Basic   ④ Python

> 해설 스크립트 언어는 javascript, ASP, JSP, PHP Python, basic 등이 있다.

03 21년 8월

귀도 반 로섬(Guido van Rossum)이 발표한 언어로, 인터프리터 방식이자 객체지향적이며, 배우기 쉽고 이식성이 좋은 것이 특징인 스크립트 언어는?

① C++   ② JAVA
③ C#   ④ Python

> 해설 파이썬(Python)은 1991년 네덜란드계 프로그래머인 귀도 반 로섬이 발표한 고급 프로그래밍 언어로, 플랫폼에 독립적이며 인터프리터식, 객체지향적, 동적 타이핑(dynamically typed) 대화형 언어이다.

04 20년 8월

다음 중 bash 쉘 스크립트에서 사용할 수 있는 제어문이 아닌 것은?

① if
② for
③ repeat_do
④ while

> 해설 쉘 스크립트에서 사용할 수 있는 제어문은 if, for, while 등이 있다.

05 20년 9월

쉘 스크립트의 의미로 옳은 것은?

```
until who | grep wow
do
sleep 5
done
```

① wow 사용자가 로그인한 경우에만 반복문을 수행한다.
② wow 사용자가 로그인할 때까지 반복문을 수행한다.
③ wow 문자열을 복사한다.
④ wow 사용자에 대한 정보를 무한 반복하여 출력한다.

> 해설 who 명령어는 현재 시스템에 로그인한 유저의 목록을 보여 주고 "|(파이프)"는 결과를 grep 명령어로 전송한다. grep은 다음 나오는 키워드를 포함한 문자열만을 출력해 wow가 포함된 문자열을 출력한다. sleep은 다음 나오는 숫자만큼의 초를 대기한다. 즉, wow 사용자가 로그인할 때까지 반복문을 수행한다.

06 21년 5월

자바스크립트(JavaScript)와 관련한 설명으로 틀린 것은?

① 프로토타입(Prototype)의 개념이 존재한다.
② ES6 이전에는 클래스 기반으로 객체 상속을 지원한다.
③ Prototype Link와 Prototype Object를 활용할 수 있다.
④ 객체지향 언어이다.

> **해설** 자바스크립트는 이전 버전은 클래스 기반이 아니고 객체 상속을 지원하지 않았지만 현재 ECMAScript6 이상부터 클래스 기반과 객체 상속 모두 지원한다.

07 20년 9월

PHP에서 사용 가능한 연산자가 <u>아닌</u> 것은?

① @
② #
③ < >
④ ===

> **해설** @는 에러 제어. 〈〉. = = =는 관계 연산자이다.

---

01 | ②	02 | ②	03 | ④	04 | ③	05 | ②
06 | ②	07 | ②			

080 | 라이브러리***

학 ·습 ·포 ·인 ·트 --

- 라이브러리의 개념과 특징에 대해 물어 보는 문제가 주로 출제된다.
- 의미를 이해하고 특징을 정리하는 것이 중요하다.

대표 기출 유형

라이브러리의 개념과 구성에 대한 설명 중 틀린 것은?   **21년 3월**

① 라이브러리란 필요할 때 찾아서 쓸 수 있도록 모듈화되어 제공되는 프로그램을 말한다.

② 프로그래밍 언어에 따라 일반적으로 도움말, 설치 파일, 샘플 코드 등을 제공한다.

③ 외부 라이브러리는 프로그래밍 언어가 기본적으로 가지고 있는 라이브러리를 의미하며, 표준 라이브러리는 별도의 파일 설치를 필요로 하는 라이브러리를 의미한다.

④ 라이브러리는 모듈과 패키지를 총칭하며, 모듈이 개별 파일이라면 패키지는 파일들을 모아 놓은 폴더라고 볼 수 있다.

....

③ 표준 라이브러리와 외부 라이브러리를 서로 바꿔서 설명했다. '표준 라이브러리는 프로그래밍 언어가 기본적으로 가지고 있는 라이브러리를 의미하며, 외부 라이브러리는 별도의 파일 설치를 필요로 하는 라이브러리를 의미한다.'

정답 ③

필수 핵심 이론

라이브러리(Library)

라이브러리는 주로 소프트웨어를 개발할 때 컴퓨터 프로그램이 사용하는 비휘발성 자원의 모임이다. 라이브러리란 필요할 때 찾아서 쓸 수 있도록 모듈화되어 제공되는 프로그램을 말한다. 라이브러리는 모듈과 패키지를 총칭하며, 모듈이 개별 파일이라면 패키지는 파일들을 모아 놓은 폴더라고 볼 수 있다.

라이브러리 종류	설명		
표준 라이브러리	• 프로그래밍 언어가 기본적으로 포함되어 있는 라이브러리 • c언어 라이브러리		
	헤더 파일	설명	
	stdio.h	• c언어의 표준 라이브러리 • printf(), scanf() 등을 포함	
	stdlib.h	• 자료형 변환 제공 • atoi()(char를 int로), atof()(char를 doulbe로), itoa()(int를 char로), ceil() (소수점이 나오면 올림) 등을 포함	
	string.h	• 문자열 처리 기능을 제공 • strlen(s)(문자열의 길이를 구함), strcpy(s1, s2) (s2를 s1에 복사), strcmp (s1, s2)(s1과 s2 비교), strcat(s1, s2)(s2를 s1의 끝에 연결), strrev(s)(s를 거꾸로 변환) 등을 포함	
	math.h	• 제곱근, 삼각함수 등 수학적인 함수를 제공 • sqrt()(제곱근을 구함), acos()(역코사인을 구함) 등을 포함	
외부 라이브러리	프로그래밍 언어에 기본적으로 포함되어 있지 않아 외부에서 다운받아 설치해야 하는 라이브러리		

 연·습·문·제

01 21년 3월

라이브러리의 개념과 구성에 대한 설명 중 틀린 것은?

① 라이브러리란 필요할 때 찾아서 쓸 수 있도록 모듈화되어 제공되는 프로그램을 말한다.

② 프로그래밍 언어에 따라 일반적으로 도움말, 설치 파일, 샘플 코드 등을 제공한다.

③ 외부 라이브러리는 프로그래밍 언어가 기본적으로 가지고 있는 라이브러리를 의미하며, 표준 라이브러리는 별도의 파일 설치를 필요로 하는 라이브러리를 의미한다.

④ 라이브러리는 모듈과 패키지를 총칭하며, 모듈이 개별 파일이라면 패키지는 파일들을 모아 놓은 폴더라고 볼 수 있다.

해설 표준 라이브러리와 외부 라이브러리를 서로 바꿔서 설명했다. '표준 라이브러리는 프로그래밍 언어가 기본적으로 가지고 있는 라이브러리를 의미하며, 외부 라이브러리는 별도의 파일 설치를 필요로 하는 라이브러리를 의미한다.'

02 23년 5월, 21년 3월

C언어에서 문자열을 정수형으로 변환하는 라이브러리 함수는?

① atoi( )

② atof( )

③ itoa( )

④ ceil( )

해설 atoi()는 문자열을 정수형으로 변환하고 atof()는 문자열을 실수형으로 변환한다.

03 22년 4월

C언어에서 문자열 처리 함수의 서식과 그 기능의 연결로 틀린 것은?

① strlen(s) – s의 길이를 구한다.
② strcpy(s1, s2) – s2를 s1으로 복사한다.
③ strcmp(s1, s2) – s1과 s2를 연결한다.
④ strrev(s) – s를 거꾸로 변환한다.

> **해설** strcmp(s1, s2)는 s1과 s2의 문자열을 대소 비교한다. 리턴값이 0이면 동일하고 –1이면 s1이 s2보다 작고 1이면 s1이 s2보다 크다. 대소 비교는 사전처럼 정렬하거나 찾을 때 사용한다. 예) strcmp("a", "b")이면 –1을 리턴한다.

04 21년 5월

C언어 라이브러리 중 stdlib.h에 대한 설명으로 옳은 것은?

① 문자열을 수치 데이터로 바꾸는 문자 변환함수와 수치를 문자열로 바꿔 주는 변환함수 등이 있다.
② 문자열 처리 함수로 strlen()이 포함되어 있다.
③ 표준 입출력 라이브러리이다.
④ 삼각 함수, 제곱근, 지수 등 수학적인 함수를 내장하고 있다.

> **해설** stdlib.h에는 atoi, atol, atof 문자열이 수치로 바뀌는 함수가 있고 strlen은 문자열을 다루는 string.h에 있다. 표준 입출력 라이브러리는 stdio.h에 있고, 수학적인 함수는 math.h에 있다.

05 21년 8월

다음 C언어 프로그램이 실행되었을 때의 결과는?

```
#include <stdio.h>
#include <string.h>
int main(void) {
    char str[50] = "nation";
    char *p2 = "alter";
    strcat(str, p2);
    printf("%s", str);
    return 0;
}
```

① nation
② nationalter
③ alter
④ alternation

> **해설** strcat(str, p2)은 첫번째 str변수 문자열 "nation"에 p2변수 문자열 "alter"를 뒤에 추가하므로 "nationalter"를 출력한다.

#include <stdio.h>	표준출력 라이브러리
#include <string.h>	문자열처리 strcat 지원 라이브러리
int main(void) {	
char str[50] = "nation";	str배열에 최대 문자열 50자리에 "nation"을 넣는다.
char *p2 = "alter";	p2 포인터에 "alter" 문자열 참조
strcat(str, p2);	strcat(str, p2)은 첫번째 str변수의 문자열 "nation"에 p2변수 문자열 "alter"를 뒤에 추가하여 str변수를 하나의 문자열 "nationalter"로 만듦
printf("%s", str);	str변수의 문자열 "nationalter" 출력
}	

06 22년 3월

다음 C언어 프로그램이 실행되었을 때, 실행 결과는?

```c
#include <stdio.h>
#include <stdlib.h>
#include <string.h>

int main(int argc, char* argv[]) {
    char str1[20] = "KOREA";
    char str2[20] = "LOVE";
    char* p1 = NULL;
    char* p2 = NULL;
    p1 = str1;
    p2 = str2;
    str1[1] = p2[2];
    str2[3] = p1[4];
    strcat(str1, str2);
    printf("%c", *(p1 + 2));
    return 0;
}
```

① E
② V
③ R
④ O

해설 str1 배열에 "KVREA", str2배열에 "LOVA"를 만들고 str1에 하나로 합치고 2번째 'R'을 가져와서 출력한다.

#include <stdio.h>	
#include <stdlib.h>	
#include <string.h>	
int main(int argc, char* argv[]) {	
char str1[20] = "KOREA";	문자열 str1값 최대 20자리에 "KOREA" 대입
char str2[20] = "LOVE";	문자열 str2값 최대 20자리에 "LOVE" 대입
char* p1 = NULL;	포인터 변수 p1 정의하고 NULL 초기화
char* p2 = NULL;	포인터 변수 p2 정의하고 NULL 초기화
p1 = str1;	포인터 변수 p1에 str1 참조하도록 대입
p2 = str2;	포인터 변수 p2에 str2 참조하도록 대입
str1[1] = p2[2];	str1[1]값('O')에 p2[2]값('V')를 대입. "KVREA"
str2[3] = p1[4];	str2[3]값('O')에 p1[4]값('A')를 대입한다. "LOVA" 지정
strcat(str1, str2);	str1에 "KVREA"에 str2값 "LOVA"를 복사해 옴
printf("%c", *(p1 + 2));	p1은 str1 0번째인 str1[0]이 주소이므로 'KVREA' 값 중에 2번째 값 'R'를 가져와서 출력
return 0;	
}	

01 | ③   02 | ①   03 | ③   04 | ①   05 | ②

06 | ③

081 | 예외 처리

- 최근 출제 비중이 늘고 있다.
- 예외 처리의 사용 이유와 방법 그리고 개념을 학습해야 한다.

대표 기출 유형

JAVA의 예외(exception)와 관련한 설명으로 틀린 것은?   **22년 3월**

① 문법 오류로 인해 발생한 것

② 오동작이나 결과에 악영향을 미칠 수 있는 실행 시간 동안에 발생한 오류

③ 배열의 인덱스가 그 범위를 넘어서는 경우 발생하는 오류

④ 존재하지 않는 파일을 읽으려고 하는 경우에 발생하는 오류

문법 오류는 컴파일 단계에서 발생한다.

정답 ①

필수 핵심 이론

예외 처리(Exception)

실행 중에 감지되는 에러들을 예외라고 한다. 예외 처리는 오류가 발생했을 때 오류를 그대로 실행시키지 않고 오류에 대응하는 방법으로 처리하는 기법이다.

언어	설명
JAVA	• 사용 방법 ```\ntry{\n 실행 코드;\n}\ncatch (예외 객체 매개변수){\n 예외 발생 시 실행하는 코드;\n}\n... (catch 여러 번 가능)\nfinally {\n 예외가 발생 여부에 상관없이 처리하는 코드\n}\n``` • 예외 객체 종류

예외 객체	설명
Exception	• 모든 시스템 종료 외의 내장 예외 • 다른 예외는 해당 예외에서 파생됨
ArithmeticException	• 예외적인 산술 조건이 발생한 경우 • 0으로 나눈 경우
BufferOverflowException	버퍼의 제한에 도달한 경우
IndexOutOfBoundsException	배열, 문자열 등에서 인덱스 범위를 넘어간 경우
NullPointerException	존재하지 않는 객체를 참조하려고 하는 경우
RuntimeException	정상 작동 중에 발생할 수 있는 예외의 상위 클래스
FileNotFoundException	존재하지 않는 파일을 읽으려고 하는 경우

Python

• 사용 방법

```
try:
    실행 코드
except 예외 객체 as 매개변수:
    예외 발생 시 실행하는 코드
    ... (except 여러 번 가능)
finally:
    예외가 발생 여부에 상관없이 처리하는 코드
```

• 예외 객체 종류

예외 객체	설명
Exception	• 모든 시스템 종료 외의 내장 예외 • 다른 예외는 해당 예외에서 파생됨
ImportError	import 문이 모듈을 로드하는데 문제가 있는 경우
IndexError	시퀀스가 인덱스 범위를 벗어난 경우
KeyError	딕셔너리의 키가 존재하지 않는 경우
KeyboardInterrupt	사용자가 인터럽트 키(Control-c나 delete 등)를 누른 경우
MemoryError	메모리가 부족한 경우
NameError	지역 또는 전역 이름을 찾을 수 없는 경우
ZeroDivisionError	0으로 나눈경우

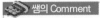

쌤의 Comment

예외 객체의 종류 외우기가 어려워요!

예외 객체의 종류를 모두 외우기는 쉽지 않아요. 다만, 예외 객체에 쓰이는 영단어와 설명을 쌍을 지어 이해하는 방법을 추천해요.

연·습·문·제

01 22년 3월

JAVA의 예외(exception)와 관련한 설명으로 **틀린** 것은?

① 문법 오류로 인해 발생한 것
② 오동작이나 결과에 악영향을 미칠 수 있는 실행 시간 동안에 발생한 오류
③ 배열의 인덱스가 그 범위를 넘어서는 경우 발생하는 오류
④ 존재하지 않는 파일을 읽으려고 하는 경우에 발생하는 오류

01 | ①

해설 문법 오류는 컴파일 단계에서 발생한다.

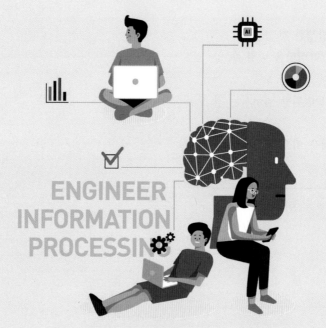

ENGINEER
INFORMATION
PROCESSING

더 멋진 내일(Tomorrow)을 위한 내일(My Career)

내 일 은 정 보 처 리 기 사

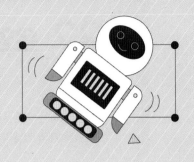

CHAPTER

03

응용 SW 기초 기술 활용

082 운영체제 종류***

학 · 습 · 포 · 인 · 트 --

- 운영체제는 기출문제가 많이 출제되고 있다.
- 운영체제와 커널의 개념을 완벽하게 이해해야 한다.

 대표 기출 유형

운영체제에 대한 설명으로 거리가 먼 것은?　　　　　　　　　**23년 5월, 20년 8월**

① 다중 사용자와 다중 응용 프로그램 환경하에서 자원의 현재 상태를 파악하고 자원 분배를 위한 스케줄링을 담당한다.
② CPU, 메모리 공간, 기억 장치, 입출력 장치 등의 자원을 관리한다.
③ 운영체제의 종류로는 매크로 프로세서, 어셈블러, 컴파일러 등이 있다.
④ 입출력 장치와 사용자 프로그램을 제어한다.

....

운영체제는 컴퓨터의 CPU, 메모리 공간, 기억 장치, 입출력 장치와 사용자 프로그램 등을 제어하고 인터페이스를 제공해 주는 소프트웨어이다. 다중 사용자와 다중 응용 프로그램 환경에서 자원의 현재 상태를 파악하고 자원 분배를 위한 스케줄링을 담당한다.

정답 ③

운영체제(OS: Operating System)

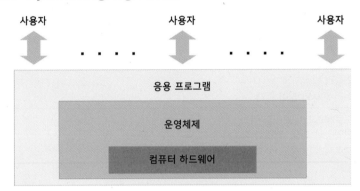

- 운영체제는 컴퓨터의 CPU, 메모리 공간, 기억 장치, 입출력 장치와 사용자 프로그램 등을 제어하고 시스템과 사용자 간의 인터페이스를 제공해 주는 소프트웨어이다.
- 다중 사용자와 다중 응용 프로그램 환경에서 자원의 현재 상태를 파악하고 사용자들 간의 데이터를 공유할 수 있도록 하며 자원 분배를 위한 스케줄링을 담당한다.

운영체제의 기능

운영체제 기능	내용	
	종류	설명
제어 프로그램 (Control Program)	감시 프로그램	• 운영체제를 제어하고 동작을 감독함 • 커널이라고도 함
	작업 제어 프로그램	• 작업의 연속 처리를 위한 스케줄 및 시스템 자원을 할당 • 운영체제의 각종 제어 루틴의 수행 순서를 관리
	데이터 관리 프로그램	주기억장치와 보조기억장치 간 자료 전송과 논리적인 연결, 파일 조작 및 처리
	종류	설명
처리 프로그램 (Processing Program)	언어 번역 프로그램	프로그램 언어를 기계로 번역
	서비스 프로그램	사용 빈도가 높은 프로그램을 시스템 제공자가 미리 작성해 사용자에게 제공
	문제 프로그램	시스템의 문제 해결을 위한 프로그램

쉘(Shell)과 커널(Kernel)

종류	설명
쉘 (Shell)	• 자체의 내장 명령어 제공 • 보조기억장치에 상주 • 사용자의 명령을 해석하고 커널로 전달하는 기능을 제공 • 반복적인 명령 프로그램을 만드는 프로그래밍 기능을 제공 • 초기화 파일을 이용해 사용자 환경을 설정하는 기능을 제공 • 파이프라인 기능을 제공 • 사용자 인터페이스를 제공 • 입출력 방향지정 • 여러 종류의 쉘이 존재
커널 (Kernel)	• 프로세스와 메모리를 관리 • 기억장치, 파일, 입출력 장치를 관리 • 프로세스 간 통신 및 데이터 전송 및 변환 등을 수행

운영체제의 종류

운영체제의 종류는 리눅스(Linux), 유닉스(Unix), 윈도우(Windows), MacOS, MS-DOS, 안드로이드(Android) 등이 있다.

운영체제	특징
윈도우 (Windows)	• 마이크로소프트(Microsoft)에서 개발한 운영체제로 Windows 95, 98, ME, XP, Vista, 7, 8, 10 등으로 버전이 계속 출시 • GUI(Graphic User Interface)를 지원 • 한사람이 한 대를 독점하는 방식인 Single-User 시스템 • 운영체제가 작업의 CPU 시간을 제어하는 선점형 멀티태스킹 제공 • Multi-Tasking을 지원함 • 하드웨어 설치 시 자동으로 감지하는 PnP(Plug and Play) 기능을 제공함 • 프로그램 간의 작성 중인 개체를 연결 또는 삽입하여 편집할 수 있는 기능을 제공함
리눅스/유닉스 (Linux/Unix)	• 리눅스는 소스가 공개된 개방형(Open) 시스템으로 대부분 무료로 지원하며 유료도 존재 • Multi-Tasking 및 Multi-User를 지원함 • 계층적 파일 시스템으로 트리 구조를 가짐 • 이식성이 높으며 장치 간 호환성이 높음 • 하나 이상의 작업을 백그라운드에서 수행할 수 있어 여러 개의 작업을 병행처리 할 수 있음 • 파일 시스템은 디렉토리와 파일을 쉽게 찾고 유지관리 하며 디스크 블록을 가짐 <table><tr><th>블록</th><th>설명</th></tr><tr><td>부트 블록(boot block)</td><td>파일 시스템으로부터 UNIX 커널을 적재시키기 위한 코드를 저장하고 있는 영역</td></tr><tr><td>슈퍼 블록(Super Block)</td><td>파일 시스템을 기술하는 블록의 수, 블록 크기 등의 정보를 저장</td></tr><tr><td>아이노드 블록(i-node block)</td><td>파일, 디렉토리에 대한 저장공간 등 모든 정보를 가짐</td></tr><tr><td>데이터 블록(Data Block)</td><td>실제 데이터가 저장됨</td></tr></table>

쌤의 Comment

파일 시스템 블록이 어려워요!

파일 시스템은 데이터를 관리하고 저장하는 방식에 따라 여러 블록으로 나뉘어요. 부트 블록은 시스템 부팅을 위해, 슈퍼 블록은 파일 시스템의 구조, 아이노드 블록은 파일의 상세 정보, 그리고 데이터 블록은 실제 파일 데이터를 저장해요. 이러한 블록의 구조와 역할을 기억하면 파일 시스템의 작동 방식을 더 깊게 이해할 수 있어요.

기초 용어 정리

● **주기억장치**: CPU가 직접 접근하여 데이터를 처리할 수 있는 기억장치로 ROM과 RAM이 있음
● **보조기억장치**: 주기억장치에 비해 속도는 느리지만 전원이 차단되어도 내용이 그대로 유지되고, 저장용량이 큼
● **GUI(Graphic User Interface)**: 사용자가 편리하게 사용할 수 있도록 입출력 등의 기능을 알기 쉬운 아이콘 따위의 그래픽으로 나타낸 것

연·습·문·제

01 23년 5월, 20년 8월

운영체제에 대한 설명으로 거리가 먼 것은?

① 다중 사용자와 다중 응용 프로그램 환경 하에서 자원의 현재 상태를 파악하고 자원 분배를 위한 스케줄링을 담당한다.
② CPU, 메모리 공간, 기억 장치, 입출력 장치 등의 자원을 관리한다.
③ 운영체제의 종류로는 매크로 프로세서, 어셈블러, 컴파일러 등이 있다.
④ 입출력 장치와 사용자 프로그램을 제어한다.

해설 운영체제는 컴퓨터의 CPU, 메모리 공간, 기억 장치, 입출력 장치와 사용자 프로그램 등을 제어하고 인터페이스를 제공해 주는 소프트웨어이다. 다중 사용자와 다중 응용 프로그램 환경에서 자원의 현재 상태를 파악하고 자원 분배를 위한 스케줄링을 담당한다.

02 20년 9월, 18년 4월, 04년 3월

운영체제에서 커널의 기능이 아닌 것은?

① 프로세스 생성, 종료
② 사용자 인터페이스
③ 기억 장치 할당, 회수
④ 파일 시스템 관리

해설 커널은 프로세스, 기억장치, 파일, 입출력 관리 및 프로세스 간 통신, 데이터 전송 변환 등을 수행한다.

03 21년 3월

운영체제를 기능에 따라 분류할 경우 제어 프로그램이 아닌 것은?

① 데이터 관리 프로그램
② 서비스 프로그램
③ 작업 제어 프로그램
④ 감시 프로그램

해설 제어 프로그램은 감시 프로그램, 작업 제어 프로그램, 데이터 관리 프로그램이 있다.

04 23년 5월, 22년 4월

UNIX 운영체제에 관한 특징으로 틀린 것은?

① 하나 이상의 작업에 대하여 백그라운드에 서 수행이 가능하다.
② Multi-User는 지원하지만 Multi-Tasking 은 지원하지 않는다.
③ 트리 구조의 파일 시스템을 갖는다.
④ 이식성이 높으며 장치 간의 호환성이 높다.

> **해설** UNIX는 Multi-User 및 Multi-Tasking 모두 를 지원한다.

05 23년 7월, 22년 3월

UNIX 시스템의 쉘(shell)의 주요 기능에 대한 설명이 아닌 것은?

① 사용자 명령을 해석하고 커널로 전달하는 기능을 제공한다.
② 반복적인 명령 프로그램을 만드는 프로그 래밍 기능을 제공한다.
③ 쉘 프로그램 실행을 위해 프로세스와 메 모리를 관리한다.
④ 초기화 파일을 이용해 사용자 환경을 설 정하는 기능을 제공한다.

> **해설** 커널에서 프로세스와 메모리를 관리한다.

06 20년 6월, 19년 4월, 15년 8월, 09년 8월

UNIX의 쉘(Shell)에 관한 설명으로 옳지 않은 것은?

① 명령어 해석기이다.
② 시스템과 사용자 간의 인터페이스를 담당 한다.
③ 여러 종류의 쉘이 있다.
④ 프로세스, 기억장치, 입출력관리를 수행 한다.

> **해설** 커널에서 프로세스, 기억장치 및 입출력 관 리한다.

07 19년 3월

Microsoft의 Windows 운영체제의 특징이 아 닌 것은?

① GUI기반 운영체제이다.
② 트리 디렉터리 구조를 가진다.
③ 선점형 멀티태스킹 방식을 사용한다.
④ 소스가 공개된 개방형(Open)시스템이다.

> **해설** 오픈소스로 공개된 운영체제는 리눅스 이다.

01 | ③   02 | ②   03 | ②   04 | ②   05 | ③
06 | ④   07 | ④

내일은 정보처리기사

083 | 메모리 관리 기법★★

학·습·포·인·트 --

• 메모리의 개념과 메모리 관리 기법별 할당 방법에 대한 개념을 이해해야 한다.

 대표 기출 유형

메모리 관리 기법 중 Worst fit 방법을 사용할 경우 10K 크기의 프로그램 실행을 위해서는 어느 부분에 할당되는가?　　　　　　　　　　　　　　　　　　　　**23년 7월, 20년 8월**

영역번호	메모리 크기	사용 여부
NO. 1	8K	FREE
NO. 2	12K	FREE
NO. 3	10K	IN USE
NO. 4	20K	IN USE
NO. 5	16K	FREE

① NO.2　　　　　② NO.3　　　　　③ NO.4　　　　　④ NO.5

....

Worst fit은 최악 적합으로 자원 낭비가 가장 심한 영역에 할당하는 방법이다. 사용 여부가 FREE인 영역 중 자원 낭비가 가장 큰 NO. 5에 할당된다.

정답 ④

메모리 관리(Memory Management)

메모리 관리는 컴퓨터 메모리에 적용된 리소스를 관리하는 기법이다.

메모리 관리 장치(MMU)

● 논리 주소를 물리 주소로 변환한다.

● 허용되지 않는 메모리 접근을 방지한다.

● 메모리를 동적 배치한다.

메모리 배치 전략

기법	설명
최초 적합 (First fit)	• 할당할 수 있는 가장 처음 만나는 빈 메모리 공간에 프로세스를 할당 • 할당이 빠른 장점이 있음
최적 적합 (Best fit)	할당할 수 있는 메모리 공간 중 자원 낭비가 가장 적은 공간에 할당
최악 적합 (Worst fit)	• 할당할 수 있는 메모리 공간 중 자원 낭비가 가장 많은 공간에 할당 • 남은 메모리 공간에 다른 프로세스를 할당할 수 있는 장점이 있음

쌤의 실전 Tip

메모리 배치 전략 외우기

최초, 최적, 최악 → 순서대로: 빠르게, 효율적으로, 크게!

01 23년 7월, 20년 8월, 12년 3월

메모리 관리 기법 중 Worst fit 방법을 사용할 경우 10K 크기의 프로그램 실행을 위해서는 어느 부분에 할당되는가?

영역번호	메모리크기	사용여부
NO. 1	8K	FREE
NO. 2	12K	FREE
NO. 3	10K	IN USE
NO. 4	20K	IN USE
NO. 5	16K	FREE

① NO.2
② NO.3
③ NO.4
④ NO.5

해설 Worst fit은 최악 적합으로 자원 낭비가 가장 심한 영역에 할당하는 방법이다. 사용 여부가 FREE인 영역 중 자원 낭비가 가장 큰 NO. 5에 할당된다.

02 15년 3월

메모리 관리 하드웨어(MMU)의 기본적인 역할에 대한 설명으로 옳지 않은 것은?

① 논리 주소를 물리 주소로 변환
② 허용되지 않는 메모리 접근을 방지
③ 메모리 동적 재배치
④ 가상 주소 공간을 물리 주소 공간으로 압축

해설 MMU는 가상 주소 공간을 물리 주소 공간으로 변환한다.

03 21년 3월

기억공간이 15K, 23K, 22K, 21K 순으로 빈 공간이 있을 때 기억장치 배치 전략으로 "First Fit"을 사용하여 17K의 프로그램을 적재할 경우 내부 단편화의 크기는 얼마인가?

① 5K
② 6K
③ 7K
④ 8K

해설 First Fit은 들어갈 수 있는 공간 중 처음에 만나는 공간에 할당하는 기법이다. 17K가 할당할 수 있는 기억공간은 23K, 22K, 21K로 23K에 할당된다. 23K에 17K가 할당되면 남은 내부 단편와의 크기는 6K이다.

04 22년 3월

빈 기억공간의 크기가 20KB, 16KB, 8KB, 40KB일 때 기억장치 배치 전략으로 "Best Fit"을 사용하여 17KB의 프로그램을 적재할 경우 내부 단편화의 크기는 얼마인가?

① 3KB
② 23KB
③ 64KB
④ 67KB

해설 Best Fit은 자원 낭비가 가장 적은 영역에 할당하는 방법이다. 17KB가 적재할 수 있는 기억공간은 20KB, 40KB이다. 낭비가 가장 적은 영역은 20KB에 배치로 3KB의 자원 낭비가 발생한다.

01 | ④   02 | ④   03 | ②   04 | ①

084 페이지 교체 알고리즘★★★

- 페이지 교체 알고리즘은 페이징(Paging) 기법과 세그멘테이션 기법의 개념을 묻는 문제와 페이지 부재, 할당된 페이지를 계산하는 문제가 주로 출제된다.
- 페이징 기법에 따라 할당되는 페이지를 계산할 수 있도록 학습해야 한다.

대표 기출 유형

다음의 페이지 참조 열(Page Reference String)에 대해 페이지 교체 기법으로 선입선출 알고리즘을 사용할 경우 페이지 부재(Page Fault) 횟수는? (단, 할당된 페이지 프레임 수는 3이고, 처음에는 모든 프레임이 비어 있다.) **23년 7월, 20년 6월**

| 7, 0, 1, 2, 0, 3, 0, 4, 2, 3, 0, 3, 2, 1, 2, 0, 1, 7, 0 |

① 13   ② 14   ③ 15   ④ 20

입력값이 프레임에 이미 존재하면 페이지 부재가 아니며, 입력값이 프레임에 존재하지 않으면 페이지 부재이다. 페이지 부재 시, 비어 있는 프레임이 있다면 해당 프레임에 넣고 없다면 가장 오래된 페이지와 교체한다.

페이지	입력	페이지 부재	오래된 페이지
7,–,–	7	1	7
7,0,–	0	2	7
7,0,1	1	3	7
2,0,1	2	4	0
2,0,1	0	–	0
2,3,1	3	5	1
2,3,0	0	6	2
4,3,0	4	7	3
4,2,0	2	8	0
4,2,3	3	9	4
0,2,3	0	10	2
0,2,3	3	–	2
0,2,3	2	–	2
0,1,3	1	11	3

0,1,2	2	12	0
0,1,2	0	–	0
0,1,2	1	–	0
7,1,2	7	13	1
7,0,2	0	14	2

정답 ②

필수 핵심 이론

페이징(Paging) 기법

페이징 기법은 컴퓨터가 메인 메모리에서 사용하기 위해 데이터를 저장하고 검색하는 메모리 관리 기법이다. 페이징 기법을 통해 비연속적 메모리를 연속적인 메모리처럼 만들 수 있다.

메모리 단편화

내부 단편화는 일정 크기의 페이지에 프로세스 할당 시 프로세스의 크기가 페이지보다 작을 경우 내부 단편화가 발생한다. 외부 단편화는 여유 공간이 여러 조각으로 나뉘는 현상으로 프로그램이 다양한 크기의 기억 공간의 남은 영역을 할당하고 해제할 때 일어난다.

워킹 세트(Working Set)

프로세스가 일정 시간 동안 자주 참조하는 페이지들의 집합을 의미한다. 많이 참조하는 페이지들의 집합을 주기억장치에 계속 상주하게 해 페이지 교체 현상을 줄인다.

페이지 크기에 따른 현상

페이지 크기	설명
작을 경우	• 더 많은 페이징 사상 테이블이 필요 • 내부 단편화가 감소 • 페이지의 집합을 효율적으로 운영 가능 • 기억장소 이용 효율이 향상 • 입·출력 시간이 증가
클 경우	• 페이지 사상 테이블의 크기가 작아져 주기억장치 공간을 절약하고 매핑 속도가 빨라짐 • 페이지의 단편화가 증가함

페이지 교체 알고리즘

기법	설명
FIFO(First In First Out)	선입 선출로 가장 오래 있었던 페이지를 교체
OPT(OPTimal replacement)	최적 교체로 앞으로 가장 오랫동안 사용하지 않을 페이지를 교체
LRU(Least Recently Used)	가장 오랫동안 사용되지 않은 페이지를 교체
LFU(Least Frequently Used)	참조 횟수가 가장 작은 페이지를 교체
MFU(Most Frequently Used)	참조 횟수가 가장 많은 페이지를 교체
NUR(Not Used Recently)	최근에 사용하지 않은 페이지를 교체
SRC(Second Chance Replacement)	가장 오랫동안 주기억장치에 있던 페이지 중 자주 사용되는 페이지를 교체

페이징 교체 관련 지식

개념	설명	
지역성 (Locaity)	기억장치로부터 정보가 참조될 때 시간적, 공간적, 순차적으로 분포가 집중되는 성질	
	지역성	설명
	공간 지역성 (Spatial Locality)	• 기억 장소들에 대해 참조가 집중적으로 이루어지는 경향을 보임 • 참조된 메모리 근처 메모리를 참조
	시간 지역성 (Temporal Locality)	• 최근 사용되었던 기억 장소들이 집중적으로 액세스 되는 현상 • 참조했던 메모리는 빠른 시간에 다시 참조될 확률이 높음
	순차 지역성 (Sequential Locality)	• 데이터가 순차적으로 액세스 되는 현상 • 프로그램 내의 명령어가 순차적인 구성에 기인함
워킹 셋 (Working Set)	운영체제의 가상기억장치 관리에서 프로세스가 일정 시간 동안 자주 참조하는 페이지들의 집합	
스레싱 현상 (Thrashing)	• 페이지 수행 시간보다 교환시간이 커질 때 발생함 • 프로세스 처리 도중, 참조할 페이지가 주기억장치에 없어 프로세스 처리시간보다 페이지 교체에 소요되는 시간이 더 많아지는 현상	

세그멘테이션(Segmentation)

● 가상기억장치의 구현 방법으로 프로세스를 가변적인 크기의 블록으로 나누는 기법이다.

● 주소 변환을 위해 위치 정보를 가지고 있는 세그먼트 맵 테이블(Segment Map Table)을 가지고 있다. 내부 단편화는 발생하지 않지만, 외부 단편화는 발생할 수 있다.

● 세그멘테이션 주소 변환

주소	설명
물리 주소	(세그먼트 번호, 변위 값)으로 표기함
논리 주소	세그먼트 시작 주소 + 변위 값으로 계산함

기초 용어 정리

● 사상(Mapping): 가상주소와 물리 주소의 대응 관계 또는 가상 주소로부터 물리 주소를 찾아내는 일

연·습·문·제

01 23년 7월, 20년 6월

다음의 페이지 참조 열(Page Reference String)에 대해 페이지 교체 기법으로 선입선출 알고리즘을 사용할 경우 페이지 부재(Page Fault) 횟수는? (단, 할당된 페이지 프레임 수는 3이고, 처음에는 모든 프레임이 비어 있다.)

```
7, 0, 1, 2, 0, 3, 0, 4, 2, 3, 0, 3, 2, 1, 2,
0, 1, 7, 0
```

① 13 　　　　② 14
③ 15 　　　　④ 20

해설 입력값이 프레임에 이미 존재하면 페이지 부재가 아니며, 입력값이 프레임에 존재하지 않으면 페이지 부재이다. 페이지 부재 시, 비어 있는 프레임이 있다면 해당 프레임에 넣고 없다면 가장 오래된 페이지와 교체한다.

페이지	입력	페이지 부재	오래된 페이지
7,-,-	7	1	7
7,0,-	0	2	7
7,0,1	1	3	7
2,0,1	2	4	0
2,0,1	0	–	0
2,3,1	3	5	1
2,3,0	0	6	2
4,3,0	4	7	3
4,2,0	2	8	0
4,2,3	3	9	4
0,2,3	0	10	2
0,2,3	3	–	2
0,2,3	2	–	2
0,1,3	1	11	3
0,1,2	2	12	0
0,1,2	0	–	0
0,1,2	1	–	0
7,1,2	7	13	1
7,0,2	0	14	2

02 20년 9월

4개의 페이지를 수용할 수 있는 주기억장치가 있으며, 초기에는 모두 비어 있다고 가정한다. 다음의 순서로 페이지 참조가 발생할 때, FIFO 페이지 교체 알고리즘을 사용할 경우 페이지 결함의 발생 횟수는?

```
페이지 참조 순서 : 1, 2, 3, 1, 2, 4, 5, 1
```

① 6회 　　② 7회 　　③ 8회 　　④ 9회

페이지	입력	페이지 결함 횟수
1, -, -, -	1	1
1, 2, -, -	2	2
1, 2, 3, -	3	3
1, 2, 3, -	1	3
1, 2, 3, -	2	3
1, 2, 3, 4	4	4
5, 2, 3, 4	5	5
5, 1, 3, 4	1	6

03 21년 5월

페이징 기법에서 페이지 크기가 작아질수록 발생하는 현상이 <u>아닌</u> 것은?

① 기억장소 이용 효율이 증가한다.
② 입·출력 시간이 늘어난다.
③ 내부 단편화가 감소한다.
④ 페이지 맵 테이블의 크기가 감소한다.

04 23년 3월, 21년 8월

다음 중 페이지 교체(Page Replacement)알고리즘이 <u>아닌</u> 것은?

① FIFO(First-In-First-Out)
② LUF(Least Used First)
③ Optimal
④ LRU(Least Recently Used)

05 23년 5월, 22년 3월

3개의 페이지 프레임을 갖는 시스템에서 페이지 참조 순서가 1, 2, 1, 0, 4, 1, 3일 때, FIFO 알고리즘에 의한 페이지 교체의 경우 프레임의 최종 상태는?

① 1, 2, 0
② 2, 4, 3
③ 1, 4, 2
④ 4, 1, 3

페이지	입력
1, -, -	1
1, 2, -	2
1, 2, -	1
1, 2, 0	0
4, 2, 0	4
4, 1, 0	1
4, 1, 3	3

06 20년 9월

다음과 같은 세그먼트 테이블을 가지는 시스템에서 논리 주소(2, 176)에 대한 물리 주소는?

세그먼트번호	시작 주소	길이(바이트)
0	670	248
1	1752	422
2	222	198
3	996	604

① 398
② 400
③ 1928
④ 1930

07 23년 7월, 21년 3월

다음 ㉠과 ㉡에 들어갈 내용으로 옳은 것은?

> 가상기억장치의 일반적인 구현 방법에는 프로그램을 고정된 크기의 일정한 블록으로 나누는 (㉠) 기법과 가변적 크기의 블록으로 나누는 (㉡) 기법이 있다.

① ㉠ : Paging, ㉡ : Segmentation
② ㉠ : Segmentation, ㉡ : Allocation
③ ㉠ : Segmentation, ㉡ : Compaction
④ ㉠ : Paging, ㉡ : Linking

해설 세그멘테이션(Segmentation)은 프로그램을 '다양한 크기'로 나누는 기법이다. 페이징(Paging)은 프로그램과 주기억장치의 영역을 '동일한 크기'로 나누는 기법이다.

08 21년 3월

운영체제의 가상기억장치 관리에서 프로세스가 일정 시간 동안 자주 참조하는 페이지들의 집합을 의미하는 것은?

① Locality
② Deadlock
③ Thrashing
④ Working Set

해설 Working Set은 운영체제의 가상기억장치 관리에서 프로세스가 일정 시간 동안 자주 참조하는 페이지들의 집합을 의미한다.

09 22년 7월

3개의 보관구조를 가지는 주기억장치가 있으며, 다음의 순서로 페이지 참조가 발생할 때, FIFO 페이지 교체 알고리즘을 사용할 경우 마지막 페이지 값으로 옳은 것은?

> 페이지 순서 : 1, 2, 3, 2, 4, 2, 3, 1, 3

① 4, 2, 3
② 4, 1, 3
③ 1, 2, 3
④ 1, 4, 2

해설 FIFO는 가장 오래 있는 자리 교체로 아래 예시와 같이 보면 편하게 계산할 수 있다.

페이지	입력
1, -, -	1
1, 2, -	2
1, 2, 3	3
1, 2, 3	2
4, 2, 3	4
4, 2, 3	2
4, 2, 3	3
4, 1, 3	1
4, 1, 3	3

10 22년 7월

다음 설명에 해당하는 내용은 무엇인가?

> 프로세스 처리 도중, 참조할 페이지가 주기억장치에 없어 프로세스 처리시간보다 페이지 교체에 소요되는 시간이 더 많아지는 현상

① 스레드(Thread)
② 스래싱(Thrasing)
③ 페이지부재(Page Fault)
④ 워킹셋(Working Set)

해설 스래싱(Thrasing)에 대한 설명이다.

| 01 | ② | 02 | ① | 03 | ④ | 04 | ② | 05 | ④ |
| 06 | ① | 07 | ① | 08 | ④ | 09 | ② | 10 | ② |

085 프로세스/스레드**

학·습·포·인·트
- 프로세스와 스레드의 개념과 차이점을 물어 보는 문제가 자주 출제된다.
- 프로세스와 스레드의 특징에 대해 숙지하는 게 중요하다.

 대표 기출 유형

사용자 수준에서 지원되는 스레드(thread)가 커널에서 지원되는 스레드에 비해 가지는 장점으로 옳은 것은?   **23년 7월, 22년 4월**

① 한 프로세스가 운영체제를 호출할 때 전체 프로세스가 대기할 필요가 없으므로 시스템 성능을 높일 수 있다.
② 동시에 여러 스레드가 커널에 접근할 수 있으므로 여러 스레드가 시스템 호출을 동시에 사용할 수 있다.
③ 각 스레드를 개별적으로 관리할 수 있으므로 스레드의 독립적인 스케줄링이 가능하다.
④ 커널 모드로의 전환 없이 스레드 교환이 가능하므로 오버헤드가 줄어든다.

....

①, ②, ③은 커널 수준 스레드의 장점에 대한 설명이다.

정답 ④

필수 핵심 이론

프로세스(Process)

프로세스는 실행 중에 있는 프로그램으로 스케줄링 대상이 되는 작업과 같은 의미로 쓰이며, 작업(Job) 또는 테스크(Task)라고도 한다.

프로세스 상태

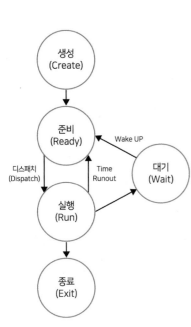

프로세스 상태	설명
생성(Create)	프로세스가 막 실행된 상태
준비(Ready)	프로세스가 실행되기 위해 대기하는 상태
실행(Running)	프로세스에 포함된 명령어가 실행되고 있는 상태
대기(Wating)	프로세스가 특정 자원이나 이벤트를 기다리는 상태
종료 (Terminate, Exit)	프로세스가 실행을 완료한 상태

프로세스 상태 전이	설명
Dispatch 준비 → 실행	• 우선순위가 높은 프로세스를 선정하여 명령어 실행 • 문맥교환 발생
Timeout 실행 → 준비	• 인터럽트를 발생시켜 제어권을 뺏음 • 독점을 방지함
Block 실행 → 대기	프로세스가 입출력, 자원 등을 기다리기 위해서 대기 상태로 전환
Wake Up 대기 → 준비	입출력이 완료되거나 자원이 할당되어 다시 실행 가능한 상태

프로세스 관련 개념

개념	설명
프로세스 제어 블록 (PCB; Process Control Block)	• 프로세스 상태, 고유 식별자, 스케줄링 정보, 소유자, 실시간 통계, 스레드, 관련 프로세스 리스트, 자식 프로세스 리스트, 주소 공간 자원 스택 등의 정보로 구성 • 운영체제가 프로세스를 스케줄링하고 관리하는 데 필요한 모든 정보를 유지
문맥교환	CPU가 현재 실행하고 있는 프로세스의 상태를 PCB에 저장하고 다음 프로세스의 PCB로부터 문맥을 복원

스레드(Thread)

● 스레드는 프로세스의 실행단위로 경량 프로세스라고도 부른다.

● 한 개의 프로세스에는 하나 이상의 스레드가 존재한다.

● 스레드는 그들이 속한 프로세스의 자원과 메모리를 공유한다.

● 스레드를 사용함으로써 하드웨어, 운영체제의 성능과 응용 프로그램의 처리율을 향상시킬 수 있다.

스레드의 종류	설명
커널 수준 스레드	• 운영체제 커널에 의해 스레드를 운영 • 구현이 쉬우나 속도가 느림 • 여러 스레드가 커널에 동시에 접근 가능
사용자 수준 스레드	• 사용자가 만든 라이브러리를 사용해 스레드를 운용 • 속도가 빠르나 구현이 어려움 • 커널 모드로 전환이 없어 오버헤드가 줄어듦

쌤의 실전 Tip

프로세스 상태 전이의 순서 파악하기

생성 → 준비 → 실행 → 대기 → 준비 → 실행 → 종료 이렇게 순서대로 진행돼요. 이를 통해 프로세스의 생명주기를 이해하고, 어떤 상황에서 문맥 교환, 입출력, 인터럽트 등이 발생하는지 숙지하세요!

연·습·문·제

01 23년 7월, 22년 4월

사용자 수준에서 지원되는 스레드(Thread)가 커널에서 지원되는 스레드에 비해 가지는 장점으로 옳은 것은?

① 한 프로세스가 운영체제를 호출할 때 전체 프로세스가 대기할 필요가 없으므로 시스템 성능을 높일 수 있다.
② 동시에 여러 스레드가 커널에 접근할 수 있으므로 여러 스레드가 시스템 호출을 동시에 사용할 수 있다.
③ 각 스레드를 개별적으로 관리할 수 있으므로 스레드의 독립적인 스케줄링이 가능하다.
④ 커널 모드로의 전환 없이 스레드 교환이 가능하므로 오버헤드가 줄어든다.

해설 ①, ②, ③은 커널 수준 스레드의 장점에 대한 설명이다.

02 22년 7월, 20년 06월, 16년 8월

프로세스 상태의 종류가 아닌 것은?

① Ready　　② Running
③ Request　　④ Exit

해설 프로세스의 상태는 보류(Pending), 준비(Ready), 실행(Running), 대기(Blocked), 교착(Deadlock), 완료(Terminated)가 있다.

03 23년 5월, 20년 6월

스레드(Thread)에 대한 설명으로 옳지 않은 것은?

① 한 개의 프로세스는 여러 개의 스레드를 가질 수 없다.
② 커널 스레드의 경우 운영체제에 의해 스레드를 운용한다.
③ 사용자 스레드의 경우 사용자가 만든 라이브러리를 사용하여 스레드를 운용한다.
④ 스레드를 사용함으로써 하드웨어, 운영체제의 성능과 응용 프로그램의 처리율을 향상시킬 수 있다.

해설 프로세스는 여러 개의 스레드를 가질 수 있다.

04 21년 8월

프로세스와 관련한 설명으로 **틀린** 것은?

① 프로세스가 준비 상태에서 프로세서가 배당되어 실행 상태로 변화하는 것을 디스패치(Dispatch)라고 한다.

② 프로세스 제어 블록(PCB; Process Control Block)은 프로세스 식별자, 프로세스 상태 등의 정보로 구성된다.

③ 이전 프로세스의 상태 레지스터 내용을 보관하고 다른 프로세스의 레지스터를 적재하는 과정을 문맥 교환(Context Switching)이라고 한다.

④ 프로세스는 스레드(Thread) 내에서 실행되는 흐름의 단위이며, 스레드와 달리 주소 공간에 실행 스택(Stack)이 없다.

해설 스레드는 프로세스 내에서 실행되는 흐름의 단위이다.

05 22년 7월

다음 중 프로세스에 대한 설명 중 **틀린** 것은?

① 프로세서가 할당되는 실체로, 디스패치가 가능한 단위이다.

② 프로세스는 비동기적 행위를 일으키는 주체이다.

③ 프로세스는 스레드 내의 작업 단위를 의미하며, 경량 스레드라고도 불린다.

④ PCB를 가지며 PCB에는 프로세스의 현재 상태, 고유식별자를 가지고 있다.

해설 스레드는 프로세스 내의 작업 단위를 의미한다.

01 | ④ 02 | ③ 03 | ① 04 | ④ 05 | ③

086 프로세스 스케줄링과 교착상태***

학 · 습 · 포 · 인 · 트 --

• 스케줄링의 종류와 개념에 대한 문제가 많이 출제된다.
• 스케줄링이 어떤 식으로 작동하는지 숙지하는 게 중요하다.

대표 기출 유형

HRN(Highest Response-ratio Next) 스케줄링 방식에 대한 설명으로 옳지 않은 것은?

22년 7월, 20년 6월, 14년 8월, 11년 8월

① 대기 시간이 긴 프로세스의 경우 우선 순위가 높아진다.
② SJF 기법을 보완하기 위한 방식이다.
③ 긴 작업과 짧은 작업 간의 지나친 불평등을 해소할 수 있다.
④ 우선순위를 계산하여 그 수치가 가장 낮은 것부터 높은 순으로 우선순위가 부여된다.

....

HRN은 우선순위를 계산 숫자가 높은 것부터 낮은 순으로 순위를 부여한다.
HRN 우선순위 = (대기시간 + 서비스시간) / 서비스시간

정답 ④

필수 핵심 이론

프로세스 스케줄링(Scheduling)

● 프로세스 스케줄링은 한정된 CPU 자원을 효율적으로 사용하기 위해 여러 프로세스에 CPU 자원을 분배하기 위한 기법이다.

● 스케줄링 기법으로 비선점 스케줄링과 선점 스케줄링이 있다.

스케줄링	개념
선점 스케줄링	• 우선순위가 높은 프로세스 위주로 빠르게 처리 • 빠른 응답시간을 요구하는 대화식 시분할 시스템이 주로 사용 • 선점 시간 배당을 위한 타이머 클럭이 필요하며, 선점으로 인한 오버헤드가 발생
비선점 스케줄링	• 모든 프로세스에 대한 요구를 공정하게 처리할 수 있음 • 일괄처리방식에 적합함 • 중요한 짧은 작업이 긴 작업을 기다리는 비효율이 발생할 수 있음 • 응답 시간 예측이 용이함

구분	기법	설명
선점 스케줄링	FCFS(First Come First Service)	먼저 들어온 프로세스를 먼저 처리함
	SJF(Shortest Job First)	처리시간이 짧은 프로세스부터 처리함
	HRN(Hightest Response-ratio Next)	우선순위가 높은 순서로 처리함 우선순위 $= \dfrac{\text{대기한 시간} + \text{서비스를 받을 시간}}{\text{서비스를 받을 시간}}$
비선점 스케줄링	라운드 로빈(Round Robin)	• 먼저 들어온 순서대로 일정 시간만큼 처리함 • 시간 할당이 커지면 FCFS 스케줄링과 같아짐
	SRT(Shortest Remaining Time First)	• 남은 시간이 짧은 프로세스부터 처리함 • 실행시간을 추적해야 하므로 오버헤드 발생
	MLQ(Multi Level Queue)	우선순위별로 큐를 분리하여 다양한 스케줄링 적용함
	MLFQ(Multi Level Feedback Queue)	MLQ에서 큐 간 이동하여 우선순위 조정

교착상태(Deadlock)

교착상태는 두 개 이상의 프로세스가 서로 작업이 끝나기만을 기다리고 있어 둘 다 영원히 끝나지 않는 상황을 말한다.

교착상태 필요 충분 조건

필요 충분 조건	설명	
상호배제 (Mutual Exclusion)	한 리소스는 한 번에 한 프로세스만 사용할 수 있음	
	알고리즘	**설명**
	Dekker Algorithm	프로세스가 두 개일 때 Flag와 Turn 변수를 조정해 상호 배제를 보장
	Lamport Algorithm	프로세스에게 고유한 번호를 부여하고, 번호를 기준으로 우선순위를 정해 높은 프로세스가 먼저 임계 구역에 진입하도록 구현
	Peterson Algorithm	프로세스가 두 개일 때 상대방에게 진입 기회를 양보해 상호 배제를 보장
	Semaphore Algorithm	공유된 자원의 데이터 혹은 임계영역 등에 따라 여러 Process 혹은 Thread가 접근하는 것을 막아 줌

점유와 대기 (Hold and Wait)	• 리소스를 점유하고 있는 프로세스가 있으면 다른 프로세스는 해당 리소스를 사용하기 위해 기다림 • 프로세스가 수행되기 전 모든 자원을 할당함 • 자원이 점유되지 않은 상태에서만 자원을 요구함
비선점 (Non Preemption)	프로세스의 자원 사용을 마친 후 리소스를 자발적으로 반환할 때까지 기다림
환형 대기 (Circular Wait)	두 개 이상의 프로세스 간 자원의 점유와 대기가 원형을 구사해 대기 중인 상태로 Hold and Wait 관계의 프로세스가 서로를 기다림

교착상태의 해결 방법

교착상태가 발생하지 않도록 사전 조치하거나, 발생한 뒤 고치는 방법이 있다.

해결 방법	설명
예방 (Prevention)	• 교착상태의 필요 조건을 부정함으로써 교착상태가 발생하지 않도록 미리 예방 • 점유 및 대기, 비선점, 환형대기를 부정함 • 모든 자원을 미리 선점해 두기 때문에 자원 낭비가 심함
회피 (Avoidance)	• 교착상태가 발생할 가능성이 있는 자원을 할당하지 않음 • 대표적으로 은행원 알고리즘, 자원 할당 그래프가 있음
발견 (Detectin)	• 시스템에서 교착상태가 발생했는지 감시 • 교착상태 발생을 허용하고 발생 시 해결
복구 (Recovery)	• 교착상태 발견 후 프로세스를 하나씩 종료해 자원을 회복 • 프로세스 종료(중지) 시 희생자를 선택해야 해 기아 상태 발생

쌤의 실전 Tip

교착상태의 필요 충분 조건 외우기

환형 대기, 상호배제, 점유와 대기, 비선점 → 환상의 프로세스관리 비점(비전)

01 22년 7월, 20년 6월, 14년 8월, 11년 8월

HRN(Highest Response-ratio Next) 스케줄링 방식에 대한 설명으로 옳지 <u>않은</u> 것은?

① 대기 시간이 긴 프로세스의 경우 우선순위가 높아진다.
② SJF 기법을 보완하기 위한 방식이다.
③ 긴 작업과 짧은 작업 간의 지나친 불평등을 해소할 수 있다.
④ 우선순위를 계산하여 그 수치가 가장 낮은 것부터 높은 순으로 우선순위가 부여된다.

> **해설** HRN은 우선순위를 계산 숫자가 높은 것부터 낮은 순으로 순위 부여한다.
> HRN 우선순위 = (대기시간 + 서비스시간) / 서비스시간

02 20년 8월, 17년 5월, 15년 3월, 14년 5월

HRN 방식으로 스케줄링 할 경우, 입력된 작업이 다음과 같을 때 처리되는 작업 순서로 옳은 것은?

작업	대기시간	서비스(실행)시간
A	5	20
B	40	20
C	15	45
D	20	2

① A → B → C → D ② A → C → B → D
③ D → B → C → A ④ D → A → B → C

> **해설** HRN 우선순위 = (대기시간 + 서비스시간) / 서비스시간
> 임으로 우선순위를 계산하면
> A = (5 + 20) / 20 = 1.25
> B = (40 + 20) / 20 = 3
> C = (15 + 45) / 45 = 1.333333
> D = (20 + 2) / 2 = 11
> 로 D B C A 순서다.

03 23년 5월, 22년 4월

다음에서 설명하는 프로세스 스케줄링은?

> 최소 작업 우선(SJF) 기법의 약점을 보완한 비선점 스케줄링 기법으로 다음과 같은 식을 이용해 우선순위를 판별한다.
>
> $$우선순위 = \frac{대기한\ 시간 + 서비스를\ 받을\ 시간}{서비스를\ 받을\ 시간}$$

① FIFO 스케줄링   ② RR 스케줄링
③ HRN 스케줄링   ④ MQ 스케줄링

> **해설** HRN 스케줄링은 SJF을 보완해 긴 작업과 짧은 작업 간의 불평등을 해소한다.

04 22년 7월, 21년 3월, 17년 8월

교착상태가 발생할 수 있는 조건이 <u>아닌</u> 것은?

① Mutual exclusion
② Hold and wait
③ Non-preemption
④ Linear wait

> **해설** Linear wait가 아닌 Circular wait이다.

05 21년 5월, 20년 6월

교착상태의 해결 방법 중 은행원 알고리즘(Banker's Algorithm)이 해당 되는 기법은?

① Detection
② Avoidance
③ Recovery
④ Prevention

> **해설** 은행원 알고리즘은 교착 상태의 해결 방법 중 회기 기법(Avoidance)에 속한다.

06 20년 6월

교착 상태 발생의 필요 충분 조건이 <u>아닌</u> 것은?

① 상호 배제(mutual exclusion)
② 점유와 대기(hold and wait)
③ 환형 대기(circular wait)
④ 선점(preemption)

해설 교착상태 발생의 필요 충분 조건은 상호 배제, 점유와 대기, 환형 대기, 비선점이 있다.

외우기 Tip! 환상의 프로세스관리 비점(비전)

07 20년 9월

다음과 같은 프로세스가 차례로 큐에 도착하였을 때, SJF(Shortest Job First) 정책을 사용할 경우 가장 먼저 처리되는 작업은?

프로세스 번호	실행시간
P1	6
P2	8
P3	4
P4	3

① P1
② P2
③ P3
④ P4

해설 SJF는 실행 시간 추정치가 가장 작은 작업을 먼저 실행시키는 방식으로 실행시간이 가장 작은 P4를 가장 먼저 처리한다.

08 22년 3월

다음과 같은 형태로 임계 구역의 접근을 제어하는 상호배제 기법은?

```
P(S) : while S <= 0 do skip;
S := S - 1;
V(S) : S := S + 1;
```

① Dekker Algorithm
② Lamport Algorithm
③ Peterson Algorithm
④ Semaphore

해설 임계 구역의 접근을 제어하는 상호배제 기법은 Semaphore이다.

Dekker Algorithm	프로세스가 두 개일 때 flag와 turn 변수를 조정해 상호 배제를 보장하는 알고리즘
Lamport Algorithm	프로세스에 고유한 번호를 부여하고, 번호를 기준으로 우선순위를 정해 높은 프로세스가 먼저 임계 구역에 진입하도록 구현한 알고리즘
Peterson Algorithm	프로세스가 두 개일 때 상대방에게 진입 기회를 양보해 상호 배제를 보장하는 알고리즘
Semaphore	공유된 자원의 데이터 혹은 임계영역 등에 따라 여러 Process 혹은 Thread가 접근하는 것을 막아주는 알고리즘

01 | ④   02 | ③   03 | ③   04 | ④   05 | ②
06 | ④   07 | ④   08 | ④

087 환경변수 / 쉘 스크립트(Shell Script)★★

학 ·습 ·포 ·인 ·트 --

- Linux, Unix, Windows에서 사용하는 환경 변수와 쉘의 명령어에 대한 문제가 주로 출제된다.
- 명령어에 대한 이해가 중요하다.

대표 기출 유형

UNIX SHELL 환경 변수를 출력하는 명령어가 <u>아닌</u> 것은?　　　　　　　**20년 8월**

① configenv　　　　② printenv　　　　③ env　　　　④ setenv

....

printenv는 환경 변수의 값을 출력한다. env, setenv는 환경 변수의 변경 및 출력한다.

정답 ①

필수 핵심 이론

환경 변수(Environment Variable)

환경 변수는 프로세스가 컴퓨터에서 동작하는 방식에 영향을 미치는 동적인 값들의 모임이다.

환경 변수 명령어

- 윈도우에서는 "echo %PATH%" 명령어를 통해 환경변수를 볼 수 있다.
- UNIX/LINUX의 환경 변수를 볼 수 있는 명령어는 다음과 같다.

명령어	설명
printenv	변수 이름을 명령어에 단일 변수로 주면 하나의 단일 변수를 반환
env	환경 변수들을 출력하거나, 환경 변수를 설정하고 적용된 내용을 출력
set	• 환경 변수, 옵션을 확인 • 위치 파라미터를 조작
setenv	환경 변수를 추가 또는 업데이트
export	• 사용자 환경 변수를 export 시키면 전역(Global) 변수로 변경 • 사용자가 생성한 변수는 export 명령어에 표시하지 않으면 현재 쉘에 국한됨

쉘 스크립트(Shell Script)

쉘 스크립트는 쉘이나 명령줄 인터프리터에서 돌아가도록 작성되었거나 한 운영체제를 위해 쓰인 스크립트이다. 쉘 스크립트는 유닉스 쉘을 위해 쓰인 스크립트를 말하고, COMMAND.COM (DOS)과 CMD.EXE(Windows) 명령줄 스크립트는 보통 배치 파일이라고 부른다.

운영체제	명령어	설명
Windows	dir	현재 디렉토리의 파일 목록을 표시
	copy	파일을 복사
	del	파일을 삭제
	ren	파일 이름을 변경
	md	디렉토리를 생성
	cd	디렉토리의 위치를 변경
	attrib	파일의 속성을 변경
	find	파일에서 문자열을 찾음
	chkdsk	디스크의 상태를 점검
	format	디스크 표면을 트랙과 섹터로 나누어 초기화
	move	파일을 이동
Linux/Unix	alias	별칭을 정의
	awk	패턴 검사 및 문자열을 처리
	batch	명령어를 배치 대기열에서 실행하도록 스케줄링
	bg	프로세스를 백그라운드에서 실행하도록 함
	fg	프로세스를 포그라운드에서 실행하도록 함
	cat	파일을 연결하거나 출력
	cd	디렉토리의 위치를 변경
	chmod	파일 모드, 특성, 권한을 변경

Linux/Unix	chown	파일 소유자를 변경
	cksum	파일 체크섬 및 크기 기록
	cmp	두 파일을 비교
	cp	파일을 복사
	crontab	백그라운드 작업을 주기적으로 스케줄링
	date	날짜 및 시간을 표시
	df	남아 있는 디스크 공간을 보여 줌
	du	파일 공간 사용량을 측정해 줌
	echo	인수를 표준 출력에 기록
	grep	패턴에 따른 문자열을 검색
	kill	프로세스 종료 또는 신호 전송
	ls	디렉토리 및 내용을 확인
	man	시스템 문서를 표시
	mkdir	디렉토리를 생성
	mv	파일을 이동함
	ps	프로세스 상태를 보고
	pwd	현재 디렉토리를 출력
	rm	파일을 제거
	rmdir	디렉토리를 제거
	fork	새로운 프로세스를 생성
	who	시스템에 누가 있는지를 표시
	tar	여러 개의 파일을 하나로 묶거나 풀 때 사용

파일 디스크립터(File Descriptor)

파일 디스크립터는 파일 제어 블록(File Control Block)이라고도 불리며 파일 관리를 위해 시스템이 필요로 하는 정보를 가지고 있다. 보조기억장치에 저장되어 있다가 파일이 개방(Open)될 때 주기억장치로 이동된다. 파일 시스템에서 관리하므로 사용자는 직접 참조할 수 없다. 파일 디스크립터는 파일의 이름, 위치, 크기, 파일 구조, 보조기억장치 유형, 파일 유형, 시간, 엑세스 정보를 담고 있다.

01 20년 8월

UNIX SHELL 환경 변수를 출력하는 명령어가 <u>아닌</u> 것은?

① configenv   ② printenv

③ env   ④ setenv

> 해설 printenv는 환경 변수의 값을 출력한다. env, setenv는 환경 변수의 변경 및 출력한다.

02 22년 7월, 20년 8월

UNIX에서 새로운 프로세스를 생성하는 명령어는?

① ls   ② cat

③ fork   ④ chmod

> 해설 fork는 새로운 명령어를 생성하는 명령이다. ls는 디렉토리나 파일 목록을 출력, cat은 파일 내용 출력, chmod는 접근권한 변경 명령어다.

03 23년 5월, 21년 5월

리눅스 Bash 쉘(Shell)에서 export와 관련한 설명으로 <u>틀린</u> 것은?

① 변수를 출력하고자 할 때는 export를 사용해야 한다.
② export가 매개변수 없이 쓰일 경우 현재 설정된 환경변수들이 출력된다.
③ 사용자가 생성하는 변수는 export 명령어 표시하지 않는 한 현재 쉘에 국한된다.
④ 변수를 export 시키면 전역(Global)변수처럼 되어 끝까지 기억된다.

> 해설 변수명 출력 방법은 "echo $변수명"이다.

04 23년 7월, 21년 8월

파일 디스크립터(File Descriptor)에 대한 설명으로 <u>틀린</u> 것은?

① 파일 관리를 위해 시스템이 필요로 하는 정보를 가지고 있다.
② 보조기억장치에 저장되어 있다가 파일이 개방(open)되면 주기억장치로 이동된다.
③ 사용자가 파일 디스크립터를 직접 참조할 수 있다.
④ 파일 제어 블록(File Control Block)이라고도 한다.

> 해설 파일 디스크립터는 파일 시스템에서 관리함으로 사용자가 직접 참조할 수 없다.

01 | ①   02 | ③   03 | ①   04 | ③

088 인터넷 구성과 네트워크***

학 ·습 ·포 ·인 ·트

- 프로토콜에 대한 문제와 네트워크 7계층에 대한 문제가 주로 출제된다.
- 네트워크 계층별 특징에 대해 숙지하는 것이 중요하다.

대표 기출 유형

IEEE 802.11 워킹 그룹의 무선 LAN 표준화 현황 중 QoS 강화를 위해 MAC 지원 가능을 채택한 것은?

20년 6월

① 802.11a   ② 802.11b   ③ 802.11g   ④ 802.11e

IEEE 802.11e에서 MAC 기능을 채택했다.

정답 ④

필수 핵심 이론

인터넷(Internet)

인터넷은 인터넷 프로토콜을 기반으로 하여 전 세계적으로 연결되어 있는 컴퓨터 네트워크 통신망이다.

IEEE 802 표준 규약

미국 전기 전자학회(IEEE) 산하에서 근거리 통신망(LAN; Local Area Network)과 도시권 통신망(MAN; Metropolitan Area Network) 표준을 담당하는 IEEE 802 위원회에서 제정된 일련의 표준이다.

IEEE 표준	접속제어 방식
802.3	Ethernet(CSMA/CD)
802.4	Token Bus
802.5	Token RING
802.8	Fiber optic LANS
802.9	Integrated Service LAN
802.11	Wireless LAN & Wi-Fi(음성/데이터 통합 LAN)

표준	접속제어 방식
802.11a	5GHz 대역의 전파를 사용
802.11d	지역 간 로밍용 확장
802.11e	QoS 강화를 위해 MAC 지원 기능 채택
802.11h	장비와의 간섭 문제를 해결하는 방식 지원

무선랜 데이터 전송

CSMA/CA는 충돌 방지로 데이터 전송 시 매체가 비어 있음을 확인 후 데이터를 전송한다. CSMA/CD는 충돌 감지로 데이터 전송 후 충돌 조건이 감지되면 임의의 시간 간격 동안 대기하다 다시 전송한다.

대표 기출 유형

TCP/IP 네트워크에서 IP 주소를 MAC 주소로 변환하는 프로토콜은?　　22년 7월, 20년 9월, 20년 6월

① UDP　　　　② ARP　　　　③ TCP　　　　④ ICMP

ARP는 IP 주소를 MAC 주소로 변환하고 RARP는 MAC 주소를 IP 주소로 변환하는 프로토콜이다.

정답 ②

네트워크 7계층

네트워크 7계층(OSI; Open System Interconnection)-7 Layer는 국제 표준화 기구(ISO)에서 개발한 통신에 관한 계층화 표준 모델이다.

계층	설명
응용 계층 (Application Layer) 7계층	• 단위(PDU): 데이터(Data) • 사용자와 밀접한 계층으로 인터페이스 역할을 함 • 응용 프로세스 간의 정보 교환을 담당함 • TELNET, FTP, SMTP, HTTP, POP3, IMAP, SSH, SMNP, DNS 등의 프로토콜이 있음
표현 계층 (Presentation Layer) 6계층	• 단위(PDU): 데이터(Data) • 상이한 부호체계 간의 변화에 대해 규정 • 인코딩과 디코딩, 압축과 해제, 암호화와 복호화 등의 역할을 수행
세션 계층 (Session Layer) 5계층	• 단위(PDU): 데이터(Data), 메시지(Message) • 응용 프로그램 간의 논리적인 연결 생성 및 제어를 담당
전송 계층 (Transport Layer) 4계층	• 단위(PDU): 세그먼트(Segment) • 종단 간 신뢰성 있는 전송을 담당 • 구체적인 목적지까지 데이터가 도달할 수 있도록 함 • process를 특정하기 위한 주소로 port number를 사용함 • 주요 장비: L4 Switch • 프로토콜은 TCP와 UDP가 있다.

<table>
<tr><td rowspan="6">네트워크 계층
(Network Layer)
3계층</td><td colspan="2">• 단위(PDU): 패킷(Packet)
• 종단 간 전송을 위한 경로 설정을 담당(End-to-End)
• 호스트로 도달하기 위한 최적의 경로를 라우팅 알고리즘을 통해 선택하고 제어함
• 주요 장비: 라우터(Router), L3 Switch</td></tr>
<tr><td>IP
(Internet Protocol)</td><td>인터넷이 통하는 네트워크에서 어떤 정보를 수신하고 송신하는 통신에 대한 규약</td></tr>
<tr><td>ARP
(Address Resolution Protocol)</td><td>• IP address를 이용해 mac address를 알아냄
• MAC address를 통해 IP를 알아내는 RARP(Reverse Address Resolution Protocol)도 있음</td></tr>
<tr><td>ICMP
(Internet Control Message Protocol)</td><td>• 오류처리와 전송 경로의 변경
• IP의 동작 과정에서의 전송 오류가 발생하는 때에 대비해 오류 정보를 전송하는 목적으로 사용함</td></tr>
<tr><td>IGMP
(Internet Group Management Protocol)</td><td>호스트 컴퓨터가 멀티캐스트 그룹을 주위의 라우터에 알림</td></tr>
<tr><td>RIP
(Routing Information Protocol)</td><td>거릿값에 근거한 알고리즘으로, 목적지까지의 경로(Hop)를 알 수 있음</td></tr>
</table>

	OSPF (Open Shortest Path First)	• 대규모 네트워크에 적합 • Area 개념을 사용해 전체 OSFP 네트워크를 작은 영역 어로 나누어 관리
데이터 링크 계층 (Data Link Layer) 2계층	• 단위(PDU): 프레임(Frame) • 인접한 노드간의 신뢰성 있는 데이터 전송을 제어함 • 네트워크 카드 MAC(Media Access Control) 주소를 통해 목적지를 찾음 • 신뢰성 있는 전송을 위해 흐름 제어(Flow Control), 오류 제어(Error Control), 회선 제어(Line Control)를 수행 • 주요 장비: 브리지(Bridge), L2 Switch	
	HDLC (High-level Data Link Control)	• 점대점 링크 및 멀티포인트 링크를 위해 개발됨 • 에어 제어를 위해 Go-Back-N ARQ를 사용 • 슬라이딩 윈도우 방식에 의해 흐름 제어를 제공
	PPP (Point-to-Point Protocol)	네트워크 분야에서 두 통신 노드 간의 직접적인 연결을 위해 일반적으로 사용되는 프로토콜
	LLC (Logical link control)	다양한 매체접속제어 방식 간의 차이를 보완함
	X.25	DTE(Data Terminal Equipment)와 DCE(Data Circuit-terminating Equipment) 간의 인터페이스 제공
물리 계층 (Physical Layer) 1계층	• 단위(PDU): 비트(Bit) • 주요 장비: 허브(HUB), 리피터(Repeater) 네트워크 카드(NIC) • 물리적인 장치의 전기적, 전자적 연결에 대한 정의 • 디지털 데이터를 아날로그적인 전지적 신호로 변환해 물리적인 전송을 가능하게 함	

TCP와 UDP

프로토콜	설명
TCP (Transmission Control Protocol)	• 인접한 노드 사이의 프레임 전송 및 오류를 제어 • 흐름 제어(Flow Control)의 기능을 수행 • 전이 중(Full Duplex) 방식의 양방향 가상회선을 제공 • 패킷의 전송 및 오류를 제어해 신뢰성 있는 연결을 지향
UDP (User Datagram Protocol)	• 송신자가 수신자에게 일방적으로 데이터그램을 전송하는 통신 방식으로, 비연결형 프로토콜 • 흐름 제어나 순서제어가 없어 속도가 빠름 • 비연결형 및 비신뢰성 전송 서비스를 제공 • 복구 기능을 제공하지 않음 • 신뢰성보다는 속도가 중요한 실시간 전송에 유리함

TCP의 헤더

필드	설명
Source Port	출발지 포트 번호
Destination Port	목적지 포트 번호
Sequence Number	• 바이트 단위의 순서번호 지정하여 데이터의 순위를 유지 • 신뢰성 및 흐름제어 기능 제공
Acknowledgment Number	수신하기를 기대하는 다음 바이트 번호
Offset	헤더 길이
Reserved	예약된 필드로 사용하지 않음
Window	• 수신 버퍼 여유 용량 크기를 통보해 데이터를 얼마나 받을 수 있는지 상대방에게 알려 줌 • 흐름제어를 수행하게 되는 필드
TCP 제어 플래그	• U(Urgent) 긴급 비트, A(Ack) 승인 비트, P(Push) 밀어 넣기 비트, R(Reset) 초기화 비트, S(Syn) 동기화 비트, F(Fin) 종료 비트가 있음
Urgent Pointer	• 어디서부터 긴급 값인지 알려 줌 • TCP 제어 플래그의 U(Urgent) 긴급 비트와 같이 사용

UDP의 헤더

필드	설명
Source Port	출발지 포트 번호
Destination Port	목적지 포트 번호
Total Length	8 Byte ~ 65507 Byte 사이의 값으로 헤더와 데이터를 합한 전체 길의를 정의
Checksum	오류를 탐지하기 위해 사용

TCP의 흐름제어. 오류제어 기법

네트워크 전송에서 송신 측과 수신 측의 속도 차이가 생긴 경우 문제가 발생할 수 있어 이를 해결하기 위한 기법이다.

흐름제어 기법	설명
Stop and Wait	• 프레임이 손실되었을 때, 손실된 프레임 1개를 전송하고 수신자의 응답을 기다림 • 한 번에 프레임 1개만 전송
Slow Start	패킷을 하나씩 보내고 문제없이 도착하면 윈도우 크기를 패킷마다 1씩 증가시킴
Sliding Window	• 확인받지 않고도 여러 패킷을 보낼 수 있어 Stop and Wait보다 효율적 • 윈도우에 포함되는 모든 패킷을 전송하고, 패킷들의 전달이 확인되면 윈도우를 옮겨 (Slide) 다음 패킷을 전송
Congestion Avoidance	패킷의 흐름을 제어해 네트워크가 혼잡해지지 않게 조절

ARQ(Automatic Repeat Request)

ARQ는 신뢰성 있는 데이터 전달을 위해, 재전송을 기반으로 하는 오류제어 기법이다.

오류제어 기법(ARQ)	설명
Stop and Wait	• 프레임이 손실되었을 때, 손실된 프레임 1개를 전송하고 수신자의 응답을 기다림 • 한 번에 프레임 1개만 전송
Go Back n	• 한 번에 여러 개를 보낸 후 하나의 긍정 확인응답(ACK)을 받고, 후속 데이터 전송 • 부정 확인응답(NAK)을 수신할 때까지 계속하여 데이터를 송신 • 전이중방식에서 동작
Selective Repeat	Go Back n 방식과 비슷하게 동작하지만 오류가 발생한(NACK) 프레임 이후 혹은 오류 프레임만을 재전송
Adaptive	ARQ 횟수를 줄여 전송 효율을 높임

쌤의 실전 Tip

네트워크 계층 외우기

물리, 데이터 링크, 네트워크, 전송, 세션, 표현, 응용 → 물론 데네(게네) 전세 표로 응대해.

연·습·문·제

01 21년 3월, 18년 4월

TCP/IP 프로토콜에서 TCP가 해당하는 계층은?

① 데이터 링크 계층 ② 네트워크 계층
③ 트랜스포트 계층 ④ 세션 계층

해설 TCP는 4계층으로 전송 계층, IP는 3계층으로 네트워크 계층이다.

02 23년 5월, 20년 8월

OSI-7Layer에서 링크의 설정과 유지 및 종료를 담당하며, 노드 간의 오류제어와 흐름제어 기능을 수행하는 계층은?

① 데이터 링크 계층 ② 물리 계층
③ 세션 계층 ④ 응용 계층

해설 데이터 링크 계층은 송수신 측 속도 차이 해결을 위한 흐름 제어 및 오류 검출과 회복을 위한 오류제어 기능, 프레임 시작 및 끝을 구분하기

위한 동기화 기능 및 프레임 순서적 전송을 위한 순서제어 기능이 있다.

03 22년 7월, 21년 5월

OSI 7계층 중 네트워크 계층에 대한 설명으로 틀린 것은?

① 패킷을 발신지로부터 최종 목적지까지 전달하는 책임을 진다.
② 한 노드로부터 다른 노드로 프레임을 전송하는 책임을 진다.
③ 패킷에 발신지와 목적지의 논리 주소를 추가한다.
④ 라우터 또는 교환기는 패킷 전달을 위해 경로를 지정하거나 교환 기능을 제공한다.

해설 데이터 링크 계층은 한 노드에서 다른 노드로 프레임을 전송하는 책임을 갖는다.

04 23년 7월, 22년 3월

OSI 7계층 중 데이터 링크 계층에 해당되는 프로토콜이 <u>아닌</u> 것은?

① HTTP   ② HDLC
③ PPP   ④ LLC

> **해설** HTTP는 7계층인 응용 계층에 해당하는 프로토콜이다.

05 20년 6월

OSI-7계층에서 종단간 신뢰성 있고 효율적인 데이터를 전송하기 위해 오류검출과 복구, 흐름 제어를 수행하는 계층은?

① 전송 계층   ② 세션 계층
③ 표현 계층   ④ 응용 계층

> **해설** 전송 계층은 논리적 안정 및 균일한 데이터 전송 서비스를 제공해 종단 시스템 간 투명한 데이터를 전송한다.

06 20년 6월

TCP/IP 프로토콜 중 전송계층 프로토콜은?

① HTTP   ② SMTP
③ FTP   ④ TCP

> **해설** HTTP, SMTP, FTP는 응용계층인 7계층이다.

07 20년 9월, 19년 4월, 17년 3월

OSI 7계층에서 단말기 사이에 오류 수정과 흐름제어를 수행하여 신뢰성 있고 명확한 데이터를 전달하는 계층은?

① 전송 계층   ② 응용 계층
③ 세션 계층   ④ 표현 계층

> **해설** 전송 계층은 논리적 안정 및 균일한 데이터 전송 서비스를 제공해 종단 시스템 간 투명한 데이터를 전송한다.

08 21년 3월, 17년 8월

OSI 7계층에서 물리적 연결을 이용해 신뢰성 있는 정보를 전송하려고 동기화, 오류제어, 흐름제어 등의 전송에러를 제어하는 계층은?

① 데이터 링크 계층   ② 물리 계층
③ 응용 계층   ④ 표현 계층

> **해설** 데이터 링크 계층은 한 노드에서 다른 노드로 프레임을 전송할 때 동기화, 오류제어, 순서제어를 한다.

09 22년 7월, 20년 9월, 20년 6월

TCP/IP 네트워크에서 IP 주소를 MAC 주소로 변환하는 프로토콜은?

① UDP   ② ARP
③ TCP   ④ ICMP

> **해설** ARP는 IP주소를 MAC 주소로 변환하고 RARP는 MAC 주소를 IP 주소로 변환하는 프로토콜이다.

10 20년 6월

IEEE 802.11 워킹 그룹의 무선 LAN 표준화 현황 중 QoS 강화를 위해 MAC 지원 기능을 채택한 것은?

① 802.11a   ② 802.11b
③ 802.11g   ④ 802.11e

> **해설** IEEE 802.11e에서 MAC 기능을 채택했다.

11 22년 7월, 21년 3월, 18년 4월, 15년 8월

IEEE 802.3 LAN에서 사용되는 전송매체 접속제어(MAC) 방식은?

① CSMA/CD   ② Token Bus
③ Token Ring   ④ Slotted Ring

> **해설** IEEE 802.3은 CSMA/CD이다.

12 22년 4월

RIP 라우팅 프로토콜에 대한 설명으로 틀린 것은?

① 경로 선택 메트릭은 홉 카운트(hop count) 이다.
② 라우팅 프로토콜을 IGP와 EGP로 분류했을 때 EGP에 해당한다.
③ 최단 경로 탐색에 Bellman-Ford 알고리즘을 사용한다.
④ 각 라우터는 이웃 라우터들로부터 수신한 정보를 이용하여 라우팅 표를 갱신한다.

해설 RIP(Routing Information Protocol)는 IGP와 EGP로 분류했을 때 IGP에 해당한다.

13 22년 4월, 21년 3월

UDP 프로토콜의 특징이 아닌 것은?

① 비연결형 서비스를 제공한다.
② 단순한 헤더 구조로 오버헤드가 적다.
③ 주로 주소를 지정하고, 경로를 설정하는 기능을 한다.
④ TCP와 같이 트랜스포트 계층에 존재한다.

해설 주로 주소를 지정하고, 경로를 설정하는 기능은 IP에 관한 설명이다.

14 22년 3월

TCP/IP 계층 구조에서 IP의 동작 과정에서의 전송 오류가 발생하는 경우에 대비해 오류 정보를 전송하는 목적으로 사용하는 프로토콜은?

① ECP(Error Checking Protocol)
② ARP(Address Resolution Protocol)
③ ICMP(Internet Control Message Protocol)
④ PPP(Point-to-Point Protocol)

해설 ICMP는 IP의 동작 과정에서의 전송 오류가 발생하는 때를 대비해 오류 정보를 전송하는 목적으로 사용한다.

15 21년 5월

TCP 프로토콜과 관련한 설명으로 틀린 것은?

① 인접한 노드 사이의 프레임 전송 및 오류를 제어한다.
② 흐름 제어(Flow Control)의 기능을 수행한다.
③ 전이 중(Full Duplex) 방식의 양방향 가상회선을 제공한다.
④ 전송 데이터와 응답 데이터를 함께 전송할 수 있다.

해설 인접한 노드 사이의 프레임 전송 및 오류를 제어하는 건 데이터 링크 계층에 대한 설명이다. TCP는 패킷의 전송 및 오류를 제어한다.

16 23년 5월, 20년 8월

TCP 프로토콜에 대한 설명으로 거리가 먼 것은?

① 신뢰성이 있는 연결 지향형 전달 서비스이다.
② 기본 헤더 크기는 100byte이고 160byte까지 확장 가능하다.
③ 스트림 전송 기능을 제공한다.
④ 순서제어, 오류제어, 흐름제어 기능을 제공한다.

해설 기본 헤더 크기는 최소 20byte, 최대 60byte이다.

17 20년 9월

TCP 흐름제어 기법 중 프레임이 손실되었을 때, 손실된 프레임 1개를 전송하고 수신자의 응답을 기다리는 방식으로 한 번에 프레임 1개만 전송할 수 있는 기법은?

① Slow Start
② Sliding Window
③ Stop and Wait
④ Congestion Avoidance

> **해설** Stop and Wait는 TCP 흐름 제어기법 중 프레임이 손실되었을 때, 손실된 프레임 1개를 전송하고 수신자의 응답을 기다리는 방식으로 한 번에 프레임 1개만 전송할 수 있는 기법이다.

18 20년 9월, 18년 8월

UDP 특성에 해당되는 것은?

① 데이터 전송 후, ACK를 받는다.
② 송신 중에 링크를 유지 관리하므로 신뢰성이 높다.
③ 흐름제어나 순서제어가 없어 전송속도가 빠르다.
④ 제어를 위한 오버헤드가 크다.

> **해설** UDP는 비연결성 서비스로 흐름제어나 순서제어가 없어 전송속도가 빨라 실시간 전송에 유리하다.

19 21년 5월

다음 설명에 해당하는 방식은?

- 무선 랜에서 데이터 전송 시, 매체가 비어 있음을 확인한 뒤 충돌을 회피하기 위해 임의 시간을 기다린 후 데이터를 전송하는 방법이다.
- 네트워크에 데이터의 전송이 없는 경우라도 동시 전송에 의한 충돌에 대비하여 확인 신호를 전송한다.

① STA
② Collision Domain
③ CSMA/CA
④ CSMA/CD

> **해설** CSMA/CA는 충돌 방지로 데이터 전송 시 매체가 비어 있음을 확인 후 데이터를 전송한다. CSMA/CD는 충돌 감지로 데이터 전송 후 충돌 조건이 감지되면 임의의 시간 간격 동안 대기하다 다시 전송한다.

20 21년 8월

오류 제어에 사용되는 자동반복 요청방식 (ARQ)이 <u>아닌</u> 것은?

① Stop-and-wait ARQ
② Go-back-N ARQ
③ Selective-Repeat ARQ
④ Non-Acknowledge ARQ

> **해설** 자동 반복 요청방식은 Stop-and-Wait ARQ, Go-Back-N ARQ, Selective-Repeat ARQ, Adaptive ARQ이 있다.

21 21년 8월

TCP 헤더와 관련한 설명으로 틀린 것은?

① 순서번호(Sequence Number)는 전달하는 바이트마다 번호가 부여된다.
② 수신번호확인(Acknowledgement Number)은 상대편 호스트에서 받으려는 바이트의 번호를 정의한다.
③ 체크섬(Checksum)은 데이터를 포함한 세그먼트의 오류를 검사한다.
④ 윈도우 크기는 송수신 측의 버퍼 크기로 최대 크기는 32767bit이다.

> 해설 TCP 헤더에 있는 Windows size는 2¹⁶으로 65,535bit이다.

22 22년 7월

OSI 7계층 중 다음 설명에 해당하는 계층은?

- 두 응용 프로세스 간의 통신에 대한 제어 구조를 제공한다.
- 연결의 생성, 관리, 종료를 위해 토큰을 사용한다.

① 데이터 링크 계층
② 네트워크 계층
③ 세션 계층
④ 표현 계층

> 해설 세션 계층은 두 응용 프로세스 간의 통신에 대한 제어 구조를 제공한다.

01	③	02	①	03	②	04	①	05	①
06	④	07	①	08	①	09	②	10	③
11	①	12	②	13	③	14	③	15	①
16	②	17	③	18	③	19	③	20	④
21	④	22	③						

089 | IP와 서브네팅***

학·습·포·인·트 --

• IP(Internet Protocol)에 관한 문제가 주로 출제되고 있다.
• 각 개념과 IP의 서브네팅의 개념을 이해하는 것이 중요하다.

대표 기출 유형

IP 프로토콜의 주요 특징에 해당하지 않는 것은?　　　　　　　　　**23년 7월, 22년 4월**

① 체크섬(Checksum) 기능으로 데이터 체크섬(Data Checksum)만 제공한다.
② 패킷을 분할, 병합하는 기능을 수행하기도 한다.
③ 비연결형 서비스를 제공한다.
④ Best Effort 원칙에 따른 전송 기능을 제공한다.

....

체크섬(Checksum) 기능으로 헤더 체크섬만 제공한다.

정답 ①

필수 핵심 이론

IP(Internet Protocol)

● 인터넷 프로토콜(Internet Protocol)의 약자로, 인터넷이 통하는 네트워크에서 어떤 정보를 수신하고 송신하는 통신규약을 의미

● 패킷을 분할, 병합하는 기능을 수행

● 비연결형, 비신뢰성 서비스를 제공

● 데이터그램 전송 서비스를 제공

- IP 주소는 논리적 주소이며 MAC(Media Access Control) 주소는 인터넷 가능한 장비가 가지고 있는 물리적 주소
- Bert Effort 원칙에 따른 전송 기능을 제공

IPv4(Internet Protocol version 4)

- 32비트 값으로 8비트씩 끊어 이를 0~255의 10진수 숫자로 나타내며, 각 숫자는 점(.)으로 구분한다.
- 각 마디는 옥텟(octet)이라고 부른다.
- 티캐스트, 유니캐스트, 브로드캐스트를 지원한다.

IPv4의 헤더 필드

필드	설명
Version	• 4비트 • IPv4의 버전4를 사용
Header Length	• 4비트 • 헤더의 길이를 워드 단위로 표시
Type of Service	• 8비트 • 요구되는 서비스 품질
Total Packet Length	• 16비트 • IP 패킷 전체 길이를 바이트 단위로 표시
Fragment Identifier	• 16비트 • 각 조각이 동일한 데이터그램에 속하면 같은 일련번호 공유
Fragmentation Flag	• 3비트 • 분열의 특성을 나타냄
Fragmentation Offset	• 13비트 • 조각나기 전 원래의 데이터그램의 8바이트 단위의 위치
Time To Live	• 8비트 • IP 패킷의 수명
Protocol Identifier	• 8비트 • 어느 상위계층 프로토콜이 데이터 내에 포함되었는지 나타냄
Header Checksum	• 8비트 • 헤더 오류검출
Source Address	• 32비트 • 출발지 IP 주소
Destination Address	• 32비트 • 목적지 IP 주소

IPv4의 Class

CLASS	설명	중요 사설 IP 주소
A Class	• 앞 비트 0으로 시작 • 0.0.0.0 ~ 127.255.255.255	• Zero 주소 0.0.0.0~0.255.255.255 • 사설망 10.0.0.0~10.255.255.255 • 로컬호스트 127.0.0.0~127.255.255.255
B Class	• 앞 비트 10으로 시작 • 128.0.0.0~191.255.255.255	사설망 127.16.0.0~127.31.255.255
C Class	• 앞 비트 110으로 시작 • 192.0.0.0~223.255.255.255	• IPv4에서 IPv6로 애니캐스트 릴레이 192.88.99.0~192.88.99.255 • 사설망 192.168.0.0~192.168.255.255
D Class	• 앞 비트 1110으로 시작 • 224.0.0.0~239.255.255.255	멀티캐스트 224.0.0.0~239.255.255.255
E Class	• 앞 비트 1111로 시작 • 240.0.0.0~255.255.255.255	예약됨 240.0.0.0~255.255.255

IPv6

IPv6(Internet Protocol version 6)는 인터넷 프로토콜 스택 중 네트워크 계층의 프로토콜로서 버전 6 인터넷 프로토콜(version 6 Internet Protocol)로 제정된 차세대 인터넷 프로토콜을 말한다. 멀티캐스트, 유니캐스트, 애니 캐스트를 지원한다. 멀티미디어의 실시간 처리가 가능하다. 16비트씩 8부분을 16진수로 표시한다. 등급별, 서비스별로 패킷을 구분할 수 있어 품질보장이 용이하다.

IPv6의 기본 및 확장 헤더 필드

필드	설명
Version	• 4비트 • IPv4의 버전 4를 사용
Traffic	• 8비트 • IPv4의 TOS와 유사하며 요구되는 서비스 품질
Flow Label	• 20비트 • 연결 지향적 프로토콜을 사용할 수 있게 우선권을 주기 위해 특정 트래픽에 대한 라벨링
Payload Length	• 16비트 • IPv4의 Total Packet Length와 유사함 • 확장헤더와 상위계층 데이터의 길이로 최대 65536을 가짐
Next Header	• 16비트 • 기본 헤더 다음에 오는 확장 헤더의 종류를 나타냄
Hop Limit	• 8비트 • IPv4의 TTL과 같이 패킷의 수명

Source Address	• 32비트 • 출발지 IP 주소
Destination Address	• 32비트 • 목적지 IP 주소
IP Header Option	선택적 옵션으로 가변길이

IPv6와의 차이점

IPv6의 확장 헤더는 IPv4의 옵션 필드를 구현한다.

차이점	설명
IP 주소 확장	IPv4의 32비트에서 128비트로 확장
호스트 주소 자동설정	IPv6 네트워크에 접속하는 순간 자동으로 네트워크 주소를 부여받음
패킷 크기 확장	IPv4에서 패킷 크기는 64킬로바이트로 제한에서 제한이 사라짐
라우팅	• IP 패킷의 처리를 신속하게 할 수 있도록 고정 크기의 단순한 헤더를 사용 • 네트워크 기능에 대한 확장 및 옵션기능의 확장이 용이
플로 레이블링 (Flow Labeling)	특정 트래픽은 별도의 특별한 처리(실시간 통신 등)를 통해 높은 품질의 서비스를 제공할 수 있도록 함
인증 및 보안	패킷 출처 인증과 데이터 무결성 및 비밀 보장 기능을 IP 프로토콜 체계에 반영
이동성	네트워크의 물리적 위치에 제한받지 않고 같은 주소를 유지하면서도 자유롭게 이동할 수 있음

데이터 전송 방법

네트워크에서 데이터를 전송할 때 사용한다.

데이터 전송 방법	설명
유니캐스트 (Unicast)	• IPv4, IPv6 둘 다 사용 • 출발지와 목적지가 하나로 정해져 있는 1대1 통신
멀티캐스트 (Multicast)	• IPv4, IPv6 둘 다 사용 • 여러 명에게 보내야 할 경우에 사용하는 방식 • 특정 그룹을 지정해 그룹원에게 보내는 방식
브로드캐스트 (Broadcast)	• IPv4에서만 사용 • 같은 네트워크에 있는 모든 장비에게 보내는 통신 • 상대 IP는 알지만, MAC 정보를 모르는 경우 주로 사용 • 목적지가 전체이기 때문에 과도하게 사용 시 네트워크 성능이 저하될 수 있음
애니캐스트 (Anycst)	• IPv6에서만 사용 • 네트워크에 연결된 수신 가능한 노드 중 한 노드에만 데이터 전송 • 트래픽을 분산하고 네트워크 이중화함

192.168.1.0/24 네트워크를 FLSM 방식을 이용하여 4개의 Subnet으로 나누고 IP Subnet-zero
를 적용했다. 이때 Subnetting 된 네트워크 중 4번째 네트워크의 4번째 사용 가능한 IP는 무엇인
가?   **23년 7월, 21년 8월**

① 192.168.1.192   ② 192.168.1.195   ③ 192.168.1.196   ④ 192.168.1.198

··

192.168.1.0/24를 4개로 나누고 상위 비트 2개를 나누면 된다.
192.168.1.(00)000000 (0)
192.168.1.(01)000000 (64)
192.168.1.(10)000000 (128)
192.168.1.(11)000000 (192)
이므로 4번째 네트워크의 4번째 사용할 수 있는 IP는 192.168.1.198이다.

정답 ④

필수 핵심 이론

서브네팅(Subnetting)

IP주소 고갈문제를 해결하기 위해 작은 단위의 논리적인 망으로 구분하여 관리하는 기법이다.
하나의 클래스 네트워크를 더 작은 네트워크 단위로 나눈다.

FLSM(Fixed Length Subnet Mask)

● 서브넷의 길이를 고정적으로 사용한다.

● 한 대역을 동일한 크기로 나눈다.

VLSM(Variable - Length Subnet Mask)

● 서브넷의 길이를 가변적으로 나누어 사용한다.

● 사용하지 않는 IP를 최소화한다.

서브넷 마스크(Subnet Mask) 표현

● IP주소 중 네트워크 ID와 호스트 ID를 구분하기 위해 사용한다.

● 네트워크 아이디만큼을 1로 표현하거나 네트워크 아이디의 개수를 표시한다.

예시	설명
A Class	255.0.0.0 혹은 IP주소/8로 표현
B Class	255.255.0.0 혹은 IP주소/16으로 표현
C Class	255.255.255.0 혹은 IP주소/24로 표현

서브네팅 방법 예시

200.1.1.0/24 네트워크를 FLSM 방식을 이용하여 10개의 Subnet으로 나누고 3번째 네트워크 구하기

그림	설명
200.1.1.0/24 IP 11001000.00000001.00000001.00000000 Subnet Mask 11111111.11111111.11111111.00000000	• 200.1.1.0/24 네트워크로 10개의 subnet으로 나누기 위해서는 24로 4개의 비트를 네트워크 아이디로 구성 • 23은 8개의 네트워크 아이디로 10개의 Subnet을 나누지 못함
200.1.1.0/28 IP 11001000.00000001.00000001.00000000 Subnet Mask 11111111.11111111.11111111.11110000	200.1.1.0/28으로 네트워크 아이디의 비트를 1씩 증가시킴

서브넷 순서	네트워크 ID	IP 주소 범위
1번째	11001000.00000001.00000001.00000000	200.1.1.0~200.1.1.15
2번째	11001000.00000001.00000001.00010000	200.1.1.16~200.1.1.31
3번째	11001000.00000001.00000001.00020000	200.1.1.32~200.1.1.47

. . .

200.1.1.32/28	200.1.1.32	Network Address	• Network Address는 서브넷의 첫 번째 주소로 호스트 IP주소로 사용됨
	200.1.1.33~2001.1.46	Host IP	• Broadcast Adress는 서브넷의 마지막 주소
	200.1.1.47	Broadcast Address	

01 21년 3월, 20년 6월

IPv6에 대한 설명으로 **틀린** 것은?

① 멀티캐스팅(Multicast) 대신 브로드캐스트(Broadcast)를 사용한다.
② 보안과 인증 확장 헤더를 사용함으로써 인터넷 계층의 보안기능을 강화하였다.
③ 애니캐스트(Anycast)는 하나의 호스트에서 그룹 내의 가장 가까운 곳에 있는 수신자에게 전달하는 방식이다.
④ 128비트 주소체계를 사용한다.

> 해설 IPv6는 유니캐스트, 애니캐스트, 멀티캐스트를 사용한다.

02 23년 7월, 21년 8월

192.168.1.0/24 네트워크를 FLSM 방식을 이용하여 4개의 Subnet으로 나누고 IP Subnet-zero를 적용했다. 이 때 Subnetting 된 네트워크 중 4번째 네트워크의 4번째 사용가능한 IP는 무엇인가?

① 192.168.1.192 ② 192.168.1.195
③ 192.168.1.196 ④ 192.168.1.198

> 해설 192.168.1.0/24를 4개로 나누고 상위 비트 2개를 나누면 된다.
> 192.168.1.(00)000000 (0)
> 192.168.1.(01)000000 (64)
> 192.168.1.(10)000000 (128)
> 192.168.1.(11)000000 (192)
> 임으로 4번째 네트워크의 4번째 사용 가능한 IP는 192.168.1.198이다.

03 21년 8월

C Class에 속하는 IP address는?

① 200.168.30.1 ② 10.3.2.1 4
③ 225.2.4.1 ④ 172.16.98.3

> 해설 C class에 속하는 IP 주소 범위는 192.0.0.0 ~ 223.255.255.255이다.

04 23년 7월, 22년 3월

IP 주소체계와 관련한 설명으로 **틀린** 것은?

① IPv6의 패킷 헤더는 32 bit의 고정된 길이를 가진다.
② IPv6는 주소 자동설정(Auto Configuration) 기능을 통해 손쉽게 이용자의 단말을 네트워크에 접속시킬 수 있다.
③ IPv4는 호스트 주소를 자동으로 설정하며 유니캐스트(Unicast)를 지원한다.
④ IPv4는 클래스별로 네트워크와 호스트 주소의 길이가 다르다.

> 해설 IPv6는 128비트의 길이를 가진다.

05 22년 4월

IP 프로토콜에서 사용하는 필드와 해당 필드에 대한 설명으로 **틀린** 것은?

① Header Length는 IP 프로토콜의 헤더 길이를 32비트 워드 단위로 표시한다.
② Packet Length는 IP 헤더를 제외한 패킷 전체의 길이를 나타내며 최대 크기는 $2^{32}-1$ 비트이다.
③ Time To Live는 송신 호스트가 패킷을 전송하기 전 네트워크에서 생존할 수 있는 시간을 지정한 것이다.
④ Version Number는 IP 프로토콜의 버전 번호를 나타낸다.

> 해설 Packet Length는 IP 헤더를 제외한 패킷 전체의 길이를 나타내며 최대 크기는 $2^{16}-1$비트이다.

06 23년 7월, 22년 4월

IP 프로토콜의 주요 특징에 해당하지 <u>않는</u> 것은?

① 체크섬(Checksum) 기능으로 데이터 체크섬(Data Checksum)만 제공한다.
② 패킷을 분할, 병합하는 기능을 수행하기도 한다.
③ 비연결형 서비스를 제공한다.
④ Best Effort 원칙에 따른 전송 기능을 제공한다.

> 해설 체크섬(Checksum) 기능으로 헤더 체크섬만 제공한다.

07 20년 6월, 17년 8월

IPv6의 주소체계로 거리가 <u>먼</u> 것은?

① Unicast
② Anycast
③ Broadcast
④ Multicast

> 해설 IPv6는 유니캐스트(Unicast), 애니캐스트(Anycast), 멀티캐스트(Multicast)를 사용한다.

08 22년 3월

IPv6에 대한 특성으로 <u>틀린</u> 것은?

① 표시방법은 8비트씩 4부분의 10진수로 표시한다.
② 2^{128}개의 주소를 표현할 수 있다.
③ 등급별, 서비스별로 패킷을 구분할 수 있어 품질보장이 용이하다.
④ 확장기능을 통해 보안기능을 제공한다.

> 해설 IPv6는 16비트씩 8부분을 16진수로 표시한다.

09 20년 8월

IPv6에 대한 설명으로 <u>틀린</u> 것은?

① 32비트의 주소체계를 사용한다.
② 멀티미디어의 실시간 처리가 가능하다.
③ IPv4보다 보안성이 강화되었다.
④ 자동으로 네트워크 환경구성이 가능하다.

> 해설 IPv6는 128비트 주소 체계를 사용하여 IPv4의 주소 부족 문제를 해결한다.

10 20년 8월

200.1.1.0/24 네트워크를 FLSM 방식을 이용하여 10개의 Subnet으로 나누고 ip subnet-zero를 적용했다. 이때 서브네팅된 네트워크 중 10번째 네트워크의 broadcast IP 주소는?

① 200.1.1.159   ② 201.1.5.175
③ 202.1.11.254   ④ 203.1.255.245

> 해설 10개의 서브넷이 필요하면 16개인 24, 즉 상위 비트 4개를 나누면 된다.
> 200.1.1.(0000)0000 → 200.1.1.0 ~ 31
> …
> 200.1.1.(1001)0000 → 200.1.1.144 ~ 159 → 10번째 네트워크
> 200.1.1.(1010)0000 → 200.1.1.160 ~ 175
> …

11 21년 5월

CIDR(Classless Inter-Domain Routing) 표기로 203.241.132.82/27과 같이 사용되었다면, 해당 주소의 서브넷 마스크(subnet mask)는?

① 255.255.255.0
② 255.255.255.224
③ 255.255.255.240
④ 255.255.255.248

해설 ip 주소는 8bit*4로 이루어져 있다. 마스크 값이 27임으로 앞에서부터 순서대로 27개를 1로 나머지를 0으로 채우면 된다. 11111111.11111111.11111111.11100000=255.255.255.2240이다.

12 22년 7월

다음 중 IP 버전에 대한 설명 중 틀린 것은?

① IPv4는 각 부분을 옥텟으로 구성, 총 32 비트로 구성된다.

② Pv6는 각 부분을 콜론으로 구분한다.

③ IPv4는 네트워크 부분의 길이에 따라 A 클래스에서 E 클래스까지 총 5단계로 구성되어 있다.

④ IPv6는 IPv4에 비해 자료 전송 속도가 느리다.

해설 환경에 따라 속도가 달라 무엇이 더 빠르다고 할 수 없다.

01	①	02	③	03	①	04	①	05	②
06	①	07	③	08	①	09	①	10	①
11	②	12	④

더 멋진 내일(Tomorrow)을 위한 내일(My Career)

내 일 은 정 보 처 리 기 사

5과목

정보시스템 구축관리

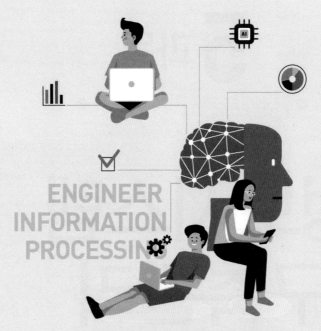

ENGINEER
INFORMATION
PROCESSING

더 멋진 내일(Tomorrow)을 위한 내일(My Career)

내 일 은 정 보 처 리 기 사

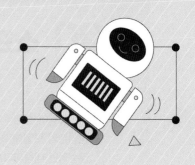

01

소프트웨어 개발
방법론 활용

090 소프트웨어 생명주기 모델*

학 ·습 ·포 ·인 ·트 --

- 소프트웨어 생명주기 모델의 종류와 절차에 대하여 주로 출제된다.
- 생명주기 모델에 대한 문제는 최근 출제 빈도가 낮아졌지만, 소프트웨어 개발 방법론에서 필수적인 내용이다.

대표 기출 유형

소프트웨어 생명주기 모델 중 나선형 모델(Spiral Model)과 관련한 설명으로 틀린 것은?

23년 5월, 22년 3월

① 소프트웨어 개발 프로세스를 위험 관리(Risk Management) 측면에서 본 모델이다.
② 위험 분석(Risk Analysis)은 반복적인 개발 진행 후 주기의 마지막 단계에서 최종적으로 한 번 수행해야 한다.
③ 시스템을 여러 부분으로 나누어 여러 번의 개발 주기를 거치면서 시스템이 완성된다.
④ 요구사항이나 아키텍처를 이해하기 어렵다거나 중심이 되는 기술에 문제가 있는 경우 적합한 모델이다.

나선형 모델의 위험 분석은 주기마다 반복 수행해야 한다.

정답 ②

필수 핵심 이론

소프트웨어 생명주기(SDLC; Software Life Cycle)

시스템의 요구분석부터 유지보수까지의 소프트웨어 개발 전체 과정을 체계적으로 정리하여 표준화한 것이다. 소프트웨어 생명주기는 개발 단계, 단계별 주요 활동, 산출물로 표현한다. 일반적으로 사용되는 소프트웨어 생명주기 모델에는 폭포수 모델, 프로토타입 모델, V모델, 나선형 모델 등이 있다.

종류	설명
폭포수 모델 (Waterfall Model)	• 폭포에서 떨어진 물은 거슬러 올라갈 수 없는 것처럼 소프트웨어 개발 시, 각 단계를 마무리 지은 후, 다음 단계로 넘어가는 모델 • Bohem이 제시한 고전적 생명주기 모델로, 선형 순차적 모델이라고 함 • 모델을 적용한 경험과 성공 사례가 많으며, 단계별 정의와 산출물이 명확하나, 중간에 요구 사항 변경 어려움 • 절차 타당성 검토 → 계획 → 요구사항분석 → 설계 → 구현 → 테스트 → 유지보수
프로토타입 모델 (Prototyping Model)	• 사용자의 요구사항을 실제 개발될 소프트웨어에 대한 프로토타입(Prototype)을 만들어 최종 결과물을 예측하는 모델 • 프로토타입은 구현 단계에서 구현 골격으로 활용 • 절차
V 모델 (V Model)	• 폭포수 모델의 확장형으로 생명주기 단계별로 테스트 단계가 추가되어 개발 작업과 검증 작업 사이의 관계를 명확히 들어낸 모델 • Perry에 의해 제안되었으며 세부적인 테스트 과정으로 구성되어 신뢰도 높은 시스템을 개발하는데 효과적임 • 절차: 위에서 아래 방향(\)으로 진행하다가 개발 단계를 거치면서 아래에서 위로(/) 향함
나선형 모델 (Spiral Model)	• 폭포수 모델과 프로토타입 모델의 장점에 위험 분석 기능을 추가하여 점진적으로 완벽한 시스템으로 개발해나가는 모델 • 대형 프로젝트 비교적 적합하나, 프로젝트 관리가 어려움 • 절차

연·습·문·제

01 22년 3월

소프트웨어 생명주기 모델 중 V 모델과 관련한 설명으로 **틀린** 것은?

① 요구분석 및 설계 단계를 거치지 않으며 항상 통합 테스트를 중심으로 V 형태를 이룬다.

② Perry에 의해 제안되었으며 세부적인 테스트 과정으로 구성되어 신뢰도 높은 시스템을 개발하는 데 효과적이다.

③ 개발 작업과 검증 작업 사이의 관계를 명확히 들어내 놓은 폭포수 모델의 변형이라고 볼 수 있다.

④ 폭포수 모델이 산출물 중심이라면 V 모델은 작업과 결과의 검증에 초점을 둔다.

> **해설** 소프트웨어 생명주기 모델 중 V 모델은 각 단계별로 테스트를 진행한다

02 23년 5월, 22년 3월

소프트웨어 생명주기 모델 중 나선형 모델(Spiral Model)과 관련한 설명으로 **틀린** 것은?

① 소프트웨어 개발 프로세스를 위험 관리(Risk Management) 측면에서 본 모델이다.

② 위험 분석(Risk Analysis)은 반복적인 개발 진행 후 주기의 마지막 단계에서 최종적으로 한 번 수행해야 한다.

③ 시스템을 여러 부분으로 나누어 여러 번의 개발 주기를 거치면서 시스템이 완성된다.

④ 요구사항이나 아키텍처를 이해하기 어렵다거나 중심이 되는 기술에 문제가 있는 경우 적합한 모델이다.

> **해설** 나선형 모델의 위험 분석은 주기마다 반복 수행해야 한다.

03 21년 8월

소프트웨어 생명주기 모형 중 Spiral Model에 대한 설명으로 **틀린** 것은?

① 비교적 대규모 시스템에 적합하다.

② 개발 순서는 계획 및 정의, 위험 분석, 공학적 개발, 고객평가 순으로 진행된다.

③ 소프트웨어를 개발하면서 발생할 수 있는 위험을 관리하고 최소화하는 것을 목적으로 한다.

④ 계획, 설계, 개발, 평가의 개발 주기가 한 번만 수행된다.

> **해설** 나선형 모델은 나선을 따라 도는 것처럼 개발 주기가 여러 번 반복되어 점진적으로 완벽한 소프트웨어를 개발하는 모델이다.

04 21년 8월, 20년 9월, 8월

생명주기 모형 중 가장 오래된 모형으로 많은 적용 사례가 있지만 요구사항의 변경이 어렵고 각 단계의 결과가 확인되어야 다음 단계로 넘어갈 수 있는 선형 순차적, 고전적 생명주기 모형이라고도 하는 것은?

① Waterfall Model
② Prototype Model
③ Cocomo Model
④ Spiral Model

각 단계의 결과가 확인되어야 다음 단계로 넘어갈 수 있는 선형 순차적, 고전적 생명주기 모형은 폭포수(Waterfall Model)이다.

05 21년 3월

나선형(Spiral) 모형의 주요 태스크에 해당하지 않는 것은?

① 버전 관리
② 위험 분석
③ 개발
④ 평가

나선형 모형의 절차는 계획 및 정의 → 위험 분석 → 개발 → 고객 평가로 버전 관리는 해당하지 않는다.

06 20년 9월, 8월

소프트웨어 개발 모델 중 나선형 모델의 4가지 주요 활동이 순서대로 나열된 것은?

Ⓐ 계획 수립	Ⓑ 고객평가
Ⓒ 개발 및 검증	Ⓓ 위험 분석

① Ⓐ-Ⓑ-Ⓓ-Ⓒ순으로 반복
② Ⓐ-Ⓓ-Ⓒ-Ⓑ순으로 반복
③ Ⓐ-Ⓑ-Ⓒ-Ⓓ순으로 반복
④ Ⓐ-Ⓒ-Ⓑ-Ⓓ순으로 반복

나선형 모형의 절차는 계획 및 정의 → 위험 분석 → 개발 → 고객 평가이다.

07 20년 6월

폭포수 모형의 특징으로 거리가 먼 것은?

① 개발 중 발생한 요구사항을 쉽게 반영할 수 있다.
② 순차적인 접근방법을 이용한다.
③ 단계적 정의와 산출물이 명확하다.
④ 모형의 적용 경험과 성공사례가 많다.

폭포수 모형은 개발 단계를 거슬러 올라갈 수 없으므로, 개발 중에 발생한 요구사항을 반영할 수 없다.

01 ┃ ①	02 ┃ ②	03 ┃ ④	04 ┃ ①	05 ┃ ①
06 ┃ ②	07 ┃ ①			

091 소프트웨어 개발 방법론★★

학·습·포·인·트 --

• 소프트웨어 개발 방법론의 종류와 특징에 대한 문제가 출제된다.
• 특히 구조적 개발 방법론과 컴포넌트 기반 방법론(NS–Chart)를 이해하는 것이 중요하다.

대표 기출 유형

정형화된 분석 절차에 따라 사용자 요구사항을 파악, 문서화하는 체계적 분석방법으로 자료 흐름도, 자료 사전, 소단위 명세서의 특징을 갖는 것은?　　　　　　　　　　　**21년 3월**

① 구조적 개발 방법론　　　　　　　② 객체지향 개발 방법론
③ 정보공학 방법론　　　　　　　　④ CBD 방법론

정형화된 분석 절차, 문서화하는 체계적 분석, 자료 흐름도, 자료 사전, 소단위 명세서 특징을 갖는 방법론은 구조적 개발 방법론이다.

정답 ①

필수 핵심 이론

소프트웨어 개발 방법론(Software Development Methodology)

소프트웨어의 생산성과 품질 향상을 위하여, 개발 전 과정에서 지속적으로 적용할 수 있는 방법이다.

종류	설명
구조적 방법론 (Structured Development)	• 정형화된 분석 절차에 따라 사용자 요구사항을 파악하여 문서화하는 프로세스 접근 방식의 방법론 • 쉬운 이해와 검증이 가능한 프로그램 코드를 생성하는 것이 목적이며, 분할과 정복 (Divide and Conquer) 원리 적용 • 문서화하는 분석 방법으로 자료 흐름도(DFD), 자료 사전(DD), 소단위 명세서의 특징을 나타냄 • 나씨–슈나이더만(NS–Chart; Nassi–Shneidrman) 차트 사용 **나씨–슈나이더만(NS–Chart; Nassi–Shneidrman) 차트** • 논리의 기술에 중점을 두고 도형을 이용한 표현 방법 • 연속, 선택, 반복 등의 제어 논리 구조 표현 • 이해하기 쉽고 코드 변환이 용이 • 조건이 복합되어 있는 곳의 처리를 시각적으로 명확히 식별하는 데 적합
정보공학 방법론 (Information Engineering Development)	• 시스템의 개발을 위해 계획, 분석, 설계, 구축에 정형화된 기법들을 통합하여 적용하는 자료 중심의 방법론 • 개발 주기를 이용하여 대형 프로젝트를 수행하는 방법론 • 데이터베이스 설계 모델링 언어로 ERD(Entity–Relationship Diagram) 사용
객체지향 방법론 (Object–Oriented Development)	• 현실 세계의 개체(Entity)를 하나의 객체(Object)로 만들어서 소프트웨어를 개발할 때 조립하듯이 객체들을 조립해서 소프트웨어를 구현하는 방법론 • 객체(Object), 클래스(Class), 메시지(Message) 사용 • 설계 모델링 언어로 패키지 다이어그램(Package Diagram), 배치 다이어그램(Deployment Diagram), 상태 전이도(State Transition Diagram) 등 사용
컴포넌트 기반 방법론 (CBD; Componet Based Development)	• 소프트웨어를 구성하는 컴포넌트를 조립하여 새로운 소프트웨어를 만드는 방법론 • 생산성과 품질을 높이고 유지보수를 최소화할 수 있음 • 컴포넌트 제작 기법을 통해 재사용성 향상 • 독립적인 컴포넌트 단위 관리로 복잡성 최소화
애자일 방법론 (Agile Development)	고객의 요구사항 변화에 유연하고 신속하게 적응하면서 효율적으로 일정한 주기로 반복하며 개발 과정을 진행하는 방법론
제품 계열 방법론 (Product Line Development)	• 특정 제품에 적용하고 싶은 공통된 기능을 정의하여 개발하는 방법론 • 임베디드 소프트웨어를 개발하는 데 적합 • 영역 공학과 응용 공학으로 구분 | **영역 공학**	영역 분석, 영역 설계, 핵심 자산 구현
응용 공학	제품 요구 분석, 제품 설계, 제품 구현	

01 21년 3월

정형화된 분석 절차에 따라 사용자 요구사항을 파악, 문서화하는 체계적 분석방법으로 자료 흐름도, 자료 사전, 소단위 명세서의 특징을 갖는 것은?

① 구조적 개발 방법론
② 객체지향 개발 방법론
③ 정보공학 방법론
④ CBD 방법론

해설 정형화된 분석 절차, 문서화하는 체계적 분석, 자료 흐름도, 자료 사전, 소단위 명세서 특징을 갖는 방법론은 구조적 개발 방법론이다.

구조적 방법론 (Structured Development)	• 정형화된 분석 절차에 따라 사용자 요구사항을 파악하여 문서화하는 프로세스 접근방식의 방법론 • 쉬운 이해와 검증이 가능한 프로그램 코드를 생성하는 것이 목적이며, 분할과 정복(Divide and Conquer) 원리 적용 • 문서화하는 분석 방법으로 자료 흐름도(DFD), 자료 사전(DD), 소단위 명세서의 특징을 나타냄 • 나씨-슈나이더만(NS-Chart; Nassi-Shneidrman) 차트 사용
객체지향 방법론 (Object-Oriented Development)	• 현실 세계의 개체(Entity)를 하나의 객체(Object)로 만들어서 소프트웨어를 개발할 때 조립하듯이 객체들을 조립해서 소프트웨어를 구현하는 방법론 • 객체(Object), 클래스(Class), 메시지(Message) 사용 • 설계 모델링 언어로 패키지 다이어그램(Package Diagram), 배치 다이어그램(Deployment Diagram), 상태 전이도(State Transition Diagram) 등 사용
정보공학 방법론 (Information Engineering Development)	• 시스템의 개발을 위해 계획, 분석, 설계, 구축에 정형화된 기법들을 통합하여 적용하는 자료 중심의 방법론 • 개발 주기를 이용하여 대형 프로젝트를 수행하는 방법론 • 데이터베이스 설계 모델링 언어로 ERD(Entity-Relationship Diagram) 사용

컴포넌트 기반 방법론 (CBD; Componet Based Development)	• 소프트웨어를 구성하는 컴포넌트를 조립하여 새로운 소프트웨어를 만드는 방법론 • 생산성과 품질을 높이고 유지보수를 최소화할 수 있음 • 컴포넌트 제작 기법을 통해 재사용성 향상 • 독립적인 컴포넌트 단위 관리로 복잡성 최소화

02 21년 3월

소프트웨어 개발 방법론 중 CBD(Component Based Development)에 대한 설명으로 틀린 것은?

① 생산성과 품질을 높이고, 유지보수 비용을 최소화할 수 있다.
② 컴포넌트 제작 기법을 통해 재사용성을 향상시킨다.
③ 모듈의 분할과 정복에 의한 하향식 설계 방식이다.
④ 독립적인 컴포넌트 단위의 관리로 복잡성을 최소화할 수 있다.

해설 모듈의 분할과 정복은 구조적 방법론에 대한 설명이다.

03 20년 9월

CBD(Component Based Development)에 대한 설명으로 틀린 것은?

① 개발 기간 단축으로 인한 생산성 향상
② 새로운 기능 추가가 쉬운 확장성
③ 소프트웨어 재사용이 가능
④ 1960년대까지 가장 많이 적용되었던 소프트웨어 개발 방법

해설 1960년대까지 가장 많이 적용된 소프트웨어 개발 방법은 구조적 방법론이다.

04 21년 5월

CBD(Component Based Development) SW개발 표준 산출물 중 분석 단계에 해당하는 것은?

① 클래스 설계서

② 통합시험 결과서

③ 프로그램 코드

④ 사용자 요구사항 정의서

> **해설** 분석 단계에서 사용자 요구사항 정의서, 유스케이스 명세서, 요구사항 추적표가 표준 산출물로 나온다. 보기에 나온 산출물은 클래스 설계서-설계 단계, 통합시험 결과서-시험 단계, 프로그램 코드-구현 단계에서 나온다.

05 23년 3월, 22년 3월

프로그램 설계도의 하나인 NS Chart에 대한 설명으로 가장 거리가 먼 것은?

① 논리의 기술에 중점을 두고 도형을 이용한 표현 방법이다.

② 이해하기 쉽고 코드 변환이 용이하다.

③ 화살표나 GOTO를 사용하여 이해하기 쉽다.

④ 연속, 선택, 반복 등의 제어 논리 구조를 표현한다.

> **해설** 화살표나 GOTO를 사용하지 않는다.

06 20년 9월

NS(Nassi-Schneiderman) Chart에 대한 설명으로 거리가 먼 것은?

① 논리의 기술에 중점을 둔 도형식 표현 방법이다.

② 연속, 선택 및 다중 선택, 반복 등의 제어 논리 구조로 표현한다.

③ 주로 화살표를 사용하여 논리적인 제어구조로 흐름을 표현한다.

④ 조건이 복합되어 있는 곳의 처리를 시각적으로 명확히 식별하는 데 적합하다.

> **해설** 화살표나 GOTO를 사용하지 않는다.

07 22년 4월

정보공학 방법론에서 데이터베이스 설계의 표현으로 사용하는 모델링 언어는?

① Package Diagram

② State Transition Diagram

③ Deployment Diagram

④ Entity-Relationship Diagram

> **해설** 정보공학 방법론에서 데이터베이스 설계 표현으로 Entity-Relationship Diagram를 사용한다.

| 01 | ① | 02 | ③ | 03 | ④ | 04 | ④ | 05 | ③ |
| 06 | ③ | 07 | ④ |

092 | 비용 산정 모델과 일정관리 모델*

학·습·포·인·트 --------------------------------

- 소프트웨어 모델 개발 프로젝트의 비용과 일정을 관리하는 다양한 기법과 모델에 대한 문제가 출제된다.
- 프로젝트 소요 기간과 월별 생산성 측정에 계산 방법을 이해한다.

대표 기출 유형

LOC 기법에 의하여 예측된 총 라인 수가 36,000라인, 개발에 참여할 프로그래머가 6명, 프로그래머들의 평균 생산성이 월간 300라인일 때 개발에 소요되는 기간은? **22년 7월, 21년 3월, 20년 6월**

① 5개월   ② 10개월   ③ 15개월   ④ 20개월

....

2명의 개발자가 1개월에 개발하는 코드의 수는 10,000/5 = 2,000줄
1명의 개발자가 1개월에 개발하는 코드의 수는 2,000/2 = 1,000줄
월별 생산성(Mon Month) = 10,000 / (5X2)이다.

정답 ④

필수 핵심 이론

소프트웨어 비용 산정

소프트웨어 개발에 소요되는 인원, 자원, 기간 등을 파악하여 실행 가능한 계획을 수립하기 위해 비용을 산정하는 기법이다.

비용 산정 기법 종류

비용 산정 기법은 전문가를 통해 비용 산정 하는 하향식 산정방법과 요구사항과 기능에 따라 비용 산정 하는 상향식 산정방법으로 구분된다.

하향식 비용 산정 기법

종류	설명
전문가 감정 기법	• 조직 내 경험이 많은 두 명 이상의 전문가에게 비용 산정을 의뢰하는 기법 • 빠르고 편리하게 비용을 산정할 수 있으나, 개인적·주관적 산정
델파이 기법	• 전문가 감정 기법의 주관적인 판단을 보완하기 위해 많은 전문가의 의견을 종합하여 비용을 산정하는 기법 • 1명의 조정자와 여러 명의 전문가로 구성

상향식 비용 산정 기법

종류	설명		
LOC 기법 (source Line Of Code)	• 소프트웨어 각 기능의 원시 코드 라인 수의 낙관치, 중간치, 비관치를 측정하여 예측치를 구하고, 이를 이용하여 비용 산정 $$예측치 = \frac{o + 4m + p}{6} (o: 낙관치, \ m: 중간치, \ p: 비관치)$$ 낙관치: 가장 적게 측정된 코드 라인수 중간치: 측정된 모든 코드 라인 수의 평균 비관치: 가장 많이 측정된 코드 라인 수 • 측정이 쉽고 이해하기 쉬워 많이 사용 • 예측치를 이용하여 생산성, 노력, 개발 기간 등의 비용 산정		
Man Month	한 사람이 1개월 동안 할 수 있는 일의 양을 기준으로 프로젝트 비용을 산정 Man Month = LOC / 개발자 월 생산성 프로젝트 기간 = Man Month / 참여 개발자 수		
COCOMO (Constructive Cost Model)	• 보헴이 제안한 모델로 LOC(원시 코드 라인 수)에 따라 비용 산정 • 비용 산정 결과를 프로젝트를 완성하는 데 필요한 노력(Man–Month)으로 표현 • 프로젝트의 복잡도 또는 원시 프로그램의 규모에 따라 조직형, 반분리형, 임베디드형으로 분류		
	조직형 (Organic Mode)	• 기관 내부에서 개발된 중·소 규모의 소프트웨어로 일괄 자료 처리, 과학 기술 계산용, 비지니스 자료 개발용 • 5만(50KDSI) 라인 이하의 소프트웨어 개발	
	반 분리형 (Semi–Detached Mode)	• 조직형과 임베디드형의 중간형으로 트랜잭션 처리 시스템이나 운영체제, 데이터베이스 관리 시스템, 컴파일러 개발용 • 30만(300KDSI) 라인 이하의 소프트웨어 개발	
	임베디드형 (Embedded Mode)	• 초대형 규모의 트랜잭션 처리 시스템, 운영체제, 실시간 처리 시스템 등 시스템 프로그램 개발용 • 30만(300KDSI) 라인 이상의 소프트웨어 개발	

Putnam 모형	• 소프트웨어 개발 주기 단계별 노력의 분포 가정하여 비용 산정 • 푸트남(Putnam)이 제안한 것으로, 생명주기 예측 모형이라고도 함 • 시간에 따른 함수로 표현되는 Rayeigh-Norden 곡선의 노력 분포도를 기초로 함 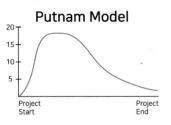 • 비용 산정 자동화 추정 도구로 SLIM 사용
기능점수(FP; Function Point) 모형	• 요구 기능을 증가시키는 인자별로 가중치를 부여하고 요인별 가중치를 합산하여 총 기능의 점수를 계산하여 비용 산정 기능점수(FP) = 총 기능 점수 × [0.65 + 0.1 × 총 영향도]

소프트웨어 기능 증대 요인	가중치		
	단순	보통	복잡
자료 입력(입력양식)	3	4	6
정보 출력(출력 보고서)	4	5	7
명령어(사용자 질의 수)	3	4	5
데이터 파일	7	10	15
필요한 외부 루틴과의 인터페이스	5	7	10

• 기능별 가중치
• 비용 산정 자동화 도구로 ESTIMACS 사용

일정관리 모델의 종류

프로젝트가 일정 기한 내에 적절하게 완료될 수 있도록 관리하는 모델이다. 일정관리 모델 종류는 CPM, PERT, 간트 차트가 있다.

모델 종류	설명
CPM 기법 (Critical Path Method)	• 프로젝트 완성에 필요한 작업을 나열하고 작업에 필요한 소요 기간을 예측하는 데 사용하는 기법 • 네트워크 다이어그램을 통하여 노드와 간선으로 작업과 소요 시간을 표시, 각 작업의 순서와 의존관계 확인 가능 • 임계 경로는 최장 경로를 의미함 • (예시) 아래의 네트워크 다이어그램에서 임계 경로를 구하시오.

	시작 → A → B → C → 완료: 2 + 2 + 3 + 3 = 10일 시작 → A → E → F → 완료: 2 + 3 + 5 + 4 = 14일 시작 → D → F → 완료: 3 + 5 + 4 = 12일 따라서, 임계 경로는 14일이다.
PERT (Program Evaluation and Review Technique)	• 일의 순서를 계획적으로 정리하기 위한 기법으로 낙관치, 중간치, 비관치를 사용하여 일정 을 관리하는 기법 작업 예측치 = (낙관치 + (4 × 기대치) + 비관치) / 6 • 과거에 경험이 없어서 소요 기간 예측이 어려운 소프트웨어에 사용
간트 차트 (Gantt Chart)	• 프로젝트의 시작과 끝을 그래픽으로 표시, 각 작업 일정을 수평 막대(Bar) 형태로 표현한 차트로 시간선(Time–Line) 차트라고도 함 • 수평 막대의 길이는 작업에 필요한 시간을 나타냄

작업단계	일정					산출물
계획						프로젝트 정의서
분석						요구 분석 명세서
구현						원시 코드

연·습·문·제

01 22년 7월, 21년 3월, 20년 6월

LOC 기법에 의하여 예측된 총 라인 수가 36,000라인, 개발에 참여할 프로그래머가 6명, 프로그래머들의 평균 생산성이 월간 300라인일 때 개발에 소요되는 기간은?

① 5개월　　　　② 10개월
③ 15개월　　　　④ 20개월

해설 2명의 개발자가 1개월에 개발하는 코드의 수는 10,000/5 = 2,000줄
1명의 개발자가 1개월에 개발하는 코드의 수는 2,000/2 = 1,000줄
월별 생산성(Mon Month) = 10,000 / (5X2)이다.

02 22년 4월

두 명의 개발자가 5개월에 걸쳐 10,000라인의 코드를 개발하였을 때, 월별(man–month) 생산성 측정을 위한 계산 방식으로 가장 적합한 것은?

① 10000 / 2　　　② 10000 / (5×2)
③ 10000 / 5　　　④ (2×10000) / 5

해설 Man Month = LOC / 개발자 월 생산성으로 구할 수 있다.
LOC = 10,000, 프로젝트 기간 = 5, 참여 개발자 수 = 2를 대입하면, 월별 생산성(Man Month) = 10,000 / (5×2)이다.

03 23년 5월, 22년 3월

상향식 비용 산정 기법 중 LOC(원시 코드 라인 수) 기법에서 예측치를 구하기 위해 사용하는 항목이 아닌 것은?

① 낙관치　　　　② 기대치
③ 비관치　　　　④ 모형치

해설 LOC 기법에서 예측치를 구하기 위해서는 낙관치, 기대치, 비관치를 사용한다.

04 21년 8월

S/W 각 기능의 원시 코드 라인 수의 비관치, 낙관치, 기대치를 측정하여 예측치를 구하고 이를 이용하여 비용을 산정하는 기법은?

① Effort Per Task 기법
② 전문가 감정 기법
③ 델파이 기법
④ LOC 기법

해설 원시 코드 라인 수의 비관치, 낙관치, 기대치를 측정하여 예측치를 구하여 비용 산정하는 기법은 LOC 기법이다.

05 21년 8월

COCOMO model 중 기관 내부에서 개발된 중소규모의 소프트웨어로 일괄 자료 처리나 과학 기술계산용, 비즈니스 자료 처리용으로 5만 라인 이하의 소프트웨어를 개발하는 유형은?

① Embedded
② Organic
③ Semi-detached
④ Semi-embedded

해설 기관 내부 개발, 5만 라인 이하의 소프트웨어 개발은 Organic 유형이다.

조직형 (Organic Mode)	• 기관 내부에서 개발된 중·소 규모의 소프트웨어로 일괄 자료 처리, 과학 기술 계산용, 비지니스 자료 개발용 • 5만(50KDSI) 라인 이하의 소프트웨어 개발
반 분리형 (Semi-Detache d Mode)	• 조직형과 임베디드형의 중간형으로 트랜잭션 처리 시스템이나 운영체제, 데이터베이스 관리 시스템, 컴파일러 개발용 • 30만(300KDSI) 라인 이하의 소프트웨어 개발
임베디드형 (Embedded Mode)	• 초대형 규모의 트랜잭션 처리 시스템, 운영체제, 실시간 처리 시스템 등 시스템 프로그램 개발용 • 30만(300KDSI) 라인 이상의 소프트웨어 개발

06 21년 5월, 3월

소프트웨어 비용 산정 기법 중 개발 유형으로 organic, semi-detached, embedded로 구분되는 것은?

① PUTNAM
② COCOMO
③ FP
④ SLIM

해설 organic, semi-detached, embedded의 개발 유형을 갖는 비용 산정 기법은 COCOMO이다.

07 21년 5월, 20년 9월

소프트웨어 비용 추정 모형(estimation models)이 아닌 것은?

① COCOMO
② Putnam
③ Function-Point
④ PERT

해설 PERT(Program Evaluation and Review Technique)는 일정관리 모델이다.

08 20년 8월

기능점수(Functional Point) 모형에서 비용 산정에 이용되는 요소가 아닌 것은?

① 클래스 인터페이스
② 명령어(사용자 질의 수)
③ 데이터 파일
④ 출력 보고서

해설 비용 산정에 이용되는 요소는 자료입력(입력 양식), 정보출력(출력 보고서), 명령어(사용자 질의 수), 데이터 파일, 필요한 외부 루틴과의 인터페이스로 클래스 인터페이스는 속하지 않는다.

09 20년 6월

Rayleigh-Norden 곡선의 노력 분포도를 이용한 프로젝트 비용 산정기법은?

① Putnam 모형
② 델파이 모형
③ COCOMO 모형
④ 기능점수 모형

> 해설 Rayleigh-Norden 곡선의 노력 분포도는 Putnam 모형에 사용된다.

10 22년 3월

간트 차트(Gantt Chart) 에 대한 설명으로 틀린 것은?

① 프로젝트를 이루는 소작업 별로 언제 시작되고 언제 끝나야 하는지를 한눈에 볼 수 있도록 도와준다.
② 자원 배치 계획에 유용하게 사용된다.
③ CPM 네트워크로부터 만드는 것이 가능하다.
④ 수평 막대의 길이는 각 작업(Task)에 필요한 인원수를 나타낸다.

> 해설 간트 차트는 일정관리 모델로, 수평 막대기의 길이는 각 작업에 소요되는 시간을 의미한다.

11 20년 8월

CPM 네트워크가 다음과 같을 때 임계경로의 소요기일은?

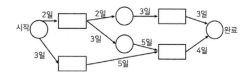

① 10일
② 12일
③ 14일
④ 16일

> 해설
>
>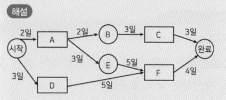
>
> 시작 → A → B → C → 완료 : 2 + 2 + 3 + 3 = 10일
> 시작 → A → E → F → 완료 : 2 + 3 + 5 + 4 = 14일
> 시작 → D → F → 완료 : 3 + 5 + 4 = 12일
> 따라서, 임계 경로는 14일이다.

01 | ④	02 | ②	03 | ④	04 | ④	05 | ②
06 | ②	07 | ④	08 | ①	09 | ①	10 | ④
11 | ③				

093 소프트웨어 개발 표준★

학·습·포·인·트

- 소프트웨어 개발 표준의 종류와 특징에 대해서 이해하는 것이 중요하다.
- CMMI과 SPICE단계에 대하여 묻는 문제들이 출제된다.

대표 기출 유형

소프트웨어 개발 표준 중 소프트웨어 품질 및 생산성 향상을 위해 소프트웨어 프로세스를 평가 및 개선하는 국제 표준은?   **23년 7월, 3월, 20년 8월**

① SCRUM   ② ISO/IEC 12509   ③ SPICE   ④ CASE

소프트웨어 품질 및 생산성 향상을 위해 소프트웨어 프로세스를 평가 및 개선하는 국제 표준은 SPICE이다.

정답 ③

필수 핵심 이론

소프트웨어 개발 표준

소프트웨어 개발 단계에서 수행하는 품질 관리에 사용되는 국제적 표준으로 ISO/IEC 12207, CMMI, SPICE 등이 있다.

ISO/IEC 12207 표준

소프트웨어 생명주기 프로세스로, 소프트웨어의 개발, 운영, 유지보수 등을 체계적으로 관리하기 위한 소프트웨어 생명주기 표준이다.

프로세스 구분	내용
기본 생명주기 프로세스	획득, 공급, 개발, 운영, 유지보수
지원 생명주기 프로세스	품질 보증, 검증, 확인, 활동 검토, 감사, 문서화, 형상관리, 문제해결
조직 생명주기 프로세스	기반 구조, 관리, 개선, 훈련

CMMI(능력 성숙도 통합 모델, Capability Maturity Model Integration)

소프트웨어 개발 조직의 업무 능력 및 조직의 성숙도를 평가하는 모델이다. CMMI의 성숙도 레벨은 초기화, 관리, 정의, 정량적 관리, 최적화 5단계가 있다.

수준	단계	설명
1	초기화 단계 (Initial)	• 정의된 프로세스 없음, 예측 불가 • 작업자의 능력에 따라 성공 여부
2	관리 단계 (Managed)	• 특정한 프로젝트 내의 프로세스 정의 및 수행 • 프로젝트 관리 시스템 생성
3	정의 단계 (Defined)	조직의 표준 프로세스에 따라 업무 수행
4	정량적 관리 단계 (Quantitatively Managed)	• 정량적 기법을 활용하여 프로세스 통제 • 프로젝트 정량적 관리 및 통제
5	최적화 단계 (Optimizing)	프로세스 역량 향상을 위해 지속적 개선, 내재화

SPICE(Software Process Improvement and Capability dEtermination)

소프트웨어 처리 개선 및 능력 평가 기준에 대한 국제 표준이다. 소프트웨어 프로세스 평가를 위한 국제 표준으로 ISO/IEC 155504라고도 한다. SPICE 프로세스 수행 능력 수준은 6단계이다.

수준	단계	설명
0	불안정 단계	프로세스가 구현되지 않았거나, 프로세스가 목적을 달성하지 못한 단계
1	수행 단계	프로세스가 수행되고, 목적을 달성한 단계
2	관리 단계	정의된 자원의 한도 내에서 프로세스가 작업 산출물을 인도하는 단계
3	확립 단계	소프트웨어 공학 원칙에 기반하여 정의된 프로세스 수행되는 단계
4	예측 단계	프로세스가 목적 달성을 위해 통제되고, 양적인 측정을 통해 일관되게 수행되는 단계
5	최적화 단계	프로세스 수행을 최적화하고, 지속적인 개선을 통해 업무 목적을 만족하는 단계

연·습·문·제

01 21년 5월

ISO 12207 표준의 기본 생명주기의 주요 프로세스에 해당하지 <u>않는</u> 것은?

① 획득 프로세스
② 개발 프로세스
③ 성능평가 프로세스
④ 유지보수 프로세스

> 해설 기본 생명주기 프로세스에는 획득, 공급, 개발, 운영, 유지보수가 있다.

02 20년 6월, 3월

CMM(Capability Maturity Model) 모델의 레벨로 옳지 않은 것은?

① 최적단계
② 관리단계
③ 정의단계
④ 계획단계

> 해설 CMM은 초기화, 관리, 정의, 정량적 관리, 최적화 5단계로 구성되어 있다.

외우기 Tip! 초관정관최	
레벨 1	초기화 단계
레벨 2	관리 단계
레벨 3	정의 단계
레벨 4	정량적 관리 단계
레벨 5	최적화 단계

03 20년 9월

소프트웨어 프로세스에 대한 개선 및 능력 측정 기준에 대한 국제 표준은?

① ISO 14001
② IEEE 802.5
③ IEEE 488
④ SPICE

> 해설 소프트웨어 프로세스에 대한 개선 및 능력 측정 기준에 대한 국제 표준은 SPICE이다.

04 20년 8월

소프트웨어 개발 표준 중 소프트웨어 품질 및 생산성 향상을 위해 소프트웨어 프로세스를 평가 및 개선하는 국제 표준은?

① SCRUM
② ISO/IEC 12509
③ SPICE
④ CASE

> 해설 소프트웨어 품질 및 생산성 향상을 위해 소프트웨어 프로세스를 평가 및 개선하는 국제 표준은 SPICE이다.

SPICE 모델의 프로세스 수행능력 수준의 단
계별 설명이 <u>틀린</u> 것은?

① 수준 7 – 미완성 단계
② 수준 5 – 최적화 단계
③ 수준 4 – 예측 단계
④ 수준 3 – 확립 단계

해설 SPICE 모델의 프로세스 수행능력 수준은
총 6단계이다.

외우기 Tip! 불수관확예최	
0	불안정 단계
1	수행 단계
2	관리 단계
3	확립 단계
4	예측 단계
5	최적화 단계

01 | ③   02 | ④   03 | ④   04 | ③   05 | ①

094 | 테일러링 기준 ★

- 테일러링의 목적과 기준에 대해서 이해한다.

대표 기출 유형

소프트웨어 개발 방법론의 테일러링(Tailoring)과 관련한 설명으로 틀린 것은? `22년 3월`

① 프로젝트 수행 시 예상되는 변화를 배제하고 신속히 진행하여야 한다.

② 프로젝트에 최적화된 개발 방법론을 적용하기 위해 절차, 산출물 등을 적절히 변경하는 활동이다.

③ 관리 측면에서의 목적 중 하나는 최단기간에 안정적인 프로젝트 진행을 위한 사전 위험을 식별하고 제거하는 것이다.

④ 기술적 측면에서의 목적 중 하나는 프로젝트에 최적화된 기술 요소를 도입하여 프로젝트 특성에 맞는 최적의 기법과 도구를 사용하는 것이다.

테일러링은 프로젝트에 맞게 기존의 방법론을 커스터마이징하는 것으로, 예상되는 변화를 충분히 고려하고 진행해야 한다.

정답 ①

필수 핵심 이론

테일러링

테일러링(Tailoring)은 조직의 프로젝트 상황, 목적, 특성에 맞게 표준 프로세스를 커스터마이징하는 작업이다.

테일러링 수행절차

수행절차	설명
프로젝트 특징 정의	프로젝트의 특징을 파악하고, 목적, 현 상황, 프로젝트에 대한 이해를 하는 단계
표준 프로세스 선정 및 검증	표준 프로세스 선정, 검증
상위 수준의 커스터마이징	비지니스 특성에 맞는 생명주기 정의, 개발 단계 조정
세부 커스터마이징	WBS(Work Breakdown Structure) 적용, 일정 수립
테일러링 문서화	테일러랑 내용 문서화, 검토 및 승인

테일러링 개발방법론 기준

	기준	설명
내부적 기준	목표 환경	시스템 개발 유형 및 기술 환경이 서로 다른 경우, 테일러링 필요
	요구사항	소프트웨어 생명주기 활동에서 개발/운영/유지보수 등 프로젝트 상 요구 사항 우선 순위가 서로 다른 경우 테일러링 필요
	프로젝트 규모	비용, 인력, 기간과 같은 프로젝트 특성이 서로 다른 경우 테일러링 필요
	보유 기술	구성원 역량, 산출물, 개발방법론 등이 서로 다른 경우 테일러링 필요
외부적 기준	법적 제약	프로젝트 대상 도메인에 따라 적용되는 컴플라이언스(Compliance)가 서로 다른 경우 테일러링 필요
	국제 표준 품질 기준	금융, 제도, 분야별 표준 품질 기준이 다른 경우 테일러링 필요

쌤의 실전 Tip

테일러링 수행절차 암기

프로젝트 특징 정의, 표준 프로세스 선정 및 검증, 상위 수준의 커스터마이징, 세부 커스터마이징, 테일러링 문서화
→ 정의를 위해서 영웅을 선정하고 검증한다. 상위, 세부 커스터마이징하고 문서화해서 길이 남기자.

01 22년 3월

소프트웨어 개발 방법론의 테일러링(Tailoring)과 관련한 설명으로 틀린 것은?

① 프로젝트 수행 시 예상되는 변화를 배제하고 신속히 진행하여야 한다.
② 프로젝트에 최적화된 개발 방법론을 적용하기 위해 절차, 산출물 등을 적절히 변경하는 활동이다.
③ 관리 측면에서의 목적 중 하나는 최단기간에 안정적인 프로젝트 진행을 위한 사전 위험을 식별하고 제거하는 것이다.
④ 기술적 측면에서의 목적 중 하나는 프로젝트에 최적화된 기술 요소를 도입하여 프로젝트 특성에 맞는 최적의 기법과 도구를 사용하는 것이다.

해설 테일러링은 프로젝트에 맞게 기존의 방법론을 커스터마이징하는 것으로, 예상되는 변화를 충분히 고려하고 진행해야 한다.

02 20년 6월

테일러링(Tailoring) 개발 방법론의 내부 기준에 해당하지 않는 것은?

① 납기/비용
② 기술환경
③ 구성원 능력
④ 국제표준 품질기준

해설 국제표준 품질기준은 외부 기준이다. 외부 기준은 법적 제약, 국제 표준 품질 기준으로 바꿀 수 없는 기준이다.

01 | ① 　 02 | ④

095 소프트웨어 개발 프레임워크*

학·습·포·인·트 --

- 소프트웨어 개발 프레임워크에 대한 이해를 묻는 문제가 출제된다.
- 기출 문제들의 보기 위주로 이해하는 것이 중요하다.

 대표 기출 유형

소프트웨어 개발 프레임워크와 관련한 설명으로 틀린 것은?　　　　　**23년 5월, 21년 8월**

① 반제품 상태의 제품을 토대로 도메인별로 필요한 서비스 컴포넌트를 사용하여 재사용성 확대와 성능을 보장 받을 수 있게 하는 개발 소프트웨어이다.

② 개발해야 할 애플리케이션의 일부분이 이미 구현되어 있어 동일한 로직 반복을 줄일 수 있다.

③ 라이브러리와 달리 사용자 코드가 직접 호출하여 사용하기 때문에 소프트웨어 개발 프레임워크가 직접 코드의 흐름을 제어할 수 없다.

④ 생산성 향상과 유지보수성 향상 등의 장점이 있다.

....

소프트웨어 개발 프레임워크는 코드의 흐름 제어가 가능하다.

정답 ③

필수 핵심 이론

소프트웨어 개발 프레임워크

소프트웨어 개발에 공통적으로 사용되는 구성 요소와 아키텍처를 손쉽게 구현할 수 있도록 여러 가지 기능을 제공해 주는 반제품 상태의 개발 소프트웨어이다. JAVA 기반의 오픈 소스 경량형 애플리케이션 프레임워크로 스프링(Spring)이 있다.

소프트웨어 개발 프레임워크의 특징

● 소프트웨어 디자인 패턴을 반제품 소프트웨어 상태로 집적화시킨 것

● 도메인별로 필요한 서비스 컴포넌트를 사용하여 재사용성 확대와 성능 보장

● 프레임워크의 동작 원리를 그 제어 흐름의 일반적인 프로그램 흐름과 반대로 동작한다고 해서 IoC(Inversion of Control)라고 불림

● 개발해야 할 애플리케이션의 일부분이 이미 구현되어 있어 동일한 로직 반복 감소

소프트웨어 개발 프레임워크 기대효과

● 개발할 소프트웨어에 대한 품질보증

● 소프트웨어 개발 용이성 증가

● 소프트웨어 개발 변경 발생 시, 변경 용이

● 공통 컴포넌트 재사용으로 중복 예산 절감

● 표준화된 연계모듈 활용으로 상호 운용성 향상

● 개발표준에 의한 모듈화로 유지보수 용이

● 시스템의 복잡도 감소

● 생산성 향상과 유지보수성 향상

연·습·문·제

01 22년 4월

소프트웨어 개발 프레임워크와 관련한 설명으로 가장 적절하지 않은 것은?

① 반제품 상태의 제품을 토대로 도메인별로 필요한 서비스 컴포넌트를 사용하여 재사용성 확대와 성능을 보장받을 수 있게 하는 개발 소프트웨어이다.

② 라이브러리와는 달리 사용자 코드에서 프레임워크를 호출해서 사용하고, 그에 대한 제어도 사용자 코드가 가지는 방식이다.

③ 설계 관점에 개발 방식을 패턴화시키기 위한 노력의 결과물인 소프트웨어 디자인 패턴을 반제품 소프트웨어 상태로 집적화시킨 것으로 볼 수 있다.

④ 프레임워크의 동작 원리를 그 제어 흐름의 일반적인 프로그램 흐름과 반대로 동작한다고 해서 IoC(Inversion of Control)이라고 설명하기도 한다.

해설 사용자 코드를 갖고 직접 호출해서 사용하는 것은 라이브러리이다. 프레임워크는 사용자가 필요한 코드를 짜 넣는 방식이다.

02 23년 5월, 21년 8월

소프트웨어 개발 프레임워크와 관련한 설명으로 틀린 것은?

① 반제품 상태의 제품을 토대로 도메인별로 필요한 서비스 컴포넌트를 사용하여 재사용성 확대와 성능을 보장받을 수 있게 하는 개발 소프트웨어이다.
② 개발해야 할 애플리케이션의 일부분이 이미 구현되어 있어 동일한 로직 반복을 줄일 수 있다.
③ 라이브러리와 달리 사용자 코드가 직접 호출하여 사용하기 때문에 소프트웨어 개발 프레임워크가 직접 코드의 흐름을 제어할 수 없다.
④ 생산성 향상과 유지보수성 향상 등의 장점이 있다.

> 해설 소프트웨어 개발 프레임워크는 코드의 흐름 제어가 가능한다.

03 22년 4월

다음 설명에 해당하는 소프트웨어는?

> • 개발해야 할 애플리케이션의 일부분이 이미 내장된 클래스 라이브러리로 구현이 되어 있다.
> • 따라서, 그 기반이 되는 이미 존재하는 부분을 확장 및 이용하는 것으로 볼 수 있다.
> • JAVA 기반의 대표적인 소프트웨어로는 스프링(Spring)이 있다.

① 전역 함수 라이브러리
② 소프트웨어 개발 프레임워크
③ 컨테이너 아키텍처
④ 어휘 분석기

> 해설 이미 내장된 클래스 라이브러리(반제품)을 호출하여 사용하는 것으로 소프트웨어 개발 프레임 워크에 대한 설명이다.

04 20년 6월

소프트웨어 개발 프레임워크를 적용할 경우 기대효과로 거리가 먼 것은?

① 품질보증
② 시스템 복잡도 증가
③ 개발 용이성
④ 변경 용이성

> 해설 소프트웨어 개발 프레임워크는 시스템의 복잡도를 감소시킨다.

05 20년 9월

소프트웨어 개발 프레임워크의 적용 효과로 볼 수 없는 것은?

① 공통 컴포넌트 재사용으로 중복 예산 절감
② 기술종속으로 인한 선행사업자 의존도 증대
③ 표준화된 연계모듈 활용으로 상호 운용성 향상
④ 개발표준에 의한 모듈화로 유지보수 용이

> 해설 반제품을 사용하지만 기술종속은 일어나지 않는다.

01 | ② 02 | ③ 03 | ② 04 | ② 05 | ②

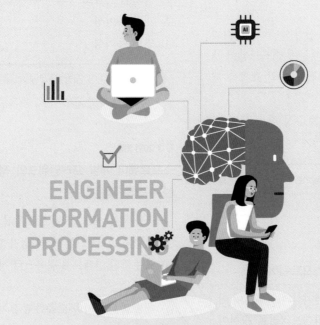

ENGINEER
INFORMATION
PROCESSING

더 멋진 내일(Tomorrow)을 위한 내일(My Career)

내 일 은 정 보 처 리 기 사

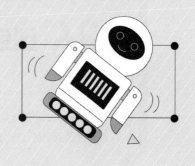

CHAPTER

02

IT프로젝트 정보시스템 구축관리

096 | 네트워크 관련 신기술★★★

학 · 습 · 포 · 인 · 트 --

- 네트워크 관련 신기술에 대한 용어의 의미를 묻는 문제들이 항상 출제된다.
- 관련 용어를 전부 암기하기보다 이해하는 것이 중요하다.

대표 기출 유형

기존 무선 랜의 한계 극복을 위해 등장하였으며, 대규모 디바이스의 네트워크 생성에 최적화되어 차세대 이동통신, 홈네트워킹, 공공 안전 등의 특수 목적에 사용되는 새로운 방식의 네트워크 기술을 의미하는 것은? **22년 7월, 20년 8월**

① Software Defined Perimeter   ② Virtual Private Network

③ Local Area Network   ④ Mesh Network

....

대규모 디바이스의 네트워크 생성, 특수 목적으로 활용되는 네트워크 방식은 Mesh Network이다.

정답 ④

필수 핵심 이론

네트워크 관련 신기술

기술	설명
소프트웨어 정의 네트워크 (SDN; Software Defined Networking)	• 네트워크를 제어부, 데이터 전달부로 분리하여 네트워크 관리자보다 효율적으로 네트워크를 제어, 관리할 수 있는 기술 • 기존의 라우터, 스위치 등과 같이 하드웨어에 의존하는 네트워크 체계에서 안정성, 속도, 보안 등을 소프트웨어로 제어 관리하기 위해 개발됨 • 네트워크 장비의 펌웨어 업그레이드를 통해 사용자의 직접적인 데이터 전송 경로 관리가 가능하고, 기존 네트워크에는 영향을 주지 않으면서 특정 서비스의 전송 경로 수정을 통하여 인터넷상에서 발생하는 문제를 처리할 수 있음

소프트웨어 정의 데이터센터(SDDC; Software Defined Data Center)	• 컴퓨팅, 네트워킹, 스토리지, 관리 등을 모두 소프트웨어로 정의함 • 인력 개입 없이 소프트웨어 조작만으로 자동 제어 관리 • 데이터센터 내 모든 자원을 가상화하여 서비스
소프트웨어 정의 스토리지 (SDS; Software Defined Storage)	• 가상화를 적용하여 필요한 공간만큼 나눠 사용할 수 있도록 하며 서버 가상화와 유사 • 컴퓨팅 소프트웨어로 규정하는 데이터 스토리지 체계이며, 일정 조직 내 여러 스토리지를 하나처럼 관리하고 운용하는 컴퓨터 이용환경 • 스토리지 자원을 효율적으로 나누어 쓰는 방법
메시 네트워크 (Mesh Network)	• 다른 국을 향하는 호출이 중계에 의하지 않고 직접 접속되는 그물 모양의 네트워크 • 통신량이 많은 비교적 소수의 국 사이에 구성될 경우 경제적이며 간편하지만, 다수의 국 사이에는 회선이 세분화되어 비경제적임 • 해당 형태의 무선 네트워크의 경우 대용량을 빠르고 안전하게 전달할 수 있어 행사장이나 군 등에서 활용
피코넷 (PICONET)	여러 개의 독립된 통신장치가 UWB(Ultra Wideband) 기술 또는 블루투스 기술을 사용하여 통신망을 형성하는 무선 네트워크 기술
UWB (Ultra Wide Band)	• 매우 낮은 전력을 사용하여, 초광대역 주파수 대역으로 짧은 거리에서 많은 양의 디지털 데이터를 전송하는 무선 전송 기술 • 땅 속, 벽을 통과하여 신호 전송이 가능하여, 재해 상황에서 인명 구조에 활용
근거리 무선 통신 (NFC; Near Field Communication)	• 고주파를 이용한 근거리 무선 통신 기술로, 10cm 이내에서 저전력, 비접촉, 양방향 무선 통신 기술 • 모바일 기기를 활용한 결제, 교통, 출입 통제 등에 사용
SON (Self Organizing Network)	노드 간 상호작용으로 스스로 망을 구성, 최적화하는 자율적 네트워크 기술
사물 인터넷 (IoT; Internet of Things)	정보 통신 기술을 기반으로 다양한 사물에 센서와 통신 기능을 내장하여 무선 통신을 통해 사물을 인터넷에 연결하는 기술
클라우드 기반 HSM (Cloud-based Hardware Security Module)	• 클라우드(데이터센터) 기반 암호화 키 생성, 처리, 저장 등을 하는 보안 기술 • 클라우드에 인증서를 저장하므로 기존 HSM 기기나 휴대폰에 인증서를 저장해 다닐 필요가 없음
파스-타 (PaaS-TA)	국내 IT 서비스 경쟁력 강화를 목표로 개발되었으며 인프라 제어 및 관리 환경, 실행 환경, 개발 환경, 서비스 환경, 운영환경으로 구성되어 있는 개방형 클라우드 컴퓨팅 플랫폼
스마트 그리드 (Smart Grid)	전기 및 정보통신기술을 활용하여 전력망을 지능화, 고도화함으로써 고품질의 전력 서비스를 제공하고 에너지 이용 효율을 극대화하는 전력망
MQTT (Message Queuing Telemetry Transport)	TCP/IP 기반 네트워크에서 동작하는 발행 – 구독 기반의 메시징 프로토콜로 최근 IoT 환경에서 자주 사용되고 있는 프로토콜
Zing	기기를 키오스크에 갖다 대면 원하는 데이터를 바로 가져올 수 있는 기술로 10cm 이내 근접 거리에서 기가급 속도로 데이터 전송이 가능한 초고속 근접무선통신(NFC: Near Field Communication) 기술
SSO (Single Sign On)	시스템이 몇 대가 되어도 하나의 시스템에서 인증에 성공하면 다른 시스템에 대한 접근 권한도 얻는 시스템
Wi-SUN (Wireless Smart Utility Network)	스마트 그리드와 연계하여 전기, 수도, 가스 공급자와 사용자가 자체 가망 구축 형태의 비면허대역 무선 네트워크를 이용하여 관리할 수 있게 하는 무선 통신 기술

01 23년 5월, 22년 4월

다음에서 설명하는 IT 기술은?

- 네트워크를 제어부, 데이터 전달부로 분리하여 네트워크 관리자보다 효율적으로 네트워크를 제어, 관리할 수 있는 기술
- 기존의 라우터, 스위치 등과 같이 하드웨어에 의존하는 네트워크 체계에서 안정성, 속도, 보안 등을 소프트웨어로 제어 관리하기 위해 개발됨
- 네트워크 장비의 펌웨어 업그레이드를 통해 사용자의 직접적인 데이터 전송 경로 관리가 가능하고, 기존 네트워크에는 영향을 주지 않으면서 특정 서비스의 전송 경로 수정을 통하여 인터넷상에서 발생하는 문제를 처리할 수 있음

① SDN(Software Defined Networking)
② NFS(Network File System)
③ Network Mapper
④ AOE Network

해설 해당 지문에서 설명하는 것은 SDN이다.

02 20년 9월

소프트웨어 정의 데이터센터(SDDC; Software Defined Data Center)에 대한 설명으로 틀린 것은?

① 컴퓨팅, 네트워킹, 스토리지, 관리 등을 모두 소프트웨어로 정의한다.
② 인력 개입 없이 소프트웨어 조작만으로 자동 제어 관리 한다.
③ 데이터센터 내 모든 자원을 가상화하여 서비스한다.
④ 특정 하드웨어에 종속되어 특화된 업무를 서비스하기에 적합하다.

해설 SDDC는 모든 자원을 가상화하여, 하드웨어와 상관없이 서비스를 제공한다.

03 21년 8월

다음에서 설명하는 IT 스토리지 기술은?

- 가상화를 적용하여 필요한 공간만큼 나눠 사용할 수 있도록 하며 서버 가상화와 유사함
- 컴퓨팅 소프트웨어로 규정하는 데이터 스토리지 체계이며, 일정 조직 내 여러 스토리지를 하나처럼 관리하고 운용하는 컴퓨터 이용환경
- 스토리지 자원을 효율적으로 나누어 쓰는 방법으로 이해할 수 있음

① Software Defined Storage
② Distribution Oriented Storage
③ Network Architected Storage
④ Systematic Network Storage

해설 컴퓨팅 소프트웨어로 규정(Defined)하는 데이터 스토리지 체계는 Software Defined Storage 이다.

04 22년 7월, 20년 8월

기존 무선 랜의 한계 극복을 위해 등장하였으며, 대규모 디바이스의 네트워크 생성에 최적화되어 차세대 이동통신, 홈네트워킹, 공공안전 등의 특수목적에 사용되는 새로운 방식의 네트워크 기술을 의미하는 것은?

① Software Defined Perimeter
② Virtual Private Network
③ Local Area Network
④ Mesh Network

해설 대규모 디바이스의 네트워크 생성, 특수 목적으로 활용되는 네트워크 방식은 Mesh Network 이다.

05 22년 4월

다음 내용이 설명하는 기술로 가장 적절한 것은?

- 다른 국을 향하는 호출이 중계에 의하지 않고 직접 접속되는 그물 모양의 네트워크이다.
- 통신량이 많은 비교적 소수의 국 사이에 구성될 경우 경제적이며 간편하지만, 다수의 국 사이에는 회선이 세분화되어 비경제적일 수도 있다.
- 해당 형태의 무선 네트워크의 경우 대용량을 빠르고 안전하게 전달할 수 있어 행사장이나 군 등에서 많이 활용된다.

① Virtual Local Area Network
② Simple Station Network
③ Mesh Network
④ Modem Network

해설 그물 모양, 행사장이나 군의 특수목적으로 사용되는 네트워크는 Mesh Network이다.

06 20년 6월

여러 개의 독립된 통신장치가 UWB(Ultra Wide Band) 기술 또는 블루투스 기술을 사용하여 통신망을 형성하는 무선 네트워크 기술은?

① PICONET
② SCRUM
③ NFC
④ WI-SUN

해설 UWB, 블루투스 기술을 사용하여 통신망을 형성하는 것은 PICONET이다.

07 23년 3월, 22년 4월

기기를 키오스크에 갖다 대면 원하는 데이터를 바로 가져올 수 있는 기술로 10㎝ 이내 근접 거리에서 기가급 속도로 데이터 전송이 가능한 초고속 근접무선통신 (NFC; Near Field Communication) 기술은?

① BcN(Broadband Convergence Network)
② Zing
③ Marine Navi
④ C-V2X(Cellular Vehicle To Everything)

해설 기가급 속도 NFC는 Zing이다.

08 23년 3월, 21년 8월

시스템이 몇 대가 되어도 하나의 시스템에서 인증에 성공하면 다른 시스템에 대한 접근 권한도 얻는 시스템을 의미하는 것은?

① SOS
② SBO
③ SSO
④ SOA

해설 하나(single)의 시스템에서 인증에 성공하면, 다른 시스템에 대한 접근 권한도 얻는 시스템은 SSO(Single Sign On)이다.

09 21년 8월

국내 IT 서비스 경쟁력 강화를 목표로 개발되었으며 인프라 제어 및 관리 환경, 실행 환경, 개발 환경, 서비스 환경, 운영환경으로 구성되어 있는 개방형 클라우드 컴퓨팅 플랫폼은?

① N20S
② PaaS-TA
③ KAWS
④ Metaverse

해설 국내에서 개발된 개방형 클라우드 컴퓨팅 플랫폼은 PasS-TA이다.

10 21년 3월

전기 및 정보통신기술을 활용하여 전력망을 지능화, 고도화함으로써 고품질의 전력 서비스를 제공하고 에너지 이용 효율을 극대화하는 전력망은?

① 사물 인터넷
② 스마트 그리드
③ 디지털 아카이빙
④ 미디어 빅뱅

해설 에너지 효율과 관련 있는 전력망은 스마트 그리드이다.

11 21년 3월

다음 내용이 설명하는 것은?

- 사물 통신, 사물 인터넷과 같이 대역폭이 제한된 통신환경에 최적화하여 개발된 푸시기술 기반의 경량 메시지 전송 프로토콜
- 메시지 매개자(Broker)를 통해 송신자가 특정 메시지를 발행하고 수신자가 메시지를 구독하는 방식
- IBM이 주도하여 개발

① GRID
② TELNET
③ GPN
④ MQTT

해설 푸시기술 기반의 경량 메시지 전송 프로토콜은 MQTT(Message Queuing Telemetry Transport)이다.

12 21년 8월

TCP/IP 기반 네트워크에서 동작하는 발행-구독 기반의 메시징 프로토콜로 최근 IoT 환경에서 자주 사용되고 있는 프로토콜은?

① MLFQ
② MQTT
③ Zigbee
④ MTSP

해설 메시지를 발행, 구독하는 메시징 프로토콜은 MQTT(Message Queuing Telemetry Transport)이다.

01	①	02	④	03	①	04	④	05	③
06	①	07	②	08	③	09	②	10	②
11	④	12	②						

097 | 네트워크 장비*

학 ·습 ·포 ·인 ·트 --

- 네트워크 설치 구조(토폴로지)와 네트워크 장비와 특징에 대한 문제가 주로 출제된다.
- 네트워크 유형에 대한 그림을 이해하는 것이 중요하다.

대표 기출 유형

다음 LAN의 네트워크 토폴로지는 어떤 형인가?   **21년 3월**

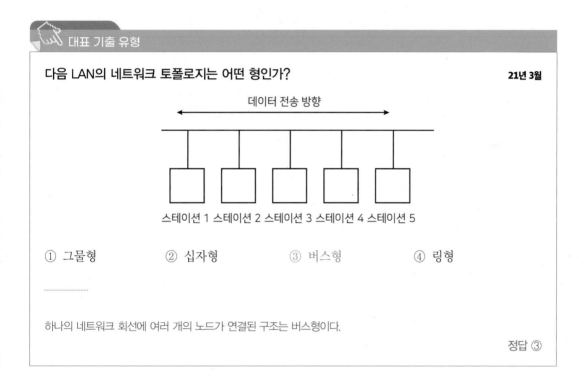

스테이션 1 스테이션 2 스테이션 3 스테이션 4 스테이션 5

① 그물형   ② 십자형   ③ 버스형   ④ 링형

....

하나의 네트워크 회선에 여러 개의 노드가 연결된 구조는 버스형이다.

정답 ③

필수 핵심 이론

네트워크 설치 구조(Topology)

통신망을 구성하는 장치들을 배치하는 방법으로, 장비의 성능, 네트워크 확장성 및 관리를 고려하여 선택해야 한다.

구조	설명
성(Star)형 구조	• 각 단말장치가 중앙 허브에 포인트 투 포인트(Point-to-Point) 방식으로 연결 • 소규모 네트워크 설치, 네트워크 재구성(단말의 추가/제거) 쉬움 • 중앙 허브가 고장 나면 전체 네트워크 정지, 하나의 단말장치가 고장나는 경우, 다른 단말장치에 영향을 주지 않음
링(Ring)형 구조	• 모든 단말장치가 하나의 링에 순차적으로, 포인트 투 포인트(Point-to-Point) 방식으로 연결된 형태 • 데이터는 단방향, 양방향 전송 모두 가능하나, 단방향 링의 경우 단말장치가 하나라도 고장나면 전체 통신망 정지
버스(Bus)형 구조	• 하나의 네트워크에 여러 대의 단말장치가 연결된 형태 • 단말장치가 고장나더라도 네트워크 전체에 영향을 주지 않음
트리(Tree)형 구조	• 각 단말장치가 계층적으로 연결되어 있는 구성 • 분산처리 시스템을 구성하는 방식

 대표 기출 유형

RIP(Routing Information Protocol)에 대한 설명으로 <u>틀린</u> 것은?　　　　　**20년 8월**

① 거리 벡터 라우팅 프로토콜이라고도 한다.

② 소규모 네트워크 환경에 적합하다.

③ 최대 홉 카운트를 115홉 이하로 한정하고 있다.

④ 최단경로탐색에는 Bellman-Ford 알고리즘을 사용한다.

....

RIP는 최대 홉 카운트를 15홉으로 제한한다.

정답 ③

필수 핵심 이론

네트워크 장비

네트워크 장비는 서로 통신을 할 수 있는 컴퓨터, 스위치, 라우터, 광전송 장비 등을 말한다.

장비 종류	설명
스위치 장비	• LAN과 LAN을 연결하여 더 큰 LAN을 만드는 장치 • OSI 7계층의 2계층에서 사용
라우터 장비	• 스위치를 서로 연결하여 송수신 전송 경로중 최적화된 경로를 설정하고, 설정된 경로를 따라 트래픽을 전달하는 장치 • OSI 7계층의 3계층에서 사용
광전송 장비	광케이블을 이용하여 스위칭 노드를 묶어주는 시스템

라우터 장비 내부 표:

프로토콜	설명
RIP (Routing Infomation Protocol)	• 거리 벡터 라우팅 프로토콜 • 소규모 네트워크 환경에 적합 • 최대 홉 카운트를 15홉 이하 제한 • 최단경로탐색 시, Bellman-Ford 알고리즘 사용
OSPF (Open Shorter Path Frist)	• 대규모 네트워크 환경에 적합 • 홉 카운트에 제한 없음 • 최단경로탐색 시, Dijkstra 알고리즘 사용
BGP (Border Gateway Protocol)	자율 시스템(AS)간 라우팅에 경로 정보를 교환하기 위한 라우팅 프로토콜

광전송 장비 내부 표:

기술	설명
SONET (Synchronous Optical Network)	고속 디지털 통신을 위한 광전송 시스템 표준 규격
WDM (Wavelength Division Multiplexing)	• 광섬유를 이용한 통신 기술 • 파장이 서로 다른 복수의 광신호를 동시에 이용하는 것으로, 광섬유를 다중화하는 방식 • 빛의 파장 축과 파장이 다른 광선은 서로 간섭을 일으키지 않는 성질 이용

연·습·문·제

01 20년 8월

다음 LAN의 네트워크 토폴로지는?

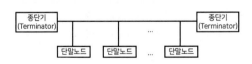

① 버스형　　② 성형

③ 링형　　　④ 그물형

해설 하나의 네트워크 회선에 여러 개의 단말노드가 연결된 구조는 버스형이다.

02 21년 3월

다음 LAN의 네트워크 토폴로지는 어떤 형인가?

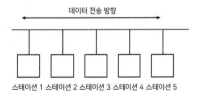

① 그물형　　② 십자형

③ 버스형　　④ 링형

03 23년 5월, 22년 7월

네트워크 장비에 대한 설명으로 옳지 않은 것은?

① 브라우터는 전송되는 신호가 전송 선로의 특성 및 외부 충격 등의 요인으로 인해 원래의 형태와 다르게 왜곡되거나 약해질 경우, 원래의 신호 형태로 재생하여 다시 전송하는 역할을 수행한다.

② LAN과 LAN을 연결하거나 LAN 안에서의 컴퓨터 그룹을 연결하는 기능을 수행하며, 데이터 링크 계층 중 MAC 계층에서 사용된다.

③ 스위치는 LAN과 LAN을 연결하여 훨씬 더 큰 LAN을 만드는 장치로, OSI 7계층의 2계층에서 사용된다.

④ 라우터는 LAN과 LAN의 연결 기능에 데이터 전송의 최적 경로를 선택할 수 있는 기능이 추가된 것으로, 서로 다른 LAN이나 LAN과 WAN의 연결도 수행하고, OSI 7계층의 네트워크 계층에서 동작한다.

해설 브라우터(Brouter)는 브리지(Bridge)와 라우터(Router)의 기능을 모두 갖춘 장비이다. 해당 설명은 리피터(Repeater)에 대한 설명이다.

04 20년 6월

최대 홉수를 15로 제한한 라우팅 프로토콜은?

① RIP 　　② OSPF
③ Static 　　④ EIGRP

해설 RIP는 최대 홉 카운트를 15홉으로 제한한다.

05 20년 8월

RIP(Routing Information Protocol)에 대한 설명으로 틀린 것은?

① 거리 벡터 라우팅 프로토콜이라고도 한다.
② 소규모 네트워크 환경에 적합하다.
③ 최대 홉 카운트를 115홉 이하로 한정하고 있다.
④ 최단경로탐색에는 Bellman-Ford 알고리즘을 사용한다.

해설 RIP는 최대 홉 카운트를 15홉으로 제한한다.

06 20년 9월

다음이 설명하는 다중화 기술은?

- 광섬유를 이용한 통신 기술의 하나를 의미함
- 파장이 서로 다른 복수의 광신호를 동시에 이용하는 것으로, 광섬유를 다중화하는 방식임
- 빛의 파장 축과 파장이 다른 광선은 서로 간섭을 일으키지 않는 성질을 이용함

① Wavelength Division Multiplexing
② Frequency Division Multiplexing
③ Code Division Multiplexing
④ Time Division Multiplexing

해설 파장이 서로 다른 복수의 광신호를 동시에 이용하는 것은 Wavelength Division Multiplexing 이다.

01 ǀ ①	02 ǀ ③	03 ǀ ①	04 ǀ ①	05 ǀ ③
06 ǀ ①				

098 소프트웨어 관련 신기술***

학 ·습 ·포 ·인 ·트 --

- 소프트웨어 관련 신기술에 대한 용어의 의미를 묻는 문제들이 항상 출제된다.
- 관련 용어를 전부 암기하기보다 이해하는 것이 중요하다.

대표 기출 유형

다음 빈칸에 알맞은 기술은?   20년 8월

( )은/는 웹에서 제공하는 정보 및 서비스를 이용하여 새로운 소프트웨어나 서비스, 데이터베이스 등을 만드는 기술이다.

① Quantum Key Distribution ② Digital Rights Management
③ Grayware   ④ Mashup

기존에 있던 정보나 서비스를 섞어서 새로운 소프트웨어나 서비스, 데이터베이스를 만드는 것은 Mashup이다.

정답 ④

필수 핵심 이론

소프트웨어 관련 신기술

기술	설명
인공지능 (AI; Artificial Intelligence)	• 인간의 두뇌와 같이 컴퓨터가 인간의 지능적 작업을 수행하는 시스템 • 신경망, 자연어 처리, 컴퓨터 비전 등에서 응용
기계학습 (Machine Learning)	• 인간이 학습을 하듯 컴퓨터에 데이터를 입력하여 학습시키고, 답을 예측하게 만드는 것 • 알고리즘 개발이 어려운 문제의 해결에 유용하며, 학습 문제에 따라 지도학습, 비지도학습, 강화학습으로 나누어짐

텐서플로 (TenserFlow)	구글 브레인 팀이 제작하여 공개한 기계 학습을 위한 오픈소스 소프트웨어 라이브러리
증강현실 (AR; Augmented Reality)	실제와 유사하지만 실제가 아닌 환경이나 상황을 구현하는 기술
그레이웨어 (Grayware)	• 바이러스인지, 평범한 소프트웨어인지 구분하기 어려운 프로그램 • 사용자가 원하지 않는 애드웨어, 트랙웨어, 기타 악성코드 등
매시업 (Mashup)	웹에서 제공하는 정보 및 서비스를 융합하여 새로운 소프트웨어, 서비스, 데이터베이스 등을 만드는 기술
디지털 트윈	물리적인 사물과 컴퓨터에 동일하게 표현되는 가상의 모델로 실제 물리적인 자산 대신 소프트웨어로 가상화함으로써 실제 자산의 특성에 대한 정확한 정보를 얻을 수 있고, 자산 최적화, 돌발사고 최소화, 생산성 증가 등 설계부터 제조, 서비스에 이르는 모든 과정의 효율성을 향상시킬 수 있는 모델
Baas	• 블록체인(Blockchain) 개발환경을 클라우드로 서비스하는 개념 • 블록체인 네트워크에 노드의 추가 및 제거가 용이 • 블록체인의 기본 인프라를 추상화하여 블록체인 응용프로그램을 만들 수 있는 클라우드 컴퓨팅 플랫폼

연·습·문·제

01 23년 3월

다음의 설명으로 옳은 것은?

> • 인간이 학습을 하듯 컴퓨터에 데이터를 입력하여 학습시키고, 답을 예측하게 만드는 것
> • 알고리즘 개발이 어려운 문제의 해결에 유용
> • 학습 문제에 따라 지도학습, 비지도학습, 강화학습으로 나누어짐

① Deep Learning
② Machine Learning
③ Data Mining
④ TensorFlow

해설 기계가 학습하는 것으로 Machine Learning 이다.

02 20년 8월

물리적인 사물과 컴퓨터에 동일하게 표현되는 가상의 모델로 실제 물리적인 자산 대신 소프트웨어로 가상화함으로써 실제 자산의 특성에 대한 정확한 정보를 얻을 수 있고, 자산 최적화, 돌발사고 최소화, 생산성 증가 등 설계부터 제조, 서비스에 이르는 모든 과정의 효율성을 향상 시킬 수 있는 모델은?

① 최적화
② 실행 시간
③ 디지털 트윈
④ N-Screen

해설 물리적 사물과 컴퓨터에 동일하게 쌍둥이 처럼 표현되는 모델은 디지털 트윈이다.

03 20년 8월

다음 빈칸에 알맞은 기술은?

> (　　)은/는 웹에서 제공하는 정보 및 서비스를 이용하여 새로운 소프트웨어나 서비스, 데이터베이스 등을 만드는 기술이다.

① Quantum Key Distribution
② Digital Rights Management
③ Grayware
④ Mashup

> **해설** 기존에 있던 정보나 서비스를 섞어서 새로운 소프트웨어나 서비스, 데이터베이스를 만드는 것은 Mashup이다.

04 21년 8월

구글의 구글 브레인 팀이 제작하여 공개한 기계 학습(Machine Learning)을 위한 오픈소스 소프트웨어 라이브러리는?

① 타조(Tajo)
② 원 세그(One Seg)
③ 포스퀘어(Foursquare)
④ 텐서플로(TensorFlow)

> **해설** 구글에서 만든 기계학습 오픈소스 라이브러리는 텐서플로이다.

05 22년 7월, 21년 3월

다음 내용이 설명하는 것은?

> • 블록체인(Blockchain) 개발환경을 클라우드로 서비스하는 개념
> • 블록체인 네트워크에 노드의 추가 및 제거가 용이
> • 블록체인의 기본 인프라를 추상화하여 블록체인 응용프로그램을 만들 수 있는 클라우드 컴퓨팅 플랫폼

① OTT
② BaaS
③ SDDC
④ Wi-SUN

> **해설** 해당 내용의 설명은 BaaS(Blockchain as a Service)이다.

| 01 | ② | 02 | ③ | 03 | ④ | 04 | ④ | 05 | ② |

099 | 소프트웨어 개발 보안 정책

- 소프트웨어 개발 보안 정책에 관련한 문제는 자주 출제되지 않으나, 해당 내용에 대한 이해는 필요하다.

대표 기출 유형

실무적으로 검증된 개발보안 방법론 중 하나로써 SW보안의 모범 사례를 SDLC(Software Development Life Cycle)에 통합한 소프트웨어 개발 보안 생명주기 방법론은? **20년 8월**

① CLASP
② CWE
③ PIMS
④ Seven Touchpoints

해당 내용의 설명은 Seven Touchpoints 이다.

정답 ④

필수 핵심 이론

소프트웨어 개발 보안 관련 법규

관련 법규	내용
개인정보 보호법	개인정보 처리 및 보호에 관한 사항 규정
정보통신망법	정보통신망을 통하여 수집, 처리, 보관, 이용되는 개인정보의 보호에 관한 규정
신용정보법	개인신용정보의 취급 단계별 보호조치 및 의무사항에 관한 규정
위치정보법	개인 위치정보 수집, 이용, 제공 파기, 및 정보 주체 권리 규정

Secure SDLC(Software Development Life Cycle)모델 및 방법론

구분	설명
OWASP CLASP	활동중심, 역할기반의 프로세스로 구성된 보안 프레임워크로 기존에 운영 중인 시스템에 적용하기 쉬움
Open SAMM (Software Assurance Maturity Model)	OWASP에서 개발한 개방형 보안 프레임워크로 점진적 확대 가능
MS SDL (Security Development Lifecycle)	마이크로소프트사(MS)가 자사의 소프트웨어 개발에 의무적으로 적용하도록 고안한 보안강화 프레임워크
Seven TouchPoints	실무적으로 검증된 개발보안 방법론 중 하나로서 SW보안의 모범 사례를 SDLC(Software Development Life Cycle)에 통합한 소프트웨어 개발 보안 생명주기 방법론

쌤의 실전 Tip

소프트웨어 개발 보안 관련 법규 외우기

개인정보 보호법, 정보통신망법, 신용정보법, 위치정보법 → 개인정보에는 신용점수와 위치가 포함된다.

연·습·문·제

01 20년 8월

실무적으로 검증된 개발보안 방법론 중 하나로써 SW보안의 모범 사례를 SDLC(Software Development Life Cycle)에 통합한 소프트웨어 개발 보안 생명주기 방법론은?

① CLASP
② CWE
③ PIMS
④ Seven Touchpoints

> **해설** 해당 내용의 설명은 Seven Touchpoints 이다.

01 | ④

100 | 하드웨어 관련 신기술★★★

학·습·포·인·트 --

- 하드웨어 관련 신기술에 대한 용어의 의미를 묻는 문제들이 항상 출제된다.
- 관련 용어를 전부 암기하기보다 이해하는 것이 중요하다.

 대표 기출 유형

정보시스템과 관련한 다음 설명에 해당하는 것은?　　　　　　　　**23년 5월, 22년 3월**

- 각 시스템 간에 공유 디스크를 중심으로 클러스터링으로 엮어 다수의 시스템을 동시에 연결할 수 있다.
- 조직, 기업의 기간 업무 서버 안정성을 높이기 위해 사용될 수 있다.
- 여러 가지 방식으로 구현되며 2개의 서버를 연결하는 것으로 2개의 시스템이 각각 업무를 수행하도록 구현하는 방식이 널리 사용된다.

① 고가용성 솔루션(HACMP)
② 점대점 연결 방식(Point-to-Point Mode)
③ 스틱스넷(Stuxnet)
④ 루팅(Rooting)

....

2개의 서버를 연결하여 클러스터링으로 엮는 것은 고가용성 솔루션이다.

정답 ①

하드웨어 관련 신기술

기술	설명
클라우드 컴퓨팅 (Cloud Computing)	인터넷을 통해 가상화된 컴퓨터 시스템 자원을 제공하고, 정보를 클라우드에 연결된 컴퓨터로 처리하는 기술
도커 (Docker)	• 컨테이너 응용프로그램의 배포를 자동화하는 오픈소스 엔진 • 소프트웨어 컨테이너 안에 응용프로그램들을 배치시키는 일을 자동화해 주는 오픈소스 프로젝트이자 소프트웨어
쿠버네스티스 (Kubernetes)	리눅스 재단에 의해 관리되는 컨테이너화된 애플리케이션의 배포 자동화, 스케일링을 제공하는 오픈소스 기반의 관리 시스템
고가용성 솔루션 (HACMP; High Availability Clustering Multi Processing)	두 개 이상의 시스템을 클러스터로 구성하여, 하나의 시스템에 장애 발생 시, 즉시 다른 시스템으로 대체 작동(Fail Over)하는 기술
N-Screen	• N개의 서로 다른 단말기에서 동일한 콘텐츠를 자유롭게 이용할 수 있는 기술 • PC, TV, 휴대폰에서 원하는 콘텐츠를 끊김없이 자유롭게 이용할 수 있는 서비스

연·습·문·제

01 23년 3월, 22년 3월

다음이 설명하는 IT 기술은?

> • 컨테이너 응용프로그램의 배포를 자동화하는 오픈소스 엔진이다.
> • 소프트웨어 컨테이너 안에 응용프로그램들을 배치시키는 일을 자동화해 주는 오픈 소스 프로젝트이자 소프트웨어로 볼 수 있다.

① StackGuard
② Docker
③ Cipher Container
④ Scytale

> 해설 컨테이너 응용프로그램 배포 자동화는 Docker이다.

02 23년 5월, 22년 3월

정보시스템과 관련한 다음 설명에 해당하는 것은?

> • 각 시스템 간에 공유 디스크를 중심으로 클러스터링으로 엮어 다수의 시스템을 동시에 연결할 수 있다.
> • 조직, 기업의 기간 업무 서버 안정성을 높이기 위해 사용될 수 있다.
> • 여러 가지 방식으로 구현되며 2개의 서버를 연결하는 것으로 2개의 시스템이 각각 업무를 수행하도록 구현하는 방식이 널리 사용된다.

① 고가용성 솔루션(HACMP)
② 점대점 연결 방식(Point-to-Point Mode)
③ 스턱스넷(Stuxnet)
④ 루팅(Rooting)

> 해설 2개의 서버를 연결하여 클러스터링으로 엮는 것은 고가용성 솔루션이다.

03 21년 5월

PC, TV, 휴대폰에서 원하는 콘텐츠를 끊김없이 자유롭게 이용할 수 있는 서비스는?

① Memristor
② MEMS
③ SNMP
④ N-Screen

> 해설 PC, TV, 휴대폰 여러 개(N-개) 화면(Screen)에서 이용하는 서비스이다.

01 | ②   02 | ①   03 | ④

101 | 하드웨어 장비 운영*

학·습·포·인·트 --

- 하드웨어 장비의 유형과 특징을 묻는 문제들이 출제된다.
- 해당 내용은 3과목과 5과목에서 모두 출제되고 있다.

대표 기출 유형

다음 내용이 설명하는 것은?   **23년 3월, 21년 7월**

- 각기 다른 운영체제를 가진 여러 기종이 네트워크상에서 동일 저장장치의 데이터를 공유하게 함으로써, 여러 개의 저장장치나 백업 장비를 단일화시킨 시스템
- 네트워크상에 광 채널 스위치의 이점인 고속 전송과 장거리 연결 및 멀티 프로토콜 기능 활용

① SAN   ② MBR   ③ NAC   ④ NIC

....

네트워크상으로 저장장치를 단일화시킨 것은 SAN이다.

정답 ①

필수 핵심 이론

저장장치(스토리지 시스템)

정보 시스템 구축 및 운영을 위해서 대용량 데이터를 저장하기 위한 장치이다.

저장장치의 종류

저장장치	설명
DAS (Direct Attached Storage)	• 하드디스크와 같은 데이터 저장장치를 호스트 버스 어댑터에 직접 연결하는 방식 • 저장장치와 호스트 기기 사이에 네트워크 디바이스 없이 직접 연결하는 방식으로 구성
NAS (Network Attached Storage)	서버와 저장장치를 네트워크로 연결하는 방식으로 구성된 스토리지 시스템
SAN (Storage Area Network)	• 각기 다른 운영체제를 가진 여러 기종이 네트워크상에서 동일 저장장치의 데이터를 공유하게 함으로써, 여러 개의 저장장치나 백업 장비를 단일화시킨 시스템 • 네트워크상에 광 채널 스위치의 이점인 고속 전송과 장거리 연결 및 멀티 프로토콜 기능 활용

저장장치 구성도

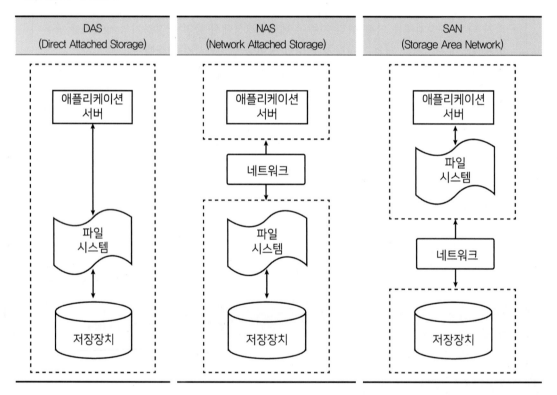

01 23년 7월, 5월, 22년 3월

다음 내용이 설명하는 스토리지 시스템은?

- 하드디스크와 같은 데이터 저장장치를 호스트 버스 어댑터에 직접 연결하는 방식
- 저장장치와 호스트 기기 사이에 네트워크 디바이스 없이 직접 연결하는 방식으로 구성

① DAS ② NAS
③ BSA ④ NFC

해설 직접(Direct)로 연결하는 방식인 스토리지 시스템은 DAS이다.

02 23년 3월, 21년 7월

다음 내용이 설명하는 것은?

- 각기 다른 운영체제를 가진 여러 기종이 네트워크상에서 동일 저장장치의 데이터를 공유하게 함으로써, 여러 개의 저장장치나 백업 장비를 단일화시킨 시스템
- 네트워크상에 광 채널 스위치의 이점인 고속 전송과 장거리 연결 및 멀티 프로토콜 기능 활용

① SAN ② MBR
③ NAC ④ NIC

해설 네트워크상으로 저장장치를 단일화시킨 것은 SAN이다.

01 | ①   02 | ①

102 | 데이터베이스 관련 신기술 및 데이터베이스 관리 기능★★

- 데이터베이스 관련 신기술에 대한 용어의 의미를 묻는 문제들이 항상 출제된다.
- 관련 용어를 전부 암기하기보다 이해하는 것이 중요하다.

대표 기출 유형

다음의 설명으로 옳은 것은?   23년 3월, 20년 6월

- 오픈 소스를 기반으로 한 분산 컴퓨팅 플랫폼이다.
- 일반 PC급 컴퓨터들로 가상화된 대형 스토리지를 형성한다.
- 거대한 데이터 세트를 병렬로 처리할 수 있도록 개발된 자바 소프트웨어 프레임워크로 구글, 야후 등에서 적용되고 있다.

① Hadoop   ② MapReduce   ③ Tajo   ④ OLAP

구글, 야후 등에 적용되고 있는 병렬 처리 자바 소프트웨어 프레임워크는 Hadoop이다.

정답 ①

필수 핵심 이론

데이터베이스 관련 신기술

기술	설명
빅데이터 (Big Data)	• 기존의 관리 방법이나 분석 체계로 처리하기 어려운 많은 양의 데이터 • 빅데이터의 특성으로 데이터의 양(Volume), 데이터의 다양성(Variety), 데이터의 속도(Velocity)를 3V라 함

데이터 웨어하우스 (DW; Data Warehouse)	사용자의 의사 결정에 도움을 주기 위하여 기간 시스템의 데이터베이스에 축적된 데이터를 공통의 형식으로 변환해서 관리하는 데이터베이스
하둡 (Hadoop)	• 오픈 소스를 기반으로 한 분산 컴퓨팅 플랫폼 • 일반 PC급 컴퓨터들로 가상화된 대형 스토리지 형성 • 거대한 데이터 세트를 병렬로 처리할 수 있도록 개발된 자바 소프트웨어 프레임워크로 구글, 야후 등에서 적용
맵리듀스 (MapReduce)	• 구글에서 대용량 데이터를 분산 병렬 컴퓨팅에서 처리하기 위한 목적으로 제작 • 연관성 있는 데이터를 묶어 쪼개는 Map, 중복된 데이터 제거 및 추출을 하는 Reduce 작업을 함
하이브 (Hive)	• 하둡 기반의 데이터 웨어하우스 솔루션으로 SQL과 유사한 HiveQL이라는 쿼리 제공
타조 (Tajo)	• 하둡 기반의 분산 데이터 웨어하우스 프로젝트로 우리나라에서 주도하여 개발 • 맵리듀스를 사용하지 않고, SQL을 사용하여 하두 분산 파일 시스템 파일을 읽음
데이터 마이닝 (Data Mining)	데이터 웨어하우스에 저장된 데이터 집합에서 사용자의 요구에 따라 유용하고 가능성 있는 정보를 도출하는 기법
OLAP (Online Analytical Processing)	다차원으로 이루어진 데이터로부터 통계적인 요약 정보를 분석, 의사 결정에 활용
스크래파이 (Scrapy)	웹 사이트를 크롤링하여 구조화된 데이터를 수집하는 Python 기반의 애플리케이션 프레임워크

데이터 베이스 보안

● 데이터베이스 보안은 외부, 내부에서 DB에 저장된 기밀 정보에 불법적으로 접근하는 것을 막는 행위이다.

● 데이터베이스 보안 3대 요소로 기밀성, 무결성, 가용성이 있다.

요소	설명
기밀성(Confidentiality)	접근 체계를 만들어 허가 받지 않은 개인, 시스템의 접근 차단
무결성(Intergrity)	절차를 따르지 않고 데이터가 변경될 수 없으며, 데이터의 정확성 및 완전함이 훼손되지 않음을 보장
가용성(Availiability)	권한을 가진 개인, 시스템이 원하는 데이터에 대한 원활한 접근 제공 보장

01 23년 3월, 20년 6월

다음의 설명으로 옳은 것은?

- 오픈 소스를 기반으로 한 분산 컴퓨팅 플랫폼이다.
- 일반 PC급 컴퓨터들로 가상화된 대형 스토리지를 형성한다.
- 거대한 데이터 세트를 병렬로 처리할 수 있도록 개발된 자바 소프트웨어 프레임워크로 구글, 야후 등에서 적용되고 있다.

① Hadoop
② MapReduce
③ Tajo
④ OLAP

> 해설 구글, 야후 등에 적용되고 있는 병렬 처리 자바 소프트웨어 프레임워크는 Hadoop이다.

02 20년 8월

빅데이터 분석 기술 중 대량의 데이터를 분석하여 데이터 속에 내재되어 있는 변수 사이의 상호관례를 규명하여 일정한 패턴을 찾아내는 기법은?

① Data Mining
② Wm-Bus
③ Digital Twin
④ Zigbee

> 해설 대량의 데이터를 분석(캐내는 것)하여 데이터 속에 내재되어 있는 변수 사이의 패턴을 찾아내는 기법은 Data Mining이다.

03 23년 5월, 22년 3월

Python 기반의 웹 크롤링(Web Crawling) 프레임워크로 옳은 것은?

① Li-fi
② Scrapy
③ CrawlCat
④ SBAS

> 해설 Python 기반의 웹 크롤링(Web Crawling) 프레임워크는 Scrapy이다.

04 20년 9월

다음 내용에 적합한 용어는?

- 대용량 데이터 분산 처리하기 위한 목적으로 개발된 프로그래밍 모델이다.
- Google에 의해 고안된 기술로써 대표적인 대용량 데이터 처리를 위한 병렬 처리 기법을 제공한다.
- 임의의 순서로 정렬된 데이터를 분산 처리하고 이를 다시 합치는 과정을 거친다.

① MapReduce
② SQL
③ Hijacking
④ Logs

> 해설 대용량 데이터 처리를 위한 병렬 처리 기법을 목적으로 개발된 것은 MapReduce이다.

01 | ①   02 | ①   03 | ②   04 | ①

03

시스템 보안 구축

103 SW 개발 보안 3요소★★

학 ·습 ·포 ·인 ·트 --

- SW 개발 보안 3요소(기밀성·무결성·가용성)의 개념 정의를 묻는 문제가 시험에 출제된 적이 있다.
- 각 요소가 어떤 특성을 말하는 것인지 학습하고 넘어가도록 한다.

 대표 기출 유형

정보보안 요소 중 무결성(Integrity)에 대한 설명으로 옳은 것은?　　　23년 3월, 22년 7월

① 시스템 내의 정보와 자원은 인가된 사용자에게만 접근이 허용된다는 것을 의미한다.
② 시스템 내의 정보와 자원을 사용하려는 사용자가 합법적인 사용자인지를 확인하는 모든 행위를 말한다.
③ 인가받은 사용자는 언제라도 사용할 수 있다는 것을 의미한다.
④ 시스템 내의 정보는 오직 인가된 사용자만 수정할 수 있다는 것을 의미한다.

....

시스템 내의 정보는 오직 인가된 사용자만 수정할 수 있어야 한다는 특성은 무결성(Integrity)이다. 시스템 내의 정보와 자원은 인가된 사용자에게만 접근이 허용된다는 특성은 기밀성(Confidentiality)이며, 인가받은 사용자는 언제라도 사용할 수 있다는 특성은 가용성(Availability)이다.

정답 ④

필수 핵심 이론

SW 개발 보안의 개념

소스 코드 등에 존재하는 보안 취약점을 제거하고, 보안을 고려하여 기능을 설계 및 구현하는 등 소프트웨어 개발 과정에서 지켜야 할 일련의 보안 활동을 말한다.

SW 개발 보안(정보보안)의 3대 요소

데이터베이스 보안 3요소와 마찬가지로 SW 개발 보안의 3요소 역시 기밀성, 무결성, 가용성이다.

요소	설명
기밀성(Confidentiality)	• 인가되지 않은 개인 혹은 시스템 접근에 따른 정보 공개 및 노출을 차단하는 특성 • 인가된 사용자에 대해서만 자원 접근이 가능해야 하는 특성
무결성(Integrity)	인가된 사용자에 대해서만 자원 수정이 가능하며, 전송 중인 정보는 수정되지 않아야 하는 특성
가용성(Availability)	인가된 사용자는 가지고 있는 권한 범위 내에서 언제든 자원 접근이 가능해야 하는 특성

SW 개발 보안 용어

용어	설명
자산(Assets)	• 조직의 데이터 또는 조직의 소유자가 가치를 부여하는 대상 • (예) 서버의 하드웨어, 기업의 중요 데이터
위협(Threat)	• 조직이나 기업의 자산에 악영향을 끼칠 수 있는 사건이나 행위 • (예) 해킹, 삭제, 자산의 불법적 유출, 위/변조, 파손
취약점(Vulnerability)	위협이 발생하기 위한 사전 조건으로 시스템의 정보 보증을 낮추는 데 사용되는 약점
위험(Risk)	위협이 취약점을 이용하여 조직의 자산 손실 피해를 가져올 가능성

쌤의 실전 Tip

SW 개발 보안의 3대 요소 외우기

기밀성, 무결성, 가용성 → 정보보안을 위해 기무사들이 가다.

01 23년 3월, 21년 3월, 20년 6월

시스템 내의 정보는 오직 인가된 사용자만 수정할 수 있는 보안 요소는?

① 기밀성   ② 부인방지
③ 가용성   ④ 무결성

> **해설** 시스템 내의 정보와 자원은 인가된 사용자에게만 접근이 허용된다는 특성은 기밀성(Confidentiality)이다.
>
> | 기밀성
(Confidentiality) | 인가된 사용자에 대해서만 자원 접근이 가능 |
> | --- | --- |
> | 무결성
(Integrity) | 인가된 사용자에 대해서만 자원 수정이 가능하며, 전송 중인 정보는 수정되지 않음 |
> | 가용성
(Availability) | 인가된 사용자는 가지고 있는 권한 범위 내에서 언제든 자원 접근이 가능 |

02 22년 4월

소프트웨어 개발에서 정보보안 3요소에 해당하지 않는 설명은?

① 기밀성: 인가된 사용자에 대해서만 자원 접근이 가능하다.
② 무결성: 인가된 사용자에 대해서만 자원 수정이 가능하며 전송 중인 정보는 수정되지 않는다.
③ 가용성: 인가된 사용자는 가지고 있는 권한 범위 내에서 언제든 자원 접근이 가능하다.
④ 휘발성: 인가된 사용자가 수행한 데이터는 처리 완료 즉시 폐기되어야 한다.

> **해설** 정보보안의 3대 요소는 기밀성, 무결성, 가용성이다. 휘발성은 정보보안의 3대 요소와 관련이 없다.

03 22년 7월, 21년 3월, 20년 8월

정보보안의 3대 요소에 해당하지 <u>않는</u> 것은?

① 기밀성   ② 휘발성
③ 무결성   ④ 가용성

> **해설** 정보보안의 3대 요소는 기밀성, 무결성, 가용성이다. 휘발성은 정보보안의 3대 요소와 관련이 없다.

04 23년 7월, 3월, 22년 7월

정보보안 요소 중 무결성(Integrity)에 대한 설명으로 옳은 것은?

① 시스템 내의 정보와 자원은 인가된 사용자에게만 접근이 허용된다는 것을 의미한다.
② 시스템 내의 정보와 자원을 사용하려는 사용자가 합법적인 사용자인지를 확인하는 모든 행위를 말한다.
③ 인가받은 사용자는 언제라도 사용할 수 있다는 것을 의미한다.
④ 시스템 내의 정보는 오직 인가된 사용자만 수정할 수 있다는 것을 의미한다.

> **해설** 시스템 내의 정보는 오직 인가된 사용자만 수정할 수 있어야 한다는 특성은 무결성(Integrity)이다. 시스템 내의 정보와 자원은 인가된 사용자에게만 접근이 허용된다는 특성은 기밀성(Confidentiality)이며, 인가받은 사용자는 언제라도 사용할 수 있다는 특성은 가용성(Availability)이다.

01 | ④   02 | ④   03 | ②   04 | ④

104 Secure SDLC와 Secure Coding**

학·습·포·인·트 --

• Secure SDLC와 Secure Coding의 개념, 응용 프로그램의 보안 설정과 물리적 보안 설정을 구분하는 문제가 출제된다.
• 각 개념을 구분해서 암기한다.

대표 기출 유형

취약점 관리를 위한 응용 프로그램의 보안 설정과 가장 거리가 먼 것은?　　　23년 3월, 22년 4월

① 서버 관리실 출입 통제　　　　　② 실행 프로세스 권한 설정
③ 운영체제의 접근 제한　　　　　　④ 운영체제의 정보 수집 제한

....

서버 관리실 출입 통제는 응용 프로그램의 보안 설정이 아니라 물리적 보안 통제에 해당한다.

정답 ①

필수 핵심 이론

Secure SDLC 개념 및 대표 방법론

● 보안상 안전한 소프트웨어를 개발하기 위해 소프트웨어 개발 생명주기(SDLC; Software Development Life Cycle)에 **보안 강화**를 위한 프로세스를 포함한 것을 말한다.

● Secure SDLC는 요구사항 분석, 설계, 구현, 테스트, 유지보수 등 **SDLC 전체 단계**에서 수행되어야 할 보안 활동을 제시한다.

순서	프로세스	설명
1	분석	• 보안 항목에 해당하는 요구사항 식별 • 전산화되는 정보가 가지고 있는 보안 수준을 보안 요소별로 등급을 구분하여 분류 • 조직의 정보보호 관련 보안 정책을 참고하여 소프트웨어 개발에 적용할 수 있는 보안 정책 항목들의 출처, 요구 수준, 세부 내용 등을 문서화
2	설계	• 식별된 보안 요구사항들을 소프트웨어 설계서에 반영하고, 보안 구현 설계서 작성 • 소프트웨어에서 발생할 수 있는 위협을 식별하여 보안대책, 소요예산, 사고 발생 시 영향 범위와 대응책 등을 수립 • 네트워크, 서버, 물리적 보안, 개발 프로그램 등 환경에 대한 보안통제 기준을 수립하여 설계에 반영 ┌ 네트워크: 외부의 사이버 공격으로부터 개발 환경을 보호하기 위해 네트워크를 분리하거나 방화벽을 설치 ├ 서버: 보안이 뛰어난 운영체제를 사용하고 보안 업데이트, 외부접속에 대한 접근 통제 등을 실시 ├ 물리적 보안: 출입통제, 개발 공간 제한, 폐쇄회로 등의 감시설비 설치 └ 개발 프로그램: 허가되지 않은 프로그램을 통제하고 지속적인 데이터 무결성 검사 실시
3	구현	• 표준 코딩 정의서 및 소프트웨어 개발 보안 가이드를 준수하며, 설계서에 따라 보안 요구사항 구현 • 개발 과정 중에는 지속적인 단위 테스트를 통해 소프트웨어에서 발생할 수 있는 보안 취약점을 최소화해야 함 • 코드 점검 및 소스 코드 진단 작업을 통해 소스 코드의 안전성을 확보해야 함
4	테스트	• 설계 단계에서 작성한 보안 설계서를 바탕으로 보안 사항들이 정확히 반영되고 동작하는지 점검 • 동적 분석 도구 또는 모의 침투 테스트를 통해 설계 단계에서 식별된 위협들의 해결 여부 검증 • 설계 단계에서 식별된 위협들 외에도 구현 단계에서 추가로 제시된 위협들과 취약점들을 점검할 수 있도록 테스트 계획을 수립하고 시행 • 테스트 단계에서 수행한 모든 결과는 문서화하여 보존하고, 개발자에게 피드백되어야 함
5	유지보수	이전 과정을 모두 수행하였음에도 발생할 수 있는 보안 사고들을 식별하고, 사고 발생 시 이를 해결하고 보안 패치 실시

● Secure SDLC의 대표적인 방법론에는 CLASP, SDL, Seven Touchpoints 등이 있다.

방법론	설명
CLASP	• Secure Software 사에서 개발하였으며, SDLC의 초기 단계에서 보안을 강화하기 위해 개발된 방법론 • 활동 중심, 역할 기반의 프로세스로 구성되어 있으며, 현재 운용 중인 시스템에 적용하기에 적합함
SDL	• 마이크로소프트사에서 안전한 소프트웨어 개발을 위해 기존의 SDLC를 개선한 방법론 • 전통적인 나선형 모델을 기반으로 함
Seven Touchpoints	• **소프트웨어 보안의 모범 사례를 SDLC에 통합한 방법론** • 설계 및 개발 과정의 모든 산출물에 대해 위험 분석 및 테스트를 수행 • SDLC의 각 단계에 관련된 7개의 보안 강화 활동 수행

시큐어 코딩(Secure Coding)

● 시큐어 코딩은 소프트웨어의 구현 단계에서 발생할 수 있는 보안 취약점들을 최소화하기 위해 보안 요소들을 고려하여 코딩하는 것을 의미한다.

● 보안 취약점을 사전에 대응하여 안정성과 신뢰성을 확보하기 위해 사용된다.

● 보안 정책을 바탕으로 시큐어 코딩 가이드를 작성하고, 개발 참여자에게는 시큐어 코딩 교육을 실시해야 한다.

취약점 관리를 위한 응용 프로그램의 보안 설정

취약점 관리를 위해 응용 프로그램의 실행 프로세스 권한 설정, 응용 프로그램의 운영체제의 접근 제한, 응용 프로그램을 통한 정보 수집 제한 설정이 필요하다.

설정	설명
실행 프로세스 권한 설정	• 응용 프로그램 자체에 취약점이 있을 때 이를 이용해 해당 프로세서의 권한을 얻을 수가 있기 때문에 IIS에서 그 실행 프로세서 권한을 별도로 만들어 사용 • 유닉스에서는 nobody와 같이 제한된 계정 권한을 사용
운영체제의 접근 제한	응용 프로그램을 통해 운영체제의 파일이나 명령을 실행할 수 있으므로 보안 설정 필요
운영체제의 정보 수집 제한	응용 프로그램이 운영체제에 직접적인 영향을 주지 않아도 특정 기능으로 정보를 노출할 수 있으므로 정보 수집 제한 필요

01 20년 8월

실무적으로 검증된 개발보안 방법론 중 하나로써 SW보안의 모범 사례를 SDLC(Software Development Life Cycle)에 통합한 소프트웨어 개발 보안 생명주기 방법론은?

① CLASP
② CWE
③ PIMS
④ Seven Touchpoints

> **해설** Seven Touchpoints는 소프트웨어 개발 생명주기(SDLC)의 각 단계에 관련된 7가지의 보안 강화 활동을 개발자에게 집중적으로 관리하도록 요구하여 실무적으로 검증된 개발 보안 방법론이다.

CLASP	• Comprehensive, Lightweight Application Security Process • 소프트웨어 개발 생명주기(SDLC) 초기 단계에 보안강화를 목적으로 하는 정형화된 프로세스로서 활동중심·역할기반의 프로세스로 구성된 집합체로, 이미 운영 중인 시스템에 적용하기 적합함
CWE	• Common Weakness Enumeration • 주요 보안 취약점, 보안 문제를 정리하는 프로젝트
PIMS	• Personal Information Management System • 개인정보 보호관리체계

02 23년 3월, 22년 4월

취약점 관리를 위한 응용 프로그램의 보안 설정과 가장 거리가 먼 것은?

① 서버 관리실 출입 통제
② 실행 프로세스 권한 설정
③ 운영체제의 접근 제한
④ 운영체제의 정보 수집 제한

> **해설** 서버 관리실 출입 통제는 응용 프로그램의 보안 설정이 아니라 물리적 보안 통제에 해당한다.

01 | ④   02 | ①

105 보안 점검 항목***

학·습·포·인·트 --

- 소프트웨어 개발 시 고려해야 하는 보안 점검 항목에는 총 7가지가 존재하는데, 각 항목을 점검하지 않았을 경우 발생할 수 있는 보안 취약점이 있다.
- 보안 점검 항목 7가지 항목이 어떤 것이고, 각각의 보안 취약점과 대책은 무엇인지 학습하고 넘어가도록 한다.

대표 기출 유형

메모리상에서 프로그램의 복귀 주소와 변수 사이에 특정 값을 저장해 두었다가 그 값이 변경되었을 경우 오버플로우 상태로 가정하여 프로그램 실행을 중단하는 기술은?　　**20년 6월**

① 모드체크　　　　② 리커버리 통제　　　③ 시스로그　　　　④ 스택가드

....

메모리상에서 프로그램의 복귀 주소와 변수 사이에 특정 값을 저장한 후 그 값이 변경되었을 경우 오버플로우 상태로 판단하여 프로그램 실행을 중단함으로써 잘못된 복귀 주소의 호출을 막는 기술은 '스택가드'이다.

정답 ④

필수 핵심 이론

보안 점검 항목

소프트웨어 개발 시 고려해야 하는 보안 점검 항목은 총 7가지로, 입력 데이터 검증 및 표현, 보안 기능, 에러(Error) 처리, 세션 통제(Session Control), 코드 오류, 캡슐화, API 오용이 있다. 이러한 항목들을 점검해 두지 않을 경우 중요 정보가 노출되는 등 보안 취약점이 발생할 수 있다.

입력 데이터 검증 및 표현

- 입력 데이터 검증 및 표현은 입력 데이터로 인해 발생하는 문제들을 예방하기 위해 구현 단계에서 검증해야 하는 보안 점검 항목들이다.

- 입력 데이터로 인해 발생하는 문제를 예방하기 위해서는 소프트웨어 개발의 구현 단계에서 유효성 검증 체계를 갖추고, 검증되지 않은 데이터의 입력을 처리할 수 있도록 구현해야 한다.

- 입력 데이터를 처리하는 객체에 지정된 자료형이 올바른지 확인하고, 일관된 언어셋을 사용하도록 코딩한다.

- 입력 데이터의 검증 및 표현과 관련된 점검을 수행하지 않은 경우 SQL 삽입, 경로 조작 및 자원 삽입, 크로스사이트 스크립팅(XSS), 메모리 버퍼 오버플로, 운영체제 명령어 삽입 등의 공격에 취약해진다.

보안 취약점	설명	대책
SQL 삽입 (SQL Injection)	웹 응용 프로그램에 SQL을 삽입하여 내부 데이터베이스(DB) 서버의 데이터를 유출 및 변조하고, 관리자 인증을 우회하는 보안 취약점	동적 쿼리에 사용되는 입력 데이터에 예약어 및 특수문자가 입력되지 않게 필터링 되도록 설정하여 방지
경로 조작 및 자원 삽입	데이터 입출력 경로를 조작하여 서버 자원을 수정·삭제할 수 있는 보안 취약점	사용자 입력값을 식별자로 사용하는 경우, 경로 순회 공격을 막는 필터를 사용하여 방지
크로스사이트 스크립팅 (XSS; Cross Site Scripting)	웹페이지에 악의적인 스크립트를 삽입하여 방문자들의 정보를 탈취하거나, 비정상적인 기능 수행을 유발하는 보안 취약점	• HTML 태그 사용 금지(특히, 〈 문자 사용 시 <로 변환처리 등) • 특수문자 등록을 방지하기 위해 특수 문자 필터링
메모리 버퍼 오버플로	• 연속된 메모리 공간을 사용하는 프로그램에서 할당된 메모리의 범위를 넘어선 위치에서 자료를 읽거나 쓰려고 할 때 발생하는 보안 취약점 • 프로그램의 오동작을 유발시키거나, 악의적인 코드를 실행시켜 공격자가 프로그램을 통제할 수 있는 권한 획득	메모리 버퍼를 사용할 경우 적절한 버퍼의 크기를 설정하고, 설정된 범위의 메모리 내에서 올바르게 읽거나 쓸 수 있도록 함으로써 방지
운영체제 명령어 삽입	외부 입력값을 통해 시스템 명령어의 실행을 유도함으로써 권한을 탈취하거나 시스템 장애를 유발하는 보안 취약점	웹 인터페이스를 통해 시스템 명령어가 전달되지 않도록 하고, 외부 입력값을 검증 없이 내부 명령어로 사용하지 않음으로써 방지
사이트 간 요청 위조 (CSRF; Cross-Site Request Forgery)	사용자가 자신의 의지와는 무관하게 공격자가 의도한 행위를 특정 웹사이트에 요청하게 하는 보안 취약점	• 입력화면 폼을 작성 시 GET 방식보다 POST 방식 사용 • 입력 폼과 입력처리 프로그램에서 세션별 CSRF 토큰을 사용하여 점검 • 중요 기능의 경우 재인증을 통해 안전하게 실제 요청 여부를 확인하도록 구현

위험한 형식 파일 업로드	악의적인 명령어가 포함된 스크립트 파일을 업로드함으로써 시스템에 손상을 주거나, 시스템을 제어할 수 있는 보안 취약점	업로드되는 파일의 확장자 제한, 파일명의 암호화, 웹사이트와 파일 서버의 경로 분리, 실행 속성을 제거하는 등의 방법으로 방지
신뢰되지 않은 URL 주소로 자동접속 연결	입력 값으로 사이트 주소를 받는 경우 이를 조작하여 방문자를 피싱 사이트로 유도하는 보안 취약점	연결되는 외부 사이트의 주소를 화이트 리스트로 관리함으로써 방지

보안 기능

- 보안 기능은 소프트웨어 개발의 구현 단계에서 코딩하는 기능인 인증, 접근제어, 기밀성, 암호화 등을 올바르게 구현하기 위한 보안 점검 항목들이다.

- 각 보안 기능들을 서비스 환경이나 취급 데이터에 맞게 처리될 수 있도록 구현해야 한다.

- 소프트웨어의 기능 또는 데이터에 접근하려는 사용자별로 중요도를 구분하고, 차별화된 인증 방안을 적용한다.

- 인증된 사용자가 이용할 기능과 데이터에 대해 개별적으로 접근 권한을 부여하여 인가되지 않은 기능과 데이터로의 접근을 차단한다.

- 개인정보나 인증정보와 같은 중요한 정보의 변조·삭제·오남용 등을 방지하기 위해 안전한 암호화 기술을 적용한다.

- 보안 기능에 대한 점검을 수행하지 않을 경우 적절한 인증 없이 중요기능 허용, 부적절한 인가, 취약한 암호화 알고리즘 사용, 중요정보의 평문 저장 및 전송, 하드 코드 된 비밀번호 등의 보안 취약점이 발생할 수 있다.

보안 취약점	설명	대책
적절한 인증 없이 중요 기능 허용	보안검사를 우회하여 인증과정 없이 중요 정보 또는 기능에 접근 및 변경 가능한 보안 취약점	중요 정보나 기능을 수행하는 페이지에서는 재인증 기능을 통해 방지
부적절한 인가	접근제어 기능이 없는 실행경로를 통해 정보 또는 권한 탈취가 가능한 보안 취약점	모든 실행경로에 대해 접근제어 검사를 수행하고, 사용자에게는 반드시 필요한 접근권한만 부여하여 방지
중요한 자원에 대한 잘못된 권한 설정	권한 설정이 잘못된 자원에 접근하여 해당 자원을 임의로 사용 가능한 보안 취약점	소프트웨어 관리자만 자원을 읽고 쓸 수 있도록 설정하고, 인가되지 않은 사용자의 중요 자원에 대한 접근 여부를 검사함으로써 방지
취약한 암호화 알고리즘 사용	암호화된 환경설정 파일을 해독하여 비밀번호 등의 중요 정보를 탈취할 수 있는 보안 취약점	안전한 암호화 알고리즘, 안정성이 인증된 암호 모듈을 이용하여 방지

중요 정보 평문 저장 및 전송	암호화되지 않은 평문 데이터를 탈취하여 중요한 정보를 획득할 수 있는 보안 취약점	중요 정보를 저장하거나 전송할 때는 반드시 암호화 과정을 거치도록 하고, HTTPS 또는 SSL/TLS 등의 보안 채널을 이용하여 방지
하드코드된 비밀번호	프로그램 코드 내부에 패스워드 포함 시 관리자 정보가 노출될 수 있는 보안 취약점	• 패스워드는 암호화하여 별도 파일에 저장 • 소프트웨어 설치 시 직접 패스워드나 키를 입력하도록 설계하여 방지
취약한 패스워드 요구조건	취약한 사용자 패스워드 조합 규칙에 따른 사용자 계정 보안 취약점	패스워드 생성 시 강한 조건 검증 필요

에러 처리

● 에러 처리는 프로그램 실행 중 발생할 수 있는 오류(Error)들을 사전에 정의하여 오류로 인해 발생할 수 있는 문제들을 예방하기 위한 보안 점검 항목들이다.

● 각 프로그래밍 언어의 예외처리 구문을 통해 오류에 대한 사항을 정의한다.

● 예외처리 구문으로 처리하지 못한 오류들은 중요정보를 노출시키거나, 프로그램의 실행이 중단되는 등 예기치 못한 문제를 발생시킬 수 있다.

● 에러 처리의 미비로 인한 코딩이 유발하는 보안 약점에는 오류 메시지를 통한 정보 노출, 오류 상황 대응 부재, 부적절한 예외 처리가 있다.

보안 취약점	설명	대책
오류 메시지 통한 정보 노출	프로그램이 실행환경, 사용자 정보, 디버깅 정보 등의 중요 정보를 포함하는 오류 메시지를 생성하여 공격자의 악성 행위를 도와주는 보완 취약점	오류 발생 시 가능한 한 내부에서만 처리되도록 하거나 메시지를 출력할 경우 최소한의 정보 또는 사전에 준비된 메시지만 출력되도록 함으로써 방지
오류 상황 대응 부재	오류가 발생할 수 있는 부분에 대해 예외 처리를 하지 않았거나 예외 처리 미비로 인해 발생할 수 있는 보안 취약점	오류가 발생할 수 있는 부분에 예외 처리 구문을 작성하고, 제어문을 활용하여 오류가 악용되지 않도록 코딩함으로써 방지
부적절한 예외 처리	프로그램 수행 중에 함수의 반환값 또는 오류들을 세분화하여 처리하지 않고 광범위하게 묶어 한 번에 처리하거나, 누락된 예외가 존재할 때 발생하는 보안 취약점	모든 함수의 반환값이 의도대로 출력되는지 확인하고, 광범위한 예외 처리 대신 구체적인 예외 처리를 통해 방지

세션 통제(Session Control)

● 다른 세션 간 데이터 공유 금지 등 세션을 안전하게 관리할 수 있도록 설계한다.

● 이미 연결이 종료된 클라이언트의 정보가 사용 가능한 상태로 방치되는 경우 허가되지 않은 사용자가 시스템에 접근할 수 있는 보안 취약점이 있다.

● 안전한 세션 통제 정책이 적용되기 위해 세션 정보를 안전하게 관리해야 한다.

● 세션 통제의 보안 취약점에는 불충분한 세션 관리, 잘못된 세션에 의한 정보 노출이 있다.

보안 취약점	설명	대책
불충분한 세션 관리	• 인증 시 일정한 규칙이 존재하는 세션ID가 발급되거나, 세션 타임아웃이 너무 길게 설정되어 있는 경우 발생할 수 있는 보안 취약점 • 세션 관리가 충분하지 않으면 침입자는 세션 하이재킹과 같은 공격을 통해 획득한 세션ID로 인가되지 않은 시스템의 기능을 이용하거나 중요한 정보에 접근 가능	• 세션 ID의 예측이 불가능하도록 안전한 난수 알고리즘 적용 • 로그인 시 로그인 전의 세션 ID를 삭제하고 재할당 • 장기간 접속하고 있는 세션ID는 주기적으로 재할당하도록 설계

코드 오류

● 코드 오류는 소프트웨어 구현 단계에서 개발자들이 코딩 중 실수하기 쉬운 형(Type) 변환, 자원 반환 등의 오류를 예방하기 위한 보안 점검 항목들이다.

● 코드 오류는 개발자의 실수로 발생한다.

● 코드 오류로 발생할 수 있는 보안 취약점에는 널 포인터 역참조, 부적절한 자원 해제, 해제된 자원 사용, 초기화되지 않은 변수 사용, 정수를 문자로 변환 등이 있다.

보안 취약점	설명	대책
널 포인터 (Null Pointer) 역참조	• 널 포인터가 가리키는 메모리에 어떠한 값을 저장할 때 발생하는 보안 취약점 • 많은 라이브러리 함수들이 오류가 발생할 경우 Null 값을 반환하는데, 이 반환값을 포인터로 참조하는 경우 발생 • 대부분 운영체제에서 널 포인터는 메모리의 첫 주소를 가리키며, 해당 주소를 참조할 경우 소프트웨어가 비정상적으로 종료될 수 있음 • 공격자가 의도적으로 널 포인터 역참조를 실행하는 경우, 그 결과 발생하는 예외사항을 추후에 공격자가 악용할 수 있음	• Null이 될 수 있는 포인터를 이용하기 전에 Null 값을 갖고 있는지 검사한 후 안전한 경우에만 사용 • 스택 가드(Stack Guard) 활용
부적절한 자원 해제	• 부적절한 자원 해제는 자원을 반환하는 코드를 누락하거나 프로그램 오류로 할당된 자원을 반환하지 못했을 때 발생하는 보안 취약점	자원을 획득하여 사용한 다음에는 Finally 블록에서 반드시 자원이 반환되도록 코딩함으로써 방지

	• 힙 메모리(Heap Memory), 소켓(Socket) 등의 유한한 시스템 자원이 계속 점유하고 있으면 자원 부족으로 인해 새로운 입력을 처리하지 못할 수 있음	
해제된 자원 사용	• 이미 사용이 종료되어 반환된 메모리를 참조하는 경우 발생하는 보안 취약점 • 반환된 메모리를 참조하는 경우 예상하지 못한 값 또는 코드를 수행하게 되어 의도하지 않은 결과가 발생할 수 있음	반환된 메모리에 접근할 수 없도록 주소를 저장하고 있는 포인터를 초기화함으로써 방지
초기화되지 않은 변수 사용	• 변수 선언 후 값이 부여되지 않은 변수를 사용할 때 발생할 수 있는 보안 취약점 • 변수가 선언되어 메모리가 할당되면 해당 메모리에 이전에 사용하던 내용이 계속 남아 있어 변수가 외부에 노출되는 경우 중요 정보가 악용될 수 있음	변수 선언 시 할당된 메모리를 초기화함으로써 방지
정수를 문자로 변환	정수를 문자로 변환하면서 표현할 수 없는 범위의 값이 잘려나가 문자에 대한 저장 값이 올바르지 않은 보안 취약점	정수를 문자로 변환할 경우, 변환 값의 크기가 변환 값이 저장되는 변수의 크기보다 크지 않도록 함

캡슐화

● 캡슐화는 정보 은닉이 필요한 중요한 데이터와 기능을 불충분하게 캡슐화하거나 잘못 사용함으로써 발생할 수 있는 문제를 예방하기 위한 보안 점검 항목들이다.

● 캡슐화로 인해 발생할 수 있는 보안 취약점에는 잘못된 세션에 의한 정보 노출, 제거되지 않고 남은 디버그 코드, 시스템 데이터 정보 노출, 민감한 데이터를 가진 내부 클래스 사용이 있다.

보안 취약점	설명	대책
잘못된 세션에 의한 데이터 정보 노출	• 다중 스레드(Multi-Thread) 환경에서 멤버 변수에 정보를 저장할 때 발생하는 보안 취약점 • 싱글톤(Singleton) 패턴에서 발생하는 경쟁 조건(Race Condition)으로 인해 동기화 오류가 발생하거나, 멤버 변수의 정보가 노출될 수 있음	싱글톤 패턴을 사용할 경우 변수 범위(Scope)에 주의하고, 멤버 변수보다 지역 변수를 활용해 변수의 범위를 제한함으로써 방지
제거되지 않고 남은 디버그 코드	• 개발 중에 버그 수정이나 결과값 확인을 위해 남겨둔 코드들로 인해 발생하는 보안 취약점 • 소프트웨어 제어에 사용되는 중요한 정보가 디버그 코드로 인해 노출될 수 있음 • 디버그 코드에 인증 및 식별 절차를 생략하거나 우회하는 코드가 포함되어 있는 경우 공격자가 이를 악용할 수 있음	디버그 코드는 개발 완료 후 삭제 처리

Public 메소드로부터 반환된 Private 배열	• 선언된 클래스 내에서만 접근이 가능한 Private 배열을 모든 클래스에서 접근이 가능한 Public 메소드에서 반환할 때 발생하는 보안 취약점 • Public 메소드가 Private 배열을 반환하면 배열의 주소가 외부로 공개되어 외부에서 접근할 수 있게 됨	Private 배열을 별도의 메소드를 통해 조작하거나, 동일한 형태의 복제본으로 반환받은 후 값을 전달하는 방식으로 방지
민감한 데이터를 가진 내부 클래스 사용	권한이 없는 클래스를 사용하고자 할 때 발생하는 보안 취약점	내부 클래스 사용 시 외부 클래스의 접근 금지
시스템 데이터 정보 노출	시스템의 내부 정보를 시스템 메시지 등을 출력하도록 코딩했을 때 발생하는 보안 취약점	시스템 메시지를 통해 노출되는 메시지는 최소한의 정보만을 제공함으로써 방지

API 오용

● API 오용은 소프트웨어 구현 단계에서 API를 잘못 사용하거나 보안에 취약한 API를 사용하지 않도록 하기 위한 보안 검증 항목들이다.

● API 오용으로 발생할 수 있는 보안 취약점에는 DNS lookup에 의존한 보안 결정, 취약한 API 사용이 있다.

보안 취약점	설명	대책
DNS lookup에 의존한 보안 결정	• 도메인명에 의존하여 인증이나 접근 통제 등의 보안 결정을 내리는 경우 발생하는 보안 취약점 • DNS 엔트리를 속여 동일한 도메인에 속한 서버인 것처럼 위장하거나, 사용자와 서버 간의 네트워크 트래픽을 유도하여 악성 사이트를 경유하도록 조작할 수 있음 • 공격자는 DNS lookup을 악용하여 인증이나 접근 통제를 우회하는 수법으로 권한을 탈취함	DNS 검색을 통해 도메인 이름을 비교하지 않고 IP 주소를 직접 입력하여 접근함으로써 방지
취약한 API 사용	• 보안 문제로 사용이 금지된 API를 사용하거나, 잘못된 방식으로 API를 사용했을 때 발생하는 보안 취약점 • 보안 문제로 금지된 대표적인 API에는 C언어의 문자열 함수 strcat(), strcpy(), sprintf() 등이 있음 • 보안 상 안전한 API라고 하더라도 자원에 대한 직접 연결이나, 네트워크 소켓을 통한 직접 호출과 같이 보안에 위협을 줄 수 있는 인터페이스를 사용하는 경우 보안 약점이 노출됨	보안 문제로 금지된 함수는 안전한 함수로 대체하고, API의 매뉴얼을 참고하여 보안이 보장되는 인터페이스를 사용함으로써 방지 (예) strcpy(): 글자 수 상관없이 문자열 복사 가능하여 위험 → strncpy(): 문자열 복사 시 글자 길이 지정

접근 지정자(접근 제어자)

접근 지정자는 프로그래밍 언어에서 특정 개체를 선언할 때 외부로부터의 접근을 제한하기 위해 사용되는 예약어이다. (접근 가능: ○, 접근 불가능: ×)

접근 지정자	클래스 내부	패키지 내부	하위 클래스	패키지 외부
Public	O	O	O	O
Protected	O	O	O	X
Default	O	O	X	X
Private	O	X	X	X

기초 용어 정리

- 에러(Error) 처리: 에러는 오류의 영문명이며, 예외처리(Exception Handling)와 에러(오류)처리(Trouble Shooting)는 동일한 의미로 사용됨
- 널 포인터(Null Pointer): 널(Null)은 값이 없음을 의미하며, 포인터(Pointer)는 메모리의 위치를 가리키는 요소로서 널 포인터는 포인터에 널이 저장되어 어떠한 곳도 가리키지 못하는 상태의 요소를 말함
- 스택 가드(Stack Guard): 메모리상에서 프로그램의 복귀 주소와 변수 사이에 특정 값을 저장한 후 그 값이 변경되었을 경우 오버플로우 상태로 판단하여 프로그램 실행을 중단함으로써 잘못된 복귀 주소의 호출을 막는 기술. 널 포인터 역참조와 같이 주소가 저장되는 스택에서 발생하는 보안 약점을 맞는 기술 중 하나
- 소켓(Socket): 소켓은 데이터 교환을 위한 통로

연·습·문·제

01 20년 8월

다음 내용이 설명하는 소프트웨어 취약점은?

> 메모리를 다루는 데 오류가 발생하여 잘못된 동작을 하는 프로그램 취약점

① FTP 바운스 공격   ② SQL 삽입
③ 버퍼 오버플로   ④ 디렉토리 접근 공격

해설 메모리를 다루는 데 오류가 발생하여 잘못된 동작을 하는 프로그램 취약점은 버퍼 오버플로를 말한다.

FTP 바운스 공격	FTP 프로토콜 구조의 허점을 이용한 공격
SQL 삽입	웹 응용 프로그램에 SQL을 삽입하여 내부 데이터베이스(DB) 서버의 데이터를 유출 및 변조하고, 관리자 인증을 우회하는 보안 취약점
디렉토리 접근 공격	웹 루트 디렉토리 외부에 저장된 파일 또는 디렉토리에 접근하는 공격방법

02 21년 5월

메모리상에서 프로그램의 복귀 주소와 변수 사이에 특정 값을 저장해 두었다가 그 값이 변경되었을 경우 오버플로우 상태로 가정하여 프로그램 실행을 중단하는 기술은?

① Stack Guard   ② Bridge
③ ASLR   ④ FIN

해설 메모리상에서 프로그램의 복귀 주소와 변수 사이에 특정 값을 저장한 후 그 값이 변경되었을 경우 오버플로우 상태로 판단하여 프로그램 실행을 중단함으로써 잘못된 복귀 주소의 호출을 막는 기술은 '스택가드(Stack Guard)'이다.

ASLR (Address Space Layout Randomization)	• 메모리 공격을 방어하기 위해 주소 공간 배치를 난수화하고, 실행 시마다 메모리 주소를 변경시켜 버퍼 오버플로우를 통한 특정 주소 호출을 차단 • 리눅스에서 설정 가능

03 20년 6월

메모리상에서 프로그램의 복귀 주소와 변수 사이에 특정 값을 저장해 두었다가 그 값이 변경되었을 경우 오버플로우 상태로 가정하여 프로그램 실행을 중단하는 기술은?

① 모드체크
② 리커버리 통제
③ 시스로그
④ 스택가드

> 해설 메모리상에서 프로그램의 복귀 주소와 변수 사이에 특정 값을 저장한 후 그 값이 변경되었을 경우 오버플로우 상태로 판단하여 프로그램 실행을 중단함으로써 잘못된 복귀 주소의 호출을 막는 기술은 '스택가드(Stack Guard)'이다.

04 21년 5월

코드의 기입 과정에서 원래 '12536'으로 기입되어야 하는데 '12936'으로 표기되었을 경우, 어떤 코드 오류에 해당하는가?

① Addition Error
② Omission Error
③ Sequence Error
④ Transcription Error

> 해설 12536 → 12936은 5를 9로 즉, 임의로 한 자리를 잘못 기록한 경우에 해당하므로 필사 오류(Transcription error)에 해당한다.

생략 오류 (Omission error)	입력 시 한 자리를 빼놓고 기록한 경우	1234 → 123
필사 오류 (Transcripti on error)	입력 시 임의의 한 자리를 잘못 기록한 경우	1234 → 1235
전위 오류 (Transpositi on error)	입력 시 좌우 자리를 바꾸어 기록한 경우	1234 → 1243
이중 오류 (Double Transpositi on error)	전위 오류가 두 가지 이상 발생한 경우	1234 → 2143

추가 오류 (Addition error)	입력 시 한 자리를 추가로 기록한 경우	1234 → 12345
임의 오류 (Random error)	위의 오류가 두 가지 이상 결합하여 발생한 경우	1234 → 12367

05 20년 8월

다음 JAVA코드에서 밑줄로 표시된 부분에는 어떤 보안 약점이 존재하는가? (단, key는 암호화키를 저장하는 변수이다.)

```
import javax.crypto.KeyGenerator;
import
javax.crypto.spec.SecretKeySpec;
import javax.crypto.Cipher;
......생략
public String encripString(String usr) {
String key =
"22df3023sf~2;asn!@#/>as";
if (key != null){
byte[] bToEncrypt = usr.getBytes("UTF-8");
......생략
```

① 무결성 검사 없는 코드 다운로드
② 중요 자원에 대한 잘못된 권한 설정
③ 하드코드된 암호화 키 사용
④ 적절한 인증 없는 중요 기능 허용

> 해설 소스 코드 내부에 암호화 키를 상수 형태로 하드코딩하여 사용하면 악의적인 공격자에게 암호화 키가 노출될 위험이 있다. 암호화 키를 소스 코드 내부에 사용하는 것은 안전하지 않다.

01 | ③   02 | ①   03 | ④   04 | ④   05 | ③

106 | 암호 알고리즘★★★

학 · 습 · 포 · 인 · 트 --

• 대칭 키 암호 방식과 비대칭 키 암호 방식을 비교해 묻는 문제가 자주 출제되니 둘의 차이를 구분해서 암기해 두도록 한다.

대표 기출 유형

다음 암호 알고리즘 중 성격이 다른 하나는?   23년 5월, 20년 9월

① MD4   ② MD5   ③ SHA-1   ④ AES

....

MD4, MD5, SHA-1는 해시 암호화 알고리즘에 해당하고, AES는 대칭 키 암호화 알고리즘에 해당한다.

정답 ④

필수 핵심 이론

암호 알고리즘 관련 용어

용어	설명
평문(Plain; Plaintext)	암호화되기 전의 원본 메시지
암호문(Cipher; Ciphertext)	암호화가 적용된 메시지
암호화(Encrypt; Encryption; Encoding)	평문을 암호문으로 바꾸는 작업
복호화(Decrypt; Decryption; Decoding)	암호문을 평문으로 바꾸는 작업
키(Key)	적절한 암호화를 위하여 사용하는 값
치환 암호(대치암호; Substitution Cipher)	비트, 문자 또는 문자의 블록을 다른 비트, 문자 또는 블록으로 대체하는 방법
전치 암호(Transposition Cipher)	비트, 문자 또는 블록이 원래 의미를 감추도록 자리바꿈 등을 이용하여 재배열하는 방법

양방향 암호화 알고리즘 - 대칭 키/비대칭 키 암호 방식 비교

● 양방향 암호화 알고리즘 방식에는 대칭 키 암호 방식과 비대칭 키 암호방식(=공개 키 암호방식)이 있다.

● 대칭 키 암호 방식은 동일한 키로 데이터를 암호화하고 복호화한다. 대칭 키 암호 방식은 한 번에 하나의 데이터 블록을 암호화하는 블록 암호화 방식과, 평문과 동일한 길이의 스트림을 생성하여 비트/바이트/워드 단위로 암호화하는 스트림 암호화 방식으로 분류된다.

● 비대칭 키 암호 방식에서 데이터를 암호화할 때 사용하는 공개 키(비대칭 키; Public Key)는 데이터베이스 사용자에게 공개하고, 복호화할 때의 비밀 키(Secret Key)는 관리자가 비밀리에 관리한다.

구분	대칭 키 암호 방식	비대칭 키 암호 방식
키	대칭 키(=개인 키, 비밀 키)	비대칭 키(=공개 키)
키의 관계	암호화 키=복호화 키	암호화 키≠복호화 키
암호화 키	비밀 키	공개 키
복호화 키	비밀 키	개인 키
키 개수	• $\dfrac{n(n-1)}{2}$ • 10명이 공개키 암호를 사용할 경우 45개의 키가 필요하다.	• $2n$ • 10명이 공개키 암호를 사용할 경우 20개의 키가 필요하다.
장점	• 암복호화 키 길이가 짧음 • 암복호화 속도가 빠름	• 암호화 키 사전 공유 불필요 • 관리해야 할 키 개수가 적음 • 키 분배 및 관리가 쉬움 • 개인 키 활용해 인증, 전자 서명 등에 적용 가능
단점	• 키 분배 및 관리의 어려움 • 기밀성만 보장	• 암복호화 키 길이가 김 • 암복호화 속도가 느림
알고리즘	• 블록 암호화 방식: DES, SEED, AES, ARIA, IDEA • 스트림 암호화 방식: LFSR, RC4	디피-헬만(Diffie-Hellman), RSA, ECC, Elgamal, DAS

양방향 암호화 알고리즘

종류	설명
DES (Data Encryption Standard)	• 1975년 미국의 연방 표준국(NIST)에서 발표한 대칭 키 기반의 블록 암호화 알고리즘 • 블록 크기는 64bit, 키 길이는 56bit인 페이스텔(Feistel) 구조 • DES를 3번 적용하여 보안을 더욱 강화한 3DES(Triple DES)도 활용됨

SEED	• 1999년 국내 한국인터넷진흥원(KISA)이 개발한 블록 암호화 알고리즘 • 128비트 비밀키로부터 생성된 16개의 64비트 라운드 키를 사용하여 총 16회의 라운드를 거쳐 128비트의 평문 블록을 128비트 암호문 블록으로 암호화하여 출력하는 방식 • 블록 크기는 128비트이며, 키 길이에 따라 128비트, 256비트로 분류
AES (Advanced Encryption Standard)	• 2004년 미국 표준 기술 연구소(NIST)에서 발표한 대칭 키 기반의 블록 암호화 알고리즘 • DES의 개인 키에 대한 전사적 공격이 가능해지고, 3DES의 성능문제를 극복하기 위해 개발 • 블록 크기는 128비트이며, 키 길이에 따라 128비트, 192비트, 256비트로 분류 • AES의 라운드 수는 10, 12, 14라운드로 분류되며, 한 라운드는 SubBytes, ShiftRows, MixColumns, AddRoundKey의 4가지 계층으로 구성

일방향 암호화 알고리즘(=해시 암호 방식)

● 일방향 암호화 알고리즘은 임의 길이의 정보를 입력받아, 고정된 길이의 암호문(해시값)을 출력하는 암호 방식이다.

● 해시 암호화 알고리즘이 적용된 정보는 복호화가 불가능하다.

● 해시 함수를 기반으로 하는 일방향 방식에는 MAC와 MDC가 있다.

종류		설명
MAC	키를 사용하는 메시지 인증 코드(Message Authentication Code)로 메시지의 무결성과 송신자의 인증 보장	
	HAS-160	• 국내 표준 서명 알고리즘 KCDSA(Korean Certificate-based Digital Signature Algorithm)를 위하여 개발된 해시 함수 • MD5와 SHA1의 장점을 취하여 개발된 해시 알고리즘
	HAVAL	메시지를 1024bit 블록으로 나누고 128, 160, 192, 224, 256비트인 메시지 다이제스트를 출력하는 해시 알고리즘
MDC	MDC는 키를 사용하지 않는 변경 감지 코드(Modification Detection Code)로 메시지의 무결성 보장	
	MD5 (Message-Digest algorithm 5)	• 1991년 R.rivest가 MD4를 개선한 암호화 알고리즘 • 프로그램이나 파일의 무결성 검사에 사용 • 각각의 512비트짜리 입력 메시지 블록에 대해 차례로 동작하여 128비트의 해시값 생성
	SHA-1 (Secure Hash Algorithm)	• 1993년 NSA에서 미 정부 표준으로 지정, DSA에서 사용하는 해시 알고리즘 • 160비트의 해시값 생성
	SHA-256/384/512 (Secure Hash Algorithm)	• SHA(Secure Hash Algorithm) 알고리즘의 한 종류 • 256비트의 해시값 생성 • AES(Adavanced Encryption Standard, 미연방 표준 알고리즘)의 키 길이인 128, 192, 256비트에 대응하도록 출력 길이를 늘린 해시 알고리즘

- 해시 함수의 경우 레인보우 테이블 공격에 취약할 수 있다.

- 취약점을 극복하기 위해서 솔트 키를 추가하는 방법과 키 스트레칭 방법이 사용된다.

방법	설명
솔트(Salt) 키	시스템에 저장되는 패스워드들은 Hash 또는 암호화 알고리즘의 결괏값으로 저장되는데 솔트 키는 암호공격을 막기 위해 똑같은 패스워드들이 다른 암호 값으로 저장되도록 추가되는 임의의 문자열
키 스트레칭 (Key Stretching)	해시값을 알아보지 못하도록 하기 위해서 원문의 해시값을 입력값으로, 다시 그 해시값을 다시 입력값으로 n번 반복해서 적용하는 방법

쌤의 실전 Tip

암호 알고리즘 기법 외우기

구분		종류
양방향	대칭키	(블록 암호화 방식) DES, 3DES, SEED, AES, ARIA, IDEA → 아리아(ARIA), 중간에 E를 넣으면 블록되니 조심해요.
		(스트림 암호화 방식) LFSR, RC4 → LR 잘하면 미드도 자막 없이 스트림잉~
	비대칭키	디피-헬만(Diffie-Hellman), RSA, ECC, Elgamal, DAS → 비대칭이니 RE(E)D불
일방향		(해시 암호화 방식) MD5, SHA-1, SHA-256/384/512, HAS-160, HAVAL → MS 입사하려고 해(HA)싱 알고리즘 공부한다.

연·습·문·제

01 20년 9월

정보보호를 위한 암호화에 대한 설명으로 틀린 것은?

① 평문 - 암호화되기 전의 원본 메시지
② 암호문 - 암호화가 적용된 메시지
③ 복호화 - 평문을 암호문으로 바꾸는 작업
④ 키(Key) - 적절한 암호화를 위하여 사용하는 값

해설 복호화는 암호화의 반대 작업으로 암호화된 것을 원본의 메세지로 만드는 것을 말한다.

02 20년 9월

공개키 암호화 방식에 대한 설명으로 틀린 것은?

① 공개키로 암호화된 메시지는 반드시 공개키로 복호화해야 한다.
② 비대칭 암호기법이라고도 한다.
③ 대표적인 기법은 RSA 기법이 있다.
④ 키 분배가 용이하고, 관리해야 할 키 개수가 적다.

해설 공개키 암호화 방식은 암호화와 복호화에 사용하는 키가 서로 다른 암호화 방식이다. 공개키로 암호화된 메시지는 개인키로 복호화해야 한다.

03 21년 3월

공개키 암호에 대한 설명으로 틀린 것은?

① 10명이 공개키 암호를 사용할 경우 5개의 키가 필요하다.
② 복호화 키는 비공개되어 있다.
③ 송신자는 수신자의 공개키로 문서를 암호화한다.
④ 공개키 암호로 널리 알려진 알고리즘은 RSA가 있다.

> **해설** 공개키 암호 방식에서 키의 개수는 $2n$개이다. 10명이 공개키 암호를 사용할 경우 20개의 키가 필요하다.

04 23년 5월, 21년 3월, 20년 9월

다음 암호 알고리즘 중 성격이 다른 하나는?

① MD4　　　　② MD5
③ SHA-1　　　④ AES

> **해설** MD4, MD5, SHA-1는 해시 암호화 알고리즘에 해당하고, AES는 대칭 키 암호화 알고리즘에 해당한다.

구분		종류
양방향	대칭키	(블록 암호화 방식) DES, 3DES, SEED, AES, ARIA, IDEA → 아리아(ARIA), 중간에 E를 넣으면 블록되니 조심해요.
		(스트림 암호화 방식) LFSR, RC4 → LR 잘하면 미드도 자막 없이 스트림잉~
	비대칭키	디피-헬만(Diffie-Hellman), RSA, ECC, Elgamal, DAS → 비대칭이니 RE(E)D불
	일방향	(해시 암호화 방식) MD5, SHA-1, SHA-256/384/512, HAS-160, HAVAL → MS 입사하려고 해(HA)싱 알고리즘 공부한다.

05 20년 6월

소인수 분해 문제를 이용한 공개키 암호화 기법에 널리 사용되는 암호 알고리즘 기법은?

① RSA　　　　② ECC
③ PKI　　　　④ PEM

> **해설** RSA는 MIT의 라이베스트, 샤미르, 애들먼에 의해 제안된 공개키 암호화 알고리즘으로 큰 숫자를 소인수분해 하기 어렵다는 것에 기반하여 만들어졌다.

06 20년 8월

블록 암호화 방식이 아닌 것은?

① DES
② RC4
③ AES
④ SEED

> **해설** 블록 암호화 방식에 해당하는 것은 DES, RC5, AES, SEED, IDEA이다. RC4는 스트림 암호화 방식에 해당된다.

07 20년 8월

큰 숫자를 소인수 분해하기 어렵다는 기반하에 1978년 MIT에 의해 제안된 공개키 암호화 알고리즘은?

① DES
② ARIA
③ SEED
④ RSA

> **해설** RSA는 큰 숫자를 소인수 분해하기 어렵다는 기반 하에 1978년 MIT에 의해 제안된 공개키 암호화 알고리즘이다. DES는 1975년 IBM에서 개발되었으며, SEED, ARIA는 국내에서 개발된 알고리즘이다.

08 21년 3월

스트림 암호화 방식의 설명으로 옳지 <u>않은</u> 것은?

① 비트/바이트/단어들을 순차적으로 암호화한다.

② 해쉬 함수를 이용한 해쉬 암호화 방식을 사용한다.

③ RC4는 스트림 암호화 방식에 해당한다.

④ 대칭키 암호화 방식이다.

해설 해쉬 함수를 이용한 해쉬 암호화 방식은 단방향 암호화 방식이다.

09 22년 3월

DES는 몇 비트의 암호화 알고리즘인가?

① 8   ② 24

③ 64   ④ 132

해설 DES는 64비트의 암호화 알고리즘이다.

10 21년 8월

비대칭 암호화 방식으로 소수를 활용한 암호화 알고리즘은?

① DES   ② AES

③ SMT   ④ RSA

해설 RSA는 비대칭 암호화 방식으로 소수를 활용한 암호화 알고리즘이다. DES, AES는 대칭키 기반의 블록 암호화 알고리즘에 해당한다.

11 22년 7월

다음 설명에 해당하는 암호화 알고리즘은?

- DES의 보안 문제를 해결하기 위해 개발되었다.
- NIST에서 개발한 개인키 암호화 알고리즘이다.

① ARIA   ② AES

③ DSA   ④ SEED

해설 AES는 2001년 미국 표준 기술 연구소(NIST)에서 개발한 개인키 암호화 알고리즘으로, DES의 보안 문제를 해결하기 위해 개발되었다.

12 21년 5월

암호화 키와 복호화 키가 동일한 암호화 알고리즘은?

① RSA   ② AES

③ DSA   ④ ECC

해설 암호화 키와 복호화 키가 동일한 암호화 알고리즘은 대칭키 암호화 알고리즘으로 DES, 3DES, SEED, AES, ARIA, IDEA, LFSR, RC4 등이 있다. RSA, DSA, ECC는 비대칭 키 암호화 알고리즘이다.

01	③	02	①	03	①	04	④	05	①
06	②	07	④	08	②	09	③	10	④
11	②	12	②

107 | 서비스 공격 기법★★

학 · 습 · 포 · 인 · 트 --

- 서비스 공격 기법을 묻는 문제는 반드시 1문제 이상 시험에 출제된다.
- 해당 기술에 대한 정의가 나오면, 그 기술을 선택지에서 찾을 수만 있으면 대부분의 문제를 풀 수 있다.
- 선택지에는 보통 기술명이 영어로 출제되니 영어로 알아두는 것이 좋다.

대표 기출 유형

IP 또는 ICMP의 특성을 악용하여 특정 사이트에 집중적으로 데이터를 보내 네트워크 또는 시스템의 상태를 불능으로 만드는 공격 방법은?   **20년 6월**

① TearDrop   ② Smishing   ③ Qshing   ④ Smurfing

....

Smurfing은 IP 또는 ICMP의 특성을 악용하여 특정 사이트에 집중적으로 데이터를 보내 네트워크 또는 시스템의 상태를 불능으로 만드는 공격 방법이다.

정답 ④

필수 핵심 이론

DoS 공격

- DoS 공격(Denial of Service Attack)은 서비스 거부 공격이라고도 하며, 시스템을 악의적으로 공격해 해당 시스템의 자원을 부족하게 하여 원래 의도된 용도로 사용하지 못하게 하는 공격이다.

- 특정 서버에게 수많은 접속 시도를 만들어 다른 이용자가 정상적으로 서비스 이용을 하지 못하게 하거나, 서버의 TCP 연결을 소진시키는 등의 공격이다.

구분	공격 기법	설명	예시
자원 고갈 공격형	SYN Flooding (SYN 플러딩)	• TCP 프로토콜의 구조적인 문제를 이용한 공격 • 서버의 동시 가용 사용자 수를 SYN 패킷만 보내 점유하여 다른 사용자가 서버를 사용 불가능하게 하는 공격 • 공격자는 ACK를 발송하지 않고 계속 새로운 연결 요청을 하게 되어 서버는 자원할당을 해지하지 않고 자원만 소비하여 자원이 고갈	
	UDP Flooding (UDP 플러딩)	• 대량의 UDP 패킷을 만들어 임의의 포트 번호로 전송하여 응답 메시지(ICMP Destination Unreachable)를 생성하게 하여 지속해서 자원을 고갈시키는 공격 • ICMP 패킷은 변조되어 공격자에게 전달되지 않고 대기	
	Smurf (스머프) / Smurfing (스머핑)	• 출발지 주소를 공격 대상의 IP로 설정하여 네트워크 전체에게 ICMP Echo 패킷을 직접 브로드캐스팅하여 마비시키는 공격 • ICMP Echo를 받은 컴퓨터는 응답 ICMP 메시지를 목표 시스템에 송신하게 되고 목표 시스템은 과부하가 발생하여 정상적인 서비스가 불가능하게 됨	
	Ping of Death (PoD; 죽음의 핑)	ICMP 패킷(Ping)을 정상적인 크기보다 아주 크게 만들어 전송하면 다수의 IP 단편화가 발생하고, 수신 측에서는 단편화된 패킷을 처리(재조합)하는 과정에서 많은 부하가 발생하거나, 재조합 버퍼의 오버플로우가 발생하여 정상적인 서비스를 하지 못하도록 하는 공격	
취약점 공격형	Land Attack (랜드 어택)	출발지(Source) IP와 목적지(Destination) IP를 같은 패킷 주소로 만들어 보내 수신자가 자기 자신에게 응답을 보내게 하여 시스템의 가용성을 침해하는 공격	

취약점 공격형	Bonk(봉크) / Boink (보잉크)	• 프로토콜의 오류 제어를 이용한 공격 기법으로서 시스템의 패킷 재전송과 재조립이 과부하를 유발 • Bonk(봉크)는 같은 시퀀스 번호를 계속 보내는 방식이며, Boink(보잉크)는 일정한 간격으로 시퀀스 번호에 빈 공간을 생성하는 방식 • 보잉크(Boink)는 일정한 간격으로 시퀀스 번호에 빈 공간을 생성하는 방식	
	TearDrop (티어 드롭)	• IP 패킷의 재조합 과정에서 잘못된 Fragment Offset 정보로 인해 수신시스템이 문제를 발생하도록 만드는 DoS 공격 • 공격자는 IP Fragment Offset 값을 서로 중첩되도록 조작하여 전송하고, 이를 수신한 시스템이 재조합하는 과정에서 오류가 발생, 시스템의 기능을 마비시키는 공격방식	
	Ping Flood (핑 플러드)	특정 사이트에 매우 많은 ICMP Echo를 보내면, 이에 대한 응답(Response)을 하기 위해 시스템 자원을 모두 사용해 버려 시스템이 정상적으로 동작하지 못하도록 하는 공격 방법	

DDoS 공격

● DDoS 공격(Distributed Denial of Service Attack)은 DoS의 또 다른 형태로 여러 대의 공격자를 분산 배치하여 동시에 동작하게 함으로써 특정 사이트를 공격하는 기법이다.

● 해커들이 취약한 인터넷 시스템에 대한 액세스가 이뤄지면, 침입한 시스템에 소프트웨어를 설치하고 이를 실행시켜 원격에서 공격을 개시한다.

● DDoS 공격에 대한 대응 방안은 차단 정책 업데이트, 좀비PC IP 확보, 보안 솔루션 운영, 홈페이지 보안 관리, 시스템 패치 등이 있다.

공격 도구	설명
Trinoo	• 많은 소스로부터 통합된 UDP Flood 서비스 거부 공격을 유발하는 데 사용되는 도구 • Trinoo 공격은 몇 개의 서버들(혹은 마스터들)과 많은 수의 클라이언트들(데몬들)로 이루어짐
Tribe Flood Network	• TFN은 Trinoo와 거의 유사한 분산 도구로 많은 소스에서 하나 혹은 여러 개의 목표 시스템에 대해 서비스 거부 공격을 수행할 수 있는 도구 • TFN 서비스 거부 공격은 공격자가 클라이언트(혹은 마스터) 프로그램이 공격 명령을 일련의 TFN 서버들(혹은 데몬들)에게 보냄으로써 이루어짐 • UDP Flood 공격뿐만 아니라 TCP SYN Flood 공격, ICMP echo 요청 공격, ICMP 브로드캐스트 공격(Smurf 공격) 수행 가능
Stacheldraht	• 분산 서비스 거부 에이전트 역할을 하는 Linux 및 Solaris 시스템용 멀웨어 도구 • ICMP Flood, SYN Flood, UDP Flood와 Smurf 등의 공격에 의해서 DDoS 공격 가능

DRDoS 공격

- DRDoS 공격(Distributed Reflection Denial of Service Attack)은 공격자가 출발지 IP를 공격대상 IP로 위조하여 다수의 반사 서버로 요청 정보를 전송하고, 공격 대상자는 반사 서버로부터 다량의 응답을 받아서 서비스 거부(DoS)가 되는 공격이다.

- DRDoS 공격에 대한 대응 방안은 ISP(인터넷 서비스 사업자)가 직접 차단하는 방식, 반사 서버에서 연결을 완료하지 않은 Syn 출처 IP를 조사하여 블랙리스트로 운용, 공격 서버를 사전에 차단하는 방식, 공격 대상이 되고 있는 공격 대상 서버 IP와 Port를 변경, 필터링하여 운영하는 방식이 있다.

서비스 공격 유형과 공격도구/탐지 기법

구분	공격 기법	설명
정보 보안 침해 공격	Buffer Overflow (버퍼 오버플로우)	• (공격) 메모리에 할당된 버퍼 크기를 초과하는 양의 데이터를 입력해 프로세스의 흐름을 변경시켜 악성코드를 실행시키는 공격 기법 • 스택 버퍼 오버플로우 공격과 힙 버퍼 오버플로우 공격이 있음

	Backdoor (백도어)	• '뒷문(Backdoor)'이라는 단어의 어감에서 알 수 있듯, 어떤 제품이나 컴퓨터 시스템, 암호시스템 또는 알고리즘에서 정상적인 인증 절차를 우회하는 기법. 즉, 허가받지 않고 시스템에 접속하는 권리를 얻음
		• 해커는 백도어를 통해서 이용자 몰래 컴퓨터에 접속하여 악의적인 행위를 하기도 함
		• 백도어 탐지기법은 다음과 같음
		  1. 프로세스 및 열린 포트 확인: TCPView로 모니터링, 리눅스에서 ps –ef 명령어(동작 중인 프로세스 확인), netstat –an(열린 포트 확인)
		  2. SetUid 파일 검사
		  3. 백신 및 백도어 탐지 툴 활용
		  4. 무결성 검사: 리눅스에서 Tripwiare 툴을 이용해 무결성 검사, "No such file or directory"라는 메시지가 출력되면 정상
		  5. 로그 분석: wtmp, secure, lastlog, pacct, history, messages 사용하여 로그 분석 후 백도어 탐지

	Key Logger Attack (키로거 공격)	(공격) 컴퓨터 사용자의 키보드 움직임을 탐지해서 저장하고, ID나 패스워드, 계좌 번호, 카드 번호 등과 같은 개인의 중요한 정보를 몰래 빼 가는 공격 기법
	Format String Attack (포맷 스트링 공격)	(공격) 포맷 스트링을 인자로 하는 함수의 취약점을 이용한 공격으로 외부로부터 입력된 값을 검증하지 않고 입출력 함수의 포맷 스트링을 그대로 사용하는 경우, 공격자가 권한을 획득하거나, 메모리 내용을 확인(%x) 및 원하는 위치(RET 영역) 이동, Return Address를 악성 코드 주소로 변조(%n)하여, 임의 코드를 실행하는 등의 공격이 가능
	Race Condition Attack (레이스 컨디션 공격)	• 레이스 컨디션은 둘 이상의 프로세스나 스레드가 공유자원을 동시에 접근할 때 접근 순서에 따라 비정상적인(원하지 않는) 결과가 발생하는 조건/상황 • (공격) 레이스 컨디션 공격은 실행되는 프로세스가 임시파일을 만드는 경우 악의적인 프로그램을 통해 그 프로세스의 실행 중에 끼어들어 임시파일을 심볼릭 링크하여 악의적인 행위를 수행하게 하는 공격 기법

정보 보안 침해 공격	Rootkit (루트킷)	시스템 침입 후 침입 사실을 숨긴 채 차후의 침입을 위한 백도어, 트로이 목마 설치, 원격 접근, 내부 사용 흔적 삭제, 관리자 권한 획득 등 주로 불법적인 해킹에 사용되는 기능을 제공하는 프로그램의 모음
	Phishing (피싱)	(공격) 소셜 네트워크에서 악의적인 사용자가 지인 또는 특정 유명인으로 가장해 불특정 다수의 정보를 탈취하는 공격 기법
	Spear Phishing (스피어피싱)	(공격) 사회 공학의 한 기법으로, 특정 대상을 선정한 후 그 대상에게 일반적인 이메일로 위장한 메일을 지속적으로 발송하여, 발송 메일의 본문 링크나 첨부된 파일을 클릭하도록 유도하여 사용자의 개인정보를 탈취하는 공격 기법(사이버 사기)
	Smishing (스미싱)	• SMS(문자 메시지)와 피싱(Phishing)의 합성어 • (공격) 문자메시지를 이용해 신뢰할 수 있는 사람 또는 기업이 보낸 것처럼 가장해 개인 비밀정보나 소액 결제, 앱 설치 파일인 apk 파일을 설치하도록 유도하여 개인 신용 정보를 탈취하는 공격 기법(사이버 사기)
	Qshing (큐싱)	• 큐알 코드(QR 코드)와 피싱(Phising)의 합성어 • (공격) 스마트폰을 이용하여 금융 업무를 처리하는 사용자에게 인증 등이 필요한 것처럼 속여 QR 코드(Quick Response Code)를 통해 악성 앱을 내려받도록 유도, 금융 정보 등을 빼내는 피싱 공격(사이버 사기) • 최근 제로페이 확산에 따라 피해 증가
	Evil Twin Attack (이블 트윈 공격)	(공격) 무선 Wifi 피싱 기법으로 공격자는 합법적인 Wifi 제공자처럼 행세하며 노트북이나 휴대 전화로 핫스팟에 연결한 무선 사용자들의 정보를 탈취하는 무선 네트워크 공격 기법
	Worm (웜)	• 다른 컴퓨터의 취약점을 이용해 스스로 전파하거나 메일로 전파되며 스스로를 증식하는 악성 소프트웨어 컴퓨터 프로그램 혹은 코드 • 분산 서비스 거부 공격, 버퍼 오버플로우 공격, 슬래머 등은 웜 공격의 한 형태 • 컴퓨터 바이러스와 비슷하지만, 바이러스가 다른 실행 프로그램에 기생하여 실행되는 데 반해 웜은 독자적으로 실행되며 다른 실행 프로그램이 필요하지 않은 특징이 있음
	Malicious Bot (악성 봇)	• 스스로 실행되지 못하고, 해커의 명령에 의해 원격에서 제어 또는 실행이 가능한 프로그램 혹은 코드 • 주로 취약점이나 백도어 등을 이용하여 전파되며, 스팸 메일 전송이나 분산 서비스 거부 공격(DDoS) 등에 악용 • 사용자들에게 잘 알려진 '좀비 PC'는 악성 봇에 의해 감염된 PC임
	Zombie(좀비) PC	• 악성 봇에 의해 감염된 PC • C&C(Command & Control) 서버의 제어를 받아 주로 DDoS 공격 등에 이용
	C&C 서버	해커가 원격지에서 감염된 좀비 PC에 명령을 내리고 악성코드를 제어하기 위한 용도로 사용하는 서버
	Botnet (봇넷)	악성 프로그램에 감염되어 악의적인 의도로 사용될 수 있는 다수의 컴퓨터들이 네트워크로 연결된 형태
	Ransomware (랜섬웨어)	• (공격) 인터넷 사용자의 컴퓨터에 침입해 내부 문서 파일 등을 암호화해 사용자가 열지 못하게 하는 공격으로, 암호 해독용 프로그램의 전달을 조건으로 사용자에게 돈을 요구하기도 함 • 개인과 기업, 국가적으로 큰 위협이 되고 있는 주요 사이버 범죄 중 하나로 Snake, Darkside 등 시스템을 잠그거나 데이터를 암호화해 사용할 수 없도록 하고 이를 인질로 금전을 요구하는 데 사용되는 악성 프로그램
	Logic Bomb (논리 폭탄)	(공격) 특정 날짜나 시간 등 조건이 충족되었을 때 악의적인 기능(Function)을 유발할 수 있게 만든 코드의 일부분으로 소프트웨어 시스템에 의도적으로 삽입된 악성 코드

정보 보안 침해 공격	Advanced Persistent Threat (APT 공격)	• (공격) 다양한 IT 기술과 방식들을 이용해 조직적으로 특정 기업이나 조직 네트워크 에 침투해 활동 거점을 마련한 뒤 때를 기다리면서 보안을 무력화시키고 정보를 수 집한 다음 외부로 빼돌리는 형태의 공격 • 과거의 불특정 다수를 노렸던 사이버 공격들과 달리 하나의 대상을 정해서 성공할 때까지 멈추지 않는 공격으로, 기업이나 기관의 개인 PC를 먼저 장악한 후 합법적인 권한을 획득해 내부로 들어가는 방법을 주로 사용함 • 내부자에게 악성코드가 포함된 이메일을 오랜 기간 동안 꾸준히 발송해 한 번이라도 클릭되길 기다리는 형태, 스턱스넷(Stuxnet)과 같이 악성코드가 담긴 이동식 디스크 (USB) 등으로 전파하는 형태, 악성코드에 담긴 P2P 사이트에 접속하면 악성코드에 감염되는 형태 등이 있음
	Supply Chain Attack (공급망 공격)	(공격) 소프트웨어 개발사의 네트워크에 침투하여 소스 코드에 악의적인 코드를 삽입 하거나 배포 서버에 접근해 악의적인 파일로 변경하는 방식을 통해 사용자 PC에 소프 트웨어를 설치 또는 업데이트 시에 자동적으로 감염되도록 하는 공격
	Zero Day Attack (제로데이 공격)	• (공격) 보안 취약점이 발견되어 널리 공표되기 전에 해당 취약점을 악용하여 이루어 지는 보안 공격 • 공격의 신속성을 의미하는 것으로, 일반적으로 컴퓨터에서 취약점이 발견되면 제작 자나 개발자가 취약점을 보완하는 패치를 배포하고 사용자가 이를 다운받아 대처하 지만, 제로데이 공격은 대응책이 공표되기도 전에 공격이 이루어지기 때문에 대처 방법이 없음
	Trojan Horse (트로이 목마)	• 악성 루틴이 숨어 있는 프로그램으로 겉보기에는 정상적인 프로그램으로 보이지만 실행하면 악성 코드를 실행 • 자기 복제 능력은 없음
네트 워크 침해 공격	Switch Jamming (스위치 재밍)	(공격) 위조된 매체 접근 제어(MAC) 주소를 지속적으로 네트워크로 흘려보내, 스위치 MAC 주소 테이블의 저장 기능을 혼란시켜 더미 허브(Dummy Hub)처럼 작동하게 하는 공격
	Sniffing (스니핑)	• (공격) 암호화되지 않은 패킷들을 수집하여 순서대로 재조합 후 ID, PW와 같은 중요 한 정보를 유출하기 위한 수동적인 형태의 공격 • 공격 대상에게 직접 공격하지 않고 데이터만 몰래 들여다보는 수동적 공격 기법
	Network Scanner / Sniffer (네트워크 스캐너 / 스니퍼)	(도구) 네트워크 하드웨어 및 소프트웨어 구성의 취약점 파악을 위해 공격자가 사용하 는 공격 도구
	Password Cracking (패스워드 크래킹)	• (공격) 패스워드를 '깨뜨리다(Crack)'는 말로, 공격자가 암호화된 사용자의 패스워드 를 평문 형태로 알아내는 공격 • 패스워드 크래킹 종류는 다음과 같음

패스워드 크래킹 종류:

Dictionary Attack (사전 대입 공격)	시스템 또는 서비스의 ID와 패스워드를 크랙하기 위해서 ID와 패스워드가 될 가능성이 있는 단어를 파일로 만들 어 놓고 이 파일의 단어를 대입하여 크랙하는 공격 기법 (예) asdf, qwer
Brute Force Attack (무작위 대입 공격)	패스워드로 사용될 수 있는 영문자(대소문자), 숫자, 특수 문자 등을 무작위로 패스워드 자리에 대입하여 패스워드 를 알아내는 공격 기법 (예) a, ab, abc
Password Hybrid Attack (패스워드 하이브리드 공격)	사전 공격과 무차별 대입공격을 결합하여 공격
Rainbow Table Attack (레인보우 테이블 공격)	패스워드별로 해시값을 미리 생성해서 테이블에 모아 놓 고, 크래킹하고자 하는 해시값을 테이블에서 검색해서 역으로 패스워드를 찾는 공격 기법

네트 워크 침해 공격	IP Spoofing (IP 스푸핑)	• 서버에 대한 인증되지 않은 액세스 권한을 입수하는 데 사용하는 기법 • 침입자가 패킷 헤더 수정을 통해 인증된 호스트의 IP 주소를 위조 • 타깃 서버로 메시지를 발송한 이후 패킷은 해당 포트에서 유입되는 것처럼 표시
	ARP Spoofing (ARP 스푸핑)	• (공격) 공격자가 특정 호스트에게 잘못된 MAC 주소가 담긴 ARP Reply를 보내, 호스트의 ARP 캐시를 조작하여 호스트로부터 정보를 빼내는 기법 • ARP에 Reply 패킷으로 받은 MAC 주소가 진짜인지 아닌지 검증하는 인증 시스템이 없다는 취약점을 이용한 공격
	ICMP Redirect 공격	• (공격) ICMP Redirect 메시지를 공격자가 원하는 형태로 만들어서 특정 목적지로 가는 패킷을 공격자가 스니핑하는 기법 • 3계층에서 스니핑 시스템을 네트워크에 존재하는 또 다른 라우터라고 알림으로써 패킷의 흐름을 바꾸는 공격
	Session Hijacking (세션 하이재킹)	• (공격) 케빈 미트닉이 사용했던 공격 방법 중 하나로 TCP의 세션 관리 취약점을 이용한 공격 기법 • 세션 하이재킹의 특징 1. TCP Sequence Number의 보안상 취약점으로 발생 2. Victim과 Server 사이의 패킷을 스니핑하여 Sequence Numbs를 획득하고, 공격자는 데이터 전송 중인 Victim과 Server 사이를 비동기화 상태로 강제적으로 만든 다음에 스니핑하여 획득한 Client Sequence Number를 이용하여 공격하는 방식 3. 비동기화 상태로 패킷이 유실되어 재전송 패킷 증가 4. 세션 하이재킹을 통해 ACK Storm 증가, 네트워크 부하 증가 현상 발생 • 세션 하이재킹의 탐지 방법 1. 비동기화 상태 탐지 2. ACK 패킷 비율 모니터링 3. 특정 세션에서 패킷 유실 및 재전송이 증가하는 것을 탐지 4. 기대하지 않은 접속의 리셋 탐지
블루 투스 관련 공격	BlueBug (블루버그)	(공격) 블루투스 장비 사이의 취약한 연결 관리를 악용한 공격으로 휴대폰 원격 조정 또는 통화 감청
	BlueSnarf (블루스나프)	(공격) 블루투스의 취약점을 활용하여 장비의 파일에 접근하는 공격으로 인증 없이 간편하게 정보를 교환할 수 있는 OPP(Object Push Profile)를 사용하여 정보 열람
	Blueprinting (블루프린팅)	(기타) 공격 대상이 될 블루투스 장비를 검색하는 활동
	BlueJacking (블루재킹)	(공격) 블루투스를 이용해 스팸처럼 메시지를 익명으로 퍼뜨리는 공격

보안 관련 도구

Tripwire	크래커가 침입하여 시스템에 백도어를 만들어 놓거나 설정 파일을 변경해 놓았을 때 이러한 사실을 알 수 있게 분석하는 도구
ping	인터넷으로 접속하려는 원격 호스트가 정상적으로 운영되고 있는지를 확인하는 진단 목적으로 사용하는 명령어
tcpdump	• 네트워크 인터페이스를 거치는 패킷의 내용을 출력해 주는 프로그램 • 스니핑 도구의 일종으로 자신이 컴퓨터로 들어오는 모든 패킷의 내용을 도청할 수 있으며, 공격자에 대한 추적 및 공격 유형 분석을 위한 패킷 분석 시 활용할 수 있는 도구
cron	유닉스/리눅스에서 시간 기반으로 정해진 작업을 스케줄링하기 위한 소프트웨어 유틸리티
netcat	TCP, UDP 프로토콜을 사용하는 네트워크 연결에서 데이터를 읽고 쓰는 유틸리티 프로그램

 연·습·문·제

01 20년 6월

IP 또는 ICMP의 특성을 악용하여 특정 사이트에 집중적으로 데이터를 보내 네트워크 또는 시스템의 상태를 불능으로 만드는 공격 방법은?

① TearDrop ② Smishing
③ Qshing   ④ Smurfing

해설 Smurfing은 IP 또는 ICMP의 특성을 악용하여 특정 사이트에 집중적으로 데이터를 보내 네트워크 또는 시스템의 상태를 불능으로 만드는 공격 방법이다.

TearDrop	IP 패킷의 재조합 과정에서 잘못된 Fragment Offset 정보로 인해 수신시스템이 문제를 발생하도록 만드는 DoS 공격
Smishing	문자메시지를 이용해 신뢰할 수 있는 사람 또는 기업이 보낸 것처럼 가장해 개인 비밀정보를 요구하거나 휴대폰 소액 결제를 유도하는 피싱 공격(사이버 사기)
Qshing	스마트폰을 이용하여 금융 업무를 처리하는 사용자에게 인증 등이 필요한 것처럼 속여 QR 코드를 통해 악성 앱을 내려받도록 유도, 금융 정보 등을 빼내는 피싱 공격(사이버 사기)

02 20년 6월

컴퓨터 사용자의 키보드 움직임을 탐지해 ID, 패스워드 등 개인의 중요한 정보를 몰래 빼가는 해킹 공격은?

① Key Logger Attack
② Worm
③ Rollback
④ Zombie Worm

해설 컴퓨터 사용자의 키보드 움직임을 탐지해 ID, 패스워드 등 개인의 중요한 정보를 몰래 빼가는 해킹 공격 기법은 Key Logger Attack이다. Worm은 다른 컴퓨터의 취약점을 이용해 스스로 전파하거나 메일로 전파되며 스스로를 증식해, 시스템의 부하를 높임으로써 시스템을 다운시키는 악성 소프트웨어 컴퓨터 프로그램을 말한다.

03 20년 8월

DDoS 공격과 연관이 있는 공격 방법은?

① Secure shell
② Tribe Flood Network
③ Nimda
④ Deadlock

해설 DDoS 공격은 네트워크 취약점이 있는 호스트들을 탐색한 후 이를 호스트들에 분산 서비스 공격용 툴을 설치하여 에이전트(agent)로 만든 후 공격에 이용한다. 분산 서비스 공격용 툴의 종류에는 Trinoo, TFN(Tribe Flooding Network), TFN2K, Stacheldraht 있다.

DDoS 공격용 툴: Trinoo, TFN(Tribe Flooding Network), TFN2K, Stacheldraht

Secure Shell	네트워크 상의 다른 컴퓨터에서 제어 가능한 프로그램 또는 해당 프로토콜
Nimda	바이러스 중 하나
Deadlock	교착 상태

04 20년 9월

웹페이지에 악의적인 스크립트를 포함시켜 사용자 측에서 실행되게 유도함으로써, 정보 유출 등의 공격을 유발할 수 있는 취약점은?

① Ransomware ② Pharming
③ Phishing ④ XSS

해설 웹페이지에 악의적인 스크립트를 포함시켜 사용자 측에서 실행되게 유도함으로써, 정보 유출 등의 공격을 유발할 수 있는 취약점은 XSS 이다.

Ransomware	인터넷 사용자의 컴퓨터에 침입해 내부 문서 파일 등을 암호화해 사용자가 열지 못하게 하는 공격 기법
Pharming	홈페이지 주소를 바꿔 사용자가 진짜 사이트로 오인하게 하여 접속하게 한 다음 개인정보를 탈취하는 공격 기법
Phishing	소셜 네트워크에서 악의적인 사용자가 지인 또는 특정 유명인으로 가장해 불특정 다수의 정보를 탈취하는 공격 기법

05 21년 3월

소셜 네트워크에서 악의적인 사용자가 지인 또는 특정 유명인으로 가장하여 활동하는 공격 기법은?

① Evil Twin Attack ② Phishing
③ Logic Bomb ④ Cyberbullying

해설 Phishing은 소셜 네트워크에서 악의적인 사용자가 지인 또는 특정 유명인으로 가장해 불특정 다수의 정보를 탈취하는 공격 기법을 말한다.

Evil Twin Attack	무선 Wifi 피싱 기법으로 공격자는 합법적인 Wifi 제공자처럼 행세하며 노트북이나 휴대 전화로 핫스팟에 연결한 무선 사용자들의 정보를 탈취하는 무선 네트워크 공격 기법
Logic Bomb	특정 날짜나 시간 등 조건이 충족되었을 때 악의적인 기능(Function)을 유발할 수 있게 만든 코드의 일부분으로 소프트웨어 시스템에 의도적으로 삽입된 악성 코드
Cyberbullying	사이버 상에서 특정인을 집단적으로 따돌리거나 집요하게 괴롭히는 행위

06 21년 8월

SQL Injection 공격과 관련한 설명으로 **틀린** 것은?

① SQL Injection은 임의로 작성한 SQL 구문을 애플리케이션에 삽입하는 공격 방식이다.
② SQL Injection 취약점이 발생하는 곳은 주로 웹 애플리케이션과 데이터베이스가 연동되는 부분이다.
③ DBMS의 종류와 관계없이 SQL Injection 공격 기법은 모두 동일하다.
④ 로그인과 같이 웹에서 사용자의 입력 값을 받아 데이터베이스 SQL문으로 데이터를 요청하는 경우 SQL Injection을 수행할 수 있다.

해설 SQL 삽입 공격은 데이터베이스 종류에 따라 약간씩 다른 공격기법을 필요로 한다.

07 21년 8월

특정 사이트에 매우 많은 ICMP Echo를 보내면, 이에 대한 응답(Respond)을 하기 위해 시스템 자원을 모두 사용해 버려 시스템이 정상적으로 동작하지 못하도록 하는 공격 방법은?

① Role-Based Access Control
② Ping Flood
③ Brute-Force
④ Trojan Horses

> **해설** 특정 사이트에 매우 많은 ICMP Echo를 보내면, 이에 대한 응답(Respond)을 하기 위해 시스템 자원을 모두 사용해 버려 시스템이 정상적으로 동작하지 못하도록 하는 공격 방법은 Ping Flood이다.

08 21년 8월

시스템에 저장되는 패스워드들은 Hash 또는 암호화 알고리즘의 결과 값으로 저장된다. 이때 암호공격을 막기 위해 똑같은 패스워드들이 다른 암호 값으로 저장되도록 추가되는 값을 의미하는 것은?

① Pass flag   ② Bucket
③ Opcode   ④ Salt

> **해설** Salt를 추가해 암호 공격을 막는다.

09 22년 3월

위조된 매체 접근 제어(MAC) 주소를 지속적으로 네트워크로 흘려보내, 스위치 MAC 주소 테이블의 저장 기능을 혼란 시켜 더미 허브(Dummy Hub)처럼 작동하게 하는 공격은?

① Parsing   ② LAN Tapping
③ Switch Jamming   ④ FTP Flooding

> **해설** Switch Jamming에 대한 설명이다.

10 23년 3월, 22년 3월

블루투스(Bluetooth) 공격과 해당 공격에 대한 설명이 올바르게 연결된 것은?

① 블루버그(BlueBug) – 블루투스의 취약점을 활용하여 장비의 파일에 접근하는 공격으로 OPP를 사용하여 정보를 열람
② 블루스나프(BlueSnarf) – 블루투스를 이용해 스팸처럼 명함을 익명으로 퍼뜨리는 것
③ 블루프린팅(BluePrinting) – 블루투스 공격 장치의 검색 활동을 의미
④ 블루재킹(BlueJacking) – 블루투스 장비 사이의 취약한 연결 관리를 악용한 공격

> **해설** 블루프린팅은 블루투스 공격 장치의 검색 활동을 의미한다.

11 22년 3월

DoS(Denial of Service) 공격과 관련한 내용으로 틀린 것은?

① Ping of Death 공격은 정상 크기보다 큰 ICMP 패킷을 작은 조각(Fragment)으로 쪼개어 공격 대상이 조각화된 패킷을 처리하게 만드는 공격 방법이다.
② Smurf 공격은 멀티캐스트(Multicast)를 활용하여 공격 대상이 네트워크의 임의의 시스템에 패킷을 보내게 만드는 공격이다.
③ SYN Flooding 은 존재하지 않는 클라이언트가 서버별로 한정된 접속 가능 공간에 접속한 것처럼 속여 다른 사용자가 서비스를 이용하지 못하게 하는 것이다.
④ Land 공격은 패킷 전송 시 출발지 IP주소와 목적지 IP주소 값을 똑같이 만들어서 공격 대상에게 보내는 공격 방법이다.

> **해설** Smurfing 공격은 브로드캐스팅을 활용한다.

12 22년 4월

다음 설명에 해당하는 공격 기법은?

> 시스템 공격 기법 중 하나로 허용범위 이상의 ICMP 패킷을 전송하여 대상 시스템의 네트워크를 마비시킨다.

① Ping of Death
② Session Hijacking
③ Piggyback Attack
④ XSS

해설 Ping of Death에 대한 설명이다.

13 20년 6월

다음 설명의 정보보안 침해 공격 관련 용어는?

> 인터넷 사용자의 컴퓨터에 침입해 내부 문서 파일 등을 암호화해 사용자가 열지 못하게 하는 공격으로, 암호 해독용 프로그램의 전달을 조건으로 사용자에게 돈을 요구하기도 한다.

① Smishing   ② C-brain
③ Trojan Horse   ④ Ransomware

해설 인터넷 사용자의 컴퓨터에 침입해 내부 문서 파일 등을 암호화해 사용자가 열지 못하게 하는 공격 기법은 Ransomware이다.

Smishing (스미싱)	문자메시지를 이용해 신뢰할 수 있는 사람/기업이 보낸 것처럼 가장해 개인 비밀정보나 소액 결제, 앱 설치 파일을 설치하도록 유도해 개인 신용 정보를 탈취하는 공격 기법
C-brain	프로그램이 가장 먼저 실행되는 부트섹터에 자리잡은 최초의 컴퓨터 바이러스
Trojan Horse (트로이 목마)	악성 루틴이 숨어 있는 프로그램으로 겉보기에는 정상적인 프로그램으로 보이지만 실행하면 악성 코드를 실행

14 21년 8월

다음 내용이 설명하는 것은?

> 개인과 기업, 국가적으로 큰 위협이 되고 있는 주요 사이버 범죄 중 하나로 Snake, Darkside 등 시스템을 잠그거나 데이터를 암호화해 사용할 수 없도록 하고 이를 인질로 금전을 요구하는 데 사용되는 악성 프로그램

① Format String
② Ransomware
③ Buffer overflow
④ Adware

해설 인터넷 사용자의 컴퓨터에 침입해 내부 문서 파일 등을 암호화해 사용자가 열지 못하게 하는 공격 기법은 Ransomware이다.

Format String	포맷 스트링을 인자로 하는 함수의 취약점을 이용한 공격으로 외부로부터 입력된 값을 검증하지 않고 입출력 함수의 포맷 스트링을 그대로 사용하는 경우 발생
Buffer Overflow	메모리에 할당된 버퍼 크기를 초과하는 양의 데이터를 입력해 프로세스의 흐름을 변경시켜 악성코드를 실행시키는 공격 기법

15 20년 6월

백도어 탐지 방법으로 틀린 것은?

① 무결성 검사   ② 닫힌 포트 확인
③ 로그 분석   ④ SetUID 파일 검사

해설 백도어 탐지를 위해 닫힌 포트가 아닌 열린 포트가 있는지 확인한다.

> 백도어 탐지 방법: 무결성 검사 / 로그 분석 / SetUID 파일 검사 / 열린 포트 검사 / 바이러스 및 백도어 탐지 툴 사용

16 22년 7월, 21년 3월

세션 하이재킹을 탐지하는 방법으로 거리가 먼 것은?

① FTP SYN SEGMENT 탐지
② 비동기화 상태 탐지
③ ACK STORM 탐지
④ 패킷의 유실 및 재전송 증가 탐지

> **해설** 세션 하이재킹 탐지법에는 비동기화 상태 탐지, ACK STORM 탐지, 패킷의 유실 및 재전송 증가 탐지가 있다.

17 21년 3월, 20년 9월

크래커가 침입하여 백도어를 만들어 놓거나, 설정 파일을 변경했을 때 분석하는 도구는?

① tripwire   ② tcpdump
③ cron   ④ netcat

> **해설** Tripwire는 크래커가 침입하여 백도어를 만들어 놓거나 설정 파일을 변경했을 때 분석하는 도구로 MD5, CRC-32, SHA 등의 암호화 알고리즘을 사용한다. 한편, cron은 작업 예약 스케줄러를 말한다.

tcpdump	• 네트워크 인터페이스를 거치는 패킷의 내용을 출력해 주는 프로그램 • 스니핑 도구의 일종으로 자신이 컴퓨터로 들어오는 모든 패킷의 내용을 도청할 수 있으며, 공격자에 대한 추적 및 공격 유형 분석을 위한 패킷 분석 시 활용할 수 있는 도구
cron	유닉스/리눅스에서 시간 기반으로 정해진 작업을 스케줄링하기 위한 소프트웨어 유틸리티
netcat	TCP, UDP 프로토콜을 사용하는 네트워크 연결에서 데이터를 읽고 쓰는 유틸리티 프로그램

18 23년 3월, 22년 7월, 22년 4월

악성코드의 유형 중 다른 컴퓨터의 취약점을 이용하여 스스로 전파하거나 메일로 전파되며 스스로를 증식하는 것은?

① Worm
② Rogue Ware
③ Adware
④ Reflection Attack

> **해설** Worm은 스스로를 복제하여 네트워크 등의 연결을 통하여 전파하는 악성 소프트웨어 컴퓨터 프로그램이다. 컴퓨터 바이러스와 비슷하지만, 바이러스가 다른 실행 프로그램에 기생하여 실행되는 데 반해 웜은 독자적으로 실행되며 다른 실행 프로그램이 필요하지 않은 특징이 있다.

01 | ④	02 | ①	03 | ②	04 | ④	05 | ②
06 | ③	07 | ②	08 | ④	09 | ③	10 | ③
11 | ②	12 | ①	13 | ④	14 | ②	15 | ②
16 | ①	17 | ①	18 | ①		

108 서버 인증★

대표 기출 유형

각 사용자 인증의 유형에 대한 설명으로 가장 적절하지 <u>않은</u> 것은?　　　　**23년 3월, 22년 5월**

① 지식: 주체는 '그가 알고 있는 것'을 보여 주며 예시로는 패스워드, PIN 등이 있다.

② 소유: 주체는 '그가 가지고 있는 것'을 보여 주며 예시로는 토큰, 스마트카드 등이 있다.

③ 존재: 주체는 '그를 대체하는 것'을 보여 주며 예시로는 패턴, QR 등이 있다.

④ 행위: 주체는 '그가 하는 것'을 보여 주며 예시로는 서명, 움직임, 음성 등이 있다.

....

인증 유형에는 지식, 소유, 생체, 행위 기반이 있다.

정답 ③

필수 핵심 이론

서버 인증

● 다중 사용자 시스템과 망 운영 시스템에서 접속자의 로그인 정보를 확인하는 보안 절차이다.

● 전송된 메시지 무결성 및 송신자를 검증하는 과정이 인증에 해당한다.

● 서버에서 사용자들에게 접근 권한을 부여하기 위해 접속자의 신분을 검증하는 과정을 로그인이라 하며 인증 과정이 필요하다.

● 서버 인증의 기능에는 스니핑 방지, 피싱 방지, 데이터 변조 방지, 기업 신뢰도 향상 등이 있다.

인증 기술의 유형

유형	설명	예시
지식 기반 인증	주체가 '알고 있는 것'(Something you know)을 보여 주며 인증	패스워드, PIN 번호 등
소유 기반 인증	주체가 '그가 가지고 있는 것'(Something you have)을 보여 주며 인증	토큰, 스마트카드, 신분증, OTP 등
생체(존재) 기반 인증	주체가 '그가 가지고 있는 고유한 생체적 특징'(Something You Are)을 보여 주며 인증	홍채, 지문, 얼굴 등
행위 기반 인증	주체가 '그가 하는 것'(Something you do)을 보여 주며 인증	서명, 발걸음, 몸짓 등

서버 인증 솔루션 유형

유형	설명
SSO (Single Sign On)	시스템이 몇 대가 되어도 하나의 시스템에서 인증에 성공하면 다른 시스템에 대한 접근 권한도 얻는 시스템
IAM (Identify Access Management)	조직이 필요로 하는 보안정책을 수립하고 정책에 따라 자동으로 사용자의 계정과 권한을 관리하는 솔루션
EAM (Extra Access Management)	통합인증과 권한부여, 조직 내 자원 관리, 보안 정책 수립을 단일한 방식으로 제공하는 솔루션

접근 제어 요소

요소	설명
인증(Authentication)	• 접근을 시도하는 가입자 또는 단말에 대한 식별 및 신분 검증 • (예) 아이디와 패스워드 입력 등
인가(Authorization)	검증된 가입자나 단말에게 어떤 수준의 권한과 서비스를 허용
계정 관리(Accounting)	리소스 사용에 대한 정보를 수집하고 관리하는 서비스

01 23년 3월, 22년 5월

각 사용자 인증의 유형에 대한 설명으로 가장 적절하지 <u>않은</u> 것은?

① 지식: 주체는 '그가 알고 있는 것'을 보여 주며 예시로는 패스워드, PIN 등이 있다.

② 소유: 주체는 '그가 가지고 있는 것'을 보여 주며 예시로는 토큰, 스마트카드 등이 있다.

③ 존재: 주체는 '그를 대체하는 것'을 보여 주며 예시로는 패턴, QR 등이 있다.

④ 행위: 주체는 '그가 하는 것'을 보여 주며 예시로는 서명, 움직임, 음성 등이 있다.

해설 인증 유형에는 지식, 소유, 생체, 행위 기반 이 있다.

01 | ③

109 정보보안과 접근 제어 ***

학·습·포·인·트

- 접근 제어 정책이나 접근 제어 보안 모델의 용어를 고르는 문제가 출제되고 있다.
- MAC, DAC, RBAC, 벨-라파둘라 모델, 비바 모델의 개념을 묻는 문제가 나왔을 때, 답을 고를 수 있도록 키워드 중심으로 학습하는 것을 추천한다.

대표 기출 유형

다음은 정보의 접근 통제 정책에 대한 설명이다. (ㄱ)에 들어갈 내용으로 옳은 것은?   **20년 9월**

정책	(ㄱ)	DAC	RBAC
권한부여	시스템	데이터 소유자	중앙 관리자
접근 결정	보안등급 (Label)	신분 (Identify)	역할 (Role)
정책 변경	고정적 (변경 어려움)	변경 용이	변경 용이
장점	안정적, 중앙 집중적	구현 용이, 유연함	관리 용이

① NAC   ② MAC   ③ SDAC   ④ AAC

보안 등급(Label)에 기반해 접근을 제어하는 정책은 MAC이다.

정답 ②

필수 핵심 이론

접근 제어(Access Control)

- 접근 제어는 적절한 권한을 가진 인가자만 특정 시스템이나 정보에 접근할 수 있도록 통제하는 것이다.

- 시스템 및 네트워크에 대한 접근제어의 가장 기본적인 수단은 IP와 서비스 포트로 볼 수 있다.

- 네트워크 장비에서 수행하는 IP에 대한 접근제어로는 관리 인터페이스의 접근제어와 ACL (Access Control List) 등이 있다.

- 접근 제어의 목적은 비인가자로부터 정보의 기밀성, 무결성, 가용성을 보장하기 위함이다.
- 접근 제어에서 주체(Subject)란 객체에 접근할 수 있는 존재를 말하며, 객체(Object)란 접근이 되는 자원, 정보를 포함 또는 받기 위해서 쓰이는 존재를 말한다. 접근 권한(Access Rights)이란 주체가 객체에 접근하는 방법으로 읽기, 쓰기, 삭제, 생성 등이 있다.

접근 제어의 구성

구성요소	설명	종류/사례
접근 제어 정책	자원에 접근하는 사용자의 접근 모드 및 모든 접근 제한 조건 정의	• DAC • MAC • RBAC
접근 제어 메커니즘	시도된 접근 요청을 정의된 규칙에 대응시켜 검사함으로써 불법적 접근 방어	• ACL • CL • SL
접근 제어 보안 모델	시스템의 보안 요구를 나타내는 요구 명세로부터 출발하여 정확하고 간결한 기능적 모델 표현	• Bell–LaPadula Model • Biba Integrity Model • Clark Wilson Integrity Model • Chinese Wall Model

접근 제어 정책

접근 제어 정책에는 DAC, MAC, RBAC가 있다.

구분	DAC (Discretionary Access Control)	MAC (Mandatory Access Control)	RBAC (Role Based Access Control)
의미	신분 기반(임의적) 접근제어 정책	규칙 기반(강제적) 접근제어 정책	역할 기반 접근제어 정책
권한 부여자	데이터 소유자	시스템	중앙관리자
접근 결정	신분(Identity)	보안등급(Label)	역할(Role)
정책 변경	변경 용이	고정적(변경 어려움)	변경 용이
장점	구현 용이, 유연함	안정적, 중앙 집중적	관리 용이
상세	주체나 또는 그들이 속해 있는 그룹들의 신분(Identity)에 근거하여 객체에 대한 접근을 제한하는 방법	어떤 주체가 특정 객체에 접근하려고 할 때 양쪽의 보안 레이블(Security Label)에 기초하여, 높은 보안 수준을 요구하는 정보(객체)가 낮은 보안 수준의 주체에게 노출되지 않도록 접근을 제한하는 방법	중앙관리자가 주체와 객체의 상호관계를 제어하며 조직 내에서 직무, 직책 등의 개인의 역할에 따라 접근을 제한하는 방법

접근 제어 메커니즘

메커니즘	설명
ACL (Access Control List)	• 접근 통제 리스트로 어떤 주체가 객체에 어떤 행위를 할 수 있는지 표현 • 구분되어야 할 주체가 비교적 소수일 때 적합
CL (Capability List)	• 주체에게 허가된 자원 및 권한의 목록 • 비교적 객체가 작은 경우 적합
SL (Security Label)	객체에 부여된 보안 속성 정보의 집합

접근 제어 보안 모델

접근 제어 보안 모델의 종류에는 접근 제어 행렬, 기밀성 모델, 무결성 모델이 있으며, 대표 모델은 다음과 같다.

모델	설명
벨-라파둘라 모델 (BLP; Bell-LaPadula Model)	• 미 국방부 지원 보안 모델로 보안 요소 중 기밀성을 강조하며 강제적 정책(MAC)에 의해 접근을 제어하는 모델 • 군대의 보안 레벨처럼 정보의 기밀성에 따라 상하 관계가 구분된 정보를 보호하기 위해 사용 • 자신의 권한보다 낮은 보안 레벨 권한을 가진 경우에는 높은 보안 레벨의 문서를 읽을 수 없고, 자신의 권한보다 낮은 수준의 문서만 읽을 수 있음 (No Read Up) • 자신의 권한보다 높은 보안 레벨의 문서에는 쓰기가 가능하지만, 보안 레벨이 낮은 문서의 쓰기 권한은 제한함(No Write Down) • Blind write 문제, 무결성에 대한 대책 없음
비바 모델 (Biba Integrity Model)	• 벨-라파둘라 모델의 취약점인 **무결성**을 보장하는 최초의 모델로 불법 수정 방지 내용을 추가한 모델. 기밀성과 가용성이 아닌 무결성만을 강제적 정책에 의해 접근을 제어하는 모델로, 비인가된 변경으로부터 객체를 보호하는 것에 중점을 둔 모델 • 자신의 권한보다 높은 보안 레벨 권한을 가진 경우에는 낮은 보안 레벨의 문서를 읽을 수 없고, 자신의 권한보다 높은 수준의 문서만 읽을 수 있음 (No Read Down) • 자신의 권한보다 낮은 보안 레벨의 문서에는 쓰기가 가능하지만, 보안 레벨이 높은 문서의 쓰기 권한은 제한 (No Write Up)
클락-윌슨 모델 (Clark Wilson Integrity Model)	• **무결성** 중심의 상업용 목적으로 설계된 모델 • 주체/프로그램/객체의 세 부분 관계를 사용한 무결성 모델
만리장성 모델 (Brewer Nash, Chinese Wall Model)	• 충돌을 일으키는 어떠한 정보의 흐름도 차단해야 한다는 모델로 이익 충돌 회피를 위한 모델 • 기밀성 유지를 목적으로 하며 직무 분리를 접근 통제에 반영한 모델

접근 제어 정책 암기

DAC, MAC, RBAC → 신분증 있으면 당당(DAC), 맥(MAC)주는 라벨 보고 사고, 알바(RBAC)는 역할 맞으면 채용해요!

쌤의 Comment

접근 제어 메커니즘 ACL과 CL의 차이가 헷갈려요!

아직까지 ACL과 CL의 개념 정의나 차이를 묻는 문제가 시험에 출제된 적은 없어요. 하지만 혹시라도 그 차이가 궁금한 학생들을 위해 더 설명하면, ACL(Access Control List)은 객체 기준으로 허가받은 대상이고, CL(Capability List)은 주체 기준으로 허가받은 접근 가능 권한을 말해요. 아래 그림에서 예를 들어 보면, 파일 A에 대한 ACL은 {사용자 A, 사용자 B, 사용자 C}이고, 사용자 A의 CL은 {파일 A: 소유/읽기/쓰기, 파일 B: 읽기, 파일 C: 쓰기}에요.

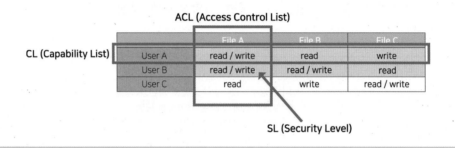

	File A	File B	File C
User A	read / write	read	write
User B	read / write	read / write	read
User C	read	write	read / write

ACL (Access Control List)

CL (Capability List)

SL (Security Level)

기초 용어 정리

● 직무 분리: 업무의 발생부터 완료까지 한 사람에 의해 처리될 수 없게 하는 정책. 보안/감사, 개발/운영, 암호키 관리/변경 등 직무의 분리

 연·습·문·제

01 21년 8월

정보보안을 위한 접근 제어(Access Control)과 관련한 설명으로 **틀린** 것은?

① 적절한 권한을 가진 인가자만 특정 시스템이나 정보에 접근할 수 있도록 통제하는 것이다.

② 시스템 및 네트워크에 대한 접근 제어의 가장 기본적인 수단은 IP와 서비스 포트로 볼 수 있다.

③ DBMS에 보안 정책을 적용하는 도구인 XDMCP를 통해 데이터베이스에 대한 접근제어를 수행할 수 있다.

④ 네트워크 장비에서 수행하는 IP에 대한 접근 제어로는 관리 인터페이스의 접근제어와 ACL(Access Control List) 등이 있다.

> **해설** X Display Manager Control Protocol(XDMCP)은 사용자 인증이 완료되면 X서버의 로그인 세션을 시작한다.

02 20년 9월

다음은 정보의 접근 통제 정책에 대한 설명이다. (ㄱ)에 들어갈 내용으로 옳은 것은?

정책	(ㄱ)	DAC	RBAC
권한부여	시스템	데이터 소유자	중앙 관리자
접근 결정	보안등급 (Label)	신분 (Identify)	역할 (Role)
정책 변경	고정적 (변경 어려움)	변경 용이	변경 용이
장점	안정적, 중앙 집중적	구현 용이, 유연함	관리 용이

① NAC   ② MAC
③ SDAC   ④ AAC

> **해설** 보안 등급(Label)에 기반해 접근을 제어하는 정책은 MAC이다.

03 21년 3월

정보보안을 위한 접근 통제 정책 종류에 해당하지 **않는** 것은?

① 임의적 접근 통제
② 데이터 전환 접근 통제
③ 강제적 접근 통제
④ 역할 기반 접근 통제

> **해설** 정보보안을 위한 접근 통제 정책 종류로 임의적 접근 통제 정책(DAC), 강제적 접근 통제 정책(MAC), 역할기반 접근 통제 정책(RBAC)이 있다.

04 23년 3월, 22년 4월

접근 통제 방법 중 조직 내에서 직무, 직책 등 개인의 역할에 따라 결정하여 부여하는 접근 정책은?

① RBAC
② DAC
③ MAC
④ QAC

> **해설** RBAC(Role Based Access Control)는 역할기반 접근 통제 정책이다.

01 | ③   02 | ②   03 | ②   04 | ①

110 시스템 보안 구현 ★★

 대표 기출 유형

침입탐지 시스템(IDS; Intrusion Detection System)과 관련한 설명으로 틀린 것은?

① 이상 탐지 기법(Anomaly Detection)은 Signature Base나 Knowledge Base라고도 불리며 이미 발견되고 정립된 공격 패턴을 입력해 두었다가 탐지 및 차단한다.

② HIDS(Host-Based Intrusion Detection)는 운영체제에 설정된 사용자 계정에 따라 어떤 사용자가 어떤 접근을 시도하고 어떤 작업을 했는지에 대한 기록을 남기고 추적한다.

③ NIDS(Network-Based Intrusion Detection System)로는 대표적으로 Snort가 있다.

④ 외부 인터넷에 서비스를 제공하는 서버가 위치하는 네트워크인 DMZ(Demilitarized Zone)에는 IDS가 설치될 수 있다.

....

이상탐지(Anomaly Detection) 기법은 Behavior, Statistical Detection로 불리며 평균적 시스템의 상태 기준으로 비정상적인 행위나 자원의 사용이 감지되면 이를 알려 준다. 오용탐지(Misuse Detection) 기법은 Signature Base나 Knowledge Base로 불리며 미리 입력해 둔 공격 패턴이 감지되면 이를 알려 준다.

정답 ①

로그 분석

● 로그란 시스템 사용에 대한 모든 내역을 기록해 놓은 것으로, 이러한 로그 정보를 이용하면 시스템 침해 사고 발생 시 해킹 흔적이나 공격 기법을 파악할 수 있다.

● 로그 정보를 정기적으로 분석하면 시스템에 대한 침입 흔적이나 취약점을 확인할 수 있다.

리눅스(LINUX) 로그

● 리눅스에서는 시스템의 모든 로그를 var/log 디렉터리에서 기록하고 관리한다.

● 로그 파일은 일반적으로 텍스트 형식으로 저장된다.

로그	데몬	파일명	내용
커널 로그	kernel	/dev/console	커널에 관련된 내용을 관리자에게 알리기 위해 파일로 저장하지 않고 지정된 장치에 표시
		var/log/wtmp	• 성공한 로그인/로그아웃에 대한 로그를 기록 • 시스템의 시작/종료 시간에 대한 로그를 기록
		var/run/utmp	현재 로그인한 사용자의 상태에 대한 로그를 기록
		var/log/btmp	실패한 로그인에 대한 로그를 기록
		var/log/lastlog	마지막으로 성공한 로그인에 대한 로그를 기록
부팅 로그	boot	/var/log/boot	부팅 시 나타나는 메시지들을 기록
크론 로그	crond	/var/log/cron	작업 스케줄러인 crond의 작업 내역을 기록
시스템 로그	syslogd	/var/log/messages	커널(kern이)에서 실시간으로 보내오는 메시지들을 기록
보안 로그	xinetd	/var/log/secure	시스템의 접속에 대한 로그를 기록
FTP 로그	ftpd	/var/log/xferlog	FTP로 접속하는 사용자에 대한 로그를 기록

윈도즈(Windows) 로그

● 윈도즈 시스템에서는 시스템의 로그가 이벤트 로그형식으로 관리된다.

● 이벤트 로그를 확인하기 위해서는 Windows의 이벤트 뷰어를 이용해야 한다.

● 로그 파일은 크게 응용 프로그램 로그, 보안 로그, 시스템 로그로 분류된다. 응용 프로그램 로그는 응용 프로그램이 프로그램에서 기록한 이벤트가 포함된 로그이며, 보안 로그는 올바

른/잘못된 로그인 시도 등의 이벤트 등이 기록된 로그이며, 시스템 로그는 윈도즈 시스템 구성요소 내 기록한 이벤트가 포함된 로그이다.

보안 솔루션

구분	솔루션	설명
네트워크 보안 솔루션	방화벽 (Firewall)	기업 내부, 외부 간 트래픽을 모니터링하여 시스템의 접근을 허용하거나 차단하는 시스템
	웹 방화벽 (WAF; Web Application Firewall)	• 일반적인 네트워크 방화벽과는 달리 웹 애플리케이션 보안에 특화된 보안장비 • SQL 인젝션, XSS 등과 같은 웹 공격을 탐지하고 차단하는 기능
	네트워크 접근 제어 (NAC; Network Access Control)	• 단말기가 내부 네트워크에 접속을 시도할 때 이를 제어하고 통제하는 기능을 제공 • 바이러스나 웜 등의 보안 위협으로부터 네트워크 제어 및 통제 기능을 수행
	침입 탐지 시스템 (IDS; Intrusion Detection System)	네트워크에서 발생하는 이벤트를 모니터링하고 비인가 사용자에 의한 자원 접근과 보안정책 위반 행위(침입)을 실시간으로 탐지하는 시스템
	침입 방지 시스템 (IPS; Intrusion Prevention System)	네트워크에 대한 공격이나 침입을 실시간적으로 차단하고, 유해 트래픽에 대한 조치를 능동적으로 처리하는 시스템
	무선 침입 방지 시스템 (WIPS; Wireless Intrusion Prevention System)	• 인가되지 않은 무선 단말기의 접속을 자동으로 탐지 및 차단하고 보안에 취약한 무선 공유기를 탐지하는 시스템 • 외부 공격에 대해 내부 시스템을 보호하기 위해 무선 랜 환경에서의 보안 위협을 감지
	통합 보안 시스템 (UTM; Unified Threat Management)	방화벽, 침입 탐지 시스템(IDS) 침입 방지 시스템(IPS), VPN, 안티 바이러스, 이메일 필터링 등 다양한 보안 기능을 하나의 장비로 통합하여 제공하는 시스템
	가상사설망 (VPN; Virtual Private Network)	인터넷과 같은 공중망에 사설망을 구축하여 마치 전용망을 사용하는 효과를 가지는 보안 솔루션
시스템 보안 솔루션	스팸 차단 솔루션 (Anti-Spam Solution)	• 메일 서버 앞단에 위치하여 프록시(Proxy) 메일 서버로 동작 • 메일 바이러스 검사, 내 외부 본문 검색 기능을 통한 내부 정보 유출 방지
	보안 운영체제 (Secure OS)	• 컴퓨터 운영체제의 커널에 보안 기능을 추가한 것으로 운영체제의 보안상 결함으로 인하여 발생 가능한 각종 해킹으로부터 시스템을 보호하기 위하여 사용되는 것 • Secure OS의 보안 기능으로는 식별 및 인증, 계정관리, 강제적 접근 통제, 임의적 접근 통제, 객체 재사용 방지, 완전한 중재 및 조정, 감사 및 감사기록 축소, 안전한 경로, 보안 커널 및 변경 방지, 해킹 방지, 통합 관리 등이 있음

콘텐츠 유출 방지 보안 솔루션	보안 USB	• 정보 유출 방지 등의 보안 기능을 갖춘 USB 메모리 • 사용자 식별/인증, 데이터 암/복호화, 임의복제 방지, 분실 시 데이터 삭제 기능
	데이터 유출 방지 (DLP)	• 조직 내부의 중요 자료가 외부로 빠져나가는 것을 탐지하고 차단 • 정보 유출 방지를 위해 정보 흐름에 대한 모니터링과 실시간 차단 기능
	디지털 저작권 관리 (DRM)	디지털 저작물에 대한 보호와 관리를 위한 솔루션

 연·습·문·제

01 20년 9월

컴퓨터 운영체제의 커널에 보안 기능을 추가한 것으로 운영체제의 보안상 결함으로 인하여 발생 가능한 각종 해킹으로부터 시스템을 보호하기 위하여 사용되는 것은?

① GPIB
② CentOS
③ XSS
④ Secure OS

해설 Secure OS는 컴퓨터 운영체제의 커널에 보안 기능을 추가한 것으로 운영체제의 보안상 결함으로 인하여 발생 가능한 각종 해킹으로부터 시스템을 보호하기 위하여 사용된다.

GPIB	General Purpose Interface Bus의 약자로, 단거리 디지털 통신 버스인 IEEE-488을 지칭함. HP-IB(Hewlett-Packard Interface Bus)에 의해 개발되었으며 1960년대 후반부터 전자 측정 장비에 사용
CentOS	Red Hat 제휴로 개발한 컴퓨터 운영 체제
XSS	웹페이지에 악의적인 스크립트를 삽입하여 방문자들의 정보를 탈취하거나, 비정상적인 기능 수행을 유발하는 보안 취약점

02 21년 5월

Secure OS의 보안 기능으로 거리가 먼 것은?

① 식별 및 인증
② 임의적 접근 통제
③ 고가용성 지원
④ 강제적 접근 통제

해설 Secure OS는 컴퓨터 운영체제의 커널에 보안 기능을 추가한 것으로 운영체제의 보안상 결함으로 인하여 발생 가능한 각종 해킹으로부터 시스템을 보호하기 위하여 사용된다. Secure OS의 보안 기능으로는 식별 및 인증, 계정관리, 강제적 접근 통제, 임의적 접근 통제, 객체 재사용 방지, 완전한 중재 및 조정, 감사 및 감사기록 축소, 안전한 경로, 보안 커널 및 변경 방지, 해킹 방지, 통합 관리 등이 있다.

03 20년 9월

이용자가 인터넷과 같은 공중망에 사설망을 구축하여 마치 전용망을 사용하는 효과를 가지는 보안 솔루션은?

① ZIGBEE
② KDD
③ IDS
④ VPN

해설 IDS는 침입 탐지 시스템, VPN은 가상 사설 통신망, ZIGBEE는 저전력 라디오를 이용한 개인 통신망을 말한다. 이용자가 인터넷과 같은 공중망에 사설망을 구축하여 마치 전용망을 사용하는 효과를 가지는 보안 솔루션은 VPN이다.

04

침입탐지 시스템(IDS; Intrusion Detection System)과 관련한 설명으로 틀린 것은?

① 이상 탐지 기법(Anomaly Detection)은 Signature Base나 Knowledge Base라고도 불리며 이미 발견되고 정립된 공격 패턴을 입력해 두었다가 탐지 및 차단한다.

② HIDS(Host-Based Intrusion Detection)는 운영체제에 설정된 사용자 계정에 따라 어떤 사용자가 어떤 접근을 시도하고 어떤 작업을 했는지에 대한 기록을 남기고 추적한다.

③ NIDS(Network-Based Intrusion Detection System)로는 대표적으로 Snort가 있다.

④ 외부 인터넷에 서비스를 제공하는 서버가 위치하는 네트워크인 DMZ(Demilitarized Zone)에는 IDS가 설치될 수 있다.

[해설] 이상탐지(Anomaly Detection) 기법은 Behavior, Statistical Detection로 불리며 평균적 시스템의 상태 기준으로 비정상적인 행위나 자원의 사용이 감지되면 이를 알려 준다. 오용탐지(Misuse Detection) 기법은 Signature Base나 Knowledge Base로 불리며 미리 입력해 둔 공격 패턴이 감지되면 이를 알려 준다.

05 21년 5월

서버에 열린 포트 정보를 스캐닝해서 보안 취약점을 찾는 데 사용하는 도구는?

① type ② mkdir
③ ftp   ④ nmap

[해설] nmap은 윈도우, 리눅스 포트 스캔 툴로 서버에 열린 포트 정보를 스캐닝해서 보안 취약점을 찾는다.

01 | ④   02 | ③   03 | ①   04 | ①   05 | ④

부록

2023 최신 기출

01 2023 최신 기출 1회

● 해설 p.1

1과목

01 객체지향 기법에서 같은 클래스에 속한 각각의 객체를 의미하는 것은?

① Instance　　　② Message
③ Method　　　　④ Module

02 대표적으로 DOS 및 Unix 등의 운영체제에서 조작을 위해 사용하던 것으로, 정해진 명령 문자열을 입력하여 시스템을 조작하는 사용자 인터페이스(User Interface)는?

① GUI(Graphical User Interface)
② CLI(Command Line Interface)
③ CUI(Cell User Interface)
④ MUI(Mobile User Interface)

03 객체에게 어떤 행위를 하도록 지시하는 명령은?

① Class　　　　② Package
③ Object　　　　④ Message

04 자료 흐름도(Data Flow Diagram)의 구성이 아닌 것은?

① Data Flow　　② Data Store
③ Process　　　　④ Data Dictionary

05 그래픽 표기법을 이용하여 소프트웨어 구성 요소를 모델링 하는 럼바우 분석 기법에 포함되지 않는 것은?

① 객체 모델링　　② 기능 모델링
③ 동적 모델링　　④ 블랙박스 분석 모델링

06 UML 확장 모델에서 스테레오 타입 객체를 표현할 때 사용하는 기호로 맞는 것은?

① 〈〈 〉〉　　　　② (( ))
③ {{ }}　　　　　④ [[ ]]

07 결합도의 순서를 약 〈 강으로 나열한 것은?

① Stamp Coupling → Data Coupling → Control Coupling → Common Coupling → Content Coupling
② Control Coupling → Data Coupling → Stamp Coupling → Common Coupling → Content Coupling
③ Content Coupling → Stamp Coupling → Control Coupling → Common Coupling → Data Coupling
④ Data Coupling → Stamp Coupling → Control Coupling → Common Coupling → Content Coupling

08 HIPO(Hierarchy Input Process Output)에 대한 설명으로 거리가 먼 것은?

① 상향식 소프트웨어 개발을 위한 문서화 도구이다.
② HIPO 차트 종류에는 가시적 도표, 총체적 도표, 세부적 도표가 있다.
③ 기능과 자료의 의존 관계를 동시에 표현할 수 있다.
④ 보기 쉽고 이해하기 쉽다.

09 XP(eXtreme Programming)의 기본원리로 볼 수 <u>없는</u> 것은?

① Pair Programming
② Linear Sequential Method
③ Collective Ownership
④ Continuous Integration

10 UI 설계 원칙 중 누구나 쉽게 이해하고 사용할 수 있어야 한다는 원칙은?

① 희소성
② 유연성
③ 직관성
④ 멀티운용성

11 UML 다이어그램 중 정적 다이어그램이 <u>아닌</u> 것은?

① Component Diagram
② Deployment Diagram
③ Sequence Diagram
④ Package Diagram

12 GoF(Gangs of Four) 디자인 패턴에서 생성(Creational) 패턴에 해당하는 것은?

① Builder
② Bridge
③ Composite
④ Adapter

13 객체지향 개념 중 하나 이상의 유사한 객체들을 묶어 공통된 특성을 표현한 데이터 추상화를 의미하는 것은?

① Message
② Class
③ Abstraction
④ Method

14 다음 내용이 설명하는 디자인 패턴은?

> • 하나의 객체를 생성하면 생성된 객체를 어디서든 참조할 수 있지만, 여러 프로세스가 동시에 참조할 수는 없다.
> • 클래스 내에서 인스턴스가 하나뿐임을 보장하며, 불필요한 메모리 낭비를 최소화할 수 있다.

① Singleton
② Adapter
③ Prototype
④ Decorator

15 메시지 지향 미들웨어(Message-Oriented Middelware, MOM)에 대한 설명으로 <u>틀린</u> 것은?

① 느리고 안정적인 응답보다는 즉각적인 응답이 필요한 온라인 업무에 적합하다.
② 독립적인 애플리케이션을 하나의 통합된 시스템으로 묶기 위한 역할을 한다.
③ 송신측과 수신측의 연결 시 메시지 큐를 활용하는 방법이 있다.
④ 상이한 애플리케이션 간 통신을 비동기 방식으로 지원한다.

16 UI와 관련된 기본 개념 중 하나로, 시스템의 상태와 사용자의 지시에 대한 효과를 보여 주어 사용자 명령에 대한 진행 상황과 표시된 내용을 해석할 수 있도록 도와주는 것은?

① Feedback
② Posture
③ Module
④ Hash

17 다음의 설명에 해당하는 언어는?

객체지향 시스템을 개발할 때 산출물을 명세화, 시각화, 문서화 하는 데 사용된다. 즉, 개발하는 시스템을 이해하기 쉬운 형태로 표현하여 분석가, 의뢰인, 설계자가 효율적인 의사소통을 할 수 있게 해 준다. 따라서 개발 방법론이나 개발 프로세스가 아니라 표준화된 모델링 언어이다.

① JAVA
② C
③ UML
④ Python

18 익스트림 프로그래밍(XP)에 대한 설명으로 틀린 것은?

① 사용자의 요구사항은 언제든지 변할 수 있다.
② 고객과 직접 대면하며 요구사항을 이야기하기 위해 사용자 스토리(User Story)를 활용할 수 있다.
③ 빠른 개발을 위해 테스트를 수행하지 않는다.
④ 기존의 방법론에 비해 실용성(Pragmatism)을 강조한 것이라고 볼 수 있다.

19 분산 컴퓨팅 환경에서 서로 다른 기종 간의 하드웨어나 프로토콜, 통신환경 등을 연결하여 응용 프로그램과 운영환경 간에 원만한 통신이 이루어질 수 있게 서비스를 제공하는 소프트웨어는?

① 미들웨어
② 하드웨어
③ 오픈허브웨어
④ 그레이웨어

20 User Interface 설계 시 오류 메시지나 경고에 관한 지침으로 가장 거리가 먼 것은?

① 메시지는 이해하기 쉬워야 한다.
② 오류로부터 회복을 위한 구체적인 설명이 제공되어야 한다.
③ 오류로 인해 발생 될 수 있는 부정적인 내용을 적극적으로 사용자들에게 알려야 한다.
④ 소리나 색의 사용을 줄이고 텍스트로만 전달하도록 한다.

2과목

21 소프트웨어의 재사용(reusability)에 대한 효과와 거리가 먼 것은?

① 사용자의 책임과 권한 부여
② 소프트웨어의 품질 향상
③ 생산성 향상
④ 구축 방법에 대한 지식의 공유

22 다음 전위식(prefix)을 후위식(postfix)으로 옳게 표현한 것은?

$$- / * A + B C D E$$

① A B C + D / * E -
② A B * C D / + E -
③ A B * C + D / E -
④ A B C + * D / E -

23 자료구조 구분 중 선형인 것은?

① 스택, 트리
② 큐, 데크
③ 큐, 그래프
④ 리스트, 그래프

24 프로그램 설계도의 하나인 NS Chart에 대한 설명으로 가장 거리가 먼 것은?

① 논리의 기술에 중점을 두고 도형을 이용한 표현 방법이다.
② 이해하기 쉽고 코드 변환이 용이하다.
③ 화살표나 GOTO를 사용하여 이해하기 쉽다.
④ 연속, 선택, 반복 등의 제어 논리 구조를 표현한다.

25 단위 테스트에서 테스트의 대상이 되는 하위 모듈을 호출하고, 파라미터를 전달하는 가상의 모듈로 상향식 테스트에 필요한 것은?

① 테스트 스텁(Test Stub)
② 테스트 드라이브(Test Drive)
③ 테스트 슈트(Test Suite)
④ 테스트 케이스(Test Case)

26 인터페이스 구현 검증 도구가 아닌 것은?

① ESB
② xUnit
③ STAF
④ NTAF

27 분할 정복(Divide and Conquer)에 기반한 알고리즘으로 피벗(pivot)을 사용하며 최악의 경우 n(n-1)/2 회의 비교를 수행해야 하는 정렬(Sort)은?

① Selection Sort
② Bubble Sort
③ Insert Sort
④ Quick Sort

28 다음 중 테스트 오라클에 대한 설명으로 옳지 않은 것은?

① 샘플링 오라클: 특정한 몇몇 테스트 케이스의 입력 값들에 대해서만 기대하는 결과를 제공하는 오라클이다.
② 토탈 오라클: 모든 테스트 케이스의 입력 값에 대해 기대하는 결과를 제공하는 오라클이다.
③ 휴리스틱 오라클: 특정 테스트 케이스의 입력 값에 대해 기대하는 결과를 제공하고, 나머지 입력 값들에 대해서는 추정으로 처리하는 오라클이다.
④ 일관성 검사 오라클: 애플리케이션의 변경이 있을 경우, 테스트 케이스의 수행 전과 후의 결과가 동일한지를 확인하는 오라클이다

29 버블 정렬을 이용하여 다음 자료를 오름차순으로 정렬할 경우, PASS 1의 결과는?

$$9, 6, 7, 3, 5$$

① 6, 9, 7, 3, 5
② 3, 9, 6, 7, 5
③ 3, 6, 7, 9, 5
④ 6, 7, 3, 5, 9

30 소프트웨어를 보다 쉽게 이해할 수 있고 적은 비용으로 수정할 수 있도록 겉으로 보이는 동작의 변화 없이 내부구조를 변경하는 것은?

① Refactoring
② Architecting
③ Specification
④ Renewal

31 소프트웨어 패키징에 대한 설명으로 <u>틀린</u> 것은?

① 패키징은 개발자 중심으로 진행한다.
② 신규 및 변경 개발소스를 식별하고, 이를 모듈화하여 상용제품으로 패키징한다.
③ 고객의 편의성을 위해 매뉴얼 및 버전관리를 지속적으로 한다.
④ 범용 환경에서 사용이 가능하도록 일반적인 배포 형태로 패키징이 진행된다.

32 아래 Tree 구조에 대하여 후위 순회(Postorder)한 결과는?

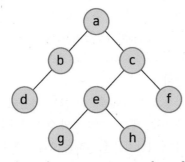

① a → b → d → c → e → g → h → f
② d → b → g → h → e → f → c → a
③ d → b → a → g → e → h → c → f
④ a → b → d → g → e → h → c → f

33 순서가 있는 리스트에서 데이터의 삽입(Push), 삭제(Pop)가 한 쪽 끝에서 일어나며 LIFO(Last In First Out)의 특징을 가지는 자료구조는?

① Tree
② Graph
③ Stack
④ Queue

34 아주 오래되거나 참고문서 또는 개발자가 없어 유지보수 작업이 아주 어려운 프로그램을 의미하는 것은?

① Title Code
② Source Code
③ Object Code
④ Alien Code

35 다음은 스택의 자료 삭제 알고리즘이다. ⓐ에 들어갈 내용으로 옳은 것은? (단, Top: 스택포인터, S: 스택의 이름)

```
if Top = 0 Then
   (     ⓐ     )
Else {
   remove S(Top)
   Top = Top − 1
}
```

① Overflow
② Top = Top + 1
③ Underflow
④ Top = Top

36 순서가 A, B, C, D로 정해진 입력 자료를 스택에 입력한 후 출력한 결과로 불가능한 것은?

① D, C, B, A
② B, C, D, A
③ C, B, A, D
④ D, B, C, A

37 인터페이스 간의 통신을 위해 이용되는 데이터 포맷이 <u>아닌</u> 것은?

① AJTML   ② JSON
③ XML   ④ YAML

38 정형 기술 검토(FTR)의 지침으로 <u>틀린</u> 것은?

① 의제를 제한한다.
② 논쟁과 반박을 제한한다.
③ 문제 영역을 명확히 표현한다.
④ 참가자의 수를 제한하지 않는다.

39 버전 관리 항복 중 저장소에 새로운 버전의 파일로 갱신하는 것을 의미하는 용어는?

① 형상 감사(Configuration Audit)
② 롤백(Rollback)
③ 단위 테스트(Unit Test)
④ 체크인(Check-In)

40 소프트웨어 재공학의 주요 활동 중 기존 소프트웨어 시스템을 새로운 기술 또는 하드웨어 환경에서 사용할 수 있도록 변환하는 작업을 의미하는 것은?

① Analysis
② Migration
③ Restructuring
④ Reverse Engineering

41 관계해석에서 '모든 것에 대하여'의 의미를 나타내는 논리 기호는?

① ∃   ② ∈
③ ∀   ④ ⊂

42 다음 SQL문에서 사용된 BETWEEN 연산의 의미와 동일한 것은?

```
SELECT *
FROM 성적
WHERE (점수 BETWEEN 90 AND 95)
AND 학과 = '컴퓨터공학과';
```

① 점수 >= 90 AND 점수 <= 95
② 점수 > 90 AND 점수 < 95
③ 점수 > 90 AND 점수 <= 95
④ 점수 >= 90 AND 점수 < 95

43 분산 데이터베이스 시스템(Distributed Database System)에 대한 설명으로 <u>틀린</u> 것은?

① 분산 데이터베이스는 논리적으로는 하나의 시스템에 속하지만, 물리적으로는 여러 개의 컴퓨터 사이트에 분산되어 있다.
② 위치 투명성, 중복 투명성, 병행 투명성, 장애 투명성을 목표로 한다.
③ 데이터베이스의 설계가 비교적 어렵고, 개발 비용과 처리 비용이 증가한다는 단점이 있다.
④ 분산 데이터베이스 시스템의 주요 구성요소는 분산 처리기, P2P 시스템, 단일 데이터베이스 등이 있다.

44 다음 테이블을 보고 강남지점의 판매량이 많은 제품부터 출력되도록 할 때 다음 중 가장 적절한 SQL 구문은?(단, 출력은 제품명과 판매량이 출력되도록 한다)

[푸드] 테이블		
지점명	제품명	판매량
강남지점	비빔밥	500
강북지점	도시락	300
강남지점	도시락	200
강남지점	미역국	550
수원지점	비빔밥	600
인천지점	비빔밥	800
강남지점	잡채밥	250

① SELECT 제품명, 판매량 FROM 푸드 ORDER BY 판매량 ASC;
② SELECT 제품명, 판매량 FROM 푸드 ORDER BY 판매량 DESC;
③ SELECT 제품명, 판매량 FROM 푸드 WHERE 지점명 = '강남지점' ORDER BY 판매량 ASC;
④ SELECT 제품명, 판매량 FROM 푸드 WHERE 지점명 = '강남지점' ORDER BY 판매량 DESC;

45 키의 종류 중 유일성과 최소성을 만족하는 속성 또는 속성들의 집합은?

① Atomic key　　② Super key
③ Candidate key　　④ Test key

46 테이블의 기본키(Primary Key)로 지정된 속성에 관한 설명으로 가장 거리가 먼 것은?

① NOT NULL로 널 값을 가지지 않는다.
② 릴레이션에서 튜플을 구별할 수 있다.
③ 외래키로 참조될 수 있다.
④ 검색할 때 반드시 필요하다.

47 데이터 모델의 구성요소 중 데이터 구조에 따라 개념 세계나 컴퓨터 세계에서 실제로 표현된 값들을 처리하는 작업을 의미하는 것은?

① Relation
② Data Structure
③ Constraint
④ Operation

48 무결성 제약조건 중 개체 무결성 제약조건에 대한 설명으로 옳은 것은?

① 릴레이션 내의 튜플들이 각 속성의 도메인에 정해진 값만을 가져야 한다.
② 기본키는 NULL 값을 가져서는 안 되며 릴레이션 내에 오직 하나의 값만 존재해야 한다.
③ 자식 릴레이션의 외래키는 부모 릴레이션의 기본키와 도메인이 동일해야 한다.
④ 자식 릴레이션의 값이 변경될 때 부모 릴레이션의 제약을 받는다.

49 테이블 두 개를 조인하여 뷰 V_1을 정의하고, V_1을 이용하여 뷰 V_2를 정의하였다. 다음 명령 수행 후 결과로 옳은 것은?

```
DROP VIEW V_1 CASCADE;
```

① V_1만 삭제된다.
② V_2만 삭제된다.
③ V_1과 V_2 모두 삭제된다.
④ V_1과 V_2 모두 삭제되지 않는다.

50 DBA가 사용자 'PARK'에게 테이블[STUDENT]의 데이터를 갱신할 수 있는 시스템의 권한을 부여하기 위한 SQL문을 작성하고자 한다. 다음에 주어진 SQL문의 빈칸에 적합한 내용은?

```
[SQL 문]
GRANT __ STUDENT TO PARK;
```

① INSERT IN TO
② ALTER TO
③ UPDATE ON
④ UPDATE SET

51 데이터베이스에서의 뷰(View)에 대한 설명으로 틀린 것은?

① 뷰는 다른 뷰를 기반으로 새로운 뷰를 만들 수 있다.
② 뷰는 일종의 가상 테이블이며, UPDATE에는 제약이 따른다.
③ 뷰는 기본 테이블을 만드는 것처럼 CREATE VIEW를 사용하여 만들 수 있다.
④ 뷰는 논리적으로 존재하는 기본 테이블과 다르게 물리적으로만 존재하며 카탈로그에 저장된다.

52 두 개의 SELECT문의 조회 결과를 중복되는 행을 모두 포함하여 출력할 때 사용하는 집합연산자로 옳은 것은?

① JOIN
② UNION
③ UNION ALL
④ INTERSECT

53 데이터베이스 설계 단계 중 물리적 설계 시 고려사항으로 적절하지 않은 것은?

① 스키마의 평가 및 정제
② 응답시간
③ 저장 공간의 효율화
④ 트랜잭션 처리량

54 트랜잭션의 상태를 보여 주는 다음 그림을 보고 각 상태에 대한 설명으로 옳지 않은 것은?

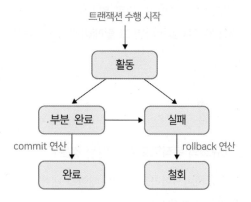

① 활동 상태는 트랜잭션이 수행되기 시작하여 현재 실행 중인 상태를 의미한다.
② 완료는 트랜잭션이 성공적으로 종료되어 Commit 연산까지 수행한 상태를 의미한다.
③ 부분 완료는 트랜잭션의 일부 연산만이 완료되어 Commit 된 상태를 의미한다.
④ 철회는 트랜잭션이 수행하는 데 실패하여 Rollback 연산까지 수행한 상태를 의미한다.

55 SQL에서 스키마(Scheme), 도메인(Domain), 테이블(Table), 뷰(View), 인덱스(Index)를 정의하거나 변경 또는 삭제할 때 사용하는 언어는?

① DML(Data Manipulation Language)
② DDL(Data Definition Language)
③ DCL(Data Control Language)
④ IDL(Interactive Data Language)

56 한 릴레이션 스키마가 4개의 속성, 2개 후보키, 그리고 그 스키마의 대응 릴레이션 인스턴스가 7개의 튜플을 갖는다면 그 릴레이션의 차수는?

① 1   ② 2
③ 4   ④ 7

57 정규화의 목적으로 옳지 <u>않는</u> 것은?

① 어떤 릴레이션이라도 데이터베이스 내에서 표현 가능하게 만든다.
② 데이터 삽입 시 릴레이션을 재구성할 필요성을 줄인다.
③ 중복을 배제하여 삽입, 삭제, 갱신 이상의 발생을 야기한다.
④ 효과적인 검색 알고리즘을 생성할 수 있다.

58 정규화 과정 중 3NF에서 BCNF가 되기 위한 조건은?

① 이행적 함수 종속 제거
② 부분적 함수 종속 제거
③ 다치 종속 제거
④ 결정자이면서 후보키가 아닌 것 제거

59 다음 두 릴레이션에서 외래키로 실행된 것은?(단, 밑줄 친 속성은 기본키이다.)

> 과목(<u>과목번호</u>, 과목명)
> 수강(<u>수강번호</u>, 학번, 과목번호, 학기)

① 수강번호   ② 과목번호
③ 학번   ④ 과목명

60 트랜잭션을 수행하는 도중 장애로 인해 손상된 데이터베이스를 손상되기 이전에 정상적인 상태로 복구시키는 작업은?

① Recovery   ② Commit
③ Abort   ④ Restart

4과목

61 IP 주소체계와 관련한 설명으로 틀린 것은?

① IPv6의 패킷 헤더는 32 octet의 고정된 길이를 가진다.
② IPv6는 주소 자동설정(Auto Configuration) 기능을 통해 손쉽게 이용자의 단말을 네트워크에 접속시킬 수 있다.
③ IPv4는 호스트 주소를 자동으로 설정하며 유니캐스트(Unicast)를 지원한다.
④ IPv4는 클래스별로 네트워크와 호스트 주소의 길이가 다르다.

62 C언어에서 두 개의 논릿값 중 하나라도 참이면 1을, 모두 거짓이면 0을 반환하는 연산자는?

① || ② &&
③ **   ④ !=

63 다음 C언어 프로그램이 실행되었을 때의 결과는?

```
#include <stdio.h>
int main(int argc, char *agrv[]) {
    char a;
    a = 'A' + 1;
    printf("%d", a);
    return 0;
}
```

① 1
② 11
③ 66
④ 98

64 JAVA에서 사용되는 출력 함수가 아닌 것은?

① System.out.print( )
② System.out.println( )
③ System.out.printing( )
④ System.out.printf( )

65 TCP/IP 계층 구조에서 IP의 동작 과정에서의 전송 오류가 발생하는 경우에 대비해 오류 정보를 전송하는 목적으로 사용하는 프로토콜은?

① ECP(Error Checking Protocol)
② ARP(Address Resolution Protocol)
③ ICMP(Internet Control Message Protocol)
④ PPP(Point-to-Point Protocol)

66 다음 Python 프로그램의 실행 결과가 [실행 결과]와 같을 때, 빈칸에 적합한 것은?

```
x = 20
if x == 10:
    print('10')
(  )x == 20:
    print('20')
else:
    print('other')
```

```
[실행결과]
20
```

① elif
② else if
③ else
④ either

67 4개의 페이지를 수용할 수 있는 주기억장치가 있으며, 초기에는 모두 비어 있다고 가정한다. 다음의 순서로 페이지 참조가 발생할 때, FIFO 페이지 교체 알고리즘을 사용할 경우 몇 번의 페이지 결함이 발생하는가?

```
페이지 참조 순서: 1, 2, 3, 1, 2, 4, 5, 1
```

① 6회
② 7회
③ 8회
④ 9회

68 빈 기억공간의 크기가 20KB, 16KB, 8KB, 40KB일 때 기억장치 배치 전략으로 'Worst Fit'을 사용하여 17KB의 프로그램을 적재할 경우, 내부 단편화의 크기는 얼마인가?

① 3KB
② 23KB
③ 43KB
④ 64KB

69 다음 중 페이지 교체(Page Replacement) 알고리즘이 아닌 것은?

① FIFO(First-In-First-Out)
② LUF(Least Used First)
③ Optimal
④ LRU(Least Recently Used)

70 다음 JAVA 프로그램이 실행되었을 때, 실행 결과는?

```java
public class array1{
    static void rs(char a[]){
        for(int i = 0; i < a.length; i++)
            if(a[i] == 'B')
                a[i] = 'C';
            else if(i == a.length - 1)
                a[i] = a[i - 1];
            else a[i] = a[i + 1];
    }
    static void pca(char a[]){
        for(int i = 0; i < a.length; i++)
            System.out.print(a[i]);
        System.out.println();
    }
    public static void main(String[] args){
        char c[] = {'A', 'B', 'D', 'D',
        'A', 'B', 'C'};
        rs(c);
        pca(c);
    }
}
```

① BCDABCA   ② CDDACCC
③ BCDABCC   ④ CDDACCA

71 다음 C언어 프로그램의 결과로 옳은 것은?

```c
#include <stdio.h>
main() {
    int a = 3, b = 4, c = 5;
    int r1, r2, r3;
    r1 = a < 4 && b <= 4;
    r2 = a > 3 || b <= 5;
    r3 = !c;
    printf("%d", r1 - r2 + r3);
}
```

① 0   ② 1
③ 2   ④ 3

72 다음 C언어 프로그램이 실행되었을 때, 실행 결과는?

```c
#include <stdio.h>
struct st{
    int a;
    int c[10];
};

int main(int argc, char *argv[]){
    int i = 0
    struct st ob1;
    struct st ob2;
    ob1.a = 0;
    ob2.a = 0;

    for(i = 0; i < 10; i++){
        ob1.c[i] = i;
        ob2.c[i] = ob1.c[i] + i;
    }

    for(i = 0; i < 10; i = i+2){
        ob1.a = ob1.a + ob1.c[i];
        ob2.a = ob2.a + ob2.c[i];
    }

    printf("%d", ob1.a + ob2.a);
    return 0;
}
```

① 30   ② 60
③ 80   ④ 120

73 Python 데이터 타입 중 시퀀스(Sequence) 데이터 타입에 해당하며 다양한 데이터 타입들을 주어진 순서에 따라 저장할 수 있으나 저장된 내용을 변경할 수 <u>없는</u> 것은?

① Array
② List
③ Dictionary
④ Tuple

74 사용자 수준에서 지원되는 스레드(thread)가 커널에서 지원되는 스레드에 비해 가지는 장점으로 옳은 것은?

① 한 프로세스가 운영체제를 호출할 때 전체 프로세스가 대기할 필요가 없으므로 시스템의 성능을 높일 수 있다.
② 동시에 여러 스레드가 커널에 접근할 수 있으므로 여러 스레드가 시스템 호출을 동시에 사용할 수 있다.
③ 각 스레드를 개별적으로 관리할 수 있으므로 스레드의 독립적인 스케줄링이 가능하다.
④ 커널 모드로의 전환이 없이 스레드 교환이 가능하므로 오버헤드가 줄어든다.

75 a[0]의 주소값이 10일 경우 다음 C언어 프로그램이 실행되었을 때의 결과는? (단, int 형의 크기는 4Byte로 가정한다.)

```c
#include <stdio.h>
int main(int argc, char* argv[]) {
    int a[] = {14, 22, 30, 38};
    printf("%u, ", &a[2]);
    printf("%u", a);
    return 0;
}
```

① 14, 10
② 14, M
③ 18, 10
④ 18, M

76 다음 C 언어 프로그램이 실행되었을 때의 결과는?

```c
#include <stdio.h>
int main(int argc, char *agrv[]) {
    int a = 4;
    int b = 7;
    int c = a | b;

    printf("%d", c);
    return 0;
}
```

① 3
② 4
③ 7
④ 10

77 C언어에서 구조체를 사용하여 데이터를 처리할 때 사용하는 것은?

① for
② scanf
③ struct
④ abstract

78 다음은 파이썬으로 만들어진 반복문 코드이다. 이 코드의 결과는?

```python
>> while(True):
    print('A')
    print('B')
    print('C')
    continue
    print('D')
```

① A, B, C 출력이 반복된다.
② A, B, C까지만 출력된다.
③ A, B, C, D 출력이 반복된다.
④ A, B, C, D까지만 출력된다.

79 다음 JAVA 코드 출력문의 결과는?

```
..생략..
System.out.println("5 + 2 = " + 3 + 4);
String.out.println("5 + 2 = " + (3 + 4));
..생략..
```

① 5 + 2 = 34
  5 + 2 = 34
② 5 + 2 + 3 + 4
  5 + 2 = 7
③ 7 = 7
  7 + 7
④ 5 + 2 = 34
  5 + 2 = 7

80 라이브러리의 개념과 구성에 대한 설명 중 틀린 것은?

① 라이브러리란 필요할 때 찾아서 쓸 수 있도록 모듈화되어 제공되는 프로그램을 말한다.
② 프로그래밍 언어에 따라 일반적으로 도움말, 설치 파일, 샘플 코드 등을 제공한다.
③ 외부 라이브러리는 프로그래밍 언어가 기본적으로 가지고 있는 라이브러리를 의미하며, 표준 라이브러리는 별도의 파일 설치를 필요로 하는 라이브러리를 의미한다.
④ 라이브러리는 모듈과 패키지를 총칭하며, 모듈이 개별 파일이라면 패키지는 파일들을 모아 놓은 폴더라고 볼 수 있다.

5과목

81 악성코드의 유형 중 다른 컴퓨터의 취약점을 이용하여 스스로 전파하거나 메일로 전파되며 스스로를 증식하는 것은?

① Worm   ② Rogue Ware
③ Adware   ④ Reflection Attack

82 접근 통제 방법 중 조직 내에서 직무, 직책 등 개인의 역할에 따라 결정하여 부여하는 접근 정책은?

① RBAC   ② DAC
③ MAC   ④ QAC

83 시스템의 사용자가 로그인하여 명령을 내리는 과정에 대한 시스템의 동작 중 다음 설명에 해당하는 것은?

- 자신의 신원(Identity)을 시스템에 증명하는 과정이다.
- 아이디와 패스워드를 입력하는 과정이 가장 일반적인 예시라고 볼 수 있다.

① Aging   ② Accounting
③ Authorization   ④ Authentication

84 기기를 키오스크에 갖다 대면 원하는 데이터를 바로 가져올 수 있는 기술로 10㎝ 이내 근접 거리에서 기가급 속도로 데이터 전송이 가능한 초고속 근접무선통신 (NFC: Near Field Communication) 기술은?

① BcN(Broadband Convergence Network)
② Zing
③ Marine Navi
④ C-V2X(Cellular Vehicle To Everything)

85 정보보안 요소 중 무결성(Integrity)에 대한 설명으로 옳은 것은?

① 시스템 내의 정보와 자원은 인가된 사용자에게만 접근이 허용된다는 것을 의미한다.
② 시스템 내의 정보와 자원을 사용하려는 사용자가 합법적인 사용자인지를 확인하는 모든 행위를 말한다.
③ 인가받은 사용자는 언제라도 사용할 수 있다는 것을 의미한다.
④ 시스템 내의 정보는 오직 인가된 사용자만 수정할 수 있다는 것을 의미한다.

86 다음 내용이 설명하는 것은?

- 네트워크상에 광채널 스위치의 이점인 고속 전송과 장거리 연결 및 멀티 프로토콜 기능을 활용
- 각기 다른 운영체제를 가진 여러 기종들이 네트워크상에서 동일 저장 장치의 데이터를 공유하게 함으로써, 여러 개의 저장 장치나 백업 장비를 단일화시킨 시스템

① SAN   ② MBR
③ NAC   ④ NIC

87 클라우드 기반 HSM(Cloud-based Hardware Security Module)에 대한 설명으로 틀린 것은?

① 클라우드(데이터센터) 기반 암호화 키 생성, 처리, 저장 등을 하는 보안 기기이다.
② 국내에서는 공인인증제의 폐지와 전자서명법 개정을 추진하면서 클라우드 HSM 용어가 자주 등장하였다.
③ 클라우드에 인증서를 저장하므로 기존 HSM 기기나 휴대폰에 인증서를 저장해 다닐 필요가 없다.
④ 하드웨어가 아닌 소프트웨어적으로만 구현되기 때문에 소프트웨어식 암호 기술에 내재된 보안 취약점을 해결할 수 없다는 것이 주요 단점이다.

88 취약점 관리를 위한 응용 프로그램의 보안 설정과 가장 거리가 먼 것은?

① 서버 관리실 출입 통제
② 실행 프로세스 권한 설정
③ 운영체제의 접근 제한
④ 운영체제의 정보 수집 제한

89 물리적 위협으로 인한 문제에 해당하지 않는 것은?

① 화재, 홍수 등 천재지변으로 인한 위협
② 하드웨어 파손, 고장으로 인한 장애
③ 방화, 테러로 인한 하드웨어와 기록장치를 물리적으로 파괴하는 행위
④ 방화벽 설정의 잘못된 조작으로 인한 네트워크, 서버 보안 위협

90 블루투스(Bluetooth) 공격과 해당 공격에 대한 설명이 올바르게 연결된 것은?

① 블루버그(BlueBug) – 블루투스의 취약점을 활용하여 장비의 파일에 접근하는 공격으로 OPP를 사용하여 정보를 열람
② 블루스나프(BlueSnarf) – 블루투스를 이용해 스팸처럼 명함을 익명으로 퍼뜨리는 것
③ 블루프린팅(BluePrinting) – 블루투스 공격 장치의 검색 활동을 의미
④ 블루재킹(BlueJacking) – 블루투스 장비 사이의 취약한 연결 관리를 악용한 공격

91 다음이 설명하는 IT 기술은?

• 컨테이너 응용 프로그램의 배포를 자동화하는 오픈소스 엔진이다.
• 소프트웨어 컨테이너 안에 응용 프로그램들을 배치시키는 일을 자동화해 주는 오픈 소스 프로젝트이자 소프트웨어로 볼 수 있다.

① StackGuard   ② Docker
③ Cipher Container   ④ Scytale

92 대칭 암호 알고리즘과 비대칭 암호 알고리즘에 대한 설명으로 틀린 것은?

① 대칭 암호 알고리즘은 비교적 실행 속도가 빠르기 때문에 다양한 암호의 핵심 함수로 사용될 수 있다.
② 대칭 암호 알고리즘은 비밀키 전달을 위한 키 교환이 필요하지 않아 암호화 및 복호화의 속도가 빠르다.
③ 비대칭 암호 알고리즘은 자신만이 보관하는 비밀키를 이용하여 인증, 전자서명 등에 적용이 가능하다.
④ 대표적인 대칭키 암호 알고리즘으로는 AES, IDEA 등이 있다.

93 다음의 설명으로 옳은 것은?

• 오픈 소스를 기반으로 한 분산 컴퓨팅 플랫폼이다.
• 일반 PC급 컴퓨터들로 가상화된 대형 스토리지를 형성한다.
• 거대한 데이터 세트를 병렬로 처리할 수 있도록 개발된 자바 소프트웨어 프레임워크로 구글, 야후 등에서 적용되고 있다.

① Hadoop   ② MapReduce
③ SaaS   ④ OLAP

94 오픈소스 웹 애플리케이션 보안 프로젝트로서 주로 웹을 통한 정보 유출, 악성 파일 및 스크립트, 보안 취약점 등을 연구하는 곳은?

① WWW
② OWASP
③ WBSEC
④ ITU

95 다음의 설명으로 옳은 것은?

• 인간이 학습을 하듯 컴퓨터에 데이터를 입력하여 학습시키고, 답을 예측하게 만드는 것
• 알고리즘 개발이 어려운 문제의 해결에 유용
• 학습 문제에 따라 지도학습, 비지도학습, 강화학습으로 나누어짐

① Deep Learning
② Machine Learning
③ Data Mining
④ TensorFlow

96 다음의 설명으로 옳은 것은?

> • 정보 통신 기술을 기반으로 실세계와 가상 세
> 계의 다양한 사물들을 인터넷으로 서로 연결
> 하여 진보된 서비스를 제공하기 위한 서비스
> 기반의 기술
> • 스마트 센싱 기술, 유무선 통신 및 네트워크
> 인프라 기술 등이 있음

① Zigbee   ② WWW

③ IoT   ④ BaaS

97 소프트웨어 개발표준 중 소프트웨어 품질 및 생산성 향상을 위해 소프트웨어 프로세스를 평가 및 개선하는 국제 표준은?

① SCRUM

② ISO/IEC 12509

③ SPICE

④ CASE

98 시스템 내의 정보는 오직 인가된 사용자만 수정할 수 있는 보안 요소는?

① 기밀성

② 부인방지

③ 가용성

④ 무결성

99 COCOMO 모델의 프로젝트 유형으로 거리가 먼 것은?

① Organic

② Semi-detached

③ Embedded

④ Sequential

100 시스템이 몇 대가 되어도 하나의 시스템에서 인증에 성공하면 다른 시스템에 대한 접근 권한도 얻는 시스템을 의미하는 것은?

① SOS

② SBO

③ SSO

④ SOA

02 2023 최신 기출 2회

● 해설 p.9

1과목

01 객체에 대한 설명으로 **틀린** 것은?

① 객체는 상태, 동작, 고유 식별자를 가진 모든 것이라 할 수 있다.

② 객체는 공통 속성을 공유하는 클래스들의 집합이다.

③ 객체는 필요한 자료구조와 이에 수행되는 함수들을 가진 하나의 독립된 존재이다.

④ 객체의 상태는 속성값에 의해 정의된다.

02 자료 흐름도(Data Flow Diagram)의 구성요소로 옳은 것은?

① process, data flow, data store, comment

② process, data flow, data store, terminator

③ data flow, data store, terminator, data dictionary

④ process, data store, terminator, mini-spec

03 요구사항 개발 프로세스의 순서로 옳은 것은?

| ㉠ 도출(Elicitation) |
| ㉡ 분석(Analysis) |
| ㉢ 명세(Specification) |
| ㉣ 확인(Validation) |

① ㉠ → ㉡ → ㉢ → ㉣

② ㉠ → ㉢ → ㉡ → ㉣

③ ㉠ → ㉣ → ㉡ → ㉢

④ ㉠ → ㉡ → ㉣ → ㉢

04 CASE(Computer-Aided Software Engineering) 도구에 대한 설명으로 거리가 **먼** 것은?

① 소프트웨어 개발 과정의 일부 또는 전체를 자동화하기 위한 도구이다.

② 표준화된 개발 환경 구축 및 문서 자동화 기능을 제공한다.

③ 작업 과정 및 데이터 공유를 통해 작업자 간 커뮤니케이션을 증대한다.

④ 2000년대 이후 소개되었으며, 객체지향 시스템에 한해 효과적으로 활용된다.

05 요구사항 분석 시에 필요한 기술로 가장 거리가 먼 것은?

① 청취와 인터뷰 질문 기술
② 분석과 중재 기술
③ 설계 및 코딩 기술
④ 관찰 및 모델 작성 기술

06 럼바우(Rumbaugh)의 객체지향 분석 절차를 가장 바르게 나열한 것은?

① 객체 모형 → 동적 모형 → 기능 모형
② 객체 모형 → 기능 모형 → 동적 모형
③ 기능 모형 → 동적 모형 → 객체 모형
④ 기능 모형 → 객체 모형 → 동적 모형

07 UML 모델에서 한 객체가 다른 객체에게 오퍼레이션을 수행하도록 지정하는 의미적 관계로 옳은 것은?

① Dependency   ② Realization
③ Generalization   ④ Association

08 유스케이스 다이어그램(Use Case Diagram)에 관련된 내용으로 틀린 것은?

① 시스템과 상호작용하는 외부시스템은 액터로 파악해서는 안 된다.
② 유스케이스는 사용자 측면에서의 요구사항으로, 사용자가 원하는 목표를 달성하기 위해 수행할 내용을 기술한다.
③ 시스템 액터는 다른 프로젝트에서 이미 개발되어 사용되고 있으며, 본 시스템과 데이터를 주고받는 등 서로 연동되는 시스템을 말한다.
④ 액터가 인식할 수 없는 시스템 내부의 기능을 하나의 유스케이스로 파악해서는 안 된다.

09 애자일 소프트웨어 개발 기법의 가치가 아닌 것은?

① 프로세스의 도구보다는 개인과 상호작용에 더 가치를 둔다.
② 계약 협상보다는 고객과의 협업에 더 가치를 둔다.
③ 실제 작동하는 소프트웨어보다는 이해하기 좋은 문서에 더 가치를 둔다.
④ 계획을 따르기보다는 변화에 대응하는 것에 더 가치를 둔다.

10 익스트림 프로그래밍(eXtreme Programming)의 5가지 가치에 속하지 않는 것은?

① 의사소통
② 단순성
③ 피드백
④ 고객 배제

11 소프트웨어의 사용자 인터페이스 개발 시스템(User Interface Development System)이 가져야 할 기능이 아닌 것은?

① 사용자 입력의 검증
② 에러 처리와 에러 메시지 처리
③ 도움과 프롬프트(prompt) 제공
④ 소스 코드 분석 및 오류 복구

12 객체지향 개념에서 다형성(Polymorphism)과 관련한 설명으로 틀린 것은?

① 다형성은 현재 코드를 변경하지 않고 새로운 클래스를 쉽게 추가할 수 있게 한다.
② 다형성이란 여러 가지 형태를 가지고 있다는 의미로, 여러 형태를 받아들일 수 있는 특징을 말한다.
③ 메소드 오버라이딩(Overriding)은 상위 클래스에서 정의한 일반 메소드의 구현을 하위 클래스에서 무시하고 재정의할 수 있다.
④ 메소드 오버로딩(Overloading)의 경우 매개변수 타입은 동일하지만 메소드명을 다르게 함으로써 구현, 구분할 수 있다.

13 아키텍처 설계과정이 올바른 순서로 나열된 것은?

> ㉮ 설계 목표 설정
> ㉯ 시스템 타입 결정
> ㉰ 스타일 적용 및 커스터마이즈
> ㉱ 서브시스템의 기능, 인터페이스 동작 작성
> ㉲ 아키텍처 설계 검토

① ㉮ → ㉯ → ㉰ → ㉱ → ㉲
② ㉲ → ㉮ → ㉯ → ㉱ → ㉰
③ ㉮ → ㉲ → ㉯ → ㉱ → ㉰
④ ㉮ → ㉯ → ㉰ → ㉲ → ㉱

14 파이프 필터 형태의 소프트웨어 아키텍처에 대한 설명으로 옳은 것은?

① 노드와 간선으로 구성된다.
② 서브시스템이 입력 데이터를 받아 처리하고 결과를 다음 서브 시스템으로 넘겨주는 과정을 반복한다.
③ 계층 모델이라고도 한다.
④ 3개의 서브시스템(모델, 뷰, 제어)으로 구성되어 있다.

15 다음 내용이 설명하는 객체지향 설계원칙은?

> • 클라이언트는 자신이 사용하지 않는 메소드와 의존관계를 맺으면 안 된다.
> • 클라이언트가 사용하지 않는 인터페이스 때문에 영향을 받아서는 안 된다.

① 인터페이스 분리 원칙
② 단일 책임 원칙
③ 개방 폐쇄의 원칙
④ 리스코프 교체의 원칙

16 모듈화(Modularity)와 관련한 설명으로 틀린 것은?

① 소프트웨어의 모듈은 프로그래밍 언어에서 Subroutine, Function 등으로 표현될 수 있다.
② 모듈의 수가 증가하면 상대적으로 각 모듈의 크기가 커지며, 모듈 사이의 상호교류가 감소하여 과부하(Overload) 현상이 나타난다.
③ 모듈화는 시스템을 지능적으로 관리할 수 있도록 해 주며, 복잡도 문제를 해결하는 데 도움을 준다.
④ 모듈화는 시스템의 유지보수와 수정을 용이하게 한다.

17 분산 시스템에서의 미들웨어(Middleware)와 관련한 설명으로 틀린 것은?

① 분산 시스템에서 다양한 부분을 관리하고 통신하며 데이터를 교환하게 해 주는 소프트웨어로 볼 수 있다.
② 위치 투명성(Location Transparency)을 제공한다.
③ 분산 시스템의 여러 컴포넌트가 요구하는 재사용 가능한 서비스의 구현을 제공한다.
④ 애플리케이션과 사용자 사이에서만 분산서비스를 제공한다.

18 디자인 패턴을 이용한 소프트웨어 재사용으로 얻어지는 장점이 <u>아닌</u> 것은?

① 소프트웨어 코드의 품질을 향상 시킬 수 있다.
② 개발 프로세스를 무시할 수 있다.
③ 개발자들 사이의 의사소통을 원활하게 할 수 있다.
④ 소프트웨어의 품질과 생산성을 향상시킬 수 있다.

19 GoF(Gangs of Four) 디자인 패턴 중 생성 패턴으로 옳은 것은?

① Singleton Pattern
② Adapter Pattern
③ Decorator Pattern
④ State Pattern

20 GoF(Gangs of Four) 디자인 패턴에 대한 설명으로 틀린 것은?

① Factory Method Pattern은 상위 클래스에서 객체를 생성하는 인터페이스를 정의하고, 하위 클래스에서 인스턴스를 생성하도록 하는 방식이다.
② Prototype Pattern은 Prototype을 먼저 생성하고 인스턴스를 복제하여 사용하는 구조이다.
③ Bridge Pattern은 기존에 구현되어 있는 클래스에 기능 발생 시, 기존 클래스를 재사용할 수 있도록 중간에서 맞춰 주는 역할을 한다.
④ Mediator Pattern은 객체간의 통제와 지시의 역할을 하는 중재자를 두어 객체지향의 목표를 달성하게 해 준다.

21 블랙박스 테스트 기법으로 거리가 <u>먼</u> 것은?

① 기초 경로 검사
② 동치 클래스 분해
③ 경계값 분석
④ 원인 결과 그래프

22 통합 테스트(Integration Test)와 관련한 설명으로 틀린 것은?

① 시스템을 구성하는 모듈의 인터페이스와 결합을 테스트하는 것이다.
② 하향식 통합 테스트의 경우 넓이 우선(Breadth First) 방식으로 테스트를 할 모듈을 선택할 수 있다.
③ 상향식 통합 테스트의 경우 시스템 구조도의 최상위에 있는 모듈을 먼저 구현하고 테스트한다.
④ 모듈 간의 인터페이스와 시스템의 동작이 정상적으로 잘 되고 있는지를 빨리 파악하고자 할 때 상향식보다는 하향식 통합 테스트를 사용하는 것이 좋다.

23 테스트 케이스 자동 생성 도구를 이용하여 테스트 데이터를 찾아내는 방법이 <u>아닌</u> 것은?

① 스터브(Stub)와 드라이버(Driver)
② 입력 도메인 분석
③ 랜덤(Random) 테스트
④ 자료 흐름도

24 화이트박스 테스트와 관련한 설명으로 <u>틀린</u> 것은?

① 화이트박스 테스트의 이해를 위해 논리흐름도 (Logic-Flow Diagram)를 이용할 수 있다.

② 테스트 데이터를 이용해 실제 프로그램을 실행함으로써 오류를 찾는 동적 테스트(Dynamic Test)에 해당한다.

③ 프로그램의 구조를 고려하지 않기 때문에 테스트 케이스는 프로그램 또는 모듈의 요구나 명세를 기초로 결정한다.

④ 테스트 데이터를 선택하기 위하여 검증기준 (Test Coverage)을 정한다.

25 DRM(Digital Rights Management)과 관련한 설명으로 <u>틀린</u> 것은?

① 디지털 콘텐츠와 디바이스의 사용을 제한하기 위해 하드웨어 제조업자, 저작권자, 출판업자 등이 사용할 수 있는 접근 제어 기술을 의미한다.

② 디지털 미디어의 생명 주기 동안 발생하는 사용 권한 관리, 과금, 유통 단계를 관리하는 기술로도 볼 수 있다.

③ 클리어링 하우스(Clearing House)는 사용자에게 콘텐츠 라이센스를 발급하고 권한을 부여해 주는 시스템을 말한다.

④ 원본을 안전하게 유통하기 위한 전자적 보안은 고려하지 않기 때문에 불법 유통과 복제의 방지는 불가능하다.

26 순서가 있는 리스트에서 데이터의 삽입(Push), 삭제(Pop)가 한쪽 끝에서 일어나며 LIFO(Last-In-First-Out)의 특징을 가지는 자료구조는?

① Tree   ② Graph
③ Stack   ④ Queue

27 인터페이스 구현 검증 도구가 <u>아닌</u> 것은?

① Foxbase   ② STAF
③ watir   ④ xUnit

28 소스 코드 품질분석 도구 중 정적 분석 도구가 <u>아닌</u> 것은?

① pmd   ② checkstyle
③ valance   ④ cppcheck

29 다음과 같이 레코드가 구성되어 있을 때, 이진 검색 방법으로 14를 찾을 경우 비교되는 횟수는?

1 2 3 4 5 6 7 8 9 10 11 12 13 14 15

① 2   ② 3
③ 4   ④ 5

30 순서가 A, B, C, D로 정해진 입력 자료를 스택에 입력하였다가 출력할 때, 가능한 출력 순서로 결과 아닌 것은?

① A, B, C, D   ② D, A, B, C
③ A, B, D, C   ④ B, C, D, A

31 다음 트리에 대한 INORDER 운행 결과는?

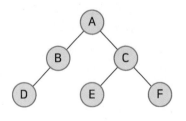

① D B A E C F   ② A B D C E F
③ D B E C F A   ④ A B C D E F

32 테스트 드라이버(Test Driver)에 대한 설명으로 **틀린** 것은?

① 시험대상 모듈을 호출하는 간이 소프트웨어이다.
② 필요에 따라 매개 변수를 전달하고 모듈을 수행한 후의 결과를 보여 줄 수 있다.
③ 상향식 통합 테스트에서 사용된다.
④ 테스트 대상 모듈이 호출하는 하위 모듈의 역할을 한다.

33 다음은 인스펙션(Inspection) 과정을 표현한 것이다. (가)~ (마)에 들어갈 말을 보기에서 찾아 바르게 연결한 것은?

┌──────────────────────────────┐
│ ㉠ 준비   ㉡ 사전 교육   │
│ ㉢ 인스펙션 회의   ㉣ 수정   │
│ ㉤ 후속조치   │
└──────────────────────────────┘

① (가) - ㉡, (나) - ㉢
② (나) - ㉠, (다) - ㉢
③ (다) - ㉢, (라) - ㉤
④ (라) - ㉣, (마) - ㉢

34 n 개의 노드로 구성된 무방향 그래프의 최대 간선수는?

① n−1
② n／2
③ n(n−1)／2
④ n(n+1)

35 동시에 소스를 수정하는 것을 방지하며 다른 방향으로 진행된 개발 결과를 합치거나 변경 내용을 추적할 수 있는 소프트웨어 버전 관리 도구는?

① RCS(Revision Control System)
② RTS(Reliable Transfer Service)
③ RPC(Remote Procedure Call)
④ RVS(Relative Version System)

36 제품 소프트웨어의 형상 관리 역할로 **틀린** 것은?

① 형상 관리를 통해 이전 리버전이나 버전에 대한 정보에 접근 가능하여 배포본 관리에 유용
② 불필요한 사용자의 소스 수정 제한
③ 프로젝트 개발비용을 효율적으로 관리
④ 동일한 프로젝트에 대해 여러 개발자 동시 개발 가능

37 인터페이스 구현 시 사용하는 기술로 속성-값 쌍(Attribute-Value Pairs)으로 이루어진 데이터 오브젝트를 전달하기 위해 사용하는 개방형 표준 포맷은?

① JSON   ② HTML
③ AVPN   ④ DOF

38 소스코드 정적 분석(Static Analysis)에 대한 설명으로 **틀린** 것은?

① 소스 코드를 실행시키지 않고 분석한다.
② 코드에 있는 오류나 잠재적인 오류를 찾아내기 위한 활동이다.
③ 하드웨어적인 방법으로만 코드 분석이 가능하다.
④ 자료 흐름이나 논리 흐름을 분석하여 비정상적인 패턴을 찾을 수 있다.

39 소프트웨어 품질 목표 중 하나 이상의 하드웨어 환경에서 운용되기 위해 쉽게 수정될 수 있는 시스템 능력을 의미하는 것은?

① Portability　　② Efficiency
③ Usability　　　④ Correctness

40 ISO/IEC 9126의 소프트웨어 품질 특성 중 기능성(Functionlity)의 하위 특성으로 옳지 <u>않은</u> 것은?

① 학습성　　　② 적합성
③ 정확성　　　④ 보안성

3과목

41 SQL의 명령을 사용 용도에 따라 DDL, DML, DCL로 구분할 경우, 그 성격이 나머지 셋과 <u>다른</u> 것은?

① SELECT　　　② UPDATE
③ INSERT　　　④ GRANT

42 학생 테이블을 생성한 후, 성별 필드가 누락되어 이를 추가하려고 한다. 이에 적합한 SQL 명령어는?

① ALTER　　　② INSERT
③ DROP　　　　④ MODIFY

43 SQL과 관련한 설명으로 <u>틀린</u> 것은?

① REVOKE 키워드를 사용하여 열 이름을 다시 부여할 수 있다.
② 데이터 정의어는 기본 테이블, 뷰 테이블 또는 인덱스 등을 생성, 변경, 제거하는데 사용되는 명령어이다.
③ DISTINCT를 활용하여 중복 값을 제거할 수 있다.
④ JOIN을 통해 여러 테이블의 레코드를 조합하여 표현할 수 있다.

44 STUDENT 테이블에 독일어과 학생 50명, 중국어과 학생 30명, 영어영문학과 학생 50명의 정보가 저장되어 있을 때, 다음 두 SQL문의 실행 결과 튜플 수는?(단, DEPT 컬럼은 학과명)

ⓐ SELECT DEPT FROM STUDENT;
ⓑ SELECT DISTINCT DEPT FROM STUDENT;

① ⓐ 3, ⓑ 3
② ⓐ 50, ⓑ 3
③ ⓐ 130, ⓑ 3
④ ⓐ 130, ⓑ 130

45 다음 SQL문의 실행결과로 생성되는 튜플 수는?

[사원] 테이블			
사원ID	사원명	급여	부서ID
101	박철수	30000	1
102	한나라	35000	2
103	김감동	40000	3
104	이구수	35000	2
105	최초록	40000	3

SELECT 급여 FROM 사원;

① 1　　　　　　② 3
③ 4　　　　　　④ 5

46 뷰(View)에 대한 설명으로 **틀린** 것은?

① 뷰 위에 또 다른 뷰를 정의할 수 있다.
② DBA는 보안성 측면에서 뷰를 활용할 수 있다.
③ 사용자가 필요한 정보를 요구에 맞게 가공하여 뷰로 만들 수 있다.
④ SQL을 사용하면 뷰에 대한 삽입, 갱신, 삭제 연산 시 제약사항이 없다.

47 데이터 사전에 대한 설명으로 **틀린** 것은?

① 시스템 카탈로그 또는 시스템 데이터베이스라고도 한다.
② 데이터 사전 역시 데이터베이스의 일종이므로 일반 사용자가 생성, 유지 및 수정할 수 있다.
③ 데이터베이스에 대한 데이터인 메타데이터 (Metadata)를 저장하고 있다.
④ 데이터 사전에 있는 데이터에 실제로 접근하는 데 필요한 위치 정보는 데이터 디렉토리(Data Directory)라는 곳에서 관리한다.

48 데이터베이스 설계 시 물리적 설계 단계에서 수행하는 사항이 **아닌** 것은?

① 저장 레코드 양식설계
② 레코드 집중의 분석 및 설계
③ 접근 경로 설계
④ 목표 DBMS에 맞는 스키마 설계

49 관계형 데이터 모델의 릴레이션에 대한 설명으로 **틀린** 것은?

① 모든 속성 값은 원자 값을 갖는다.
② 한 릴레이션에 포함된 튜플은 모두 상이하다.
③ 한 릴레이션에 포함된 튜플 사이에는 순서가 없다.
④ 한 릴레이션을 구성하는 속성 사이에는 순서가 존재한다.

50 릴레이션 R1에 속한 애튜리뷰트의 조합인 외래키를 변경하려면 이를 참조하고 있는 릴레이션 R2의 기본키도 변경해야 하는데 이를 무엇이라 하는가?

① 정보 무결성   ② 고유 무결성
③ 널 제약성   ④ 참조 무결성

51 정규화 과정에서 함수 종속이 A → B이고 B → C 일 때 A → C인 관계를 제거하는 단계는?

① 1NF → 2NF
② 2NF → 3NF
③ 3NF → BCNF
④ BCNF → 4NF

52 다음 정의에서 말하는 기본 정규형은?

> 어떤 레이션 R에 속한 모든 도메인이 원자값 (Atomic Value)만으로 되어 있다.

① 제1정규형(1NF)
② 제2정규형(2NF)
③ 제3정규형(3NF)
④ 보이스/코드 정규형(BCNF)

53 정규화된 엔티티, 속성, 관계를 시스템의 성능 향상과 개발 운영의 단순화를 위해 중복, 통합, 분리 등을 수행하는 데이터 모델링 기법은?

① 인덱스 정규화
② 반정규화
③ 집단화
④ 머징

54 Commit과 Rollback 명령어에 의해 보장받는 트랜잭션의 특성은?

① 병행성
② 보안성
③ 원자성
④ 로그

55 데이터베이스 성능에 많은 영향을 주는 DBMS의 구성요소로 테이블과 클러스터에 연관되어 독립적인 저장 공간을 보유하며, 데이터베이스에 저장된 자료를 더욱 빠르게 조회하기 위하여 사용되는 것은?

① 인덱스(Index)
② 트랜잭션(Transaction)
③ 역정규화(Denormalization)
④ 트리거(Trigger)

56 데이터베이스에서 병행제어의 목적으로 틀린 것은?

① 시스템 활용도 최대화
② 사용자에 대한 응답시간 최소화
③ 데이터베이스 공유 최소화
④ 데이터베이스 일관성 유지

57 분산 데이터베이스의 투명성(Transparency)에 해당하지 <u>않는</u> 것은?

① Location Transparency
② Replication Transparency
③ Failure Transparency
④ Media Access Transparency

58 다음 내용이 설명하는 스토리지 시스템은?

> • 하드디스크와 같은 데이터 저장장치를 호스트 버스 어댑터에 직접 연결하는 방식
> • 저장장치와 호스트 기기 사이에 네트워크 디바이스 없이 직접 연결하는 방식으로 구성

① DAS
② NAS
③ BSA
④ NFC

59 정보보호를 위한 암호화에 대한 설명으로 <u>틀린</u> 것은?

① 평문 – 암호화되기 전의 원본 메시지
② 암호문 – 암호화가 적용된 메시지
③ 복호화 – 평문을 암호문으로 바꾸는 작업
④ 키(Key) – 적절한 암호화를 위하여 사용하는 값

60 병렬 데이터베이스 환경 중 수평 분할에서 활용되는 분할 기법이 <u>아닌</u> 것은?

① 라운드–로빈
② 범위 분할
③ 예측 분할
④ 해시 분할

4과목

61 소프트웨어 개발 프레임워크와 관련한 설명으로 **틀린** 것은?

① 반제품 상태의 제품을 토대로 도메인별로 필요한 서비스 컴포넌트를 사용하여 재사용성 확대와 성능을 보장 받을 수 있게 하는 개발 소프트웨어이다.

② 개발해야 할 애플리케이션의 일부분이 이미 구현되어 있어 동일한 로직 반복을 줄일 수 있다.

③ 라이브러리와 달리 사용자 코드가 직접 호출하여 사용하기 때문에 소프트웨어 개발 프레임워크가 직접 코드의 흐름을 제어할 수 없다.

④ 생산성 향상과 유지보수성 향상 등의 장점이 있다.

62 개발 환경 구성을 위한 빌드(Build) 도구에 해당하지 **않는** 것은?

① Ant
② Kerberos
③ Maven
④ Gradle

63 C언어에서 정수 자료형으로 옳은 것은?

① int
② float
③ char
④ double

64 C언어에서 산술 연산자가 **아닌** 것은?

① %　　② *　　③ /　　④ =

65 다음 C언어 프로그램이 실행되었을 때의 결과는?

```c
#include <stdio.h>
int main(void) {
    int n = 4;
    int* pt = NULL;
    pt = &n;

    printf("%d", &n + *pt - *&pt + n);
    return 0;
}
```

① 0
② 4
③ 8
④ 12

66 다음은 사용자로부터 입력받은 문자열에서 처음과 끝의 3글자를 추출한 후 합쳐서 출력하는 파이썬 코드에서 ㉠에 들어갈 내용은?

```python
String = input("7문자 이상 문자열을 입력하시오:")
m = ( ㉠ )
print(m)
```

① string[1:3] + string[-3:]
② string[:3] + string[-3:-1]
③ string[0:3] + string[-3:]
④ string[0:] + string[:-1]

67 C언어에서 정수 변수 a, b에 각각 1, 2가 저장되어 있을 때 다음 식의 연산 결과로 옳은 것은?

```
a < b + 2 && a << 1 <= b
```

① 0
② 1
③ 3
④ 5

68 다음 JAVA프로그램이 실행되었을 때의 결과를 쓰시오.

```java
public class ovr{
    public static void main(String[] args) {
        int arr[];
        int i = 0;
        arr = new int[10];
        arr[0] = 0;
        arr[1] = 1;
        while(i < 8) {
            arr[i + 2] = arr[i + 1] + arr[i];
            i++;
        }
        System.out.println(arr[9]);
    }
}
```

① 13   ② 21
③ 34   ④ 55

69 JAVA에서 사용하는 접근 제어자의 종류가 아닌 것은?

① internal   ② private
③ default   ④ public

70 JAVA에서 힙(Heap)에 남아 있으나 변수가 가지고 있던 참조값을 잃거나 변수 자체가 없어짐으로써 더 이상 사용되지 않는 객체를 제거해 주는 역할을 하는 모듈은?

① Heap Collector
② Garbage Collector
③ Memory Collector
④ Variable Collector

71 C언어에서 문자열을 정수형으로 변환하는 라이브러리 함수는?

① atoi( )   ② atof( )
③ itoa( )   ④ ceil( )

72 운영체제에 대한 설명으로 거리가 먼 것은?

① 다중 사용자와 다중 응용 프로그램 환경하에서 자원의 현재 상태를 파악하고 자원 분배를 위한 스케줄링을 담당한다.
② CPU, 메모리 공간, 기억장치, 입출력 장치 등의 자원을 관리한다.
③ 운영체제의 종류로는 매크로 프로세서, 어셈블러, 컴파일러 등이 있다.
④ 입출력 장치와 사용자 프로그램을 제어한다.

73 UNIX 운영체제에 관한 특징으로 틀린 것은?

① 하나 이상의 작업에 대하여 백그라운드에서 수행이 가능하다.
② Multi-User는 지원하지만 Multi-Tasking은 지원하지 않는다.
③ 트리 구조의 파일 시스템을 갖는다.
④ 이식성이 높으며 장치 간의 호환성이 높다.

74 3개의 페이지 프레임을 갖는 시스템에서 페이지 참조 순서가 1, 2, 1, 0, 4, 1, 3 일 경우 FIFO 알고리즘에 의한 페이지 교체의 경우 프레임의 최종 상태는?

① 1, 2, 0   ② 2, 4, 3
③ 1, 4, 2   ④ 4, 1, 3

75 스레드(Thread)에 대한 설명으로 옳지 <u>않은</u> 것은?

① 한 개의 프로세스는 여러 개의 스레드를 가질 수 없다.
② 커널 스레드의 경우 운영체제에 의해 스레드를 운용한다.
③ 사용자 스레드의 경우 사용자가 만든 라이브러리를 사용하여 스레드를 운용한다.
④ 스레드를 사용함으로써 하드웨어, 운영체제의 성능과 응용 프로그램의 처리율을 향상시킬 수 있다.

76 다음에서 설명하는 프로세스 스케줄링은?

> 최소 작업 우선(SJF) 기법의 약점을 보완한 비선점 스케줄링 기법으로 다음과 같은 식을 이용해 우선순위를 판별한다.
>
> $$우선순위 = \frac{대기한\ 시간 + 서비스를\ 받을\ 시간}{서비스를\ 받을\ 시간}$$

① FIFO 스케줄링
② RR 스케줄링
③ HRN 스케줄링
④ MQ 스케줄링

77 다음과 같은 프로세스가 차례로 큐에 도착하였을 때, SJF(Shortest Job First) 정책을 사용할 경우 가장 먼저 처리되는 작업은?

프로세스 번호	실행시간
P1	6
P2	8
P3	4
P4	3

① P1
② P2
③ P3
④ P4

78 리눅스 Bash 쉘(Shell)에서 export와 관련한 설명으로 틀린 것은?

① 변수를 출력하고자 할 때는 export를 사용해야 한다.
② export가 매개변수 없이 쓰일 경우 현재 설정된 환경변수들이 출력된다.
③ 사용자가 생성하는 변수는 export 명령어 표시하지 않는 한 현재 쉘에 국한된다.
④ 변수를 export 시키면 전역(Global)변수처럼 되어 끝까지 기억된다.

79 OSI-7Layer에서 링크의 설정과 유지 및 종료를 담당하며, 노드 간의 오류제어와 흐름제어 기능을 수행하는 계층은?

① 데이터 링크 계층
② 물리 계층
③ 세션 계층
④ 응용 계층

80 TCP 프로토콜에 대한 설명으로 거리가 <u>먼</u> 것은?

① 신뢰성이 있는 연결 지향형 전달 서비스이다.
② 기본 헤더 크기는 100byte이고 160byte까지 확장이 가능하다.
③ 스트림 전송 기능을 제공한다.
④ 순서제어, 오류제어, 흐름제어 기능을 제공한다.

81 소프트웨어 생명주기 모델 중 나선형 모델 (Spiral Model)과 관련한 설명으로 **틀린** 것은?

① 소프트웨어 개발 프로세스를 위험 관리(Risk Management) 측면에서 본 모델이다.
② 위험 분석(Risk Analysis)은 반복적인 개발 진행 후 주기의 마지막 단계에서 최종적으로 한 번 수행해야 한다.
③ 시스템을 여러 부분으로 나누어 여러 번의 개발 주기를 거치면서 시스템이 완성된다.
④ 요구사항이나 아키텍처를 이해하기 어렵다거나 중심이 되는 기술에 문제가 있는 경우 적합한 모델이다.

82 상향식 비용 산정 기법 중 LoC(원시 코드 라인 수)기법에서 예측치를 구하기 위해 사용하는 항목이 **아닌** 것은?

① 낙관치   ② 기대치
③ 비관치   ④ 모형치

83 소프트웨어 프로젝트 관리에 대한 설명으로 가장 옳은 것은?

① 개발에 따른 산출물 관리
② 소요인력은 최대화하되 정책 결정은 신속하게 처리
③ 주어진 기간은 연장하되 최소의 비용으로 시스템을 개발
④ 주어진 기간 내에 최소의 비용으로 사용자를 만족시키는 시스템을 개발

84 정보시스템에 관련한 다음 설명에 해당하는 것은?

> • 각 시스템 간에 공유 디스크를 중심으로 클러스터링으로 엮어 다수의 시스템을 동시에 연결할 수 있다.
> • 조직, 기업의 기간 업무 서버 등의 안정을 높이기 위해 사용될 수 있다.
> • 여러 가지 방식으로 구현되며 2개의 서버를 연결하는 것으로 2개의 시스템이 각각 업무를 수행하도록 구현하는 방식이 널리 사용된다.

① 고가용성 솔루션(HACMP)
② 점대점 연결 방식(Point-to-Point Mode)
③ 스틱스넷(Stuxnet)
④ 루팅(Rooting)

85 다음에서 설명하는 IT 기술은?

> • 네트워크를 제어부, 데이터 전달부로 분리하여 네트워크 관리자가 보다 효율적으로 네트워크를 제어, 관리할 수 있는 기술
> • 기존의 라우터, 스위치 등과 같이 하드웨어에 의존하는 네트워크 체계에서 안정성, 속도, 보안 등을 소프트웨어로 제어, 관리하기 위해 개발
> • 네트워크 장비의 펌웨어 업그레이드를 통해 사용자의 직접적인 데이터 전송 경로 관리가 가능하고, 기존 네트워크에는 영향을 주지 않으며 특정 서비스의 전송 경로 수정을 통하여 인터넷상에서 발생하는 문제를 처리할 수 있다.

① SDN(Software Defined Networking)
② NFS(Network File System)
③ Network Mapper
④ AOE Network

86 Python 기반의 웹 크롤링(Web Crawling) 프레임워크로 옳은 것은?

① Li-fi
② Scrapy
③ CrawlCat
④ SBAS

87 다음에서 설명하는 IT 기술은?

> 증강현실, 가상현실 등의 기반 기술로 만들어진 가상, 초월, 세계, 우주의 합성어로, 3차원 가상 세계를 뜻하는 용어이다. 정치, 경제, 사회, 문화의 전반적 측면에서 현실과 비현실 모두 공존할 수 있는 생활형, 게임형 가상 세계라는 의미로 사용되고 있다.

① Mashup
② PaaS-TA
③ Metaverse
④ Hadoop

88 접근 제어에 대한 설명으로 옳은 것은?

① DBMS에 보안 정책을 적용하는 도구인 XDMCP를 통해 데이터베이스에 대한 접근제어를 수행할 수 있다.
② 시스템 및 네트워크에 대한 접근 제어의 가장 기본적인 수단은 관리 인터페이스의 접근제어와 ACL(Access Control List)로 볼 수 있다.
③ 적절한 권한을 가진 인가자만 특정 시스템이나 정보에 접근할 수 있도록 통제하는 것이다.
④ 네트워크 장비에서 수행하는 IP에 대한 접근제어로는 IP와 서비스 포트 등이 있다.

89 다음 내용이 설명하는 스토리지 시스템은?

> • 하드디스크와 같은 데이터 저장 장치를 호스트 버스 어댑터에 직접 연결하는 방식
> • 저장 장치와 호스트 기기 사이에 네트워크 디바이스가 없어야 하고 직접 연결하는 방식으로 구성

① DAS
② NAS
③ N-SCREEN
④ NFC

90 SSH(Secure Shell)에 대한 설명으로 틀린 것은?

① SSH의 기본 네트워크 포트는 220번을 사용한다.
② 전송되는 데이터는 암호화된다.
③ 키를 통한 인증은 클라이언트의 공개키를 서버에 등록해야 한다.
④ 서로 연결되어 있는 컴퓨터 간 원격 명령실행이나 셸 서비스 등을 수행한다.

91 다음 암호 알고리즘 중 성격이 다른 하나는?

① MD4
② MD5
③ SHA-1
④ AES

92 다음의 설명으로 옳은 것은?

> • 출발지 주소를 공격 대상의 IP로 설정하여,
> 네트워크 전체에게 ICMP Echo 패킷을 직접
> 브로드 캐스팅해 마비시키는 공격이다.
> • 브로드캐스트 주소로 전송된 ICMP Echo Request
> 메시지에 대해 응답하지 않도록 시스템을 설정
> 하여 해당 공격에 대응할 수 있다.

① SYN Flooding
② UDP Flooding
③ Smurf
④ Tear Drop

93 무선 LAN에서 사용되는 매체접근방식(MAC)은?

① ALOHA
② tokec passing
③ CSMA/CD
④ CSMA/CA

94 비대칭 암호화 방식으로 소수를 활용한 암호화 알고리즘은?

① DES
② AES
③ SMT
④ RSA

95 에러 처리에 대한 설명으로 옳지 <u>않은</u> 것은?

① 프로그램 실행 중 발생할 수 있는 오류(Error)들을 사전에 정의하여 예방할 수 있다.
② 가능한 한 많은 오류 메시지를 출력해 에러에 대응하도록 한다.
③ 각 프로그래밍 언어의 예외처리 구문을 통해서 오류들을 정의할 수 있다.
④ 에러 처리의 미비로 인한 코딩이 유발하는 보안 약점에는 오류 메시지를 통한 정보 노출, 오류 상황 대응 부재, 부적절한 예외처리가 있다.

96 Secure 코딩에서 입력 데이터의 보안 약점과 관련한 설명으로 틀린 것은?

① SQL 삽입: 사용자의 입력 값 등 외부 입력 값이 SQL 쿼리에 삽입되어 공격
② 크로스사이트 스크립트: 검증되지 않은 외부 입력 값에 의해 브라우저에서 악의적인 코드가 실행
③ 운영체제 명령어 삽입: 운영체제 명령어 파라미터 입력 값이 적절한 사전검증을 거치지 않고 사용되어 공격자가 운영체제 명령어를 조작
④ 자원 삽입: 사용자가 내부 입력 값을 통해 시스템 내에 사용이 불가능한 자원을 지속적으로 입력함으로써 시스템에 과부하 발생

97 Windows 파일 시스템인 FAT와 비교했을 때의 NTFS의 특징이 <u>아닌</u> 것은?

① 보안에 취약
② 대용량 볼륨에 효율적
③ 자동 압축 및 안정성
④ 저용량 볼륨에서의 속도 저하

98 각 사용자 인증의 유형에 대한 설명으로 가장 적절하지 <u>않은</u> 것은?

① 지식: 주체는 '그가 알고 있는 것'을 보여 주며 예시로는 패스워드, PIN 등이 있다.
② 소유: 주체는 '그가 가지고 있는 것'을 보여 주며 예시로는 토큰, 스마트카드 등이 있다.
③ 존재: 주체는 '그를 대체하는 것'을 보여 주며 예시로는 패턴, QR 등이 있다.
④ 행위: 주체는 '그가 하는 것'을 보여 주며 예시로는 서명, 움직임, 음성 등이 있다.

99 네트워크 장비에 대한 설명으로 옳지 <u>않은</u> 것은?

① 브라우터는 전송되는 신호가 전송 선로의 특성 및 외부 충격 등의 요인으로 인해 원래의 형태와 다르게 왜곡되거나 약해질 경우 원래의 신호 형태로 재생하여 다시 전송하는 역할을 수행한다.
② 브리지는 LAN과 LAN을 연결하거나 LAN 안에서의 컴퓨터 그룹을 연결하는 기능을 수행하며, 데이터 링크 계층 중 MAC 계층에서 사용된다.
③ 스위치는 LAN과 LAN을 연결하여 훨씬 더 큰 LAN을 만드는 장치로, OSI 7계층의 2계층에서 사용된다.
④ 라우터는 LAN과 LAN의 연결 기능에 데이터 전송의 최적 경로를 선택할 수 있는 기능이 추가된 것으로, 서로 다른 LAN이나 LAN과 WAN의 연결도 수행하고, OSI 7계층의 네트워크 계층에서 동작한다.

100 침입탐지 시스템(IDS: Intrusion Detection System)과 관련한 설명으로 <u>틀린</u> 것은?

① 이상탐지 기법(Anomaly Detection)은 Signature Base나 Knowledge Base라고도 불리며 이미 발견되고 정립된 공격 패턴을 입력해두었다가 탐지 및 차단한다.
② IIIDS(Host-Based Intrusion Detection)는 운영체제에 설정된 사용자 계정에 따라 어떤 사용자가 어떤 접근을 시도하고 어떤 작업을 했는지에 대한 기록을 남기고 추적한다.
③ NIDS(Network-Based Intrusion Detection System)로는 대표적으로 Snort가 있다.
④ 외부 인터넷에 서비스를 제공하는 서버가 위치하는 네트워크인 DMZ(Demilitarized Zone)에는 IDS가 설치될 수 있다.

03 | 2023 최신 기출 3회

● 해설 p.16

1과목

01 소프트웨어 설계에서 요구사항 분석에 대한 설명으로 **틀린** 것은?

① 소프트웨어가 무엇을 해야 하는가를 추적하여 요구사항 명세를 작성하는 작업이다.
② 사용자의 요구를 추출하여 목표를 정하고 어떤 방식으로 해결할 것인지 결정하는 단계이다.
③ 소프트웨어 시스템이 사용되는 동안 발견되는 오류를 정리하는 단계이다.
④ 소프트웨어 개발의 출발점이면서 실질적인 첫 번째 단계이다.

02 객체에게 어떤 행위를 하도록 지시하는 명령은?

① Class   ② Bridge
③ Message   ④ Module

03 럼바우의 객체지향 분석 기법 중 자료 흐름도(DFD)를 주로 이용하는 것은?

① 기능 모델링
② 동적 모델링
③ 객체 모델링
④ 정적 모델링

04 소프트웨어 모델링과 관련한 설명으로 **틀린** 것은?

① 모델링 작업의 결과물은 다른 모델링 작업에 영향을 줄 수 없다.
② 구조적 방법론에서는 DFD(Data Flow Diagram), DD(Data Dictionary) 등을 사용하여 요구사항의 결과를 표현한다.
③ 객체지향 방법론에서는 UML 표기법을 사용한다.
④ 소프트웨어 모델을 사용할 경우 개발될 소프트웨어에 대한 이해도 및 이해 당사자 간의 의사소통 향상에 도움이 된다.

05 애자일(Agile) 기법 중 스크럼(Scrum)과 관련된 용어에 대한 설명이 **틀린** 것은?

① 스프린트는 하나의 완성된 최종 결과물을 만들기 위한 주기로 3달 이상의 장기간으로 결정된다.
② 스크럼 마스터는 스크럼 프로세스를 따르고, 팀이 스크럼을 효과적으로 활용할 수 있도록 보장하는 역할 등을 맡는다.
③ 제품 백로그는 스크럼 팀이 해결해야 하는 목록으로 소프트웨어 요구사항, 아키텍처 정의 등이 포함될 수 있다.
④ 속도는 한 번의 스프린트에서 한 팀이 어느 정도의 제품의 백로그를 감당할 수 있는지에 대한 추정치로 볼 수 있다.

06 소프트웨어 설계에서 자주 발생하는 문제에 대한 일반적이고 반복적인 해결 방법을 무엇이라고 하는가?

① 모듈 분해 　　② 디자인 패턴
③ 연관 관계 　　④ 클래스 도출

07 요구사항 명세기법에 대한 설명으로 틀린 것은?

① 비정형 명세기법은 사용자의 요구를 표현할 때 자연어를 기반으로 서술한다.
② 비정형 명세기법은 사용자의 요구를 표현할 때 Z 비정형 명세기법을 사용한다.
③ 정형 명세기법은 사용자의 요구를 표현할 때 수학적인 원리와 표기법을 이용한다.
④ 정형 명세기법은 비정형 명세기법에 비해 표현이 간결하다.

08 애자일 기법에 대한 설명으로 맞지 않은 것은?

① 절차와 도구보다 개인과 소통을 중요하게 생각한다.
② 소프트웨어가 잘 실행되는 데 가치를 둔다.
③ 고객과의 피드백을 중요하게 생각한다.
④ 계획에 중점을 두어 변경 대응이 난해하다.

09 CASE(Computer Aided Software Engineering)에 대한 설명으로 틀린 것은?

① 소프트웨어 모듈의 재사용성이 향상된다.
② 자동화된 기법을 통해 소프트웨어 품질이 향상된다.
③ 소프트웨어 사용자들에게 사용 방법을 신속히 숙지시키기 위해 사용된다.
④ 소프트웨어 유지보수를 간편하게 수행할 수 있다.

10 객체 지향 개념에서 연관된 데이터와 함수를 함께 묶어 외부와 경계를 만들고 필요한 인터페이스만을 밖으로 드러내는 과정은?

① 메시지(Message)
② 캡슐화(Encapsulation)
③ 다형성(Polymorphism)
④ 상속(Inheritance)

11 다음 내용이 설명하는 UI 설계 도구는?

> • 디자인, 사용방법설명, 평가 등을 위해 실제 화면과 유사하게 만든 정적인 형태의 모형
> • 시각적으로만 구성 요소를 배치하는 것으로 일반적으로 실제로 구현되지 않음

① 목업(Mockup)
② 와이어 프레임(Wire Frame)
③ 스토리보드(Story Board)
④ 프로토타입(Prototype)

12 UML 모델에서 'is-a' 또는 'is-a-kind-of' 관계로 하나의 객체가 다른 객체에 비해 더 일반적인지 구체적인지 표현하는 관계로 옳은 것은?

① Dependency 　　② Realization
③ Generalization 　　④ Association

13 순차 다이어그램(Sequence Diagram)과 관련한 설명으로 틀린 것은?

① 객체들의 상호작용을 나타내기 위해 사용한다.
② 시간의 흐름에 따라 객체들이 주고받는 메시지의 전달 과정을 강조한다.
③ 동적 다이어그램보다는 정적 다이어그램에 가깝다.
④ 교류 다이어그램(Interaction Diagram)의 한 종류로 볼 수 있다.

14 소프트웨어 아키텍처와 관련한 설명으로 틀린 것은?

① 파이프 필터 아키텍처에서 데이터는 파이프를 통해 양방향으로 흐르며, 필터 이동 시 오버헤드가 발생하지 않는다.
② 외부에서 인식할 수 있는 특성이 담긴 소프트웨어의 골격이 되는 기본 구조로 볼 수 있다.
③ 데이터 중심 아키텍처는 공유데이터 저장소를 통해 접근자 간의 통신이 이루어지므로 각 접근자의 수정과 확장에 용이하다.
④ 이해관계자들의 품질 요구사항을 반영하여 품질 속성을 결정한다.

15 객체지향 설계에서 필요하지 않은 정보는 접근할 수 없도록 하여 한 모듈 또는 하부시스템이 다른 모듈의 구현에 영향을 받지 않는 개념에 대한 설명으로 옳은 것은?

① 캡슐화(Encapsulation)
② 정보 은닉(Information Hiding)
③ 추상화(Abstraction)
④ 단계적 분해(Stepwise Refinement)

16 운영체제 분석을 위해 리눅스에서 현재 시스템 정보와 리눅스 커널 버전의 정보를 확인하기 위한 명령어로 옳은 것은?

① uname
② ls
③ cmd
④ pwd

17 좋은 소프트웨어 설계를 위한 소프트웨어의 모듈간의 결합도(Coupling)와 모듈 내 요소 간 응집도(Cohesion)에 대한 설명으로 옳은 것은?

① 응집도는 낮게 결합도는 높게 설계한다.
② 응집도는 높게 결합도는 낮게 설계한다.
③ 양쪽 모두 낮게 설계한다.
④ 양쪽 모두 높게 설계한다.

18 다음 내용이 설명하는 디자인 패턴은?

- 객체를 생성하기 위한 인터페이스를 정의하여 어떤 클래스가 인스턴스화 될 것인지는 서브 클래스가 결정하도록 하는 것
- Virtual-Constructor 패턴이라고도 함

① Visitor 패턴
② Observer 패턴
③ Factory Method 패턴
④ Bridge 패턴

19 DFD(Data Flow Diagram)에 대한 설명으로 틀린 것은?

① 자료 흐름 그래프 또는 버블(Bubble) 차트라고도 한다.
② 구조적 분석 기법에 이용된다.
③ 시간 흐름을 명확하게 표현할 수 있다.
④ DFD의 요소는 화살표, 원, 사각형, 직선(단선/이중선)으로 표시한다.

20 CASE(Computer Aided Software Engineering)의 주요 기능으로 옳지 <u>않은</u> 것은?

① S/W 라이프 사이클 전 단계의 연결
② 그래픽 지원
③ 다양한 소프트웨어 개발 모형 지원
④ 언어 번역

2과목

21 프로젝트에 내재된 위험 요소를 인식하고 그 영향을 분석하여 이를 관리하는 활동으로서, 프로젝트를 성공시키기 위하여 위험 요소를 사전에 예측하여 대비하는 모든 기술과 활동을 포함하는 것은?

① Critical Path Method
② Risk Analysis
③ Work Breakdown Structure
④ Waterfall Model

22 화이트박스 테스트와 관련한 설명으로 <u>틀린</u> 것은?

① 화이트박스 테스트의 이해를 위해 논리흐름도 (Logic-Flow Diagram)를 이용할 수 있다.
② 테스트 데이터를 이용해 실제 프로그램을 실행함으로써 오류를 찾는 동적 테스트(Dynamic Test)에 해당한다.
③ 프로그램의 구조를 고려하지 않기 때문에 테스트 케이스는 프로그램 또는 모듈의 요구나 명세를 기초로 결정한다.
④ 원시 코드의 모든 문장을 한 번 이상 수행함으로써 진행된다.

23 디지털 저작권 관리(DRM)의 기술요소가 아닌 것은?

① 크랙 방지 기술
② 정책 관리 기술
③ 암호화 기술
④ 방화벽 기술

24 소프트웨어의 개발 과정에서 소프트웨어의 변경사항을 관리하기 위해 개발된 일련의 활동을 뜻하는 것은?

① 복호화
② 형상관리
③ 저작권
④ 크랙

25 버전 관리 항복 중 저장소에 새로운 버전의 파일로 갱신하는 것을 의미하는 용어는?

① 형상 감사(Configuration Audit)
② 롤백(Rollback)
③ 단위 테스트(Unit Test)
④ 체크인(Check-In)

26 EAI 구축 유형으로 옳지 <u>않은</u> 것은?

① Point to Point
② Hub & Spoke
③ Message Bus
④ Tree

27 다음 중 테스트 오라클에 대한 설명으로 옳지 않은 것은?

① 샘플링 오라클: 특정한 몇몇 테스트 케이스의 입력 값들에 대해서만 기대하는 결과를 제공하는 오라클이다.
② 토탈 오라클: 모든 테스트 케이스의 입력 값에 대해 기대하는 결과를 제공하는 오라클이다.
③ 휴리스틱 오라클: 특정 테스트 케이스의 입력 값에 대해서 기대하는 결과를 제공하고, 나머지 입력값들에 대해서 추정으로 처리하는 오라클이다.
④ 일관성 검사 오라클: 애플리케이션의 변경이 있는 경우, 테스트 케이스의 수행 전과 후의 결괏값이 동일한지 확인하는 오라클이다.

28 인터페이스 구현 검증 도구가 <u>아닌</u> 것은?

① ESB
② xUnit
③ STAF
④ NTAF

29 스택에 대한 옳은 내용만 나열한 것은?

> ㉠ FIFO 방식으로 처리된다.
> ㉡ 순서 리스트의 뒤(Rear)에서 노드가 삽입되며, 앞(Front)에서 노드가 제거된다.
> ㉢ 선형 리스트의 양쪽 끝에서 삽입과 삭제가 모두 가능한 자료구조이다.
> ㉣ 인터럽트 처리, 서브루틴 호출 작업 등에 응용된다.

① ㉠, ㉡
② ㉡, ㉢
③ ㉣
④ ㉠, ㉡, ㉢, ㉣

30 블랙박스 테스트를 이용하여 발견할 수 있는 오류가 <u>아닌</u> 것은?

① 비정상적인 자료를 입력해도 오류 처리를 수행하지 않는 경우
② 정상적인 자료를 입력해도 요구된 기능이 제대로 수행되지 않는 경우
③ 반복 조건을 만족하는데도 루프 내의 문장이 수행되지 않는 경우
④ 경곗값을 입력할 경우 요구된 출력 결과가 나오지 않는 경우

31 다음 트리의 차수(degree)와 단말 노드 (terminal node)의 수는?

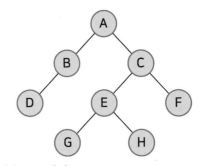

① 차수: 4, 단말 노드: 4
② 차수: 2, 단말 노드: 4
③ 차수: 4, 단말 노드: 8
④ 차수: 2, 단말 노드: 8

32 정점이 5개인 방향 그래프가 가질 수 있는 최대 간선 수는? (단, 자기 간선과 중복 간선은 배제한다.)

① 7개
② 10개
③ 20개
④ 27개

33 소프트웨어 설치 매뉴얼에 포함될 항목이 아닌 것은?

① 제품 소프트웨어 개요
② 설치 관련 파일
③ 소프트웨어 개발 기간
④ 프로그램 삭제

34 IPSec(IP Security)에 대한 설명으로 틀린 것은?

① 암호화 수행 시 일방향 암호만 지원한다.
② ESP는 발신지 인증, 데이터 무결성, 기밀성 모두를 보장한다.
③ 운영 모드는 Tunnel 모드와 Tranport 모드로 분류된다.
④ AH는 발신지 호스트를 인증하고, IP 패킷의 무결성을 보장한다.

35 디지털 저작관 관리(DRM) 구성요소가 아닌 것은?

① Dataware House
② DRM Controller
③ Packager
④ Contents Distributor

36 애플리케이션의 처리량, 응답시간, 경과 시간, 자원사용률에 대해 가상의 사용자를 생성하고 테스트를 수행함으로써 성능 목표를 달성하였는지를 확인하는 테스트 자동화 도구는?

① 명세 기반 테스트 설계 도구
② 코드 기반 테스트 설계 도구
③ 기능 테스트 수행 도구
④ 성능 테스트 도구

37 평가 점수에 따른 성적부여는 다음 표와 같다. 이를 구현한 소프트웨어를 경계값 분석 기법으로 테스트하고자 할 때 다음 중 테스트 케이스의 입력 값으로 옳지 않은 것은?

평가 점수	성적
80~100	A
60~79	B
0~59	C

① 59
② 80
③ 90
④ 101

38 소프트웨어 품질목표 중 주어진 시간 동안 주어진 기능을 오류 없이 수행하는 정도를 나타내는 것은?

① 직관성
② 사용 용이성
③ 신뢰성
④ 이식성

39 인터페이스 구현 시 사용하는 기술 중 다음 내용이 설명하는 것은?

> JavaScript를 사용한 비동기 통신기술로, 클라이언트와 서버 간에 XML 데이터를 주고받는 기술

① Procedure
② Trigger
③ Greedy
④ AJAX

40 알고리즘 시간 복잡도 O(1)이 의미하는 것은?

① 컴퓨터 처리가 불가
② 알고리즘 입력 데이터 수가 한 개
③ 알고리즘 수행시간이 입력 데이터 수와 관계없이 일정
④ 알고리즘 길이가 입력 데이터보다 작음

41 SQL에서 스키마(schema), 도메인(domain), 테이블(table), 뷰(view), 인덱스(index)를 정의하거나 변경 또는 삭제할 때 사용하는 언어는?

① DML(Data Manipulation Language)
② DDL(Data Definition Language)
③ DCL(Data Control Language)
④ IDL(Interactive Data Language)

42 DDL(Data Define Language)의 명령어 중 스키마, 도메인, 인덱스 등을 정의할 때 사용하는 SQL문은?

① ALTER   ② SELECT
③ CREATE   ④ INSERT

43 사용자 'PARK'에게 테이블을 생성할 수 있는 권한을 부여하기 위한 SQL문의 구성으로 빈칸에 적합한 내용은?

GRANT (　　　　　) PARK ;

① CREATE TABLE TO
② CREATE TO
③ CREATE FROM
④ CREATE TABLE FROM

44 다음 문장의 ( ) 안 내용으로 공통 적용될 수 있는 가장 적절한 내용은 무엇인가?

"관계형 데이터 모델에서 한 릴레이션의 ( )는 참조되는 릴레이션의 기본키와 대응되어 릴레이션 간에 참조 관계를 표현하는데 사용되는 중요한 도구이다. ( )를 포함하는 릴레이션이 참조하는 릴레이션이 되고, 대응되는 기본키를 포함하는 릴레이션이 참조 릴레이션이 된다."

① 후보키(Candidate key)
② 대체키(Alternate key)
③ 외래키(Foreign key)
④ 수퍼키(Super key)

45 테이블의 기본키(Primary Key)로 지정된 속성에 관한 설명으로 가장 거리가 먼 것은?

① NOT NULL로 널 값을 가지지 않는다.
② 릴레이션에서 튜플을 구별할 수 있다.
③ 외래키로 참조될 수 있다.
④ 검색할 때 반드시 필요하다.

46 다음 SQL문에서 빈칸에 들어갈 내용으로 옳은 것은?

UPDATE 회원( ) 전화번호 = "010-14"
WHERE 회원번호 = 'N4';

① FROM   ② SET
③ INTO   ④ TO

47 SQL문에서 HAVING을 사용할 수 있는 절은?

① LIKE 절   ② WHERE 절
③ GROUP BY 절   ④ ORDER BY 절

48 데이터베이스에서 인덱스(Index)와 관련한 설명으로 <u>틀린</u> 것은?

① 인덱스의 기본 목적은 검색 성능을 최적화하는 것으로 볼 수 있다.
② B-트리 인덱스는 분기를 목적으로 하는 Branch Block을 가지고 있다.
③ BETWEEN 등 범위(Range) 검색에 활용될 수 있다.
④ 시스템이 자동으로 생성하여 사용자가 변경할 수 없다.

49 트랜잭션의 상태 중 트랜잭션의 수행이 실패하여 Rollback 연산을 실행한 상태는?

① 철회(Aborted)
② 부분 완료(Partially Committed)
③ 완료(Commit)
④ 실패(Fail)

50 데이터 사전에 대한 설명으로 <u>틀린</u> 것은?

① 시스템 카탈로그 또는 시스템 데이터베이스라고도 한다.
② 데이터 사전 역시 데이터베이스의 일종이므로 일반 사용자가 생성, 유지 및 수정할 수 있다.
③ 데이터베이스에 대한 데이터인 메타데이터(Metadata)를 저장하고 있다.
④ 데이터 사전에 있는 데이터에 실제로 접근하는 데 필요한 위치 정보는 데이터 디렉토리(Data Directory)라는 곳에서 관리한다.

51 데이터베이스에서 개념적 설계 단계에 대한 설명으로 <u>틀린</u> 것은?

① 산출물로 E-R Diagram을 만들 수 있다.
② DBMS에 독립적인 개념 스키마를 설계한다.
③ 트랜잭션 인터페이스를 설계 및 작성한다.
④ 논리적 설계 단계의 앞 단계에서 수행된다.

52 관계 데이터 모델에서 릴레이션(relation)에 관한 설명으로 옳은 것은?

① 릴레이션의 각 행을 스키마(schema)라 하며, 예로 도서 릴레이션을 구성하는 스키마에서는 도서번호, 도서명, 저자, 가격 등이 있다.
② 릴레이션의 각 열을 튜플(tuple)이라 하며, 하나의 튜플은 각 속성에서 정의된 값을 이용하여 구성된다.
③ 도메인(domain)은 하나의 속성이 가질 수 있는 같은 타입의 모든 값의 집합으로 각 속성의 도메인은 원자값을 갖는다.
④ 속성(attribute)은 한 개의 릴레이션의 논리적인 구조를 정의한 것으로 릴레이션의 이름과 릴레이션에 포함된 속성들의 집합을 의미한다.

53 다음 릴레이션의 Degree와 Cardinality는?

학번	이름	학년	학과
13001	홍길동	3학년	전기
13002	이순신	4학년	기계
13003	감강찬	2학년	컴퓨터

① Degree: 4, Cardinality: 3
② Degree: 3, Cardinality: 4
③ Degree: 3, Cardinality: 12
④ Degree: 12, Cardinality: 3

54 관계형 데이터베이스에서 다음 설명에 해당하는 키(Key)는?

> 한 릴레이션 내의 속성들의 집합으로 구성된 키로서, 릴레이션으로 구성하는 모든 튜플에 대한 유일성은 만족시키지만 최소성은 만족시키지 못한다.

① 후보키
② 대체키
③ 슈퍼키
④ 외래키

55 데이터베이스의 무결성 규정(Integrity Rule)과 관련한 설명으로 틀린 것은?

① 무결성 규정에는 데이터가 만족해야 될 제약 조건, 규정을 참조할 때 사용하는 식별자 등의 요소가 포함될 수 있다.
② 무결성 규정의 대상으로는 도메인, 키, 종속성 등이 있다.
③ 정식으로 허가받은 사용자가 아닌 불법적인 사용자에 의한 갱신으로부터 데이터베이스를 보호하기 위한 규정이다.
④ 릴레이션 무결성 규정(Relation Integrity Rules)은 릴레이션을 조작하는 과정에서의 의미적 관계(Semantic Relationship)을 명세한 것이다.

56 관계 대수식을 SQL 질의로 옳게 표현한 것은?

> $\pi_{\text{이름}}(\sigma_{\text{학과='교육'}}(\text{학생}))$

① SELECT 학생 FROM 이름 WHERE 학과='교육';
② SELECT 이름 FROM 학생 WHERE 학과='교육';
③ SELECT 교육 FROM 학과 WHERE 이름='학생';
④ SELECT 학과 FROM 학생 WHERE 이름='교육';

57 정규화를 거치지 않아 발생하게 되는 이상(anomaly) 현상의 종류에 대한 설명으로 옳지 않은 것은?

① 삭제 이상이란 릴레이션에서 한 튜플을 삭제할 때 의도와는 상관없는 값들도 함께 삭제되는 연쇄 삭제 현상이다.
② 삽입 이상이란 릴레이션에서 데이터를 삽입할 때 의도와는 상관없이 원하지 않는 값들도 함께 삽입되는 현상이다.
③ 갱신 이상이란 릴레이션에서 튜플에 있는 속성값을 갱신할 때 일부 튜플의 정보만 갱신되어 정보에 모순이 생기는 현상이다.
④ 종속 이상이란 하나의 릴레이션에 하나 이상의 함수적 종속성이 존재하는 현상이다.

58 정규화의 목적으로 옳지 **않은** 것은?

① 어떠한 릴레이션이라도 데이터베이스 내에서 표현 가능하게 만든다.
② 데이터 삽입 시 릴레이션을 재구성할 필요성을 줄인다.
③ 중복을 배제하여 삽입, 삭제, 갱신 이상의 발생을 야기한다.
④ 효과적인 검색 알고리즘을 생성할 수 있다.

59 분산 데이터베이스 시스템(Distributed Database System)에 대한 설명으로 **틀린** 것은?

① 분산 데이터베이스는 논리적으로는 하나의 시스템에 속하지만 물리적으로는 여러 개의 컴퓨터 사이트에 분산되어 있다.
② 위치 투명성, 중복 투명성, 병행 투명성, 장애 투명성을 목표로 한다.
③ 데이터베이스의 설계가 비교적 어렵고, 개발 비용과 처리 비용이 증가한다는 단점이 있다.
④ 분산 데이터베이스 시스템의 주요 구성요소는 분산 처리기, P2P 시스템, 단일 데이터베이스 등이 있다.

60 물리데이터 저장소의 파티션 설계에서 파티션 유형으로 옳지 **않은** 것은?

① 범위분할(Range Partitioning)
② 해시분할(Hash Partitioning)
③ 조합분할(Composite Partitioning)
④ 유닛분할(Unit Partitioning)

4과목

61 다음 중 JAVA에서 우선순위가 가장 낮은 연산자는?

① ++   ② %
③ ^   ④ =

62 C언어에서의 변수 선언으로 **틀린** 것은?

① int else;   ② int Test2;
③ int _pc;   ④ int True;

63 C언어에서 두 개의 논릿값 중 하나라도 참이면 1을, 모두 거짓이면 0을 반환하는 연산자는?

① || ② &&
③ **   ④ !=

64 다음 C언어 프로그램이 실행되었을 때, 실행결과는?

```
#include <stdio.h>
int main(int argc, char *argv[]){
    int arr[2][3] = {1, 2, 3, 4, 5, 6};
    int (*p)[3] = NULL;
    p = arr;
    printf("%d, ", *(p[0] + 1) + *(p[1] +
    2));
    printf("%d", *(*(p + 1) + 0) + *(*(p
    + 1) + 1));
    return 0;
}
```

① 7, 5   ② 8, 5
③ 8, 9   ④ 7, 9

65 다음 파이썬(Python) 프로그램이 실행되었을 때의 결과는?

```
class FourCal:
    def setadata(sel, fir, sec):
        sel.fir = fir
        sel.sec = sec
    def add(sel):
        result = sel.fir + sel.sec
        return result
a = FourCal()
a.setadata(4, 2)
print(a.add())
```

① 0   ② 2
③ 4   ④ 6

66 다음 JAVA 프로그램이 실행되었을 때의 결과는?

```
public class Operator {
    public static void main(String[] args) {
        int x = 5, y = 0, z = 0;
        y = x++;
        z = --x;
        System.out.print(x + ", " + y +
        ", " + z);
    }
}
```

① 5, 5, 5   ② 5, 6, 5
③ 6, 5, 5   ④ 5, 6, 4

67 JAVA의 예외(exception)와 관련한 설명으로 틀린 것은?

① InterruptedOException: 입·출력 처리가 중단된 경우
② ClassNotFoundException: 클래스를 찾지 못한 경우
③ ArithmeticException: 숫자 형식으로 변환할 수 없는 문자열을 숫자로 변환한 경우
④ llegalArgumentException: 잘못된 인자를 전달한 경우

68 소프트웨어 개발에서 모듈(Module)이 되기 위한 주요 특징에 해당하지 <u>않는</u> 것은?

① 다른 것들과 구별될 수 있는 독립적인 기능을 가진 단위(Unit)이다.
② 독립적인 컴파일이 가능하다.
③ 유일한 이름을 가져야 한다.
④ 다른 모듈에서 접근이 불가능해야 한다.

69 메모리 관리 기법 중 Worst fit 방법을 사용할 경우 10K 크기의 프로그램 실행을 위해서는 어느 부분에 할당되는가?

	메모리 크기	사용 여부
①	12K	대기
②	10K	사용중
③	20K	사용중
④	16K	대기

70 IP 주소체계와 관련한 설명으로 **틀린** 것은?

① IPv6의 패킷 헤더는 32 octet의 고정된 길이를 가진다.
② IPv6는 주소 자동설정(Auto Configuration) 기능을 통해 손쉽게 이용자의 단말을 네트워크에 접속시킬 수 있다.
③ IPv4는 호스트 주소를 자동으로 설정하며 유니캐스트(Unicast)를 지원한다.
④ IPv4는 클래스별로 네트워크와 호스트 주소와 길이가 다르다.

71 OSI 7계층 중 데이터 링크 계층에 해당되는 프로토콜이 아닌 것은?

① HTTP   ② HDLC
③ PPP   ④ LLC

72 C언어에서 연산자 우선순위가 높은 것에서 낮은 것으로 바르게 나열된 것은?

㉠ ( )	㉡ ==	㉢ <	㉣ <<	㉤ ‖	㉥ /

① ㉠, ㉥, ㉣, ㉢, ㉡, ㉤
② ㉠, ㉣, ㉥, ㉢, ㉡, ㉤
③ ㉠, ㉣, ㉥, ㉢, ㉤, ㉡
④ ㉠, ㉥, ㉣, ㉤, ㉡, ㉢

73 UNIX 시스템의 쉘(shell)의 주요 기능에 대한 설명이 <u>아닌</u> 것은?

① 사용자 명령을 해석하고 커널로 전달하는 기능을 제공한다.
② 반복적인 명령 프로그램을 만드는 프로그래밍 기능을 제공한다.
③ 쉘 프로그램 실행을 위해 프로세스와 메모리를 관리한다.
④ 초기화 파일을 이용해 사용자 환경을 설정하는 기능을 제공한다.

74 다음 설명의 ㉠과 ㉡에 들어갈 내용으로 옳은 것은?

> 가상기억장치의 일반적인 구현 방법에는 프로그램을 고정된 크기의 일정한 블록으로 나누는 (㉠) 기법과 가변적 크기의 블록으로 나누는 (㉡) 기법이 있다.

① ㉠: Paging, ㉡: Segmentation
② ㉠: Segmentation, ㉡: Allocation
③ ㉠: Segmentation, ㉡: Compaction
④ ㉠: Paging, ㉡: Linking

75 사용자 수준에서 지원되는 스레드(thread)가 커널에서 지원되는 스레드에 비해 가지는 장점으로 옳은 것은?

① 한 프로세스가 운영체제를 호출할 때 전체 프로세스가 대기할 필요가 없으므로 시스템 성능을 높일 수 있다.
② 동시에 여러 스레드가 커널에 접근할 수 있으므로 여러 스레드가 시스템 호출을 동시에 사용할 수 있다.
③ 각 스레드를 개별적으로 관리할 수 있으므로 스레드의 독립적인 스케줄링이 가능하다.
④ 커널 모드로의 전환 없이 스레드 교환이 가능하므로 오버헤드가 줄어든다.

76 다음의 페이지 참조 열(PagE Reference String)에 대해 페이지 교체 기법으로 선입선출 알고리즘을 사용할 경우 페이지 부재(Page Fault) 횟수는? (단, 할당된 페이지 프레임 수는 3이고, 처음에는 모든 프레임이 비어 있다.)

> 7, 0, 1, 2, 0, 3, 0, 4, 2, 3, 0, 3, 2, 1, 2, 0, 1, 7, 0

① 13   ② 14
③ 15   ④ 20

77 TCP/IP 프로토콜에서 TCP가 해당하는 계층은?

① 데이터 링크 계층　② 네트워크 계층
③ 트랜스포트 계층　④ 세션 계층

78 IP 프로토콜의 주요 특징에 해당하지 <u>않는</u> 것은?

① 체크섬(Checksum) 기능으로 데이터 체크섬 (Data Checksum)만 제공한다.
② 패킷을 분할, 병합하는 기능을 수행하기도 한다.
③ 비연결형 서비스를 제공한다.
④ Best Effort 원칙에 따른 전송 기능을 제공한다.

79 192.168.1.0/24 네트워크를 FLSM 방식을 이용하여 4개의 Subnet으로 나누고 IP Subnet-zero를 적용했다. 이 때 Subnetting 된 네트워크 중 4번째 네트워크의 4번째 사용 가능한 IP는 무엇인가?

① 192.168.1.192　② 192.168.1.195
③ 192.168.1.196　④ 192.168.1.198

80 파일 디스크립터(File Descriptor)에 대한 설명으로 <u>틀린</u> 것은?

① 파일 관리를 위해 시스템이 필요로 하는 정보를 가지고 있다.
② 보조기억장치에 저장되어 있다가 파일이 개방 (open)되면 주기억장치로 이동된다.
③ 사용자가 파일 디스크립터를 직접 참조할 수 있다.
④ 파일 제어 블록(File Control Block)이라고도 한다.

5과목

81 정보시스템에 관련한 다음 설명에 해당하는 것은?

> • 각 시스템 간에 공유 디스크를 중심으로 클러스터링으로 엮여 다수의 시스템을 동시에 연결할 수 있다.
> • 조직, 기업의 기간 업무 서버 안정성을 높이기 위해 사용될 수 있다.
> • 여러 가지 방식으로 구현되며 2개의 서버를 연결하는 것으로 2개의 시스템이 각각 업무를 수행하도록 구현하는 방식이 널리 사용된다.

① HACMP
② Point-to-Point Mode
③ Stuxnet
④ Rooting

82 정보보안 요소 중 무결성(Intergrity)에 대한 설명으로 옳은 것은?

① 시스템 내의 정보와 자원은 인가된 사용자에게만 접근이 허용된다는 것을 의미한다.
② 시스템 내의 정보와 자원을 사용하려는 사용자가 합법적인 사용자인지를 확인하는 모든 행위를 말한다.
③ 인가받은 사용자는 언제라도 사용할 수 있다는 것을 의미한다.
④ 시스템 내의 정보는 오직 인가된 사용자만 수정할 수 있다는 것을 의미한다.

83 대칭 암호 알고리즘과 비대칭 암호 알고리즘에 대한 설명으로 <u>틀린</u> 것은?

① 대칭 암호 알고리즘은 비교적 실행 속도가 빠르기 때문에 다양한 암호의 핵심 함수로 사용될 수 있다.
② 대칭 암호 알고리즘은 비밀키 전달을 위한 키 교환이 필요하지 않아 암호화 및 복호화의 속도가 빠르다.
③ 비대칭 암호 알고리즘은 자신만이 보관하는 비밀키를 이용하여 인증, 전자서명 등에 적용이 가능하다.
④ 대표적인 대칭키 암호 알고리즘으로는 AES, IDEA 등이 있다.

84 Wi-Fi에서 제정한 무선 랜(WLAN) 인증 및 암호화 관련 표준은?

① WCDMA   ② WPA
③ SSL   ④ SHA

85 클라우드 기반 HSM(Cloud-based Hardware Security Module)에 대한 설명으로 <u>틀린</u> 것은?

① 클라우드 기반 암호화 키 생성, 처리, 저장 등을 하는 보안 기기이다.
② 국내에서는 공인인증제의 폐지와 전자서명법 개정을 추진하면서 클라우드 HSM 용어가 자주 등장하였다.
③ 클라우드에 인증서를 저장하므로 기존 HSM 기기나 휴대폰에 인증서를 저장해 다닐 필요가 없다.
④ 하드웨어가 아닌 소프트웨어적으로만 구현되기 때문에 소프트웨어 암호 기술에 내재된 보안 취약점을 해결할 수 없다는 것이 주요 단점이다.

86 시스템의 사용자가 로그인하여 명령을 내리는 과정에 대한 시스템의 동작 중 다음 설명에 해당하는 것은?

- 자신의 신원(Identity)을 시스템에 증명하는 과정이다.
- 아이디와 패스워드를 입력하는 과정이 가장 일반적인 예시라고 볼 수 있다.

① Aging   ② Accounting
③ Authorization   ④ Authentication

87 다음 내용이 설명하는 스토리지 시스템은?

- 하드디스크와 같은 데이터 저장장치를 호스트 버스 어댑터에 직접 연결하는 방식
- 저장장치와 호스트 기기 사이에 네트워크 디바이스 없이 직접 연결하는 방식으로 구성

① DAS   ② NAS
③ BSA   ④ NFC

88 소프트웨어 개발 프레임워크에 관련한 설명으로 <u>틀린</u> 것은?

① 반제품 상태의 제품을 토대로 도메인별로 필요한 서비스 컴포넌트를 사용하여 재사용성 확대와 성능을 보장받을 수 있게 하는 개발 소프트웨어이다.
② 개발해야 할 애플리케이션의 일부분이 이미 구현되어 있어 동일한 로직 반복을 줄일 수 있다.
③ 라이브러리와 달리 사용자 코드가 직접 호출하여 사용되기 때문에 소프트웨어 개발 프레임워크가 직접 코드의 흐름을 제어할 수 없다.
④ 생산성 향상과 유지보수성 향상 등의 장점이 있다.

89 소프트웨어 개발 표준 중 소프트웨어 품질 및 생산성 향상을 위해 소프트웨어 프로세스를 평가 및 개선하는 국제 표준은?

① SCRUM
② ISO/IEC 12509
③ SPICE
④ CASE

90 다음의 설명으로 옳은 것은?

- 정보 통신 기술을 기반으로 실세계와 가상 세계의 다양한 사물들을 인터넷으로 서로 연결하여 진보된 서비스를 제공하기 위한 서비스 기반의 기술
- 스마트 센싱 기술, 유무선 통신 및 네트워크 인프라 기술, 등이 있음

① Zing
② IoT
③ NFC
④ BcN

91 다음의 설명으로 옳은 것은?

- 인간이 학습을 하듯 컴퓨터에 데이터를 입력하여 학습시키고, 답을 예측하게 만드는 것
- 알고리즘 개발이 어려운 문제의 해결에 유용
- 학습 문제에 따라 지도학습, 비지도학습, 강화학습으로 나누어짐

① Deep Learning
② Machine Learning
③ Data Mining
④ TensorFlow

92 병행제어 기법 중 로킹에 대한 설명으로 옳지 <u>않은</u> 것은?

① 로킹의 대상이 되는 객체의 크기를 로킹 단위라고 한다.
② 데이터베이스, 파일, 레코드 등은 로킹 단위가 될 수 있다.
③ 로킹의 단위가 작아지면 로킹 오버헤드가 증가하고, 병행성 수준이 낮아진다.
④ 로킹의 단위가 커지면 데이터베이스 공유도가 증가한다.

93 침입탐지 시스템(IDS: Intrusion Detection System)과 관련한 설명으로 <u>틀린</u> 것은?

① 이상탐지 기법(Anomaly Detection)은 Signature Base나 Knowledge Base라고도 불리며 이미 발견되고 정립된 공격 패턴을 입력해두었다가 탐지 및 차단한다.
② HIDS(Host-Based Intrusion Detection)는 운영체제에 설정된 사용자 계정에 따라 어떤 사용자가 어떤 접근을 시도하고 어떤 작업을 했는지에 대한 기록을 남기고 추적한다.
③ NIDS(Network-Based Intrusion Detection System)로는 대표적으로 Snort가 있다.
④ 외부 인터넷에 서비스를 제공하는 서버가 위치하는 네트워크인 DMZ(Demilitarized Zone)에는 IDS가 설치될 수 있다.

94 서로 다른 네트워크 대역에 있는 호스트들 상호간에 통신할 수 있도록 해 주는 네트워크 장비는?

① L2 스위치
② HIPO
③ 라우터
④ RAD

95 Secure OS의 보안 기능으로 거리가 먼 것은?

① 식별 및 인증
② 임의적 접근 통제
③ 고가용성 지원
④ 강제적 접근 통제

96 침입차단 시스템(방화벽) 중 다음과 같은 형태의 구축 유형은?

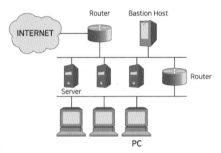

① Block Host
② Tree Host
③ Screened Subnet
④ Ring Homed

97 어떤 외부 컴퓨터가 접속되면 접속 인가 여부를 점검해서 인가된 경우에는 접속이 허용되고, 그 반대의 경우에는 거부할 수 있는 접근제어 유틸리티는?

① tcp wrapper
② trace checker
③ token finder
④ change detector

98 아래 설명의 개발방법론을 제안한 사람의 이름은?

> 시간에 따른 함수로 표현되는 Rayleigh-Norden 곡선의 노력 분포도를 기초로 소프트웨어 개발 주기의 단계별로 요구할 인력의 분포를 가정하는 모형이다. 자동화 추정 도구로 SLIM이 있다.

① Putnam
② Boehm
③ Guido van Rossum
④ Booch

99 다음 내용이 설명하는 보안 인증 방식은?

> MIT에서 개발한 중앙 집중적인 인증 시스템으로, 티켓 서버와 인증 서버가 존재하고 티켓을 발급받아 이중시스템으로 인증한다.

① Kerberose
② SSO
③ SSL
④ IAM

100 각 사용자 인증의 유형에 대한 설명으로 가장 적절하지 <u>않은</u> 것은?

① 지식: 주체는 '그가 알고 있는 것'을 보여 주며 예시로는 패스워드, PIN 등이 있다.
② 소유: 주체는 '그가 가지고 있는 것'을 보여 주며 예시로는 토큰, 스마트카드 등이 있다.
③ 존재: 주체는 '그를 대체하는 것'을 보여 주며 예시로는 패턴, QR 등이 있다.
④ 행위: 주체는 '그가 하는 것'을 보여 주며 예시로는 서명, 움직임, 음성 등이 있다.

부록 2

기출변형 모의고사

01 기출변형 모의고사 1회

● 해설 p.24

1과목

01 운영체제 현행 시스템 분석 시, 고려사항이 아닌 것은?

① 신뢰도　② 사용률
③ 기술 지원　④ 구축 비용

02 요구분석(Requirement Analysis)에 대한 설명으로 옳지 않은 것은?

① 요구분석은 사용자의 요구사항을 분석하여 명확하고 구체적인 요구사항을 도출하는 과정이다.
② 다양한 분석 기법을 활용하여 사용자가 원하는 기능, 제약사항, 성능 요구사항 등을 식별하고 도출한다.
③ 요구분석 결과를 명확하게 문서화하여 이해관계자들이 공유하여, 요구사항의 일관성과 완전성을 검증한다.
④ 요구분석에서 도출된 요구사항은 중간에 변경할 수 없다.

03 구조적 분석 도구와 거리가 먼 것은?

① 자료 사전
② 자료 흐름도
③ 프로그램 명세서
④ 소단위 명세서

04 요구사항 분석을 위한 자동화에 대한 설명으로 옳지 않은 것은?

① CASE(Computer Aided Software Engineering)라 하며, 소프트웨어의 생명주기 전반을 지원하는 프로그램 또는 소프트웨어 개발을 지원하는 자동화 도구 혹은 방법론의 결합을 의미한다.
② 요구사항의 정확성과 완전성을 보장할 수 있다.
③ 빠르고 효율적인 문서 작성으로 시간은 절감되나 비용은 증가한다.
④ 문서 변경 이력 추적 용이, 다른 팀원과 공유 및 수정이 쉬워져 협업 효율이 향상된다.

05 CASE가 제공하는 기능으로 거리가 먼 것은?

① 개발을 신속하게 할 수 있다.
② 개발 방법론을 생성할 수 있다.
③ 오류 수정이 쉬워 S/W 품질이 향상된다.
④ S/W개발 단계의 표준화를 기할 수 있다.

06 UML 모델에서 하나의 사물이 다른 사물에 비해 더 일반적인지, 구체적인지를 표현하는 관계로 옳은 것은?

① Dependency
② Realization
③ Generalization
④ Association

07 유스케이스 다이어그램의 요소로 다음 설명에 해당하는 용어는?

- 시스템과 상호작용을 하는 사용자 또는 시스템
- 물리적인 사람이나 조직명보다는 역할 중심으로 추상화하여 정의
- 필수 항목을 중심으로 최소화하여 만들어야 함

① Use Case
② Actor
③ Relationship
④ Object

08 XP(eXtreme Programming)의 기본원리가 아닌 것은?

① Test Driven Development
② Split Programming
③ Continuous Integration
④ MetaPhor

09 UI의 설계 지침이 아닌 것은?

① 사용자 중심
② 개인화
③ 명확성
④ 표준화

10 모바일 기기에서 사용하는 NUI 인터페이스에 속하는 것은?

가. Tap
나. Drag
다. Press
라. Flow
마. Pinch

① 가, 나, 다
② 가, 나, 다, 라
③ 가, 나, 다, 마
④ 가, 나, 다, 라, 마

11 UI 표준(Standard)에 대한 설명으로 틀린 것은?

① UI 표준은 조직이나 산업 내에서 UI 개발에 사용되는 규칙, 규격, 규정, 정책 등을 의미한다.
② UI 개발 시스템을 만들 때 사용되는 기술, 디자인, 기능, 사용자 경험 등의 요소에 대한 표준화된 명세서나 가이드라인을 제공한다.
③ UI 표준을 바탕으로 개발자들이 UI를 개발하고, 사용자들은 개인화된 사용자 경험을 얻을 수 있다.
④ UI 표준의 구성 요소로는 UX 원칙, 화면 구성, 업무별 구성, 화면 레이아웃 정의 등이 있다.

12 소프트웨어 설계 유형에 대한 설명으로 옳지 않은 것은?

① 데이터를 구성하고 저장하는 방식을 결정하는 과정은 자료 구조 설계(Data Structure Design)이다.
② 시스템의 구성요소와 이들 간의 관계를 결정하는 과정은 시스템 구조 설계(System Structure Design)이다.
③ 시스템의 동작을 수행하는 데 필요한 과정을 나타내는 일련의 단계를 정의하는 과정은 프로시저 설계(Procedure Design)이다.
④ 소프트웨어 시스템을 구성하는 개별적인 모듈의 기능, 인터페이스, 내부 구조 등을 설계하는 과정은 모듈 설계(Module Design)이다.

13 일반적으로 분산 시스템에서 사용되며, 클라이언트는 사용자 또는 다른 시스템에서 요청을 보내고, 서버는 해당 요청을 처리하고 결과를 반환하는 소프트웨어 아키텍처 패턴은?

① 레이어 패턴(Layers pattern)
② 클라이언트-서버 패턴(Client-Server Pattern)
③ 파이프-필터 패턴(Pipe-Filter Pattern)
④ 모델-뷰-컨트롤러 패턴(MVC; Model View Controller Pattern)

14 여러 개체들이 같은 인터페이스를 공유하면서도 각자 다른 구현을 제공할 수 있도록 하는 객체지향 기법으로 옳은 것은?

① 추상화(Abstraction)
② 관계성(Relationship)
③ 상속성(Inheritance)
④ 다형성(Polymorphism)

15 객체지향의 구성요소에 대한 설명으로 옳지 않은 것은?

① 메시지(Message)는 객체에게 어떤 행위를 하도록 지시하는 명령이다.
② 속성(Property)은 객체의 상태(state)를 나타내며, 해당 객체가 가지고 있는 데이터 값이다.
③ 인스턴스(Instance)는 하나 이상의 유사한 객체들을 묶어 공통된 특성을 표현한 데이터 추상화를 의미한다.
④ 메서드(Method)는 클래스에서 생성된 객체를 사용하는 방법이다.

16 모듈(Module) 설계 지침으로 가장 옳지 않은 것은?

① 모듈의 크기는 최소화 되도록 설계해야 한다.
② 모듈 간의 효과적인 제어를 위해 설계에서 계층적 자료 조직이 제시되어야 한다.
③ 유지보수가 용이해야하며, 이식성을 고려한다.
④ 모듈화의 적정성은 응집도와 결합도로 측정한다.

17 다음 디자인 패턴에 관한 설명으로 옳은 것은?

- 객체에 대한 접근을 제어하여 필요할 때만 객체를 생성하고 다룰 수 있도록 해 주는 패턴이다.
- 실제 객체를 호출하면 행위를 중간에 가로채서 다른 동작을 수행하는 객체로 변경한다.
- 분리된 객체를 위임함으로써 작업을 중간 단계에 삽입할 수도 있으며 분리된 객체를 동적으로 연결함으로써 객체의 실행 시점을 관리할 수도 있다.

① Bridge
② Proxy
③ Adapter
④ Composite

18 요구사항 도출 단계(Elicitation)의 기법으로 옳지 않은 것은?

① 인터뷰(Interview)
② 델파이 기법(Delphi Method)
③ 롤 플레잉(Role Playing)
④ 동료 검토(Peer Review)

19 송·수신 통신 유형에 대한 설명으로 옳지 <u>않</u>은 것은?

① 상대 시스템에 거래를 일방적으로 요청만 하고, 응답이 없는 방식은 단방향 유형이다.
② 시스템 간에 상호 거래가 이루어지는 방식은 양방향 유형이다.
③ 시스템의 거래 요청과 응답이 순차적으로 이루어지는 방식은 지연처리 유형이다.
④ 정해진 시간에 통신이 이루어지는 방식은 동기 유형이다.

20 분산 컴퓨팅 환경에서 서로 다른 기종 간의 하드웨어나 프로토콜, 통신환경 등을 연결하여 응용프로그램과 운영환경 간에 원만한 통신이 이루어질 수 있게 서비스를 제공하는 소프트웨어로 옳은 것은?

① DB링크
② 오픈허브웨이
③ XP
④ 미들웨어

2과목

21 선형 구조만으로 나열된 것은?

① 트리, 그래프
② 트리, 그래프, 스택, 큐
③ 트리, 배열, 스택, 큐
④ 배열, 스택, 큐

22 다음 중 스택의 응용 분야에 해당하는 것을 <u>모두</u> 고른 것은?

> ㉠ 선택정렬
> ㉡ 수식의 계산 (후위표현의 연산 등)
> ㉢ 인터럽트의 처리
> ㉣ 함수 호출의 순서 제어
> ㉤ 운영체제의 작업 스케줄링
> ㉥ 재귀호출
> ㉦ 깊이우선탐색
> ㉧ 서브루틴의 복귀 번지 저장

① ㉠, ㉡, ㉣, ㉤
② ㉡, ㉣, ㉥, ㉦
③ ㉡, ㉢, ㉣, ㉥, ㉧
④ ㉡, ㉢, ㉣, ㉥, ㉦, ㉧

23 중위 표기법(Infix)의 수식 (A+B)*C+(D+E)을 후위 표기법으로(Postfix)으로 옳게 표기한 것은?

① AB+CDE*++
② AB+C*DE++
③ +AB*C+DE+
④ +*+ABC+DE

24 다음 자료에 대하여 삽입(insertion) 정렬 기법을 사용하여 오름차순으로 정렬하고자 한다. 1 회전 후의 결과는?

> 5, 4, 3, 2, 1

① 4, 3, 2, 1, 5
② 3, 4, 5, 2, 1
③ 4, 5, 3, 2, 1
④ 1, 2, 3, 4, 5

25 퀵 정렬에 대한 설명으로 <u>틀린</u> 것은?

① 순환 알고리즘을 사용해야 하므로 스택공간을 필요로 한다.
② 첫 번째 키만을 분할원소로 정할 수 있다.
③ 키를 기준으로 작은 값은 왼쪽에, 큰 값은 오른쪽 서브파일로 분해시키는 방식이다.
④ 최악의 시간 복잡도는 $O(n^2)$이다.

26 다음 트리를 중위 순회한 결과는?

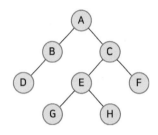

① $A \to B \to D \to C \to E \to G \to H \to F$
② $D \to B \to A \to G \to E \to H \to C \to F$
③ $D \to B \to G \to E \to H \to F \to C \to A$
④ $D \to B \to G \to H \to E \to F \to C \to A$

27 다음 트리의 차수(degree)와 단말 노드 (terminal node)의 수는?

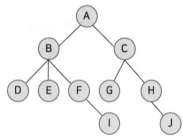

① 차수: 2, 단말 노드: 2
② 차수: 2, 단말 노드: 5
③ 차수: 3, 단말 노드: 2
④ 차수: 3, 단말 노드: 5

28 이진 검색 알고리즘의 특징이 <u>아닌</u> 것은?

① 이진 검색과 순차 검색 모두 검색할 데이터가 정렬되어 있을 때 사용 가능하다.
② 이진 검색의 경우 최악의 시간 복잡도는 $O(\log n)$이고, 순차 검색의 경우 $O(n)$이다.
③ 이진 검색은 비교 횟수를 거듭할 때마다 검색 대상이 되는 데이터의 수가 절반으로 줄어들어, 탐색 시간이 적게 소요된다.
④ 이진 검색은 재귀함수 또는 반복문을 이용해서 구현할 수 있으며, 순차 검색과 달리 검색할 리스트의 길이가 길어도 효율적이다.

29 어떤 문제를 풀기 위해 그 문제를 더 작은 문제의 연장선으로 생각하고, 과거의 해를 활용하는 방식의 알고리즘은?

① Divide and Conquer
② Greedy
③ Dynamic Programming
④ Backtracking

30 다음 검증 검사 기법에 대한 설명 중 <u>틀린</u> 것은?

① 베타 테스트는 개발자 없이 진행된다.
② 베타 테스트는 여러 장소의 고객 위치에서 소프트웨어를 설치하여 검사하며 진행된다.
③ 알파 테스트는 개발자의 장소에서 개발자가 사용자 앞에서 진행한다.
④ 알파 테스트는 사용자와 개발자가 함께 소프트웨어의 오류와 사용상의 문제점을 확인하면서 검사하며 진행된다.

31 소프트웨어 형상관리의 대상으로 거리가 먼 것은?

① 소스 레벨과 수행 형태인 컴퓨터 프로그램
② 숙련자와 사용자를 목표로 한 컴퓨터 프로그램을 서술하는 문서
③ 프로그램 내에 포함된 자료
④ 시스템 개발 비용

32 소프트웨어 품질목표 중 소프트웨어를 얼마만큼 쉽게 수정할 수 있는가의 정도를 의미하는 것은?

① Correctness
② Integrity
③ Flexibility
④ Portability

33 블랙박스 테스트 기법에 해당하는 것은?

① mutation testing(fault based testing)
② cause-effect graphing testing
③ data flow testing
④ control structure testing

34 소프트웨어 개발단계와 그에 따른 테스트 전략의 결합이 적절한 것은?

① 분석단계 – 결합(Integration) Test
② 설계단계 – 검증(Validation) Test
③ 구현단계 – 단위(Unit) Test
④ 유지보수단계 – 시스템(System) Test

35 소프트웨어의 시험 중 화이트박스 시험의 과정이 아닌 것은?

① 조건 테스트
② 모든 실행문 테스트
③ 경계 값 분석
④ 분기점 테스트

36 시스템의 설계 명세서를 바탕으로 모듈 단위의 코딩과 디버깅 및 단위 테스트가 이루어지는 소프트웨어 개발 단계는?

① 패키징
② 구현
③ 테스트
④ 프로그램 설계

37 소프트웨어 재공학의 필요성이 대두된 가장 주된 이유는?

① 요구사항 분석의 문제
② 설계의 문제
③ 구현의 문제
④ 유지보수의 문제

38 인터페이스 보안을 위해 네트워크 영역에 적용될 수 있는 것으로 TCP/IP 계층과 애플리케이션 계층 사이에서 인증, 암호화, 무결성을 보장하는 프로토콜은?

① IPSec
② SSL
③ SMTP
④ S-HTTP

39 소스 코드 품질 분석 도구 중 정적 분석 도구가 아닌 것은?

① pmd
② SonarQube
③ cppcheck
④ Avalanche

40 상향식 통합 테스트(Bottom-Up Integration Test)의 과정이 옳게 나열된 것은?

> ① 드라이버(Driver)라는 제어프로그램의 작성
> ② 낮은 수준의 모듈들을 클러스터(Cluster)로 결합
> ③ 클러스터의 검사
> ④ 드라이버를 제거하고 클러스터를 상위로 결합

① ① → ② → ③ → ④
② ② → ① → ③ → ④
③ ② → ③ → ① → ④
④ ① → ② → ④ → ③

3과목

41 다음 SQL 문의 실행결과를 가장 올바르게 설명한 것은?

> Drop Table 인사 Cascade;

① 인사 테이블을 제거한다.
② 인사 테이블을 참조하는 테이블과 인사 테이블을 제거한다.
③ 인사테이블이 참조중이면 제거하지 않는다.
④ 인사 테이블을 제거할지의 여부를 사용자에게 다시 질의한다.

42 어떤 릴레이션 R에 존재하는 모든 조인 종속성이 릴레이션 R의 후보키를 통해서만 성립된다. 이 릴레이션 R은 어떤 정규형의 릴레이션인가?

① 제3정규형
② 보이스-코드 정규형
③ 제4정규형
④ 제5정규형

43 데이터베이스에 관련된 용어의 설명으로 옳지 않은 것은?

① 튜플(tuple) - 테이블에서 열에 해당된다.
② 애트리뷰트(attribute) - 데이터의 가장 작은 논리적 단위로서 파일 구조상의 데이터 항목 또는 데이터 필드에 해당된다.
③ 릴레이션(relation) - 릴레이션 스킴과 릴레이션 인스턴스로 구성된다.
④ 도메인(domain) - 애트리뷰트가 취할 수 있는 값들의 집합이다.

44 어떤 릴레이션 R1의 기본키의 값들과 일치함을 요구하는 다른 릴레이션 R2의 한 속성을 무엇이라 하는가?

① 참조제약(referential constraint
② 외래키(foreign key)
③ 기본키(primary key)
④ 참조무결성(referential integrity)

45 SQL에서 명령어 짝의 연결이 옳지 않은 것은?

① UPDATE.../ SET...
② INSERT.../ INTO...
③ DELETE.../ FROM
④ CREATE VIEW.../ TO

46 다음 질의에 대한 SQL 문은?

> 프로젝트번호(PNO) 1, 2, 3에서 일하는 사원의 주민등록번호(JUNO)를 검색해라. (단, 사원 테이블(WORKS)은 프로젝트번호(PNIO), 주민등록번호(JUNO) 필드로 구성된다.)

① SELECT WORKS FROM JUNO WHERE PNO IN 1, 2, 3;
② SELECT WORKS FROM JUNO WHERE PNO ON 1, 2, 3;
③ SELECT JUNO FROM WORKS WHERE PNO IN (1, 2, 3);
④ SELECT JUNO FROM WORKS WHERE PNO ON (1, 2, 3);

47 관계 데이터베이스 모델에서 차수(Degree)의 의미는?

① 튜플의 수
② 테이블의 수
③ 데이터베이스의 수
④ 애트리뷰트의 수

48 "회사원"이라는 테이블에서 "사원명"을 검색할 때, "연락번호"가 Null 값이 아닌 "사원명"을 모두 찾을 경우의 SQL 질의로 옳은 것은?

① SELECT 사원명 FROM 회사원 WHERE 연락번호 = NULL;
② SELECT 사원명 FROM 회사원 WHERE 연락번호 ◇ NULL;
③ SELECT 사원명 FROM 회사원 WHERE 연락번호 IS NOT NULL;
④ SELECT 사원명 FROM 회사원 WHERE 연락번호 DON'T NULL;

49 분산 데이터베이스에 대한 설명으로 거리가 먼 것은?

① 지역 자치성이 높다.
② 효용성과 융통성이 높다.
③ 분산 제어가 가능하다.
④ 소프트웨어 개발 비용이 저렴하다

50 데이터 중복으로 인해 릴레이션 조작 시 예상하지 못한 곤란한 현상이 발생한다. 이를 무엇이라고 하는가?

① normalization　② degree
③ cardinality　④ anomaly

51 개체 – 관계 모델에 대한 설명으로 옳지 않은 것은?

① 오너 – 멤버(Owner–Member) 관계라고도 한다.
② 개체 타입과 이들 간의 관계 타입을 기본 요소로 이용하여 현실 세계를 개념적으로 표현한다.
③ E–R 다이어그램에서 개체 타입은 사각형으로 나타낸다.
④ E–R 다이어그램에서 속성은 타원으로 나타낸다.

52 병행제어(Concurrency Control)기법의 종류가 아닌 것은?

① 로킹기법
② 낙관적기법
③ 타임스탬프기법
④ 시분할기법

53 DML에 해당하는 것으로만 나열된 것은?

> ㄱ. SELECT
> ㄴ. UPDATE
> ㄷ. INSERT
> ㄹ. GRANT

① ㄱ, ㄴ, ㄷ
② ㄱ, ㄴ, ㄹ
③ ㄱ, ㄷ, ㄹ
④ ㄱ, ㄴ, ㄷ, ㄹ

54 로킹 단위가 큰 경우에 대한 설명으로 옳은 것은?

① 로킹 오버헤드 증가, 데이터베이스 공유도 저하
② 로킹 오버헤드 감소, 데이터베이스 공유도 저하
③ 로킹 오버헤드 감소, 데이터베이스 공유도 증가
④ 로킹 오버헤드 증가, 데이터베이스 공유도 증가

55 시스템 카탈로그에 대한 설명으로 **틀린** 것은?

① 시스템 카탈로그는 DBMS가 생성하고 유지하는 데이터베이스 내의 특별한 테이블들의 집합체이다.
② 일반 사용자도 시스템 카탈로그의 내용을 검색할 수 있다.
③ 시스템 카탈로그 내의 각 테이블은 DBMS에서 지원하는 개체들에 관한 정보를 포함한다.
④ 시스템 카탈로그에 대한 갱신은 데이터베이스의 무결성 유지를 위하여 사용자가 직접 갱신해야 한다.

56 데이터베이스 설계 단계 중 응답시간, 저장 공간의 효율화, 트랜잭션 처리도와 가장 밀접한 관계가 있는 것은?

① 물리적 설계
② 논리적 설계
③ 개념적 설계
④ 요구조건 분석

57 데이터베이스의 상태를 변환시키기 위하여 논리적 기능을 수행하는 하나의 작업 단위를 무엇이라 하는가?

① 프로시저
② 트랜잭션
③ 모듈
④ 도메인

58 정규화 과정 중 BCNF에서 4NF가 되기 위한 조건은?

① 조인 종속성 이용
② 다치 종속 제거
③ 이행적 함수 종속 제거
④ 결정자이면서 후보키가 아닌 함수 종속 제거

59 다음의 관계 대수식을 SQL 질의로 옳게 표현한 것은?

$$\pi_A(\sigma_p(r1| \times |r2))$$

① select P from r1, r2 where A;
② select A from r1, r2 where P;
③ select r1, r2 from A where P;
④ select A from r1, r2

60 참조 무결성을 유지하기 위하여 DROP문에서 부모 테이블의 항목 값을 삭제할 경우 자동적으로 자식 테이블의 항목 값을 삭제할 경우 자동적으로 자식 테이블의 해당 레코드를 삭제하기 위한 옵션은?

① CLUSTER   ② CASCADE
③ SET-NULL   ④ RESTEICTED

4과목

61 UNIX 파일 시스템 구조에서 데이터가 저장된 블록의 시작 주소를 확인할 수 있는 블록은?

① 부트 블록
② i-node 블록
③ 슈퍼 블록
④ 데이터 블록

62 UDP 헤더에 포함되지 <u>않는</u> 것은?

① checksum
② UDP total length
③ sequence number
④ source port address

63 IP address에서 네트워크 ID와 호스트 ID를 구별하는 방식은?

① 서브넷 마스크
② 클래스 E
③ 클래스 D
④ IPv6

64 UNIX에 대한 설명으로 <u>틀린</u> 것은?

① 상당 부분 C 언어를 사용하여 작성되었으며, 이식성이 우수하다.
② 사용자는 하나 이상의 작업을 백그라운드에서 수행할 수 있어 여러 개의 작업을 병행 처리할 수 있다.
③ 쉘(shell)은 프로세스 관리, 기억장치 관리, 입출력 관리 등의 기능을 수행한다.
④ 두 사람 이상의 사용자가 동시에 시스템을 사용할 수 있어 정보와 유틸리티들을 공유하는 편리한 작업 환경을 제공한다.

65 SJF(Shortest Job First) 스케줄링에서 다음과 같은 작업들이 준비상태 큐에 있을 때 평균 반환시간과 평균 대기시간은?

프로세스	실행시간
P-1	6
P-2	3
P-3	8
P-4	7

① 평균 반환시간: 13, 평균 대기시간: 7
② 평균 반환시간: 13, 평균 대기시간: 9
③ 평균 반환시간: 15, 평균 대기시간: 7
④ 평균 반환시간: 15, 평균 대기시간: 9

66 기억장치의 고정 분할 할당에서 총 24K의 공간이 그림과 같이 8K, 8K, 4K, 4K로 나누어져 있고, 작업 큐에는 5K, 5K, 10K, 10K의 작업이 순차적으로 대기 중이라고 할 때 발생하는 전체 기억공간의 낭비를 계산하면?

운영체제
8K
8K
4K
4K

① 6K   ② 14K
③ 18K   ④ 20K

67 파일 디스크립터(File Descroptor)의 정보에 포함하지 않은 것은?

① 파일 구조   ② 파일 유형
③ 파일 작성자   ④ 파일 크기

68 128.107.176.0/22 네트워크에서 호스트에 의해 사용될 수 있는 서브넷 마스크는?

① 255.0.0.0   ② 255.248.0.0
③ 255.255.252.0   ④ 255.255.255.255

69 3개의 페이지를 수용할 수 있는 주기억장치가 있으며, 초기에는 모두 비어 있다고 가정한다. 다음의 순서로 페이지 참조가 발생할 때, FIFO 페이지 교체 알고리즘을 사용할 경우 몇 번의 페이지 결함이 발생하는가?

페이지 참조 순서: 1, 2, 3, 1, 2, 4, 1, 2, 5

① 4   ② 5
③ 6   ④ 7

70 스레드(Threads)에 관한 설명으로 옳지 않은 것은?

① 하드웨어, 운영체제의 성능과 응용프로그램의 처리율을 향상시킬 수 있다.
② 스레드는 그들이 속한 프로세스의 자원과 메모리를 공유한다.
③ 다중 프로세스 구조에서 각 스레드는 다른 프로세스에서 병렬로 실행될 수 있다.
④ 스레드는 동일 프로세스 환경에서 서로 다른 독립적인 다중수행이 불가능하다.

71 RR(Round-Robin) 스케줄링에 대한 설명으로 틀린 것은?

① "(대기 시간+서비스시간)/서비스시간"의 계산으로 우선순위를 처리한다.
② 시간 할당이 작아지면 프로세스-문맥 교환이 자주 일어난다.
③ Time Sharing System을 위해 고안된 방식이다.
④ 시간 할당이 커지면 FCFS 스케줄링과 같은 효과를 얻을 수 있다.

72 IPv6의 헤더 항목이 아닌 것은?

① Flow label   ② Payload length
③ HOP limit   ④ Section

73 TCP/IP 관련 프로토콜 중 응용계층에 해당하지 않는 것은?

① ARP   ② DNS
③ SMTP   ④ HTTP

74 다음 Java 프로그램을 실행했을 때 결과는?

```java
class Static{
    public int a = 20;
    static int b = 0;
}

public class Main{
    public static void main(String[] args) {

        int a;
        a = 10;
        Static.b = a;

        Static st = new Static();

        System.out.println(Static.b++);
        System.out.println(st.b--);
        System.out.println(a);
        System.out.println(st.a + st.b);
    }
}
```

①
```
10
11
10
30
```

②
```
10
10
10
30
```

③
```
10
10
10
10
```

④
```
10
10
10
40
```

75 다음 Java 프로그램을 실행했을 때 결과는?

```java
class Parent {
    int x = 100;
    Parent() {
        this(500);
    }
    Parent(int x) {
        this.x = x;
    }
    int getX() {
        return x;
    }
}

class Child extends Parent {
    int x = 4000;

    Child() {
        this(5000);
    }
    Child(int x) {
        this.x = x;
    }
}

public class Main {
    public static void main(String[] args) {
        Child obj = new Child();
        System.out.println(obj.getX());
    }
}
```

① 1000   ② 5000
③ 4000   ④ 500

76 다음 파이썬(Python) 프로그램이 실행되었을 때의 결과는?

```
a = "REMEMBER MEMBER"
b = a[:3] + a[10:13]
c = "R AND %s" % "STR"

print(b+c)
```

① REMEMBER AND STR
② REMEMBER AND %s
③ MEMBER AND STR
④ MEMBER AND %s STR

77 다음 파이썬(Python) 프로그램이 실행되었을 때의 결과는?

```
def test(num1, num2=100):
  print('a= ', num1, 'b= ', num2)

test(20)
```

① a =20 b =20
② a =20, b =100
③ a = 20, b = 100
④ a = 20 b = 100

78 다음 C언어 코드에 대해 출력결과가 아래와 같을 때, ㉠과 ㉡에 들어갈 키워드로 옳게 짝지어진 것은?

```
____㉠____  <stdio.h>
____㉠____  <string.h>
____㉡____  ARRAY_SIZE 50

int main(void) {
    char str[ARRAY_SIZE] = "nation";
```

```
    char *p2 = "alter";
    ____㉢____(str, p2);
    printf("%s", str);
    return 0;
}
```

[출력결과]
nationalter

① ㉠: #include, ㉡: #define, ㉢: strcat
② ㉠: #include, ㉡: #declare, ㉢: strcat
③ ㉠: #import, ㉡: #declare, ㉢: strcat
④ ㉠: #import, ㉡: #define, ㉢: strcmp

79 다음 C언어 프로그램이 실행되었을 때, 실행 결과는?

```
#include <stdio.h>
int main(int argc, char *agrv[]) {
    int a = 4;
    int b = 7;
    int c = a | b;
    int d = (a >> 1) & (b << 2);

    printf("%d", c);
    printf("%d", d);
    return 0;
}
```

① 70

② 7
   0

③ 72

④ 7
   2

80 다음 C언어 프로그램이 실행되었을 때, 실행 결과는?

```
#include <stdio.h>
int main(int argc, char *argv[]){
    int arr[2][3] = {1, 2, 3, 4, 5, 6};
    int (*p)[3] = NULL;
    int i, sum = 0;
    p = arr;
    for(i = 0; i < 2; i++){
        sum += *(p[i] + i+1);
    }
    printf("%d", sum);
    return 0;
}
```

① 6   ② 7
③ 8   ④ 9

5과목

81 소프트웨어 생명주기 모델에 대한 설명으로 옳지 <u>않은</u> 것은?

① 소프트웨어 생명주기 모델은 시스템의 요구분석부터 유지보수까지의 소프트웨어 개발 전체 과정을 체계적으로 정리하여 표준화한 것이다.
② 소프트웨어 생명주기는 개발 단계, 단계별 주요 활동, 산출물로 표현한다.
③ Bohem이 제시한 폭포수 모델은 단계별 정의와 산출물이 명확하고, 요구사항 변경이 수월하다.
④ Perry에 의해 제안된 V 모델은 폭포수 모델의 확장형으로 테스트 과정이 추가되었다.

82 네 명의 개발자가 3개월에 걸쳐 12,000라인의 코드를 개발하였을 때, 월별(man-month) 생산성은?

① 12000   ② 1000
③ 1200   ④ 12

83 소프트웨어 개발 단계에서 수행하는 품질 관리에 사용되는 국제 표준이 <u>아닌</u> 것은?

① ISO/IEC 12207   ② ISO 14001
③ SPICE   ④ CMMI

84 소프트웨어 개발 프레임워크와 관련한 설명으로 틀린 것은?

① 반제품 상태의 제품을 토대로 도메인별로 필요한 서비스 컴포넌트를 사용하여 재사용성 확대와 성능을 보장 받을 수 있게 하는 개발 소프트웨어이다.
② 라이브러리와 달리 사용자 코드가 직접 호출하여 사용하기 때문에 소프트웨어 개발 프레임워크가 직접 코드의 흐름을 제어할 수 있다.
③ 프레임워크의 동작 제어 흐름은 일반적인 프로그램 흐름과 동일하게 동작한다.
④ 유지보수성이 향상된다.

85 컴퓨팅 소프트웨어로 규정하는 데이터 스토리지 체계이며, 일정 조직 내 여러 스토리지를 하나처럼 관리하고 운용하는 컴퓨터 이용환경을 제공하는 기술은?

① Software Defined Networking
② Software Defined Data Center
③ Software Defined Storage
④ Mesh Network

86 아래의 설명에 대한 네트워크 설치 구조로 옳은 것은?

- 각 단말장치가 중앙 허브에 포인트 투 포인트 (Point-to-Point) 방식으로 연결
- 소규모 네트워크 설치, 네트워크 재구성(단말의 추가/제거) 쉬움
- 중앙 허브가 고장나면 전체 네트워크 정지, 하나의 단말장치가 고장나는 경우, 다른 단말 장치에 영향을 주지 않음

① 버스(Bus)형 구조
② 링(Ring)형 구조
③ 성(Star)형 구조
④ 트리(Tree)형 구조

87 아래의 그림은 인공지능의 관계에 대한 그림이다. (가), (나)에 들어 단어로 옳은 것은?

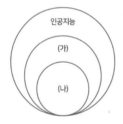

① (가) 머신러닝, (나) 딥러닝
② (가) 텐서플로, (나) 하둡
③ (가) 딥러닝, (나) 머신러닝
④ (가) 데이터 마이닝, (나) 증강현실

88 리눅스 재단에 의해 관리되는 컨테이너화된 애플리케이션의 배포 자동화, 스케일링을 제공하는 오픈소스 기반의 관리 시스템으로 옳은 것은?

① N-Screen
② Kerberose
③ Docker
④ Kubernetes

89 다차원으로 이루어진 데이터로부터 통계적인 요약 정보를 분석, 의사 결정에 활용하는 기술은?

① OLAP
② Scrapy
③ Hadoop
④ MapReduce

90 아래의 그림이 설명하는 스토리지 시스템으로 옳은 것은?

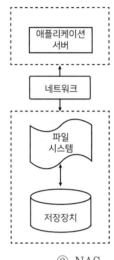

① DAS
② NAS
③ SAN
④ SSD

91 시스템 내의 정보와 자원은 인가된 사용자만 접근이 허용되며, 정보가 전송 중에 노출되더라도 데이터를 읽을 수 없다는 보안 원칙은?

① 부인 방지
② 무결성
③ 기밀성
④ 가용성

92 다음 중 인증의 방법이 <u>아닌</u> 것은?

① 당신이 알고 있는 것(Something You Know)
② 당신이 위치를 알고 있는 곳(Somewhere You Know)
③ 당신이 가지고 있는 것(Something You Have)
④ 당신 모습 자체(Something You Are)

93 다음 내용이 설명하는 접근 통제 모델은?

- 무결성을 보장하는 최초의 모델
- 기밀성과 가용성이 아닌 무결성만을 강제적 정책에 의해 접근을 제어한다.
- 비인가된 변경으로부터 객체를 보호한다.
- 자신의 권한보다 높은 보안 레벨 권한을 가진 경우에는 낮은 보안 레벨의 문서를 읽을 수 없고, 자신의 권한보다 높은 수준의 문서만 읽을 수 있다.
- 자신의 권한보다 낮은 보안 레벨의 문서에는 쓰기가 가능하지만, 보안 레벨이 높은 문서의 쓰기 권한은 제한한다.

① Clark Wilson Integrity Model
② Bell-LaPadula Model
③ Biba Integrity Model
④ Chinese Wall Model

94 웹 환경에서 발생할 수 있는 상위 10가지 위협에 대해 3~4년 주기로 발표하는 등 주로 웹 환경에서 발생할 수 있는 취약점을 연구하는 비영리 조직은?

① OWASP   ② ISO
③ BSI   ④ CC

95 다음 문장에서 설명한 공격 위협은 무엇인가?

웹 애플리케이션에서 사용자 입력 값에 대한 필터링이 제대로 이루어지지 않을 경우, 공격자는 사용자 입력 값을 받는 게시판, URL 등에 악의적인 스크립트(Javascript, VBScript, ActiveX, Flash 등)를 삽입하여 게시글이나 이메일을 읽는 사용자의 쿠키(세션)를 탈취하여 도용하거나 악성코드 유포 사이트로 Redirect 할 수 있음

① SSI 인젝션
② XPath 인젝션
③ 크로스사이트 스크립팅
④ 악성 콘텐츠

96 다음 내용이 설명하는 공격 기법은 무엇인가?

사용자가 자신의 의지와는 무관하게 공격자가 의도한 행위(수정, 삭제, 등록 등)를 특정 웹사이트에 요청하게 하는 공격 기법

① SQL 삽입(Injection)
② XSS
③ CSRF
④ 오류 메시지 통한 정보 노출

97 암호 알고리즘 DES에 대한 설명으로 옳지 <u>않은</u> 것은?

① 64비트 암호화 알고리즘이다.
② 비대칭 키 암호화 알고리즘이다.
③ 블록 암호화 알고리즘이다.
④ IBM에 의해 개발되었다.

98 다음 암호 알고리즘 중 성격이 <u>다른</u> 하나
는?

① HAVAL
② MD5
③ SHA-1
④ ARIA

99 다음 내용이 설명하는 것은?

- Secure Software 사에서 개발
- SDLC의 초기 단계에서 보안강화를 목적으로
  한 정형화된 프로세스
- 활동중심, 역할 기반의 프로세스로 구성
- 현재 운용 중인 시스템에 적합함

① CLASP
② CWE
③ SDL
④ Seven Touchpoints

100 네트워크 인터페이스를 거치는 패킷의 내용
을 출력해 주는 프로그램으로, 스니핑 도구의 일
종으로 자신이 컴퓨터로 들어오는 모든 패킷의 내
용을 도청할 수 있으며, 공격자에 대한 추적 및 공
격 유형 분석을 위해 패킷 분석 시 활용할 수 있는
보안 관련 도구는?

① netcat
② udpdump
③ tcpdump
④ tripwire

02 기출변형 모의고사 2회

● 해설 p.38

1과목

01 운영체제의 종류와 특징으로 옳지 <u>않은</u> 것은?

① Windows: Microsoft 사에서 개발한 것으로, 세계적으로 가장 많이 쓰인다.
② UNIX: 뛰어난 이식성, 높은 안정성을 가졌으며 업계 표준의 보안 기능을 탑재하였다.
③ Linux: 사용자 명령 기반의 대화식 운영체제로, 적은 비용으로 네트워크 서버 구축이 가능하다.
④ Mac OS: Apple 사에서 개발한 것으로 높은 안정성과 직관성을 가진 운영체제이다.

02 자료 흐름도(DFD; Data Flow Diagram)에서 자료 저장소(Data Store)의 표기법으로 올바른 것은?

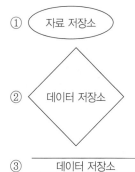

03 HIPO(Hierarchy Input Process Output)에 대한 설명으로 옳지 <u>않은</u> 것은?

① HIPO 다이어그램에는 가시적 도표(Visual Table of Contents), 총체적 다이어그램(Overview Diagram), 세부적 다이어그램(Detail Diagram)의 세 종류가 있다.
② 가시적 도표(Visual Table of Contents)는 시스템에 있는 어떤 특별한 기능을 담당하는 부분의 입력, 처리, 출력에 대한 전반적인 정보를 제공한다.
③ HIPO 다이어그램은 분석 및 설계 도구로 사용된다.
④ HIPO는 시스템의 설계나 시스템 문서화 용도로 사용되고 있는 기법이며, 기본 시스템 모델은 입력, 처리, 출력으로 구성된다.

04 럼바우의 객체 지향 분석에서 분석 활동의 모델링과 가장 거리가 <u>먼</u> 것은?

① 객체(object) 모델링
② 절차(procedure) 모델링
③ 동적(dynamic) 모델링
④ 기능(functional) 모델링

05 CASE가 갖고 있는 주요 기능이 <u>아닌</u> 것은?

① 그래픽 지원
② 소프트웨어 생명주기 전 단계의 연결
③ 언어 번역
④ 다양한 소프트웨어 개발 모형 지원

06 UML 다이어그램 중 동적 다이어그램이 <u>아닌</u> 것은?

① 유스케이스 다이어그램
② 순차 다이어그램
③ 상태 다이어그램
④ 배치 다이어그램

07 유스케이스 다이어그램(Use Case Diagram)에 관련된 내용으로 <u>틀린</u> 것은?

① 시스템과 상호작용하는 외부시스템은 액터로 파악한다.
② 유스케이스는 사용자 측면에서의 요구사항으로, 사용자가 원하는 목표를 달성하기 위해 수행할 내용을 기술한다.
③ 시스템 액터는 해당 프로젝트에서 새롭게 개발하는 것으로, 본 시스템과 데이터를 주고받는 등 서로 연동되는 시스템을 말한다.
④ 액터가 인식할 수 없는 시스템 내부의 기능을 하나의 유스케이스로 파악해서는 안 된다.

08 애자일(Agile) 프로세스 모델에 대한 설명으로 <u>틀린</u> 것은?

① 협상과 계약보다는 고객과의 협력을 중시한다.
② 프로세스와 도구 중심이 아닌 개개인과의 상호소통을 통해 의견을 수렴한다.
③ 변화에 대한 대응보다는 자세한 계획을 중심으로 소프트웨어를 개발한다.
④ 빠른 릴리즈를 통해 문제점을 빠르게 파악할 수 있다.

09 UI의 유형에 대한 아래의 설명으로 옳은 것은?

- 유기적 상호 작용 기반 인터페이스
- 자연 그대로의 상태 특성을 반영한 장치 제어로 사물의 변형 없이 자연 형태 그대로 인터페이스 장치가 되어 소프트웨어 조작

① CLI(Command Line Interface)
② GUI(Graphical User Interface)
③ NUI(Natural User Interface)
④ OUI(Organic User Interface)

10 UI 화면 구성요소로 옳지 <u>않은</u> 것은?

① Graphic   ② Text
③ Button   ④ Feedback

11 소프트웨어 아키텍처 설계 과정에서 아키텍처 스타일을 선택하고, 이를 조정하여 시스템의 요구사항과 목표에 적합하도록 맞추는 단계는 어떤 단계인가?

① 시스템 타입 결정
② 스타일 적용 및 커스터마이즈
③ 서브 시스템의 기능
④ 인터페이스 동작 작성

12 마스터-슬레이브 패턴(Master-Slave Pattern)에 대한 설명으로 가장 옳은 것은?

① 사용자 인터페이스를 구현하기 위한 패턴이다.
② 실시간 시스템에서 사용된다.
③ 다양한 처리 과정을 구성할 수 있어서 재사용성이 높으나, 데이터 이동에서 데이터 변환 오버헤드가 발생할 수 있다.
④ 데이터를 처리하는 각 단계를 독립적인 모듈로 분리함으로써 유연성과 확장성을 높인다.

13 객체지향의 관계성에 대한 설명으로 옳지 않은 것은?

① Aggregation은 서로 관련 있는 객체들을 묶어 하나의 상위 객체로 구성하는 것이다.
② Generalization은 공통된 특성으로 추상화한 상위 객체 구성하는 것이다.
③ Association은 2개 이상의 객체가 서로 연관되어 있는 관계이다.
④ Classification은 상위 객체를 구체화하여 하위 객체를 구성하는 것이다.

14 다음 내용이 설명하는 객체지향 설계 원칙은?

- 상속된 클래스는 기본 클래스의 역할을 수행할 수 있어야 한다는 원칙
- 상속 관계에서 하위 클래스는 상위 클래스와 호환성이 있어야 함

① 인터페이스 분리 원칙
② 단일 책임 원칙
③ 개방 폐쇄의 원칙
④ 리스코프 교체의 원칙

15 모듈에 대한 설명으로 옳지 않은 것은?

① 모듈은 프로그램에서 독립적으로 컴파일하고 링크될 수 있는 최소한의 단위이다.
② 모듈은 자체적으로 완결성을 갖추며, 다른 모듈과 독립적으로 개발, 테스트, 유지보수 할 수 있다.
③ 모듈의 독립성은 결합도와 응집도에 의해 결정된다.
④ 모듈은 독립적이고 추상화된 인터페이스를 제공하나, 다른 시스템에서 재사용할 수 없다.

16 모듈의 응집도(Cohesion)에 대한 설명으로 옳지 않은 것은?

① 모듈의 응집도는 모듈의 기능 독립성 강도를 의미한다.
② 효과적인 소프트웨어 설계를 위해서 모듈 간의 응집도는 낮게 설계해야 한다.
③ 통일한 입력과 출력을 사용하여 서로 다른 기능을 수행하는 활동들이 모여 있는 경우의 응집도를 통신적 응집도(Communication Cohesion)라고 한다.
④ 서로 다른 상위 모듈에 의해 호출되어 처리상의 연관성이 없는 서로 다른 기능을 수행하는 경우의 응집도를 우연적 응집도(Coincidental Cohesion)라고 한다.

17 GoF(Gangs of Four) 디자인 패턴에서 행위 패턴(Behavioral Pattern)에 해당하는 것은?

① 컴포지트(Composite)
② 어댑터(Adapter)
③ 추상 팩토리(Abstract Factory)
④ 옵서버(Observer)

18 다음 내용이 설명하는 디자인 패턴은?

> 특정 시점의 객체의 상태 정보를 저장하고, 필요에 따라 이를 복구(작업취소; Undo)할 수 있는 패턴

① 반복자(Iterator)
② 방문자(Visitor)
③ 인터프리터(Interpreter)
④ 메멘토(Memento)

19 송신 시스템의 데이터베이스에서 데이터를 읽어서 제공하는 애플리케이션 프로그래밍 인터페이스 방식은?

① API/Open API
② DB Link
③ Socket
④ JDBC

20 응용프로그램의 프로시저를 사용하여 원격 프로시저를 로컬 프로시저처럼 호출하는 방식의 미들웨어 솔루션 유형은?

① WAS(Web Application Server)
② MOM(Message Oriented Middleware)
③ RPC(Remote Procedure Call)
④ ORB(Object Request Broker)

21 비선형 구조와 선형 구조가 옳게 짝지어진 것은?

> ① 스택(Stack)
> ② 큐(Queue)
> ③ 트리(Tree)
> ④ 연결 리스트(Linked List)
> ⑤ 그래프(Graph)

① 비선형 구조: ①, ②, ⑤, 선형 구조: ③, ④
② 비선형 구조: ③, ⑤, 선형 구조: ①, ②, ④
③ 비선형 구조: ①, ②, ③, 선형 구조: ④, ⑤
④ 비선형 구조: ③, 선형 구조: ①, ②, ④, ⑤

22 스택 알고리즘에서 T가 스택 포인터이고, m이 스택의 길이일 때, 서브루틴 "AA"가 처리해야 하는 것은?

> $T \leftarrow T+1$
> if $T \rangle m$ then goto AA
> else STACK(T) $\leftarrow$ item

① 오버플로우 처리　② 언더플로우 처리
③ 삭제 처리　④ 삽입 처리

23 다음 트리를 후위 순회(Post Traversal)할 경우, 가장 먼저 순회하는 노드는?

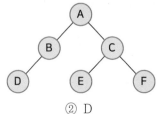

① A　② D
③ E　④ F

24 다음 자료를 버블 정렬을 이용하여 오름차순으로 정렬할 경우 PASS 1의 결과는?

4, 2, 3, 8, 5

① 4, 2, 3, 5, 8   ② 2, 4, 3, 5, 8

③ 2, 4, 3, 8, 5   ④ 2, 3, 4, 5, 8

25 순서가 A, B, C, D로 정해진 입력 자료를 스택에 입력하였다가 출력한 결과로 가능한 것으로만 짝지어진 것은?

㉠ D, A, B, C
㉡ B, A, D, C
㉢ A, B, C, D
㉣ C, B, A, D

① ㉠

② ㉠, ㉡, ㉣

③ ㉡, ㉢, ㉣

④ ㉠, ㉡, ㉢, ㉣

26 다음과 같이 오름차순 정렬되었을 경우 사용된 정렬 기법은 무엇인가?

초기상태: 8, 3, 4, 9, 7
1 PASS: 3, 8, 4, 9, 7
2 PASS: 3, 4, 8, 9, 7
3 PASS: 3, 4, 7, 9, 8
4 PASS: 3, 4, 7, 8, 9

① bubble sort

② selection sort

③ quick sort

④ shell sort

27 다음 중 n개의 데이터를 정렬하는데 최악의 경우 $O(n^2)$의 시간복잡도를 갖는 알고리즘은?

① quick sort   ② merge sort

③ radix sort   ④ heap sort

28 깊이가 5인 이진 트리가 가질 수 있는 최대 노드 수는?

① 25   ② 31

③ 35   ④ 42

29 다음 그림에서 트리의 차수(Degree)와 트리의 깊이(Depth)는?

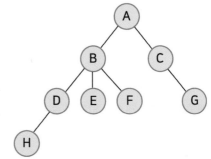

① 차수: 3, 깊이: 3

② 차수: 4, 깊이: 3

③ 차수: 3, 깊이: 4

④ 차수: 6, 깊이: 4

30 화이트박스 테스트 기법에 해당되는 것은?

① Equivalence partitioning

② Boundary value analysis

③ Cause and effect graphing

④ Condition coverage

31 블랙박스 검사에 관하여 기술한 것 중 잘못된 것은?

① 모듈의 구조보다 기능을 검사한다.
② 동치 분할(equivalence partitioning)이라는 기법을 사용한다.
③ Nassi-Shneiderman 도표를 사용하여 검정 기준을 작성할 수 있다.
④ 원인-결과 그래프(cause and effect graph)로 테스트케이스를 작성할 수 있다.

32 하향식 통합 테스트에 있어서 모듈 간의 통합 시험을 하기 위해 일시적으로 필요한 조건만을 가지고 임시로 제공되는 시험용 모듈을 무엇이라고 하는가?

① build   ② stub
③ alpha   ④ cluster

33 애플리케이션 테스팅 단계의 순서가 적절하게 이루어진 것은?

① 단위 테스트 – 통합 테스트 – 시스템 테스트 – 수용 테스트
② 수용 테스트 – 단위 테스트 – 통합 테스트 – 시스템 테스트
③ 단위 테스트 – 통합 테스트 – 수용 테스트 – 시스템 테스트
④ 수용 테스트 – 시스템 테스트 – 단위 테스트 – 통합 테스트

34 소프트웨어 프로젝트(Project)의 특징에 대한 설명으로 가장 거리가 먼 것은?

① 모든 소프트웨어 프로젝트는 항상 시작과 끝이 있다.
② 모든 소프트웨어 프로젝트는 서로 다르다.
③ 모든 소프트웨어 프로젝트는 대단위 사업을 의미한다.
④ 모든 소프트웨어 프로젝트는 개략적인 범위 정의에서부터 시작하여 점차 구체화하여 구현해 간다.

35 소프트웨어 재공학 활동 중 역공학에 해당하는 것은?

① 소프트웨어 동작 이해 및 재공학 대상 선정
② 소프트웨어 기능 변경 없이 소프트웨어 형태를 목적에 맞게 수정
③ 원시 코드로부터 설계정보 추출 및 절차 설계 표현, 프로그램과 데이터 구조 정보 추출
④ 기존 소프트웨어 시스템을 새로운 기술 또는 하드웨어 환경에 이식

36 소프트웨어의 품질목표 중에서 옳고 일관된 결과를 얻기 위하여 요구된 기능을 수행할 수 있는 정도를 나타낸 것은?

① 정확성(Correctness)
② 신뢰성(Reliability)
③ 효율성(Efficiency)
④ 무결성(Intergrity)

37 디지털 저작권 관리(DRM) 구성요소가 <u>아닌</u> 것은?

① 콘텐츠 제공자(Contents Provider): 콘텐츠를 제공하는 저작권자
② 패키저(Packager): 콘텐츠를 메타 데이터와 함께 배포 가능한 단위로 묶는 기능
③ 클리어링 하우스(Clearing House): 키 관리 및 라이선스 발급 관리
④ DRM 컨트롤러(DRM Controller): 원본 콘텐츠를 안전하게 유통하기 위한 전자적 보안장치

38 제품 소프트웨어 패키징 도구 활용 시 고려 사항이 <u>아닌</u> 것은?

① 제품 소프트웨어 종류에 적합한 암호화 알고리즘을 적용한다.
② 사용자의 편의성을 위한 복잡성 및 비효율성 문제를 고려한다.
③ 내부 콘텐츠에 대한 보안을 고려한다.
④ 단일 기종에서만 사용 가능하도록 해야 한다.

39 ㉠에 해당하는 용어로 옳은 것은?

㉠은 해싱 함수로 구한 버킷에 빈 슬롯이 없으면 그 다음 버킷에서 빈 슬롯이 있는지를 찾는 방법이다.

가령 ht[k]에서 충돌이 발생했다고 했을 때, ㉠은 먼저 ht[k+1]이 비어 있는지를 살핀다. 비어 있지 않다면 다음 위치인 ht[k+2]를 살펴보는데, 이런 식으로 비어 있는 공간이 나올 때까지 계속하는 조사 방법이다. 만약 테이블의 끝에 도달하게 되면 다시 테이블의 처음으로 간다. 처음 충돌이 났던 곳으로 다시 돌아오면 테이블이 가득 찬 것이 된다. 따라서 조사되는 위치는 다음과 같은 순서이다.

$$h(k),\ h(k) + 1,\ h(k) + 2,\ h(k) + 3,\ \dots\ \bmod\ M$$

① 체이닝
② 선형 개방 주소법
③ 재해싱
④ 이차 조사법

40 인터페이스 구현 검증 도구 중 아래에서 설명하는 것은?

• 같은 테스트 코드를 여러 번 작성하지 않게 도와주고, 테스트마다 예상 결과를 기억할 필요가 없게 하는 자동화 해법을 제공하는 단위 테스트 프레임워크
• Java, C++, .NET, Http 등 다양한 언어 지원

① STAF
② Selenium
③ xUnit
④ FitNesse

3과목

41 릴레이션 R1에 저장된 튜플이 릴레이션 R2에 있는 튜플을 참조하려면 참조되는 튜플이 반드시 R2에 존재해야 한다는 데이터 무결성 규칙은?

① 개체 무결성 규칙(Entity Integrity Rule)
② 참조 무결성 규칙(Referential Integrity Rule)
③ 영역 무결성 규칙(Domain Integrity Rule)
④ 트리거 규칙(Trigger Rule)

42 관계 데이터 모델에서 릴레이션(relation)에 포함되어 있는 튜플(tuple)의 수를 무엇이라고 하는가?

① 차수(degree)
② 카디널리티(cardinality)
③ 속성수(attribute value)
④ 카티션 프로덕트(cartesian product)

43 아래의 〔인사〕테이블과 〔차량〕테이블을 이용하여 SQL문을 수행했을 경우의 결과는?

```
SELECT 종류
FROM 차량
WHERE 사원번호 IN (SELECT 사원번호
                    FROM 인사
                    WHERE 성명 = '오형우');
```

인사 테이블			차량 테이블	
성명	소속	사원번호	사원번호	종류
김이순	총무과	25	23	A
박이준	자재과	56	25	B
이형수	영업과	23	43	C
오형우	교육과	43	56	D

① 43
② 56
③ C
④ D

44 다음 표와 같은 판매실적 테이블을 읽어 서울 지역에 한하여 판매액 내림차순으로 지점명과 판매액을 출력하고자 한다. 가장 적절한 SQL구문은?

판매실적 테이블		
도시	지점명	판매액
서울	강남지점	330
서울	강북지점	168
광주	광주지점	197
서울	강서지점	158
서울	강동지점	197
대전	대전지점	165

① SELECT 지점명, 판매액 FROM 판매실적 WHERE 도시='서울' ORDER BY 판매액 DESC;
② SELECT 지점명, 판매액 FROM 판매실적 ORDER BY 판매액 DESC;
③ SELECT 지점명, 판매액 FROM 판매실적 WHERE 도시='서울' ASC;
④ SELECT * FROM 판매실적 WHEN 도시='서울' ORDER BY 판매액 DESC;

45 다음 [ ]에 적당한 SQL 문장은?

```
SELECT 번호, 이름
FROM 학생테이블
[ ] 학과 = '컴퓨터';
```

① SET
② GROUP
③ WITH
④ WHERE

46 데이터 사전(data dictionary)에 대한 설명으로 옳지 <u>않은</u> 것은?

① 여러 가지 스키마와 이들 속에 포함된 사상들에 관한 정보도 컴파일 되어 저장된다.
② 데이터베이스를 실제로 접근하는 데 필요한 정보를 유지, 관리하며 시스템만이 접근한다.
③ 사전 자체도 하나의 데이터베이스로 간주되며, 시스템카탈로그(system catalog)라고도 한다.
④ 데이터베이스가 취급하는 모든 데이터 객체들에 대한 정의나 명세에 관한 정보를 관리 유지한다.

47 속성(attribute)에 대한 설명으로 옳지 <u>않은</u> 것은?

① 속성은 개체의 특성을 기술한다.
② 속성은 데이터베이스를 구성하는 가장 작은 논리적 단위이다.
③ 속성은 파일 구조상 데이터 항목 또는 데이터 필드에 해당된다.
④ 속성의 수를 "cardinality"라고 한다.

48 뷰(view)에 대한 설명으로 옳지 <u>않은</u> 것은?

① 뷰는 CREATE VIEW 명령을 사용하여 정의한다.
② 뷰의 정의는 ALTER VIEW 문을 사용하여 변경할 수 있다.
③ 하나의 뷰를 삭제하면 그 뷰를 기초로 정의된 다른 뷰도 자동으로 삭제된다.
④ 뷰를 제거할 때는 DROP 문을 사용한다.

49 릴레이션을 조작할 때 데이터의 중복으로 인하여 발생하는 이상(anomaly) 현상이 <u>아닌</u> 것은?

① 검색 이상
② 삽입 이상
③ 삭제 이상
④ 갱신 이상

50 트랜잭션들을 수행하는 도중 장애로 인해 손상된 데이터베이스를 손상되기 이전의 정상적인 상태로 복구시키는 작업은?

① Recovery
② Restart
③ Commit
④ Abort

51 데이터베이스 설계 시 물리적 설계 단계에서 수행하는 사항이 <u>아닌</u> 것은?

① 저장 레코드 양식 설계
② 레코드 집중의 분석 및 설계
③ 접근 경로 설계
④ 목표 DBMS에 맞는 스키마 설계

52 다음 정규화에 대한 설명으로 <u>틀린</u> 것은?

① 데이터베이스의 개념적 설계 단계에서 수행한다.
② 데이터 구조의 안정성을 최대화한다.
③ 중복을 배제하여 삽입, 삭제, 갱신 이상의 발생을 방지한다.
④ 데이터 삽입 시 릴레이션을 재구성할 필요성을 줄인다.

53 병행 제어의 로킹(Locking) 단위에 대한 설명으로 옳지 <u>않은</u> 것은?

① 데이터베이스, 파일, 레코드 등은 로킹 단위가 될 수 있다.
② 로킹 단위가 작아지면 로킹 오버헤드가 증가한다.
③ 한꺼번에 로킹할 수 있는 단위를 로킹 단위라고 한다.
④ 로킹 단위가 작아지면 병행성 수준이 낮아진다.

54 한 릴레이션의 기본키를 구성하는 어떠한 속성 값도 널(Null) 값이나 중복 값을 가질 수 없음을 의미하는 것은?

① 개체 무결성 제약 조건
② 참조 무결성 제약 조건
③ 도메인 무결정 제약 조건
④ 키 무결성 제약 조건

55 제2정규형에서 제3정규형이 되기 위한 조건은?

① 이행적 함수 종속 제거
② 부분적 함수 종속 제거
③ 다치 종속 제거
④ 결정자이면서 후보키가 아닌 것 제거

56 관계 데이터베이스에 있어서 관계 대수 연산이 <u>아닌</u> 것은?

① 디비전(division)
② 프로젝트(project)
③ 조인(join)
④ 포크(fork)

57 관계해석에서 'for all: 모든 것에 대하여'의 의미를 나타내는 논리 기호는?

① ∃   ② ∈
③ ∀   ④ ∪

58 DBA가 사용자 Park에게 테이블A의 데이터를 갱신할 수 있는 시스템 권한을 부여하고자 하는 SQL문을 작성하고자 한다. 다음에 주어진 SQL문의 빈칸에 알맞게 채운 것은?

GRANT ㉠ ㉡ 테이블A To Park;

① ㉠ INSERT, ㉡ INTO
② ㉠ ALTER, ㉡ TO
③ ㉠ UPDATE, ㉡ ON
④ ㉠ REPLACE, ㉡ IN

59 다음의 성적 테이블에서 학생별 점수평균을 구하기 위한 SQL문으로 옳은 것은?

학생 점수 테이블		
성명	과목	점수
홍길동	국어	80
홍길동	영어	68
홍길동	수학	97
강감찬	국어	58
강감찬	영어	97
강감찬	수학	65

① SELECT 성명, (AVG)점수 FROM 성적 ORDER BY 성명;
② SELECT 성명, AVG(점수) FROM 성적 ORDER BY 성명;
③ SELECT 성명, (AVG)점수 FROM 성적 GROUP BY 성명;
④ SELECT 성명, AVG(점수) FROM 성적 GROUP BY 성명;

60 데이터베이스에서 널(NULL) 값에 대한 설명으로 옳지 <u>않은</u> 것은?

① 아직 모르는 값을 의미한다.
② 아직 알려지지 않은 값을 의미한다.
③ 공백이나 0(ZERO)과 같은 의미이다.
④ 정보 부재를 나타내기 위해 사용한다.

4과목

61 운영체제를 기능에 따라 분류할 경우 제어 프로그램과 가장 거리가 <u>먼</u> 것은?

① 데이터 관리 프로그램(Data management program)
② 감시 프로그램(Supervisor program)
③ 작업 제어 프로그램(Job control program)
④ 서비스 프로그램(Service program)

62 UDP(User Datagram Protocol)에 대한 설명으로 거리가 <u>먼</u> 것은?

① 데이터 전달의 신뢰성을 확보한다.
② 비연결형 프로토콜이다.
③ 복구 기능을 제공하지 않는다.
④ 수신된 데이터의 순서 재조정 기능을 지원하지 않는다.

63 준비 상태 큐에 프로세스 A, B, C가 차례로 도착하였다. 라운드 로빈(Round Robin)으로 스케줄링할 때 타임 슬라이스를 4초로 한다면 평균 반환 시간은?

프로세스	A	B	C
실행시간(초)	17	4	5

① 12초 ② 14초 ③ 17초 ④ 18초

64 교착상태의 해결 방안 중 다음 사항에 해당하는 것은?

- 점유 및 대기 부정
- 비선점 부정
- 환형대기 부정

① prevention
② avoidance
③ detection
④ recovery

65 IPv6의 주소체계에 해당하지 <u>않는</u> 것은?

① Broadcast
② Unicast
③ Anycast
④ Multicast

66 4개의 프레임을 수용할 수 있는 주기억장치가 있으며, 초기에는 모두 비어 있다고 가정한다. 다음의 순서로 페이지 참조가 발생할 때, FIFO 페이지 교체 알고리즘을 사용할 경우 페이지 결함의 발생 횟수는?

페이지 참조 순서: 1, 2, 3, 1, 2, 4, 5, 1, 4

① 4회
② 5회
③ 6회
④ 7회

67 링크상태 라우팅 알고리즘을 사용하며, 대규모 네트워크에 적합한 것은?

① RIP   ② VPN
③ OSPF   ④ XOP

68 스케줄링 기법 중 SJF 기법과 SRT 기법에 관한 설명으로 가장 옳지 <u>않은</u> 것은?

① SJF는 비선점(nonpreemptive) 기법이다.
② SJF는 작업이 끝나기까지의 실행시간 추정치가 가장 작은 작업을 먼저 실행시킨다.
③ SRT는 실행 시간을 추적해야 하므로 오버헤드가 증가한다.
④ SRT에서는 이미 할당된 CPU를 다른 프로세스가 강제로 빼앗아 사용할 수 없다.

69 OSI 7계층 중 데이터 링크 계층의 프로토콜에 해당하지 <u>않는</u> 것은?

① HDLC
② HTTP
③ PPP
④ LLC

70 교착상태의 해결 기법 중 일반적으로 자원의 낭비가 가장 심한 것으로 알려진 기법은?

① 교착상태의 예방
② 교착상태의 회피
③ 교착상태의 발견
④ 교착상태의 복구

71 PCB(Process Control Block)가 갖고 있는 정보가 <u>아닌</u> 것은?

① 할당되지 않은 주변장치의 상태 정보
② 프로세스의 현재 상태
③ 프로세스의 고유 식별자
④ 스케줄링 및 프로세스의 우선순위

72 다음은 교착상태 발생조건 중 어떤 조건을 제거하기 위한 것인가?

> • 프로세스가 수행되기 전에 필요한 모든 자원을 할당시켜 준다.
> • 자원이 점유되지 않은 상태에서만 자원을 요구하도록 한다.

① Mutual Exclusion
② Hold and Wait
③ Non Preemption
④ Circular Wait

73 객체에게 어떤 행위를 하도록 지시하는 명령은?

① Class   ② Instance
③ Object   ④ Message

74 다음 Java 프로그램을 실행했을 때 결과는?

```java
public class Main {
    public static void main(String[] args) {
        int n;
        int k;
        int s;
        int el = 0;
        for(n=6; n<=30; n++){
            s=0;
            k=n/2;
            for(int j=1; j<=k; j++){
                if(n%j==0){
                    s=s+j;
                }
            }
            if(s==n){
                el+=n;
```

```
        }
    }
        System.out.println(el);
    }
}
```

① 6   ② 34

③ 100   ④ 2

75 다음 Java 프로그램을 실행했을 때 결과는?

```java
public class Main {
    static int[] MakeArray(){
        int[] tempArr = new int[4];

        for(int i=0; I < tempArr.length;
        i++){
          tempArr[i] = i;
        }
        return tempArr;
    }

    public  static  void  main(String[]
    args){
        int[] intArr;
        intArr = MakeArray();
        for(int i=intArr.length-1; i >=
        0; i--){
            System.out.print(intArr[i]);
        }
    }
}
```

① 1234   ② 4321

③ 0123   ④ 3210

76 다음 Java 프로그램을 실행했을 때 결과는?

```java
public class Test {
    public static void main(String[] args) {
        try {
            int result = 10;
            for (int i=0; i<10; i++){
                result = result/i;
            }
        } catch (Exception e) {
            System.out.println("Cannot
            divide by zero");
        } finally {
            System.out.println("Finally
            block executed");
        }
    }
}
```

① | Cannot divide by zero |

② | Cannot divide by zero |
  | Finally block executed |

③ | Finally block executed |

④ | |

77 다음 파이썬(Python) 프로그램이 실행되었을 때의 결과는?

```
TestList = [1,2,3,4,5]
TestList = list(map(lambda num : num +
100, TestList))

print(TestList)
```

① [1,2,3,4,5]
② 101,102,103,104,105
③ [101,102,103,104,105]
④ [101,2,3,4,5]

78 다음 파이썬(Python) 프로그램이 실행되었을 때의 결과는?

```
a, b = 100, 200
print(a==b)
```

① True   ② 100==200
③ False   ④ 300

79 다음 C언어 프로그램이 실행되었을 때, 실행 결과는?

```
#include <stdio.h>

struct point
{
    int xpos;
    int ypos;
};

int main(void) {
    struct point pos1 = {3, 4};
    struct point pos2 = {150, 250};
    struct point *pptr = &pos1;
```

```
    (*pptr).xpos += 4;
    (*pptr).ypos += 5;
    printf("[%d, %d] ", pptr→xpos, pptr→
    ypos);

    pptr = &pos2;
    pptr→xpos += 1;
    pptr→ypos += 2;
    printf("[%d, %d] ", (*pptr).xpos,
    (*pptr).ypos);
    return 0;

}
```

① [7, 9] [151, 252]

② [7, 9]
[151, 252]

③ [8, 7] [152, 251]

④ [8, 7]
[152, 251]

80 다음 C언어 프로그램이 실행되었을 때, 실행 결과는?

```
int main(void){
  int ary[3];
  int s = 0;
  *(ary+0)=1;
  ary[1] = *(ary+0)+2;
  ary[2] = *ary+3;
  for(int i=0; i<3; i++){
    s=s+ary[i];
  }
  printf("%d", s);
  return 0
}
```

① 6   ② 7   ③ 8   ④ 12

81 소프트웨어 개발 방법론 중 구조적 방법론에 대한 설명으로 옳은 것은?

① 분할과 정복(Divide and Conquer) 원리 적용한 것으로 정형화된 분석 절차에 따라 사용자 요구사항을 파악하여 문서화하는 프로세스 접근방식의 방법론이다.

② 시스템의 개발을 위해 계획, 분석, 설계, 구축에 정형화된 기법들을 통합하여 적용하는 자료 중심의 방법론이다.

③ 고객의 요구사항 변화에 유연하고 신속하게 적응하면서 효율적으로 일정한 주기로 반복하며 개발 과정을 진행하는 방법론

④ 소프트웨어를 구성하는 컴포넌트를 조립하여 새로운 소프트웨어를 만드는 방법론

82 아래의 설명은 테일러링 수행절차이다. ( ) 안에 들어갈 단어로 옳은 것은?

> 프로젝트 특징 정의 → 프로세스 선정 및 검증 → 상위 수준의 ( ) → 세부 ( ) → 테일러링 문서화

① 테일러링　　　② 커스터마이징
③ 인스펙션　　　④ 추상화

83 전기 및 정보통신기술을 활용하여 전력망을 지능화, 고도화함으로써 고품질의 전력 서비스를 제공하고 에너지 이용 효율을 극대화하는 전력망을 제공하는 기술는?

① Smart Grid　　② Wi-SUN
③ Zing　　　　　④ SSO

84 라우팅 프로토콜 중 RIP의 최대 홉수는?

① 10　　　　　　② 12
③ 15　　　　　　④ 26

85 실제와 유사하지만 실제가 아닌 환경이나 상황을 구현하는 소프트웨어 신기술은?

① AR　　　　　　② AI
③ XR　　　　　　④ MR

86 소프트웨어 개발 보안 관련 법규에 해당하지 <u>않은</u> 것은?

① 개인정보 보호법　② 정보통신망법
③ 신용정보법　　　④ 디자인보호법

87 사용자의 의사 결정에 도움을 주기 위하여 기간 시스템의 데이터베이스에 축적된 데이터를 공통의 형식으로 변환해서 관리하는 데이터베이스로 옳은 것은?

① Data Warehouse　② Data Mart
③ MapReduce　　　④ Data Storage

88 구글에서 대용량 데이터를 분산 병렬 컴퓨팅에서 처리하기 위한 목적으로 제작하였다. 연관성 있는 데이터를 묶어 쪼개는 작업과 중복된 데이터 제거 및 추출 작업을 하는 데이터베이스 관련 기술은?

① Hive　　　　　② Hadoop
③ MapReduce　　④ Tajo

89 데이터베이스 보안 3대 요소로 옳지 <u>않은</u> 것은?

① 기밀성　　　　② 무결성
③ 원자성　　　　④ 가용성

90 블록체인의 기본 인프라를 추상화하여 블록체인 응용 프로그램을 만들 수 있는 클라우드 컴퓨팅 플랫폼은?

① OTT　　　　② BaaS
③ SDDC　　　　④ Wi-SUN

91 보안 메커니즘 중 합법적인 사용자에게 유형 혹은 무형의 자원을 사용하도록 허용할 것인지를 확인하는 제반 행위로서, 대표적 방법으로는 패스워드, 인증용 카드, 지문 검사 등을 사용하는 것은?

① Cryptography
② Authentication
③ Digital Signature
④ Threat Monitoring

92 전사적 측면에서 일관된 보안정책을 기반으로 보안관리 프로세스의 효율성과 보안성을 향상시키기 위한 보안관제, 운영 및 관리를 지원하는 통합 보안관리 체계를 가리키는 말로, Agent, Manger, Console로 구성되는 것은?

① ESM　　　　② EAM
③ IAM　　　　④ IDS

93 접근 통제 모델에 대한 각각의 설명 중 옳은 것은?

① 비바(Biba) 모델: 임의적 접근 통제(DAC; Doscretionary Access Control)를 기반으로 하는 상태 머신 모델이다.
② 벨-라파듈라(Bell-Lapadula) 모델: 객체에 대한 무결성 또는 가용성을 유지하는 데 중점을 두고 있으며, 기밀성의 측면에는 대처하지 않는다.
③ 비바(Biba) 모델: 비밀 채널을 방지하며, 내부 및 외부 객체 일관성을 보호한다.
④ 클락-윌슨(Clark-Wilson) 모델: 허가받은 사용자가 허가받지 않고 데이터를 수정하는 것을 방지한다.

94 공개키 암호 알고리즘이 <u>아닌</u> 것은?

① RSA(Rivest, Shamir, Adelman)
② ECC(Elliptic, Curvem Cryptosystems)
③ ElGamal
④ SEED

95 보안 점검 내용 중 에러처리에서 발생할 수 있는 보안 약점에 해당하지 <u>않는</u> 것은?

① 부적절한 예외처리
② 오류 메시지를 통한 정보 노출
③ 오류 상황 대응 부재
④ 부적절한 인가

96 SDLC 구현 단계에서 발생할 수 있는 보안 취약점들을 최소화하기 위해 보안 요소들을 고려하여 코딩하는 것을 의미하는 것은?

① SDL　　　　② Secure Coding
③ Secure SDLC　　④ Secure OS

97 다음 문장은 송신자 "A"가 수신자 "B"에게 메시지를 보낼 때, 발생할 수 있는 보안 위협에 대응하는 보안기술을 설명한 것이다. 각각의 보안서비스로 알맞게 나타낸 것은?

> ㉠ "A"로부터 "B"에게 전송된 메시지가 변경 없이 전송되었는지를 확인하는 보안서비스
> ㉡ 수신자 "B"가 받은 메시지가 분명히 송신자 "A"가 보낸 것인가를 확인하는 보안서비스
> ㉢ 전송 중의 메시지가 공격자에 노출되는 것에 대응하는 보안서비스

① ㉠ 기밀성, ㉡ 인증, ㉢ 무결성
② ㉠ 가용성, ㉡ 무결성, ㉢ 기밀성
③ ㉠ 부인봉쇄, ㉡ 가용성, ㉢ 무결성
④ ㉠ 무결성, ㉡ 인증, ㉢ 기밀성

98 악성프로그램에 대한 설명으로 <u>틀린</u> 것은?

① 바이러스: 한 시스템에서 다른 시스템으로 전파하기 위해서 사람이나 도구의 도움이 필요한 악성프로그램이다.
② 웜: 한 시스템에서 다른 시스템으로 전파하는 데 있어서 외부의 도움이 필요하지 않은 악성프로그램이다.
③ 백도어: 사용자의 동의없이 설치되어 컴퓨터 정보 및 사용자 개인정보를 수집하고 전송하는 악성프로그램이다.
④ 논리 폭탄: 합법적 프로그램 안에 내장된 코드로서 특정한 조건이 만족되었을 때 작동하는 악성 코드이다.

99 다음 공격 기법에 대한 설명 중 <u>틀린</u> 것은?

① Phishing은 소셜 네트워크에서 악의적인 사용자가 지인 또는 특정 유명인으로 가장해 불특정 다수의 정보를 탈취하는 공격 기법이다.
② TearDrop은 IP 또는 ICMP의 특성을 악용해 특정 사이트에 집중적으로 데이터를 보내 네트워크 또는 시스템의 상태를 불능으로 만드는 공격 기법이다.
③ Key Logger Attack은 컴퓨터 사용자의 키보드 움직임을 탐지해 ID, 패스워드 등 개인의 중요한 정보를 몰래 빼내는 공격 기법이다.
④ Ransomware은 인터넷 사용자의 컴퓨터에 침입해 내부 문서 파일 등을 암호화해 사용자가 열지 못하게 하는 공격 기법이다.

100 TCP 세션 하이재킹(session hijacking) 공격의 보안 대책으로 옳지 <u>않은</u> 것은?

① Inverse DNS Lookup 탐지
② ACK Storm 탐지
③ 패킷 유실 및 재전송 증가 탐지
④ TCP 순서 번호(sequence number) 비동기 상태 탐지

03 기출변형 모의고사 3회

● 해설 p.52

1과목

01 소프트웨어 설계에서 요구사항 분석에 대한 설명으로 틀린 것은?

① 사용자의 요구사항을 추출하여 개발 목표를 정하고 어떻게 해결할 것인지 결정하는 단계이다.

② 사용자의 요구사항에 대한 타당성을 조사할 때, 비용과 일정에 대해서 고려하지 않는다.

③ 보다 구체적인 명세를 위해 소단위 명세서 (Mini-Spec)가 활용될 수 있다.

④ 개발 대상에 대한 사용자의 요구사항 중 모호하여 이해되지 않는 부분을 제외하는 단계이다.

02 시스템 개발을 위한 첫 단계는 사용자의 요구분석과 현재의 시스템에 대한 분석이라고 할 수 있다. 이 중 사용자의 요구분석을 위해 주로 하는 기법으로 가장 거리가 먼 것은?

① 사용자 면접

② 현재 사용 중인 각종 문서 검토

③ 설문 조사를 통한 의견 수렴

④ 통제 및 보안 분석

03 아래의 설명에 해당하지 <u>않는</u> 명세 기법은?

• 사용자의 요구사항을 수학적 기호와 정형화된 표기법으로 작성
• 요구사항을 정확하고 간결하게 표현
• 작성자와 관계없이 일관성 있으며, 완전성 검증 가능

① ER모델링

② VDM

③ Z-스키마

④ CSP

04 HIPO(Hierarchy Input Process Output)에 대한 설명으로 거리가 <u>먼</u> 것은?

① 하향식 소프트웨어 개발을 위한 문서화 도구이다.

② HIPO 차트 종류에는 가시적 도표, 총체적 도표, 세부적 도표가 있다.

③ 변경과 유지보수가 어렵다.

④ 보기 쉽고 이해하기 쉽다.

05 순차 다이어그램의 구성요소에 대한 설명으로 옳지 <u>않은</u> 것은?

① 객체(Object)는 시스템에 사용되는 구성요소로 클래스의 이름, 객체 이름, 인스턴트 변수를 갖는다.
② 생명선(Lifeline)은 객체가 메모리 내에 존재하는 시간을 표시하는 수직선이다.
③ 실행(Activation)은 오퍼레이션이 실행되는 단계을 표시하는 마름모꼴이다.
④ 메시지(Message)는 객체 간의 정보 및 제어를 전달하는데 사용하며, 객체 간의 상호작용을 나타내는 화살표로 표현한다.

06 클래스 다이어그램의 구성요소인 접근 제어자에 대한 설명으로 옳지 <u>않은</u> 것은?

① Public은 어떤 클래스나 패키지에서도 접근이 가능한 것으로 +로 표현한다.
② Private는 권한이 제한된 클래스에서만 접근이 가능한 것으로 -로 표현한다.
③ Protected는 해당 클래스와 동일한 패키지 내부 및 하위 클래스에서만 접근이 가능한 것으로 #으로 표현한다.
④ Package는 해당 클래스가 속한 패키지 내부에서만 접근이 가능하며 ~로 표현한다.

07 스크럼 개발 프로세스를 순서에 맞게 나열한 것은?

> 가. 스프린트 계획 회의
> 나. 제품 백로그 작성
> 다. 스프린트 진행
> 라. 스프린트 검토
> 마. 스프린트 회고

① 가-나-다-라-마
② 가-나-다-마-라
③ 나-가-라-다-마
④ 나-가-다-라-마

08 User Interface 설계 시, 오류 메시지나 경고에 관한 지침으로 가장 옳지 <u>않은</u> 것은?

① 오류 발생 시, 사용자는 오류가 발생했음을 정확하게 인지할 수 있어야 한다.
② 오류로부터 회복을 위한 구체적인 설명이 제공되어야 한다.
③ 사용자가 잘못된 입력을 하는 경우, 오류 메시지나 경고를 제공하지 않아도 된다.
④ 소리나 색 등을 이용하여 듣거나 보기 쉽게 의미 전달을 하도록 한다.

09 UI 설계 도구에 대한 설명으로 옳지 <u>않은</u> 것은?

① 사용자 인터페이스(User Interface, UI)를 디자인하고 구현하기 위한 도구이다.
② 사용자의 요구사항이 실제 구현되었을 때, 화면의 구성, 화면 수행 방식 등을 기획 단계에서 미리 보여 주기 위해 사용한다.
③ UI 설계 도구의 종류로는 와이어프레임(Wireframe), 목업(Mockup), 프로토콜(Protocol) 등이 있다.
④ UI 설계 도구는 디자인 요소 추가 및 편집, 레이아웃 및 그리드 시스템, 프로토타이핑, 개발 지원과 같은 기능들을 지원한다.

10 소프트웨어 아키텍처 품질 속성 중 옳지 않은 것은?

① 시험 용이성(Testability)

② 정확성과 안정성(Correctness and Completeness)

③ 개발 용이성(Buildability)

④ 개념적 무결성(Conceptual Integrity)

11 아래의 그림이 설명하는 소프트웨어 아키텍처 패턴 유형은?

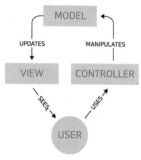

① 클라이언트-서버 패턴(Client-Server Pattern)

② 파이프-필터 패턴(Pipe-Filter Pattern)

③ 레이어 패턴(Layers pattern)

④ 모델-뷰 컨트롤러 패턴(MVC; Model View ControllerPattern)

12 객체지향에 대한 설명으로 옳지 않은 것은?

① 현실 세계의 객체(Entity)를 소프트웨어의 객체(Object)로 추상화하여 프로그래밍하는 방법이다.

② 객체(Object)는 소프트웨어가 모델링을 하는 대상으로, 객체는 속성(Attribute)과 동작(Method)으로 구성된다.

③ 객체 간의 상호작용은 메시지(Message)를 통해 이루어지며, 이를 통해 객체가 다른 객체에게 요청(Request)을 보내고, 그에 따라 응답(Response)을 받아들인다.

④ 속성은 객체의 기능(Functionality)을 나타내고, 동작은 객체의 상태(State)를 수행한다.

13 객체지향 분석기법의 하나로 유스케이스를 모든 모델의 기본으로 활용하고, 분석, 설계, 구현 단계로 구성되며, 기능적 요구사항 중심으로 수행하는 기법은?

① Wirfs-Block Method

② Rumbaugh Method

③ Booch Method

④ Jacobson Method

14 객체지향 분석 방법론 중 Coad와 Yourdon에서 활용하는 Diagram으로 옳은 것은?

① Use Case Diagram

② E-R Diagram

③ Activity diagram

④ Class diagram

15 객체는 다른 객체로부터 자신의 자료를 숨기고 자신의 연산 만을 통하여 접근을 허용하는 것을 무엇이라 하는가?

① Abstraction

② Information hiding

③ Modularity

④ Typing

16 하위 모듈에서 상위 모듈로 제어 신호가 이동하여 상위 모듈에게 처리 명령을 부여하는 권리 전도 현상이 발생하는 모듈 결합도는?

① 스탬프 결합도(Stamp Coupling)

② 제어 결합도(Control Coupling)

③ 외부 결합도(External Coupling)

④ 공통 결합도(Common Coupling)

17 결합도(Coupling)에서 가장 낮은 결합도를 갖는 단계는?

① Data Coupling
② Control Coupling
③ External Coupling
④ Content Coupling

18 디자인 패턴에 대한 설명으로 옳지 <u>않은</u> 것은?

① 디자인 패턴은 과거에 여러 개발자들이 실제 문제를 해결하면서 발견한 디자인의 모범 사례들을 모은 것이다.
② 디자인 패턴의 구성 요소는 일반적으로 문제 및 배경, 디자인 패턴의 이름, 문제점, 해결책, 결과, 재사용이 가능한 샘플 코드 등이 있다.
③ 디자인 패턴 활용 시, 소프트웨어의 품질 향상, 객체지향 설계와 생산성 향상, 재사용을 통한 개발 시간 단축 등이 장점이다.
④ 디자인 패턴 활용 시, 객체지향 설계와 구현으로 타 방법론 기반의 애플리케이션 개발에도 재사용할 수 있다.

19 다음의 내용이 설명하는 요구사항 확인 및 검증 기법은?

> 요구사항 명세서 작성자를 제외한 다른 전문가 또는 팀이 요구사항 명세서를 확인하며 결함을 발견하는 검토 방법

① 동료 검토(Peer Review)
② 인스펙션(Inspection)
③ 워크 스루(Walk Through)
④ 롤 플레잉(Role Playing)

20 미들웨어(Middleware)에 대한 설명으로 틀린 것은?

① 여러 컴포넌트를 1대1, 1대다, 다대다 등 여러 가지 형태로 연결이 가능하다.
② 분산 시스템의 여러 컴포넌트가 요구하는 독립적인 서비스의 구현을 제공한다.
③ 소프트웨어 컴포넌트를 연결하기 위한 준비된 인프라 구조를 제공한다.
④ 여러 운영체제에서 응용 프로그램들 사이에 위치한 소프트웨어이다.

2과목

21 자료구조에 대한 설명으로 옳은 것은?

① 스택은 FIFO 구조로 복귀주소(return address) 등에 이용된다.
② 큐는 양방향에서 입·출력이 가능한 구조이다.
③ 큐는 운영체제의 작업 스케줄링에 응용된다.
④ 연결 리스트는 자료의 삽입과 삭제가 어렵다.

22 다음 중 비선형 자료구조에 해당되는 것을 <u>모두</u> 고르면?

㉠ 리스트	㉡ 그래프	㉢ 큐
㉣ 스택	㉤ 트리	㉥ 데크

① ㉠, ㉥
② ㉡, ㉤
③ ㉡, ㉤, ㉥
④ ㉠, ㉢, ㉣, ㉥

23 다음 자료를 버블 정렬을 이용하여 오름차순 정렬할 때, 자료의 비교 횟수는?

7, 4, 11, 9, 2

① 1회   ② 4회
③ 6회   ④ 10회

24 자료가 아래와 같이 주어졌을 때, 선택 정렬(selection sort)을 적용하여 오름차순으로 정렬할 경우 pass 2를 진행한 후의 정렬된 값으로 옳은 것은?

① 4, 5, 9, 8, 11   ② 4, 5, 9, 11, 8
③ 4, 5, 8, 11, 9   ④ 4, 5, 8, 9, 11

25 다음의 트리를 포스트오더(Postorder)로 운행할 때 노드 E는 몇 번째로 검사되는가?

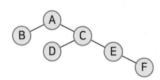

① 2번째   ② 3번째
③ 4번째   ④ 5번째

26 다음 그림에서 트리의 차수와 단말 노드 수는?

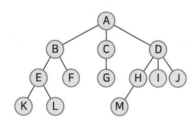

① 차수: 2, 단말 노드: 3
② 차수: 2, 단말 노드: 4
③ 차수: 3, 단말 노드: 3
④ 차수: 3, 단말 노드: 7

27 화이트 박스 테스트 기법으로만 짝지어진 것은?

㉠ Equivalence Partitioning Test
㉡ Comparison Test
㉢ Basic Path Test
㉣ Condition Test
㉤ Data Flow Test
㉥ Cause-Effect Graphing Test
㉦ Loop Test

① ㉠, ㉡, ㉦   ② ㉡, ㉢, ㉣, ㉥, ㉦
③ ㉠, ㉡, ㉥   ④ ㉢, ㉣, ㉤, ㉦

28 블랙박스 테스트를 이용하여 발견할 수 있는 오류의 경우로 거리가 먼 것은?

① 비정상적인 자료를 입력해도 오류처리를 수행하지 않는 경우
② 정상적인 자료를 입력해도 요구된 기능이 제대로 수행되지 않는 경우
③ 반복 조건을 만족하는데도 루프 내의 문장이 수행되지 않는 경우
④ 경계값을 입력할 경우 요구된 출력 결과가 나오지 않는 경우

29 형상 관리 절차의 순서가 적절하게 이루어진 것은?

① 형상 식별 → 형상 감사 → 형상 기록 → 형상 통제
② 형상 기록 → 형상 감사 → 형상 식별 → 형상 통제
③ 형상 식별 → 형상 기록 → 형상 통제 → 형상 감사
④ 형상 식별 → 형상 통제 → 형상 감사 → 형상 기록

30 〈보기〉의 중위 표기식(infix expression)을 전위 표기식(prefix expression)으로 변환한 것으로 옳은 것은?

> 〈보기〉
> ((x / y) − z) + (u * v * w) − ((x * z) / u)

① − + − / xyz * * uvw / * xzu
② − + − / xyz * * uvw * / xzu
③ − / xyz + * * uvw / * − xzu
④ − / xyz + * * uvw − / * xzu

31 최악의 경우 시간 복잡도가 $O(nlogn)$인 정렬 알고리즘은?

① 삽입 정렬(insertion sort)
② 퀵 정렬(quick sort)
③ 합병 정렬(merge sort)
④ 버블 정렬(bubble sort)

32 시작점이 1일 때, 〈보기〉의 그래프에 대한 너비 우선 탐색(breadth first search)의 방문 순서를 바르게 나열한 것은? (단, 같은 우선순위의 정점들은 숫자가 작은 정점을 먼저 방문한다.)

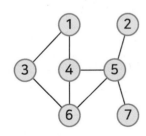

① 1−2−3−4−5−6−7
② 1−3−4−5−2−7−6
③ 1−3−4−5−6−2−7
④ 1−3−4−6−5−2−7

33 병합 정렬, 퀵 정렬은 어떤 알고리즘 설계 기법에 해당되는가?

① Divide & Conquer
② Dynamic Programming
③ Greedy
④ Backtracking

34 해시 충돌 해결 방법의 하나로 버킷 내에 연결리스트를 할당하여 버킷에 데이터를 삽입하다가 해시 충돌이 발생하면 연결리스트로 데이터들을 연결하는 방식은?

① 선형 개방 주소법
② 제곱 탐색법
③ 재해싱
④ 체이닝

35 형상 관리 도구의 기능 중 개발자가 수정한 소스를 형상 관리 저장소로 업로드하는 기능을 일컫는 말은?

① Commit
② Check−In
③ Check−Out
④ Submit

36 다음과 같은 특징을 갖는 IDE 도구는?

> • Microsoft에서 개발
> • Windows 운영체제 기반
> • Basic, C, C++, C#, .NET 등 언어 지원
> • C 계열 언어에 특화

① Visual Studio
② Eclipse
③ Xcode
④ Andorid Studio

37 컴포넌트에 대한 설명으로 옳지 <u>않은</u> 것은?

① 소프트웨어 재사용과 관련하여 객체들의 모임, 대규모 재사용 단위이다.
② 인터페이스를 통해서만 접근할 수 있다.
③ 명백한 역할을 가지고 독립적으로 존재할 수 있는 시스템의 부분이다.
④ 하나의 클래스로만 구성된다.

38 저작권 관리 구성 요소에 해당하지 <u>않는</u> 것은?

① Contents Provider
② Clearing House
③ DRM Contents
④ SSO

39 개발 환경 구성을 위한 빌드(Build) 도구에 해당하지 <u>않는</u> 것은?

① 빌드 도구 – Maven
② 버전 관리 도구 – Ant
③ 정적 분석 도구 – PMD
④ 동적 분석 도구 – Avalanche

40 동일한 테스트 케이스로 동일한 테스트를 반복하면 더 이상 새로운 버그를 찾지 못한다는 테스트 원칙은?

① 초기 집중
② 살충제 패러독스
③ 정황 의존성
④ 오류–부재의 궤변

3과목

41 관계 데이터 모델에서 하나의 애트리뷰트가 취할 수 있는 원자값들의 집합을 무엇이라 하는가?

① 차수(degree)
② 도메인(Domain)
③ 속성수(attribute value)
④ 카디널리티(cardinality)

42 한 작업의 논리적 단위가 성공적으로 끝났고, 데이터베이스가 다시 일관된 상태에 있으며, 이 트랜잭션이 행한 갱신 연산이 완료된 것을 트랜잭션 관리자에게 알려주는 연산은?

① ROLLBACK 연산 ② LOG 연산
③ COMMIT 연산   ④ BACKUP 연산

43 한 릴레이션의 기본키를 구성하는 어떠한 속성 값도 널(NULL) 값이나 중복 값을 가질 수 없다는 것을 의미하는 것은?

① 참조 무결성 제약 조건
② 개체 무결성 제약 조건
③ 보안 무결성 제약 조건
④ 정보 무결성 제약 조건

44 SQL의 UPDATE 문에 대한 설명으로 옳은 것은?

① 새로운 튜플을 삽입할 때 사용한다.
② 테이블 전체를 UPDATE 하기 위해서는 반드시 WHERE 절을 사용하여야 한다.
③ UPDATE 될 속성의 순서는 CREATE TABLE에 명시되었던 순서이어야 한다.
④ 튜플의 내용을 변경하는 데 사용한다.

45 데이터베이스 언어 중 다음 설명에 해당하는 것은?

> • 논리적 데이터 구조와 물리적 데이터 구조의 정의
> • 논리적 데이터 구조와 물리적 데이터 구조 간의 사상 정의
> • 번역한 결과가 데이터 사전에 저장

① DDL
② DML
③ DCL
④ DRL

46 다음 문장의 ( ) 안 내용으로 공통 적용될 수 있는 가장 적절한 내용은 무엇인가?

> "관계형 데이터 모델에서 한 릴레이션의 ( )는 참조되는 릴레이션의 기본키와 대응되어 릴레이션의 기본키와 대응되어 릴레이션간에 참조 관계를 표현하는 데 사용되는 중요한 도구이다. ( )를 포함하는 릴레이션이 참조하는 릴레이션이 되고, 대응되는 기본키를 포함하는 릴레이션이 참조 릴레이션이 된다."

① 후보키(Candidate key)
② 대체키(Alternate key)
③ 외래키(Foreign key)
④ 수퍼키(Super key)

47 분산 데이터베이스에 대한 설명으로 옳지 <u>않은</u> 것은?

① 분산 데이터베이스 관리시스템의 목적은 사용자들이 데이터가 어느 지역 데이터베이스에 위치하고 있는지를 알 수 있도록 하는 것이다.
② 분산 데이터베이스 관리시스템의 형태로는 동질 분산데이터베이스 관리시스템과 이질 분산 데이터베이스관리시스템으로 구분할 수 있다.
③ 분산 데이터베이스에서의 수평역할은 전역 테이블을 구성하는 튜플들을 부분집합으로 분할하는 방법을 한다.
④ 분산 데이터베이스는 데이터의 처리나 이용이 많은 지역에 데이터베이스를 위치시킴으로써 데이터의 처리가 가능한 해당 지역에서 해결될 수 있도록 하는 데이터베이스 시스템이다.

48 정규화 과정에서 발생하는 이상(Anomaly)에 관한 설명으로 옳지 <u>않은</u> 것은?

① 이상은 속성들 간에 존재하는 여러 종류의 종속관계를 하나의 릴레이션에 표현할 때 발생한다.
② 정규화는 이상을 제거하기 위해서 중복성 및 종속성을 배제시키는 방법으로 사용한다.
③ 1NF의 이상을 해결하기 위해서는 프로젝션에 의해 릴레이션을 분해하여 부분 함수 종속을 제거해야 한다.
④ 속성들 간의 종속 관계를 분석하여 여러 개의 릴레이션을 하나로 결합하여 이상을 해결한다.

49 개체-관계 모델의 E-R 다이어그램에서 사용되는 기호와 그 의미의 연결이 옳지 <u>않은</u> 것은?

① 사각형 - 개체 타입
② 삼각형 - 속성
③ 선(링크) - 연결
④ 마름모 - 관계 타입

50 데이터베이스에서 개념적 설계 단계에 대한 설명으로 틀린 것은?

① 산출물로 E-R가 만들어진다.
② DBMS에 독립적인 개념 스키마를 설계한다.
③ 트랜잭션 인터페이스를 설계한다.
④ 논리적 설계 단계의 앞 단계에서 수행된다.

51 트랜잭션의 특성 중 둘 이상의 트랜잭션이 동시에 병행 실행되는 경우 어느 하나의 트랜잭션 실행 중에 다른 트랜잭션의 연산이 끼어들 수 없음을 의미하는 것은?

① log
② consistency
③ isolation
④ durability

52 데이터베이스의 물리적 설계 단계와 거리가 먼 것은?

① 저장 레코드 양식 설계
② 레코드 집중의 분석 및 설계
③ 개념 스키마 모델링 수행
④ 접근 경로 설계

53 시스템 카탈로그에 대한 설명으로 옳지 않은 것은?

① 사용자가 직접 시스템 카탈로그의 내용을 갱신하여 데이터베이스 무결성을 유지한다.
② 시스템 자신이 필요로 하는 스키마 및 여러 가지 객체에 관한 정보를 포함하고 있는 시스템 데이터베이스이다.
③ 시스템 카탈로그에 저장되는 내용을 메타데이터라고도 한다.
④ 시스템 카탈로그는 DBMS가 스스로 생성하고 유지한다.

54 순수관계 연산자에서 릴레이션의 일부 속성만 추출하여 중복되는 튜플은 제거한 후 새로운 릴레이션을 생성하는 연산자는?

① REMOVE
② PROJECT
③ DIVISION
④ JOIN

55 정규화 과정에서 A → B 이고 B → C일 때 A → C인 관계를 제거하는 단계는?

① 1NF → 2NF
② 2NF → 3NF
③ 3NF → BCNF
④ BCNF → 4NF

56 관계 데이터베이스 제약조건 중 한 릴레이션의 기본키를 구성하는 어떠한 속성 값도 널(NULL) 값이나 중복 값을 가질 수 없다는 조건은?

① 키 제약 조건
② 참조 무결성 제약 조건
③ 참여 제약 조건
④ 개체 무결성 제약 조건

57 SQL에서 DELETE 명령에 대한 설명으로 옳지 <u>않은</u> 것은?

① 테이블의 행을 삭제할 때 사용한다.
② WHERE 조건절이 없는 DELETE 명령을 수행하면 DROP TABLE 명령을 수행했을 때와 같은 효과를 얻을 수 있다.
③ SQL을 사용 용도에 따라 분류할 경우 DML에 해당한다.
④ 기본 사용 형식은 "DELETE FROM 테이블 [WHERE 조건]"이다.

58 SQL View(뷰)에 대한 설명으로 <u>틀린</u> 것은?

① 뷰(View)를 제거하고자 할 때는 DROP 문을 이용한다.
② 뷰(View)의 정의를 변경하고자 할 때는 ALTER 문을 이용한다.
③ 뷰(View)를 생성하고자 할 때는 CREATE 문을 이용한다.
④ 뷰(View)의 내용을 검색하고자 할 때는 SELECT 문을 이용한다.

59 트랜잭션의 병행제어 목적으로 옳지 <u>않은</u> 것은?

① 데이터베이스의 공유 최대화
② 시스템의 활용도 최대화
③ 데이터베이스의 일관성 최소화
④ 사용자에 대한 응답시간 최소화

60 데이터베이스 설계 단계 중 물리적 설계에 해당하는 것은?

① 데이터 모형화와 사용자 뷰들을 통합한다.
② 트랜잭션의 인터페이스를 설계한다.
③ 파일 조직 방법과 저장 방법 그리고 파일 접근 방법 등을 선정한다.
④ 사용자들의 요구사항을 입력으로 하여 응용 프로그램의 골격인 스키마를 작성한다.

61 IPv4와 IPv6의 패킷 헤더의 비교 설명으로 <u>틀린</u> 것은?

① IPv4의 프로토콜 필드는 IPv6에서 트래픽 클래스(Traffic Class) 필드로 대치된다.
② IPv4의 TTL필드는 IPv6에서 홉 제한(Hop Limit)으로 불린다.
③ IPv4의 옵션 필드(Option Field)는 IPv6에서는 확장 헤더로 구현된다.
④ IPv4의 총 길이 필드는 IPv6에서 제거되고 페이로드 길이 필드로 대치된다.

62 객체지향 개념에서 연관된 데이터와 함수를 함께 묶어 외부와 경계를 만들고 필요한 인터페이스만을 밖으로 드러내는 과정을 무엇이라고 하는가?

① 메시지
② 캡슐화
③ 상속
④ 다형성

63 쉘(shell)의 기능이 <u>아닌</u> 것은?

① 자체의 내장 명령어 제공
② 파이프라인 기능
③ 주기억장치에 상주
④ 입출력 방향 지정

64 교착상태(Deadlock)의 회복 기법에 대한 설명으로 가장 옳지 <u>않은</u> 것은?

① 교착상태에 있는 모든 프로세스를 중지시킨다.
② 교착상태가 없어질 때까지 교착상태에 포함된 자원을 하나씩 비선점시킨다.
③ 교착상태가 없어질 때까지 교착상태에 포함된 프로세스를 하나씩 종료시킨다.
④ 교착상태 회복 기법은 시스템 내에 존재하는 교착상태를 제거하기 위하여 사용된다.

65 네트워크 전체에서 255.255.255.128 서브넷 마스크를 사용하는 10.0.0.0 네트워크에서 유효하지 않은 서브네트 ID는?

① 10.0.0.0
② 10.0.0.128
③ 10.1.1.192
④ 10.255.255.0

66 O/S가 수행하는 기능에 해당하지 <u>않는</u> 것은?

① 사용자들 간에 데이터를 공유할 수 있도록 한다.
② 사용자와 컴퓨터 시스템 간의 인터페이스 기능을 제공한다.
③ 자원의 스케줄링 기능을 제공한다.
④ 목적 프로그램과 라이브러리, 로드 모듈을 연결하여 실행 가능한 로드 모듈을 만든다.

67 TCP/IP 프로토콜에서 IP(Internet Protocol)에 대한 설명으로 거리가 <u>먼</u> 것은?

① 비연결형 전송 서비스 제공
② 비신뢰성 전송 서비스 제공
③ 데이터그램 전송 서비스 제공
④ 스트림 전송계층 서비스 제공

68 150K의 작업요구 시 first fit과 best fit 전략을 각각 적용할 경우, 할당 영역의 연결이 옳은 것은?

할당영역	운영체제
1	50K
	사용중
2	400K
	사용중
3	200K

① first fit: 2, best fit: 3
② first fit: 3, best fit: 2
③ first fit: 1, best fit: 2
④ first fit: 3, best fit: 1

69 HRN 방식으로 스케줄링할 경우, 입력된 작업이 다음과 같을 때 우선순위가 가장 높은 것은?

작업	대기시간	서비스(실행) 시간
A	5	20
B	40	20
C	15	45
D	20	20

① A
② B
③ C
④ D

70 OSI 7계층에서 TCP는 어떤 계층에 해당되는가?

① 세션 계층
② 네트워크 계층
③ 전송 계층
④ 데이터 링크 계층

71 다음과 같은 세그먼트 테이블이 있을 때, 실제 주소를 구하면? (단, 가상주소 S=(2, 100)이다.)

세그먼트 번호	크기	시작주소
0	1200	4000
1	800	5700
2	100	2000
3	500	3200

① 1500
② 1600
③ 2000
④ 2100

72 프로세스가 일정 시간 동안 자주 참조하는 페이지들의 집합을 의미하는 것은?

① Fragmentation
② FIFO
③ Working Set
④ Monitor

73 UNIX의 쉘(Shell)에 대한 설명으로 가장 옳지 않은 것은?

① 시스템과 사용자 간의 인터페이스를 담당한다.
② 프로세스 관리, 파일 관리, 입·출력 관리, 기억장치 관리 등의 기능을 수행한다.
③ 명령어 해석기 역할을 한다.
④ 사용자의 명령어를 인식하여 프로그램을 호출한다.

74 다음 Java 프로그램을 실행했을 때 결과는?

```
public class Exam {
    public static void main(String[] args){
        int a = 0;
        for(int i=1; i<99; i++){
            if(i%3==0 && i%2!=0){
                a = i;
            }
        }
        System.out.print(a);
    }
}
```

① 90
② 93
③ 99
④ 1

75 다음 중 올바른 JAVA 패키지와 import 구문의 순서를 가진 코드는?

① java import java.util.List;
   package com.example;
② package com.example;
   import java.util.List;
③ include com.example;
   import java.util.List;
④ package com.example;
   include java.util.List;

76 다음 파이썬(Python) 프로그램이 실행되었을 때의 결과는?

```python
a={'일본','중국','한국'}
a.add('베트남')
a.add('중국')
a.remove('일본')
a.update({'홍콩','한국','태국'})
print(a)
```

① {'홍콩','한국','태국'}
② {'한국','베트남','홍콩','태국'}
③ {'한국','베트남','한국','홍콩','태국'}
④ {'중국','한국','베트남', '홍콩','태국'}

77 다음 Python 프로그램의 실행 결과가 [실행 결과]와 같을 때, 빈칸에 적합한 것은?

```python
x = 20
if x == 10:
    print('10')
elif x == 20:
    print('20')
(   ):
    print('other')
```

[실행 결과]
20

① either
② elif
③ else if
④ else

78 다음 파이썬(Python) 프로그램이 실행되었을 때의 결과는?

```python
def cs(n):
    s = 1
    for num in range(n+3):
        s += num
    return s


print(cs(3))
```

① 11   ② 16   ③ 22   ④ 33

79 다음 C언어 프로그램이 실행되었을 때, 실행 결과는?

```c
#include <stdio.h>

int main(void){
    int num = 7;
    switch(num % 3){
        case 0:
            printf("A");
        case 1:
            printf("B");
        case 2:
            printf("C");
            break;
        default:
            printf("D");
    }
    return 0;
}
```

① B
② BC
③ BCD
④ CD

• 내일은 정보처리기사

80 다음 C언어 프로그램이 실행되었을 때, 실행 결과는?

```c
#include <stdio.h>
int len(char *p);
int main(){

  char *p1 = "2023";
  char *p2 = "202307";

  int a = p1;
  int b = p2;

  printf("%d", len(a) + len(b));

}

int len(char *p){
  int r = 0;
  while(*p != '\0'){
    p++;
    r++;
  }
return r;
}
```

① 4
② 8
③ 10
④ 12

81 SPICE 모델의 프로세스 수행능력 수준의 단계별 설명이 **틀린** 것은?

① 수준 2 – 수행 단계
② 수준 5 – 최적화 단계
③ 수준 4 – 예측 단계
④ 수준 3 – 확립 단계

82 소프트웨어 비용 추정 모형(estimation models)이 <u>아닌</u> 것은?

① COCOMO
② Putnam
③ Function-Point
④ OWASP CLASP

83 컨테이너 응용프로그램의 배포를 자동화하는 오픈소스 엔진으로, 소프트웨어 컨테이너 안에 응용프로그램들을 배치시키는 일을 자동화해 주는 오픈소스 프로젝트이자 소프트웨어로 옳은 것은?

① Tajo
② Hive
③ Docker
④ Kubernetes

84 소프트웨어 개발 프레임워크를 적용할 경우, 기대효과로 적합한 것은?

> ㉠ 개발할 소프트웨어에 대한 품질보증
> ㉡ 소프트웨어 개발 용이성 증가
> ㉢ 개발표준에 의한 모듈화
> ㉣ 공통 컴포넌트 재사용
> ㉤ 상호 운용성 향상

① ㉠
② ㉠, ㉡,
③ ㉡, ㉢, ㉣
④ ㉠, ㉡, ㉢, ㉣, ㉤

85 Secure SDLC(Software Development Life Cycle)모델 및 방법론으로 옳지 않은 것은?

① OWASP CLASP
② Open SAMM
③ MS SDL
④ BaaS

86 테일러링 개발방법론의 기준으로 옳지 <u>않은</u> 것은?

① 객체지향
② 목표 환경
③ 요구사항
④ 국제 표준 품질

87 소프트웨어 개발 프레임워크의 적용 효과로 볼 수 <u>없는</u> 것은?

① 공통 컴포넌트 재사용으로 중복 예산 절감
② 응집도가 강한 모듈화로 유지보수 어려움
③ 표준화된 연계모듈 활용으로 상호 운용성 향상
④ 개발표준에 의한 모듈화로 유지보수 용이

88 컴퓨팅, 네트워킹, 스토리지, 관리 등을 모두 소프트웨어로 정의하여, 인력 개입 없이 소프트웨어 조작만으로 자동 제어 관리, 데이터센터 내 모든 자원을 가상화하여 서비스하는 기술은?

① SDN
② SDDC
③ SDS
④ HSM

89 노드 간 상호작용으로 스스로 망을 구성, 최적화하는 자율적 네트워크 기술로 옳은 것은?

① SON   ② SDN
③ SDS   ④ SDDC

90 RIP(Routing Information Protocol)에 대한 설명으로 틀린 것은?

① 거리 벡터 라우팅 프로토콜이라고도 한다.
② 대규모 네트워크 환경에 적합하다.
③ 최대 홉 카운트를 15홉 이하로 한정하고 있다.
④ 최단경로탐색에는 Bellman-Ford 알고리즘을 사용한다.

91 정보보안 요소 중 가용성(Availability)에 대한 설명으로 옳은 것은?

① 시스템 내의 정보와 자원은 인가된 사용자에게만 접근이 허용된다는 것을 의미한다.
② 시스템 내의 정보와 자원을 사용하려는 사용자가 합법적인 사용자인지를 확인하는 모든 행위를 말한다.
③ 인가받은 사용자는 언제라도 사용할 수 있다는 것을 의미한다.
④ 시스템 내의 정보는 오직 인가된 사용자만 수정할 수 있다는 것을 의미한다.

92 다음에서 설명하는 웹 취약점 점검 방법과 해당 취약점을 바르게 연결한 것은?

> (가) "../"를 이용해서 임의의 경로가 포함된 값으로 웹페이지 파라미터를 변조한 후 해당 경로의 파일 내용이 표시되는지 확인
>
> (나) 사용자 입력값을 전달받는 게시판, 자료실 등에 〈script〉alert()〈/script〉와 같은 스크립트를 입력한 후 실행 여부 확인
>
> (다) 인증 후 정상적으로 세션이 발행된 페이지의 정보를 취득하고 일정 시간 후에 재전송했을 때 정상 처리가 되는지 확인

	(가)	(나)	(다)
①	경로 추적	CSRF	불충분한 인증 및 인가
②	경로 추적	XSS	불충분한 세션 관리
③	디렉터리 인덱싱	XSS	불충분한 인증 및 인가
④	디렉터리 인덱싱	CSRF	불충분한 세션 관리

93 보안 솔루션에 대한 설명으로 옳지 않은 것만을 모두 고른 것은?

> ㄱ. SSO(Single Sign On)는 하나의 인증 시스템을 통해 인증 시스템과 연결된 다른 시스템에 추가적인 인증 과정 없이 로그인하는 기능을 제공한다.
>
> ㄴ. PKI(Public Key Infrastructure)는 네트워크 보안을 제공하기 위해 패킷을 분석하고 정상적인 패턴이 아닌 경우 차단 등의 기능을 제공한다.
>
> ㄷ. FDS(Fraud Detectoin System)는 다양한 네트워크 기기의 인증을 통합 제어하는 기능을 제공한다.
>
> ㄹ. IDS(Intrusion Detection System)은 네

> 트워크에서 발생하는 이벤트를 모니터링하고 비인가 사용자에 의한 자원접근과 보안 정책 위반 행위(침입)를 실시간으로 탐지하는 시스템이다.

① ㄱ, ㄷ   ② ㄴ, ㄷ
③ ㄴ, ㄹ   ④ ㄷ, ㄹ

94 다음은 접근 통제 모델에 대한 설명이다. ㉠~㉢에 들어갈 말을 옳게 나열한 것은?

> • ㉠ 모델은 주체와 객체의 등급을 비교하여 접근 권한을 부여하는 방식이다.
> • 일반적으로 ACL을 사용하는 ㉡ 모델은 주체의 신분에 근거하여 접근 통제를 적용한다.
> • ㉢ 모델은 ㉠ 모델과 ㉡ 모델의 단점을 보완한 접근 통제 모델로서, 역할에 기반을 두고 접근을 통제하는 모델이다.

① ㉠ RBAC, ㉡ MAC, ㉢ DAC
② ㉠ RBAC, ㉡ DAC, ㉢ MAC
③ ㉠ DAC, ㉡ MAC, ㉢ RBAC
④ ㉠ MAC, ㉡ DAC, ㉢ RBAC

95 Secure SDLC(Software Development Life Cycle)에 대한 설명으로 옳지 않은 것은?

① Secure SDLC는 보안상 안전한 소프트웨어를 개발하기 위해 SDLC에 보안 강화를 위한 프로세스를 포함한 것으로, 개발 생명 주기 전 단계에 걸쳐 수행되어야할 보안 활동을 제시한다.
② 테스트 단계에서는 정적 분석 도구나 모의 침투테스트를 통해 설계 단계에서 식별된 위협들의 해결 여부를 검증한다.
③ 유지보수 단계에서는 발생할 수 있는 보안사고를 식별하고 사고 발생 시 이를 해결하고 보안 패치를 실시한다.
④ Seven Touchpoints는 소프트웨어 보안의 모범 사례를 SDLC에 통합한 방법론이다.

96 네트워크 각 계층별 보안 프로토콜로 옳지 않은 것은?

① 네트워크 계층 - IPSec
② 네트워크 계층 - FTP
③ 응용 프로그램 계층 - SSH
④ 응용 프로그램 계층 - S/MIME

97 다음 중 ICMP 패킷의 크기를 기준 크기보다 크게 증가시키고, 더 많은 조각으로 단편화하여 공격 대상에게 전송하는 공격으로 가장 적절한 것은?

① Ping of Death
② SMURF Attack
③ DDoS
④ Teardrop Attack

98 AAA에 대한 설명으로 옳지 않은 것은?

① Authentication은 자신의 신원을 시스템에 증명하는 과정을 의미한다.
② Authorization은 지문 인식 시스템에 손가락을 댈 때 지문 자체를 의미한다.
③ Accounting은 시스템에 접근한 사용자 추적에 활용될 수 있다.
④ Accounting은 로그인했을 때 시스템이 이에 대한 기록을 남기는 활동을 의미한다.

99 유닉스/리눅스 시스템의 로그 파일에 대한 설명으로 옳지 않은 것은?

① utmp 로그는 특정 시간에 로그인한 사용자의 정보를 텍스트 형태로 기록한다.
② wtmp 로그는 사용자의 로그인, 로그아웃, 시스템 재부팅 정보를 바이너리 형태로 기록한다.
③ su 로그는 su 명령어 수행에 따른 권한 변경 시도 및 변경 정보를 텍스트 형태로 기록한다.
④ pacct 로그는 시스템에 로그인한 모든 사용자가 수행한 프로그램의 정보를 바이너리 형태로 기록한다.

100 버퍼 오버플로우 공격과 이에 대한 대응방안에 대한 설명으로 옳지 않은 것은?

① 버퍼 오버플로우 공격은 메모리에 할당된 버퍼 크기를 초과하는 양의 데이터를 입력하여 복귀주소를 변경하고 공격자가 원하는 임의의 코드를 실행하는 공격 기법이다.
② 스택가드는 메모리상에서 프로그램의 복귀 주소와 변수 사이에 특정 값을 저장해 두었다가 그 값이 변경되었을 경우 오버플로우 상태로 가정하여 프로그램 실행을 중단하는 기술이다.
③ ASLR은 메모리 공격을 방어하기 위해 주소 공간 배치를 난수화하고, 실행 시마다 메모리 주소를 변경시켜 버퍼 오버플로우를 통한 특정 주소 호출을 차단한다.
④ strcat, strcpy 등과 같은 버퍼 오버플로우에 취약하지 않은 함수를 사용함으로써 예방할 수 있다.

내 일 은 정 보 처 리 기 사

내일은

2024

임소현, 조수현,
천지은 지음

정보처리기사

필기 (1+2권 세트)

정답·해설

김앤북
KIM&BOOK

01 2023 최신 기출 1회 해설

01	02	03	04	05	06	07	08	09	10
①	②	④	④	④	①	④	①	②	③
11	12	13	14	15	16	17	18	19	20
③	①	②	①	①	①	③	③	①	④
21	22	23	24	25	26	27	28	29	30
①	④	②	③	②	①	④	②	④	①
31	32	33	34	35	36	37	38	39	40
①	②	③	④	③	④	①	④	④	②
41	42	43	44	45	46	47	48	49	50
③	①	④	④	③	④	④	②	③	③
51	52	53	54	55	56	57	58	59	60
④	③	①	③	②	③	③	④	②	①
61	62	63	64	65	66	67	68	69	70
①	①	③	③	③	①	①	②	②	③
71	72	73	74	75	76	77	78	79	80
①	②	④	④	③	③	③	①	④	③
81	82	83	84	85	86	87	88	89	90
①	①	④	②	④	①	④	①	④	③
91	92	93	94	95	96	97	98	99	100
②	②	②	②	②	③	③	④	④	③

01 ①
같은 클래스에 속한 각각의 객체는 인스턴스(Instance)이다.

02 ②
정해진 명령 문자열(Command Line)을 입력하여 시스템을 조작하는 것은 CLI이다.

03 ④
객체에게 명령을 하는 것은 메시지(Message)이다.

04 ④
자료 흐름도(DFD; Data Flow Diagram)는 구성요소에는 데이터를 처리하는 과정을 나타내는 프로세스(Process), 데이터가 흐르는 방향과 특성을 나타내는 자료 흐름(Data Flow), 데이터가 저장되는 장소인 자료 저장소(Data Store), 시스템과 상호작용하는 외부 개체인 단말(Terminator)로 구성되어 있다.

05 ④
럼바우 분석기법에 포함되는 모델링은 객체, 동적, 기능 모델링이다.

06 ①
UML의 스테레오 타입은 '《 》' 겹화살괄호(길러멧; Guillemet)을 사용하여 표현한다.

07 ④
결합도의 강도(약 → 강)은 자료, 스탬프, 제어, 외부, 공통, 내용이다.

08 ①
HIPO는 시스템의 분석 및 설계, 문서화할 때 사용하는 기법으로, 하향식 소프트웨어 개발을 위한 문서화 도구이다. HIPO는 시스템의 입력, 처리, 출력의 기능을 기호, 도표를 사용하여 작성하며 보기 쉽고 이해하기 쉽다.

09 ②
XP의 기본원리에는 Linear Sequential Method는 존재하지 않는다.

10 ③

UI 설계 원칙은 직관성, 유효성, 학습성, 유연성이 있다. 누구나 쉽게 이해하고 사용할 수 있어야 한다는 설명은 직관성에 해당한다.

11 ③

정적 다이어그램에는 클래스 다이어그램, 객체 다이어그램, 컴포넌트 다이어그램, 배치 다이어그램, 복합체 구조 다이어그램, 패키지 다이어그램이 있다.

12 ①

생성 패턴에는 추상 팩토리(Abstract Factory), 빌더(Builder), 팩토리 메소드(Factory Method), 프로토타입(Prototype), 싱글톤(Signleton)이 있다.

13 ②

하나 이상의 유사한 객체들을 묶어 공통된 특성을 표현한 데이터 추상화는 클래스(Class)이다.

14 ①

클래스 내에서 인스턴스가 하나뿐임을 보장하는 패턴은 Singleton이다.

15 ①

메시지 지향 미들웨어는 느리고 안정적인 비동기 방식으로 통신 서비스를 지원한다.

16 ①

시스템의 상태와 사용자의 지시에 대한 효과를 보여 주어 사용자가 명령에 대한 진행 상황과 표시된 내용을 해석할 수 있도록 도와주는 것은 피드백(Feedback)이다. Posture는 소프트웨어 개발자가 취하는 태도와 접근방식을 의미한다. Module은 독립된 소프트웨어, 하드웨어 단위를 지칭하는 용어이다. Hash는 데이터 암호화, 무결성 검증을 위해 사용하는 단방향 암호화 방식이다.

17 ③

설명에 해당하는 언어는 UML이다. UML(Unified Modeling Language)은 객체 지향 시스템을 개발할 때 산출물을 명세화, 시각화, 문서화 할 때 사용된다.

18 ③

익스트림 프로그래밍의 기본 원리중 테스트 기반 개발(TDD; Test Driven Development)은 테스트를 수행하여 통과할 수 있는 코드를 만드는 것이다.

19 ①

서로 다른 기종간의 통신이 이루어질 수 있게 서비스를 제공하는 것은 미들웨어이다.

20 ④

UI 설계 시, 소리나 색의 사용을 늘리고 텍스트와 이미지를 같이 전달 하는 게 좋다.

21 ①

재사용의 효과는 개발 시간과 비용의 단축, 소프트웨어의 품질 및 생산성 향상, 구축 방법에 대한 지식의 공유, 프로젝트의 실패 위험 감소 등이 있다. 사용자의 책임과 권한부여는 소프트웨어의 재사용과 관련이 없다.

22 ④

아래와 같이 prefix를 postfix로 바꾸기 위해서는 인접한 피연산자 두 개와 왼쪽의 연산자를 괄호로 묶은 후, 연산자를 해당 괄호의 뒤로 옮기고 괄호를 제거하면 된다. 현재 수식이 prefix이므로 왼쪽의 연산자를 기준으로 괄호로 묶으면 (− (/(* A (+ BC))) D) E)이 되고, postfix로 바꾸기 위해 연산자를 각 괄호의 뒤로 보내면 (((A (BC) +)* D) / E) −이 된다. 필요 없는 괄호를 제거하면 A B C + * D / E − 이 나온다.

1	먼저 인접한 피연산자 두 개와 **앞(왼쪽)**의 연산자를 괄호로 묶는다.	− / * A + B C D E 인접1 인접2 인접3 → (−(/(* A (+ BC))) D) E)
2	연산자를 해당 괄호의 **뒤(오른쪽)**로 옮긴다.	(−(/(* A (+ BC))) D) E) → (((A (BC)+)* D)/ E)−
3	필요 없는 괄호를 제거한다.	(((A (BC)+)* D)/ E)− → A B C + * D / E −

23 ②

선형 구조에는 리스트, 스택, 큐, 데크가 있다. 트리와 그래프는 비선형 구조에 해당한다.

24 ③

화살표나 GOTO를 사용하지 않는다.

25 ②

해당 설명은 테스트 드라이브(Test Drive)에 대한 설명이다.

26 ①

ESB는 서비스 통합 미들웨어로 인터페이스 구현 검증 도구가 아니다.

27 ④

퀵 정렬(Quick Sort)은 분할 정복에 기반한 알고리즘으로 피벗을 두고 피벗의 왼쪽에는 피벗보다 작은 값을 오른쪽에는 큰 값을 두는 과정을 반복하는 알고리즘이다. 최악의 경우 $\frac{n(n-1)}{2}$ 회의 비교를 수행한다. 선택 정렬(Selection Sort), 버블 정렬(Bubble Sort), 삽입 정렬(Insert Sort) 모두 최악의 경우 $\frac{n(n-1)}{2}$ 회의 비교를 수행하지만, 분할 정복(Divide and Conquer)에 기반한 알고리즘은 아니다.

28 ②

오라클의 종류만 알아도 풀 수 있는 문제이다. 오라클의 종류에는 참(True), 샘플(Sampling), 휴리스틱(Heuristic), 일관성(Consistent) 검사 오라클이 있다. 토탈 오라클이란 것은 없다.

29 ④

버블 정렬(Bubble Sort)은 주어진 파일에서 인접한 2개의 레코드 키 값을 비교하여 그 크기에 따라 레코드 위치를 서로 교환하는 정렬 방식이다.

단계	출력 결과				
초기 자료	9	6	7	3	5
PASS 1	9	6	7	3	5
	: 9와 6 비교 → swap				
	6	9	7	3	5
	: 9와 7 비교 → swap				
	6	7	9	3	5
	: 9와 3 비교 → swap				
	6	7	3	9	5
	: 9와 5 비교 → swap				
	6	7	3	5	9
	: PASS 1 종료 시에 첫 번째로 큰 값인 9가 맨 뒤에 위치				

30 ①

동작의 변화 없이 내부구조를 변경하는 것은 Refactoring이다.

31 ①

소프트웨어 패키징은 사용자 중심으로 진행된다.

32 ②

Postorder 운행법은 Left → Right → Root 순으로 탐색하는 것으로 d, b, g, h, e, f, c, a 순으로 탐색된다.

33 ③

스택(Stack)은 리스트의 한쪽 끝으로만 자료의 삽입, 삭제 작업이 이루어지는 자료 구조다.

34 ④

위 설명은 Alien Code에 대한 설명이다. 외계언어처럼 알 수 없는 Code이다.

35 ③

Top이 0이면 더 이상 삭제할 값이 없으므로 underflow이고, 0이 아니면 자료를 삭제하고 Top을 −1만큼 감소시킨다.

36 ④

A, B, C, D 입력 후 D를 출력한 후 A를 바로 출력할 수 없으므로 D, A, B, C는 출력 불가능하다. 스택은 LIFO 구조로 Last In, First Out이다.

37 ①

AJTML은 데이터 포맷이 아니라 AJAX 기술을 사용하여 서버와 비동기적으로 데이터를 주고 받기 위한 표준이다.

38 ④

정형 기술 검토에는 참가자 수를 제한한다.

39 ④

버전 관리 항복 중 저장소에 새로운 버전의 파일로 갱신하는 것은 체크인(Check-In)이라고 한다.

40 ②

새로운 환경에서 사용할 수 있도록 이주(Migration)시키는 것이다.

41 ③

∀는 모든 것에 대하여(for all)의 의미가 있으며 가능한 모든 튜플을 의미한다.

42 ①

성적 테이블에서 점수가 90에서 95인 '컴퓨터공학과'를 검색하는 SQL문이다.

43 ④

분산 데이터베이스 주요 구성요소는 전역, 분할, 할당, 지역 스키마가 있다.

44. ④

SELECT 제품명, 판매량: 제품명, 판매량을 검색한다.
FROM 푸드
WHERE 지점명 = '강남지점': 지점 명이 '강남지점'인 값을 검색한다.
ORDER BY 판매량 DESC: 판매량이 많은 제품부터 출력되도록 하려면 내림차순 정렬한다.

45 ③

Candidate key(후보키)는 튜플을 유일하게 식별하기 위해 사용하는 속성들의 부분집합이다.

46 ④

기본키의 특징
- 후보키 중에서 선정된 주키(MAIN KEY)로 중복된 값을 가질 수 없다.
- 한 릴레이션에서 특정 튜플을 유일하게 구별할 수 있는 속성이다.
- 기본키는 후보키의 성질을 갖는다.
- 기본키는 NULL 값을 가질 수 없다.

47 ④

연산(Operation)은 조작하는 기본 도구로 실제 데이터를 처리하는 작업에 대한 명세이다.

48 ②

개체 무결성은 각 릴레이션의 기본키를 구성하는 속성은 NULL 값이나 중복된 값을 가질 수 없다.

49 ③

CASCADE 옵션은 데이터베이스에서 테이블을 삭제할 때, 해당 테이블을 참조하는 다른 객체들도 함께 삭제하도록 하는 옵션이다.

50 ③

데이터를 갱신(UPDATE) 할 수 있는 권한을 부여하는 SQL문이다. "GRANT 권한 ON 개체 TO 사용자"으로 빈 칸에 적합한 내용은 UPDATE ON이다.

51 ④

뷰는 논리적으로만 존재한다.

52 ③

중복된 행을 모두 유지하면서 행을 포함하여 출력하는 집합연산자는 UNION ALL이다.

53 ①

논리적 설계 단계에서 스키마의 평가 및 정제한다.

54 ③

트랜잭션의 부분 완료는 트랜잭션을 모두 성공적으로 실행한 후 Commit 연산이 실행되기 직전의 상태이다.

55 ②

DML(데이터 조작어), DCL(데이터 제어어), DDL(데이터 정의어)로 데이터의 정의를 하는 DDL에 대한 설명이다.

56 ③

릴레이션의 차수는 릴레이션을 구성하는 속성의 수로 4개이다.

57 ③

데이터의 중복을 배제하여 삽입, 삭제, 갱신 이상의 발생을 방지한다.

58 ④

BCNF(보이스코트 정규형)은 기본키를 제외하고 후보키가 있는 경우 후보키가 기본키를 종속시키면 분해한다.

59 ②

외래키는 관계형 데이터베이스에서 한 테이블 속성 집합이 다른 테이블의 기본키로 과목 테이블의 기본키를 외래키로 가진다.

60 ①

Recovery는 데이터베이스 시스템이 장애나 오류 발생 시 복구시키는 과정이다.

61 ①

IPv6의 패킷 헤더는 40 octet의 고정된 길이를 갖는다.

62 ①

하나라도 참이면 1, 모두 거짓이면 OR조건의 논리 연산자이다.

&&	논리값이 모두 참이면, 참를 반환하고, 그렇지 않은 경우, 거짓 반환(AND 조건)
||	논리값 중 하나 이상이 참이면, 참를 반환하고, 그렇지 않으면 거짓 반환(OR 조건)
!	한 개의 논리값이 참이면 거짓을 반환하고, 거짓이면 참을 반환

63 ③

#include 〈stdio.h〉	
int main(int argc, char *agrv[]) {	
char a;	① 문자형 변수를 선언한다.
a = 'A' + 1;	② 변수 a에 문자 'A' + 1을 더한 값을 저장한다. 변수 a = 65 + 1 = 66 * 주기억장치에 저장될 때, 문자 그대로 저장되는 것이 아니라, 아스키 코드 값으로 저장된다. 'A'에 해당하는 아스키 코드 값은 65이다.
printf("%d", a);	③ 변수 a를 정수형으로 출력한다. 66
return 0; }	

64 ③

JAVA에서 사용되는 출력함수는 아래와 같다.

System.out.printf (서식 문자열, 변수)	C언어 출력처럼 서식 문자열을 사용하여 출력
System.out.print( )	변수의 값을 형식 없이 출력
System.out.println( )	변수의 값을 형식 없이 출력 후 자동 개행

65 ③

ICMP는 IP의 동작 과정에서의 전송 오류가 발생하는 경우에 대비해 오류 정보를 전송하는 목적으로 사용한다.

66 ①

else if 조건문이므로 elif이다.

67 ①

FIFO는 가장 오래 있는 자리 교체로 아래 예시와 같이 보면 편하게 계산할 수 있다.

페이지	입력	페이지 결함 횟수
1, −, −, −	1	1
1, 2, −, −	2	2
1, 2, 3, −	3	3
1, 2, 3, −	1	3
1, 2, 3, −	2	3
1, 2, 3, 4	4	4
5, 2, 3, 4	5	5
5, 1, 3, 4	1	6

68 ②

Worst Fit은 자원 낭비가 가장 큰 영역에 할당하는 방법이다. 17KB가 적재 가능한 기억공간은 20KB, 40KB이다. 낭비가 가장 큰 영역은 40KB에 배치로 23KB의 자원 낭비가 발생한다.

69 ②

페이지 교체 알고리즘은 OPT, FIFO, LRU, LFU, MFU, NUR 등이 있다.

70 ③

i값이 1하고 마지막이 아니면 문자 배열을 앞으로 한 칸씩 당기고 a[i]값이 'B'일 때 'C'로 바꾸고, 마지막 문자 c[6]에는 c[5] 값을 넣는다.

public class array1{	
static void rs(char a[]){	
for(int i = 0; i 〈 a.length; i++)	① a는 길이 7 미만까지 1씩 증가하면서 반복 수행
if(a[i] == 'B')	② a[i]가 'B'일 때
a[i] = 'C';	⑤ a[i]에 'C' 대입 : a[1] = 'C'
else if(i == a.length − 1)	③ i값이 6하고 같을 때
a[i] = a[i − 1];	⑩ a[6] = a[5] 대입 a[6] = 'C'
else a[i] = a[i + 1];	④ i값 0일 때: a[0] = a[1] => 'B' i값 1일 때: 여기 수행 안 함 ⑥ i값 2일 때: a[2] = a[3] => 'D' ⑦ i값 3일 때: a[3] = a[4] => 'A' ⑧ i값 4일 때: a[4] = a[5] => 'B' ⑨ i값 5일 때: a[5] = a[6] => 'C' i값 6일 때: 여기 수행 안 함
}	
static void pca(char a[]){	
for(int i = 0; i 〈 a.length; i++)	⑪ i값 0부터 a 배열길이 7 미만까지 1씩 증가하면서 수행
System.out.print(a[i]);	⑫ a[0] = 'B', a[1] = 'C', a[2] = 'D', a[3] = A, a[4] = 'B', a[5]='C', a[6] = 'C'

System.out.println();	⑬ for문 모두 끝나고 수행하므로 다음 줄로 넘김
}	
public static void main(String[] args){	
char c[] = {'A', 'B', 'D', 'D', 'A', 'B', 'C'};	⑭ 문자형 c[0] = 'A', c[1] = 'B', c[2] = 'D', c[3] = 'D', c[4] = 'A', c[5] = 'B', c[6] = 'C' 대입한다.
rs(c);	⑮ rs 메소드에 인자로 c배열 전달하여 실행
pca(c);	⑯ pca 메소드에 파마미터 c배열 전달하여 실행
}	
}	

71 ①

#include 〈stdio.h〉	
main() {	
int a = 3, b = 4, c = 5;	① 정수형 a = 3, b = 4, c = 5 저장
int r1, r2, r3;	② 정수형 r1, r2, r3 선언
r1 = a 〈 4 && b 〈= 4;	③ r1 = 1 a 〈 4 && b 〈= 4; ⓐ 0 ⓑ 1 ⓒ 1 ⓐ 3 〈= 4는 참(1) ⓑ 4 〈= 4는 참(1) ⓒ ⓐ && ⓑ은 둘 다 참일 경우, 참(1)
r2 = a 〉 3 ‖ b 〈 5;	④ r2 = 1 a 〉 3 ‖ b 〈= 5; ⓐ 0 ⓑ 1 ⓒ 1 ⓐ 3 〉 3는 거짓(0) ⓑ 4 〈 5는 참(1) ⓒ ⓐ ‖ ⓑ은 둘 중 하나라도 참일 경우, 참(1)
r3 = !c;	⑤ r3 = 0 !c; 0 이외의 수는 참으로 결정되므로, 거짓(0) 반환
printf("%d", r1 − r2 + r3);	⑥ r1 − r2 + r3 = 1 − 1 + 0 0 출력
}	

72 ②

1번 반복문: i가 0~10까지 1씩 증가할 때, ob.c[i]에 i값 저장, ob2.c[i]에 ob2.c[i]+i 저장

i	ob1		ob2	
	a	c[i]	a	c[i]
0	0	0	0	0
1		1		2
2		2		4
3		3		6
4		4		8
5		5		10
6		6		12
7		7		14
8		8		16
9		9		18
10				

2번 반복문: i가 0~10까지 2씩 증가할 때, ob1.a에 ob1.c[i]에 값 누적, ob2.a에 ob2.c[i]에 값 누적

i	ob1		ob2	
	a	c[i]	a	c[i]
0	0	0	0	0
2	2	2	4	4
4	6	4	12	8
6	12	6	24	12
8	20	8	40	16
10				

ob1.a + ob2.a = 20 + 40 = 60

73 ④

저장된 내용을 변경할 수 없는 타입은 Tuple이다.

74 ④

①, ②, ③은 커널 수준 스레드의 장점에 대한 설명이다.

75 ③

a의 주소값이 10일 경우 &a[2] 주소는 10+4+4이므로 18을 출력하고 a는 &a[0] 같아서 10을 출력한다.

#include ⟨stdio.h⟩	
int main(int argc, char* argv[]) {	
int a[] = {14, 22, 30, 38};	① 정수형 a 배열에 a[0]=14, a[1]=22, a[2]=30, a[3]=38로 초기화
printf("%u, ", &a[2]);	② a[2]의 주소이므로 a의 주소에 int 주소가 4byte이므로 4byte 2번 더하면 주소(10) + 4 + 4 값 18을 출력
printf("%u", a);	③ a[0]이 아니라 a이므로 주소 10을 출력

return 0;	
}	

76 ③

#include ⟨stdio.h⟩	
int main(int argc, char *agrv[]) {	
int a = 4;	① 변수 a는 정수형, 4 저장
int b = 7;	② 변수 b는 정수형, 7 저장
int c = a | b;	③ 변수 c는 정수형, 7 저장

10진수	비트값			
4	0	1	0	0
7	0	1	1	1
|	0	1	1	1

ⓐ |는 두 비트 중 하나라도 1이면 1이 되는 OR 조건의 연산자
ⓑ 비트 연산 결과 0111은 10진수로 변환 시, 7이다.

printf("%d", c);	④ 정수로 c의 값을 출력
return 0;	
}	

77 ③

C언어에서 구조체를 사용하여 데이터를 처리할 때 사용하는 예약어는 struct이다.

78 ①

A B C 출력하고 다시 A부터 반복 출력한다.

≫ while(True):	반복문 조건이 항상 True 이므로 break 무한 반복
print('A')	① 'A' 출력 줄 삽입
print('B')	② 'B' 출력 줄 삽입
print('C')	③ 'C' 출력 줄 삽입
continue	④ while 조건으로 다시 돌아가서 조건 판단
print('D')	수행하지 않음

79 ④

System.out.println( )은 변수의 값을 형식 없이 출력 후 자동 개행 하는 함수이다. 문자 + 숫자인 경우, 값을 결합하여 문자로 출력하고, (숫자 + 숫자)의 경우, 괄호가 있으므로 값을 먼저 계산하고 출력한다.

80 ③

③ 표준 라이브러리와 외부 라이브러리의 구성을 서로 바꾸어 설명하였다.

81 ①

Worm은 스스로를 복제하여 네트워크 등의 연결을 통하여 전파하는 악성 소프트웨어 컴퓨터 프로그램이다. 컴퓨터 바이러스와 비슷하지만, 바이러스가 다른 실행 프로그램에 기생하여 실행되는 데 반해 웜은 독자적으로 실행되며 다른 실행 프로그램이 필요하지 않은 특징이 있다.

82 ①

RBAC(Role Based Access Control)는 역할기반 접근 통제 정책이다.

83 ④

증명하는 과정은 Authentication(인증)이다.

84 ②

해당 설명은 Zing에 대한 설명이다.

85 ④

시스템 내의 정보는 오직 인가된 사용자만 수정할 수 있어야 한다는 특성은 무결성(Integrity)이다.

86 ①

SAN(Storage Area Network)에 대한 설명이다.

87 ④

HSM은 암호화 키 생성이 하드웨어 방식으로 구현된다.

88 ①

서버 관리실 출입 통제는 응용 프로그램의 보안 설정이 아니라 물리적 보안 통제에 해당한다.

89 ④

방화벽 설정은 소프트웨어와 관련된 위협이다.

90 ③

BlueBug (블루버그)	(공격) 블루투스 장비 사이의 취약한 연결 관리를 악용한 공격으로 휴대폰 원격 조정 또는 통화 감청

BlueSnarf (블루스나프)	(공격) 블루투스의 취약점을 활용하여 장비의 파일에 접근하는 공격으로 인증 없이 간편하게 정보를 교환할 수 있는 OPP(Object Push Profile)를 사용하여 정보 열람
Blueprinting (블루프린팅)	(기타) 공격 대상이 될 블루투스 장비를 검색하는 활동
BlueJacking (블루재킹)	(공격) 블루투스를 이용해 스팸처럼 메시지를 익명으로 퍼뜨리는 공격

91 ②

컨테이너 응용 프로그램의 배포를 자동화하는 오픈소스 엔진은 Docker이다.

92 ②

대칭 암호 알고리즘은 키 교환이 필요하다.

93 ②

Hadoop에 대한 설명이다.

94 ②

OWASP(Open Web Application Security Project)이다.

95 ②

Machine Learning에 대한 설명이다.

96 ③

사물 인터넷 IoT에 대한 설명이다.

97 ③

SPICE에 대한 설명이다.

98 ④

시스템 내의 정보는 오직 인가된 사용자만 수정할 수 있어야 한다는 특성은 무결성(Integrity)이다.

99 ④

COCOMO 모델의 프로젝트에는 Sequential은 포함되지 않는다.

100 ③

SSO(Single Sign On)은 '모든 인증을 하나의 시스템에서'라는 개념을 의미한다.

02 | 2023 최신 기출 2회 해설

01	02	03	04	05	06	07	08	09	10
②	②	①	④	③	①	②	①	③	④
11	12	13	14	15	16	17	18	19	20
④	④	①	②	①	②	④	②	①	③
21	22	23	24	25	26	27	28	29	30
①	③	①	③	④	③	①	③	②	②
31	32	33	34	35	36	37	38	39	40
①	④	②	③	①	③	①	③	①	①
41	42	43	44	45	46	47	48	49	50
④	①	①	③	④	④	②	④	④	④
51	52	53	54	55	56	57	58	59	60
②	①	②	③	①	③	④	①	③	③
61	62	63	64	65	66	67	68	69	70
③	②	①	④	③	③	②	③	①	②
71	72	73	74	75	76	77	78	79	80
①	③	②	④	①	③	④	①	①	②
81	82	83	84	85	86	87	88	89	90
②	④	④	①	①	②	③	③	①	①
91	92	93	94	95	96	97	98	99	100
④	③	④	④	②	④	①	③	①	①

01 ②
클래스는 공통된 속성과 연산을 하는 객체의 집합이다.

02 ②
자료 흐름도(DFD; Date Flow Diagram)의 구성요소에는 데이터를 처리하는 과정을 나타내는 프로세스(Process), 데이터가 흐르는 방향과 특성을 나타내는 자료 흐름(Data Flow), 데이터가 저장되는 장소인 자료 저장소(Data Store), 시스템과 상호작용하는 외부 개체인 단말(Terminator)로 구성되어 있다.

03 ①
도출 → 분석 → 명세 → 확인 순서로 요구사항 개발 프로세스가 이루어진다.

04 ④
CASE 도구는 소프트웨어의 생명주기 전반을 지원하는 프로그램 또는 소프트웨어 개발을 지원하는 자동화 도구로, 소프트웨어 관리자들과 실무자들이 소프트웨어 프로세스와 관련된 활동을 지원한다. CASE는 1980년대에 소개되었으며, 1990년대부터 자주 사용되었다.

05 ③
요구사항 분석 단계는 사용자의 요구사항을 분석하여 명확하고 구체적인 요구사항을 도출하는 과정이다. 따라서 사용자와 상호작용하는 기술이 가장 중요하다. 설계와 코딩 기술은 요구사항 분석 이후, 실질적인 소프트웨어 개발 단계에서 필요하다.

06 ①
럼바우의 객체지향 분석 절차는 객체 모델링 → 동적 모델링 → 기능 모델링 순서로 진행된다.

07 ②
다른 사물(객체)가 다른 사물(객체)에게 오퍼레이션(기능)을 수행하도록 지정하는 관계는 실체화(Realization) 관계이다. 실체화 관계는 서로를 그룹화할 수 있는 관계이기도 하다.

08 ①
액터는 시스템과 상호작용하는 모든 외부 요소(사람, 외부 시스템)를 의미한다.

09 ③

애자일은 실제 작동하는 소프트웨어에 더 가치를 둔다.

10 ④

익스트림 프로그래밍의 핵심 가치는 의사소통, 단순성, 용기, 존중, 피드백이다.

11 ④

소프트웨어의 사용자 인터페이스 개발 시스템이 가져야 할 기능은 사용자 입력의 검증, 에러 처리, 도움과 프롬프트 제공이다. 소스 코드 분석 및 오류 복구는 소프트웨어 UI 개발 시스템이 가져야 할 기능이 아니다.

12 ④

메소드 오버로딩은 메소드명을 같게 사용하되, 메소드의 타입 개수, 순서 등을 다르게 하는 것이다.

오버로딩 (Overloading)	같은 이름의 메소드를 인자의 타입, 개수, 순서 등에 따라 다르게 정의
오버라이딩 (Overriding)	상위 클래스에 정의된 메소드를 하위 클래스에서 재정의하여 사용

13 ①

아키텍처 설계 과정은 설계 목표를 설정하고, 시스템 타입 결정, 시스템 목표에 맞게 커스터마이즈, 서브시스템을 구체화하고, 해당 설계를 검토하는 순서로 이루어진다.

14 ②

파이프 필터 형태의 소프트웨어 아키텍처는 데이터 처리를 일련의 단계로 분리하여 처리하는 구조를 갖는 패턴이다.

15 ①

클라이언트가 사용하지 않는 인터페이스에 영향을 받아서 안 되는 원칙은 인터페이스 분리 원칙이다.

16 ②

모듈의 수가 증가하면 각 모듈의 크기는 감소한다.

17 ④

미들웨어는 다양한 환경에서 분산서비스를 제공한다.

18 ②

디자인 패턴을 이용하여 소프트웨어 재사용을 하더라도 개발 프로세스는 동일하다.

19 ①

생성 패턴에는 추상 팩토리(Abstract Factory), 빌더(Builder), 팩토리 메소드(Factory Method), 프로토타입(Prototype), 싱글톤(Signleton)이 있다.

20 ③

Bridge Pattern은 추상화와 구현을 분리하여 각자 독립적으로 확장할 수 있도록 한 패턴이다.

21 ①

블랙박스 테스트 기법에는 동등 분할 기법, 경곗값 분석, 결정 테이블 테스트, 상태전이 테스트, 유스케이스 테스트, 분류 트리 테스트, 페어와이즈 테스트, 원인-결과 그래프 기법, 오류 예측 기법, 비교 테스트 등이 있다. 조건, 루프 검사는 화이트박스 테스트 유형에 해당된다.

블랙박스 테스트 유형	동등 분할, 경계값 분석, 결정 테이블, 상태전이, 유스케이스, 분류트리, 페어와이즈, 원인-결과 그래프, 오류예측, 비교 테스트 등
화이트박스 테스트 유형	구문 커버리지, 결정 커버리지, 조건 커버리지, 조건-결정 커버리지, 변경 조건-결정 커버리지, 다중 조건 커버리지, 기본 경로 커버리지, 제어 흐름 테스트, 데이터 흐름 테스트, 루프 테스트

22 ③

상향식 통합 테스트의 경우 모듈들을 작은 단위부터 조합하여 상위 단계로 통합하며 전체 시스템을 테스트하는 방법이다.

23 ①

스터브(Stub)와 드라이버(Driver)는 개발이 완료되지 않은 항목들의 기본적인 단순한 기능 테스트를 하기 위해 사용한다.

24 ③

블랙박스 테스트는 프로그램의 구조를 고려하지 않기 때문에 테스트 케이스는 프로그램 또는 모듈의 요구나 명세를 기초로 결정한다.

25 ④

DRM은 배포를 위한 패키징 시에 디지털 콘텐츠의 지적 재산권을 보호하고 관리하는 기능을 제공하며, 안전한 유통과 배포를 보장하는 도구이자 솔루션이다.

26 ③

스택(Stack)은 리스트의 한쪽 끝으로만 자료의 삽입, 삭제 작업이 이루어지는 자료구조이다.

27 ①

인터페이스 구현 검증 도구는 xUnit, STAF, FitNesse, NTAF, Selenium, watir이다.

28 ③

정적 분석 도구는 pmd, cppcheck, SonarQube, checkstyle, ccm, cobertuna이다.

29 ②

데이터의 개수는 15개이므로 가운데 레코드 번호는 $\frac{1+15}{2}=8$이다. 14는 8보다 크므로 9부터 15 사이의 값이 되며, 가운데 레코드 번호는 $\frac{9+15}{2}=12$이다. 14는 12보다 크므로 13과 15 사이의 값이 되며, 가운데 레코드 번호는 $\frac{13+15}{2}=14$이다. 14를 찾았으므로 이진 탐색을 종료한다. 이진 검색 방법의 비교 횟수는 총 3번이다.

30 ②

A, B, C, D 입력 후 D를 출력한 후 A를 바로 출력할 수 없으므로 D, A, B, C는 출력 불가능하다. 스택은 LIFO 구조로 Last In, First Out이다.

31 ①

중위 순회는 Left → Root → Right 순으로 방문한다. 따라서 D, B, A, E, C, F 순으로 방문한다.

32 ④

테스트 대상 모듈이 호출하는 하위 모듈의 역할을 하는 것은 테스트 스텁(Test Stub)이고, 테스트 드라이버(Test Driver)는 상향식 통합 테스트에서 데이터의 입력과 출력을 확인하기 위해서 하위 모듈을 호출하는 상위의 더미 모듈이다.

33 ②

인스펙션의 단계는 계획–사전교육–준비–인스펙션 회의–수정–후속조치 순서로 이루어진다.

34 ③

n개의 노드로 구성되어 있는 무방향 그래프를 그리면 n(n−1)/2이 된다.

35 ①

RCS(Revision Control System)는 다수의 사용자가 동시에 소스를 수정하는 것을 방지하며 다른 방향으로 진행된 개발 결과를 합치거나 변경 내용을 추적할 수 있는 소프트웨어 버전 관리 도구이다.

36 ③

형상 관리는 소프트웨어 개발을 위한 변경 사항을 관리할 뿐, 개발 비용은 관리 대상이 아니다.

37 ①

속성–값 쌍으로 이루어진 개방형 표준 포맷은 JSON이다.

38 ③

정적 분석은 소스 코드를 실행시키지 않고 분석하는 방법이다. 코드 내에 존재하는 보안 취약점, 잠재적 결함, 위험 등을 발견하기 위한 활동이며, 코딩 규칙과 자료나 논리 흐름을 분석하여 비정상적인 패턴을 찾을 수 있다.

39 ①

하나 이상의 하드웨어 환경에서 운용되기 위해 쉽게 수정될 수 있는 시스템 능력은 Portability이다.

효율성 (Efficiency)	사용자가 요구하는 기능을 할당된 시간 동안 한정된 자원으로 얼마나 빨리 처리할 수 있는지 정도
사용성 (Usability)	사용자와 컴퓨터 사이에 발생하는 어떠한 행위에 대하여 사용자가 쉽게 배우고 사용할 수 있으며, 향후 다시 사용하고 싶은 정도

40 ①

기능성의 하위 특성에는 적합성, 정확성, 상호 운용성, 보안성, 준수성이 있다. 학습성은 기능성과 관련 없다. 기능성의 하위 특성은 아래와 같다.

적합성 (Suitability)	지정된 작업과 사용자의 목적 달성을 위해 적절한 기능을 제공할 수 있는 능력
정확성 (Accuracy)	사용자가 요구하는 결과를 정확하게 산출할 수 있는 능력
상호 운용성 (Interoperability)	다른 시스템들과 서로 어울려 작업할 수 있는 능력
보안성 (Security)	정보에 대한 접근을 권한에 따라 허용하거나 차단할 수 있는 능력
준수성 (Compliance)	기능과 관련된 표준 관례 및 규정을 준수할 수 있는 능력

41 ④

```
DML: DELETE, UPDATE, SELECT, INSERT
DDL: CREATE, ALTER, DROP
DCL: COMMIT, ROLLBACK, GRANT, REVOKE
```

42 ①

ALTER는 필드를 추가하거나 변경, 삭제할 때 사용된다.

43 ①

REVOKE는 권한을 해제하는 명령어이다.

44 ③

ⓐ SELECT로 STUDENT 테이블의 튜플 전체를 검색했기 때문에 130 = 50(독일어) + 30(중국어) + 50(영어영문)이다.
ⓑ 중복을 제거하는 DISTINCT의 경우 독일어, 중국어, 영어영문 3가지다.

45 ④

SELECT 문에 조건인 WHERE에 없으므로 모든 튜플 5개를 생성한다.

46 ④

뷰는 삽입, 갱신, 삭제 연산의 제약이 있다.

47 ②

데이터 사전은 사용자에게는 읽기 전용 테이블로 조회만 가능하다.

48 ④

논리적 설계 단계에서 목표 DBMS에 적합한 스키마 설계한다.

49 ④

릴레이션을 구성하는 속성의 순서는 중요하지 않다.

50 ④

참조 무결성: 외래키 값은 NULL 값이거나 참조 릴레이션의 기본키와 동일해야 한다.

51 ②

이행적 종속 관계는 A → B이고, B → C일 때 A → C를 만족하는 관계이다. 2NF → 3NF는 이행적 함수 종속 관계를 제거한다.

52 ①

1NF는 도메인이 원자값으로 구성되어야 한다.

53 ②

반정규화는 정규화된 엔티티, 속성, 관계를 시스템의 성능 향상과 개발 운영의 단순화를 위해 중복, 통합, 분리 등을 수행하는 데이터 모델링 기법이다.

54 ③

원자성은 트랜잭션 연산은 DB에 Commit(완료) 되든지 아니면 Rollback(복구) 되어야 한다.

55 ①

인덱스는 데이터 레코드를 빠르게 접근하기 위해 [키, 값, 포인터] 쌍으로 구성되는 구조이다.

56 ③

데이터베이스 병행제어의 목적
• 데이터베이스의 공유를 최대화
• 시스템의 활용도를 최대화
• 데이터베이스의 일관성을 유지
• 사용자에 대한 응답시간을 최소화

57 ④

분산 데이터베이스의 투명성은 분할 투명성, 위치 투명성, 지역사상 투명성, 중복 투명성, 장애 투명성, 병행 투명성 6가지를 만족해야 한다.

58 ①

DAS(Direct-attached storage)로 직접 연결 장치이다.

59 ③

복호화는 암호화된 암호문을 평문으로 바꾸는 작업이다.

60 ③

수평 분할은 하나의 테이블의 각 행을 다른 테이블에 분산시키는 것으로 파티션 유형으로 범위 분할, 해시 분할, 조합 분할, 목록 분할, 라운드-로빈 분할이 있다.

61 ③

프레임워크는 사용자 코드가 직접 호출하지 않는다.

62 ②

Kerberos는 보안 인증 도구이다.

63 ①

정수(integer) 자료형은 int이다.

64 ④

=는 대입 연산자이다. 산술 연산자는 사칙연산을 하는 연산자로 +, -, *, /, %가 있다.

65 ③

&n과 *&pt는 같은 주소로 빼면 소거되고 *pt는 n이므로 n + n이므로 8이다.

#include ⟨stdio.h⟩	
int main(void) {	
int n = 4;	① 정수형 n에 4를 대입
int* pt = NULL;	② 정수형 포인터에 pt값 NULL 주소로 초기화
pt = &n;	③ 포인터 pt에 n변수의 주소값 대입
printf("%ld", &n + *pt − *&pt + n);	④ &n은 n의 주소이고 *pt는 pt의 주소의 변수 값이므로 n값 4이고 *&pt는 pt의 주소 변수의 주소 자체 값이므로 &n하고 같다. n은 4이므로 &n 주소값이 10으로 가정하면 10 + 4 − 10 + 4이므로 8임
return 0;	
}	

66 ③

slice는 문자열에서 부분 문자열을 반환하는 기법으로 기본문법은 '문자열[시작:끝]' 이다.

67 ②

a ⟨ b + 2 && a ⟪ 1 ⟨= b	
① 4	② 2
③ 1	④ 1
⑤	

① b + 2 = 4이다.

② a ⟪ 1는 왼쪽으로 1비트 시프트 한 것으로 2이다.

10진수	비트값
1	1
⟪	1 0

③ 1 ⟨ 4는 참(1)이다.

④ 2 ⟨= 2는 참(1)이다.

⑤ 1 && 1는 모두 참일 때 참(1)이므로, 참(1)이다.

68 ③

피보나치 수열(F0=0,F1=1, Fn=Fn−1+Fn−2)을 찾는 문제로 0, 1, 1, 2, 3, 5, 8, 13, 21, 34, ... 누적한다.

public class ovr{	① public 클래스 ovr 선언
public static void main(String[] args) {	② 메인 메소드 선언
int arr[];	③ 정수형 arr 배열 선언
int i = 0;	④ 정수형 i를 선언하고 0으로 초기화
arr = new int[10];	⑤ 배열 arr에 정수형 10개를 담을 수 있는 공간을 만든다. (a[0]~a[9] 사용 가능)
arr[0] = 0;	⑥ arr[0]에 0을 대입
arr[1] = 1;	⑦ arr[1]에 1을 대입
while(i ⟨ 8) {	⑧ 반복문 i가 8미만이면 실행
arr[i + 2] = arr[i + 1] + arr[i];	⑨ i값 0일 때: arr[0+2] = arr[0+1] + arr[0] = a[2] = 1 + 0
	⑩ i값 1일 때: arr[1+2] = arr[1+1] + arr[1] = a[3] = 1 + 1;
	⑪ i값 2일 때: arr[2+2] = arr[2+1] + arr[2] = a[4] = 2 + 1
	⑫ i값 3일 때: arr[3+2] = arr[3+1] + arr[3] = a[5] = 3 + 2;
	⑬ i값 4일 때: arr[4+2] = arr[4+1] + arr[4] = a[6] = 5 + 3
	⑭ i값 5일 때: arr[5+2] = arr[5+1] + arr[5] = a[7] = 8 + 5
	⑮ i값 6일 때: arr[6+2] = arr[6+1] + arr[6] = a[8] = 13 + 8
	⑯ i값 7일 때: arr[7+2] = arr[7+1] + arr[7] = a[9] = 21

	+ 13
	⑰ i값 8일 때: 반복문 빠져 나옴
i++;	⑱ i값을 1씩 증가
}	
System.out.println(arr[9]);	⑲ arr[9] 값을 출력
}	

1, 2, 0	0
4, 2, 0	4
4, 1, 0	1
4, 1, 3	3

69 ①

접근 제어자	설명
public	모든 접근을 허용함
protected	같은 패키지(같은 폴더)에 있는 객체와 상속 관계 객체들만 허용
default	같은 패키지(같은 폴더)에 있는 객체들만 허용
private	객체 내에서만 허용

70 ②

가비지 컬렉터(Garbage Colector)는 JAVA에서 힙(Heap)에 남아 있으나 변수가 가지고 있던 참조값을 잃거나 변수 자체가 없어짐으로써 더 이상 사용되지 않는 객체를 제거해 주는 역할을 하는 모듈이다.

71 ①

atoi()는 문자열을 정수형으로 변환하고 atof()는 문자열을 실수형으로 변환한다.

72 ③

운영체제는 컴퓨터의 CPU, 메모리 공간, 기억 장치, 입출력 장치와 사용자 프로그램 등을 제어하고 인터페이스를 제공해 주는 소프트웨어이다. 다중 사용자와 다중 응용프로그램 환경에서 자원의 현재 상태를 파악하고 자원 분배를 위한 스케줄링을 담당한다.

73 ②

UNIX는 Multi-User 및 Multi-Tasking 모두를 지원한다.

74 ④

FIFO는 가장 오래 있는 자리 교체로 아래 예시와 같이 보면 편하게 계산할 수 있다.

페이지	입력
1, -, -	1
1, 2, -	2
1, 2, -	1

75 ①

프로세스는 여러 개의 스레드를 가질 수 있다.

76 ③

HRN 스케줄링은 SJF을 보완해 긴 작업과 짧은 작업 간의 불평등을 해소한다.

77 ④

SJF는 실행 시간 추정치가 가장 작은 작업을 먼저 실행시키는 방식으로 실행시간이 가장 작은 P4를 가장 먼저 처리한다.

78 ①

변수명 출력 방법은 "echo $변수명"이다.

79 ①

링크의 설정과 유지 및 종료를 담당하며, 노드간의 오류 제어와 흐름제어 기능을 수행하는 계층은 데이터 링크 계층이다.

80 ②

기본 헤더 크기는 최소 20byte, 최대 60byte이다.

81 ②

나선형 모델의 위험 분석은 주기마다 반복 수행해야 한다.

82 ④

LOC 기법에서 예측치를 구하기 위해서는 낙관치, 기대치, 비관치를 사용한다.

83 ④

일정 내 최소한의 비용과 노력으로 사용자의 요구사항을 구현하는 것이 목적이다.

84 ①

2개의 서버를 연결하여 클러스터링으로 엮는 것은 고가용성 솔루션이다.

85 ①

SDN(Software Defined Networking)에 대한 설명이다.

86 ②

Scrapy에 대한 설명이다.

87 ③

Metaverse에 대한 설명이다.

88 ③

접근 제어는 적절한 권한을 가진 인가자만 특정 시스템이나 정보에 접근할 수 있도록 통제하는 것이다.

89 ①

직접 연결하는 방식은 DAS이다.

90 ①

SSH의 기본 네트워크 포트는 22번 사용한다.

91 ④

MD4, MD5, SHA-1는 해시 암호화 알고리즘에 해당하고, AES는 대칭 키 암호화 알고리즘에 해당한다.

92 ③

위의 설명에서 묻는 공격은 Smurf이다.

93 ④

무선 LAN에서 사용되는 매체접근방식(MAC)은 CSMA/CA이다. 무선 랜에서 데이터 전송 시, 매체가 비어 있음을 확인한 후 충돌을 회피하기 위해 임의 시간을 기다린 후 데이터를 전송하는 방식. 네트워크에 데이터의 전송이 없는 경우라도 동시 전송에 의한 충돌에 대비해 확인 신호를 전송한다.

94 ④

RSA는 소수를 활용한 대표적인 비대칭 암호화 방식이다.

95 ②

오류 발생 시 가능한 한 내부에서만 처리되도록 하거나 메시지를 출력할 경우 최소한의 정보 또는 사전에 준비된 메시지만 출력되도록 함으로써 정보 노출을 방지한다.

96 ④

자원 삽입은 시스템이 보호하는 자원에 임의적으로 접근하는 것이다.

97 ①

FAT가 보안에 취약하다.

98 ③

지식 기반 인증	주체가 '알고 있는 것(Something you know)을 보여 주며 인증	패스워드, PIN 번호 등
소유 기반 인증	주체가 '그가 가지고 있는 것'(Something you have)을 보여 주며 인증	토큰, 스마트카드, 신분증, OTP 등
생체(존재) 기반 인증	주체가 '그가 가지고 있는 고유한 생체적 특징(Something You Are)을 보여 주며 인증	홍채, 지문, 얼굴 등
행위 기반 인증	주체가 '그가 하는 것(Something you do)을 보여 주며 인증	서명, 발걸음, 몸짓 등

99 ①

브라우터(Brouter)는 브리지(Bridge)와 라우터(Router)의 기능을 모두 갖춘 장비이다. 해당 설명은 리피터(Repeater)에 대한 설명이다.

100 ①

이상탐지(Anomaly Detection) 기법은 Behavior, Statistical Detection로 불리며 평균적 시스템의 상태 기준으로 비정상적인 행위나 자원의 사용이 감지되면 이를 알려 준다. 오용탐지(Misuse Detection) 기법은 Signature Base나 Knowledge Base로 불리며 미리 입력해 둔 공격 패턴이 감지되면 이를 알려 준다.

03 2023 최신 기출 3회 해설

01	02	03	04	05	06	07	08	09	10
③	③	①	①	①	②	②	④	③	②
11	12	13	14	15	16	17	18	19	20
①	③	③	①	②	①	②	③	①	④
21	22	23	24	25	26	27	28	29	30
②	③	④	④	②	④	②	①	③	③
31	32	33	34	35	36	37	38	39	40
②	③	③	①	①	④	③	③	④	③
41	42	43	44	45	46	47	48	49	50
②	③	①	③	④	②	③	④	①	②
51	52	53	54	55	56	57	58	59	60
③	③	①	③	③	②	④	③	④	④
61	62	63	64	65	66	67	68	69	70
④	①	①	③	④	①	③	④	④	①
71	72	73	74	75	76	77	78	79	80
①	①	③	①	④	②	③	①	④	①
81	82	83	84	85	86	87	88	89	90
①	④	②	②	④	④	①	③	③	②
91	92	93	94	95	96	97	98	99	100
②	④	①	③	③	③	①	①	①	③

01 ③

요구사항 분석은 소프트웨어 개발 과정에서 가장 중요한 단계 중 하나이자 첫 번째 단계이다. 요구사항 분석은 사용자 요구사항을 이해하고, 소프트웨어 시스템이 어떻게 작동해야 하는지에 대한 명확한 이해를 바탕으로 설계 및 개발 작업을 수행하는 것이다. 소프트웨어 시스템이 사용되는 동안 발견되는 오류를 정리하는 단계는 소프트웨어 유지보수 및 테스트 단계에서 수행된다.

02 ③

객체에게 명령을 하는 것은 메시지(Message)이다.

03 ①

자료 흐름도(DFD)를 활용하는 모델링은 기능 모델링이다.

04 ①

모델링 작업의 결과물은 다른 모델링 작업에 영향을 줄 수 있다.

05 ①

스프린트는 짧은 주기(2~4주)로 작업을 진행한다.

06 ②

자주 발생하는 문제에 대한 일반적으로 반복적인 해결 방법은 디자인 패턴이다.

07 ②

요구사항 명세기법은 소프트웨어 요구사항을 문서화하는 방법을 의미한다.
비정형 명세기법은 자연어를 기반으로 자유로운 표현으로 요구사항을 명세화한다. 정형 명세기법은 형식화된 수학적 기호와 언어를 사용하여 요구사항을 명세화한다. Z 비정형 명세기법은 없고, Z 정형 명세기법은 수학적 기호로 명세하는 방법으로 정형 명세기법이다.

08 ④

애자일 기법은 변경 대응을 수월하게 하기 위해 만들어진 방법론이다.

09 ③

CASE는 개발자의 시간과 비용 절약을 위한 요구사항 분석을 위해 사용한다.

10 ②

연관된 데이터와 함수를 함께 묶어 외부와 경계를 만드는 것은 캡슐화이다.

11 ①

실제 화면과 유사하게 만든 정적인 형태의 모형으로 시각적 구성 요소만 배치하고 구현되지 않는 것은 목업(Mockup)이다.

12 ③

is-a 또는 'is-a-kind-of' 관계로 공통된 특성으로 추상화한 상위 객체 구성하는 것은 Generalization(일반화관계)이다.

13 ③

순차 다이어그램은 행위적/동적 다이어그램의 일종이다.

14 ①

파이프 필터 아키텍처에서 데이터는 단방향으로 흐르며, 필터 이동 시 오버헤드가 발생한다.

15 ②

한 모듈 또는 하부시스템이 다른 모듈의 구현에 영향을 받지 않도록 감추는 것은 정보 은닉이다.

16 ①

리눅스의 현재 시스템 정보와 리눅스 커널 버전 정보를 확인하기 위한 명령어는 uname이다.

uname	시스템의 이름, 버전 등 표시
ls	현재 디렉터리 내 파일 목록 확인
cmd	(윈도우) DOS 명령어 창
pwd	현재 디렉터리 출력

17 ②

좋은 소프트웨어 설계를 위해서는 모듈 간의 결합도를 낮게, 응집도를 높게 설계해야 한다.

18 ③

객체를 생성하기 위한 인터페이스를 정의하여 어떤 클래스가 인스턴스화될 것인지는 서브 클래스가 결정하도록 하는 것은 Factory Method 패턴이다.

19 ①

자료 흐름도(DFD: Data Flow Diagram)는 다이어그램이다.

20 ④

CASE 도구는 소프트웨어의 생명주기 전반을 지원하는 프로그램으로, 소프트웨어 시스템의 문서화 및 명세화를 위한 그래픽 기능을 지원한다. 리포트, 코드 생성기와 같은 다양한 소프트웨어 개발 모형을 지원한다. 언어 번역은 지원하지 않는다.

21 ②

위험 요소를 분석하는 일은 Risk Analysis이다.

22 ③

③은 블랙박스 테스트에 대한 설명이다.

23 ④

디지털 저작권 관리(DRM)의 기술요소에 방화벽 기술은 해당되지 않는다.
디지털 저작권 관리(DRM)의 기술요소: 암호화, 키 관리, 암호화 파일 생성, 식별 기술, 저작권 표현, 정책 관리, 크랙 방지, 인증

24 ②

형상 관리는 소프트웨어 개발 과정의 변경사항을 관리하는 것이다.

25 ④

버전 관리 항복 중 저장소에 새로운 버전의 파일로 갱신하는 것은 체크인(Check-In)이라고 한다.

26 ④

EAI는 Point to Point(1:1) / Hub&Spoke(중앙 집중형) / Message Bus(미들웨어) / Hybrid(허브와 메시지 혼합)로 구축될 수 있다.

27 ②

오라클의 종류만 알아도 풀 수 있는 문제이다. 오라클의 종류에는 참(True), 샘플(Sampling), 휴리스틱(Heuristic), 일관성(Consistent) 검사 오라클이 있다. 토탈 오라클이란 것은 없다.

28 ①

인터페이스 구현 검증 도구에는 xUnit, STAF, FitNesse, NTAF, Selenium, watir가 있다.

29 ③

FIFO 방식으로 처리되는 것은 큐이다. 순서 리스트의 뒤(Rear)에서 노드가 삽입되며, 앞(Front)에서 노드가 제거되는 것은 큐이다. 선형 리스트의 양쪽 끝에서 삽입과 삭제가 모두 가능한 자료구조는 데크이다. 스택은 인터럽트 처리, 서브루틴 호출 작업 등에 응용된다.

30 ③

블랙박스 테스트는 프로그램 외부 사용자의 요구사항 명세를 보면서 수행하는 테스트이다. 기능 및 동작 위주의 테스트를 진행하기 때문에 비정상적인 자료에 대한 오류 처리 수행 여부, 정상적인 자료에 대한 요구된 기능 수행 여부, 경계값을 입력할 경우 요구된 출력 결과 출력 여부 등을 테스트할 수 있다. 그러나 반복 조건을 만족하는데도 루프 내의 문장이 수행되지 않는 경우는 코드 분석과 프로그램 구조에 대한 지식을 바탕으로 문제가 발생할 가능성이 있는 모듈 내부를 직접 관찰해야 하기 때문에 블랙박스 테스트를 통해서는 발견할 수 없는 오류이며, 화이트박스 테스트를 통해서 발견할 수 있는 오류이다.

31 ②

트리의 차수란 노드들의 차수 중에서 가장 큰 값을 말한다. 차수란 특정 노드에 연결된 자식 노드의 수로, 자식 노드가 가장 많은 노드는 A, C, E로, 차수가 2이다. 따라서 위 트리의 차수는 2이다. 한편, 단말 노드는 자식이 없는 노드로 D, G, H, F가 속해 단말 노드의 수는 4이다.

32 ③

n개의 정점으로 구성된 방향 그래프의 최대 간선 수는 $n \times (n-1) = 5 \times (5-1) = 20$이다.

33 ③

설치 매뉴얼에 포함되어야 할 항목은 다음과 같다. 소프트웨어 개발 기간은 소프트웨어 설치 시 필요한 항목이 아니다.
소프트웨어 설치 매뉴얼 구성요소: 제품 소프트웨어 개요, 설치 관련 파일, 설치 절차, 설치 아이콘, 삭제 방법, 설치 버전 및 작성자, 고객 지원 방법 및 FAQ, 준수 정보 & 제한 보증

34 ①

암호화 수행 시 일방향 암호만 지원은 해시 암호화이고, IPSec는 대칭 암호화를 사용한다.

35 ①

Dataware House는 사용자의 의사 결정에 도움을 주기 위하여 기간시스템의 데이터베이스에 축적된 데이터를 공통의 형식으로 변환해서 관리하는 데이터베이스로, 디지털 저작권 관리(DRM) 구성요소와 관련이 없다.

36 ④

성능 목표 달성 확인하기 위한 테스트 자동화 도구는 성능 테스트 도구이다.

37 ③

경계값 분석 테스트는 경곗값 부분에서 오류 발생 확률이 높기에 경곗값, 경계 이전 값, 경계 이후 값을 테스트 케이스로 생성하여 테스트하는 방법이다. 90은 80~100의 경계가 아닌 가운데 값이므로 경곗값 분석 테스트라고 보기 어렵다.

38 ③

신뢰성은 소프트웨어가 요구된 기능을 정확하고 일관되게 오류 없이 수행할 수 있는 정도를 말한다.

39 ④

AJAX에 대한 설명이다.

40 ③

시간 복잡도는 입력 데이터 수와 알고리즘의 수행시간 간의 관계를 수치화한 것을 말한다. 시간 복잡도가 O(1)이라는 것은 알고리즘 수행시간이 입력 데이터 수와 관계없이 일정하다는 것을 의미한다.

41 ②

DML(데이터 조작어), DCL(데이터 제어어), DDL(데이터 정의어)로 데이터의 정의를 하는 DDL에 대한 설명이다.

42 ③

DDL에는 CREATE, ALTER, DROP, TRUNCATE 명령어가 있으며, 스키마, 도메인, 테이블, 뷰, 인덱스를 정의하는 명령어는 CREATE이다.

43 ①

PARK에게 'CREATE TABLE'(테이블을 생성할 수 있는) 권한을 부여한다.
GRANT의 문법은 아래와 같이 사용한다.
- GRANT 권한
- ON 개체
- TO 사용자

44 ③

외래키에 대한 설명이다.

45 ④

기본키의 특징
- 후보키 중에서 선정된 주키(MAIN KEY)로 중복된 값을 가질 수 없다.
- 한 릴레이션에서 특정 튜플을 유일하게 구별할 수 있는 속성이다.
- 기본키는 후보키의 성질을 갖는다.
- 기본키는 NULL 값을 가질 수 없다.

46 ②

UPDATE의 기본형식은 UPDATE [테이블명] SET [열] = ' 변경할 값' WHERE [조건]이다.

47 ③

HAVING 절 – GROUP BY와 함께 사용되며, 그룹에 대한 조건을 지정한다.

48 ④

인덱스는 자동으로 생성되지 않으며, 데이터 정의어를 사용해 변경, 생성, 제거할 수 있다. 단, 기본키에 대한 인덱스는 자동으로 생성된다.

49 ①

ROLLBACK은 데이터베이스 조작 작업이 비정상적으로 종료되었을 때 원래의 상태로 복구하는 철회(Aborted)를 한다.

50 ②

데이터 사전은 사용자에게는 읽기 전용 테이블로 조회만 가능하다.

51 ③

논리적 설계 단계에서 트랜잭션 인터페이스를 설계한다.

52 ③

릴레이션의 각 행을 튜플(Tuple)이라 하며, 각 열을 속성(Attirubte)라고 한다. 릴레이션 스키마는 한 개의 릴레이션의 논리적 구조로 정의한다. 도메인은 하나의 속성(Attribute)이 취할 수 있는 원자값들의 집합이다.

53 ①

카디널리티(Cardinality)는 행의 수이고 차수(Degree)는 열의 수이다.

54 ③

슈퍼키는 유일성을 만족하는 속성 또는 속성들의 집합이다.

55 ③

무결성은 어떤 값의 허용에 대한 사항을 정의하고 올바른 데이터가 입력되도록 하는 것이다.

56 ②

σ 학과 = '교육'(학생)는 학생 테이블에서 학과가 교육인 튜플을 반환한다.
π 이름은 이름 속성을 추출한다.

57 ④

이상의 종류로 삽입 이상, 삭제 이상, 갱신 이상이 있다.

58 ③

정규화는 중복을 배제하여 삽입, 삭제, 갱신 이상들을 제거하기 위해 사용한다.

59 ④

분산 데이터베이스 주요 구성요소는 전역, 분할, 할당, 지역 스키마가 있다.

60 ④

파티션 유형으로 범위분할, 해시분할, 조합분할, 목록분할, 라운드−로빈 분할이 있다.

61 ④

연산자 우선순위가 높은 것에서 낮은 것은 괄호( ) 〉 증감 연산자 〉 산술 연산자 〉 시프트 연산자 〉 관계 연산자 〉 비트연산자 〉 논리 연산자 〉 삼항 연산자 〉 대입 연산자로 나열된다. 대입 연산자인 =의 우선순위가 가장 낮다.

62 ①

변수 선언 시, 예약어는 사용할 수 없다. else는 조건문 예약어로 사용할 수 없다.

63 ①

하나라도 참이면 1, 모두 거짓이면 OR조건의 논리 연산자이다.

&&	논리값이 모두 참이면, 참를 반환하고, 그렇지 않은 경우, 거짓 반환(AND 조건)
||	논리값 중 하나 이상이 참이면, 참를 반환하고, 그렇지 않으면 거짓 반환(OR 조건)
!	한 개의 논리값이 참이면 거짓을 반환하고, 거짓이면 참을 반환

64 ③

*(p[0]+1)은 arr[0][1] 값을 가져오고 *(p[1]+2)는 arr[1][2] 값을 가져와서 2 + 6이므로 8을 출력하고 *(*(p+1)+0)은 arr[1][0] 이고 *(*(p+1)+1)은 arr[1][1] 가져와서 4 + 5 이므로 9를 출력한다.

#include 〈stdio.h〉	
int arr[2][3] = {1, 2, 3, 4, 5, 6};	① arr[0][0]=1, arr[0][1]=2, arr[0][2]=3 arr[1][0]=4, arr[1][1]=5, arr[1][2]=6
int (*p)[3] = NULL;	② 정수형 3자리 배열포인터 선언
p = arr;	③ p 포인터에 arr배열 주소를 대입
printf("%d, ", *(p[0] + 1) + *(p[1] + 2));	④ p[0]은 &arr[0][0] 주소이고 p[0]+1은 &arr[0][1] 주소하고 같은데 *(p[0]+1) 포인트변수 앞에 '*'표시가 있으면 주소에 들어 있는 변수의 값을 가져옴. p[1]은 &arr[1][0] 주소이고. p[1]+2 이므로 &arr[1][2] 주소하고 같고 '*' 표시가 있으므로 변수의 값을 가져옴 ⑤ arr[0][1] + arr[1][2] = 2 + 6 이므로 8 출력
printf("%d", *(*(p + 1) + 0) + *(*(p + 1) + 1));	⑥ *(p+1)은 p[1]하고 같고 &arr[1][0]이다. *(p[1]+0)은 &arr[1][0]이다. 포인트변수 괄호 밖에 '*'가 있어서 값을 가져옴. 한편, *(*(p+1)+1)은 arr[1][1]의 값을 의미함 ⑦ arr[1][0] + arr[1][1] = 4 + 5 = 9
return 0;	
}	

65 ④

class FourCal:	① 클래스 FourCal 선언
def setadata(sel, fir, sec):	② 변수 sel, fir, sec을 갖는 함수 setadata 선언
sel.fir = fir	
sel.sec = sec	
def add(sel):	
result = sel.fir + sel.sec	
return result	
a = FourCal()	③ FourCal이라는 클래스의 객체 a 생성
a.setadata(4, 2)	④ a 객체의 setadata 함수를 호출해 a의 속성 fir, sec에 각 4와 2를 할당
print(a.add())	⑤ a 객체의 add 함수를 호출해 a속성의 fir, sec을 더한 값인 6을 반환하여 출력

66 ①

public class Operator {	
public static void main(String[] args) {	
int x = 5, y = 0, z = 0;	① 정수형 x = 5, y = 0, z = 0 저장
y = x++;	② 후치 증감 연산자로 변수 y에 x=5를 먼저 대입, 변수 x을 1 증가시킨 후 저장 x = 6, y = 5, z = 0

z = − −x;	③ 전치 증감 연산자로 변수 x를 1 감소시킨 후, 저장, 변수 z 에 x = 5 대입 x = 5, y = 5, z = 5
System.out.print(x + ", " + y + ", " + z);	④ x = 5, y = 5, z = 5 5, 5, 5 출력
}	
}	

67 ③

ArithmeticException은 예외적인 산술 조건이 발생한 경우에 나타난다.

68 ④

시스템은 각각의 모듈이 모여 이루어지며, 모듈 간의 접근이 가능해야 한다.

69 ④

Worst fit은 최악 적합으로 자원 낭비가 가장 심한 영역에 할당하는 방법이다. 사용 여부가 대기인 영역 중 자원 낭비가 가장 큰 16K에 할당된다.

70 ①

IPv6의 패킷 헤더는 40 octet의 고정된 길이를 갖는다.

71 ①

HTTP는 7계층인 응용 계층에 해당하는 프로토콜이다.

72 ①

연산자 우선순위가 높은 것에서 낮은 것은 괄호( ) 〉 증감 연산자 〉 산술 연산자 〉 시프트 연산자 〉 관계 연산자 〉 비트 연산자 〉 논리 연산자 〉 삼항 연산자 〉 대입 연산자로 나열된다.

73 ③

커널에서 프로세스와 메모리를 관리한다.

74 ①

세그멘테이션(Segmentation)은 프로그램을 '다양한 크기'로 나누는 기법이다.

페이징(Paging)은 프로그램과 주기억장치의 영역을 '동일한 크기'로 나누는 기법이다.

75 ④

①, ②, ③은 커널 수준 스레드의 장점에 대한 설명이다.

76 ②

입력값이 프레임에 이미 존재하면 페이지 부재가 아니며, 입력값이 프레임에 존재하지 않으면 페이지 부재이다. 페이지 부재 시, 비어 있는 프레임이 있다면 해당 프레임에 넣고 없다면 가장 오래된 페이지와 교체한다.

페이지	입력	페이지 부재	오래된 페이지
7,−,−	7	1	7
7,0,−	0	2	7
7,0,1	1	3	7
2,0,1	2	4	0
2,0,1	0	−	0
2,3,1	3	5	1
2,3,0	0	6	2
4,3,0	4	7	3
4,2,0	2	8	0
4,2,3	3	9	4
0,2,3	0	10	2
0,2,3	3	−	2
0,2,3	2	−	2
0,1,3	1	11	3
0,1,2	2	12	0
0,1,2	0	−	0
0,1,2	1	−	0
7,1,2	7	13	1
7,0,2	0	14	2

77 ③

TCP는 4계층으로 전송 계층, IP는 3계층으로 네트워크 계층이다.

78 ①

체크섬(Checksum) 기능으로 헤더 체크섬만 제공한다.

79 ④

192.168.1.0/24를 4개로 나누고 상위 비트 2개를 나누면 된다.
192.168.1.(00)000000 (0)
192.168.1.(01)000000 (64)
192.168.1.(10)000000 (128)
192.168.1.(11)000000 (192)
이므로 4번째 네트워크의 4번째 사용 가능한 IP는 192.168.1.198이다.

80 ③

파일 디스크립터는 파일 시스템에서 관리함으로 사용자가 직접 참조할 수 없다.

81 ①

2개의 서버를 연결하여 클러스터링으로 엮는 것은 고가용성 솔루션이다.

82 ④

시스템 내의 정보는 오직 인가된 사용자만 수정할 수 있어야 한다는 특성은 무결성(Integrity)이다. 시스템 내의 정보와 자원은 인가된 사용자에게만 접근이 허용된다는 특성은 기밀성(Confidentiality)이며, 인가받은 사용자는 언제라도 사용할 수 있다는 특성은 가용성(Availability)이다.

83 ②

대칭 암호 알고리즘은 키 교환이 필요하다.

84 ②

WPA(Wi-Fi Protected Access)이다.

85 ④

하드웨어적으로 구현되므로, 소프트웨어식 암호 기술에 내재된 보안 취약점을 해결할 수 있다.

86 ④

Authentication에 대한 설명이다.

87 ①

직접(Direct)로 연결하는 방식인 스토리지 시스템은 DAS이다.

88 ③

소프트웨어 개발 프레임워크는 코드의 흐름 제어가 가능하다.

89 ③

소프트웨어 품질 및 생산성 향상을 위해 소프트웨어 프로세스를 평가 및 개선하는 국제 표준 SPICE이다.

90 ②

사물 인터넷(IoT)에 대한 설명이다.

91 ②

Machine Learning에 대한 설명이다.

92 ④

로킹의 단위가 커지면 데이터베이스 공유도는 감소한다.

93 ①

이상탐지(Anomaly Detection) 기법은 Behavior, Statistical Detection로 불리며 평균적 시스템의 상태 기준으로 비정상적인 행위나 자원의 사용이 감지되면 이를 알려준다. 오용탐지(Misuse Detection) 기법은 Signature Base나 Knowledge Base로 불리며 미리 입력해둔 공격 패턴이 감지되면 이를 알려 준다.

94 ③

서로 다른 네트워크 대역에 있는 호스트를 통신할 수 있도록 해 주는 장비는 라우터이다.

95 ③

Secure OS의 보안 기능으로는 식별 및 인증, 계정관리, 강제적 접근 통제, 임의적 접근 통제, 객체 재사용 방지, 완전한 중재 및 조정, 감사 및 감사기록 축소, 안전한 경로, 보안 커널 및 변경 방지, 해킹 방지, 통합 관리 등이 있다.

96 ③

중간에 스크린 된 서브넷을 구축하는 형태로 Screened Subnet이다.

97 ①

외부 컴퓨터의 접속 인가 여부를 점검하여 접속을 허용하거나 거부하는 기능을 가진 접근 제어 유틸리티는 tcp wrapper이다.

98 ①

시간에 따른 함수로 표현되는 Rayleigh-Norden 곡선을 사용하는 Putnam 모형이다.

99 ①

티켓을 발급받는 보안 인증 방식은 Kerberose이다.

100 ③

지식 기반 인증	주체가 '알고 있는 것'(Something you know)을 보여 주며 인증	패스워드, PIN 번호 등
소유 기반 인증	주체가 '그가 가지고 있는 것'(Something you have)을 보여 주며 인증	토큰, 스마트카드, 신분증, OTP 등
생체(존재) 기반 인증	주체가 '그가 가지고 있는 고유한 생체적 특징'(Something You Are)을 보여 주며 인증	홍채, 지문, 얼굴 등
행위 기반 인증	주체가 '그가 하는 것'(Something you do)을 보여 주며 인증	서명, 발걸음, 몸짓 등

01 | 기출변형 모의고사 1회 해설

01	02	03	04	05	06	07	08	09	10
②	④	③	③	②	③	②	②	②	③
11	12	13	14	15	16	17	18	19	20
③	②	②	④	③	①	②	④	④	④
21	22	23	24	25	26	27	28	29	30
④	④	②	③	②	②	④	①	③	③
31	32	33	34	35	36	37	38	39	40
④	③	②	③	③	②	④	②	④	②
41	42	43	44	45	46	47	48	49	50
②	④	①	②	④	③	④	③	④	④
51	52	53	54	55	56	57	58	59	60
①	④	①	②	④	①	②	②	②	②
61	62	63	64	65	66	67	68	69	70
②	③	①	③	①	②	③	③	④	④
71	72	73	74	75	76	77	78	79	80
①	④	①	①	④	①	④	①	③	③
81	82	83	84	85	86	87	88	89	90
③	②	②	③	③	③	①	④	①	②
91	92	93	94	95	96	97	98	99	100
③	②	③	①	③	③	②	④	①	③

01 ②

운영체제 현행 시스템 분석 시, 고려사항은 아래와 같다. 사용률(Utilization)은 사용자의 요청을 처리하는 동안 CPU, 메모리와 같은 자원의 사용률로 플랫폼 성능 특성 분석의 측정 항목이다.

신뢰도	장기간 시스템 운영으로 발생할 수 있는 운영체제 고유의 장애 발생 가능성
성능	동시 사용자의 요청 처리, 대규모 및 대량 작업 처리, 지원할 수 있는 메모리 크기(32bit, 64bit)
기술 지원	제작사의 지속적인 기술 지원, 사용자들 간의 정보공유
주변 기기	설치 가능한 하드웨어, 주변 기기의 지원 여부
구축 비용	지원 가능한 하드웨어 비용, 설치할 응용 프로그램의 라이선스 정책 및 비용, 유지관리 비용

02 ④

요구분석에서 도출된 요구사항은 사용자의 요구사항이 바뀔 때마다 업데이트되어야 하며, 변경 이력을 기록하여 변경 관리를 해야 한다.

03 ③

구조적 분석 도구로는 자료 흐름도(DFD), 자료 사전(DD), Mini-Spec, ERD, UML등이 있다.

04 ③

빠르고 효율적인 문서 작성으로 시간과 비용 모두 절감된다.

05 ②

CASE는 소프트웨어의 생명주기 전반을 지원하는 프로그램 또는 소프트웨어 개발을 지원하는 자동화 도구 혹은 방법론의 결합으로 개발 방법론을 생성할 수는 없다.

06 ③

하나의 사물이 다른 사물에 비해 더 일반적인지, 구체적인지를 표현하는 관계는 일반화(Generalization)관계이다.

07 ②

설명에 해당하는 유스케이스 다이어그램의 요소는 액터(Actor)이다.

08 ②

XP의 기본원리에는 Split Programming은 존재하지 않으며, Pair Programming이 있다.

09 ②

UI의 설계 지침으로는 사용자 중심, 일관성, 단순성, 결과 예측 가능, 가시성, 표준화, 접근성, 명확성, 오류 발생 해결이 있다.

10 ③

NUI 인터페이스에 속하는 것은 Tap, Doule Tap, Drag, Pan, Press, Flick, Pinch가 있다. Flow는 해당하지 않는다.

11 ③

UI 표준을 바탕으로 개발자들은 일관된 방식으로 UI를 개발하고, 사용자들은 일관된 사용자 경험을 얻을 수 있다.

12 ②

시스템의 구성요소와 이들 간의 관계를 결정하는 과정은 아키텍처 설계(Architecture Design)이다.

13 ②

일반적으로 분산 시스템에서 사용되며, 클라이언트는 사용자 또는 다른 시스템에서 요청을 보내고, 서버는 해당 요청을 처리하고 결과를 반환하는 소프트웨어 아키텍처 패턴은 클라이언트-서버 패턴(Client-Server Pattern)이다.

14 ④

여러 개체들이 같은 인터페이스를 공유하면서도 각자 다른 구현을 제공할 수 있도록 하는 기법은 다형성(Polymorphism)이다.

15 ③

인스턴스(Instance)는 같은 클래스에 속한 각각의 객체로 보기의 설명은 클래스(Class)에 대한 설명이다.

16 ①

모듈의 크기는 적당한 크기가 되어야 하며, 모듈의 크기가 작다고 잘 설계된 모듈은 아니다.

17 ②

해당 설명에 대한 디자인 패턴은 Proxy이다.

18 ④

동료 검토(Peer Review)는 요구사항 확인 및 검증(Validation)의 기법이다.

19 ④

정해진 시간에 통신이 이루어지는 방식은 DB/File 거래 유형이다.

20 ④

해당 설명은 미들웨어에 대한 설명이다.

21 ④

선형구조에 해당되는 것은 리스트, 스택, 큐, 데크, 배열이다. 트리, 그래프는 비선형 구조이다.

구조	설명	종류
선형구조	데이터를 연속적으로 연결한 자료 구조	리스트(List), 배열(Array), 스택(Stack), 큐(Queue), 데크(Deque) 등
비선형구조	데이터를 비연속적으로 연결한 자료 구조	트리(Tree), 그래프(Graph)

22 ④

스택의 응용 분야에는 수식의 계산, 인터럽트의 처리, 함수 호출의 순서 제어, 재귀호출, 깊이우선탐색(DFS), 서브루틴의 복귀 번지 저장 등이 있다. 선택정렬과 운영체제의 작업 스케줄링은 스택의 응용 분야에 해당되지 않는다.

자료구조	응용 분야
스택(Stack)	• 인터럽트의 처리 • 수식 계산 및 수식 표기법 • 서브루틴 호출 및 복귀 주소 저장 • 함수 호출의 순서 제어 • 깊이우선탐색(DFS) • 재귀호출
큐(Queue)	운영체제의 작업 스케줄링
트리(Tree)	인덱스를 조작하는 방법으로 많이 사용
그래프(Graph)	통신망(Network), 교통망, 이항관계, 연립방정식, 유기화학 구조식, 무향선분 해법 등에 응용

23 ②

중위 표기법(Infix)을 후위 표기법(Postfix)로 바꾸는 방법은 다음과 같다.

1	연산 우선순위에 따라 괄호로 묶는다.	$\underline{(A + B)} * C + \underline{(D + E)}$ 　①　　　　　① $\underline{\qquad\qquad}$ 　　② $\underline{\qquad\qquad\qquad}$ 　　　③ $\rightarrow (((A + B) * C) + (D + E))$
2	연산자를 해당 괄호의 뒤(오른쪽)로 옮긴다.	$(((A + B) * C) + (D + E))$ $\rightarrow (((AB) + C) * (DE) +) +$
3	필요 없는 괄호를 제거한다.	$(((AB) + C) * (DE) +) +$ $\rightarrow AB + C * DE + +$

24 ③

삽입 정렬(Insertion Sort)은 가장 간단한 정렬 방식으로 이미 순서화된 파일에 새로운 하나의 레코드를 순서에 맞게 삽입시키는 알고리즘이다.

	출력 결과				
초기 자료	5	4	3	2	1
1회전	5	4	3	2	1
	: (5)는 이미 정렬되어 있다고 가정				
	4	5	3	2	1
	: 4를 이미 정렬된 부분 (5)에 삽입				

25 ②

위치에 관계 없이 임의의 키를 분할원소로 사용할 수 있다.

26 ②

서브트리를 하나의 노드로 생각할 수 있도록 서브트리 단위로 묶은 후 중위 순회를 한다. 트리를 중위 순회한 결과는 아래와 같이 D→B→A→G→E→H→C → F이다.

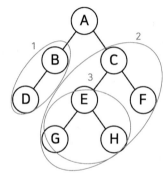

중위 순회(Inorder)는 Left → Root → Right이므로 1A2이 된다.
1은 DB이므로 **DB**A2가 된다.
2는 3CF이므로 DBA3CF가 된다.
3은 GEH이므로 DBA**GEH**CF가 된다.
따라서 Inorder 순회법에 따른 방문 순서는 DBAGEHCF가 된다.

27 ④

트리의 차수는 노드들의 차수 중에서 가장 큰 값을 말한다. 차수는 특정 노드에 연결된 자식 노드의 수로, 각 노드의 자식 노드를 구하면 노드 A는 {B, C}, 노드 B는 {D, E, F}, 노드 C는 {G, H}, 노드 F는 {I}, 노드 H는 {J}이다. 노드 D, E, I, G, J는 자식 노드가 존재하지 않는 단말 노드(terminal node)에 해당되며, 따라서 단말 노드의 수는 5개이다. 한편, 노드들 중 가장 많은 노드를 갖는 노드는 B로, B의 차수는 3이며 따라서 트리의 차수는 3이다.

용어	설명	문제 적용 예
루트 노드 (Root Node)	• 트리에서 부모가 없는 최상위 노드 • 트리에는 하나의 루트 노드만 존재	{A}
단말 노드 (Leaf Node; Terminal Node)	자식이 없는 노드, 트리의 가장 말단에 위치	{D, E, I, G, J}
레벨 (Level)	루트 노드를 기준으로 특정 노드까지의 경로 길이	E의 레벨은 3
자식 노드 (Child Node)	특정 노드에 연결된 다음 레벨의 노드	B의 자식 노드는 D, E, F
부모 노드 (Parent Node)	특정 노드에 연결된 이전 레벨의 노드	D, E, F의 부모 노드는 B

깊이 (Depth)	• 루트 노드에서 특정 노드에 도달하기 위한 간선의 수 • Depth = 최대 level − 1	Depth는 3
차수 (Degree)	특정 노드에 연결된 자식 노드의 수	B의 차수는 3
트리의 차수	노드들의 차수 중에서 가장 큰 값	노드 B의 차수가 3으로 가장 크므로 트리의 차수는 3

28 ①

이진 검색은 검색할 데이터가 정렬되어 있을 때에만 사용 가능하지만, 순차 검색은 검색할 데이터가 정렬되어 있지 않아도 사용 가능하다. ④ 이진 검색은 재귀함수 또는 반복문을 이용해서 구현할 수 있다. 수도코드는 아래와 같은데 시험에 출제된 적은 없으니 이해하고 지나가도 괜찮다.

```
// 재귀함수 이용
BinarySearch(A[0..N−1], value,
low, high) {
  if (high < low)
    return −1
  mid = (low + high) / 2
  if (A[mid] > value)
    return BinarySearch(A, value,
low, mid−1)
  else if (A[mid] < value)
    return BinarySearch
    (A, value, mid+1, high)
  else
    return mid
}
```

```
// 반복문 이용
BinarySearch(A[0..N−1], value) {
  low = 0
  high = N − 1
  while (low <= high) {
    mid = (low + high) / 2
    if (A[mid] > value)
      high = mid − 1
    else if (A[mid] < value)
      low = mid + 1
    else
      return mid
  }
  return −1
}
```

검색 알고리즘 종류	정의	장점	단점	시간 복잡도
순차 검색	배열의 처음부터 끝까지 차례대로 비교하여 원하는 데이터를 찾아내는 알고리즘	• 정렬되지 않은 리스트에서도 사용 가능 • 검색 방법 중 가장 단순해 구현이 쉬움	검색할 리스트의 길이가 길면 비효율적	• 평균/최악: $O(n)$ • 최선: $O(1)$
이진 검색	정렬되어 있는 리스트에서 탐색 범위를 절반씩 좁혀 가며 데이터를 탐색하는 알고리즘	탐색 효율이 좋고 탐색 시간이 적게 소요됨	정렬된 리스트에서만 사용 가능	• 평균/최악: $O(\log n)$ • 최선: $O(1)$

29 ③

어떤 문제를 풀기 위해 그 문제를 더 작은 문제의 연장선으로 생각하고, 과거의 해를 활용하는 방식의 알고리즘은 Dynamic Programming이다. Divide and Conquer와 Dynamic Programming은 문제를 잘게 쪼개서 푼다는 점은 공통되나, Dynamic Programming이 부분 문제가 중복되어 상위 문제 해결 시 재활용된다면, Divide and Conquer는 부분 문제가 서로 중복되지 않는다. 따라서 문제를 잘게 쪼개서 풀면서 과거의 해를 활용하는 방식의 알고리즘은 Dynamic Programming이다.

알고리즘 설계 기법	설명
분할과 정복 (Divide & Conquer)	• **문제를 나눌 수 없을 때까지 나누고**, 각각을 풀면서 다시 **병합**하여 문제의 답을 얻는 알고리즘 • (예) 병합 정렬, 퀵 정렬 등
동적계획법 (Dynamic Programming)	• 어떤 문제를 풀기 위해 그 문제를 더 **작은 문제의 연장선으로 생각하고, 과거의 해를 활용**하는 방식의 알고리즘 • (예) 피보나치 수열 등
탐욕법 (Greedy)	**선택의 순간마다 그 순간에 최적**이라고 생각되는 것을 선택해 나가는 방식으로 진행하여 최종적인 해답에 도달하는 방식의 알고리즘
백트래킹 (Backtracking)	**어떤 노드의 유망성 점검 후**, 유망하지 않으면 그 노드의 부모 노드로 **되돌아간 후** 다른 자손 노드를 검색하는 알고리즘

30 ③

알파 테스트는 개발자의 장소에서 사용자가 개발자 앞에서 진행한다.

31 ④

형상 관리의 대상에는 프로젝트 요구 분석서, 소스 코드, 운영 및 설치 지침서가 있다. 시스템 개발 비용은 형상 관리 대상이 아니다.

형상관리 정의	• 소프트웨어 생명주기 동안 발생하는 변경사항 관리 • 유지보수 단계뿐만 아니라 개발 단계에도 사용 가능
형상관리 대상	프로젝트 요구분석서, 소스코드, 컴퓨터 프로그램, 프로그램 내에 포함된 자료, 운영 및 설치 지침서 등

형상관리 절차	• 형상 식별 → 형상 통제 → 형상 감사 → 형상 기록 • 형상통제위원회(CCB; Configuration Control Board; 변경통제위원회; Change Control Board): 형상관리를 위하여 구성된 조직 • 형상 목록의 변경 요구를 즉시 수용해서 반영할 필요는 없음
형상관리 도구	• CVS: 중앙집중형 서버 방식, 파일/디렉토리 변경 불편, 커밋 실패 시 롤백 미지원 • SVN: 중앙집중형 클라이언트-서버 방식, 커밋 실패 시 롤백 가능 • Git: 분산저장소 방식, 로컬/원격 저장소 나눠 형상 관리, 커밋 실패 시 롤백 가능

32 ③

Flexibility에 대한 설명이다.

33 ②

원인-결과 그래프 테스트(cause-effect graphing testing)는 블랙박스 테스트 기법의 한 종류로, 그래프를 활용하여 입력 데이터 간의 관계 및 출력에 미치는 영향을 분석하여 효용성이 높은 테스트 케이스를 선정하여 테스트하는 기법이다.

34 ③

애플리케이션 테스트와 소프트웨어 개발 단계를 연결하여 표현한 것을 V모델이라고 하는데, 소프트웨어 개발 단계 순서가 요구사항 확인 → 요구사항 분석 → 소프트웨어 설계 → 구현이라면, 소프트웨어 테스트 순서는 단위 테스트 → 통합 테스트 → 시스템 테스트 → 인수 테스트 순이다. 테스트는 개발 단계의 역순이기 때문에, 구현과 결합되는 테스트 단계는 단위 테스트, 소프트웨어 설계와 결합되는 테스트 단계는 통합 테스트, 분석과 결합된 테스트 단계는 시스템 테스트, 요구사항 확인과 결합된 테스트는 인수 테스트가 있다.

35 ③

경계 값 분석은 블랙박스 시험에 해당된다. 조건 테스트, 모든 실행문 테스트, 분기점 테스트는 모두 화이트박스 시험에 해당된다. 조건 테스트는 각 분기의 결정 포인트 내의 각 개별 조건식이 적어도 한 번은 참과 거짓의 결과가 되도록 수행하는 테스트를 말한다. 모든 실행문 테스트는 프로그램 내의 모든 명령문을 적어도 한 번 수행하는 테스트를 말한다. 분기점 테스트는 각 분기의 결정 포인트 내의 전체 조건식이 적어도 한 번은 참(T)과 거짓(F)의 결과를 수행하는 테스트를 말한다.

36 ②

구현은 시스템의 설계 명세서를 바탕으로 모듈 단위의 코딩과 디버깅 및 단위 테스트가 이루어지는 소프트웨어 개발 단계를 말한다.

37 ④

소프트웨어 재공학은 기존 소프트웨어를 버리지 않고 기능을 개선시키거나 기능을 새로운 소프트웨어로 재활용하는 소프트웨어 재사용 기법으로, 유지보수의 문제를 해결하기 위한 것이다. 유지보수란 소프트웨어의 제품이 변경되는 능력을 의미한다.

38 ②

SSL은 TCP/IP 계층과 애플리케이션 계층 사이에서 인증, 암호화, 무결성을 보장하는 프로토콜이다.

IPSec(IP Securit)	네트워크 계층에서 IP 패킷 단위의 데이터 변조 방지 및 은닉 기능을 제공하는 프로토콜
S-HTTP (Secure Hypertext Transfer Protocol)	클라이언트와 서버 간에 전송되는 모든 메시지를 암호화하는 프로토콜

39 ④

Avalanche는 동적 분석 도구에 해당한다.

40 ②

상향식 통합 테스트는 하위 모듈에서 상위 모듈 방향으로 통합하면서 테스트하는 기법이다. 가장 하위 단계의 모듈부터 통합 및 테스트가 수행되며, 하나의 주요 제어 모듈과 관련된 종속 모듈의 그룹인 클러스터(Cluster)가 필요하다.

41 ②

DROP은 테이블을 제거하는 명령어이다. CASCADE 옵션을 사용하면 테이블을 삭제할 때, 해당 테이블을 참조하는 다른 객체들도 함께 삭제한다.

문법	설명	예제
DROP TABLE 테이블명 [CASCADE	RESTRICT]	• 테이블 제거 • CASCADE는 참조하는 다른 모든 개체를 제거 • RESTRICT 다른 테이블이 삭제할 테이블을 참조 중이면 제거하지 않음	DROP TABLE 고객 CASECADE

42 ④

1정규형부터 도메인이 원자값, 부분 함수 종속성, 이행 함수 종속 제거, 결정자가 후보키 집합, 다치 종속 제거, 조인 종속성을 제거의 앞글자를 따서 "도부이결다조"로 암기하면 편하다.

정규화 단계	조건
1정규형 (1NF)	• 도메인이 원자값으로 구성되어야 함 • 원자값이 아닌 도메인을 분해해야 함
2정규형 (2NF)	• 1정규형을 만족 • 부분 함수 종속성을 제거함 • 부분집합 중 원래 자신의 집합을 제외한 것으로 X와 Y를 각각 R의 애트리뷰트 집합의 부분 집합이라고 할 경우 X → Y로 표시
3정규형 (3NF)	• 2정규형을 만족 • 이행 함수 종속을 제거 • A → B이고, B → C일 때 A → C를 만족하는 관계
보이스-코드 정규형 (BCNF)	• 3정규형을 만족 • 기본키를 제외하고 후보키가 있는 경우 후보키가 기본키를 종속시키면 분해 (모든 결정자가 후보키 집합에 속해야 함)
4정규형 (4NF)	• BCNF를 만족 • 다치 종속을 제거 • 여러 컬럼들이 하나의 컬럼을 종속시키는 경우 분해하여 다중값(다치)을 제거
5정규형 (5NF)	• 4정규형을 만족 • 조인 종속성을 제거 • 조인에 의해서 종석성이 발생하는 경우 분해 • 보키를 통하지 않는 조인 종속 제거

43 ①

튜플은 릴레이션의 가로 값으로 행(Row)이라고도 한다. 테이블에서 열에 해당하는 것은 애트리뷰트이다.

44 ②

PRIMARY KEY	• 기본키로 사용할 속성의 집합을 정의 • 레코드를 구별할 수 있는 역할
FOREIGN KEY	외래키로 테이블 내의 열 중 다른 테이블을 참조하는 열
UNIQUE	테이블 내 유일해야 하는 값으로 중복을 허용하지 않음
CONSTRAINT	• 무결성 제약조건을 정의하며, 데이터 오류 발생 가능성을 줄임 • 제약 조건의 이름
CHECK	제약 조건을 정의
DEFAULT	기본값을 설정

45 ④

SQL에서 명령어이다.

명령어	구문
UPDATE	UPDATE 테이블명 SET 속성명 = 데이터 [, ...] [WHERE 조건]
INSERT	INSERT INTO 테이블 (속성명, ...) VALUES(데이터, ...)
DELETE	DELETE FROM 테이블명 [WHERE 조건]
CREATE VIEW	CREATE VIEW 뷰명[(속성명, ...)] AS (SELECT문);

46 ③

• SELECT JUNO: 검색하고자 하는 속성명
• FROM WORKS: 열 참조를 가진 테이블
• WHERE PNO IN (1, 2, 3): 속성이 특정값을 가지고 있는 값을 검색

구문	설명	내용
SELECT [ALL | DISTINCT] [테이블].속성명 [AS 별칭] [, ...] FROM 테이블명. [, ...] [WHERE 조건] [GROUP BY 속성명, ...] [HAVING 조건] [ORDER BY 속성명[, ...] [ASC | DESC]]	SELECT (필수)	• All: 모든 데이터를 반환 • DISTINCT: 중복 튜플 발견 시 그 중 첫 번째 하나만 검색 • 검색하고자 하는 속성명 • AS를 사용해 별칭으로 표시
	FROM (필수)	• 열 참조를 가진 테이블을 지정 • 테이블 명도 별칭으로 저장 가능
	WHERE	• 데이터를 추출하는 선택 조건식 을 지정 • 테이블 간의 결합할 때 그 결합 관계를 지정
	GROUP BY	그룹화 할 열 또는 속성명을 지정
	HAVING	GROUP BY 절에 집계한 결과에 조건을 정함
	ORDER BY	정렬한 속성명을 지정
	ASC DESC	• ASC: Asending Order 오름차 순(기본값) • DESC: Descending Order 내림 차순
IN		• 속성이 특정값을 가지고 있는 값을 검색 • A IN(10, 20, 30): A 속성값이 10, 20, 30인 경우

47 ④

차수는 속성의 수, 애트리뷰트는 릴레이션의 세로 값으로 열(Column)이라고도 한다.

48 ③

NULL	• 데이터 값이 존재하지 않는다는 것을 지시하는 표시어 • A IS NULL: A 값이 존재하지 않는 경우 • A IS NOT NULL: A 값이 존재하는 경우

49 ④

장점	단점
• 분산 제어가 용이 • 효용성과 융통성이 높음 • 시스템 확장이 용이 • 지역 자치성이 높음	• 설계가 비교적 어려움 • 개발 비용과 처리 비용이 증가

50 ④

이상(anomaly)은 정규화를 거치지 않으면 생기는 곤란한 현상이다.

이상 현상	설명
삽입 이상 (Insertion Anomaly)	릴레이션에서 데이터를 삽입할 때 의도와 는 상관없이 원하지 않는 값들도 함께 삽 입되는 현상
갱신 이상 (Update Anomaly)	릴레이션에서 튜플에 있는 속성값을 갱신 할 때 일부 튜플의 정보만 갱신되어 정보 에 모순이 생기는 현상
삭제 이상 (Deletion Anomaly)	릴레이션에서 한 튜플을 삭제할 때 의도와 는 상관없는 값들도 함께 삭제되는 연쇄 삭제 현상

51 ①

개체-관계(E-R) 모델은 개체와 개체 간의 관계를 이용해 현실 세계를 개념적 구조로 표현하는 방법이다.

기호(이름)	설명
(사각형)	• 개체(Entity) • 여러 개의 속성을 가지며, 동일한 개체는 존 재할 수 없음
(마름모)	• 관계(Relationship) • 개체들이 가지는 관계로 1:1, 1:N, N:M등 다 양한 관계를 표현 가능함
(속성)	• 속성(Attribute) • 개체의 속성을 표현함
(이중 타원)	• 다중 값 속성 • 하나의 독립적인 속성이나 그 안에 여러 개 의 값이 포함될 수 있음
(선)	선, 링크

52 ④

병행 제어 기법으로 로킹(Locking), 타입 스탬프(Time Stamping), 다중버전 동시제어(Multiversion Concurrency Control; MVCC), 낙관적(optimistic concurrency) 수행이 있다.

53 ①

종류	설명	명령어	역할
데이터 정의어 DDL (Data Definition Language)	데이터베이스를 정의하는 언어 데이터의 전체적 인 구조를 결정하 는 역할	CREATE	테이블 생성
		ALTER	테이블 수정
		DROP	테이블 삭제
		TRUNCATE	테이블 초기화

데이터 조작어 DML (Data Manipulation Language)	데이터베이스에 저장된 자료를 조회, 수정, 삭제 등의 역할을 하는 언어	SELECT	데이터 조회
		INSERT	데이터 삽입
		UPDATE	데이터 수정
		DELETE	데이터 삭제
데이터 제어어 DCL (Data Control Language)	데이터 보안, 무결성, 회복, 병행 수행제어 등을 정의하는 언어	GRANT	작업 권한 부여
		REVOKE	수행 권한 회수
		COMMIT	작업 완료
		ROLLBACK	작업 취소, 복구

54 ②

로킹 단위	오버헤드	로크 수	병행수준	DB 공유도
커짐	감소	적어짐	낮아짐	감소
작아짐	증가	증가함	높아짐	증가

55 ④

데이터 사전의 특징
- DBMS에서 필요로 하는 여러 가지 객체(기본 테이블, 뷰, 인덱스, 데이터베이스, 패키지, 접근 권한 등)에 관한 정보를 포함하고 있는 시스템 데이터베이스이다.
- 시스템 카탈로그(System Catalog) 혹은 메타데이터(Meta Data)라고도 한다.
- 데이터 사전 또한 시스템 테이블로 구성되어 SQL문을 이용해서 검색할 수 있다.
- SQL문 등으로 개체에 변화가 생기면 시스템이 자동으로 갱신한다.
- 데이터 사전은 사용자에게는 읽기 전용 테이블로 조회만 가능하다.

56 ①

순서	단계	설명
1	요구조건 분석	• 데이터베이스의 사용 목적 파악 • 데이터베이스 구조 설계에 필요한 개체, 속성, 관계 제약조건 등을 식별
2	개념적 설계	• 정보를 구조화하기 위해 추상적 개념으로 독립적인 개념스키마를 설계 • 트랜잭션 모델링과 개념스키마 모델링 • 요구조건 분석을 통해 E-R 다이어그램을 작성
3	논리적 설계	• 컴퓨터가 이해할 수 있도록 DBMS에 맞게 논리적 자료구조로 사람이 이해하기 쉽게 변환 • 스키마를 평가 및 정제 • 정규화를 수행 • 트랜잭션의 인터페이스를 설계 • 테이블을 설계하는 단계에서 정규화
4	물리적 설계	• 논리적 구조로 표현된 데이터를 물리적 구조의 데이터로 DB에 변환 • 저장 레코드의 양식 설계함(데이터 타입, 데이터값의 분포, 접근 빈도) • 저장구조 및 접근 경로를 설정하고 레코드 집중의 분석 및 설계

57 ②

트랜잭션은 데이터베이스의 상태를 변화시키기 위해서 수행하는 작업의 단위이다. 트랜잭션은 데이터베이스 시스템에서 하나의 논리적 기능을 수행하는 최소한의 작업 단위이다.

58 ②

1정규형부터 도메인이 원자값, 부분 함수 종속성, 이행 함수 종속 제거, 결정자가 후보키 집합, 다치 종속 제거, 조인 종속성을 제거의 앞글자를 따서 "도부이결다조"로 암기하면 편하다.

정규화 단계	조건
1정규형 (1NF)	• 도메인이 원자값으로 구성되어야 함 • 원자값이 아닌 도메인을 분해해야 함
2정규형 (2NF)	• 1정규형을 만족 • 부분 함수 종속성을 제거함 • 부분집합 중 원래 자신의 집합을 제외한 것으로 X와 Y를 각각 R의 애트리뷰트 집합의 부분 집합이라고 할 경우 X → Y로 표시
3정규형 (3NF)	• 2정규형을 만족 • 이행 함수 종속을 제거 • A → B이고, B → C일 때 A → C를 만족하는 관계
보이스-코드 정규형 (BCNF)	• 3정규형을 만족 • 기본키를 제외하고 후보키가 있는 경우 후보키가 기본키를 종속시키면 분해 (모든 결정자가 후보키 집합에 속해야 함)
4정규형 (4NF)	• BCNF를 만족 • 다치 종속을 제거 • 여러 컬럼들이 하나의 컬럼을 종속시키는 경우 분해하여 다중값(다치)을 제거

5정규형 (5NF)	• 4정규형을 만족 • 조인 종속성을 제거 • 조인에 의해서 종석성이 발생하는 경우 분해 • 보키를 통하지 않는 조인 종속 제거	

59 ②

연산자	기호/표현	설명
선택 (Select)	• 기호: σ • σ 〈조건〉(R)	• 릴레이션 R에서 조건을 만족하는 튜플 반환 • 수평 연산
추출 (Project)	• 기호: π • π 〈속성리스트〉(R)	• 릴레이션 R에서 중복을 제거한 속성들의 값을 반환 • 수직 연산
조인 (Join)	• 기호: ⋈ • R⋈S	두 릴레이션이 공통으로 가지고 있는 속성을 이용해 하나의 릴레이션을 만들어 튜플을 반환
나누기 (Division)	• 기호: ÷ • R÷S	S 릴레이션의 속성 도메인 값과 일치하는 R 릴레이션의 S를 속성을 제외한 튜플을 반환
교차곱 (CARTESIAN PRODUCT)	• 기호: X • R×S	• 두 릴레이션의 가능한 모든 튜플들의 집합 • 두 릴레이션의 가능한 모든 조합을 추출함

60 ②

문법	설명	예제
DROP TABLE 테이블명 [CASCADE | RESTRICT]	• 테이블 제거 • CASCADE는 참조하는 다른 모든 개체를 제거 • RESTRICT 다른 테이블이 삭제할 테이블을 참조 중이면 제거하지 않음	DROP TABLE 고객 CASECADE

61 ②

블록	설명
부트 블록 (boot block)	파일 시스템으로부터 UNIX 커널을 적재시키기 위한 코드를 저장하고 있는 영역
슈퍼 블록 (Super Block)	파일 시스템을 기술하는 블록의 수, 블록 크기 등의 정보를 저장

아이노드 블록 (i-node block)	파일, 디렉토리에 대한 저장공간 등 모든 정보를 가짐
데이터 블록 (Data Block)	실제 데이터가 저장됨

62 ③

UDP의 헤더 구조는 아래와 같다.

필드	설명
Source Port	출발지 포트 번호
Destination Port	목적지 포트 번호
Total Length	8 Byte ~ 65507 Byte 사이의 값으로 헤더와 데이터를 합한 전체 길의를 정의
Checksum	오류를 탐지하기 위해 사용

63 ①

서브넷 마스크(Subnet Mask) 표현한다. P주소 중 네트워크 ID와 호스트 ID를 구분하기 위해 사용한다. 네트워크 아이디 만큼을 1로 표현하거나 네트워크 아이디의 개수를 표시한다.

예시	설명
A Class	255.0.0.0 혹은 IP주소/8로 표현
B Class	255.255.0.0 혹은 IP주소/16로 표현
C Class	255.255.255.0 혹은 IP주소/24로 표현

64 ③

리눅스/유닉스(Linux/Unix)

- 소스가 공개된 개방형(Open) 시스템으로 대부분 무료로 지원하며 유료도 존재함
- Multi-Tasking 및 Multi-User를 지원함
- 계층적 파일 시스템으로 트리 구조를 가짐
- 이식성이 높으며 장치 간 호환성이 높음
- 하나 이상의 작업을 백그라운에서 수행할 수 있어 여러 개의 작업을 병행처리 할 수 있음
- 파일 시스템은 디렉토리와 파일을 쉽게 찾고 유지관리 하며 디스크를 블록을 가짐

65 ①

SJF는 처리시간이 짧은 프로세스부터 처리한다.

순서	대기시간 (시작시간)	프로세스	반환시간
1	0	P-2	3
2	3	P-1	9
3	9	P-4	16
4	16	P-3	24

평균 대기시간 = (0 + 3 + 9 + 16) / 4 = 7
평균 반환시간 = (3 + 9 + 16 + 24) / 4 = 13

66 ②

10K의 경우 운영체제의 할당 용량보다 커 할당 불가능하다.

운영체제 기억공간	할당된 공간	낭비된 공간
8K	5K	3K
8K	5K	3K
4K	0K	4K
4K	0K	4K

낭비된 기억공간의 총 합 = 3K + 3K + 4K + 4K = 14K

67 ③

• 파일 디스크립터는 파일 제어 블록(File Control Block)이라고도 불리며 파일 관리를 위해 시스템이 필요로 하는 정보를 가지고 있다.
• 보조기억장치에 저장되어 있다가 파일이 개방(Open)될 때 주기억장치로 이동된다.
• 파일 시스템에서 관리하므로 사용자는 직접 참조할 수 없다.
• 파일 디스크립터는 파일의 이름, 위치, 크기, 파일 구조, 보조기억장치 유형, 파일 유형, 시간, 엑세스 정보를 담고 있다.

68 ③

네트워크 아이디 만큼을 1로 표현하거나 네트워크 아이디의 개수를 표시
22는 왼쪽부터 11개의 비트가 1 이므로
11111111.11111111.11111100.00000000이다.
10진수로 표현하면 255.255.252.0이다.

69 ④

FIFO는 선입 선출로 가장 오래 있었던 페이지를 교체한다.

페이지	입력	페이지 결함
1,-,-	1	1
1,2,-	2	2
1,2,3	3	3
1,2,3	1	3
1,2,3	2	3
4,2,3	4	4
4,1,3	1	5
4,1,2	2	6
5,1,2	5	7

70 ④

• 스레드는 프로세스의 실행단위로 경량 프로세스라고도 부른다.
• 한 개의 프로세스에는 하나 이상의 스레드가 존재한다.
• 스레드는 그들이 속한 프로세스의 자원과 메모리를 공유한다.
• 스레드를 사용함으로써 하드웨어, 운영체제의 성능과 응용 프로그램의 처리율을 향상시킬 수 있다.

71 ①

구분	기법	설명
선점 스케줄링	FCFS (First Come First Service)	먼저 들어온 프로세스를 먼저 처리함
	SJF (Shortest Job First)	처리시간이 짧은 프로세스부터 처리함
	HRN (Hightest Response-ratio Next)	우선순위가 높은 순서로 처리함 우선순위 = $\dfrac{대기한시간 + 서비스를받을시간}{서비스를받을시간}$
비선점 스케줄링	라운드 로빈 (Round Robin)	• 먼저 들어온 순서대로 일정 시간만큼 처리함 • 시간할당이 커지면 FCFS 스케줄링과 같아짐
	SRT (Shortest Remaining Time First)	남은 시간이 짧은 프로세스부터 처리함
	MLQ (Multi Level Queue)	우선순위별로 큐를 분리하여 다양한 스케줄링 적용함
	MLFQ (Multi Level Feedback Queue)	MLQ에서 큐 간 이동하여 우선순위 조정

72 ④

IPv6의 헤더필드

필드	설명
Version	• 4 비트 • IPv4의 버전4를 사용
Traffic	• 8 비트 • IPv의 TOS와 유사하며 요구되는 서비스 품질
Flow Label	• 20 비트 • 연결지향적 프로토콜을 사용할 있게 우선권을 주기 위해 특정 트래픽에 대한 라벨링
Payload Length	• 16 비트 • 확장헤더와 상위계층 데이터의 길이로 최대 65536을 가짐
Next Header	• 16 비트 • 기본헤더 다음에 오는 확장 헤더의 종류를 나타냄
Hop Limit	• 8 비트 • IPv4의 TTL과 같이 패킷의 수명
Source Address	• 32 비트 • 출발지 IP 주소
Destination Address	• 32 비트 • 목적지 IP 주소

73 ①

계층	설명
응용 계층 (Application Layer) 7계층	• 단위(PDU): 데이터(Data) • 사용자와 밀접한 계층으로 인터페이스 역할을 함 • 응용 프로세스 간의 정보 교환을 담당함 • TELNET, FTP, SMTP, HTTP, POP3, IMAP, SSH, SMNP, DNS 등의 프로토콜이 있음

ARP는 3계층 프로토콜이다.

74 ①

static은 선언 시 메모리에 자동으로 올려 객체를 생성하지 않고 호출 가능하다.

int a; a = 10;	int형 변수 a를 선언하고 변수 a에 10을 저장
Static.b = a;	Static의 b 변수에 변수 a값인 10을 저장
Static st = new Static();	st 변수에 Static 클래스 인스턴스 생성

System.out.println(Static.b++);	Static의 b 변수값 10을 출력하고, 1을 더함
System.out.println(st.b--);	Static의 b 변수값 11을 출력하고, 1을 뺌
System.out.println(a);	변수 a의 값 10을 출력
System.out.println(st.a + st.b);	Static a 변수값 20과 Static b 변수값 10을 더한 30을 출력

75 ④

```
class Parent {
⑥    int x = 100;
①    Parent() {
         this(500);
     }
②    Parent(int x) {
         this.x = x;
     }
③    int getX() {
         return x;
     }
}
class Child extends Parent {
⑦    int x = 4000;

④    Child() {
         this(5000);
     }
⑤    Child(int x) {
         this.x = x;
     }
}
public class Main {
    public static void main(String[] args) {
        Child obj = new Child();
        System.out.println(obj.getX());
    }
}
```

• main 함수에서 "Child obj = new Child()"에서 Child 객체를 선언해 Child의 부모 클래스의 생성자 ①을 실행한다.
• ①의 this(500)에서 함수②를 호출한다.
• ②함수에서 "this.x = x;"로 전역변수 x에 500을 저장 후
• ②함수와 ①함수를 종료하고 ④함수 호출돼 "this(5000)"에서 함수 ⑤를 호출

- ⑤함수의 "this.x = x;"에서 Child 객체의 전역변수 x에 5000을 저장
- ⑤함수와 ④함수를 종료
- main 함수의 "System.out.println(obj.getX());"에서 getX 함수인 ③을 호출
- ③함수에서 Parent 객체의 전역변수인 500을 반환

76 ①

리스트의 슬라이싱과 문자열 출력에 대한 문제이다.

a = "REMEMBER MEMBER"	① 변수 a에 문자열 "REMEMBER MEMBER" 저장							
	a[0]	a[1]	a[2]	a[3]	a[4]	a[5]	a[6]	a[7]
	R	E	M	E	M	B	E	R
	a[8]	a[9]	a[10]	a[11]	a[12]	a[13]	a[14]	
		M	E	M	B	E	R	
b = a[:3] + a[10:13]	② 변수 a에 저장된 문자열을 슬라이싱하여 변수 b에 "REMEMBE" 저장 b = <u>a[:3]</u> + <u>a[10:13]</u> 　ⓐ "REM" + ⓑ "EMBE" 　　ⓒ "REMEMBE" ⓐ a[:3]은 a[0]부터 a[2]까지의 문자열로 "REM" ⓑ a[10:13]은 a[10]부터 a[13]까지의 문자열로 "EMBE" ⓒ 같은 문자형으로 순서대로 더해서 "REMEMBE"
c = "R AND %s" % "STR"	③ 변수 c에 "R AND STR" 저장 %s는 서식 문자열로 % 뒤에 있는 "STR"를 의미
print(b+c)	④ 변수 b와 변수 c에 저장된 문자열 더해서 출력 REMEMBER AND STR

77 ④

메소드와 출력에 대한 문제이다.

def test(num1, num2=100):	① num1, num2=100을 인수로 갖는 test라는 이름을 가진 함수 선언
print('a =', num1, 'b =', num2)	② 출력 시, ',' 단위로 띄어쓰기하여 출력 a = num1 b = 100
test(20)	③ 첫 번째 인수인 num1이 20인 test() 메소드를 호출하고 결과 출력 a = 20 b = 100

78 ①

C언어 명령어와 문자열 라이브러리 함수에 대해 묻는 문제이다. C언어에서 헤더파일을 포함시키는 방법은 #include라는 명령어를 통해서 한다. 또, C언어에서 컴파일러가 소스 프로그램을 기계어 코드로 번역하기 전 일련의 작업을 수행하기 위한 선행처리기 명령어는 #define이다. 한편, str, p2에 대해 연산한 결과 "nation"이라는 문자열과 "alter"라는 문자열을 이어 붙여 "nationalter"라는 결과가 산출됐다. 따라서 ⓒ에는 문자열을 이어 붙여 주는 기능을 수행하는 strcat 함수가 들어가야 한다. 참고로 strcmp(s1, s2)는 s1과 s2에 저장된 문자열이 동일한지 비교하는 함수이다.

79 ③

C언어에서 비트 연산과 시프트 연산, printf 개념에 대해 묻는 문제이다. a를 2진수로 변환하면 01000이 되고 b를 2진수로 변환하면 01110이 된다. OR 연산은 하나라도 1이면 결과는 1이 되는 연산이므로 a와 b를 OR 비트 연산을 수행하면 0100 | 0111 = 0111이 된다. 따라서 0111을 십진수로 변환하면 c에는 7이 대입된다. 한편, (a << 1) && (b >> 2) 연산을 수행하면 (a << 1) && (b >> 2) = 000001 & 011100 = 000000이 된다. 즉, 십진수로 변환하면 2가 된다. 따라서 출력결과는 70이 된다. 따로 개행문자(=줄바꿈문자)가 없으므로 c와 d의 결과를 연이어 출력한다.

80 ③

C언어에서 배열과 포인터에 대해 묻는 문제이다. p는 arr[0]의 주소이다. for문에서 i = 0일 때, *(p[0] + 0 + 1) = *(p[0] + 1) = arr[0][1]이며, 값은 2이다. 같은 방식으로 i = 1일 때, *(p[1] + 1 + 1) = *(p[1] + 2) = arr[1][2]이며, 값은 6이다. 따라서 sum의 값은 0 + 2 + 6 = 8이 된다.

81 ③

폭포수 모델은 중간에 요구사항 변경이 어렵다는 단점이 특징이다.

82 ②

man-month = LOC / 개발자 월 생산성으로 구할 수 있다.
LOC = 12,000, 프로젝트 기간 = 3, 참여 개발자 수 = 4
를 대입하면,
월별 생산성(man-month) = 12,000 / (4×3) = 1000이다.

83 ②

ISO 14001는 환경경영시스템 국제 표준이다.

84 ③

프레임워크의 동작 원리 제어 흐름은 일반적인 프로그
램 흐름과 반대로 동작하여 IoC(Inversion of Control)라
고도 부른다.

85 ③

Software Defined Storage에 대한 설명이다.

86 ③

각 단말장치가 중앙 허브에 하나씩 연결된 네트워크 설
치 구조는 별 모양을 갖는 성(Star)형 구조이다.

87 ①

인공지능 ⊃ 머신러닝 ⊃ 딥러닝 관계이다.

88 ④

Kubernetes에 대한 설명이다.

89 ①

OLAP(Online Analytical Processing)에 대한 설명이다.

90 ②

서버와 저장장치를 네트워크로 연결하는 방식으로 NAS
이다.

91 ③

SW 개발 보안의 3대 요소에는 기밀성, 무결성, 가용성
이 있다. 시스템 내의 정보와 자원은 인가된 사용자만
접근이 허용되며, 정보가 전송 중에 노출되더라도 데이
터를 읽을 수 없다는 보안 원칙은 기밀성이다.

요소	설명
기밀성 (Confidentiality)	인가된 사용자에 대해서만 자원 접근이 가능해야 하는 특성
무결성 (Integrity)	인가된 사용자에 대해서만 자원 수정이 가능하며, 전송 중인 정보는 수정되지 않아야 하는 특성
가용성 (Availability)	인가된 사용자는 가지고 있는 권한 범위 내에서 언제든 자원 접근이 가능해야 하는 특성

92 ②

인증 유형에는 지식 기반 인증(Something You Know),
소유 기반 인증(Something You Have), 생체(존재) 기반
인증(Something You Are), 행위 기반 인증(Something
You Do)이 있다.

93 ③

무결성을 보장하는 최초의 모델로 비인가된 변경으로
부터 객체를 보호하기 위한 접근 제어 모델은 Biba
Integrity Model이다. 대표적인 접근 통제 모델은 다음과
같다.

접근 통제방식	모델	보호 대상	특징	설명
강제적 접근 통제 (MAC) 기반	벨-라파둘라 모델 (BLP; Bell-LaPadula Model)	기밀성	비인가된 읽기 금지	No Read Up / No Write Down
	비바 모델 (Biba Integrity Model)	무결성	비인가된 기록 금지	No Write Up / No Read Down
	클락-윌슨 모델 (Clark Wilson Integrity Model)	무결성	무결성 보존	주체/프로그램/ 객체의 세 부분 관계를 사용
	만리장성 모델 (Brewer Nash, Chinese Wall Model)	무결성	직무 분리에 따 른 접근 통제	이해 충돌 방지

94 ①

OWASP에 대한 설명이다.

95 ③

크로스사이트 스크립팅(XSS; Cross Site Scripting)은 웹 페이지에 악의적인 스크립트를 삽입하여 방문자들의 정보를 탈취하거나, 비정상적인 기능 수행을 유발하는 보안 취약점이다. 크로스사이트 스크립팅에 대한 예방 대책으로는 HTML 태그 사용 금지, 특수문자 등록을 방지하기 위해 특수 문자 필터링 등이 있다.

96 ③

사용자가 자신의 의지와는 무관하게 공격자가 의도한 행위(수정, 삭제, 등록 등)를 특정 웹사이트에 요청하게 하는 공격 기법은 CSRF이다.

97 ②

DES(Data Encryption Standard)는 IBM에 의해 개발된 대칭 키 기반의 블록 암호화 알고리즘이다. 64비트 암호화 알고리즘이다.

98 ④

HAVAL, MD5, SHA-1은 해시 암호화 알고리즘에 해당하고, ARIA는 대칭 키 암호화 알고리즘에 해당한다.

99 ①

Secure SDLC의 대표 방법론 중 하나인 CLASP에 대한 설명이다. CLASP는 Comprehensive, Lightweight Application Security Process로, 소프트웨어 개발 생명 주기(SDLC) 초기 단계에 보안강화를 목적으로 하는 정형화된 프로세스로써, 활동중심, 역할기반의 프로세스로 구성되며 현재 운용 중인 시스템에 적합하다.

100 ③

tcpdump에 대한 설명이다.

02 | 기출변형 모의고사 2회 해설

01	02	03	04	05	06	07	08	09	10
③	③	②	②	③	④	③	③	④	①
11	12	13	14	15	16	17	18	19	20
②	②	④	④	④	②	④	④	①	③
21	22	23	24	25	26	27	28	29	30
②	①	②	④	②	②	①	②	①	④
31	32	33	34	35	36	37	38	39	40
③	②	①	③	③	②	④	④	②	③
41	42	43	44	45	46	47	48	49	50
②	②	③	①	④	②	④	③	①	④
51	52	53	54	55	56	57	58	59	60
④	①	④	①	④	③	③	③	④	③
61	62	63	64	65	66	67	68	69	70
①	①	③	①	③	③	③	④	②	①
71	72	73	74	75	76	77	78	79	80
①	②	④	②	④	②	③	③	①	③
81	82	83	84	85	86	87	88	89	90
①	②	①	③	①	④	①	③	③	②
91	92	93	94	95	96	97	98	99	100
②	①	④	④	④	②	④	③	②	①

01 ③

Linux는 오픈소스의 운영체제로 적은 비용으로 네트워크 서버 구축을 할 수 있는 운영체제이다. 사용자 명령 기반의 대화식 운영체제라는 특징은 UNIX의 특징이다.

02 ③

자료 흐름도에서 각 기호와 표기법은 아래와 같다.

프로세스 (Process)	프로세스명
자료 흐름 (Data Flow)	자료명 ⟶

자료 저장소 (Data Store)	데이터 저장소명
단말 (Terminator)	단말명

03 ②

HIPO는 사용되는 가시적 도표는 시스템의 전체적인 구조를 표현하는 계층(Tree) 구조를 표현한다. 입력, 처리, 출력을 기술하는 것은 총체적 도표이다.

04 ②

럼바우의 객체 지향 분석에는 객체, 동적, 기능 모델링이 포함된다.

05 ③

CASE는 정형화된 구조 및 메커니즘을 소프트웨어 개발에 적용하여 소프트웨어 생산성 향상을 구현하는 공학 기법으로 언어 번역은 지원하지 않는다.

06 ④

동적 다이어그램에는 유스케이스 다이어그램, 순차 다이어그램, 커뮤니케이션 다이어그램, 상태 다이어그램, 활동 다이어그램, 타이밍 다이어그램이 있다. 배치 다이어그램은 정적 다이어그램이다.

07 ③

시스템 액터는 시스템 액터는 다른 프로젝트에서 이미 개발되어 사용되고 있으며, 본 시스템과 데이터를 주고 받는 등 서로 연동되는 시스템을 말한다.

08 ③

애자일(Agile)은 계획을 따르기보다 변화에 대한 대응에 더 큰 가치를 둔다.

09 ④

해당 설명은 OUI에 대한 설명이다.

CLI (Command Line Interface)	텍스트 기반 인터페이스, 사용자가 명령어를 입력하여 소프트웨어 조작
GUI (Graphical User Interface)	그래픽 기반 인터페이스, 사용자가 마우스와 키보드 등의 입력장치를 사용하여 소프트웨어 조작
NUI (Natural User Interface)	사용자 반응 기반 인터페이스, 인간의 자연스러운 동작(손짓, 음성, 시선) 등을 인식하여 소프트웨어 조작

10 ①

UI 화면 구성요소로는 Text, Button, Input Field, Feedback, List, Table, Alert, Menu, Tab이 있다.

11 ②

아키텍처 스타일을 선택하고, 이를 조정하여 시스템의 요구사항과 목표에 적합하도록 맞추는 단계는 스타일 적용 및 커스터마이즈 단계이다.

12 ②

마스터-슬레이브 패턴(Master-Slave Pattern)은 하나의 마스터(Master) 노드가 전반적인 제어를 담당하고, 여러 개의 슬레이브(Slave) 노드가 마스터로부터 작업을 받아 처리하는 구조 패턴으로, 실시간 시스템에서 사용한다.

13 ④

상위 객체를 구체화하여 하위 객체를 구성하는 것은 Specialization이다.

14 ④

상속된 클래스는 기본 클래스의 역할을 수행할 수 있어야 한다는 원칙은 리스코프 교체의 원칙이다.

15 ④

모듈은 다른 시스템에서 재사용할 수 있다.

16 ②

효과적인 소프트웨어 설계를 위해서 모듈 간의 응집도는 높게(=모듈의 기능 독립성을 높게) 설계해야 한다.

17 ④

컴포지트(Composite), 어댑터(Adapter)는 구조 패턴에 속하며, 추상 팩토리(Abstract Factory)는 생성 패턴에 속한다. 옵서버(Observer)는 행위 패턴에 속한다.

18 ④

해당 설명에 해당하는 디자인 패턴은 행위 패턴 중 메멘토(Memento)이다.

19 ①

애플리케이션 프로그래밍 인터페이스(Application Programming Interface) 방식은 API/Open API이다.

20 ③

원격 프로시저를 호출하는 방식의 미들웨어 솔루션은 RPC(Remote Procedure Call)이다.

21 ②

비선형 구조에 해당되는 것은 트리, 그래프이며, 선형구조에 해당되는 것은 스택, 큐, 연결 리스트이다.

구조	설명	종류
선형 구조	데이터를 연속적으로 연결한 자료 구조	리스트(List), 배열(Array), 스택(Stack), 큐(Queue), 데크(Deque) 등
비선형 구조	데이터를 비연속적으로 연결한 자료 구조	트리(Tree), 그래프(Graph)

22 ①

스택 포인터(T)가 스택의 길이(m)를 넘어섰다는 것은, 스택에 데이터가 가득 차 오버플로우가 발생했다는 것을 의미하므로 서브루틴 AA가 처리해야 하는 것은 '오버플로우'이다.

23 ②

서브트리를 하나의 노드로 생각할 수 있도록 서브트리 단위로 묶은 후 후위 순회를 한다. 후위 순회 시 가장 먼저 순회하는 노드는 가장 왼쪽에 있는 노드이므로 D이다.

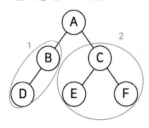

후위 순회(Postorder)는 Left → Right → Root이므로 12A가 된다.
1은 DB이므로 DB2A가 된다.
2는 EFC이므로 DBEFCA가 된다.
따라서 Postorder 순회법에 따른 방문 순서는 DBEFCA가 된다.

24 ④

버블 정렬(Bubble Sort)은 주어진 파일에서 인접한 2개의 레코드 키 값을 비교하여 그 크기에 따라 레코드 위치를 서로 교환하는 정렬 방식이다. PASS는 각 원소 비교를 배열의 끝까지(정렬된 값까지) 처리하는 것으로, PASS 1은 각 원소 비교를 배열의 끝까지 한 번 처리하고 난 후의 결과를 고르면 된다. 버블 정렬을 이용하여 오름차순 정렬할 경우, PASS 1의 결과는 2, 3, 4, 5, 8이다.

	출력 결과				
초기 자료	4	2	3	8	5
PASS 1	4	2	3	8	5
	: 4와 2 비교 → swap				
	2	4	3	8	5
	: 4와 3 비교 → swap				
	2	3	4	8	5
	: 4와 8 비교				
	2	3	4	8	5
	: 8과 5 비교 → swap				
	2	3	4	5	8
	: PASS 1 종료 시에 첫 번째로 큰 값인 8이 맨 뒤에 위치				

25 ③

㉠의 경우, A, B, C, D로 입력하여 D를 출력한 후 A를 바로 출력할 수 없으므로 불가능하다. ㉡의 경우, A, B 입력 후 출력한 다음, C, D를 입력 후 출력하면 된다. ㉢의 경우, A를 입력 후 바로 A를 출력, 이후 B를 입력하고 바로 B를 출력, C 입력 후 C 출력, D 입력 후 바로 D를 출력하면 된다. ㉣의 경우, A, B, C를 입력 후, C, B, A를 출력한다. 그리고 D를 입력 후 D를 출력하면 된다. 따라서 출력 가능한 결과는 ㉡, ㉢, ㉣이다.

26 ②

선택 정렬(Selection Sort)은 정렬되지 않은 데이터들에 대해 가장 작은 데이터를 찾아 정렬되지 않은 부분의 가장 앞의 데이터와 교환해 나가는 알고리즘이다. 선택 정렬은 앞에서부터 정렬되고, 버블 정렬은 뒤에서부터 정렬된다는 것이 특징이다.

27 ①

n개의 데이터를 정렬하는데 최악의 시간복잡도는 퀵 정렬(quick sort)은 $O(n^2)$, 합병 정렬(merge sort)과 힙 정렬(heap sort)은 $O(nlog_2n)$, 기수 정렬(radix sort)은 $O(dn)$이다. 퀵 정렬은 피벗을 두고 피벗의 왼쪽에는 피벗보다 작은 값을 오른쪽에는 큰 값을 두는 과정을 반복하는 알고리즘이다. 피벗을 기준으로 배열을 분할해 정렬하는 알고리즘으로 피벗을 잘못 선택할 경우 최악의 시간 복잡도를 가진다.

28 ②

이진 트리(Binary Tree)는 모든 노드의 차수를 2 이하로 하여 전체 트리의 차수가 2 이하로 되도록 만든 트리이다. 깊이가 h인 이진 트리가 가질 수 있는 노드의 최소 개수는 $(h+1)$개, 최대 개수는 $(2^{h+1}-1)$개이다. 따라서 깊이가 5인 이진 트리가 가질 수 있는 최대 노드의 수는 31이다.

29 ①

트리의 차수란 노드들의 차수 중에서 가장 큰 값을 말한다. 차수란 특정 노드에 연결된 자식 노드의 수로, 자식 노드가 가장 많은 노드는 B로, 차수가 3이다. 트리의 깊이는 루트 노드에서 단말 노드까지 도달하기 위한 간선의 수로 3이다.

30 ④

화이트박스 테스트 기법에 해당되는 것은 Condition coverage이며, Equivalence partitioning, Boundary value analysis, Cause and effect graphing은 블랙박스 테스트 기법에 해당된다.

블랙박스 테스트 유형	동등 분할, 경계값 분석, 결정 테이블, 상태전이, 유스케이스, 분류트리, 페어와이즈, 원인–결과 그래프, 오류예측, 비교 테스트 등
화이트 박스 테스트 유형	구문 커버리지, 결정 커버리지, 조건 커버리지, 조건–결정 커버리지, 변경 조건–결정 커버리지, 다중 조건 커버리지, 기본 경로 커버리지, 제어 흐름 테스트, 데이터 흐름 테스트, 루프 테스트

31 ③

블랙박스 테스트는 모듈의 내부 구조보다 기능 및 동작 위주를 검사하며 진행되고, 동치 분할 테스트, 원인–결과 그래프 테스트 기법 등을 이용해 테스트케이스를 작성할 수 있다. Nassi–Shneiderman 도표는 소프트웨어 설계 기법과 관련된 것으로 테스트 기법과 관련이 없다.

블랙박스 테스트 (=기능 테스트, 명세 테스트)	• 프로그램 외부 사용자의 요구사항 명세를 보면서 수행하는 테스트 • 소프트웨어의 특징, 요구사항, 설계 명세서 등에 초점을 맞춰 테스트 • 기능 및 동작 위주의 테스트를 진행하기 때문에 내부 구조나 작동 원리를 알지 못해도 가능 • 동적 테스트(Dynamic Test)에 해당
화이트박스 테스트 (=구조 기반 테스트, 코드 기반 테스트)	• 각 응용 프로그램의 내부 구조와 동작을 검사하는 소프트웨어 테스트 • 코드 분석과 프로그램 구조에 대한 지식을 바탕으로 문제가 발생할 가능성이 있는 모듈 안의 작동을 직접 관찰하고 테스트 • Source Code의 모든 문장을 한 번 이상 수행함으로써 진행 • 화이트박스 테스트의 이해를 위해 논리 흐름도(Logic–Flow Diagram) 이용 가능 • 테스트 데이터를 선택하기 위해 검증 기준(Test Coverage)를 설정 • 동적 테스트(Dynamic Test)에 해당

32 ②

스텁(stub)에 대한 설명이다.

33 ①

애플리케이션 테스팅은 단위 테스트 – 통합테스트 – 시스템 테스트 – 수용 테스트 순으로 진행된다.

34 ③

소프트웨어 프로젝트에는 대단위 사업뿐만 아니라, 소단위 사업도 있다.

35 ③

소프트웨어 재공학 활동 중 역공학에 해당되는 것은 원시 코드로부터 설계정보 추출 및 절차 설계 표현, 프로그램과 데이터 구조 정보 추출 작업이다.

분석 (Analysis)	소프트웨어 동작 이해 및 재공학 대상 선정
재구성 (Restructuring)	소프트웨어 기능 변경 없이 소프트웨어 형태를 목적에 맞게 수정
역공학 (Reverse Engineering)	원시 코드로부터 설계정보 추출 및 절차 설계 표현, 프로그램과 데이터 구조 정보 추출
이식 (Migration)	기존 소프트웨어 시스템을 새로운 기술 또는 하드웨어 환경에 이식

36 ②

신뢰성(Reliability)은 소프트웨어가 요구된 기능을 정확하고 일관되게 오류 없이 수행할 수 있는 정도를 나타낸다.

37 ④

원본 콘텐츠를 안전하게 유통하기 위한 전자적 보안장치는 보안 컨테이너이다. DRM 컨트롤러는 배포된 디지털 콘텐츠의 이용 권한을 통제하는 역할을 한다.

38 ④

소프트웨어 패키징 시 단일 기종에서만 사용 가능한 게 아니라, 다른 여러 이기종 콘텐츠 및 단말기 간 DRM(디지털 저작권 관리) 연동을 고려한다.

39 ②

선형 개방 주소법(linear probing)은 해싱에서 충돌이 일어난 자리에서 그 다음 버킷들을 차례로 하나씩 검색하여 최초로 나오는 빈 버킷에 해당 데이터를 저장하는 방법이다.

40 ③

xUnit에 대한 설명이다.

41 ②

종류	설명
개체 무결성 (Entity Integrity)	• 기본키 • 중복 값을 가질 수 없음 • NULL 값이 될 수 없음
참조 무결성 (Referential Integrity)	• 외래키 • 외래키 값은 NULL 값이거나 참조 릴레이션의 기본키와 동일해야 함 • 참조되는 튜플이 반드시 존재해야 함
사용자 정의 무결성 (User-Defined Integrity)	사용자가 정의한 조건에 만족해야 함

42 ②

구성요소	설명
속성(Attribute)	릴레이션의 세로 값으로 열(Column)이라고도 함
튜플(Tuple)	릴레이션의 가로 값으로 행(Row)이라고도 함
차수(Degree)	속성의 수
카디널리티 (Cardinality)	튜플의 수

43 ③

순서	단계	결과
1	SELECT 사원번호 FROM 인사 WHERE 성명 = '오형우'	인사 테이블에서 성명이 오형우인 사원번호를 추출한다. **사원번호** 43
2	SELECT 종류 FROM 차량 WHERE 사원번호 IN (43)	괄호 안의 SQL문의 결과가 43이므로 차량 테이블에서 사원번호가 43인 종류를 추출한다. **종류** C

44 ①

SELECT 지점명, 판매액	지점명과 판매액을 추출
FROM 판매실적	판매실적 테이블을 참조
WHERE 도시='서울'	도시가 서울인 조건을 지정
ORDER BY 판매액 DESC;	내림차순 DESC로 결과를 출력 (오름차순 ASC)

45 ④

구문	설명	내용
SELECT 　[ALL | DISTINCT] 　[테이블.]속성명 　[AS 별칭] 　[, ...] FROM 테이블명. [, ...] [WHERE 조건] [GROUP BY 속성명, ...] [HAVING 조건] [ORDER BY 속성명[, ...] 　[ASC | DESC]]	SELECT (필수)	• All: 모든 데이터를 반환 • DISTINCT: 중복 튜플 발견 시 그 중 첫 번째 하나만 검색 • 검색하고자 하는 속성명 • AS를 사용해 별칭으로 표시
	FROM (필수)	• 열 참조를 가진 테이블을 지정 • 테이블 명도 별칭으로 저장 가능
	WHERE	• 데이터를 추출하는 선택 조건식을 지정 • 테이블 간의 결합할 때 그 결합 관계를 지정
	GROUP BY	그룹화 할 열 또는 속성명을 지정
	HAVING	GROUP BY 절에 집계한 결과에 조건을 정함
	ORDER BY	정렬한 속성명을 지정
	ASC DESC	• ASC: Asending Order 오름차순(기본값) • DESC: Descending Order 내림차순

46 ②

데이터 사전의 특징

- DBMS에서 필요로 하는 여러 가지 객체(기본 테이블, 뷰, 인덱스, 데이터베이스, 패키지, 접근 권한 등)에 관한 정보를 포함하고 있는 시스템 데이터베이스이다.
- 시스템 카탈로그(System Catalog) 혹은 메타데이터(Meta Data)라고도 한다.
- 데이터 사전 또한 시스템 테이블로 구성되어 SQL문을 이용해서 검색할 수 있다.
- SQL문 등으로 개체에 변화가 생기면 시스템이 자동으로 갱신한다.
- 데이터 사전은 사용자에게는 읽기 전용 테이블로 조회만 가능하다.

47 ④

구성요소	설명
속성(Attribute)	릴레이션의 세로 값으로 열(Column)이라고도 함
튜플(Tuple)	릴레이션의 가로 값으로 행(Row)이라고도 함
차수(Degree)	속성의 수
카디널리티 (Cardinality)	튜플의 수

48 ③

문법	예시	설명
CREATE VIEW 뷰명[[(속성명, ...)]] AS(SELECT문);	CREATE VIEW 주문정보 AS(SELECT * FROM 주문 WHERE 고객ID IN (SELECT 고객ID FROM 고객 WHERE 지역 = '서울')	VIEW 생성
DROP VIEW 뷰명	DROP VIEW 주문정보	VIEW 삭제

장점	• 보안 강화, 논리적 독립성 제공: 뷰를 통해 특정한 컬럼만을 조회하거나, 접근 권한이 없는 사용자에게 뷰를 제공함으로써 보안을 강화 • 쿼리 간소화: 복잡한 쿼리를 뷰로 간소화하여 사용 • 데이터 무결성 유지: 특정한 조건에 따른 결과만을 조회할 수 있으므로, 데이터 무결성을 유지할 수 있음

단점	• 데이터 변경 불가능: 뷰는 기본적으로 READ ONLY이고, 뷰에서 데이터를 수정하려면 해당 데이터를 저장하는 실제 테이블을 수정해야 함 • 인덱스 불가능 • 뷰 변경 불가능: 뷰를 변경하려면 뷰를 다시 생성해야 함

49 ①

이상은 정규화를 거치지 않으면 생기는 곤란한 현상이다.

이상 현상	설명
삽입 이상 (Insertion Anomaly)	릴레이션에서 데이터를 삽입할 때 의도와는 상관없이 원하지 않는 값들도 함께 삽입되는 현상
갱신 이상 (Update Anomaly)	릴레이션에서 튜플에 있는 속성값을 갱신할 때 일부 튜플의 정보만 갱신되어 정보에 모순이 생기는 현상
삭제 이상 (Deletion Anomaly)	릴레이션에서 한 튜플을 삭제할 때 의도와는 상관없는 값들도 함께 삭제되는 연쇄 삭제 현상

50 ④

개념	설명
회복기법 (Recovery)	• 회복은 데이터베이스 시스템이 장애나 오류 발생 시 복구시키는 과정 • 대표적인 방법으로는 로그 기반 회복 기법, 그림자 페이지 기반 회복, 체크포인트 기반 회복이 있음
철회 (Aborted)	트랜잭션이 Rollback 명령어에 의해 취소되는 경우
완료 상태 (Committed)	트랜잭션 작업 결과가 확정된 상태

51 ④

목표 DBMS에 맞는 스키마 설계는 논리적 설계단계이다.

물리적 설계

- 논리적 구조로 표현된 데이터를 물리적 구조의 데이터로 DB에 변환
- 저장 레코드의 양식을 설계함(데이터 타입, 데이터값의 분포, 접근 빈도)
- 저장구조 및 접근 경로를 설정하고 레코드 집중의 분석 및 설계

52 ①

논리적 단계에서 정규화를 수행한다.

정규화 목적

- 중복 데이터를 최소화해 삽입, 삭제, 갱신 이상들을 제거하기 위함
- 수정, 삭제 시 이상 현상의 최소화
- 테이블 불일치 위험의 최소화
- 중복을 배제하여 삽입, 삭제, 갱신 이상의 발생을 방지
- 데이터 구조의 안정성을 최대화
- 데이터 삽입 시 릴레이션의 재구성 필요성을 최소화
- 데이터베이스 검색 시 효율성을 최대화

53 ④

로킹기법은 같은 자원을 엑세스하는 다중 트랜잭션 환경에서 일관성과 무결성을 유지하기 위해 트랜잭션의 순차적 진행을 보정하는 직렬화 기법이다.

로킹 단위	오버헤드	로크 수	병행수준	DB 공유도
커짐	감소	적어짐	낮아짐	감소
작아짐	증가	증가함	높아짐	증가

54 ①

종류	설명
개체 무결성 (Entity Integrity)	• 기본키 • 중복 값을 가질 수 없음 • NULL 값이 될 수 없음
참조 무결성 (Referential Integrity)	• 외래키 • 외래키 값은 NULL 값이거나 참조 릴레이션의 기본키와 동일해야 함 • 참조되는 튜플이 반드시 존재해야 함
사용자 정의 무결성 (User-Defined Integrity)	사용자가 정의한 조건에 만족해야 함

55 ①

1정규형부터 도메인이 원자값, 부분 함수 종속성, 이행 함수 종속 제거, 결정자가 후보키 집합, 다치 종속 제거, 조인 종속성을 제거의 앞글자를 따서 "도부이결다조"로 암기하면 편하다.

정규화 단계	조건
1정규형 (1NF)	• 도메인이 원자값으로 구성되어야 함 • 원자값이 아닌 도메인을 분해해야 함
2정규형 (2NF)	• 1정규형을 만족 • 부분 함수 종속성을 제거함 • 부분집합 중 원래 자신의 집합을 제외한 것으로 X와 Y를 각각 R의 애트리뷰트 집합의 부분 집합이라고 할 경우 X → Y로 표시
3정규형 (3NF)	• 2정규형을 만족 • 이행 함수 종속을 제거 • A → B이고, B → C일 때 A → C를 만족하는 관계
보이스-코드 정규형 (BCNF)	• 3정규형을 만족 • 기본키를 제외하고 후보키가 있는 경우 후보키가 기본키를 종속시키면 분해 (모든 결정자가 후보키 집합에 속해야 함)
4정규형 (4NF)	• BCNF를 만족 • 다치 종속을 제거 • 여러 컬럼들이 하나의 컬럼을 종속시키는 경우 분해하여 다중값(다치)을 제거
5정규형 (5NF)	• 4정규형을 만족 • 조인 종속성을 제거 • 조인에 의해서 종석성이 발생하는 경우 분해 • 보키를 통하지 않는 조인 종속 제거

56 ④

연산자	기호/표현	설명
선택 (Select)	• 기호: σ • σ 〈조건〉(R)	• 릴레이션 R에서 조건을 만족하는 튜플 반환 • 수평 연산
추출 (Project)	• 기호: π • π 〈속성리스트〉(R)	• 릴레이션 R에서 중복을 제거한 속성들의 값을 반환 • 수직 연산
조인 (Join)	• 기호: ⋈ • R⋈S	두 릴레이션이 공통으로 가지고 있는 속성을 이용해 하나의 릴레이션을 만들어 튜플을 반환
나누기 (Division)	• 기호: ÷ • R÷S	S 릴레이션의 속성 도메인 값과 일치하는 R 릴레이션의 S를 속성을 제외한 튜플을 반환

57 ③

연산자	연산
∀	• 가능한 모든 튜플 • 모든 것에 대하여(for all)
∃	• 하나라도 일치하는 튜플 • 존재한다(There exist)

58 ③

GRANT	
문법	설명
GRANT 권한 ON 개체 TO 사용자 [WITH GRANT OPTION]	• 사용자에게 권한을 부여 • 권한 종류

권한	허용 내용
ALL	모든 권한
SELECT, INSERT, UPDATE, DELETE	레코드 조회, 입력, 수정, 삭제
CREATE, ALTER, DROP	테이블 생성, 변경, 삭제

• WITH GRANT OPTION
• 다른 사용자에게 권한을 부여할 수 있는 권한을 부여

59 ④

SQL문	설명
SELECT 성명, AVG(점수) FROM 성적 GROUP BY 성명;	• 성적 테이블에서 학생별 점수 평균을 구함 • 성명별 점수의 평균을 구하기 위해 성명으로 GROUP BY 필요

60 ③

공백이나 0의 값이 존재하면 NULL이 아니다.

NULL	• 데이터 값이 존재하지 않는다는 것을 지시하는 표시어 • A IS NULL: A 값이 존재하지 않는 경우 • A IS NOT NULL: A 값이 존재하는 경우

61 ①

운영체제 기능

1. 제어 프로그램(Control Program)

종류	설명
감시 프로그램	• 운영체제를 제어하고 동작을 감독 및 감독함 • 커널이라고도 함
작업 제어 프로그램	• 작업의 연속 처리를 위한 스케줄 및 시스템 자원을 할당 • 운영체제의 각종 제어 루틴의 수행 순서를 관리
데이터 관리 프로그램	주기억장치와 보조기억장치 간 자료 전송과 논리적인 연결, 파일 조작 및 처리

2. 처리 프로그램(Processing Program)

종류	설명
언어 번역 프로그램	프로그램 언어를 기계로 번역
서비스 프로그램	사용 빈도가 높은 프로그램을 시스템 제공자가 미리 작성해 사용자에게 제공
문제 프로그램	시스템의 문제 해결을 위한 프로그램

62 ①

프로토콜	설명
TCP (Transmission Control Protocol)	• 인접한 노드 사이의 프레임 전송 및 오류를 제어 • 흐름 제어(Flow Control)의 기능을 수행 • 전이 중(Full Duplex) 방식의 양방향 가상 회선을 제공 • 패킷의 전송 및 오류를 제어해 신뢰성 있는 연결을 지향
UDP (User Datagram Protocol)	• 송신자가 수신자에게 일방적으로 데이터그램을 전송하는 통신 방식으로, 비연결형 프로토콜 • 흐름 제어나 순서제어가 없어 속도가 빠름 • 비연결형 및 비신뢰성 전송 서비스를 제공 • 복구 기능을 제공하지 않음 • 신뢰성보다는 속도가 중요한 실시간 전송에 유리함

63 ③

라운드 로빈은 먼저 들어온 순서대로 일정 시간만큼 처리한다.

입력	남은시간	진행시간
A	17 − 4 = 13	4
B	4 − 4 = 0	8 (B 반환)
C	5 − 4 = 1	12
A	13 − 4 = 9	16
C	1 − 1 = 0	17 (C 반환)
A	9 − 9 = 0	26 (A 반환)

평균 반환 시간 = (8 + 17 + 26) / 3 = 17초

64 ①

교착상태가 발생하지 않도록 사전 조치하거나, 발생한 뒤 고치는 방법이 있다.

해결 방법	설명
예방 (Prevention)	• 교착상태의 필요조건을 부정함으로써 교착상태가 발생하지 않도록 미리 예방 • 점유 및 대기, 비선점, 환형대기를 부정함
회피 (Avoidance)	• 교착상태가 발생할 가능성이 있는 자원을 할당하지 않음 • 대표적으로 은행원 알고리즘, 자원 할당 그래프가 있음
발견 (Detectin)	• 시스템에서 교착상태가 발생했는지 감시 • 교착상태 발생을 허용하고 발생 시 해결
복구 (Recovery)	• 교착상태 발견 후 프로세스를 하나씩 종료해 자원을 회복 • 프로세스 종료(중지) 시 희생자를 선택해야 해 기아 상태 발생

65 ③

데이터 전송 방법	설명
유니캐스트 (Unicast)	• IPv4에서만 사용 • 출발지와 목적지가 하나로 정해져 있는 1대1 통신
멀티캐스트 (Multicast)	• IPv4, IPv6 둘 다 사용 • 여러 명에게 보내야 할 경우에 사용하는 방식 • 특정 그룹을 지정해 그룹원에게 보내는 방식
브로드캐스트 (Broadcast)	• IPv4, IPv6 둘 다 사용 • 같은 네트워크에 있는 모든 장비들에게 보내는 통신 • 상대 IP는 알지만 MAC을 모르는 경우 주로 사용 • 목적지가 전체이기 때문에 과도하게 사용 시 네트워크 성능이 저하될 수 있다.
애니캐스트 (Anycst)	• IPv6에서만 사용 • 네트워크에 연결된 수신 가능한 노드 중 한 노드에만 데이터 전송 • 트래픽을 분산하고 네트워크를 이중화함

66 ③

FIFO는 선입 선출로 가장 오래 있었던 페이지를 교체하는 방법이다.

페이지	입력	페이지 결함
1, −, , −	1	1
1, 2−, , −	2	2
1, 2, 3, −	3	3
1, 2, 3, −	1	−
1, 2, 3, −	2	−
1, 2, 3, 4	4	4
5, 2, 3, 4	5	5
5, 1, 3, 4	1	6
5, 1, 3, 4	4	−

67 ③

OSPF(Open Shortest Path First)

• 대규모 네트워크에 적합
• Area개념을 사용해 전체 OSFP 네트워크를 작은 영역어로 나누어 관리

68 ④

구분	기법	설명
선점 스케줄링	FCFS (First Come First Service)	먼저 들어온 프로세스를 먼 저 처리함
	SJF (Shortest Job First)	처리시간이 짧은 프로세스 부터 처리함
	HRN (Hightest Response-ratio Next)	우선순위가 높은 순서로 처 리함 우선순위 = $\dfrac{\text{대기한시간}+\text{서비스를받을시간}}{\text{서비스를받을시간}}$
비선점 스케줄링	라운드 로빈 (Round Robin)	• 먼저 들어온 순서대로 일 정 시간만큼 처리함 • 시간할당이 커지면 FCFS 스케줄링과 같아짐
	SRT (Shortest Remaining Time First)	• 남은 시간이 짧은 프로세 스부터 처리함 • 실행시간을 추적해야 하 므로 오버헤드 발생
	MLQ (Multi Level Queue)	우선순위별로 큐를 분리하 여 다양한 스케줄링 적용함
	MLFQ (Multi Level Feedback Queue)	MLQ에서 큐 간 이동하여 우선순위 조정

69 ②

HTTP는 응용계층 프로토콜이다.

프로토콜	설명
HDLC (High-level Data Link Control)	• 점대점 링크 및 멀티포인트 링크를 위해 개발됨 • 에어 제어를 위해 Go-Back-N ARQ를 사용 • 슬라이딩 윈도우 방식에 의해 흐름 제어 를 제공
PPP (Point-to-Poin t Protocol)	네트워크 분야에서 두 통신 노드 간의 직 접적인 연결을 위해 일반적으로 사용되는 프로토콜
LLC (Logical link control)	다양한 매체접속제어 방식 간의 차이를 보 완함
X.25	DTE(Data Terminal Equipment)와 DCE(Data Circuit-terminating Equipment) 간의 인터페 이스 제공

70 ①

해결 방법	설명
예방 (Prevention)	• 교착상태의 필요조건을 부정함으로써 교 착상태가 발생하지 않도록 미리 예방 • 점유 및 대기, 비선점, 환형대기를 부정함 • 모든 자원을 미리 선점해 두기 때문에 자 원 낭비가 심함
회피 (Avoidance)	• 교착상태가 발생할 가능성이 있는 자원을 할당하지 않음 • 대표적으로 은행원 알고리즘, 자원 할당 그래프가 있음
발견 (Detectin)	• 시스템에서 교착상태가 발생했는지 감시 • 교착상태 발생을 허용하고 발생 시 해결
복구 (Recovery)	• 교착상태 발견 후 프로세스를 하나씩 종 료해 자원을 회복 • 프로세스 종료(중지)시 희생자를 선택해야 해 기아 상태 발생

71 ①

프로세스 제어 블록(PCB; Process Control Block)

• 프로세스 상태, 고유 식별자, 스케줄링 정보, 소유자,
  실시간 통계, 스레드, 관련 프로세스 리스트, 자식 프로
  세스 리스트, 주소 공간 자원 스택 등의 정보로 구성
• 운영체제가 프로세스를 스케줄링하고 관리하는 데 필
  요한 모든 정보를 유지

72 ①

① 상호배제(Mutual Exclusion)
  한 리소스는 한 번에 한 프로세스만 사용할 수 있음

알고리즘	설명
Dekker Algorithm	프로세스가 두 개일 때 flag와 turn 변수를 조 정해 상호 배제를 보장
Lamport Algorithm	프로세스에게 고유한 번호를 부여하고, 번호 를 기준으로 우선순위를 정해 높은 프로세스 가 먼저 임계 구역에 진입하도록 구현
Peterson Algorithm	프로세스가 두 개일 때 상대방에게 진입 기 회를 양보해 상호 배제를 보장
Semaphor e Algorithm	공유된 자원의 데이터 혹은 임계영역 등에 따라 여러 Process 혹은 Thread가 접근하는 것을 막아 줌

② 점유와 대기(Hold and Wait)
  – 리소스를 점유하고 있는 프로세스가 있으면 다른
    프로세스는 해당 리소스를 사용하기 위해 기다림

– 프로세스가 수행되기 전 모든 자원을 할당함
– 자원이 점유되지 않은 상태에서만 자원을 요구함
③ 비선점(Non Preemption)
프로세스의 자원사용을 마친 후 리소스를 자발적으로 반환할 때까지 기다림
④ 환형 대기(Circular Wait)
두 개 이상의 프로세스 간 자원의 점유와 대기가 원형을 구사해 대기 중인 상태로 Hold and Wait 관계의 프로세스가 서로를 기다림

73 ④

Message는 객체 간 상호작용을 하기 위한 수단으로 어떤 행위를 하도록 지시하는 명령이다.

74 ②

for 반복문을 통해 6에서 30까지 변수 n의 자기 자신을 제외한 약수의 합이 자기 자신과 같은 완전수의 개수이다.
6에서 30중 완전수는 2개이다.
6의 약수는 1, 2, 3으로 6 = 1 + 2 + 3
28의 약수는 1, 2, 4, 7, 14로 28 = 1 + 2 + 4 + 7 + 14

int el = 0;	int형 변수 el에 0을 저장
for(n=6; n<=30; n++){	변수 n은 6부터 1씩 증가하며 n 값이 30이 될 때까지 반복
s=0; k=n/2;	• int형 변수 s에 0을 저장 • int형 변수 k에 n/2를 저장
for(int j=1; j<=k; j++){	변수 j는 1부터 1씩 증가하며 j 값이 k가 될 때까지 반복

if(n%j==0){
    s=s+j;
}
	n 값이 j로 나눈 나머지 값이 0인 경우 s 값에 j를 더해 저장

if(s==n){
    el+=n;
}
	s와 n이 같은 경우 el에 1을 더하여 저장

System.out.println(el);	반복문 종료 후 el값을 출력

75 ④

int[] intArr;	정수형 배열 intArr 선언
intArr = MakeArray();	MakeArray함수 호출하여 반환값을 intArr에 저장
int[] tempArr = new int[4];	길이가 4인 정수형 배열 tempArr 선언

for(int i=0; I < tempArr.length; i++){
    tempArr[i] = i;
}
	• i는 0부터 tempArr의 길이 4보다 작은 3까지 1씩 증가하면서 tempArr에 값을 저장
	• tempArr값은 [0, 1, 2, 3]

for(int i=0; i < intArr.length; i++){
    System.out.print(intArr[i]);
}
	• i는 tempArr의 길이 보다 1 작은 3부터 0까지 1씩 감소하면서 tempArr의 값을 출력
	• intArr에 저장된 [0, 1, 2, 3]을 뒤에서부터 순서대로 출력

76 ②

try 블록 안에서 5번째 라인의 반복문 i는 0부터 9까지 1씩 증가하며 반복되고, 첫 반복 시 10을 0으로 나누는 연산으로 예외가 발생하여 catch 블록에서 "Cannot divide by zero"라는 출력을 한 후 finally 블록이 실행되어 "Finally block executed"이 출력된다.

77 ③

lambda 식과 map() 함수에 대한 문제이다.

TestList = [1,2,3,4,5]	① 변수 TestList는 [1,2,3,4,5]로 저장
TestList = list(map(lambda num : num + 100, TestList))	② TestList에 [101,102,103,104,105] 저장 list(map(lambda num : num + 100, TestList)) 　　　　　ⓐ 　　　　　ⓑ 　　　　　ⓒ ⓐ 인수로 입력된 값에 100을 더하는 lambda 식 정의 ⓑ TestList 내의 값에 순차적으로 ⓐ 식을 적용, 더한 값을 반환 　1 + 100 = 101 　2 + 100 = 102 　3 + 100 = 103 　4 + 100 = 104 　5 + 100 = 105 ⓒ 반환된 값을 list로 구성하여 TestList에 저장
print(TestList)	③ TestList 출력 [101,102,103,104,105]

78 ③

연산자에 대한 문제이다.

a, b = 100, 200	① 변수 a에 100, 변수 b에 200 저장
print(a==b)	② 변수 a와 변수 b의 값이 같은지 판별, 같지 않으므로(거짓) False 출력

79 ①

구조체와 연산자, printf에 대해 이해하고 있는지 묻는 문제이다.

#include <stdio.h>	
struct point	
{	
int xpos;	
int ypos;	
};	
int main(void) {	
struct point pos1 = {3, 4};	
struct point pos2 = {150, 250};	
struct point *pptr = &pos1;	포인터 변수 pptr이 구조체 변수 pos1을 가리키게 된다.
(*pptr).xpos += 4;	pptr이 pos1을 가리키므로 pos1을 대상으로 연산하면 된다. pos1의 xpos에 해당하는 값에 4를 더해서 업데이트한다.
(*pptr).ypos += 5;	pptr이 pos1을 가리키므로 pos1을 대상으로 연산하면 된다. pos1의 ypos에 해당하는 값에 5를 더해서 업데이트한다.
printf("[%d, %d] ", pptr→xpos, pptr→ypos);	pos1의 xpos와 ypos의 값을 출력하며, 개행문자가 없으므로 줄바꿈을 따로 하지 않는다.
pptr = &pos2;	포인터 변수 pptr이 구조체 변수 pos2를 가리키게 된다.
pptr→xpos += 1;	pptr이 pos2를 가리키므로 pos2를 대상으로 연산하면 된다. pos2의 xpos에 해당하는 값에 1을 더해서 업데이트한다.
pptr→ypos += 2;	pptr이 pos2를 가리키므로 pos2를 대상으로 연산하면 된다. pos2의 ypos에 해당하는 값에 2를 더해서 업데이트한다.
printf("[%d, %d] ", (*pptr).xpos, (*pptr).ypos);	pos2의 xpos와 ypos의 값을 출력하며, 개행문자가 없으므로 줄바꿈을 따로 하지 않는다.
return 0;	
}	

80 ③

C언어 배열과 포인터에 대한 문제이다. 배열 ary가 다음과 같을 때, 각 배열요소에 해당하는 값은 다음과 같다. *(ary+0)은 배열의 첫번째 요소 값을 가리키며 이는 0이다. ary[1]에는 *(ary+0)+2의 값이 들어가므로 3이며, ary[2]에는 *ary+3의 값이 들어가므로 4이다.

배열요소 표현	ary[0] = *(ary + 0)	ary[1] = *(ary + 1)	ary[2] = *(ary + 2)
값	1	= *(ary + 0) + 2 = ary[0] + 2 = 1 + 2 = **3**	= *ary + 3 = ary[0] + 3 = 1 + 3 = **4**

위와 같이 배열 ary가 초기화되고 난 후, for문을 수행하면 아래와 같다.

i	s
0	s = s + ary[0] = 0 + 1 = **1**
1	s = s + ary[1] = 1 + 3 = **4**
2	s = s + ary[2] = 4 + 4 = **8**

따라서 답은 8이다.

81 ①

②는 정보공학 방법론, ③은 애자일 방법론, ④는 컴포넌트 기반 방법론에 대한 설명이다.

82 ②

테일러링 수행절차에는 커스터마이징 단계가 포함된다.

83 ①

전력망을 지능화, 고도화하는 기술은 Smart Grid이다.

84 ③

RIP의 최대 홉수는 15이다.

85 ①

증강현실에 대한 설명으로 AR이다.

86 ④

소프트웨어 개발 보안 관련 법규에는 개인정보 보호법, 정보통신망법, 신용정보법, 위치정보법이 포함되어 있다.

87 ①

해당 설명은 Data Warehouse에 대한 설명이다.

88 ③

데이터를 묶어 쪼개는 Map, 중복 데이터 제거 및 추출 Reduce를 하는 MapReduce에 대한 설명이다.

89 ③

원자성은 해당하지 않는다.

90 ②

해당 내용의 설명은 BaaS이다.

91 ②

인증(Authentication)은 접근을 시도하는 가입자 또는 단말에 대한 식별 및 신분 검증하는 행위를 말한다. 패스워드, 인증용 카드, 지문 검사 등의 방법이 있다.

92 ①

ESM에 대한 설명이다. ESM의 구성요소는 Agent, Manger, Console이 있으며, 주요 기능으로는 통합정책관리, ISO 17799, ISO 27001, CC, OWASP에서 제시한 보안 관련 표준안 등의 관리, PMI, 장비 관리, 관제대상 및 공통 정보 관리, 침해사고 예방 및 대응, 위험유형 분류, 정규화/규칙 기반 이벤트 수집, 로그 모니터링 등이 있다.

93 ④

클락-윌슨(Clark-Wilson) 모델은 무결성을 보존하는 접근 통제 모델이다.
① 비바(Biba) 모델, 벨-라파둘라(Bell-Lapadula) 모델 모두 강제적 접근 통제(MAC) 기반 모델이다.
② 벨-라파둘라(Bell-Lapadula) 모델은 기밀성을 보존하는 접근 통제 모델이며, 무결성을 보존하는 모델은 아니다.
③ 비바(Biba) 모델은 기밀성과 가용성이 아닌 무결성만 강제적 정책에 의해 접근 통제하는 모델이다.

접근 통제방식	모델	보호 대상	특징	설명
강제적 접근 통제 (MAC) 기반	벨-라파둘라 모델 (BLP; Bell-LaPadula Model)	기밀성	비인가된 읽기 금지	No Read Up / No Write Down
	비바 모델 (Biba Integrity Model)	무결성	비인가된 기록 금지	No Write Up / No Read Down
	클락-윌슨 모델 (Clark Wilson Integrity Model)	무결성	무결성 보존	주체/프로그램/객체의 세 부분 관계를 사용
	만리장성 모델 (Brewer Nash, Chinese Wall Model)	무결성	직무 분리에 따른 접근 통제	이해 충돌 방지

94 ④

RSA, ECC, ElGamal은 공개키 암호 알고리즘에 해당된다. SEED는 대칭키(비밀키) 암호 알고리즘이다.

95 ④

에러처리에서 발생할 수 있는 보안 약점에는 부적절한 예외처리, 오류 메시지를 통한 정보노출, 오류 상황 대응 부재가 있다. 부절적한 인가는 보안 기능과 관련된 보안 약점이다.

96 ②

Secure Coding은 소프트웨어 구현 단계에서 발생할 수 있는 보안 취약점들을 최소화하기 위해 보안 요소들을 고려하여 코딩하는 것을 의미한다.

97 ④

전송 중인 정보가 수정되지 않아야 하는 특성인 ⊙에 해당하는 보안 요소는 '무결성(Integrity)'이다. 접근을 시도하는 가입자 또는 단말에 대한 식별 및 신분 검증하는 행위인 ⓒ에 해당하는 접근 제어 요소는 '인증(Authentication)'이다. 인가된 사용자에 대해서만 자원 접근이 가능해야 한다는 특성인 ⓒ에 해당하는 보안 요소는 '기밀성(Confidentiality)'이다.

98 ③

백도어는 시스템에 액세스하기 위한 정상적인 인증 절차를 무효화하는 우회 접근 유형의 악성 프로그램을 말한다.

99 ②

IP 또는 ICMP의 특성을 악용해 특정 사이트에 집중적으로 데이터를 보내 네트워크 또는 시스템의 상태를 불능으로 만드는 공격 기법은 Smurfing이다.

100 ①

세션 하이재킹이란 두 시스템 간의 연결이 활성화된 상태 즉, 로그인된 상태를 가로채는 것으로 TCP 세션 하이재킹이란 TCP 연결을 가로채는 것을 말한다. TCP 세션 하이재킹 공격의 보안 대책으로는 네트워크 트래픽을 감시하여 ACK Storm 탐지, 특정 세션에서 패킷 유실 및 재전송 증가 탐지, 비동기화 상태 탐지, 기대하지 않은 접속의 리셋 탐지 등이 있다.

03 기출변형 모의고사 3회 해설

01	02	03	04	05	06	07	08	09	10
③	③	②	②	③	④	③	③	④	①
11	12	13	14	15	16	17	18	19	20
②	②	④	④	④	②	④	④	①	③
21	22	23	24	25	26	27	28	29	30
③	②	④	②	④	④	④	③	④	①
31	32	33	34	35	36	37	38	39	40
③	④	①	④	②	①	④	④	②	②
41	42	43	44	45	46	47	48	49	50
②	③	②	④	①	③	①	④	②	③
51	52	53	54	55	56	57	58	59	60
③	③	①	②	②	④	②	②	③	③
61	62	63	64	65	66	67	68	69	70
①	②	③	②	③	④	④	①	②	③
71	72	73	74	75	76	77	78	79	80
④	③	②	②	②	②	④	②	②	③
81	82	83	84	85	86	87	88	89	90
①	④	③	④	④	④	②	②	①	②
91	92	93	94	95	96	97	98	99	100
③	②	②	④	②	②	①	②	①	④

01 ③

요구사항 분석은 소프트웨어 개발이나 유지보수에 필요한 기준을 정하는 단계로, 비용과 일정 또한 고려되어야 한다.

02 ③

통제와 보안 분석은 사용자의 요구분석에 포함되지 않는다.

03 ②

설명은 요구분석 단계 중 명세(Specification)에서 사용하는 정형 명세 기법에 대한 설명이다. ER모델링은 비정형 명세 기법이다.

04 ②

HIPO는 하향식 소프트웨어 개발을 위한 문서화 도구로, 기호 도표 등을 사용하므로 쉽고 이해하기 좋고, 변경 및 유지보수 용이하다.

05 ③

실행(Activation)은 오퍼레이션이 실행되는 시간을 표시하는 직사각형이다.

06 ④

Private는 해당 클래스 내부에서만 접근이 가능하다.

07 ③

스크럼 개발 프로세스는 아래와 같이 진행된다.

순서	프로세스명	설명
1	제품 백로그(Product Backlog) 작성	개발 과정에서 새롭게 도출되는 요구사항을 지속적으로 업데이트 함
2	스프린트 계획 회의 (Sprint Planning Meeting)	• 수행할 작업의 스프린트(Sprint)를 수립 • 제품 백로그에서 스프린트 기간 동안 개발할 기능 선정
3	스프린트 진행 (Sprint Execution)	• 실제 작업을 수행하는 과정으로 보통 2~4주 정도의 기간으로 팀 자체적으로 진행 • 매일 지정한 시간에 약 15분의 짧은 시간 동안 일일 스크럼 회의 (Daily Scrum Meeting)을 열어, 진행 상황 공유

4	스프린트 검토 (Sprint Review)	• 요구사항에 적합한지 사용자가 포함된 회의에서 테스트 진행 • 개선 사항에 대하여 피드백 정리 후, 제품 백로그에 업데이트함
5	스프린트 회고 (Sprint Retrospective)	지난 스프린트에서 얻는 경험을 바탕으로 개선사항 도출. 반영하여 개발 프로세스 개선

08 ③
UI 설계 시, 사용자가 잘못된 입력을 한 경우, 사용자가 쉽게 수정하고 다시 시도할 수 있도록 UI를 구성해야 함

09 ④
UI 설계 도구로는 와이어프레임(Wireframe), 목업(Mockup), 스토리보드(Storyboard), 프로토타입(Prototype), 유스 케이스(Usecase)가 있다.

10 ①
시험 용이성(Testability)은 시스템 품질 속성이다.

11 ②
그림이 설명하는 패턴은 모델, 뷰, 컨트롤러가 있는 모델–뷰 컨트롤러 패턴(MVC; Model View ControllerPattern)이다.

모델 (Model)	애플리케이션의 데이터 및 비지니스 로직
뷰 (View)	• 사용자 인터페이스 • 모델에서 가져온 데이터를 사용자가 볼 수 있는 형태로 표현
컨트롤러 (Controller)	• 모델과 뷰 사이의 연결고리 • 사용자의 입력에따라 모델 업데이트, 모델의 상태에 따라 뷰 업데이트

12 ②
속성은 객체의 상태(State)를 나타내고, 동작은 객체의 기능(Functionality)을 수행한다.

13 ④
유즈 케이스를 기본으로 활용하며, 분석, 설계, 구현단계의 기법은 Jacobson Method이다.

14 ④
Coad–Yourdon 방법은 E–R Diagram을 사용하여 객체의 행위를 데이터 모델링하는 데 초점을 둔 방법이다.

15 ④
자신의 자료를 숨기고, 자신의 연산만을 통하여 접근을 허용하는 것은 Information Hiding이다.

16 ②
하위 모듈에서 상위 모듈로 제어 신호가 이동하여 상위 모듈에게 처리 명령을 부여하는 권리 전도 현상이 발생하는 모듈 결합도는 제어 결합도(Control Coupling)이다.

17 ④
Data Coupling가 가장 낮은 결합도를 갖는다.

18 ④
객체지향 설계로 타 방법론 기반의 애플리케이션 개발에는 부적합하다.

19 ①
해당 설명에 해당하는 요구사항 확인 및 검증 기법은 인스펙션(Inspection)이다.

20 ③
미들웨어는 분산 시스템의 여러 컴포넌트가 요구하는 재사용 가능한 서비스의 구현을 제공한다.

21 ③
큐는 운영체제의 작업 스케줄링에 응용된다.
① 스택은 LIFO 구조로 복귀주소(return address) 등에 이용된다.
② 양방향에서 입·출력이 가능한 구조는 데크(Deque)이다.
④ 연결 리스트는 자료의 삽입과 삭제가 쉽다.

22 ②

비선형 자료구조에 해당되는 것은 트리와 그래프이다.

구조	설명	종류
선형 구조	데이터를 연속적으로 연결한 자료 구조	리스트(List), 배열(Array), 스택(Stack), 큐(Queue), 데크(Deque) 등
비선형 구조	데이터를 비연속적으로 연결한 자료 구조	트리(Tree), 그래프(Graph)

23 ④

버블 정렬에서 자료의 비교 횟수는 $\dfrac{n(n-1)}{2}$ 이다.

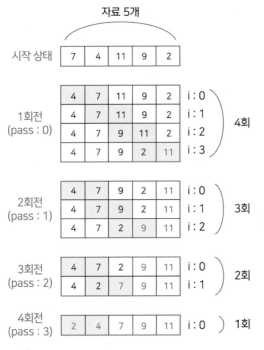

24 ②

선택 정렬은 정렬되지 않은 데이터에서 가장 작은 데이터를 찾아 정렬되지 않은 부분의 가장 앞의 데이터와 교환해 나가는 알고리즘이다.

25 ③

서브트리를 하나의 노드로 생각할 수 있도록 서브트리 단위로 묶은 후 후위 순회를 한다. 후위 순회 결과는 아래와 같이 BDFECA이며, 노드 E는 4번째로 검사된다.

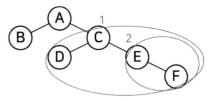

후위 순회(Postorder)는 Left → Right → Root이므로 B1A가 된다.
1은 D2C이므로 B**D2C**A가 된다.
2는 FE이므로 BD**FE**CA가 된다.
따라서 Postorder 순회법에 따른 방문 순서는 BDFECA가 된다.

26 ④

트리의 차수는 노드들의 차수 중에서 가장 큰 값을 말한다. 차수는 특정 노드에 연결된 자식 노드의 수로, 각 노드의 자식 노드를 구하면 노드 A는 {B, C, D}, 노드 B는 {E, F}, 노드 C는 {G}, 노드 D는 {H, I, J}, 노드 E는 {K, L}, 노드 H는 {M}이다. 노드 K, L, F, G, M, I, J는 자식 노드가 존재하지 않는 단말 노드(terminal node)에 해당되며, 따라서 단말 노드의 수는 7개이다. 한편, 노드들 중 가장 많은 노드를 갖는 노드는 {A, B}로, 노드의 차수는 3이며 따라서 트리의 차수는 3이다.

27 ④

화이트 박스 테스트에 해당하는 것은 Basic Path Test, Condition Test, Data Flow Test, Loop Test이다.

블랙박스 테스트 유형	동등 분할, 경계값 분석, 결정 테이블, 상태 전이, 유스케이스, 분류트리, 페어와이즈, 원인-결과 그래프, 오류예측, 비교 테스트 등
화이트 박스 테스트 유형	구문 커버리지, 결정 커버리지, 조건 커버리지, 조건-결정 커버리지, 변경 조건-결정 커버리지, 다중 조건 커버리지, 기본 경로 커버리지, 제어 흐름 테스트, 데이터 흐름 테스트, 루프 테스트

28 ③

반복 조건을 만족하는데도 루프 내의 문장이 수행되지 않는 경우는 화이트박스 테스트를 이용하여 발견할 수 있는 오류이다.

29 ④

형상 관리 절차는 형상 식별 → 형상 통제 → 형상 감사 → 형상 기록 순이다.

1	형상 식별	형상 관리 계획을 근거로 형상 관리의 대상이 무엇인지 식별하는 활동
2	형상 통제	형상 항목의 변경사항에 대하여 형상통제위원회(CCB)가 승인/기각/보류를 결정하고, 승인된 변경사항의 이행을 체계적으로 통제하는 활동
3	형상 감사	형상 관리 계획대로 형상 관리가 진행되고 있는지, 형상 항목의 변경이 요구사항에 맞도록 제대로 이뤄졌는지 등을 살펴보는 활동
4	형상 기록	소프트웨어 형상 및 변경 관리에 대한 각종 수행결과를 기록하는 활동

30 ①

중위표기식을 전위표기식으로 바꾸기 위해 연산 우선순위에 따라 괄호로 묶고, 연산자를 해당 괄호의 앞(왼쪽)으로 옮긴 뒤, 필요 없는 괄호를 제거한다.

31 ③

최악의 경우 시간 복잡도가 $O(nlogn)$인 정렬 알고리즘인 합병 정렬, 힙 정렬이다.

32 ④

너비 우선 탐색은 최대한 넓게 이동한 다음, 더 이상 갈 수 없을 때 아래로 이동하는 방식이다.

33 ①

병합 정렬, 퀵 정렬 모두 Divide & Conquer (분할과 정복) 알고리즘에 기반한다.

34 ④

체이닝은 버킷 내에 연결리스트(Linked List)를 할당하여, 버킷에 데이터를 삽입하다가 해시 충돌이 발생하면 연결 리스트로 데이터들을 연결하는 방식이다.

35 ②

Check-In은 개발자가 수정한 소스를 형상 관리 저장소로 업로드하는 기능이다.

기능	설명
체크인 (Check-In)	개발자가 수정한 소스를 형상 관리 저장소로 업로드 하는 기능
체크아웃 (Check-Out)	형상 관리 저장소로부터 최신 버전을 개발자 PC로 다운로드 받는 기능
커밋 (Commit)	개발자가 소스를 형상 관리 저장소에 업로드 후 최종적으로 업데이트가 되었을 때 형상 관리 서버에서 반영하도록 하는 기능

36 ①

Visual Studio에 해당하는 설명이다. 대표적인 IDE 도구는 다음과 같다.

구분	이클립스 (Eclipse)	비주얼 스튜디오 (Visual Studio)	엑스코드 (Xcode)	안드로이드 스튜디오 (Android Studio)	IntelliJ IDEA
개발사	IBM, 이클립스 재단	Microsoft	Apple	Google, JetBrains	JetBrains
플랫폼	크로스 플랫폼	Win32, Win64	Mac, iPhone	Android	크로스 플랫폼
운영 체제	대부분의 운영체제 대상	Windows	MacOS, iOS	Windows, Linux, MacOS	Windows, Linux, MacOS
지원 언어	Java, C, C++, PHP, JSP 등	Basic, C, C++, C#, .NET 등	C, C++, C#, Java, AppleScript 등	Java, C, C++	JAVA, JSP, XML, Go, Kotlin, PHP 등
특징	Java 개발 최적화	C 계열 언어 중심	iOS 기반 앱 개발	Android 기반 앱 개발	Java 통합 개발 환경

37 ④

컴포넌트는 그 자체로 재사용 단위가 될 수 있으며, 하나 이상의 클래스로도 구성될 수 있다. 재사용 단위에는 함수와 객체 단위의 재사용, 컴포넌트 단위의 재사용, 애플리케이션 단위의 재사용이 있다.

38 ④

SSO는 저작권 관리 구성 요소에 해당하지 않는다.

39 ②

Ant는 빌드 도구에 해당한다.

40 ②

살충제 패러독스에 대한 설명이다.

41 ②

차수(Degree)	속성의 수
카디널리티(Cardinality)	튜플의 수
도메인(Domain)	하나의 애트리뷰트가 취할 수 있는 원자값들의 집합

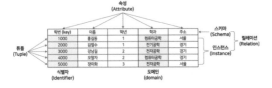

42 ③

명령어	설명
커밋 (COMMIT)	• 트랜잭션의 작업을 영구적으로 데이터 베이스에 반영 • 데이터가 영구적으로 유지됨
롤백 (ROLLBACK)	트랜잭션의 작업을 취소하고, 이전 상태로 되돌림
체크 포인트 (CHECKPOINT)	트랜잭션 내에 ROLLBACK할 시점을 설정

43 ②

종류	설명
개체 무결성 (Entity Integrity)	• 기본키 • 중복 값을 가질 수 없음 • NULL 값이 될 수 없음
참조 무결성 (Referential Integrity)	• 외래키 • 외래키 값은 NULL 값이거나 참조 릴레이션 의 기본키와 동일해야 함 • 참조되는 튜플이 반드시 존재해야 함
사용자 정의 무결성 (User-Defined Integrity)	사용자가 정의한 조건에 만족해야 함

44 ④

UPDATE는 특정 테이블에서 튜플(행)을 수정하는 명령 어이다.

구문	설명
UPDATE 테이블명	수정하고자 하는 대상 "테이블 명"을 지정
SET 속성명 = 데이터 [, ...]	• 수정하고자 하는 속성명과 값을 지정 • "속성명"의 속성을 "데이터"로 변경
[WHERE 조건]	수정할 레코드를 선택할 조건을 지정

45 ①

종류	설명	명령어	역할
데이터 정의어 DDL (Data Definition Language)	• 데이터베이스를 정의하는 언어 • 데이터의 전체 적인 구조를 결 정하는 역할	CREATE	테이블 생성
		ALTER	테이블 수정
		DROP	테이블 삭제
		TRUNCATE	테이블 초기화
데이터 조작어 DML (Data Manipulation Language)	데이터베이스에 저장된 자료를 조 회, 수정, 삭제 등 의 역할을 하는 언어	SELECT	데이터 조회
		INSERT	데이터 삽입
		UPDATE	데이터 수정
		DELETE	데이터 삭제
데이터 제어어 DCL (Data Control Language)	데이터 보안, 무결 성, 회복, 병행 수 행제어 등을 정의 하는 언어	GRANT	작업 권한 부여
		REVOKE	수행 권한 회수
		COMMIT	작업 완료
		ROLLBACK	작업 취소, 복구

46 ③

종류	설명
기본키 (Primary Key)	• 후보키 중에서 선정된 주키(Main Key)로 중복 된 값과 NULL 값을 가질 수 없음 • 한 릴레이션에서 특정 튜플을 유일하게 구별 할 수 있는 속성
후보키 (Candidate Key)	• 기본키로 사용할 수 있는 속성들로 유일성과 최소성을 만족함 • 모든 릴레이션에는 반드시 하나 이상의 후보 키가 존재해야 함
대체키 (Alternate Key)	후보키가 둘 이상일 때 기본키를 제외한 나머지 후보키로 보조키로도 불림
슈퍼키 (Super Key)	• 한 릴레이션 내에 있는 속성들의 집합으로구 성된 키로 최소성을 만족하지 못함 • 릴레이션을 구성하는 모든 튜플에 대해 유일 성을 만족함
외래키 (Foreign Key)	다른 릴레이션의 기본키를 참조하는 속성 또는 속성들의 집합으로 릴레이션 간의 참조 관계를 표현함

47 ①

분산 데이터베이스가 되기 위해서는 4가지 투명성을 만족해야 한다.

투명성	설명
위치 투명성 (Location Transparency)	사용자가 데이터베이스의 하드웨어와 소프트웨어의 물리적 위치를 알 필요가 없음
중복 투명성 (Replication Transparency)	동일 데이터가 중복되어 여러 곳에 있어도 사용자에게 하나만 존재하도록 인식함
병행 투명성 (Concurrency Transparency)	다수의 트랜잭션이 동시에 실현되더라도 그 결과는 영향을 받지 않음
장애 투명성 (Failure Transparency)	분산 데이터베이스 시스템의 이상이 발생해도 트랜잭션을 정확하게 처리해야 함

48 ④

정규화를 거치지 않으면 생기는 곤란한 현상

속성들에 존재하는 여러 종류의 종속관계를 하나의 릴레이션에 표현할 때 발생

이상 현상	설명
삽입 이상 (Insertion Anomaly)	릴레이션에서 데이터를 삽입할 때 의도와는 상관없이 원하지 않는 값들도 함께 삽입되는 현상
갱신 이상 (Update Anomaly)	릴레이션에서 튜플에 있는 속성값을 갱신할 때 일부 튜플의 정보만 갱신되어 정보에 모순이 생기는 현상
삭제 이상 (Deletion Anomaly)	릴레이션에서 한 튜플을 삭제할 때 의도와는 상관없는 값들도 함께 삭제되는 연쇄 삭제 현상

49 ②

기호(이름)	설명
(사각형)	개체(Entity) 여러 개의 속성을 가지며, 동일한 개체는 존재할 수 없음
(마름모)	관계(Relationship) 개체들이 가지는 관계로 1:1, 1:N, N:M등 다양한 관계를 표현 가능함
(속성)	속성(Attribute) 개체의 속성을 표현함
(이중 타원)	다중 값 속성 하나의 독립적인 속성이나 그 안에 여러 개의 값이 포함될 수 있음
(선)	선, 링크

50 ③

순서	단계	설명
1	요구 조건 분석	• 데이터베이스의 사용 목적 파악 • 데이터베이스 구조 설계에 필요한 개체, 속성, 관계 제약조건 등을 식별
2	개념적 설계	• 정보를 구조화하기 위해 추상적 개념으로 독립적인 개념스키마를 설계 • 트랜잭션 모델링과 개념스키마 모델링 • 요구조건 분석을 통해 E-R 다이어그램을 작성
3	논리적 설계	• 컴퓨터가 이해할 수 있도록 DBMS에 맞게 논리적 자료구조로 사람이 이해하기 쉽게 변환 • 스키마를 평가 및 정제 • 정규화를 수행 • 트랜잭션의 인터페이스를 설계 • 테이블을 설계하는 단계에서 정규화
4	물리적 설계	• 논리적 구조로 표현된 데이터를 물리적 구조의 데이터로 DB에 변환 • 저장 레코드의 양식 설계함(데이터 타입, 데이터값의 분포, 접근 빈도) • 저장구조 및 접근 경로를 설정하고 레코드 집중의 분석 및 설계

51 ③

트랜잭션의 특성은 다음과 같다.

종류	설명
원자성 (Atomicity)	• 하나의 트랜잭션이 더 이상 작게 쪼갤 수 없는 최소한의 업무 단위 • 데이터베이스에 연산이 모두 반영되던지, 아니면 전혀 반영되지 않아야 함 • 주요 기법으로 Commit과 Rollback을 사용함
일관성 (Consistency)	• 트랜잭션이 완료된 결괏값이 일관적인 DB 상태를 유지해야 함 • 수행하고 있는 트랜잭션에서 오류가 발생하면 현재 내역을 날려버리고 롤백해야 한다.
고립성 (Isolation)	• 하나의 트랜잭션 수행 시 다른 트랜잭션이 작업이 끼어들지 못하도록 보장함 • 트랜잭션끼리 서로 간섭할 수 없음
영속성 (Durability)	• 트랜잭션이 정상적으로 종료된 다음에는 영구적으로 데이터베이스에 작업의 결과가 저장돼야 함 • 성공적으로 완료된 트랜잭션의 결과는 시스템이 고장 나더라도 영구적으로 반영되어야 함

52 ③

데이터베이스의 물리적 설계 단계

- 논리적 구조로 표현된 데이터를 물리적 구조의 데이터로 DB에 변환
- 저장 레코드의 양식을 설계함(데이터 타입, 데이터값의 분포, 접근 빈도)
- 저장구조 및 접근 경로를 설정하고 레코드 집중의 분석 및 설계

53 ①

데이터 사전(시스템 카탈로그)의 특징

- DBMS에서 필요로 하는 여러 가지 객체(기본 테이블, 뷰, 인덱스, 데이터베이스, 패키지, 접근 권한 등)에 관한 정보를 포함하고 있는 시스템 데이터베이스이다.
- 시스템 카탈로그(System Catalog) 혹은 메타데이터(Meta Data)라고도 한다.
- 데이터 사전 또한 시스템 테이블로 구성되어 SQL문을 이용해서 검색할 수 있다.
- SQL문 등으로 개체에 변화가 생기면 시스템이 자동으로 갱신한다.
- 데이터 사전은 사용자에게는 읽기 전용 테이블로 조회만 가능하다.

54 ②

연산자	기호/표현	설명
선택 (Select)	• 기호: σ • σ 〈조건〉(R)	• 릴레이션 R에서 조건을 만족하는 튜플 반환 • 수평 연산
추출 (Project)	• 기호: π • π 〈속성리스트〉(R)	• 릴레이션 R에서 중복을 제거한 속성들의 값을 반환 • 수직 연산
조인 (Join)	• 기호: ⋈ • R⋈S	두 릴레이션이 공통으로 가지고 있는 속성을 이용해 하나의 릴레이션을 만들어 튜플을 반환
나누기 (Division)	• 기호: ÷ • R÷S	S 릴레이션의 속성 도메인 값과 일치하는 R 릴레이션의 S를 속성을 제외한 튜플을 반환

55 ②

정규화 단계	조건
1정규형 (1NF)	• 도메인이 원자값으로 구성되어야 함 • 원자값이 아닌 도메인을 분해해야 함
2정규형 (2NF)	• 1정규형을 만족 • 부분 함수 종속성을 제거함 • 부분집합 중 원래 자신의 집합을 제외한 것으로 X와 Y를 각각 R의 애트리뷰트 집합의 부분 집합이라고 할 경우 X → Y로 표시
3정규형 (3NF)	• 2정규형을 만족 • 이행 함수 종속을 제거 • A → B이고, B → C일 때 A → C를 만족하는 관계
보이스-코드 정규형 (BCNF)	• 3정규형을 만족 • 기본키를 제외하고 후보키가 있는 경우 후보키가 기본키를 종속시키면 분해 (모든 결정자가 후보키 집합에 속해야 함)
4정규형 (4NF)	• BCNF를 만족 • 다치 종속을 제거 • 여러 컬럼들이 하나의 컬럼을 종속시키는 경우 분해하여 다중값(다치)을 제거
5정규형 (5NF)	• 4정규형을 만족 • 조인 종속성을 제거 • 조인에 의해서 종석성이 발생하는 경우 분해 • 보키를 통하지 않는 조인 종속 제거

56 ④

종류	설명
개체 무결성 (Entity Integrity)	• 기본키 • 중복 값을 가질 수 없음 • NULL 값이 될 수 없음
참조 무결성 (Referential Integrity)	• 외래키 • 외래키 값은 NULL 값이거나 참조 릴레이션의 기본키와 동일해야 함 • 참조되는 튜플이 반드시 존재해야 함
사용자 정의 무결성 (User–Defined Integrity)	사용자가 정의한 조건에 만족해야 함

57 ②

WHERE 조건 없는 DELETE FROM TABLE 수행 시 모든 레코드가 삭제된다.

58 ②

문법	예시	설명
CREATE VIEW 뷰명[(속성명, ...)] AS(SELECT문);	CREATE VIEW 주문정보 AS(SELECT * FROM 주문 WHERE 고객ID IN (SELECT 고객ID FROM 고객 WHERE 지역 = '서울'))	VIEW 생성
DROP VIEW 뷰명	DROP VIEW 주문정보	VIEW 삭제

장점	• 보안 강화, 논리적 독립성 제공: 뷰를 통해 특정한 컬럼만을 조회하거나, 접근 권한이 없는 사용자에게 뷰를 제공함으로써 보안을 강화 • 쿼리 간소화: 복잡한 쿼리를 뷰로 간소화하여 사용 • 데이터 무결성 유지: 특정한 조건에 따른 결과만을 조회할 수 있으므로, 데이터 무결성을 유지할 수 있음
단점	• 데이터 변경 불가능: 뷰는 기본적으로 READ ONLY이고, 뷰에서 데이터를 수정하려면 해당 데이터를 저장하는 실제 테이블을 수정해야 함 • 인덱스 불가능 • 뷰 변경 불가능: 뷰를 변경하려면 뷰를 다시 생성해야 함

59 ③

병행제어 목적

• 데이터베이스의 공유를 최대화
• 시스템의 활용도를 최대화
• 데이터베이스의 일관성을 유지
• 사용자에 대한 응답시간을 최소화

60 ③

순서	단계	설명
1	요구 조건 분석	• 데이터베이스의 사용 목적 파악 • 데이터베이스 구조 설계에 필요한 개체, 속성, 관계 제약조건 등을 식별
2	개념적 설계	• 정보를 구조화하기 위해 추상적 개념으로 독립적인 개념스키마를 설계 • 트랜잭션 모델링과 개념스키마 모델링 • 요구조건 분석을 통해 E–R 다이어그램을 작성
3	논리적 설계	• 컴퓨터가 이해할 수 있도록 DBMS에 맞게 논리적 자료구조로 사람이 이해하기 쉽게 변환 • 스키마를 평가 및 정제 • 정규화를 수행 • 트랜잭션의 인터페이스를 설계 • 테이블을 설계하는 단계에서 정규화
4	물리적 설계	• 논리적 구조로 표현된 데이터를 물리적 구조의 데이터로 DB에 변환 • 저장 레코드의 양식 설계함(데이터 타입, 데이터값의 분포, 접근 빈도) • 저장구조 및 접근 경로를 설정하고 레코드 집중의 분석 및 설계

61 ①

IPv6의 헤더 필드는 아래와 같다.

필드	설명
Version	• 4 비트 • IPv4의 버전4를 사용
Traffic	• 8 비트 • IPv4의 TOS와 유사하며 요구되는 서비스 품질
Flow Label	• 20 비트 • 연결지향적 프로토콜을 사용할 있게 우선권을 주기 위해 특정 트래픽에 대한 라벨링
Payload Length	• 16 비트 • IPv4의 Total Packet Length와 유사함 • 확장헤더와 상위계층 데이터의 길이로 최대 65536을 가짐
Next Header	• 16 비트 • 기본헤더 다음에 오는 확장 헤더의 종류를 나타냄
Hop Limit	• 8 비트 • IPv4의 TTL과 같이 패킷의 수명
Source Address	• 32 비트 • 출발지 IP 주소
Destination Address	• 32 비트 • 목적지 IP 주소
IP Header Option	선택적 옵션으로 가변길이

62 ②

특징	설명
캡슐화 (encapsulation)	• 변수와 함수를 하나의 단위로 묶는 것 • 접근 제어를 통해서 자료형의 정보를 은닉 • 모듈 내에서의 응집도를 높이며, 외부로의 노출을 최소화하여 모듈 간의 결합도를 떨어트림
상속 (inheritance)	• 자식 클래스가 부모 클래스의 특성을 그대로 물려 받음 • 부모 클래스의 기능을 일부 변경할 경우 이를 오버라이딩(overriding)이라 함
다형성 (polymorphism)	한 요소에 다양한 자료형에 속하는 것이 허가되는 것

63 ③

종류	설명
쉘 (Shell)	• 자체의 내장 명령어 제공 • 보조기억장치에 상주 • 사용자의 명령을 해석하고 커널로 전달하는 기능을 제공 • 반복적인 명령 프로그램을 만드는 프로그래밍 기능을 제공 • 초기화 파일을 이용해 사용자 환경을 설정하는 기능을 제공 • 파이프라인 기능을 제공 • 사용자 인터페이스를 제공 • 입출력 방향 지정 • 여러 종류의 쉘이 존재
커널 (Kernel)	• 프로세스와 메모리를 관리 • 기억장치, 파일, 입출력 장치를 관리 • 프로세스 간 통신 및 데이터 전송 및 변환 등을 수행

64 ②

교착상태가 없어질 때까지 교착상태에 포함된 자원을 하나씩 선점 혹은 종료시킨다.

해결 방법	설명
예방 (Prevention)	• 교착상태의 필요조건을 부정함으로써 교착상태가 발생하지 않도록 미리 예방 • 점유 및 대기, 비선점, 환형대기를 부정함 • 모든 자원을 미리 선점해 두기 때문에 자원 낭비가 심함
회피 (Avoidance)	• 교착상태가 발생할 가능성이 있는 자원을 할당하지 않음 • 대표적으로 은행원 알고리즘, 자원 할당 그래프가 있음
발견 (Detectin)	• 시스템에서 교착상태가 발생했는지 감시 • 교착상태 발생을 허용하고 발생 시 해결
복구 (Recovery)	• 교착상태 발견 후 프로세스를 하나씩 종료해 자원을 회복 • 프로세스 종료(중지)시 희생자를 선택해야 해 기아 상태 발생

65 ③

서브넷 마스크는 네트워크 IP와 호스트 IP를 구분하기 위해 사용된다.

네트워크 ID	IP 주소 범위
10.0.0.0 00001010.00000000.00000000.00000000	10.0.0.0 ~10.0.0.127
10.0.0.128 00001010.00000000.00000000.10000000	10.0.0.128 ~10.0.0.255
10.1.1.128 00001010.00000001.00000001.10000000	10.1.1.128 ~10.0.0.255
10.255.255.0 00001010.11111111.11111111.00000000	10.255.255.0 ~10.255.255.127

66 ④

운영체제는 컴퓨터의 CPU, 메모리 공간, 기억 장치, 입출력 장치와 사용자 프로그램 등을 제어하고 시스템과 사용자 간의 인터페이스를 제공해 주는 소프트웨어이다. 다중 사용자와 다중 응용프로그램 환경에서 자원의 현재 상태를 파악하고 사용자들 간의 데이터를 공유할 수 있도록 하며 자원 분배를 위한 스케줄링을 담당한다.

67 ④

TCP는 스트림 전송계층 서비스를 제공한다.

IP(Internet Protocol)

• 인터넷 프로토콜(Internet Protocol)의 약자로, 인터넷이 통하는 네트워크에서 어떤 정보를 수신하고 송신하는 통신규약을 의미
• 패킷을 분할, 병합하는 기능을 수행
• 비연결형, 비신뢰성 서비스를 제공
• 데이터그램 전송 서비스를 제공
• IP 주소는 논리적 주소이며 MAC(Media Access Control) 주소는 인터넷 가능한 장비가 가지고 있는

물리적 주소
• Bert Effort 원칙에 따른 전송 기능을 제공

68 ①

First fit은 사용 가능한 처음 만나는 메모리인 2번 영역에 할당한다. (1번 영역은 50K로 할당이 불가능하다.) best fit은 자원 낭비가 50K로 가장 적은 3번 영역에 할당한다.

기법	설명
최초 적합 (First fit)	• 할당 가능한 가장 처음 만나는 빈 메모리 공간에 프로세스를 할당 • 할당이 빠른 장점이 있음
최적 접합 (Best fit)	할당 가능한 메모리 공간 중 자원 낭비가 가장 적은 공간에 할당
최악 적합 (Worst fit)	• 할당 가능한 메모리 공간 중 자원 낭비가 가장 많은 공간에 할당 • 남은 메모리 공간에 다른 프로세스를 할당할 수 있는 장점이 있음

69 ②

HRN(Hightest Response-ratio Next)
우선순위가 높은 순서로 처리함

$$우선순위 = \frac{대기한\ 시간 + 서비스를\ 받을\ 시간}{서비스를\ 받을\ 시간}$$

작업	대기시간	서비스(실행) 시간	우선순위
A	5	20	(5 + 20) / 20 = 1.25
B	40	20	(40 + 20) / 20 = 3
C	15	45	(15 + 45) / 45 = 1.33
D	20	20	(20 + 20) / 20 = 2

A, B, C, D 중 B의 우선순위가 3으로 가장 높다.

70 ③

전송 계층(Transport Layer) 4계층
• 단위(PDU): 세그먼트(Segment)
• 종단 간 신뢰성 있는 전송을 담당
• 구체적인 목적지까지 데이터가 도달할 수 있도록 함
• process를 특정하기 위한 주소로 port number를 사용함
• 주요 장비: L4 Switch
• 프로토콜은 TCP와 UDP가 있음

71 ④

주소	설명
물리 주소	(세그먼트 번호, 변위값)으로 표기함
논리 주소	세그먼트 시작주소 + 변위값으로 계산함

세그먼트 2의 시작주소 = 2000 + 100 = 2100이다.

72 ③

Working Set은 프로세스가 일정 시간 동안 자주 참조하는 페이지들의 집합을 의미한다. 많이 참조하는 페이지들의 집합을 주기억장치에 계속 상주하게 해 페이지 교체 현상을 줄인다.

73 ②

종류	설명
쉘 (Shell)	• 자체의 내장 명령어 제공 • 보조기억장치에 상주 • 사용자의 명령을 해석하고 커널로 전달하는 기능을 제공 • 반복적인 명령 프로그램을 만드는 프로그래밍 기능을 제공 • 초기화 파일을 이용해 사용자 환경을 설정하는 기능을 제공 • 파이프라인 기능을 제공 • 사용자 인터페이스를 제공 • 입출력 방향 지정 • 여러 종류의 쉘이 존재
커널 (Kernel)	• 프로세스와 메모리를 관리 • 기억장치, 파일, 입출력 장치를 관리 • 프로세스 간 통신 및 데이터 전송 및 변환 등을 수행

74 ②

100보다 작은 수 중 3의 배수이면서 홀수인 값인 93이다.

int a = 0;	정수형 변수 a를 선언하고 0을 저장
for(int i=1; i<100; i++){	i는 1부터 99보다 작은 98까지 1씩 증가하면서 반복

if(i%3==0 && i%2!=0){
　 a = i;
}
	i 값이 3의 배수이고 2배수가 아닌 경우 a의 값에 i값 저장

System.out.print(a);	변수 a 출력

75 ②

JAVA에서는 패키지 선언이 모든 코드의 최상단에 위치해야 하며, 이어서 필요한 클래스들을 import 하는 구조를 따릅니다.

76 ②

set 타입은 중복을 허용하지 않으며, 순서가 없는 집합형 자료형이다.

a={'일본','중국','한국'}	① 변수 a에 set 타입, {'일본','중국','한국'} 저장
a.add('베트남')	② 변수 a에 '베트남' 추가 {'일본','중국','한국','베트남'}
a.add('중국')	③ 변수 a에 '중국' 추가, 그러나 이미 '중국'이 있으므로 무시 {'일본','중국','한국','베트남'}
a.remove('일본')	④ 변수 a에 '일본' 삭제 {'중국','한국','베트남'}
a.remove('중국')	⑤ 변수 a에 중국 삭제 {'한국','베트남'}
a.update({'홍콩','한국','태국'})	⑥ 변수 a에 '홍콩','한국','태국' 업데이트, 이미 '한국'은 있으므로, '홍콩','태국' 저장 {'한국','베트남','홍콩','태국'}
print(a)	⑦ 변수 a 출력 {'한국','베트남','홍콩','태국'}

77 ④

if문의 가장 마지막에는 else문을 삽입한다.

x = 20	① 변수 x에 20 저장
if x == 10:	② 조건문으로 변수 x = 10 비교
print('10')	③ if문이 참이면 10 출력
elif x == 20:	④ 변수 x = 20 비교
print('20')	⑤ elif 참이면 20 출력
(　):	⑥ 위에 모든 조건이 거짓이면 else 실행
print('other')	⑦ else이면 other 출력

78 ②

반복문과 range() 함수에 관련한 문제로, 단계별로 연산하여 최종값을 계산한다.

def cs(n):	① n을 인수로 갖는 cs라는 이름을 가진 함수 선언
s = 1	② 변수 s에 1 저장
for num in range(n+3):	③ range(n+3)인 경우, 0부터 n+2까지 반복하여 반복문 실행
s += num	④ range(n+3)의 합을 변수 s에 더함
return s	⑤ 최종 s 반환
print(cs(3))	⑥ 반복문이 끝난 최종 s는 16으로 16 출력 cs 함수에서 num = 0일 때, s = s + num = 1 + 0 = 1 num = 1일 때, s = s + num = 1 + 1 = 2 num = 2일 때, s = s + num = 2 + 2 = 4 num = 3일 때, s = s + num = 4 + 3 = 7 num = 4일 때, s = s + num = 7 + 4 = 11 num = 5일 때, s = s + num = 11 + 5 = 16

79 ②

num은 7이고 %는 나머지 연산자이므로 num % 3 = 1이다. switch~case문에서 조건을 만족하는 case 영역으로 가서 break문이 나올 때까지 출력하므로 BC가 출력된다.

80 ③

C언어에서 문자열 개념과 사용자정의함수 활용 방법에 대해 묻는 문제이다. 위의 len 함수는 char 문자열에서 종료문자 \n이 나올 때까지 while문을 돌리며 r을 증가시키므로 문자열의 길이를 반환하는 함수이다. 따라서 len(a) + len(b) = 4 + 6 = 10이다.

81 ①

SPICE 모델의 프로세스 수행능력 수준은 총 6단계이다. 수준 2는 관리 단계이다.

0	불안정 단계
1	수행 단계
2	관리 단계
3	확립 단계
4	예측 단계
5	최적화 단계

82 ④

OWASP CLASP은 소프트웨어 개발 보안 생명주기 방법론이다.

83 ③

Docker에 대한 설명이다.

84 ④

모두 개발 프레임워크를 적용할 경우, 기대효과이다.

85 ④

BaaS는 블록체인의 기본 인프라를 추상화하여 블록체인 응용프로그램을 만들 수 있는 클라우드 컴퓨팅 플랫폼이다.

86 ④

테일러링 개발방법론의 기준에는 내부적 기준으로 목표 환경, 요구사항, 프로젝트 규모, 보유 기술이 있다. 외부적 기준으로 법적 제약과 국제 표준 품질 기준이 있다.

87 ②

소프트웨어 개발 프레임워크의 적용 시, 응집도는 알 수 없으며, 유지보수가 용이해진다.

88 ②

SDDC(Software Defined Data Center)에 대한 설명이다.

89 ①

SON(Self Organizing Network)에 대한 설명이다.

90 ②

RIP는 소규모 네트워크 환경에 적합하다.

91 ③

시스템 내의 정보는 오직 인가된 사용자만 수정할 수 있어야 한다는 특성은 무결성(Integrity)이다. 시스템 내의 정보와 자원은 인가된 사용자에게만 접근이 허용된다는 특성은 기밀성(Confidentiality)이며, 인가받은 사용자는 언제라도 사용할 수 있다는 특성은 가용성(Availability)이다.

요소	설명
기밀성 (Confidentiality)	인가된 사용자에 대해서만 자원 접근이 가능해야 하는 특성
무결성 (Integrity)	인가된 사용자에 대해서만 자원 수정이 가능하며, 전송 중인 정보는 수정되지 않아야 하는 특성
가용성 (Availability)	인가된 사용자는 가지고 있는 권한 범위 내에서 언제든 자원 접근이 가능해야 하는 특성

92 ②

(가) 경로 조작은 데이터 입출력 경로를 조작하여 서버 자원을 수정 또는 삭제할 수 있는 보안 취약점이다. 임의의 경로가 포함된 값으로 웹페이지 파라미터를 변조한 후 해당 경로의 파일 내용이 표시되는지 확인함으로써 경로 조작에 대해 점검한다.

(나) XSS는 검증되지 않은 외부 입력 데이터가 포함된 웹페이지가 전송되는 경우, 사용자가 해당 웹페이지를 열람함으로써 웹페이지에 포함된 부적절한 스크립트가 실행되는 공격이다. 사용자 입력값을 전달받는 웹페이지에 검증되지 않은 외부 입력 데이터를 보내고 실행되는지 여부를 확인해보면서 XSS에 대해 점검한다.

(다) 인증 후 정상적으로 세션이 발행된 페이지의 정보를 취득하고 일정 시간 후에 재전송했을 때 정상 처리되는지 확인함으로써, 장기간 접속하고 있는 세션ID는 주기적으로 재할당하도록 설계되어 있는지 등 불충분한 세션 관리가 되고 있지 않은지 점검한다.

93 ②

PKI는 인증기관(CA)에서 공개키와 개인키를 포함하는 인증서(Certificate)를 발급받아 네트워크상에서 안전하게 비밀통신을 가능하게 하는 기반구조이다. FDS는 전자금융 거래에 사용되는 단말기 정보, 접속 정보, 거래 내용 등을 종합 분석하여 의심 거래를 탐지, 이상 금융 거래를 차단하는 시스템이다.

94 ④

접근 통제 모델에는 DAC, MAC, RBAC가 있다. 주체와 객체의 '등급'을 비교하여 접근 권한을 부여하는 방식의 모델은 ㉠ MAC 모델이다. 접근 통제 리스트를 의미하는 ACL(Access Control List)를 사용하며 주체의 '신분'에 근거하여 접근 통제를 적용하는 모델은 ㉡ DAC 모델이다. MAC와 DAC 모델의 단점을 보완한 접근 통제 모델로서, 역할에 기반은 둔 접근을 통제하는 모델 ㉢은 RBAC 모델이다.

구분	DAC (Discretionary Access Control)	MAC (Mandatory Access Control)	RBAC (Role Based Access Control)
의미	신분 기반(임의적) 접근제어 정책	규칙 기반(강제적) 접근제어 정책	역할 기반 접근제어 정책
권한 부여자	데이터 소유자	시스템	중앙관리자
접근 결정	신분(Identity)	보안등급(Label)	역할(Role)
정책 변경	변경 용이	고정적(변경 어려움)	변경 용이
장점	구현 용이, 유연함	안정적, 중앙 집중적	관리 용이
상세	주체나 또는 그들이 속해 있는 그룹들의 신분(Identity)에 근거하여 객체에 대한 접근을 제한하는 방법	어떤 주체가 특정 객체에 접근하려고 할 때 양쪽의 보안 레이블(Security Label)에 기초하여 높은 보안 수준을 요구하는 정보(객체)가 낮은 보안 수준의 주체에게 노출되지 않도록 접근을 제한하는 방법	중앙관리자가 주체와 객체의 상호 관계를 제어하며 조직 내에서 직무, 직책 등의 개인의 역할에 따라 접근을 제한하는 방법

95 ②

테스트 단계에서는 동적 분석 도구나 모의 침투테스트를 통해 설계 단계에서 식별된 위협들의 해결 여부를 검증한다.

96 ②

네트워크 계층 보안 프로토콜에는 IPSec, AH(Authentication Header) 프로토콜, ESP 프로토콜 등이 있다. 전송계층 보안 프로토콜에는 SSH(Secure Socket Layer) 및 TLS(Transport Layer Security) 등이 있다. 응용 프로그램 계층 보안 프로토콜에는 PGP(이메일 보안 프로토콜), SSH(Secure SHell 보안 로그인 쉘), S/MIME(MS Exchange 메시지 서명 및 암호화) 등이 있다.

97 ①

Ping of Dath(PoD; 죽음의 핑)는 ICMP 패킷(Ping)의 크기를 기준 크기보다 크게 증가시키고, 더 많은 조각으로 단편화하여 공격 대상에게 전송하는 공격이다.

98 ②

Authorization(인가)은 검증된 가입자나 단말에게 어떤 수준의 권한과 서비스를 허용하는 것을 의미한다.

99 ①

utmp 로그는 현재 시스템에 로그인한 사용자의 정보를 바이너리 형태로 기록한다.

100 ④

버퍼 오버플로우는 strncat, strncpy 등과 같은 입력값의 크기가 적절한지 검증이 가능한 함수를 사용함으로써 예방할 수 있다.

'학습 포인트'로 해당 단원의 주요 공부 방향을 잡고, '핵심 이론' 정리 후 '연습문제'에 접근함으로써 '공부 방향 설정 ➡ 개념 요약 ➡ 문제적용'에 최적화되어 있다. 이 구성은 비전공자 입장으로 자격증을 준비하는 수험생에게 학습 효과를 최대화할 수 있다. **비전공자 / S사 마케터 및 데이터 분석가 주형준**

각 유형마다 학습 포인트가 있어서 출제 빈도와 중요 부분을 미리 파악하고 집중해서 학습할 수 있다는 점이 이 책의 가장 큰 장점이다. 특히 4과목 프로그래밍언어 활용은 코드 한 줄씩 해설이 상세하게 되어 있어서 비전공자라도 이해하기 쉽다. **비전공자 / S사 데이터 사이언티스트 고아라**

시험에 주로 출제되는 유형 및 효과적인 암기 방법을 제공하고 이와 연계된 실제 기출문제를 제공하여 수험생들에게 정보처리기사 필기시험 합격에 도움을 줄 수 있는 여러 가이드를 제공하고 있다. **전공자 / B사 데이터 분석 기획 김종백**

핵심 이론이 잘 정리되어 있고 연습문제와 최신 기출 문제가 함께 있어 학습한 내용을 바로 적용할 수 있는 책이다. 해설도 자세하여 궁금한 점을 바로 해소해 주는 '내일은 정보처리기사' 강추한다! **전공자 / 금융권 마케터 김정현**

이론들을 단순히 나열하여 달달 외우는 책과 달리, 이 책은 비전공자도 이해하기 쉬운 해설들과 탄탄한 내용으로 구성되어 있다. 실제 업무에도 적용할 수 있는 기반을 다지게 해 주는 좋은 지침서가 될 것이라고 확신한다. **비전공자 / 금융권 데이터 사이언티스트 구대로**

나와 비슷하게 비전공자로 시작해 자격증 공부하는 과정에서 모르는 개념들이 많은 독자라면 이 책을 통해 개념을 쉽게 이해하고 낯선 단어들에 빠르게 익숙해질 수 있다. 자격증 합격도 이 책 한 권으로 가능하다고 자신할 수 있다. **비전공자 / 인공지능융합학과 석사 과정 장유선**

짧은 시간, 확실하게!

저자 쌤들의 **직접 시험**에 **응시**하여 쌓은 **합격 노하우**와
족집게 팁을 담은 1:1 과외 설명으로 쉽고 빠르게 합격시켜 드리겠습니다!

메가스터디그룹 아이비김영의 NEW 도서 브랜드 <김앤북> 여러분의 편입 & 자격증 & IT 취업 준비에 빛이 되어 드리겠습니다.
www.kimnbook.co.kr